변호사시험

형사법

선택형 진도별

9개년 기출문제해설

머리말

2017년을 끝으로 사법시험이 폐지된 이후, 법학교육의 실질화 및 법조인의 다양화를 위하여 로스쿨제도가 도입되었고, 로스쿨 수료자만을 응시대상으로 규정한 변호사시험법에 따라 시행된 변호사시험이 10회째를 앞두고 있다.

기존의 수험가에서 출간하는 변호사시험 기출문제와 모의고사문제를 엮은 기출문제집은, 해가 지날수록 늘어나는 학습분량으로 인하여 수험생의 부담을 가중시켰고, 결국 로스쿨 재학기간 동안 제대로 된 선택형 기출문제집 하나 풀어 보지 못하는 경우가 늘어나고 있다. 이에 우리 시대법학연구소는 변호사시험 수험생들의 학습량에 대한 부담을 줄이고자, 형법과 형사소송법 기출문제만으로 구성된 「2021 변호사시험 9개년 선택형 기출문제해설 형사법」을 세상에 내놓았다.

변호사시험을 준비하는 데 있어서 가장 중요한 점은 "얼마나 많이 알고 있는가"가 아닌, "얼마나 정확히 알고 있는가"이므로, 학습의 양이 아닌 질을 향상시켜야 한다. 또한 모의고사문제를 풀어 보지 못한 것에 대한 불안감은 최신 판례를 집중적으로 공부하면 자연스럽게 해소될 것이다. 수험생들을 위하여 몇 가지 첨언하건대, 첫째 본 교재의 내용을 전부 암기하고, 둘째 최신 판례를 적극적으로 찾아보며, 셋째 기출문제를 통하여 출제유형을 파악한다면, 선택형 문제에 대한 준비는 충분하리라 판단된다.

「2021 변호사시험 9개년 선택형 기출문제해설 형사법」은 다음과 같은 점에 집중하여 작업하였다.

첫째, 길고 난삽한 해설을 지양하고, 문제가 묻고 있는 바에 정확하게 대응하는 해설을 하였다.
둘째, 최신 개정법령과 관련 판례를 반영하여 밀도 있는 해설을 하였다.
셋째, 2020.2.4. 형사소송법 일부 개정이 있었지만 그 시행시기가 불분명하므로, 해당 문제에 관하여는 구법을 기준으로 해설을 하였다.

부족한 부분은 개정판을 통하여 꾸준히 보완해 나갈 것을 약속드리며, 본 교재가 변호사시험을 준비하는 수험생 여러분에게 합격을 위한 좋은 안내서가 되기를 기원한다.

시대법학연구소

이 책의 구성과 특징

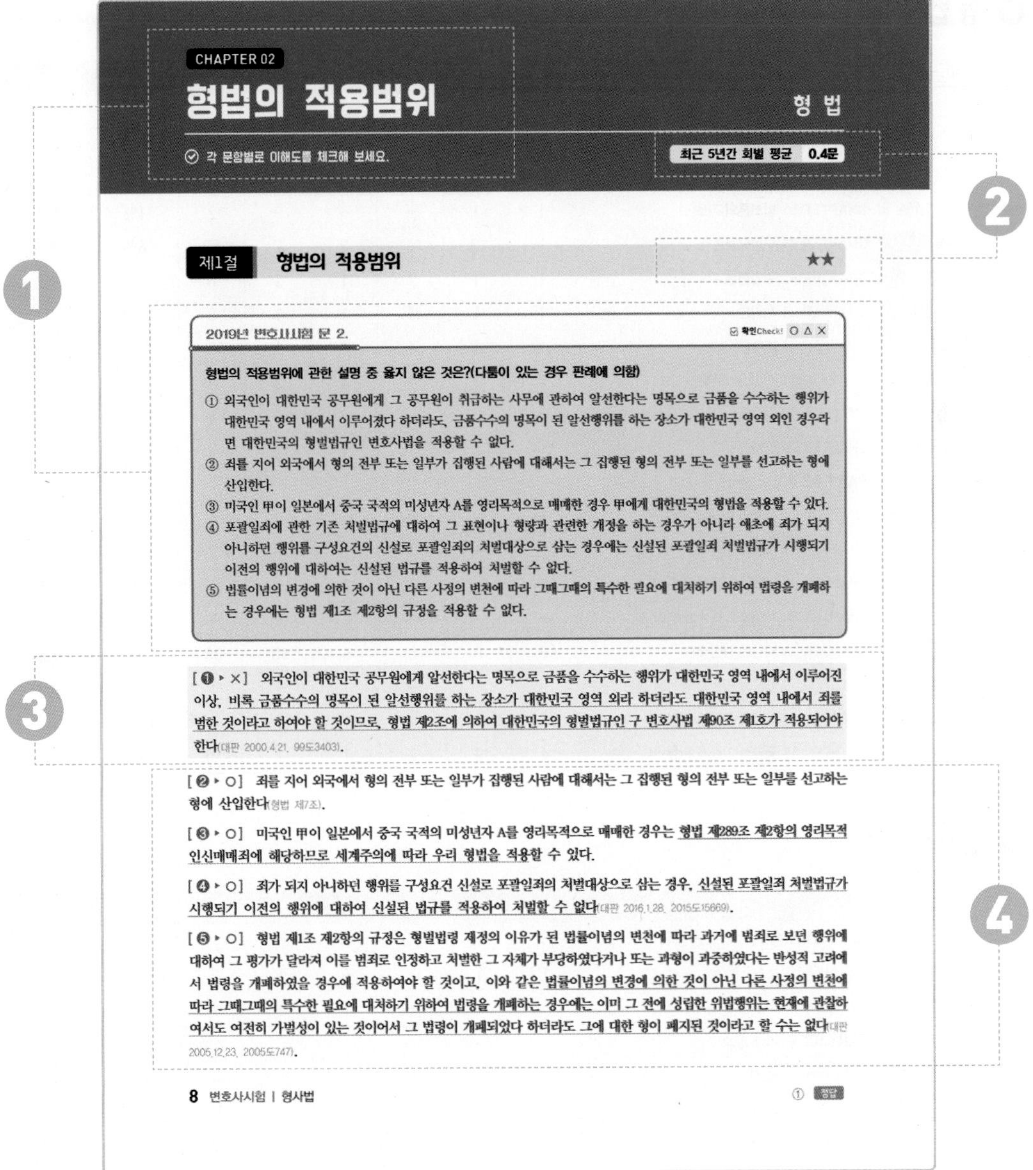

CHAPTER 02

형법의 적용범위

형 법

각 문항별로 이해도를 체크해 보세요.

최근 5년간 회별 평균 0.4문

제1절 형법의 적용범위 ★★

2019년 변호사시험 문 2. 확인Check! O △ X

형법의 적용범위에 관한 설명 중 옳지 않은 것은?(다툼이 있는 경우 판례에 의함)

① 외국인이 대한민국 공무원에게 그 공무원이 취급하는 사무에 관하여 알선한다는 명목으로 금품을 수수하는 행위가 대한민국 영역 내에서 이루어졌다 하더라도, 금품수수의 명목이 된 알선행위를 하는 장소가 대한민국 영역 외인 경우라면 대한민국의 형벌법규인 변호사법을 적용할 수 없다.

② 죄를 지어 외국에서 형의 전부 또는 일부가 집행된 사람에 대해서는 그 집행된 형의 전부 또는 일부를 선고하는 형에 산입한다.

③ 미국인 甲이 일본에서 중국 국적의 미성년자 A를 영리목적으로 매매한 경우 甲에게 대한민국의 형법을 적용할 수 있다.

④ 포괄일죄에 관한 기존 처벌법규에 대하여 그 표현이나 형량과 관련한 개정을 하는 경우가 아니라 애초에 죄가 되지 아니하던 행위를 구성요건의 신설로 포괄일죄의 처벌대상으로 삼는 경우에는 신설된 포괄일죄 처벌법규가 시행되기 이전의 행위에 대하여는 신설된 법규를 적용하여 처벌할 수 없다.

⑤ 법률이념의 변경에 의한 것이 아닌 다른 사정의 변천에 따라 그때그때의 특수한 필요에 대처하기 위하여 법령을 개폐하는 경우에는 형법 제1조 제2항의 규정을 적용할 수 없다.

[❶ ▸ ×] 외국인이 대한민국 공무원에게 알선한다는 명목으로 금품을 수수하는 행위가 대한민국 영역 내에서 이루어진 이상, 비록 금품수수의 명목이 된 알선행위를 하는 장소가 대한민국 영역 외라 하더라도 대한민국 영역 내에서 죄를 범한 것이라고 하여야 할 것이므로, 형법 제2조에 의하여 대한민국의 형벌법규인 구 변호사법 제90조 제1호가 적용되어야 한다(대판 2000.4.21. 99도3403).

[❷ ▸ ○] 죄를 지어 외국에서 형의 전부 또는 일부가 집행된 사람에 대해서는 그 집행된 형의 전부 또는 일부를 선고하는 형에 산입한다(형법 제7조).

[❸ ▸ ○] 미국인 甲이 일본에서 중국 국적의 미성년자 A를 영리목적으로 매매한 경우는 형법 제289조 제2항의 영리목적 인신매매죄에 해당하므로 세계주의에 따라 우리 형법을 적용할 수 있다.

[❹ ▸ ○] 죄가 되지 아니하던 행위를 구성요건 신설로 포괄일죄의 처벌대상으로 삼는 경우, 신설된 포괄일죄 처벌법규가 시행되기 이전의 행위에 대하여 신설된 법규를 적용하여 처벌할 수 없다(대판 2016.1.28. 2015도15669).

[❺ ▸ ○] 형법 제1조 제2항의 규정은 형벌법령 제정의 이유가 된 법률이념의 변천에 따라 과거에 범죄로 보던 행위에 대하여 그 평가가 달라져 이를 범죄로 인정하고 처벌한 그 자체가 부당하였다거나 또는 과형이 과중하였다는 반성적 고려에서 법령을 개폐하였을 경우에 적용하여야 할 것이고, 이와 같은 법률이념의 변경에 의한 것이 아닌 다른 사정의 변천에 따라 그때그때의 특수한 필요에 대처하기 위하여 법령을 개폐하는 경우에는 이미 그 전에 성립한 위법행위는 현재에 관찰하여서도 여전히 가벌성이 있는 것이어서 그 법령이 개폐되었다 하더라도 그에 대한 형이 폐지된 것이라고 할 수는 없다(대판 2005.12.23. 2005도747).

8 변호사시험 | 형사법

① 정답

❶ 현재까지 출제된 모든 기출문제를 진도별로 구성하여 도서에 대한 접근성과 학습의 효율성을 높였다.

❷ 각 장별 출제빈도와 각 절별 출제문제수(☆=1문, ★=2문)를 표시하여 학습에 앞서 중요도를 확인할 수 있도록 하였다.

❸ 정답해설 및 주요해설을 먹색으로 강조하여 반복학습에 도움이 되도록 하였다.

❹ 최신 개정법령과 관련 판례를 완벽하게 반영하여 모든 지문에 상세한 해설을 수록하였다.

최근 5개년 출제경향 분석표

형법

구분	2020	2019	2018	2017	2016	계	출제 비율	회별 출제
PART 01 형법총론								
CHAPTER 01 형법의 기본원리	–	–	–	1	–	1	0.5%	0.2
CHAPTER 02 형법의 적용범위	–	1	–	–	1	2	1%	0.4
CHAPTER 03 범죄론의 기초	1	1	–	–	–	2	1%	0.4
CHAPTER 04 구성요건론	1	3	4	2	2	12	6%	2.4
CHAPTER 05 위법성론	1	1	1	1	2	6	3%	1.2
CHAPTER 06 책임론	1	1	1	1	1	5	2.5%	1
CHAPTER 07 미수론	1	1	1	1	1	5	2.5%	1
CHAPTER 08 정범 및 공범론	2	2	1	3	2	10	5%	2
CHAPTER 09 죄수론	2	–	–	2	–	4	2%	0.8
CHAPTER 10 형벌론	1	1	1	1	1	5	2.5%	1
PART 02 형법각론								
CHAPTER 01 생명과 신체에 관한 죄	–	–	2	–	2	4	2%	0.8
CHAPTER 02 자유에 관한 죄	–	1	1	1	–	3	1.5%	0.6
CHAPTER 03 명예와 신용에 관한 죄	1	–	–	2	1	4	2%	0.8
CHAPTER 04 사생활의 평온에 관한 죄	–	–	–	–	–	–	–	–
CHAPTER 05 재산에 관한 죄	9	8	5	6	10	38	19%	7.6
CHAPTER 06 공공의 안전과 평온에 관한 죄	–	–	–	1	–	1	0.5%	0.2
CHAPTER 07 공공의 신용에 관한 죄	1	2	1	1	1	6	3%	1.2
CHAPTER 08 국가의 기능에 관한 죄	4	2	2	1	1	10	5%	2

형사소송법

구분	2020	2019	2018	2017	2016	계	출제 비율	회별 출제
PART 01 소송주체와 소송행위								
CHAPTER 01 소송주체	1	1	–	–	1	3	1.5%	0.6
CHAPTER 02 소송행위	–	–	–	1	–	1	0.5%	0.2
PART 02 수사와 공소								
CHAPTER 01 수 사	–	1	1	2	–	4	2%	0.8
CHAPTER 02 강제처분과 강제수사	3	3	5	2	5	18	9%	3.6
CHAPTER 03 공소의 제기	–	1	1	–	–	2	1%	0.4
PART 03 공 판								
CHAPTER 01 공판절차	2	–	2	2	2	8	4%	1.6
CHAPTER 02 증 거	7	6	8	6	4	31	15.5%	6.2
CHAPTER 03 재 판	1	–	–	1	2	4	2%	0.8
PART 04 상소 · 비상구제절차 · 특별형사절차								
CHAPTER 01 상 소	–	4	2	1	1	8	4%	1.6
CHAPTER 02 비상구제절차	1	–	1	–	–	2	1%	0.4
CHAPTER 03 특별형사절차	–	–	–	1	–	1	0.5%	0.2

이 책의 차례

형 법

PART 01 형법총론

이 책의 차례

PART 02 형법각론

형사소송법

PART 01
소송주체와 소송행위

PART 02
수사와 공소

이 책의 차례

변/호/사/시/험

형사법

형법 + 형사소송법

형 법

PART 01 형법총론

PART 02 형법각론

최근 5개년 출제경향

구 분	2020	2019	2018	2017	2016	계	출제 비율	회별 출제
PART 01 형법총론								
CHAPTER 01 형법의 기본원리	–	–	–	1	–	1	0.5%	0.2
CHAPTER 02 형법의 적용범위	–	1	–	–	1	2	1%	0.4
CHAPTER 03 범죄론의 기초	1	1	–	–	–	2	1%	0.4
CHAPTER 04 구성요건론	1	3	4	2	2	12	6%	2.4
CHAPTER 05 위법성론	1	1	1	1	2	6	3%	1.2
CHAPTER 06 책임론	1	1	1	1	1	5	2.5%	1
CHAPTER 07 미수론	1	1	1	1	1	5	2.5%	1
CHAPTER 08 정범 및 공범론	2	2	1	3	2	10	5%	2
CHAPTER 09 죄수론	2	–	–	2	–	4	2%	0.8
CHAPTER 10 형벌론	1	1	1	1	1	5	2.5%	1
PART 02 형법각론								
CHAPTER 01 생명과 신체에 관한 죄	–	–	2	–	2	4	2%	0.8
CHAPTER 02 자유에 관한 죄	–	1	1	1	–	3	1.5%	0.6
CHAPTER 03 명예와 신용에 관한 죄	1	–	–	2	1	4	2%	0.8
CHAPTER 04 사생활의 평온에 관한 죄	–	–	–	–	–	–	–	–
CHAPTER 05 재산에 관한 죄	9	8	5	6	10	38	19%	7.6
CHAPTER 06 공공의 안전과 평온에 관한 죄	–	–	–	1	–	1	0.5%	0.2
CHAPTER 07 공공의 신용에 관한 죄	1	2	1	1	1	6	3%	1.2
CHAPTER 08 국가의 기능에 관한 죄	4	2	2	1	1	10	5%	2

PART 01 형법총론

형법의 기본원리

각 문항별로 이해도를 체크해 보세요.

최근 5년간 회별 평균 **0.2문**

제1절 죄형법정주의

2017년 변호사시험 문 1.

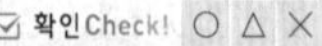

죄형법정주의에 관한 설명 중 옳지 않은 것은?(다툼이 있는 경우 판례에 의함)

① 블로그 등 사적 인터넷 게시공간의 운영자가 게시공간에 게시된 이적표현물인 타인의 글을 삭제할 권한이 있는데도 이를 삭제하지 않고 그대로 둔 경우, 그 운영자의 행위를 국가보안법 제7조 제5항의 '소지'로 보는 것은 유추해석금지원칙에 반한다.

② 구 특정 범죄자에 대한 위치추적 전자장치 부착 등에 관한 법률 제5조 제1항 제3호에서 부착명령청구요건으로 정한 '성폭력범죄를 2회 이상 범하여(유죄의 확정판결을 받은 경우를 포함한다)'에 '소년법에 의한 보호처분을 받은 전력'이 포함된다고 보는 것은 유추해석금지원칙에 반하지 않는다.

③ 가정폭력범죄의 처벌 등에 관한 특례법이 정한 사회봉사명령은 형사처벌 대신 부과되는 것으로서 가정폭력범죄를 범한 자에게 의무적 노동을 부과하고 여가시간을 박탈하여 실질적으로 신체적 자유를 제한하게 되므로, 이에 대해서는 형벌불소급원칙이 적용된다.

④ 구 청소년의 성보호에 관한 법률 제16조의 반의사불벌죄의 경우 성범죄의 피해자인 청소년에게 의사능력이 있는 이상, 그 청소년의 처벌희망 의사표시의 철회에 법정대리인의 동의가 필요하다고 보는 것은 유추해석금지원칙에 반한다.

⑤ 도로교통법 제154조 제2호의 '원동기장치자전거면허를 받지 아니하고'라는 법률문언의 통상적인 의미에는 '운전면허를 받았으나 그 후 운전면허의 효력이 정지된 경우'가 포함된다고 해석할 수 없다.

[❶ ▸ O] 죄형법정주의로부터 파생된 유추해석금지원칙과 국가보안법 제1조 제2항, 제7조 제1항, 제5항에 비추어 볼 때, '블로그', '미니 홈페이지', '카페' 등의 이름으로 개설된 사적(私的) 인터넷 게시공간의 운영자가 사적 인터넷 게시공간에 게시된 타인의 글을 삭제할 권한이 있는데도 이를 삭제하지 아니하고 그대로 두었다는 사정만으로 사적 인터넷 게시공간의 운영자가 타인의 글을 국가보안법 제7조 제5항에서 규정하는 바와 같이 '소지'하였다고 볼 수는 없다(대판 2012.1.27. 2010도8336).

[❷ ▸ X] '특정 범죄자에 대한 위치추적 전자장치 부착 등에 관한 법률'(이하 '전자장치부착법') 제5조 제1항 제3호는 검사가 전자장치 부착명령을 법원에 청구할 수 있는 경우 중의 하나로 '성폭력범죄를 2회 이상 범하여(유죄의 확정판결을 받은 경우를 포함한다) 그 습벽이 인정된 때'라고 규정하고 있는데, 이 규정 전단은 문언상 '유죄의 확정판결을 받은 전과사실을 포함하여 성폭력범죄를 2회 이상 범한 경우'를 의미한다고 해석된다. 따라서 피부착명령청구자가 소년법에 의한 보호처분(이하 '소년보호처분')을 받은 전력이 있다고 하더라도, 이는 유죄의 확정판결을 받은 경우에 해당하지 아니함이 명백하므로, 피부착명령청구자가 2회 이상 성폭력범죄를 범하였는지를 판단할 때 소년보호처분을 받은 전력을 고려할 것이 아니다(대판 2012.3.22. 2011도15057[전합]).

② 정답

[❸ ▸ O] 가정폭력범죄의 처벌 등에 관한 특례법이 정한 보호처분 중의 하나인 사회봉사명령은 가정폭력범죄를 범한 자에 대하여 환경의 조정과 성행의 교정을 목적으로 하는 것으로서 형벌 그 자체가 아니라 보안처분의 성격을 가지는 것이 사실이다. 그러나 한편으로 이는 가정폭력범죄행위에 대하여 형사처벌 대신 부과되는 것으로서, 가정폭력범죄를 범한 자에게 의무적 노동을 부과하고 여가시간을 박탈하여 실질적으로는 신체적 자유를 제한하게 되므로, 이에 대하여는 원칙적으로 형벌불소급의 원칙에 따라 행위시법을 적용함이 상당하다(대결 2008.7.24. 2008어4).

[❹ ▸ O] 청소년의 성보호에 관한 법률 제16조에 규정된 반의사불벌죄라고 하더라도, 피해자인 청소년에게 의사능력이 있는 이상, 단독으로 피고인 또는 피의자의 처벌을 희망하지 않는다는 의사표시 또는 처벌희망 의사표시의 철회를 할 수 있고, 거기에 법정대리인의 동의가 있어야 하는 것으로 볼 것은 아니다(대판 2009.11.19. 2009도6058[전합]).

[❺ ▸ O] 도로교통법 제43조 해석상 '운전면허를 받지 아니하고'라는 법률문언의 통상적 의미에 '운전면허를 받았으나 그 후 운전면허의 효력이 정지된 경우'가 당연히 포함된다고는 해석할 수 없는데, 자동차의 무면허운전과 관련하여 도로교통법 제152조 제1호 및 제2호가 운전면허의 효력이 정지된 경우도 운전면허를 애초 받지 아니한 경우와 마찬가지로 형사처벌된다는 것을 명문으로 정하고 있는 반면, 원동기장치자전거의 무면허운전죄에 대하여 규정한 제154조 제2호는 처벌의 대상으로 '제43조의 규정을 위반하여 제80조의 규정에 의한 원동기장치자전거면허를 받지 아니하고 원동기장치자전거를 운전한 사람'을 정하고 있을 뿐, 운전면허의 효력이 정지된 상태에서 원동기장치자전거를 운전한 경우에 대하여는 아무런 언급이 없으므로, 위 행위는 도로교통법 제154조 제2호, 제43조 위반죄에 해당하지 않는다(대판 2011.8.25. 2011도7725).

2012년 변호사시험 문 1. ☑ 확인Check! ○ △ ×

소급금지원칙의 적용에 관한 설명 중 옳은 것을 모두 고른 것은?(다툼이 있는 경우에는 판례에 의함)

가. 가정폭력범죄의 처벌 등에 관한 특례법이 정한 사회봉사명령은 형벌 그 자체가 아니라 보안처분의 성격을 가지고 있으므로 이에 대하여는 형벌불소급의 원칙이 적용되지 아니한다.

나. 대법원 양형위원회가 설정한 '양형기준'이 발효하기 전에 공소가 제기된 범죄에 대하여 위 '양형기준'을 참고하여 형을 양정하더라도 피고인에게 불리한 법률을 소급하여 적용한 것으로 볼 수 없다.

다. 부(父)가 혼인 외의 출생자를 인지하는 경우에 그 인지의 소급효는 형법상 친족상도례에 관한 규정의 적용에는 미치지 아니한다.

라. 과거에 이미 행한 범죄에 대하여 공소시효를 정지시키는 법률이라고 하더라도 그 사유만으로 형벌불소급의 원칙에 언제나 위배되는 것은 아니다.

마. 행위 당시의 판례에 의하면 처벌대상이 되지 아니하는 것으로 해석되었던 행위를 판례의 변경에 따라 확인된 내용의 형법 조항에 근거하여 처벌하는 것은 형벌불소급의 원칙에 반하지 않는다.

① 가, 나, 다 ② 가, 라, 마 ③ 나, 다, 라
④ 나, 라, 마 ⑤ 다, 라, 마

[가 ▸ ×] 가정폭력범죄의 처벌 등에 관한 특례법이 정한 보호처분 중의 하나인 사회봉사명령은 가정폭력범죄를 범한 자에 대하여 환경의 조정과 성행의 교정을 목적으로 하는 것으로서 형벌 그 자체가 아니라 보안처분의 성격을 가지는 것이 사실이다. 그러나 한편으로 이는 가정폭력범죄행위에 대하여 형사처벌 대신 부과되는 것으로서, 가정폭력범죄를 범한 자에게 의무적 노동을 부과하고 여가시간을 박탈하여 실질적으로는 신체적 자유를 제한하게 되므로, 이에 대하여는 원칙적으로 형벌불소급의 원칙에 따라 행위시법을 적용함이 상당하다(대결 2008.7.24. 2008어4).

[나 ▸ O] 대법원 양형위원회가 설정한 '양형기준'이 발효하기 전에 공소가 제기된 범죄에 대하여 위 '양형기준'을 참고하여 형을 양정한 경우, 피고인에게 불리한 법률을 소급하여 적용한 위법이 있다고 할 수 없다(대판 2009.12.10. 2009도11448).

정답 ④

[다 ▸ ×] 형법 제344조, 제328조 제1항 소정의 친족 간의 범행에 관한 규정이 적용되기 위한 친족관계는 원칙적으로 범행 당시에 존재하여야 하는 것이지만, 부가 혼인 외의 출생자를 인지하는 경우에 있어서는 민법 제860조에 의하여 그 자의 출생 시에 소급하여 인지의 효력이 생기는 것이며, 이와 같은 인지의 소급효는 친족상도례에 관한 규정의 적용에도 미친다고 보아야 할 것이므로, 인지가 범행 후에 이루어진 경우라고 하더라도 그 소급효에 따라 형성되는 친족관계를 기초로 하여 친족상도례의 규정이 적용된다(대판 1997.1.24. 96도1731).

[라 ▸ ○] 형벌불소급의 원칙은 '행위의 가벌성', 즉 형사소추가 '언제부터 어떠한 조건하에서' 가능한가의 문제에 관한 것이고, '얼마 동안' 가능한가의 문제에 관한 것은 아니므로, 과거에 이미 행한 범죄에 대하여 공소시효를 정지시키는 법률이라 하더라도 그 사유만으로 헌법 제12조 제1항 및 제13조 제1항에 규정한 죄형법정주의의 파생원칙인 형벌불소급의 원칙에 언제나 위배되는 것으로 단정할 수는 없다(헌재 1996.2.16. 96헌가2).

[마 ▸ ○] 형사처벌의 근거가 되는 것은 법률이지 판례가 아니고, 형법 조항에 관한 판례의 변경은 그 법률조항의 내용을 확인하는 것에 지나지 아니하여 이로써 그 법률조항 자체가 변경된 것이라고 볼 수는 없으므로, 행위 당시의 판례에 의하면 처벌대상이 되지 아니하는 것으로 해석되었던 행위를 판례의 변경에 따라 확인된 내용의 형법 조항에 근거하여 처벌한다고 하여 그것이 헌법상 평등의 원칙과 형벌불소급의 원칙에 반한다고 할 수는 없다(대판 1999.9.17. 97도3349).

제2절 형법이론 ☆

2013년 변호사시험 문 12.

☑ 확인Check! ○ △ ×

다음에 제시된 甲, 乙의 생각은 각각 형벌의 목적 내지 기능과 관련된 형사법의 사상들 중의 일부를 표현하고 있다. 다음 중 옳은 것을 모두 고른 것은?

甲의 생각 : 사회구성원은 현재 사회에서 유효하게 작동하고 있는 법률이 앞으로도 유효하게 통용될 것이라는 믿음을 가지고 있으며, 그러한 믿음 내지 기대에 입각하여 자신이 앞으로 어떻게 행동할 것인가를 결정한다. 그리고 법률에 대한 위반행위가 있을 때 그에 대하여 제재가 가해지게 됨으로써 이러한 믿음이 보다 강화된다.

乙의 생각 : 필요한 형벌만이 정당화될 수 있다. 어떠한 형벌이 필요한 형벌인가의 여부는 다음과 같은 원칙에 따라 판단되어야 한다. "형벌은 개선이 가능하고, 개선이 필요한 범죄자에게는 개선시키는 기능을, 개선이 불필요한 우발적 범죄자에게는 위하하는 기능을, 개선이 불가능한 범죄자에게는 무해화하는 기능을 수행하여야 한다."

가. 甲은 설령 동일한 행위자가 동일한 범죄를 또 다시 범할 가능성이 전혀 존재하지 아니하는 경우라고 할지라도 행위자를 처벌할 필요성이 인정된다고 생각할 것이다.
나. 乙은 설령 동일한 행위자가 동일한 범죄를 또 다시 범할 가능성이 전혀 존재하지 아니하는 경우라고 할지라도 범죄가 중한 경우에는 중한 형벌을 가할 필요성이 인정된다고 생각할 것이다.
다. 甲은 "누범・상습범은 규범의 정당성을 일반범죄자보다 수회에 걸쳐 명백하게 부인하였으므로 가중처벌하여야 한다"라는 주장에 찬성할 것이다.
라. 乙은 "법원은 범죄자에 대하여 부정기형을 선고하고, 가석방제도를 활성화하여 가석방위원회가 범죄자의 석방시기를 결정하도록 하여야 한다"라는 주장에 찬성할 것이다.

① 가, 다 ② 가, 라 ③ 나, 라
④ 가, 다, 라 ⑤ 나, 다, 라

[가 ▸ ○] [다 ▸ ○] 형벌에 의하여 일반인의 범죄를 예방하려는 일반예방주의는, 재범의 가능성이 없는 경우나 법률을 수회 위반한 경우에 처벌 내지 가중처벌을 긍정한다.

[나 ▸ ×] [라 ▸ ○] 형벌에 의하여 범죄인의 재범 방지를 확보하려는 특별예방주의는, 재범의 가능성이 없는 경우에는 처벌의 필요성을 인정하지 아니하며, 행위자의 위험성을 고려한 부정기형이나 가석방을 인정한다.

정답 ④

CHAPTER 02

형법의 적용범위

형 법

각 문항별로 이해도를 체크해 보세요.

최근 5년간 회별 평균 0.4문

제1절 형법의 적용범위 ★★

2019년 변호사시험 문 2.

☑ 확인Check! 

형법의 적용범위에 관한 설명 중 옳지 않은 것은?(다툼이 있는 경우 판례에 의함)

① 외국인이 대한민국 공무원에게 그 공무원이 취급하는 사무에 관하여 알선한다는 명목으로 금품을 수수하는 행위가 대한민국 영역 내에서 이루어졌다 하더라도, 금품수수의 명목이 된 알선행위를 하는 장소가 대한민국 영역 외인 경우라면 대한민국의 형벌법규인 변호사법을 적용할 수 없다.

② 죄를 지어 외국에서 형의 전부 또는 일부가 집행된 사람에 대해서는 그 집행된 형의 전부 또는 일부를 선고하는 형에 산입한다.

③ 미국인 甲이 일본에서 중국 국적의 미성년자 A를 영리목적으로 매매한 경우 甲에게 대한민국의 형법을 적용할 수 있다.

④ 포괄일죄에 관한 기존 처벌법규에 대하여 그 표현이나 형량과 관련한 개정을 하는 경우가 아니라 애초에 죄가 되지 아니하던 행위를 구성요건의 신설로 포괄일죄의 처벌대상으로 삼는 경우에는 신설된 포괄일죄 처벌법규가 시행되기 이전의 행위에 대하여는 신설된 법규를 적용하여 처벌할 수 없다.

⑤ 법률이념의 변경에 의한 것이 아닌 다른 사정의 변천에 따라 그때그때의 특수한 필요에 대처하기 위하여 법령을 개폐하는 경우에는 형법 제1조 제2항의 규정을 적용할 수 없다.

[❶ ▸ ×] 외국인이 대한민국 공무원에게 알선한다는 명목으로 금품을 수수하는 행위가 대한민국 영역 내에서 이루어진 이상, 비록 금품수수의 명목이 된 알선행위를 하는 장소가 대한민국 영역 외라 하더라도 대한민국 영역 내에서 죄를 범한 것이라고 하여야 할 것이므로, 형법 제2조에 의하여 대한민국의 형벌법규인 구 변호사법 제90조 제1호가 적용되어야 한다(대판 2000.4.21. 99도3403).

[❷ ▸ ○] 죄를 지어 외국에서 형의 전부 또는 일부가 집행된 사람에 대해서는 그 집행된 형의 전부 또는 일부를 선고하는 형에 산입한다(형법 제7조).

[❸ ▸ ○] 미국인 甲이 일본에서 중국 국적의 미성년자 A를 영리목적으로 매매한 경우는 형법 제289조 제2항의 영리목적 인신매매죄에 해당하므로 형법 제296조의2의 세계주의에 따라 우리 형법을 적용할 수 있다.

[❹ ▸ ○] 죄가 되지 아니하던 행위를 구성요건 신설로 포괄일죄의 처벌대상으로 삼는 경우, 신설된 포괄일죄 처벌법규가 시행되기 이전의 행위에 대하여 신설된 법규를 적용하여 처벌할 수 없다(대판 2016.1.28. 2015도15669).

[❺ ▸ ○] 형법 제1조 제2항의 규정은 형벌법령 제정의 이유가 된 법률이념의 변천에 따라 과거에 범죄로 보던 행위에 대하여 그 평가가 달라져 이를 범죄로 인정하고 처벌한 그 자체가 부당하였다거나 또는 과형이 과중하였다는 반성적 고려에서 법령을 개폐하였을 경우에 적용하여야 할 것이고, 이와 같은 법률이념의 변경에 의한 것이 아닌 다른 사정의 변천에 따라 그때그때의 특수한 필요에 대처하기 위하여 법령을 개폐하는 경우에는 이미 그 전에 성립한 위법행위는 현재에 관찰하여서도 여전히 가벌성이 있는 것이어서 그 법령이 개폐되었다 하더라도 그에 대한 형이 폐지된 것이라고 할 수는 없다(대판 2005.12.23. 2005도747).

정답 ①

2016년 변호사시험 문 1. ☑ 확인 Check! ○ △ ×

다음 사례에 관한 설명 중 옳지 않은 것은?(다툼이 있는 경우 판례에 의함)

甲은 구 식품위생법 제30조의 규정에 의하여 단란주점의 영업시간을 제한하고 있던 보건복지부 고시를 위반하여 단란주점 영업을 하다가 식품위생법 위반죄로 공소가 제기되어 재판을 받고 있던 중에 위 규정의 변경은 없이 보건복지부 고시가 실효되었다.

① 보건복지부 고시의 실효를 법적 견해의 변경으로 인한 반성적 고려에 기인한 것으로 본다면 甲에게 재판시법을 적용해야 한다.
② 형법 제1조 제2항의 법률을 총체적 법률상태 내지 전체로서의 법률을 의미하는 것으로 본다면 보건복지부 고시의 실효는 법률의 변경에 해당한다.
③ 보건복지부 고시의 실효를 형법 제1조 제2항의 법률의 변경으로 볼 수 없다면 甲은 식품위생법 위반죄로 처벌되어야 한다.
④ 보건복지부 고시의 실효가 영업시간 제한 필요성의 감소와 단속과정에서의 부작용을 줄이기 위한 정책적 필요에 기인한 것으로 본다면 甲에게 행위시법을 적용해야 한다.
⑤ 보건복지부 고시의 실효를 형법 제1조 제2항의 법률의 변경으로 본다면 甲에게 무죄를 선고해야 한다.

[❶ ▸ ○] [❸ ▸ ○] [❹ ▸ ○] [❺ ▸ ×] 판례는 보건복지부 고시인 보충규범의 변경이 있는 경우에도 동기설의 법리를 적용하여, 보충규범 변경의 동기가 사실관계의 변경에 해당하는 경우에는 구법(행위시법)의 추급효를 인정하고, 반성적 고려에 의한 법적 견해의 변경에 해당하는 경우에는 신법(재판시법)의 소급효를 인정하는 견해를 취하고 있다. 따라서 전자에 의하면 甲은 식품위생법 위반죄로 처벌받게 되고, 후자에 의하면 법원은 甲에게 형사소송법 제326조 제4호에 의하여 면소판결을 하여야 한다.

[❷ ▸ ○] 형법 제1조 제2항의 법률의 변경은 가벌성의 존부와 관련되는 총체적 법률상태의 변경을 의미하므로, 보건복지부 고시의 변경 또한 이에 포함된다.

2015년 변호사시험 문 16. ☑ 확인 Check! ○ △ ×

형법의 시간적 · 장소적 적용범위에 관한 설명 중 옳지 않은 것은?(다툼이 있는 경우 판례에 의함)

① 범죄행위 시와 재판 시 사이에 수차 법률이 개정되어 형이 변경된 경우 그 전부의 법률을 비교하여 가장 형이 가벼운 법률을 적용하여야 한다.
② 형벌에 관한 법률 또는 법률조항은 헌법재판소의 위헌결정으로 소급하여 그 효력을 상실하지만, 해당 법률 또는 법률의 조항에 대하여 종전에 합헌으로 결정한 사건이 있는 경우에는 그 합헌결정이 있는 날의 다음 날로 소급하여 효력을 상실한다.
③ 대한민국 국민이 아닌 사람이 외국에 거주하다가 그곳을 떠나 반국가단체의 지배하에 있는 지역으로 들어간 경우 외국인의 국외범에 해당하여 국가보안법이 적용되지 않는다.
④ 중국인이 한국으로 입국하기 위하여 중국에 소재한 대한민국 영사관에서 그곳에 비치된 여권발급신청서를 위조한 경우 보호주의에 의하여 형법이 적용된다.
⑤ 도박죄를 처벌하지 않는 미국 라스베이거스에 있는 호텔 도박장에서 상습적으로 도박한 대한민국 국민의 경우 속인주의에 의하여 형법이 적용된다.

정답 ⑤ / ④

[❶ ▸ O] 행위 시와 재판 시 사이에 수차 법령의 변경이 있는 경우에는 이 점에 관한 당사자의 주장이 없더라도 본조 제2항에 의하여 직권으로 행위시법과 제1, 2 심판시법의 세 가지 규정에 의한 형의 경중을 비교하여 그중 가장 형이 경한 법규정을 적용하여 심판하여야 한다(대판 1968.12.17. 68도1324).

[❷ ▸ O] 형벌에 관한 법률 또는 법률의 조항은 헌법재판소의 위헌결정에 의하여 소급하여 그 효력을 상실한다. 다만, 해당 법률 또는 법률의 조항에 대하여 종전에 합헌으로 결정한 사건이 있는 경우에는 그 결정이 있는 날의 다음 날로 소급하여 효력을 상실한다(헌재법 제47조 제2항).

[❸ ▸ O] [1] 대한민국 국민이 아닌 사람이 외국에 거주하다가 그곳을 떠나 반국가단체의 지배하에 있는 지역으로 들어가는 행위는, 대한민국의 영역에 대한 통치권이 실지로 미치는 지역을 떠나는 행위 또는 대한민국의 국민에 대한 통치권으로부터 벗어나는 행위 어디에도 해당하지 않으므로, 이는 국가보안법 제6조 제1항, 제2항의 탈출 개념에 포함되지 않는다. [2] 독일인이 독일 내에서 북한의 지령을 받아 베를린 주재 북한이익대표부를 방문하고 그곳에서 북한공작원을 만났다면 위 각 구성요건상 범죄지는 모두 독일이므로 이는 외국인의 국외범에 해당하여, 형법 제5조와 제6조에서 정한 요건에 해당하지 않는 이상 위 각 조항을 적용하여 처벌할 수 없다(대판 2008.4.17. 2004도4899[전합]).

[❹ ▸ ×] 외국인이 중국 북경시에 소재한 대한민국 영사관 내에서 여권발급신청서를 위조한 경우, 외국인의 국외범에 해당하므로 피고인에 대한 재판권은 없다(대판 2006.9.22. 2006도5010).

[❺ ▸ O] 형법 제3조는 "본법은 대한민국 영역 외에서 죄를 범한 내국인에게 적용한다"고 하여 형법의 적용범위에 관한 속인주의를 규정하고 있는바, 필리핀국에서 카지노의 외국인 출입이 허용되어 있다 하여도, 형법 제3조에 따라, 필리핀국에서 도박을 한 피고인에게 우리나라 형법이 당연히 적용된다(대판 2001.9.25. 99도3337).

2015년 변호사시험 문 5. ☑ 확인Check! O △ X

형법 제1조의 해석에 관한 설명 중 옳은 것을 모두 고른 것은?(다툼이 있는 경우 판례에 의함)

ㄱ. 실행행위의 도중에 법률이 변경되어 실행행위가 신·구법에 걸쳐 행하여진 때에는 신법 시행 전에 이미 실행행위가 착수되었으므로 이 행위에는 구법이 적용되어야 한다.
ㄴ. 신법에 경과규정을 두어 재판시법주의의 적용을 배제할 수 있다.
ㄷ. 개정 전후를 통하여 형의 경중에 차이가 없는 경우에는 행위시법을 적용하여야 한다.
ㄹ. 범죄 후 법률의 개정에 의하여 법정형이 가벼워진 경우에는 법률에 특별한 규정이 없는 한 신법의 법정형이 공소시효기간의 기준이 된다.

① ㄱ, ㄷ ② ㄴ, ㄹ ③ ㄷ, ㄹ
④ ㄱ, ㄷ, ㄹ ⑤ ㄴ, ㄷ, ㄹ

[ㄱ ▸ ×] 실행행위가 신·구법에 걸쳐 행하여진 때에는 행위시법인 신법이 적용되어야 한다(형법 제1조 제1항).

[ㄴ ▸ O] 형을 가볍게 개정하면서 부칙에서 개정 전 범죄에 대하여는 종전의 법을 적용하도록 규정하는 것은 형벌불소급원칙이나 신법우선원칙에 반하지 아니한다(대판 2011.7.14. 2011도1303).

[ㄷ ▸ O] 법률의 변경으로 형의 경중에 변경이 없는 경우에는 행위시법(구법)에 의한다(대판 1991.11.26. 91도2303).

[ㄹ ▸ O] 범죄 후 법률의 개정에 의하여 법정형이 가벼워진 경우에는 형법 제1조 제2항에 의하여 당해 범죄사실에 적용될 가벼운 법정형(신법의 법정형)이 공소시효기간의 기준이 된다(대판 2008.12.11. 2008도4376).

⑤ 정답

CHAPTER 03

범죄론의 기초

형 법

각 문항별로 이해도를 체크해 보세요.

최근 5년간 회별 평균 0.4문

제1절 범죄의 의의와 종류 ★☆

2020년 변호사시험 문 2.

확인Check! ○ △ ×

범죄의 종류에 관한 설명 중 옳지 않은 것은?(다툼이 있는 경우 판례에 의함)

① 직무유기죄는 작위의무를 수행하지 아니함으로써 구성요건에 해당하는 사실이 있고 그 후에도 계속하여 그 작위의무를 수행하지 아니하는 위법한 부작위상태가 계속되는 한 가벌적 위법상태는 계속 존재한다고 할 것이므로 즉시범이라고 할 수 없다.

② 협박죄는 사람의 의사결정의 자유를 보호법익으로 하는 위험범이고, 해악의 고지가 상대방에게 도달은 하였으나 상대방이 이를 지각하지 못하였거나 고지된 해악의 의미를 인식하지 못한 경우에도 협박죄는 기수에 이르렀다고 해야 한다.

③ 학대죄는 자기의 보호 또는 감독을 받는 사람에게 육체적으로 고통을 주거나 정신적으로 차별대우를 하는 행위가 있음과 동시에 범죄가 완성되는 상태범 또는 즉시범이다.

④ 도주죄는 즉시범으로서 범인이 간수자의 실력적 지배를 이탈한 상태에 이르렀을 때에 기수가 되어 도주행위가 종료하고, 도주죄의 범인이 도주행위를 하여 기수에 이른 이후에 범인의 도피를 도와주는 행위는 범인도피죄에 해당할 수 있을 뿐 도주원조죄에는 해당하지 아니한다.

⑤ 범인도피죄는 위험범으로서 현실적으로 형사사법의 작용을 방해하는 결과를 초래할 것을 요하지 아니하나, 도피하게 하는 행위는 은닉행위에 비견될 정도로 수사기관의 발견·체포를 곤란하게 하는 행위, 즉 직접 범인을 도피시키는 행위 또는 도피를 직접적으로 용이하게 하는 행위에 한정된다.

[❶ ▸ O] 직무유기죄는 그 작위의무를 수행하지 아니함으로써 구성요건에 해당하는 사실이 있었고 그 후에도 계속하여 그 작위의무를 수행하지 아니하는 위법한 부작위상태가 계속되는 한 가벌적 위법상태는 계속 존재하고 있다고 할 것이며 형법 제122조 후단은 이를 전체적으로 보아 1죄로 처벌하는 취지로 해석되므로 이를 즉시범이라고 할 수 없다(대판 1997.8.29. 97도675).

[❷ ▸ ×] 협박죄는 사람의 의사결정의 자유를 보호법익으로 하는 위험범이라 봄이 상당하고, 협박죄의 미수범 처벌조항은 해악의 고지가 현실적으로 상대방에게 도달하지 아니한 경우나, 도달은 하였으나 상대방이 이를 지각하지 못하였거나 고지된 해악의 의미를 인식하지 못한 경우 등에 적용될 뿐이다(대판 2007.9.28. 2007도606[전합]).

[❸ ▸ O] 학대죄는 자기의 보호 또는 감독을 받는 사람에게 육체적으로 고통을 주거나 정신적으로 차별대우를 하는 행위가 있음과 동시에 범죄가 완성되는 상태범 또는 즉시범이라 할 것이다(대판 1986.7.8. 84도2922).

[❹ ▸ O] 도주죄는 즉시범으로서 범인이 간수자의 실력적 지배를 이탈한 상태에 이르렀을 때에 기수가 되어 도주행위가 종료하는 것이고, 도주원조죄는 도주죄에 있어서의 범인의 도주행위를 야기시키거나 이를 용이하게 하는 등 그와 공범관계에 있는 행위를 독립한 구성요건으로 하는 범죄이므로, 도주죄의 범인이 도주행위를 하여 기수에 이른 이후에 범인의 도피를 도와주는 행위는 범인도피죄에 해당할 수 있을 뿐 도주원조죄에는 해당하지 아니한다(대판 1991.10.11. 91도1656).

정답 ②

[❺ ▸ O] 범인도피죄는 위험범으로서 현실적으로 형사사법의 작용을 방해하는 결과를 초래할 필요는 없으나, 적어도 함께 규정되어 있는 은닉행위에 비견될 정도로 수사기관으로 하여금 범인의 발견·체포를 곤란하게 하는 행위, 즉 직접 범인을 도피시키는 행위 또는 도피를 직접적으로 용이하게 하는 행위에 한정된다고 해석함이 상당하다(대판 2013.1.10, 2012도13999).

2019년 변호사시험 문 1.

☑ 확인 Check! O △ X

범죄의 종류에 관한 설명 중 옳은 것(O)과 옳지 않은 것(×)을 올바르게 조합한 것은?(다툼이 있는 경우 판례에 의함)

ㄱ. 도주죄는 계속범이므로 도주죄의 범인이 도주행위를 하여 기수에 이른 이후에 그 범인의 도피를 도와주는 행위는 도주원조죄에 해당한다.

ㄴ. 폭력행위 등 처벌에 관한 법률 제4조 제1항 소정의 단체 등의 구성죄는 같은 법에 규정된 범죄를 목적으로 한 단체 또는 집단을 구성함으로써 즉시 성립하고 그와 동시에 완성되는 즉시범이라 할 것이므로, 피고인이 범죄단체를 구성하기만 하면 위 범죄가 성립하고 그와 동시에 공소시효도 진행된다.

ㄷ. 형법 제136조에서 정한 공무집행방해죄는 직무를 집행하는 공무원에 대하여 폭행 또는 협박한 경우에 성립하고, 추상적 위험범으로서 구체적으로 직무집행의 방해라는 결과 발생을 요하지 아니한다.

ㄹ. 일반교통방해죄에서 교통방해행위는 계속범의 성질을 가지는 것이어서 교통방해의 상태가 계속되는 한 위법상태는 계속 존재하므로, 교통방해를 유발한 집회에 피고인이 참가한 경우 참가 당시 이미 다른 참가자들에 의해 교통의 흐름이 차단된 상태였다고 하더라도 교통방해를 유발한 다른 참가자들과 암묵적·순차적으로 공모하여 교통방해의 위법상태를 지속시켰다고 평가할 수 있다면 피고인에게 일반교통방해죄가 성립한다.

ㅁ. 내란죄는 다수인이 결합하여 국토를 참절하거나 국헌을 문란할 목적으로 한 지방의 평온을 해할 정도의 폭행·협박행위를 하면 기수에 이르지만, 그 목적 달성 여부와 관계없이 한 지방의 평온을 해할 정도의 폭행·협박행위를 하는 한 가벌적인 위법행위가 계속 반복되고 있는 계속범이라고 보아야 한다.

① ㄱ(O), ㄴ(O), ㄷ(O), ㄹ(×), ㅁ(O)
② ㄱ(O), ㄴ(×), ㄷ(O), ㄹ(×), ㅁ(×)
③ ㄱ(O), ㄴ(×), ㄷ(O), ㄹ(O), ㅁ(×)
④ ㄱ(×), ㄴ(O), ㄷ(O), ㄹ(O), ㅁ(×)
⑤ ㄱ(×), ㄴ(O), ㄷ(×), ㄹ(O), ㅁ(O)

[ㄱ ▸ ×] 도주죄는 즉시범으로서 범인이 간수자의 실력적 지배를 이탈한 상태에 이르렀을 때에 기수가 되어 도주행위가 종료하는 것이고, 도주원조죄는 도주죄에 있어서의 범인의 도주행위를 야기시키거나 이를 용이하게 하는 등 그와 공범관계에 있는 행위를 독립한 구성요건으로 하는 범죄이므로, 도주죄의 범인이 도주행위를 하여 기수에 이른 이후에 범인의 도피를 도와주는 행위는 범인도피죄에 해당할 수 있을 뿐 도주원조죄에는 해당하지 아니한다(대판 1991.10.11, 91도1656).

[ㄴ ▸ O] 폭력행위 등 처벌에 관한 법률 제4조에서 정한 단체 등의 구성죄는 같은 법에 규정된 범죄를 목적으로 한 단체 또는 집단을 구성함으로써 즉시 성립·완성되는 즉시범이므로 범죄 성립과 동시에 공소시효가 진행된다(대판 2013.10.17, 2013도6401).

[ㄷ ▸ O] 형법 제136조에서 정한 공무집행방해죄는 직무를 집행하는 공무원에 대하여 폭행 또는 협박한 경우에 성립하는 범죄로서 여기서의 폭행은 사람에 대한 유형력의 행사로 족하고 반드시 그 신체에 대한 것임을 요하지 아니하며, 또한 추상적 위험범으로서 구체적으로 직무집행의 방해라는 결과 발생을 요하지도 아니한다(대판 2018.3.29, 2017도21537).

④ 정답

[ㄹ ▸ O] 일반교통방해죄에서 교통방해행위는 계속범의 성질을 가지는 것이어서 교통방해의 상태가 계속되는 한 가벌적인 위법상태는 계속 존재한다. 따라서 신고범위를 현저히 벗어나거나 집회 및 시위에 관한 법률 제12조에 따른 조건을 중대하게 위반함으로써 교통방해를 유발한 집회에 참가한 경우, 참가 당시 이미 다른 참가자들에 의해 교통의 흐름이 차단된 상태였더라도 교통방해를 유발한 다른 참가자들과 암묵적·순차적으로 공모하여 교통방해의 위법상태를 지속시켰다고 평가할 수 있다면 일반교통방해죄가 성립한다(대판 2018.1.24. 2017도11408).

[ㅁ ▸ X] 내란죄는 국토를 참절하거나 국헌을 문란할 목적으로 폭동한 행위로서, 다수인이 결합하여 위와 같은 목적으로 한 지방의 평온을 해할 정도의 폭행·협박행위를 하면 기수가 되고, 그 목적의 달성 여부는 이와 무관한 것으로 해석되므로, 다수인이 한 지방의 평온을 해할 정도의 폭동을 하였을 때 이미 내란의 구성요건은 완전히 충족된다고 할 것이어서 상태범으로 봄이 상당하다(대판 1997.4.17. 96도3376[전합]).

2014년 변호사시험 문 13. ☑ 확인Check! O △ X

계속범에 관한 설명 중 옳지 않은 것은?(다툼이 있는 경우에는 판례에 의함)

① 계속범의 경우 실행행위가 종료되는 시점의 법률이 적용되어야 하므로 법률이 개정되면서 그 부칙에 "개정된 법 시행 전의 행위에 대한 벌칙의 적용에 있어서는 종전의 규정에 의한다"는 경과규정을 두고 있는 경우에도 행위 전체에 대해 개정된 법을 적용하여야 한다.

② 내란죄는 국토를 참절하거나 국헌을 문란할 목적으로 폭동한 행위로서 다수인이 결합하여 위와 같은 목적으로 한 지방의 평온을 해할 정도의 폭행·협박행위를 하면 기수가 되고 그 목적의 달성 여부는 이와 무관한 것으로 해석되므로 다수인이 한 지방의 평온을 해할 정도의 폭동을 하였을 때 이미 내란의 구성요건은 완전히 충족된다고 할 것이어서 계속범이 아니라 상태범에 해당한다.

③ 부설주차장을 주차장 외의 용도로 사용하여 주차장법을 위반한 죄는 계속범이므로 종전에 용도 외 사용행위에 대하여 처벌받은 일이 있다고 하더라도 그 후에도 계속하여 용도 외로 사용하고 있는 이상 종전 재판 후의 사용에 대하여 다시 처벌할 수 있다.

④ 공익법인이 주무관청의 승인을 받지 않은 채 수익사업을 하는 행위는 시간적 계속성이 구성요건적 행위의 요소로 되어 있다는 점에서 계속범에 해당한다고 보아야 할 것이므로 승인을 받지 않은 수익사업이 계속되고 있는 동안에는 아직 공소시효가 진행하지 않는다.

⑤ 허가받지 아니한 업체와 건설폐기물의 처리를 위한 도급계약을 체결한 자가 무허가건설폐기물처리업체에 위탁하여 건설폐기물을 처리하는 행위를 처벌하는 법률이 신설된 후에도 그 도급계약에 따른 건설폐기물의 처리행위를 계속하였다면 처벌규정 신설 후에 이루어진 무허가처리업체에 의한 건설폐기물의 위탁처리에 대하여 위 법률조항이 적용된다.

[❶ ▸ X] 일반적으로 계속범의 경우 실행행위가 종료되는 시점에서의 법률이 적용되어야 할 것이나, 법률이 개정되면서 그 부칙에서 "개정된 법 시행 전의 행위에 대한 벌칙의 적용에 있어서는 종전의 규정에 의한다"는 경과규정을 두고 있는 경우 개정된 법이 시행되기 전의 행위에 대해서는 개정 전의 법을, 그 이후의 행위에 대해서는 개정된 법을 각각 적용하여야 한다(대판 2001.9.25. 2001도3990).

[❷ ▸ O] 내란죄는 국토를 참절하거나 국헌을 문란할 목적으로 폭동한 행위로서, 다수인이 결합하여 위와 같은 목적으로 한 지방의 평온을 해할 정도의 폭행·협박행위를 하면 기수가 되고, 그 목적의 달성 여부는 이와 무관한 것으로 해석되므로, 다수인이 한 지방의 평온을 해할 정도의 폭동을 하였을 때 이미 내란의 구성요건은 완전히 충족된다고 할 것이어서 상태범으로 봄이 상당하다(대판 1997.4.17. 96도3376[전합]).

[❸ ▸ O] 주차장법 제29조 제1항 제2호 위반의 죄는 이른바 계속범으로서, 종전에 용도 외 사용행위에 대하여 처벌받은 일이 있다고 하더라도 그 후에도 계속하여 용도 외 사용을 하고 있는 이상 종전 재판 후의 사용에 대하여 다시 처벌할 수 있는 것이다(대판 2006.1.26. 2005도7283).

정답 ①

[❹ ▸ O] 공익법인이 주무관청의 승인을 받지 않은 채 수익사업을 하는 행위는 시간적 계속성이 구성요건적 행위의 요소로 되어 있다는 점에서 계속범에 해당한다고 보아야 할 것인 만큼 승인을 받지 않은 수익사업이 계속되고 있는 동안에는 아직 공소시효가 진행하지 않는다(대판 2006.9.22. 2004도4751).

[❺ ▸ O] 구 건설폐기물의 재활용촉진에 관한 법률 제63조 제1의2호가 금지하는 행위는 건설폐기물을 허가받지 아니한 업체에 위탁하여 처리하는 행위인데, 이는 그 도급계약에 따른 건설폐기물의 처리행위를 계속함으로써 위법상태가 지속되는 동안 범죄행위도 종료되지 않고 계속되는 계속범의 성격을 갖는 것이므로, 대한주택공사와 철거업체들 간의 도급계약이 처벌규정인 위 법률조항이 신설되기 전에 체결되었다고 하더라도, 그에 따른 건설폐기물의 처리행위가 처벌규정의 신설 후에도 종료되지 않고 계속적으로 이루어진 이상, 처벌규정 신설 후에 이루어진 무허가처리업체에 의한 건설폐기물의 위탁처리에 대하여 위 법률조항이 적용된다(대판 2009.1.30. 2008도8607).

제2절 행위의 주체와 객체

2013년 변호사시험 문 7. ☑ 확인 Check! ○ △ ×

양벌규정 또는 법인의 범죄능력에 대한 설명 중 옳은 것을 모두 고른 것은?(다툼이 있는 경우에는 판례에 의함)

가. 배임죄에서 타인의 사무를 처리할 의무의 주체가 법인이 되는 경우 그 타인의 사무는 법인을 대표하는 자연인인 대표기관에 의하여 처리될 수밖에 없어 자연인인 대표기관이 배임죄의 주체가 된다.
나. 양벌규정에 의해서 법인 또는 개인을 처벌하는 경우 그 처벌은 직접 법률을 위반한 행위자에 대한 처벌에 종속하며, 행위자에 대한 선임감독상의 과실로 인하여 처벌되는 것이므로, 행위자에 대한 처벌이 법인 또는 개인에 대한 처벌의 전제조건이 된다.
다. 법인에 대한 양벌규정에 면책규정이 신설된 것은 범죄 후 법률의 변경에 의하여 그 행위가 범죄를 구성하지 않거나 형이 구법보다 경한 경우에 해당한다.
라. 행위자에 대하여 부과되는 형량을 작량감경하는 경우 양벌규정에 의하여 법인을 처벌함에 있어서도 이와 동일한 조치를 취하여야 한다.
마. 합병으로 인하여 소멸한 법인이 그 종업원 등의 위법행위에 대해 양벌규정에 따라 부담하던 형사책임은 그 성질상 이전을 허용하지 않는 것으로서 합병으로 인하여 존속하는 법인에 승계되지 않는다.

① 가, 다　② 나, 마　③ 가, 나, 다
④ 가, 다, 마　⑤ 나, 다, 라

[가 ▸ O] 형법 제355조 제2항의 배임죄에 있어서 타인의 사무를 처리할 의무의 주체가 법인이 되는 경우라도 법인이 처리할 의무를 지는 타인의 사무에 관하여는 법인이 배임죄의 주체가 될 수 없고 그 법인을 대표하여 사무를 처리하는 자연인인 대표기관이 바로 타인의 사무를 처리하는 자, 즉 배임죄의 주체가 된다(대판 1984.10.10. 82도2595[전합]).

[나 ▸ ×] 양벌규정에 의한 영업주의 처벌은 금지위반행위자인 종업원의 처벌에 종속하는 것이 아니라 독립하여 그 자신의 종업원에 대한 선임감독상의 과실로 인하여 처벌되는 것이므로 영업주의 위 과실책임을 묻는 경우 금지위반행위자인 종업원에게 구성요건상의 자격이 없다고 하더라도 영업주의 범죄 성립에는 아무런 지장이 없다(대판 1987.11.10. 87도1213).

④ 정답

[다 ▸ ○] 구 주택법 제100조의 양벌규정이 개정되면서 사업주인 법인이 그 위반행위를 방지하기 위하여 해당 업무에 관하여 상당한 주의와 감독을 게을리하지 아니한 경우에는 양벌규정에 의하여 처벌하지 않는다는 내용의 단서규정이 추가되었는바, 이는 범죄 후 법률의 변경에 의하여 그 행위가 범죄를 구성하지 아니하거나 형이 구법보다 경한 경우에 해당한다고 할 것이다(대판 2011.3.24. 2009도7230).

[라 ▸ ×] 회사 대표자의 위반행위에 대하여 징역형의 형량을 작량감경하고 병과하는 벌금형에 대하여 선고유예를 한 이상 양벌규정에 따라 그 회사를 처단함에 있어서도 같은 조치를 취하여야 한다는 논지는 독자적인 견해에 지나지 아니하여 받아들일 수 없다(대판 1995.12.12. 95도1893).

[마 ▸ ○] 양벌규정에 의한 법인의 처벌은 어디까지나 형벌의 일종으로서 행정적 제재처분이나 민사상 불법행위책임과는 성격을 달리하는 점, 형사소송법 제328조가 '피고인인 법인이 존속하지 아니하게 되었을 때'를 공소기각결정의 사유로 규정하고 있는 것은 형사책임이 승계되지 않음을 전제로 한 것이라고 볼 수 있는 점 등에 비추어 보면, 합병으로 인하여 소멸한 법인이 그 종업원 등의 위법행위에 대해 양벌규정에 따라 부담하던 형사책임은 그 성질상 이전을 허용하지 않는 것으로서 합병으로 인하여 존속하는 법인에 승계되지 않는다(대판 2007.8.23. 2005도4471).

CHAPTER 04

구성요건론

형 법

각 문항별로 이해도를 체크해 보세요.

최근 5년간 회별 평균 2.4문

제1절 구성요건의 일반이론

2019년 변호사시험 문 7.

확인 Check! ○ △ ×

다음 설명 중 옳은 것을 모두 고른 것은?(다툼이 있는 경우 판례에 의함)

ㄱ. 업무상과실장물죄에서 업무자의 신분은 부진정신분범 요소이다.
ㄴ. 형법 제10조 제3항은 고의에 의한 원인에 있어서의 자유로운 행위에만 적용되고 과실에 의한 원인에 있어서의 자유로운 행위까지는 포함하지 않는다.
ㄷ. 방조범은 정범의 실행을 방조한다는 방조의 고의와 정범의 행위가 구성요건에 해당한다는 점에 대한 정범의 고의가 있어야 한다.
ㄹ. 과실에 의한 공동정범은 물론 과실에 의한 위험범의 성립도 가능하다.

① ㄱ, ㄴ ② ㄱ, ㄷ ③ ㄴ, ㄷ
④ ㄴ, ㄹ ⑤ ㄷ, ㄹ

[ㄱ ▸ ×] 업무상 과실장물죄(형법 제364조)는 업무자만이 주체가 될 수 있는 진정신분범에 해당한다.

[ㄴ ▸ ×] 형법 제10조 제3항은 "위험의 발생을 예견하고 자의로 심신장애를 야기한 자의 행위에는 전2항의 규정을 적용하지 아니한다"고 규정하고 있는 바, 이 규정은 고의에 의한 원인에 있어서의 자유로운 행위만이 아니라 과실에 의한 원인에 있어서의 자유로운 행위까지도 포함하는 것이다(대판 1992.7.28. 92도999).

[ㄷ ▸ ○] 형법상 방조행위는 정범이 범행을 한다는 정을 알면서 그 실행행위를 용이하게 하는 직접·간접의 행위를 말하므로, 방조범은 정범의 실행을 방조한다는 이른바 방조의 고의와 정범의 행위가 구성요건에 해당하는 행위인 점에 대한 정범의 고의가 있어야 한다(대판 2005.4.29. 2003도6056).

[ㄹ ▸ ○] 판례는 과실범의 공동정범을 인정하고 있으며(대판 1982.6.8. 82도781), 형법은 실화죄(형법 제170조)를 규정하여 과실에 의한 위험범도 성립함을 전제로 하고 있다.

⑤ 정답

제2절 부작위범 ★★★

2012년 변호사시험 문 10. ☑ 확인 Check! ○ △ ×

부작위범에 관한 설명 중 옳은 것은?(다툼이 있는 경우에는 판례에 의함)

① 신의성실의 원칙이나 사회상규 혹은 조리상 작위의무가 기대되는 경우에는 법적인 작위의무가 인정되지 않는다.
② 법적인 작위의무를 지고 있는 자가 결과 발생을 쉽게 방지할 수 있었음에도 불구하고 이를 방관한 채 그 의무를 이행하지 아니한 경우에, 그 부작위가 작위에 의한 법익 침해와 동등한 형법적 가치가 있는 것이어서 그 범죄의 실행행위로 평가될 만한 것이라면, 부작위범으로 처벌할 수 있다.
③ 부작위에 의한 방조범은 성립하지 않는다.
④ 행위자가 자신의 신체적 활동이나 물리적·화학적 작용을 통하여 적극적으로 타인의 법익상황을 악화시킴으로써 결국 그 타인의 법익을 침해하기에 이르렀더라도 작위에 의하여 악화된 법익상황을 다시 돌이키지 아니한 이상 부작위범이 성립하는 것이 원칙이다.
⑤ 진정부작위범의 경우 다수의 부작위범에게 부여된 작위의무가 각각 다르더라도 각각의 작위의무에 위반되는 행위를 공동으로 하였다면 부작위범의 공동정범이 성립할 수 있다.

[❶ ▸ ×] [❷ ▸ ○] [❸ ▸ ×] [1] 부작위범의 작위의무는 법적인 의무이어야 하므로 단순한 도덕상 또는 종교상의 의무는 포함되지 않으나 작위의무가 법적인 의무인 한 성문법이건 불문법이건 상관이 없고 또 공법이건 사법이건 불문하므로, 법령, 법률행위, 선행행위로 인한 경우는 물론이고 기타 신의성실의 원칙이나 사회상규 혹은 조리상 작위의무가 기대되는 경우에도 법적인 작위의무는 있다.
[2] 형법상 부작위범이 인정되기 위해서는 형법이 금지하고 있는 법익 침해의 결과 발생을 방지할 법적인 작위의무를 지고 있는 자가 그 의무를 이행함으로써 결과 발생을 쉽게 방지할 수 있었음에도 불구하고 그 결과의 발생을 용인하고 이를 방관한 채 그 의무를 이행하지 아니한 경우에, 그 부작위가 작위에 의한 법익 침해와 동등한 형법적 가치가 있는 것이어서 그 범죄의 실행행위로 평가될 만한 것이라면, 작위에 의한 실행행위와 동일하게 부작위범으로 처벌할 수 있다.
[3] 형법상 방조는 작위에 의하여 정범의 실행을 용이하게 하는 경우는 물론, 직무상의 의무가 있는 자가 정범의 범죄행위를 인식하면서도 그것을 방지하여야 할 제반조치를 취하지 아니하는 부작위로 인하여 정범의 실행행위를 용이하게 하는 경우에도 성립된다(대판 1996.9.6. 95도2551).

[❹ ▸ ×] 어떠한 범죄가 적극적 작위에 의하여 이루어질 수 있음은 물론 결과의 발생을 방지하지 아니하는 소극적 부작위에 의하여도 실현될 수 있는 경우에, 행위자가 자신의 신체적 활동이나 물리적·화학적 작용을 통하여 적극적으로 타인의 법익상황을 악화시킴으로써 결국 그 타인의 법익을 침해하기에 이르렀다면, 이는 작위에 의한 범죄로 봄이 원칙이고, 작위에 의하여 악화된 법익상황을 다시 되돌이키지 아니한 점에 주목하여 이를 부작위범으로 볼 것은 아니며, 나아가 악화되기 이전의 법익상황이, 그 행위자가 과거에 행한 또 다른 작위의 결과에 의하여 유지되고 있었다 하여 이와 달리 볼 이유가 없다(대판 2004.6.24. 2002도995).

[❺ ▸ ×] 진정부작위범 사이의 공동정범은 다수의 부작위범에게 공통된 의무가 부여되어 있고 그 의무를 공통으로 이행할 수 있을 때에만 성립한다(대판 2008.3.27. 2008도89).

정답 ②

2013년 변호사시험 문 16. ☑ 확인 Check! ○ △ ×

부작위범에 관한 설명 중 옳은 것을 모두 고른 것은?(다툼이 있는 경우에는 판례에 의함)

가. 하나의 행위가 작위범과 부작위범을 동시에 충족할 수는 없다.
나. 중고자동차 매매를 하면서 자신의 할부금융회사에 대한 할부금채무가 매수인에게 당연히 승계되는 것이 아니라는 이유로 그 할부금채무의 존재를 매수인에게 고지하지 아니한 매도인에게는 부작위에 의한 사기죄가 성립하지 않는다.
다. 전담의사가 중환자실에서 인공호흡기를 부착하고 치료를 받던 환자의 처의 요청에 따라 치료를 중단하고 퇴원조치를 함으로써 귀가 후 수련의의 인공호흡기 제거로 환자가 사망한 경우, 전담의사에게 작위에 의한 살인방조죄가 성립한다.
라. 모텔 방에 투숙 중 담배를 피운 후 담뱃불을 제대로 끄지 않은 중대한 과실로 화재를 일으킨 투숙객에게도 화재를 소화할 의무가 있음에도 모텔 주인이나 다른 투숙객에게 아무 말 없이 도망쳐 나와 다른 투숙객이 사망했다면, 비록 소화하기는 쉽지 않았더라도 부작위에 의한 현주건조물방화치사죄가 성립한다.
마. 법무사가 아닌 사람이 법무사로 소개되거나 호칭되는 데도 자신이 법무사가 아니라는 사실을 밝히지 않은 채 법무사 행세를 계속하면서 근저당권설정계약서를 작성해 준 경우, 법무사가 아님을 밝힐 계약상 또는 조리상 법적 의무가 있기는 하나, 이는 법무사 명칭을 사칭하는 경우와 동등한 형법적 가치가 있다고 할 수 없으므로 부작위에 의한 법무사법 위반죄(법무사명칭 사용금지)가 성립하지 않는다.

① 가, 다 ② 나, 다 ③ 라, 마
④ 가, 나, 다 ⑤ 나, 다, 마

[가 ▸ ×] 하나의 행위가 부작위범인 직무유기죄와 작위범인 범인도피죄의 구성요건을 동시에 충족하는 경우 공소제기권자는 재량에 의하여 작위범인 범인도피죄로 공소를 제기하지 않고 부작위범인 직무유기죄로만 공소를 제기할 수도 있다(대판 1999.11.26. 99도1904).

[나 ▸ ○] 중고자동차 매매에 있어서 매도인의 할부금융회사 또는 보증보험에 대한 할부금채무가 매수인에게 당연히 승계되는 것이 아니므로, 그 할부금채무의 존재를 매수인에게 고지하지 아니한 것은 부작위에 의한 기망에 해당하지 아니한다(대판 1998.4.14. 98도231).

[다 ▸ ○] 보호자가 의학적 권고에도 불구하고 치료를 요하는 환자의 퇴원을 간청하여 담당 전문의와 주치의가 치료중단 및 퇴원을 허용하는 조치를 취함으로써 환자를 사망에 이르게 한 행위에 대하여 보호자, 담당 전문의 및 주치의가 부작위에 의한 살인죄의 공동정범으로 기소된 경우, 담당 전문의와 주치의에게 환자의 사망이라는 결과 발생에 대한 정범의 고의는 인정되나 환자의 사망이라는 결과나 그에 이르는 사태의 핵심적 경과를 계획적으로 조종하거나 저지・촉진하는 등으로 지배하고 있었다고 보기는 어려워 공동정범의 객관적 요건인 이른바 기능적 행위지배가 흠결되어 있으므로, 작위에 의한 살인방조죄가 성립한다(대판 2004.6.24. 2002도995).

[라 ▸ ×] 모텔 방에 투숙하여 담배를 피운 후 재떨이에 담배를 끄게 되었으나 담뱃불이 완전히 꺼졌는지 여부를 확인하지 않은 채 불이 붙기 쉬운 휴지를 재떨이에 버리고 잠을 잔 과실로 담뱃불이 휴지와 침대시트에 옮겨 붙게 함으로써 화재가 발생한 경우, 위 화재가 중대한 과실 있는 선행행위로 발생한 이상 화재를 소화할 법률상 의무는 있다 할 것이나, 화재발생사실을 안 상태에서 모텔을 빠져나오면서도 모텔 주인이나 다른 투숙객들에게 이를 알리지 아니하였다는 사정만으로는 화재를 용이하게 소화할 수 있었다고 보기 어려우므로, 부작위에 의한 현주건조물방화치사상죄는 성립하지 아니한다(대판 2010.1.14. 2009도12109).

② 정답

[마 ▸ ×] 법무사가 아닌 사람이 법무사로 소개되거나 호칭되는 데에도 자신이 법무사가 아니라는 사실을 밝히지 않은 채 법무사 행세를 계속하면서 근저당권설정계약서를 작성한 경우, 부작위에 의한 법무사법 제3조 제2항 위반죄를 인정할 수 있다(대판 2008.2.28. 2007도9354).

2018년 변호사시험 문 6. ☑ 확인Check! ○ △ ×

부작위에 관한 설명 중 옳지 않은 것은?(다툼이 있는 경우 판례에 의함)

① 甲은 할부금융회사로부터 금융을 얻어 자동차를 매수한 후 乙에게 그 자동차를 매도하였는데, 계약 체결 당시 자동차에 대하여 저당권이 설정되거나 가압류된 사실이 없고 甲과 乙 사이의 계약조건에 할부금채무의 승계에 대한 내용도 없다면, 甲이 할부금채무의 존재를 乙에게 고지하지 않았더라도 사기죄가 성립하지 않는다.

② 신장결핵을 앓고 있는 甲이 乙보험회사가 정한 약관에 신장결핵을 포함한 질병에 대한 고지의무를 규정하고 있음을 알면서도 이를 고지하지 아니한 채 그 사실을 모르는 乙보험회사와 그 질병을 담보하는 보험계약을 체결한 후 신장결핵의 발병을 사유로 하여 보험금을 청구하여 수령한 경우, 甲에게는 사기죄가 성립한다.

③ 경찰서 형사과장인 甲이 압수물을 범죄혐의의 입증에 사용하도록 하는 등의 적절한 조치를 취하지 아니하고 피압수자에게 돌려준 경우, 甲에게는 작위범인 증거인멸죄만이 성립하고 부작위범인 직무유기죄는 따로 성립하지 아니한다.

④ 임대인 甲이 자신 소유의 여관건물에 대하여 임차인 乙과 임대차계약을 체결하면서 乙에게 당시 임대목적물에 관하여 법원의 경매개시결정에 따른 경매절차가 진행 중인 사실을 알리지 아니하였더라도, 乙이 등기부를 확인 또는 열람하는 것이 가능하였다면 기망행위가 있었다고 볼 수 없어, 甲에게는 사기죄가 성립하지 아니한다.

⑤ 토지소유자인 甲이 그 소유토지에 대하여 여객정류장시설을 설치하는 도시계획이 입안되어 있어 장차 위 토지가 수용될 것이라는 점을 알고 있었음에도, 이러한 사정을 모르는 매수인 乙에게 이러한 사실을 고지하지 않고 토지를 매도하고 매매대금을 수령하였다면, 甲에게는 사기죄가 성립한다.

[❶ ▸ ○] 중고자동차 매매에 있어서 매도인의 할부금융회사 또는 보증보험에 대한 할부금채무가 매수인에게 당연히 승계되는 것이 아니므로, 그 할부금채무의 존재를 매수인에게 고지하지 아니한 것은 부작위에 의한 기망에 해당하지 아니한다(대판 1998.4.14. 98도231).

[❷ ▸ ○] 신장결핵을 앓고 있는 사람이 보험회사가 정한 약관에 그 질병에 대한 고지의무를 규정하고 있음을 알면서도 이를 고지하지 아니한 채 그 사실을 모르는 보험회사와 그 질병을 담보하는 보험계약을 체결한 다음 바로 그 질병의 발병을 사유로 하여 보험금을 청구하였다면 특별한 사정이 없는 한 사기죄에 있어서의 기망행위 내지 편취의 범의를 인정할 수 있고, 보험회사가 그 사실을 알지 못한 데에 과실이 있다거나 고지의무 위반을 이유로 보험계약을 해제할 수 있다고 하여 사기죄의 성립에 영향이 생기는 것은 아니다(대판 2007.4.12. 2007도967).

[❸ ▸ ○] 경찰서 방범과장이 부하직원으로부터 음반·비디오물 및 게임물에 관한 법률 위반 혐의로 오락실을 단속하여 증거물로 오락기의 변조기판을 압수하여 사무실에 보관 중임을 보고받아 알고 있었음에도 그 직무상의 의무에 따라 위 압수물을 수사계에 인계하고 검찰에 송치하여 범죄혐의의 입증에 사용하도록 하는 등의 적절한 조치를 취하지 않고, 오히려 부하직원에게 위와 같이 압수한 변조기판을 돌려주라고 지시하여 오락실 업주에게 이를 돌려준 경우, 작위범인 증거인멸죄만이 성립하고 부작위범인 직무유기(거부)죄는 따로 성립하지 아니한다(대판 2006.10.19. 2005도3909[전합]).

[❹ ▸ ×] 임대인이 임대차계약을 체결하면서 임차인에게 임대목적물이 경매 진행 중인 사실을 알리지 아니한 경우, 임차인이 등기부를 확인 또는 열람하는 것이 가능하더라도 사기죄가 성립한다(대판 1998.12.8. 98도3263).

[❺ ▸ ○] 토지에 대하여 도시계획이 입안되어 있어 장차 협의매수되거나 수용될 것이라는 사정을 매수인에게 고지하지 아니한 행위는 부작위에 의한 사기죄를 구성한다(대판 1993.7.13. 93도14).

정답 ④

2015년 변호사시험 문 17.

☑ 확인Check! ○ △ ×

甲은 A의 아들이다. 술만 마시면 폭행을 하는 버릇이 있고 성격까지 포악한 A는 자신의 부인인 乙(甲의 모)과 甲을 지속적으로 학대하고 폭행하여 왔다. 甲은 A의 행패를 더 이상 참지 못하고 A를 살해하기로 마음먹었다. 어느 날 A가 술에 취하여 행패를 부리다가 잠이 든 사이에 甲은 A의 목을 졸랐다. A가 의식을 잃자 甲은 A가 죽은 것으로 생각하고 A를 차에 싣고 가서 무거운 돌을 매달아 한강에 빠뜨렸다. 乙은 甲이 A를 살해하는 줄 알고 있으면서도 A가 죽어도 좋다고 생각하여 그냥 자는 척했다. 나중에 A는 목 졸려 숨진 것이 아니라 익사한 것으로 밝혀졌다. 이상의 사례에서 甲과 乙의 죄책과 관련한 형법이론상의 논점과 관련이 없는 것은?

① 부진정부작위범의 보증인적 지위
② 정당화적 긴급피난이나 면책적 긴급피난
③ 개괄적 고의 또는 인과관계의 착오
④ 공범의 종속 정도
⑤ 원인에 있어서 자유로운 행위

1. 甲의 죄책과 관련된 논점

A를 살해하기 위하여 목을 조른 행위(제1행위)와 의식을 잃은 A를 한강에 빠뜨린 행위(제2행위)로 구분하면, 우선 제1행위에 의한 존속살해죄의 성부(형법 제250조 제2항)와 관련하여 제1행위가 아닌 제2행위로 인하여 구성요건적 결과가 발생하였으므로, 개괄적 고의 또는 인과관계의 착오가 문제된다. 다음으로 긴급피난의 본질에 대한 이분설에 의할 때, 위법성단계에서의 정당화적 긴급피난과 책임단계에서의 면책적 긴급피난의 성부를 검토하여야 한다. 제2행위는 A가 죽은 것으로 착각하고 사체유기의 고의로 존속살해죄를 범한 경우로, 추상적 사실의 착오 중 객체의 착오에 해당한다. 따라서 구성요건적 착오에 관한 학설에 의하여 해결되어야 한다.

2. 乙의 죄책과 관련된 논점

A의 처인 乙은 아들인 甲의 범행을 알면서도 이에 가공하였으므로, 부작위에 의한 살인죄의 성부와 관련하여 乙에게 A의 사망을 방지할 보증인지위가 인정되는지가 문제된다. 다음으로 정범인 甲의 행위에 부작위로 가담한 것이 공범에 해당한다는 공범설에 의할 때, 공범의 종속 정도를 살펴 공범 성립 여부를 검토하여야 한다.

3. 결 론

결국 사안과 관련하여 형법이론상의 논점과 관련이 없는 것은 ⑤ 원인에 있어서 자유로운 행위이다.

2019년 변호사시험 문 14.

☑ 확인Check! ○ △ ×

부작위범에 관한 설명 중 옳은 것은?(다툼이 있는 경우 판례에 의함)

① 교통사고의 결과가 피해자의 구호 및 교통질서의 회복을 위한 조치가 필요한 상황인 이상 도로교통법 제54조 제1항, 제2항이 규정한 교통사고 발생 시의 구호조치의무 및 신고의무는 교통사고를 발생시킨 당해 차량의 운전자에게 그 사고 발생에 있어서 고의·과실 혹은 유책·위법의 유무에 관계없이 부과된 의무이다.
② 보증인지위와 보증인의무의 체계적 지위를 구별하는 이분설에 따를 때 보증인지위와 보증인의무에 대한 착오는 구성요건적 착오에 해당한다.
③ 부작위범에 대한 교사범은 보증인지위에 있는 자로 한정된다.
④ 부작위범을 도구로 이용한 간접정범은 불가능하다.
⑤ 민법상 부부간의 부양의무에 근거한 법률상 보호의무인 작위의무는 법률상 부부의 경우에 한정되므로 사실혼관계에서는 인정될 여지가 없다.

⑤ / ① 정답

[❶ ▸ O] 도로교통법 제50조 제1항, 제2항이 규정한 교통사고 발생 시의 구호조치의무 및 신고의무는 교통사고의 결과가 피해자의 구호 및 교통질서의 회복을 위한 조치가 필요한 상황인 이상 그 의무는 교통사고를 발생시킨 당해 차량의 운전자에게 그 사고 발생에 있어서 고의·과실 혹은 유책·위법의 유무에 관계없이 부과된 의무라고 해석함이 상당할 것이므로, 당해 사고에 있어 귀책사유가 없는 경우에도 위 의무가 없다 할 수 없고, 또 위 의무는 신고의무에만 한정되는 것이 아니므로 타인에게 신고를 부탁하고 현장을 이탈하였다고 하여 위 의무를 다한 것이라고 말할 수는 없다(대판 2002.5.24. 2000도1731).

[❷ ▸ X] 이분설에 의할 때 보증인지위에 대한 착오는 구성요건적 착오에 해당하고, 보증인의무에 대한 착오는 금지착오가 된다.

[❸ ▸ X] 부작위범에 대한 교사범은 적극적 작위에 의한 것이므로 보증인지위를 요하지 아니한다.

[❹ ▸ X] 보증인지위에 있는 사람을 협박하여 부작위하게 하는 경우, 행위자에게 의사지배가 인정된다면 간접정범이 성립한다.

[❺ ▸ X] 형법 제271조 제1항에서 말하는 법률상 보호의무 가운데는 민법 제826조 제1항에 근거한 부부간의 부양의무도 포함되며, 나아가 법률상 부부는 아니지만 사실혼관계에 있는 경우에도 위 민법 규정의 취지 및 유기죄의 보호법익에 비추어 위와 같은 법률상 보호의무의 존재를 긍정하여야 하지만, 사실혼에 해당하여 법률혼에 준하는 보호를 받기 위하여는 단순한 동거 또는 간헐적인 정교관계를 맺고 있다는 사정만으로는 부족하고, 그 당사자 사이에 주관적으로 혼인의 의사가 있고 객관적으로도 사회관념상 가족질서적인 면에서 부부공동생활을 인정할 만한 혼인생활의 실체가 존재하여야 한다(대판 2008.2.14. 2007도3952).

2014년 변호사시험 문 11. ☑ 확인 Check! ○ △ ×

부작위범에 관한 설명 중 옳은 것은?(다툼이 있는 경우에는 판례에 의함)

① 생존가능성이 있는 환자를 보호자의 요구로 치료를 중단하고 퇴원을 지시하여 사망하게 한 의사의 경우에는 치료 중단이라는 부분에 비난의 중점이 있기 때문에 부작위범으로 평가된다.
② 부진정부작위범의 성립요건과 관련하여 보증인지위와 보증의무의 체계적 지위를 나누는 이분설에 따르면 부작위행위자의 보증의무에 관한 착오는 구성요건적 착오에 해당한다.
③ 미성년자를 유인하여 포박·감금한 자가 중간에 살해의 고의를 가지고 계속 방치하여 사망케 하였다면 감금행위자에게도 보증인지위 내지 보증의무가 인정되어 부작위에 의한 살인죄의 성립을 인정하여야 한다.
④ 과실에 의한 교사와 방조가 모두 불가능하듯이 부작위에 의한 교사와 방조도 모두 불가능하다.
⑤ 매매대상 토지에 대하여 도시계획이 입안되어 협의수용될 것을 알고 있는 매도인이 이러한 사실을 모르는 매수인에게 이 같은 사실을 고지하지 아니하고 매도하였더라도 매수인에게 소유권이전등기가 완료되었다면 부작위에 의한 사기죄가 성립하지 않는다.

[❶ ▸ X] 보호자가 의학적 권고에도 불구하고 치료를 요하는 환자의 퇴원을 간청하여 담당 전문의와 주치의가 치료중단 및 퇴원을 허용하는 조치를 취함으로써 환자를 사망에 이르게 한 행위에 대하여 보호자, 담당 전문의 및 주치의가 부작위에 의한 살인죄의 공동정범으로 기소된 경우, 담당 전문의와 주치의에게 환자의 사망이라는 결과 발생에 대한 정범의 고의는 인정되나 환자의 사망이라는 결과나 그에 이르는 사태의 핵심적 경과를 계획적으로 조종하거나 저지·촉진하는 등으로 지배하고 있었다고 보기는 어려워 공동정범의 객관적 요건인 이른바 기능적 행위지배가 흠결되어 있으므로, 작위에 의한 살인방조죄가 성립한다(대판 2004.6.24. 2002도995).

정답 ③

[❷ ▸ ×] 이분설에 의할 때 보증인지위에 대한 착오는 구성요건적 착오에 해당하고, 보증인의무에 대한 착오는 금지착오에 해당한다.

[❸ ▸ ○] 피고인이 미성년자를 유인하여 포박·감금한 후 단지 그 상태를 유지하였을 뿐인데도 피감금자가 사망에 이르게 된 것이라면 피고인의 죄책은 감금치사죄에 해당한다 하겠으나, 나아가서 그 감금상태가 계속된 어느 시점에서 피고인에게 살해의 범의가 생겨 피감금자에 대한 위험 발생을 방지함이 없이 포박·감금상태에 있던 피감금자를 그대로 방치함으로써 사망케 하였다면 피고인의 부작위는 살인죄의 구성요건적 행위를 충족하는 것이라고 평가하기에 충분하므로 부작위에 의한 살인죄를 구성한다(대판 1982.11.23. 82도2024).

[❹ ▸ ×] 부작위에 의한 교사는 불가능하나, 부작위자에게 보증인지위가 인정된다면 부작위에 의한 방조는 가능하다.

[❺ ▸ ×] 토지에 대하여 도시계획이 입안되어 있어 장차 협의매수되거나 수용될 것이라는 사정을 매수인에게 고지하지 아니한 행위는 부작위에 의한 사기죄를 구성한다(대판 1993.7.13. 93도14).

제3절 인과관계와 객관적 귀속 ☆

2018년 변호사시험 문 5. ☑ 확인Check! ○ △ ×

인과관계에 관한 설명 중 옳지 않은 것은?(다툼이 있는 경우 판례에 의함)

① 공동정범관계에 있는 여러 사람의 행위가 경합하여 하나의 결과가 발생되었으나 그 결과 발생의 원인행위가 밝혀지지 아니한 경우에는 각 행위자를 미수범으로 처벌해야 한다.
② 사기죄가 성립하려면 행위자의 기망행위, 피기망자의 착오와 그에 따른 처분행위 그리고 행위자 등의 재물이나 재산상 이익의 취득이 있고, 그 사이에 순차적인 인과관계가 존재하여야 한다.
③ 살인의 실행행위와 피해자의 사망과의 사이에 다른 사실이 개재되어 그 사실이 치사의 직접적인 원인이 되었다고 하더라도 그와 같은 사실이 통상 예견할 수 있는 것에 지나지 않는다면 살인의 실행행위와 피해자의 사망과의 사이에 인과관계가 인정된다.
④ 부작위에 의한 살인에 있어서 작위의무를 이행하였다면 사망의 결과가 발생하지 않았을 것이라는 관계가 인정될 경우, 부작위와 사망의 결과 사이에 인과관계가 인정된다.
⑤ 전문적으로 대출을 취급하면서 차용인에 대한 체계적인 신용조사를 행하는 금융기관이 금원을 대출한 경우에는, 비록 대출신청 당시 차용인에게 변제기 안에 대출금을 변제할 능력이 없었고, 자체 신용조사 결과에는 관계없이 "변제기 안에 대출금을 변제하겠다"는 취지의 차용인 말만을 그대로 믿고 대출하였다고 하더라도, 차용인의 이러한 기망행위와 금융기관의 대출행위 사이에 인과관계를 인정할 수는 없다.

[❶ ▸ ×] 공동정범 사이에 공동가공의 의사가 존재한다면 동시범의 문제는 고려할 여지가 없으므로, 결과가 발생되었으나 그 결과 발생의 원인행위가 밝혀지지 아니한 경우라도 공동정범으로 처벌된다.

[❷ ▸ ○] 사기죄는 타인을 기망하여 착오에 빠뜨리고 그로 인하여 피기망자(기망행위의 상대방)가 처분행위를 하도록 유발하여 재물 또는 재산상의 이익을 얻음으로써 성립하는 범죄이다. 따라서 사기죄가 성립하려면 행위자의 기망행위, 피기망자의 착오와 그에 따른 처분행위, 그리고 행위자 등의 재물이나 재산상 이익의 취득이 있고, 그 사이에 순차적인 인과관계가 존재하여야 한다(대판 2017.9.26. 2017도8449).

① 정답

[❸ ▸ ○] 살인의 실행행위가 피해자의 사망이라는 결과를 발생하게 한 유일한 원인이거나 직접적인 원인이어야만 되는 것은 아니므로, 살인의 실행행위와 피해자의 사망과의 사이에 다른 사실이 개재되어 그 사실이 치사의 직접적인 원인이 되었다고 하더라도 그와 같은 사실이 통상 예견할 수 있는 것에 지나지 않는다면 살인의 실행행위와 피해자의 사망과의 사이에 인과관계가 있는 것으로 보아야 한다(대판 1994.3.22. 93도3612).

[❹ ▸ ○] 법익 침해의 태양과 정도 등에 따라 요구되는 개별적·구체적인 구호의무를 이행함으로써 사망의 결과를 쉽게 방지할 수 있음에도 그에 이르는 사태의 핵심적 경과를 그대로 방관하여 사망의 결과를 초래하였다면, 부작위는 작위에 의한 살인행위와 동등한 형법적 가치를 가지고, 작위의무를 이행하였다면 결과가 발생하지 않았을 것이라는 관계가 인정될 경우에는 작위를 하지 않은 부작위와 사망의 결과 사이에 인과관계가 있다(대판 2015.11.12. 2015도6809[전합]).

[❺ ▸ ○] 일반 사인이나 회사가 금원을 대여한 경우와는 달리 전문적으로 대출을 취급하면서 차용인에 대한 체계적인 신용조사를 행하는 금융기관이 금원을 대출한 경우에는, 비록 대출신청 당시 차용인에게 변제기 안에 대출금을 변제할 능력이 없었고, 금융기관으로서 자체 신용조사 결과에는 관계없이 "변제기 안에 대출금을 변제하겠다"는 취지의 차용인 말만을 그대로 믿고 대출하였다고 하더라도, 차용인의 이러한 기망행위와 금융기관의 대출행위 사이에 인과관계를 인정할 수는 없다 할 것이다(대판 2000.6.27. 2000도1155).

제4절 구성요건적 고의 ★

2018년 변호사시험 문 12. ☑ 확인Check! ○ △ ×

고의에 관한 설명 중 옳지 않은 것은?(다툼이 있는 경우 판례에 의함)

① 자신이 흉기를 휴대한 사실을 알지 못하고 타인의 집에 들어가 절도한 경우, 흉기 휴대의 고의가 인정되지 않으므로 특수(흉기 휴대)절도로 처벌할 수 없다.

② 미필적 고의가 인정되기 위해서는 결과 발생의 가능성에 대한 인식이 있음은 물론 나아가 결과 발생을 용인하는 내심의 의사가 있음을 요한다.

③ 건장한 체격의 군인이 왜소한 체격의 사람을 폭행하고 특히 급소인 목을 설골이 부러질 정도로 세게 졸라 사망하게 한 경우에는 살인의 고의가 인정된다.

④ 예리한 식도로 타인의 하복부를 찔러 직경 5센티미터, 깊이 15센티미터 이상의 자상을 입힌 결과 그 타인이 내장파열 및 다량의 출혈뿐만 아니라 자창의 감염으로 인해 사망에 이른 경우에는 행위자에게 고의에 의한 살인의 죄책을 물을 수 없다.

⑤ 부작위에 의한 살인의 경우에는 생명의 침해를 방지할 법적 작위의무를 가지고 있는 자가 의무를 이행함으로써 생명의 침해를 쉽게 방지할 수 있었음을 예견하고도 생명의 침해를 용인하고 이를 방관한 채 의무를 이행하지 아니한다는 인식이 있었다면 살인의 고의가 인정된다.

[❶ ▸ ○] 형법 제331조 제2항의 흉기휴대절도죄에 의하면, 흉기를 휴대한 사실은 객관적 구성요건요소에 해당하여 당연히 이에 대한 인식이 필요하므로, 행위자가 흉기를 휴대한 사실을 알지 못하고 타인의 집에 들어가 절도한 경우, 특수절도는 성립하지 아니한다.

[❷ ▸ ○] 미필적 고의라 함은 결과의 발생이 불확실한 경우, 즉 행위자에 있어서 그 결과 발생에 대한 확실한 예견은 없으나 그 가능성은 인정하는 것으로, 이러한 미필적 고의가 있었다고 하려면 결과 발생의 가능성에 대한 인식이 있음은 물론 나아가 결과 발생을 용인하는 내심의 의사가 있음을 요한다(대판 1987.2.10. 86도2338).

정답 ④

[❸ ▸ O] 건장한 체격의 군인이 왜소한 체격의 피해자를 폭행하고 특히 급소인 목을 설골이 부러질 정도로 세게 졸라 사망케 한 행위에는 살인의 범의가 있다(대판 2001.3.9. 2000도5590).

[❹ ▸ X] 피고인이 예리한 식도로 피해자의 하복부를 찔러 직경 5센티, 길이 15센티미터 이상의 자상을 입힌 결과 사망하였다면 일반적으로 내장파열 및 다량의 출혈과 자창의 감염으로 사망의 결과를 발생하게 하리라는 점을 경험상 예견할 수 있는 것이므로 피고인에게 살인의 결과에 대한 확정적 고의는 없다 치더라도 미필적 인식은 있었다고 볼 것이다(대판 1982.12.28. 82도2525).

[❺ ▸ O] 부진정부작위범의 고의는 반드시 구성요건적 결과 발생에 대한 목적이나 계획적인 범행의도가 있어야 하는 것은 아니고 법익 침해의 결과 발생을 방지할 법적 작위의무를 가지고 있는 사람이 의무를 이행함으로써 결과 발생을 쉽게 방지할 수 있었음을 예견하고도 결과 발생을 용인하고 이를 방관한 채 의무를 이행하지 아니한다는 인식을 하면 족하다(대판 2015.11.12. 2015도6809[전합]).

2017년 변호사시험 문 9. ☑ 확인Check! O △ X

고의에 관한 설명 중 옳지 않은 것을 모두 고른 것은?(다툼이 있는 경우 판례에 의함)

ㄱ. 부진정부작위범의 고의는 결과 발생을 쉽게 방지할 수 있었음을 예견하고도 결과 발생을 용인하고 이를 방관하는 미필적 고의만으로는 족하지 않다.
ㄴ. 부진정결과적 가중범의 경우 중한 결과에 대한 고의가 있어도 결과적 가중범이 성립한다.
ㄷ. 일반물건방화죄의 경우 '공공의 위험 발생'은 고의의 내용이므로 행위자는 이를 인식할 필요가 있다.
ㄹ. 친족상도례가 적용되기 위하여는 친족관계가 객관적으로 존재하고, 행위자가 이를 인식하여야 한다.
ㅁ. 형법 제331조 제2항(흉기휴대절도)의 특수절도죄에서 행위자는 흉기를 휴대하고 있다는 사실을 인식할 필요가 없다.

① ㄱ, ㄴ ② ㄴ, ㄷ ③ ㄱ, ㄷ, ㅁ
④ ㄱ, ㄹ, ㅁ ⑤ ㄷ, ㄹ, ㅁ

[ㄱ ▸ X] 부진정부작위범의 고의는 반드시 구성요건적 결과 발생에 대한 목적이나 계획적인 범행의도가 있어야 하는 것은 아니고 법익 침해의 결과 발생을 방지할 법적 작위의무를 가지고 있는 사람이 의무를 이행함으로써 결과 발생을 쉽게 방지할 수 있었음을 예견하고도 결과 발생을 용인하고 이를 방관한 채 의무를 이행하지 아니한다는 인식을 하면 족하며, 이러한 작위의무자의 예견 또는 인식 등은 확정적인 경우는 물론 불확정적인 경우이더라도 미필적 고의로 인정될 수 있다(대판 2015.11.12. 2015도6809[전합]).

[ㄴ ▸ O] 부진정결과적 가중범은 중한 결과에 대하여 과실이 있는 경우뿐만 아니라 고의가 있는 경우에도 성립한다.

[ㄷ ▸ O] 구체적 위험범으로서의 일반물건방화죄(형법 제167조)는 자기소유·타인소유를 불문하고 공공의 위험에 대한 인식을 요한다.

[ㄹ ▸ X] 처벌조건에 해당하는 친족상도례는 구성요건요소가 아니므로 인식할 필요가 없다.

[ㅁ ▸ X] 형법 제331조 제2항의 흉기휴대절도죄에 의하면, 흉기를 휴대한 사실은 객관적 구성요건요소에 해당하여 당연히 이에 대한 인식이 필요하다.

④ 정답

제5절 구성요건적 착오 ★☆

2019년 변호사시험 문 4. ☑ 확인Check! ○ △ ×

착오에 관한 설명 중 옳지 않은 것을 모두 고른 것은?(다툼이 있는 경우 판례에 의함)

ㄱ. 객관적으로는 존재하지도 않는 구성요건적 사실을 행위자가 적극적으로 존재한다고 생각한 '반전된 구성요건적 착오'는 형법상 불가벌이다.
ㄴ. 甲이 절취한 물건이 자신의 아버지 소유인 줄 오신했다 하더라도 그 오신은 형면제사유에 관한 것으로서 절도죄의 성립이나 처벌에 아무런 영향을 미치지 않는다.
ㄷ. 절도죄에 있어서 재물의 타인성을 오신하여 그 재물이 자기에게 취득할 것이 허용된 동일한 물건으로 오인하고 가져온 경우에는 범죄사실에 대한 인식이 있다고 할 수 없으므로 범의가 조각되어 절도죄가 성립하지 아니한다.
ㄹ. 甲이 상해의 고의로 A에게 상해를 가함으로써 A가 바닥에 쓰러진 채 정신을 잃고 빈사상태에 빠지자, A가 사망한 것으로 오인하고 자신의 행위를 은폐하고 A가 자살한 것처럼 가장하기 위하여 A를 절벽 아래로 떨어뜨려 A로 하여금 현장에서 사망에 이르게 하였다면, 甲의 상해행위는 A에 대한 살인에 흡수되어 단일의 살인죄만 성립한다.
ㅁ. 甲이 A를 살해하기 위해 A를 향하여 총을 쏘았으나 총알이 빗나가 A의 옆에 있던 B에게 맞아 B가 즉사한 경우, 구성요건적 착오에 관한 구체적 부합설에 의하면 甲에게는 B에 대한 살인죄의 죄책이 인정되지 않는다.

① ㄱ, ㄷ ② ㄱ, ㄹ ③ ㄴ, ㄷ, ㄹ
④ ㄴ, ㄹ, ㅁ ⑤ ㄷ, ㄹ, ㅁ

[ㄱ ▸ ×] 반전된 구성요건적 착오는 불능미수에 해당하므로, 실행의 수단 또는 대상의 착오로 인하여 결과의 발생이 불가능하더라도 위험성이 있는 때에는 처벌한다(형법 제27조 본문).

[ㄴ ▸ ○] 처벌조건에 해당하는 친족상도례는 구성요건요소가 아니므로 인식할 필요가 없다.

[ㄷ ▸ ○] 절도죄에 있어서 재물의 타인성을 오신하여 그 재물이 자기에게 취득(빌린 것)할 것이 허용된 동일한 물건으로 오인하고 가져온 경우에는 범죄사실에 대한 인식이 있다고 할 수 없으므로 범의가 조각되어 절도죄가 성립하지 아니한다(대판 1983.9.13. 83도1762).

[ㄹ ▸ ×] 피고인의 구타행위로 상해를 입은 피해자가 정신을 잃고 빈사상태에 빠지자 사망한 것으로 오인하고, 자신의 행위를 은폐하고 피해자가 자살한 것처럼 가장하기 위하여 피해자를 베란다 아래의 바닥으로 떨어뜨려 사망케 하였다면, 피고인의 행위는 포괄하여 단일의 상해치사죄에 해당한다(대판 1994.11.4. 94도2361).

[ㅁ ▸ ○] 지문은 구체적 사실의 착오 중 방법의 착오에 해당하는데, 구체적 부합설은 인식한 사실에 대한 미수와 발생한 사실에 대한 과실의 상상적 경합으로써 방법의 착오를 해결하므로, 甲에게는 A에 대한 살인미수죄와 B에 대한 과실치사죄가 인정된다.

정답 ②

2016년 변호사시험 문 3. ☑ 확인Check! ○ △ ×

甲은 자기 부인을 희롱하는 이웃 남자를 살해할 의사로 머리를 돌로 내리쳐(제1행위) 피해자가 뇌진탕 등으로 인하여 정신을 잃고 축 늘어지자 그가 죽은 것으로 오인하고 증거를 인멸할 목적으로 피해자를 개울가로 끌고 가 땅에 파묻었는데(제2행위) 후에 실제로는 질식으로 인한 사망으로 밝혀졌다. 이에 관한 설명 중 옳지 않은 것은?

① 위 사례는 연결된 두 개의 행위로 결과가 발생하였으나 甲은 행위의 진행과정을 오인하여 자기가 의도한 결과가 제1행위에 의하여 이미 실현되었다고 믿은 경우로서 인과관계의 착오의 한 유형으로 보는 견해가 있다.
② 위 사례에서 甲이 인과관계의 본질적 부분을 착오한 경우 발생 결과의 고의기수범의 성립을 인정하지 않는 견해는 구체적으로 일반의 생활경험상 예상할 수 있는 범위 내의 착오인 경우를 본질적 부분의 착오로 본다.
③ 위 사례의 사실적 측면을 중시하여 제1행위와 제2행위를 두 개의 독립적인 행위로 보는 견해에 의하면, 살인미수죄와 과실치사죄가 성립하는 것으로 본다.
④ 제1행위에 인정된 고의를 제2행위에 대한 고의로도 인정하는 견해에 의하면 甲에게 살인기수 책임이 인정된다.
⑤ 위 사례의 전 과정을 개괄적으로 보면 피해자의 살해라는 처음에 예견된 사실이 결국은 실현된 것으로서 甲은 살인기수의 죄책을 면할 수 없다는 것이 판례의 입장이다.

[❶ ▸ ○] 인과관계 착오설에 의하면, 결과 발생의 결정적 원인은 고의가 존재하는 제1행위이고 인과과정의 상위는 비본질적이므로, 발생한 결과의 고의기수범이 성립한다.

[❷ ▸ ×] 구성요건적 착오설에 의하면, 일반의 생활경험상 예상할 수 있는 범위 내의 착오는 비본질적 부분의 착오이므로, 발생한 결과의 고의기수범이 성립한다.

[❸ ▸ ○] 미수와 과실의 경합범설에 의하면, 제1행위의 미수와 제2행위의 과실의 실체적 경합을 인정하므로, 지문의 경우에는 살인미수죄와 과실치사죄의 실체적 경합이 성립한다.

[❹ ▸ ○] 개괄적 고의설에 의하면, 제2행위를 포함하여 하나의 고의기수범이 성립한다.

[❺ ▸ ○] 피해자가 피고인의 구타행위로 인해 직접 사망한 것이 아니라 죄적을 인멸할 목적으로 행한 매장행위에 의해 사망하게 되었더라도 전 과정을 개괄적으로 보면 피해자의 살해라는 애초의 예견사실이 결국 실현된 것이기 때문에 살인죄의 죄책을 면할 수 없다(대판 1988.6.28, 88도650).

2013년 변호사시험 문 1. ☑ 확인Check! ○ △ ×

다음 사례와 법 적용 사이의 연결이 옳지 않은 것은?(다툼이 있는 경우에는 판례에 의함)

① 평소 주의가 산만한 甲은 식당에서 다른 사람의 우산을 자기 것인 줄 알고 가지고 나왔다 – 甲에게는 절도죄의 고의가 없으므로 절도죄로 처벌하지 못한다.
② 甲은 호텔에 함께 투숙한 A에게 상해를 가하고 A가 정신을 잃자 사망한 것으로 오인하고 자살한 것처럼 위장하기 위하여 베란다 아래로 A를 떨어뜨려 두개골 골절로 사망케 하였다 – 甲의 행위는 포괄하여 단일의 상해치사죄로 처벌된다.
③ 甲은 상해의 고의로 사람에게 돌을 던졌으나 빗나가서 그 옆에 있던 마을주민이 세운 장승에 맞았고, 장승의 일부가 손괴되었다 – 甲의 행위는 추상적 사실의 착오에 해당하여 상해미수죄와 과실재물손괴죄의 상상적 경합으로 처벌된다.
④ 甲은 A를 죽이려고 목을 졸랐는데 기절한 모습을 보고 사망한 것으로 알고 모래에 파묻었으나 부검 결과 A는 목이 졸려 사망한 것이 아니라 모래에 묻혀 질식사한 것으로 판명되었다 – 甲의 행위를 개괄적 고의로 파악하는 견해에 의하면 살인죄로 처벌된다.
⑤ 甲이 A를 살해할 의사로 농약 1포를 숭늉 그릇에 넣어서 A의 식당에 놓아두었는데, 그 정을 알지 못한 A의 장녀 B가 마시고 사망하였다 – 甲은 B에 대한 살인죄로 처벌된다.

 ② / ③ 정답

[❶ ▸ O] 절도죄에 있어서 재물의 타인성을 오신하여 그 재물이 자기에게 취득(빌린 것)할 것이 허용된 동일한 물건으로 오인하고 가져온 경우에는 범죄사실에 대한 인식이 있다고 할 수 없으므로 범의가 조각되어 절도죄가 성립하지 아니한다(대판 1983.9.13. 83도1762). 따라서 甲은 절도죄로 처벌되지 아니한다.

[❷ ▸ O] 피고인의 구타행위로 상해를 입은 피해자가 정신을 잃고 빈사상태에 빠지자 사망한 것으로 오인하고, 자신의 행위를 은폐하고 피해자가 자살한 것처럼 가장하기 위하여 피해자를 베란다 아래의 바닥으로 떨어뜨려 사망케 하였다면, 피고인의 행위는 포괄하여 단일의 상해치사죄에 해당한다(대판 1994.11.4. 94도2361).

[❸ ▸ ×] 甲의 행위는 추상적 사실의 착오 중 방법의 착오에 해당하는데, 법정적 부합설에 의하면 인식한 사실에 대한 미수와 발생한 사실에 대한 과실의 상상적 경합이 성립하나, 과실재물손괴죄의 경우에는 처벌규정이 없으므로 상해미수죄로만 처벌된다.

[❹ ▸ O] 개괄적 고의설에 의하면 제2행위를 포함하여 하나의 고의기수범의 성립을 인정하므로, 甲은 A에 대한 살인죄로 처벌된다.

[❺ ▸ O] 지문은 구체적 사실의 착오 중 방법의 착오에 해당하는데, 법정적 부합설에 의하면 발생한 사실에 대한 고의기수를 인정하므로, 甲은 B에 대한 살인죄로 처벌된다.

제6절 과실범 ★☆

2013년 변호사시험 문 14. ☑ 확인Check! O △ ×

과실범에 관한 설명 중 옳지 않은 것은?(다툼이 있는 경우에는 판례에 의함)

① 피해자의 승낙은 과실범의 경우에 위법성조각사유가 되지 않는다.
② 신뢰의 원칙은 허용된 위험의 원리와 더불어 주의의무를 제한하는 기능을 수행하고 의사와 약사 사이는 물론이고 약사와 제약회사 사이에서도 적용될 수 있다.
③ 의료과오사건에서 의사의 과실 유무를 판단할 때에는 동일 업종에 종사하는 일반적 보통인의 주의 정도를 표준으로 하고, 사고 당시의 일반적인 의학수준과 의료환경 및 조건 등을 고려하여야 한다.
④ 주의의무의 판단기준에 관한 주관설에 따르면 행위자가 평균인 이하의 능력을 가졌기 때문에 결과 발생을 예견할 가능성이 없었더라면 과실범의 불법은 부정될 수 있다.
⑤ 행정상의 단속을 주 내용으로 하는 법규라고 하더라도 명문규정이 있거나 해석상 과실범도 벌할 뜻이 명확한 경우를 제외하고는 형법의 원칙에 따라 고의가 있어야 벌할 수 있다.

[❶ ▸ ×] 고의범뿐만 아니라 과실범의 경우에도 피해자의 승낙에 의한 법익 침해행위가 가능하다.

[❷ ▸ O] 신뢰의 원칙은 객관적 주의의무를 제한하는 원리로서 기능하며, 판례는 교통사고 이외에도 분업적 공동작업이 필요한 모든 경우로 그 적용범위를 확대하고 있다.

[❸ ▸ O] 의료사고에 있어서 의사의 과실을 인정하기 위해서는 의사가 결과 발생을 예견할 수 있었음에도 불구하고 그 결과 발생을 예견하지 못하였고, 그 결과 발생을 회피할 수 있었음에도 불구하고 그 결과 발생을 회피하지 못한 과실이 검토되어야 하고, 그 과실의 유무를 판단함에는 같은 업무와 직무에 종사하는 일반적 보통인의 주의 정도를 표준으로 하여야 하며, 이에는 사고 당시의 일반적인 의학의 수준과 의료환경 및 조건, 의료행위의 특수성 등이 고려되어야 한다(대판 2003.1.10. 2001도3292).

정답 ①

[❹ ▸ ○] 주의의무 위반 여부를 개인의 주의능력을 기준으로 판단하여야 한다는 주관설에 의하면, 행위자가 평균인 이하의 능력을 가진 경우에는 과실범의 성립범위가 축소되므로, 결과 발생을 예견할 가능성이 없었더라면 과실범의 불법은 부정될 수 있다.

[❺ ▸ ○] 행정상의 단속을 주안으로 하는 법규라 하더라도 '명문규정이 있거나 해석상 과실범도 벌할 뜻이 명확한 경우'를 제외하고는 형법의 원칙에 따라 '고의'가 있어야 벌할 수 있다(대판 2010.2.11. 2009도9807).

2018년 변호사시험 문 1. ☑ 확인 Check! ○ △ ×

과실범의 주의의무에 관한 설명 중 옳은 것(○)과 옳지 않은 것(×)을 올바르게 조합한 것은?(다툼이 있는 경우 판례에 의함)

ㄱ. 의사가 특정 진료방법을 선택하여 진료를 하였다면 해당 진료방법 선택과정에 합리성이 결여되어 있다고 볼 만한 사정이 없는 이상, 진료의 결과만을 근거로 하여 그 진료방법을 선택한 것이 과실에 해당한다고 말할 수 없다.

ㄴ. 소유자가 건물을 임대한 경우, 그 건물의 전기배선이 벽 내부에 매립・설치되어 건물 구조의 일부를 이루고 있다면 그에 관한 관리책임은 통상적으로 건물을 직접 사용하는 임차인이 아닌 소유자에게 있어, 특별한 사정이 없는 한 소유자가 전기배선의 하자로 인한 화재를 예방할 주의의무를 부담한다.

ㄷ. 공사도급계약의 경우 원칙적으로 도급인에게는 수급인의 업무와 관련하여 사고 방지에 필요한 안전조치를 취할 주의의무가 없으므로, 도급인이 수급인의 공사시공 및 개별작업에 구체적인 지시를 하는 등의 관여를 하였더라도, 수급인의 업무와 관련하여 사고 방지에 필요한 안전조치를 취할 주의의무를 부담하지 않는다.

ㄹ. 금은방을 운영하는 자는 전당물을 취득함에 있어 좀 더 세심한 주의를 기울였다면 그 물건이 장물임을 알 수 있는 특별한 사정이 있다면, 신원확인절차를 거치는 이외에 매수물품의 성질과 종류 및 매도자의 신원 등에 더 세심한 주의를 기울여 전당물인 귀금속이 장물인지의 여부를 확인할 주의의무를 부담한다.

ㅁ. 甲이 함께 술을 마신 乙과 도로 중앙선에 잠시 서 있다가 지나가는 차량의 유무를 확인하지 아니하고, 고개를 숙인 채 서 있는 乙의 팔을 갑자기 끌어당겨 도로를 무단횡단하던 도중에 지나가던 차량에 乙이 충격당하여 사망한 경우, 甲이 만취하여 사리분별능력이 떨어진 상태라면 甲에게 차량의 통행 여부 및 횡단 가능 여부를 확인할 주의의무가 있다고 볼 수 없다.

① ㄱ(○), ㄴ(×), ㄷ(×), ㄹ(×), ㅁ(○)
② ㄱ(×), ㄴ(×), ㄷ(○), ㄹ(×), ㅁ(○)
③ ㄱ(○), ㄴ(○), ㄷ(×), ㄹ(○), ㅁ(×)
④ ㄱ(×), ㄴ(○), ㄷ(○), ㄹ(○), ㅁ(×)
⑤ ㄱ(○), ㄴ(○), ㄷ(×), ㄹ(○), ㅁ(○)

[ㄱ ▸ ○] 의사는 환자의 상황과 당시의 의료수준 그리고 자기의 지식경험에 따라 적절하다고 판단되는 방법을 선택하여 진료할 수 있으므로, 진료방법 선택에 관한 의사의 판단이 합리적인 범위를 벗어난 것이 아닌 한 특정한 진료방법을 선택한 결과가 좋지 않았다는 사정만으로 바로 의료과실이 있다고 평가할 수는 없다(대판 2013.4.26. 2011다29666).

[ㄴ ▸ ○] 주택 기타 건물 또는 그 일부의 임차인이 임대인으로부터 목적물을 인도받아 점유・용익하고 있는 동안에 목적물이 화재로 멸실된 경우, 그 화재가 건물소유자 측이 설치하여 건물구조의 일부를 이루는 전기배선과 같이 임대인이 지배・관리하는 영역에 존재하는 하자로 인하여 발생한 것으로 추단된다면, 그 하자를 보수・제거하는 것은 임대차목적물을 사용・수익하기에 필요한 상태로 유지할 의무를 부담하는 임대인의 의무에 속하는 것이므로, 그 화재로 인한 목적물반환의무의 이행불능 등에 관한 손해배상책임을 임차인에게 물을 수 없다(대판 2009.5.28. 2009다13170). 따라서 임대인(소유자)에게 전기배선의 하자로 인한 화재를 예방할 주의의무가 있다고 하여야 한다.

③ 정답

[ㄷ ▸ ×] 원칙적으로 도급인에게는 수급인의 업무와 관련하여 사고 방지에 필요한 안전조치를 취할 주의의무가 없으나, 법령에 의하여 도급인에게 수급인의 업무에 관하여 구체적인 관리·감독의무 등이 부여되어 있거나 도급인이 공사의 시공이나 개별작업에 관하여 구체적으로 지시·감독하였다는 등의 특별한 사정이 있는 경우에는 도급인에게도 수급인의 업무와 관련하여 사고 방지에 필요한 안전조치를 취할 주의의무가 있다(대판 2009.5.28. 2008도7030).

[ㄹ ▸ ○] 금은방을 운영하는 자가 귀금속류를 매수함에 있어 매도자의 신원확인절차를 거쳤다고 하여도 장물인지의 여부를 의심할 만한 특별한 사정이 있거나, 매수물품의 성질과 종류 및 매도자의 신원 등에 좀 더 세심한 주의를 기울였다면 그 물건이 장물임을 알 수 있었음에도 불구하고 이를 게을리하여 장물인 정을 모르고 매수하여 취득한 경우에는 업무상과실장물취득죄가 성립한다(대판 2003.4.25. 2003도348).

[ㅁ ▸ ×] 중앙선에 서서 도로횡단을 중단한 피해자의 팔을 갑자기 잡아끌고 피해자로 하여금 도로를 횡단하게 만든 피고인으로서는 위와 같이 무단횡단을 하는 도중에 지나가는 차량에 충격당하여 피해자가 사망하는 교통사고가 발생할 가능성이 있으므로, 이러한 경우에는 피고인이 피해자의 안전을 위하여 차량의 통행 여부 및 횡단 가능 여부를 확인하여야 할 주의의무가 있다 할 것이므로, 피고인으로서는 위와 같은 주의의무를 다하지 않은 이상 교통사고와 그로 인한 피해자의 사망에 대하여 과실책임을 면할 수 없다(대판 2002.8.23. 2002도2800).

2017년 변호사시험 문 6. ☑ 확인Check! ○ △ ×

과실범에 관한 설명 중 옳은 것은?(다툼이 있는 경우 판례에 의함)

① 의사 甲이 고령의 간경변증 환자 A에게 수술과정에서 출혈 등으로 신부전이 발생하여 생명이 위험할 수 있다는 점에 대하여 설명하지 아니하고 수술하던 도중 출혈 등으로 A가 사망한 경우, A가 당해 수술의 위험성을 충분히 인식하고 있어 甲이 설명의무를 다하였더라도 A가 수술을 거부하지 않았을 것으로 인정된다면 甲의 설명의무 위반과 A의 사망 사이에 인과관계가 부정된다.
② 도급인이 수급인에게 공사의 시공이나 개별작업에 관하여 구체적으로 지시·감독하였더라도, 법령에 의하여 도급인에게 구체적인 관리·감독의무가 부여되어 있지 않다면 도급인에게는 수급인의 업무와 관련하여 사고 방지에 필요한 안전조치를 해야 할 주의의무가 없다.
③ 안전배려 내지 안전관리사무에 계속적으로 종사하지 않았더라도 건물의 소유자로서 건물을 비정기적으로 수리하거나 건물의 일부분을 임대한 자는 건물에 화재가 발생하는 것을 미리 막아야 할 업무상 주의의무를 부담한다.
④ 의료사고에서 의사의 과실을 인정하기 위한 요건과 판단기준은 한의사의 그것과 다르다.
⑤ 행정상의 단속을 주안으로 하는 법규의 위반행위는 과실범 처벌규정은 없으나 해석상 과실범도 벌할 뜻이 명확한 경우에도 형법의 원칙에 따라 고의가 있어야 벌할 수 있다.

[❶ ▸ ○] 의사인 피고인이 고령의 간경변증 환자인 피해자에게 화상치료를 위한 이 사건 수술을 실시하기 전에 출혈과 혈액량 감소로 신부전이 발생하여 생명이 위험할 수 있다는 점에 대해 피해자와 피해자의 보호자에게 설명을 하지 아니한 채 수술을 실시한 과실로 인하여 피해자로 하여금 신부전으로 사망에 이르게 한 경우, 피고인이 피해자나 피해자의 남편에게 수술의 위험성에 관하여 설명하였다고 하더라도 피해자나 피해자의 남편이 수술을 거부하였을 것이라고 단정하기 어려우므로, 피고인의 설명의무 위반과 피해자의 사망 사이에 상당인과관계가 있다는 사실이 합리적 의심의 여지가 없이 증명되었다고 보기 어렵다(대판 2015.6.24. 2014도11315).

[❷ ▸ ×] 원칙적으로 도급인에게는 수급인의 업무와 관련하여 사고 방지에 필요한 안전조치를 취할 주의의무가 없으나, 법령에 의하여 도급인에게 수급인의 업무에 관하여 구체적인 관리·감독의무 등이 부여되어 있거나 도급인이 공사의 시공이나 개별작업에 관하여 구체적으로 지시·감독하였다는 등의 특별한 사정이 있는 경우에는 도급인에게도 수급인의 업무와 관련하여 사고 방지에 필요한 안전조치를 취할 주의의무가 있다(대판 2009.5.28. 2008도7030).

정답 ①

[❸ ▸ ×] 업무상 과실치상죄에 있어서의 '업무'란 사람의 사회생활 면에서 하나의 지위로서 계속적으로 종사하는 사무를 말하고, 여기에는 수행하는 직무 자체가 위험성을 갖기 때문에 안전배려를 의무의 내용으로 하는 경우는 물론 사람의 생명·신체의 위험을 방지하는 것을 의무내용으로 하는 업무도 포함되는데, 안전배려 내지 안전관리사무에 계속적으로 종사하여 위와 같은 지위로서의 계속성을 가지지 아니한 채 단지 건물의 소유자로서 건물을 비정기적으로 수리하거나 건물의 일부분을 임대하였다는 사정만으로는 업무상 과실치상죄에 있어서의 '업무'로 보기 어렵다(대판 2009.5.28. 2009도1040).

[❹ ▸ ×] 의사가 설명의무를 위반한 채 의료행위를 하여 피해자에게 상해가 발생하였다고 하더라도, 업무상 과실로 인한 형사책임을 지기 위해서는 피해자의 상해와 의사의 설명의무 위반 내지 승낙 취득과정의 잘못 사이에 상당인과관계가 존재하여야 하고, 이는 한의사의 경우에도 마찬가지이다(대판 2011.4.14. 2010도10104).

[❺ ▸ ×] 행정상의 단속을 주안으로 하는 법규라 하더라도 '명문규정이 있거나 해석상 과실범도 벌할 뜻이 명확한 경우'를 제외하고는 형법의 원칙에 따라 '고의'가 있어야 벌할 수 있다(대판 2010.2.11. 2009도9807).

제7절 결과적 가중범 ★★☆

2016년 변호사시험 문 12. ☑ 확인Check! ○ △ ×

결과적 가중범에 관한 설명 중 옳지 않은 것을 모두 고른 것은?(다툼이 있는 경우 판례에 의함)

ㄱ. 부진정결과적 가중범에 있어서, 중한 결과에 대한 고의범의 법정형이 결과적 가중범의 법정형보다 중한 경우에는 양자가 상상적 경합관계에 있지만 그렇지 않은 경우에는 결과적 가중범이 고의범에 대하여 특별관계에 있으므로 결과적 가중범만 성립한다.
ㄴ. 부진정결과적 가중범의 예로는 현주건조물방화치사상죄, 현주건조물일수치사상죄, 중체포·감금죄 등이 있다.
ㄷ. 甲이 고속도로 2차로를 따라 자동차를 운전하다가 1차로를 진행하던 A의 차량 앞에 급하게 끼어든 후 곧바로 정차하여, A의 차량 및 이를 뒤따르던 차량 2대는 연이어 급제동하여 정차하였으나 그 뒤를 따라오던 B의 차량이 앞의 차량들을 연쇄적으로 추돌케 하여 B를 사망에 이르게 한 경우, B에게 주의의무를 위반한 과실이 있다면 甲에게는 일반교통방해치사죄가 성립하지 않는다.
ㄹ. 강도의 공범자 중 1인이 강도의 기회에 피해자에게 폭행 또는 상해를 가하여 살해한 경우에 다른 공범자는 강도의 수단으로 폭행 또는 상해가 가해지리라는 점에 대하여 상호 인식이 있었다면 살해에 대하여 공모한 바가 없다고 하여도 강도치사죄의 죄책을 진다.
ㅁ. 교사자가 피교사자에 대하여 상해를 교사하였는데 피교사자가 이를 넘어 살인을 실행한 경우, 교사자에게 피해자의 사망이라는 결과에 대하여 과실 내지 예견가능성이 있는 때에는 상해치사죄의 교사범으로서의 죄책을 진다.

① ㄱ, ㄹ ② ㄴ, ㄷ ③ ㄴ, ㅁ
④ ㄱ, ㄷ, ㄹ ⑤ ㄴ, ㄷ, ㄹ

[ㄱ ▸ ○] 기본범죄를 통하여 고의로 중한 결과를 발생하게 한 경우에 가중처벌하는 부진정결과적 가중범에서, 고의로 중한 결과를 발생하게 한 행위가 별도의 구성요건에 해당하고 그 고의범에 대하여 결과적 가중범에 정한 형보다 더 무겁게 처벌하는 규정이 있는 경우에는 그 고의범과 결과적 가중범이 상상적 경합관계에 있지만, 위와 같이 고의범에 대하여 더 무겁게 처벌하는 규정이 없는 경우에는 결과적 가중범이 고의범에 대하여 특별관계에 있으므로 결과적 가중범만 성립하고 이와 법조경합의 관계에 있는 고의범에 대하여는 별도로 죄를 구성하지 않는다(대판 2008.11.27. 2008도7311).

② 정답

[ㄴ ▸ X] 중체포·감금죄는 결과적 가중범이 아닌, 체포·감금죄와 가혹행위의 결합범이다.

[ㄷ ▸ X] 피고인이 고속도로 2차로를 따라 자동차를 운전하다가 1차로를 진행하던 甲의 차량 앞에 급하게 끼어든 후 곧바로 정차하여, 甲의 차량 및 이를 뒤따르던 차량 두 대는 급정차하였으나, 그 뒤를 따라오던 乙의 차량이 앞의 차량들을 연쇄적으로 추돌케 하여 乙을 사망에 이르게 하고 나머지 차량 운전자 등 피해자들에게 상해를 입힌 경우, 피고인에게 일반교통방해치사상죄가 인정된다(대판 2014.7.24, 2014도6206).

[ㄹ ▸ O] 강도의 공범자 중 1인이 강도의 기회에 피해자에게 폭행 또는 상해를 가하여 살해한 경우, 다른 공모자가 살인의 공모를 하지 아니하였다고 하여도 그 살인행위나 치사의 결과를 예견할 수 없었던 경우가 아니면 강도치사죄의 죄책을 면할 수 없다(대판 1991.11.12, 91도2156).

[ㅁ ▸ O] 교사자가 피교사자에 대하여 상해 또는 중상해를 교사하였는데 피교사자가 이를 넘어 살인을 실행한 경우, 일반적으로 교사자는 상해죄 또는 중상해죄의 교사범이 되지만 이 경우 교사자에게 피해자의 사망이라는 결과에 대하여 과실 내지 예견가능성이 있는 때에는 상해치사죄의 교사범으로서의 죄책을 지울 수 있다(대판 1993.10.8, 93도1873).

2020년 변호사시험 문 10. ☑ 확인 Check! ○ △ X

甲은 원한관계에 있는 A를 살해하기로 마음먹고 한밤중에 A의 집으로 가서 A와 A의 딸 B가 잠을 자고 있는 것을 확인한 후 A의 집 주변에 휘발유를 뿌리고 A의 집을 방화하였다. 이로 인해 A는 질식사하였고 B는 잠에서 깨어 현관문을 열고 밖으로 나오려고 하였으나 甲이 밖에서 현관문을 막고 서는 바람에 B도 질식사하였다. 甲의 죄책에 관한 설명 중 옳지 않은 것은?(다툼이 있는 경우 판례에 의함)

① 현주건조물방화치사죄는 사망의 결과에 대하여 과실이 있는 경우뿐만 아니라 고의가 있는 경우에도 성립하는 부진정결과적 가중범이다.
② A를 사망하게 한 점에 대해서는 현주건조물방화치사의 죄책을 진다.
③ B를 사망하게 한 점에 대해서는 현주건조물방화죄와 살인죄가 성립하고 두 죄는 실체적 경합 관계에 있다.
④ 만약 甲이 A가 혼자 있는 집에 들어가 A를 폭행하여 재물을 강취하고 A를 살해할 목적으로 A의 집을 방화하여 A를 사망에 이르게 하였다면 강도살인죄와 현주건조물방화치사죄가 성립하고 두 죄는 상상적 경합관계에 있다.
⑤ 만약 甲이 A의 집 주변에 휘발유를 뿌린 다음 라이터로 불을 붙였으나 잠을 자고 있던 A가 집 밖으로 뛰어나와 불을 끄는 바람에 A의 집에는 불이 옮겨 붙지 않았지만 그로 인해 A가 화상을 입고 사망하였다면 현주건조물방화치사죄의 미수범으로 처벌된다.

[❶ ▸ O] [❷ ▸ O] 형법 제164조 후단이 규정하는 현주건조물방화치사상죄는 그 전단이 규정하는 죄에 대한 일종의 가중처벌규정으로서 과실이 있는 경우뿐만 아니라, 고의가 있는 경우에도 포함된다고 볼 것이므로 사람을 살해할 목적으로 현주건조물에 방화하여 사망에 이르게 한 경우에는 현주건조물방화치사죄로 의율하여야 한다(대판 1996.4.26, 96도485).

[❸ ▸ O] 불을 놓은 집에서 빠져 나오려는 피해자들을 막아 소사케 한 행위는 1개의 행위가 수개의 죄명에 해당하는 경우라고 볼 수 없고, 위 방화행위와 살인행위는 법률상 별개의 범의에 의하여 별개의 법익을 해하는 별개의 행위라고 할 것이니, 현주건조물방화죄와 살인죄는 실체적 경합관계에 있다(대판 1983.1.18, 82도2341).

[❹ ▸ O] 피고인들이 피해자들의 재물을 강취한 후 그들을 살해할 목적으로 현주건조물에 방화하여 사망에 이르게 한 경우, 피고인들의 행위는 강도살인죄와 현주건조물방화치사죄에 모두 해당하고 그 두 죄는 상상적 경합범관계에 있다(대판 1998.12.8, 98도3416).

[❺ ▸ X] 기본범죄가 미수에 그쳤지만 결과적 가중범의 중한 결과가 발생한 경우에는 결과적 가중범의 기수가 성립하므로, A가 화상을 입고 사망하였다면 甲은 현주건조물방화치사죄(형법 제164조 제2항)로 처벌된다.

정답 ⑤

2013년 변호사시험 문 13.

☑ 확인 Check! ○ △ ×

다음 사건과 관련된 설명 중 옳은 것은?(다툼이 있는 경우에는 판례에 의함)

甲은 승용차를 운전하던 중 음주단속을 피하기 위해 승용차로 단속경찰관을 들이받아 경찰관의 공무집행을 방해하고 경찰관에게 상해를 입혔는데, 甲은 공무집행방해의 고의는 물론 상해의 고의도 가지고 있었다.

① 甲은 특수공무집행방해죄와 상해죄의 상상적 경합으로 처벌된다.
② 甲은 특수공무집행방해치상죄로 처벌된다.
③ 甲은 특수공무집행방해치상죄와 폭력행위 등 처벌에 관한 법률 위반(집단·흉기등상해)죄의 상상적 경합으로 처벌된다.
④ 甲은 특수공무집행방해치상죄와 폭력행위 등 처벌에 관한 법률 위반(집단·흉기등상해)죄의 실체적 경합으로 처벌된다.
⑤ 이 경우는 '위험한 물건의 휴대'라고 인정되지 아니하므로 특수공무집행방해치상죄는 물론 폭력행위 등 처벌에 관한 법률 위반(집단·흉기등상해)죄도 성립할 수 없다.

[1] 기본범죄를 통하여 고의로 중한 결과를 발생하게 한 경우에 가중처벌하는 부진정결과적 가중범에서, 고의로 중한 결과를 발생하게 한 행위가 별도의 구성요건에 해당하고 그 고의범에 대하여 결과적 가중범에 정한 형보다 더 무겁게 처벌하는 규정이 있는 경우에는 그 고의범과 결과적 가중범이 상상적 경합관계에 있지만, 위와 같이 고의범에 대하여 더 무겁게 처벌하는 규정이 없는 경우에는 결과적 가중범이 고의범에 대하여 특별관계에 있으므로 결과적 가중범만 성립하고 이와 법조경합의 관계에 있는 고의범에 대하여는 별도로 죄를 구성하지 않는다.
[2] 직무를 집행하는 공무원에 대하여 위험한 물건을 휴대하여 고의로 상해를 가한 경우에는 특수공무집행방해치상죄만 성립할 뿐, 이와는 별도로 폭력행위 등 처벌에 관한 법률 위반(집단·흉기등상해)죄를 구성하지 않는다(대판 2008.11.27. 2008도7311).

2014년 변호사시험 문 1.

☑ 확인 Check! ○ △ ×

결과적 가중범과 관련된 설명 중에서 옳은 것은?(다툼이 있는 경우에는 판례에 의함)

① 부진정결과적 가중범은 중한 결과를 야기하는 기본범죄가 고의범인 경우뿐만 아니라 과실범인 경우에도 인정되는 개념이다.
② 피해자를 고의로 살해하기 위해 몽둥이로 내려치자 피해자는 이를 맞고 졸도하였을 뿐인데 피해자가 죽은 것으로 착각하고 자살로 위장하기 위해 베란다 아래로 떨어뜨려 죽게 한 경우에 일련의 행위를 포괄적으로 파악하여 결과적 가중범의 성립을 인정할 수 있다.
③ 성폭력범죄의 처벌 등에 관한 특례법이 규정하고 있는 특수강간치상죄와 관련하여 특수강간이 미수인 상태에서 그 기회에 과실로 상해의 중한 결과가 발생한 경우 결과적 가중범의 미수가 인정될 수 없기 때문에 특수강간미수와 과실치상죄의 상상적 경합으로 처리되어야 한다.
④ 교사자가 피교사자에 대하여 상해를 교사하였는데 피교사자가 이를 넘어 살인을 실행한 경우 교사자에게 피해자의 사망이라는 결과에 대하여 과실 내지 예견가능성이 있는 때에는 상해치사죄의 교사범으로서의 죄책을 지울 수 있다.
⑤ 결과적 가중범의 공동정범이 성립하기 위해서는 기본범죄를 공모할 것을 요하지는 않으나 중한 결과를 공동으로 할 의사는 필요하므로 중한 결과를 공동으로 할 의사가 없는 자는 기본범죄의 죄책만 진다.

[❶ ▸ ×] 결과적 가중범의 기본범죄는 고의범에 한정된다.

[❷ ▸ ×] 피해자를 살해하려는 고의가 인정되므로, 개괄적 고의에 의한 살인죄의 성부가 문제되는 지문이다.

② / ④ 정답

[❸ ▸ ×] 성폭력범죄의 처벌 및 피해자보호 등에 관한 법률 제9조 제1항에 의하면 같은 법 제6조 제1항에서 규정하는 특수강간의 죄를 범한 자뿐만 아니라, 특수강간이 미수에 그쳤다고 하더라도 그로 인하여 피해자가 상해를 입었으면 특수강간치상죄가 성립하는 것이고, 같은 법 제12조에서 규정한 위 제9조 제1항에 대한 미수범 처벌규정은 제9조 제1항에서 특수강간치상죄와 함께 규정된 특수강간상해죄의 미수에 그친 경우, 즉 특수강간의 죄를 범하거나 미수에 그친 자가 피해자에 대하여 상해의 고의를 가지고 피해자에게 상해를 입히려다가 미수에 그친 경우 등에도 적용된다(대판 2008.4.24. 2007도10058).

[❹ ▸ ○] 교사자가 피교사자에 대하여 상해 또는 중상해를 교사하였는데 피교사자가 이를 넘어 살인을 실행한 경우, 일반적으로 교사자는 상해죄 또는 중상해죄의 교사범이 되지만 이 경우 교사자에게 피해자의 사망이라는 결과에 대하여 과실 내지 예견가능성이 있는 때에는 상해치사죄의 교사범으로서의 죄책을 지울 수 있다(대판 1993.10.8. 93도1873).

[❺ ▸ ×] 결과적 가중범인 상해치사죄의 공동정범은 폭행 기타의 신체 침해행위를 공동으로 할 의사가 있으면 성립되고 결과를 공동으로 할 의사는 필요 없으며, 여러 사람이 상해의 범의로 범행 중 한 사람이 중한 상해를 가하여 피해자가 사망에 이르게 된 경우 나머지 사람들은 사망의 결과를 예견할 수 없는 때가 아닌 한 상해치사의 죄책을 면할 수 없다(대판 2000.5.12. 2000도745).

2015년 변호사시험 문 3. ☑ 확인 Check! ○ △ ×

다음 설명 중 옳지 않은 것은?(다툼이 있는 경우 판례에 의함)

① 결과적 가중범은 중한 결과가 발생하여야 성립되는 범죄이므로 형법에는 결과적 가중범의 미수를 처벌하는 규정을 두고 있지 않다.
② 부진정결과적 가중범에서 고의로 중한 결과를 발생하게 한 행위가 별도의 구성요건에 해당하고 그 고의범의 법정형이 결과적 가중범의 법정형보다 더 무거운 경우에는 고의범과 결과적 가중범이 상상적 경합관계에 있지만, 고의범의 법정형이 더 무겁지 않은 경우에는 결과적 가중범만 성립한다.
③ 여러 사람이 공동하여 상해의 범의로 범행 중 그중 한 사람이 중한 상해를 가하여 피해자가 사망에 이르게 된 경우 나머지 사람들도 사망의 결과를 예견할 수 있는 때에는 상해치사의 죄책을 진다.
④ 결과적 가중범의 기본범죄가 미수에 그친 경우에도 중한 결과가 발생하면 결과적 가중범의 기수가 성립한다.
⑤ 형법 제30조의 '공동하여 죄를 범한 때'의 '죄'는 고의범이건 과실범이건 불문한다고 해석하여야 할 것이므로, 2인 이상이 서로의 의사연락 아래 어떠한 과실행위를 하여 범죄 결과가 발생한 경우 과실범의 공동정범이 성립한다.

[❶ ▸ ×] 형법은 진정결과적 가중범인 인질치사상죄(형법 제324조의5), (해상)강도치사상죄(형법 제342조) 및 부진정결과적 가중범인 현주건조물일수치사상죄의 미수범(형법 제182조)을 처벌하는 규정을 두고 있다.

[❷ ▸ ○] 기본범죄를 통하여 고의로 중한 결과를 발생하게 한 경우에 가중처벌하는 부진정결과적 가중범에서, 고의로 중한 결과를 발생하게 한 행위가 별도의 구성요건에 해당하고 그 고의범에 대하여 결과적 가중범에 정한 형보다 더 무겁게 처벌하는 규정이 있는 경우에는 그 고의범과 결과적 가중범이 상상적 경합관계에 있지만, 위와 같이 고의범에 대하여 더 무겁게 처벌하는 규정이 없는 경우에는 결과적 가중범이 고의범에 대하여 특별관계에 있으므로 결과적 가중범만 성립하고 이와 법조경합의 관계에 있는 고의범에 대하여는 별도로 죄를 구성하지 않는다(대판 2008.11.27. 2008도7311).

[❸ ▸ ○] 결과적 가중범인 상해치사죄의 공동정범은 폭행 기타의 신체 침해행위를 공동으로 할 의사가 있으면 성립되고 결과를 공동으로 할 의사는 필요 없으며, 여러 사람이 상해의 범의로 범행 중 한 사람이 중한 상해를 가하여 피해자가 사망에 이르게 된 경우 나머지 사람들은 사망의 결과를 예견할 수 없는 때가 아닌 한 상해치사의 죄책을 면할 수 없다(대판 2000.5.12. 2000도745).

정답 ①

[❹ ▸ ○] 기본범죄가 미수에 그쳤지만 결과적 가중범의 중한 결과가 발생한 경우에는 결과적 가중범의 기수가 성립한다.

[❺ ▸ ○] 형법 제30조에 '공동하여 죄를 범한 때'의 '죄'라 함은 고의범이고 과실범이고를 불문하므로 두 사람 이상이 어떠한 과실행위를 서로의 의사연락하에 이룩하여 범죄가 되는 결과를 발생케 한 것이라면 과실범의 공동정범이 성립된다 (대판 1979.8.21. 79도1249).

위법성론

각 문항별로 이해도를 체크해 보세요.

최근 5년간 회별 평균 1.2문

제1절 위법성의 일반이론

2016년 변호사시험 문 6.

확인 Check! ○ △ ×

甲은 층간소음문제로 다툼이 있던 다세대주택 위층에 보복의 목적으로 돌을 던져 유리창을 깨뜨렸다. 그런데 위층에 살던 A는 빚 독촉에 시달려 고민 중 자살하기 위해 창문을 닫은 채 연탄불을 피워 연탄가스에 질식 중이었다. 甲이 유리창을 깨뜨린 결과 A의 목숨은 구조되었다. 이때 甲이 무죄라는 견해에 관한 설명 중 옳은 것을 모두 고른 것은?

ㄱ. 범죄 성립에 있어서 행위불법만을 고려하는 입장에 상응한다.
ㄴ. 범죄 성립에 있어서 결과불법만을 고려하는 입장에 상응한다.
ㄷ. 행위불법과 결과불법이 모두 상쇄되어야 위법성이 조각된다는 입장에 상응한다.
ㄹ. 이 견해에 대해서는 주관적 정당화사정이 있는 경우와 없는 경우를 똑같이 취급한다는 비판이 제기된다.
ㅁ. 이 견해에 대해서는 미수범 처벌규정이 없는 경우에는 처벌의 흠결이 발생할 수 있다는 비판이 제기된다.
ㅂ. 이 견해에 대해서는 객관적 정당화사정이 행위자에게 유리하게 작용하지 못한다는 비판이 제기된다.

① ㄱ, ㄹ ② ㄱ, ㅂ ③ ㄴ, ㄹ
④ ㄴ, ㅂ ⑤ ㄷ, ㅁ

[ㄱ ▸ ×] [ㄷ ▸ ×] 불법개념의 본질을 행위반가치에서 구하는 행위반가치 일원론에 의하면, 객관적 정당화상황은 존재하나 주관적 정당화요소를 결한 경우에는 기수범설을 취하게 되고, 행위반가치와 결과반가치를 모두 고려하는 이원적·인적 불법론에 의하면, 불능미수범설이나 기수범설을 취하게 된다.

[ㄴ ▸ ○] 불법개념의 본질을 결과반가치에서 구하는 결과반가치 일원론에 의하면, 주관적 정당화요소를 결한 경우에는 무죄설을 취하게 되는데, 지문에는 객관적 정당화상황이 존재하므로 위법성이 조각되어 무죄가 된다.

[ㄹ ▸ ○] 무죄설에 의하면, 행위반가치는 여전히 존재하므로, 주관적 정당화요소가 있는 경우와 없는 경우를 똑같이 취급한다는 비판이 제기된다.

[ㅁ ▸ ×] 불능미수범설에 의하면, 미수범 처벌규정이 없는 경우에는 처벌의 흠결이 발생할 수 있다는 비판이 제기된다.

[ㅂ ▸ ×] 기수범설에 의하면, 객관적 정당화상황이 존재하더라도 기수범이 성립한다고 취급하므로, 객관적 정당화상황이 행위자에게 유리하게 작용하지 못한다는 비판이 제기된다.

정답 ③

2015년 변호사시험 문 15. ☑ 확인Check! ○ △ ×

늦은 밤 어두운 골목길을 걸어 귀가하던 甲은 10여 분간 뒤따라오던 乙 때문에 짜증이 나자 갑자기 뒤돌아서서 상해의 고의로 乙을 주먹과 발로 구타하여 4주간의 치료가 필요한 상해를 가하였다. 乙은 평소 원한관계에 있던 甲을 발견하고는 기습적으로 공격하려고 주머니에 칼을 숨긴 채 기회를 엿보며 뒤따라가고 있었고, 甲이 공격하던 그 순간 칼을 꺼내 甲을 찌르려고 하던 중이었다. 객관적 정당화요소만 충족되면 위법성이 조각된다는 입장이나 주관적 정당화요소까지 충족되어야 위법성이 조각된다는 입장에 의할 때 아래의 보기 중 甲에게 해당할 수 없는 것을 모두 고른 것은?

ㄱ. 무 죄
ㄴ. 과실치상죄
ㄷ. 상해죄
ㄹ. 상해죄의 불능미수
ㅁ. 상해죄의 예비

① ㄱ, ㄷ
② ㄱ, ㄹ
③ ㄴ, ㄷ
④ ㄴ, ㅁ
⑤ ㄴ, ㄹ, ㅁ

불법개념의 본질을 결과반가치에서 구하는 결과반가치 일원론에 의하면, 객관적 정당화상황이 존재하면 위법성이 조각된다고 취급하므로, 주관적 정당화요소를 결한 경우에는 무죄설을 취하게 된다. 이에 의하면 甲은 무죄가 된다. 불법개념의 본질을 행위반가치와 결과반가치 모두에서 구하는 이원적·인적 불법론에 의하면, 불능미수범설이나 기수범설을 취하게 되는데, 불능미수범설은 객관적 정당화상황과 주관적 정당화요소가 존재하여야 위법성이 조각된다고 취급하며, 불능미수와의 구조적 유사성을 이유로 불능미수규정을 유추적용하자는 견해로, 이에 의하면 甲에게 상해죄의 불능미수를 인정할 수 있다. 기수범설 또한 객관적 정당화상황과 주관적 정당화요소가 존재하여야 위법성이 조각된다고 취급하므로, 이에 의하면 행위반가치가 그대로 남아 있는 甲은 상해죄의 기수범으로 처벌된다. 물론 불법개념의 본질을 행위반가치에서 구하는 행위반가치 일원론에 의하더라도, 甲은 상해죄의 기수범으로 처벌된다. 따라서 학설의 대립과는 관계없이 甲에게는 과실치상죄나 상해죄의 예비가 성립할 수 없다.

제2절 형법상 위법성조각사유 ★★★☆

2012년 변호사시험 문 18. ☑ 확인Check! ○ △ ×

다음 설명 중 옳지 않은 것은?(다툼이 있는 경우에는 판례에 의함)

① 고의에 의한 방위행위가 위법성이 조각되기 위해서는 정당방위상황뿐 아니라 행위자에게 방위의사도 인정되어야 한다.
② 피해자의 승낙에 의한 행위가 위법성이 조각되기 위해서는 그 승낙이 유효해야 할 뿐 아니라 그 승낙에 기한 행위가 사회상규에 위배되지 아니한 경우이어야 한다.
③ 추정적 승낙이란 피해자의 현실적인 승낙이 없었다고 하더라도 행위 당시의 모든 객관적 사정에 비추어 볼 때 만일 피해자가 행위의 내용을 알았더라면 당연히 승낙하였을 것으로 예견되는 경우를 말한다.
④ 정당방위의 성립요건으로서의 방어행위는 순수한 수비적 방어뿐만 아니라 적극적 반격을 포함하는 반격방어의 형태도 포함된다.
⑤ 자구행위가 그 정도를 초과하더라도 야간 기타 불안스러운 상태하에서 공포·경악·흥분·당황으로 인한 경우에는 벌하지 아니한다.

④ / ⑤ 정답

[❶ ▸ O] 불법개념의 본질을 행위반가치와 결과반가치 모두에서 구하는 이원적·인적 불법론에 의하면 불능미수범설이나 기수범설을 취하게 되는데, 불능미수범설은 객관적 정당화상황과 주관적 정당화요소가 존재하여야 위법성이 조각된다고 취급한다.

[❷ ▸ O] 형법 제24조의 규정에 의하여 위법성이 조각되는 피해자의 승낙은 개인적 법익을 훼손하는 경우에 법률상 이를 처분할 수 있는 사람의 승낙을 말할 뿐만 아니라 그 승낙이 윤리적, 도덕적으로 사회상규에 반하는 것이 아니어야 한다(대판 1985.12.10, 85도1892).

[❸ ▸ O] 추정적 승낙이란 피해자의 현실적인 승낙이 없었다고 하더라도 행위 당시의 모든 객관적 사정에 비추어 볼 때 만일 피해자가 행위의 내용을 알았더라면 당연히 승낙하였을 것으로 예견되는 경우를 말한다(대판 2006.3.24, 2005도8081).

[❹ ▸ O] 정당방위가 성립하려면 침해행위에 의하여 침해되는 법익의 종류, 정도, 침해의 방법, 침해행위의 완급과 방위행위에 의하여 침해될 법익의 종류, 정도 등 일체의 구체적 사정들을 참작하여 방위행위가 사회적으로 상당한 것이어야 하고, 정당방위의 성립요건으로서의 방어행위에는 순수한 수비적 방어뿐 아니라 적극적 반격을 포함하는 반격방어의 형태도 포함된다(대판 1992.12.22, 92도2540).

[❺ ▸ ×] 과잉자구행위는 형법 제21조 제3항이 준용되지 아니한다.

2014년 변호사시험 문 15. ☑ 확인Check! O △ X

위법성조각사유에 관한 설명 중 옳지 않은 것은?(다툼이 있는 경우에는 판례에 의함)

① 인근 상가의 통행로로 이용되고 있는 토지의 사실상 지배권자가 위 토지에 철주와 철망을 설치하고 포장된 아스팔트를 걷어냄으로써 통행로로 이용하지 못하게 한 경우 자구행위에 해당하지 않는다.
② 甲이 자신의 부(父) 乙에게서 乙 소유의 부동산 매매에 관한 권한 일체를 위임받아 이를 매도하였는데 그 후 乙이 갑자기 사망하자 소유권 이전에 사용할 목적으로 乙이 甲에게 인감증명서 발급을 위임한다는 취지의 인감증명위임장을 작성한 경우 乙의 추정적 승낙이 인정되므로 사문서위조죄가 성립하지 않는다.
③ 자신의 남편과 甲이 불륜을 저지른 것으로 의심한 乙이 이를 따지기 위해 乙의 아들 등과 함께 甲의 집안으로 들어와 서로 합세하여 甲을 구타하자 그로부터 벗어나기 위해 손을 휘저으며 발버둥치는 과정에서 乙에게 상해를 가한 甲의 행위는 위법성이 조각된다.
④ 가해자의 행위가 피해자의 부당한 공격을 방위하기 위한 것이라기보다는 서로 공격할 의사로 싸우다가 먼저 공격을 받고 이에 대항하여 가해하게 된 경우 그 가해행위는 방어행위인 동시에 공격행위의 성격을 가지므로 정당방위라고 볼 수 없다.
⑤ 선박의 이동에도 새로운 공유수면점용허가가 있어야 하고 휴지선을 이동하는 데는 예인선이 따로 필요한 관계로 비용이 많이 들어 다른 해상으로 이동을 하지 못하고 있는 사이에 태풍을 만나게 되고 그와 같은 위급한 상황에서 선박과 선원들의 안전을 위한 조치를 취한 결과 인근 양식장에 피해를 준 경우 긴급피난에 해당한다.

[❶ ▸ O] 인근 상가의 통행로로 이용되고 있는 토지의 사실상 지배권자가 위 토지에 철주와 철망을 설치하고 포장된 아스팔트를 걷어냄으로써 통행로로 이용하지 못하게 한 경우, 이는 일반교통방해죄를 구성하고 자구행위에 해당하지 않는다(대판 2007.12.28, 2007도7717).

[❷ ▸ ×] 피고인이 자신의 부(父) 乙에게서 乙 소유 부동산 매매에 관한 권한 일체를 위임받아 이를 매도하였는데, 그 후 乙이 갑자기 사망하자 소유권 이전에 사용할 목적으로 乙이 자신에게 인감증명서 발급을 위임한다는 취지의 인감증명위임장을 작성하여 주민센터 담당 직원에게 제출한 경우, 乙의 사망으로 포괄적인 명의 사용의 근거가 되는 위임관계 내지 포괄적인 대리관계는 종료된 것으로 보아야 하고 피고인이 명의자 乙이 승낙하였을 것이라고 기대하거나 예측한 것만으로는 사망한 乙의 승낙이 추정된다고 단정할 수 없으므로 사문서위조죄가 성립한다(대판 2011.9.29, 2011도6223).

정답 ②

[❸ ▸ O] 甲과 자신의 남편과의 관계를 의심하게 된 상대방이 자신의 아들 등과 함께 甲의 아파트에 찾아가 현관문을 발로 차는 등 소란을 피우다가, 출입문을 열어 주자 곧바로 甲을 밀치고 신발을 신은 채로 거실로 들어가 상대방 일행이 서로 합세하여 甲을 구타하기 시작하였고, 甲은 이를 벗어나기 위하여 손을 휘저으며 발버둥치는 과정에서 상대방 등에게 상해를 가하게 된 경우, 甲은 그러한 위법한 공격으로부터 자신을 보호하고 이를 벗어나기 위한 사회관념상 상당성 있는 방어행위로서 유형력의 행사에 이르렀다고 할 것이어서 위 행위의 위법성은 조각된다(대판 2010.2.11. 2009도12958).

[❹ ▸ O] 가해자의 행위가 피해자의 부당한 공격을 방위하기 위한 것이라기보다는 서로 공격할 의사로 싸우다가 먼저 공격을 받고 이에 대항하여 가해하게 된 것이라고 봄이 상당한 경우, 그 가해행위는 방어행위인 동시에 공격행위의 성격을 가지므로 정당방위 또는 과잉방위행위라고 볼 수 없다(대판 2000.3.28. 2000도228).

[❺ ▸ O] 선박의 이동에도 새로운 공유수면점용허가가 있어야 하고 휴지선을 이동하는 데는 예인선이 따로 필요한 관계로 비용이 많이 들어 다른 해상으로 이동을 하지 못하고 있는 사이에 태풍을 만나게 되고 그와 같은 위급한 상황에서 선박과 선원들의 안전을 위하여 사회통념상 가장 적절하고 필요불가결하다고 인정되는 조치를 취하였다면 형법상 긴급피난으로서 위법성이 없어서 범죄가 성립되지 아니한다(대판 1987.1.20. 85도221).

2019년 변호사시험 문 6. ☑ 확인 Check! ○ △ ×

위법성조각사유에 관한 설명 중 옳지 않은 것은?(다툼이 있는 경우 판례에 의함)

① 피고인이 한의사 자격이나 이에 관한 면허도 없이 영리를 목적으로 환부에 부항침으로 10회 정도 찌르고 다시 부항을 뜨는 방법으로 치료행위를 하면서 부항침과 부항을 이용하여 체내의 혈액을 밖으로 배출되도록 한 것이라면 이러한 피고인의 시술행위는 사회상규에 위배되지 아니하는 행위로 볼 수 없다.

② 아파트 입주자대표회의 회장이 일부 입주민이 가입한 케이블TV방송의 시험방송 송출로 인하여 위성방송의 수신이 불가능하게 되었다는 다수 입주민들의 민원을 접수한 후 케이블TV방송에 시험방송 송출을 중단해 달라는 요청도 해 보지 아니한 채 시험방송이 송출된 지 약 1시간 30여 분 만에 곧바로 케이블TV방송의 방송안테나를 절단하도록 지시한 행위는 긴급피난에 해당하지 않는다.

③ 타인 명의의 사문서를 작성·수정할 당시 명의자의 현실적인 승낙은 없었지만, 그 승낙을 얻는 것이 불가능하였고 그 당시의 모든 객관적 사정을 종합하여 명의자가 행위 당시 그 사실을 알았다면 당연히 승낙했을 것이라고 추정되는 경우 사문서의 위·변조죄가 성립하지 않는다.

④ 형법 제20조의 '사회상규에 위배되지 아니하는 행위'라 함은 국가질서의 존중이라는 인식을 바탕으로 한 국민 일반의 건전한 도의적 감정에 반하지 아니한 행위로서 초법규적인 기준에 의하여 이를 평가해야 한다.

⑤ 이혼소송 중인 남편 A가 찾아와 아내 甲의 목에 가위를 겨누면서 이혼하면 죽여 버리겠다고 협박하고 변태적 성행위를 강요하는 데에 격분하여 甲이 사전에 침대 밑에 숨겨 놓았던 칼로 A의 복부를 찔러 그 자리에서 사망에 이르게 한 경우, 甲의 행위는 과잉방위에 해당한다.

[❶ ▸ O] 피고인이 행한 부항시술행위가 보건위생상 위해가 발행할 우려가 전혀 없다고 볼 수 없는데다가, 피고인이 한의사 자격이나 이에 관한 어떠한 면허도 없이 영리를 목적으로 위와 같은 치료행위를 한 것이고, 단순히 수지침 정도의 수준에 그치지 아니하고 부항침과 부항을 이용하여 체내의 혈액을 밖으로 배출되도록 한 것이므로, 이러한 피고인의 시술행위는 의료법을 포함한 법질서 전체의 정신이나 사회통념에 비추어 용인될 수 있는 행위에 해당한다고 볼 수는 없고, 따라서 사회상규에 위배되지 아니하는 행위로서 위법성이 조각되는 경우에 해당한다고 할 수 없다(대판 2004.10.28. 2004도3405).

[❷ ▸ O] 아파트 입주자대표회의 회장이 다수 입주민들의 민원에 따라 위성방송 수신을 방해하는 케이블TV방송의 시험방송 송출을 중단시키기 위하여 위 케이블TV방송의 방송안테나를 절단하도록 지시한 행위는 긴급피난 내지는 정당행위에 해당한다고 볼 수 없다(대판 2006.4.13. 2005도9396).

⑤ 정답

[❸ ▸ O] 사문서의 위·변조죄는 작성권한 없는 자가 타인 명의를 모용하여 문서를 작성하는 것을 말하는 것이므로 사문서를 작성·수정함에 있어 그 명의자의 명시적이거나 묵시적인 승낙이 있었다면 사문서의 위·변조죄에 해당하지 않고, 한편 행위 당시 명의자의 현실적인 승낙은 없었지만 행위 당시의 모든 객관적 사정을 종합하여 명의자가 행위 당시 그 사실을 알았다면 당연히 승낙했을 것이라고 추정되는 경우 역시 사문서의 위·변조죄가 성립하지 않는다(대판 2008.4.10. 2007도9987).

[❹ ▸ O] 사회상규에 반하지 않는 행위라 함은 국가질서의 존중이라는 인식을 바탕으로 한 국민 일반의 건전한 도의적 감정에 반하지 아니한 행위로서 초법규적인 기준에 의하여 이를 평가할 것이다(대판 1983.11.22. 83도2224).

[❺ ▸ ×] 이혼소송 중인 남편이 찾아와 가위로 폭행하고 변태적 성행위를 강요하는 데에 격분하여 처가 칼로 남편의 복부를 찔러 사망에 이르게 한 경우, 그 행위는 방위행위로서의 한도를 넘어선 것으로 사회통념상 용인될 수 없으므로, 정당방위나 과잉방위에 해당하지 않는다(대판 2001.5.15. 2001도1089).

2016년 변호사시험 문 7. ☑ 확인 Check! ○ △ ×

피해자의 승낙(형법 제24조)에 관한 설명 중 옳은 것(○)과 옳지 않은 것(×)을 올바르게 조합한 것은?(다툼이 있는 경우 판례에 의함)

ㄱ. 피해자의 승낙은 형사불법의 귀속에 관하여 피해자에게 처분권을 부여해 주는 규정으로서, 형법이론적으로 피해자 고려, 형법의 보충성 실현, 형법의 민사화 등의 의미를 갖는다.
ㄴ. 13세 미만의 소녀가 자신에 대한 간음에 동의하였더라도 간음행위의 위법성이 조각되지 않는다.
ㄷ. 피해자의 승낙에 의한 행위가 사회상규에 위배된 때에는 위법하다는 이른바 피해자의 승낙에 대한 '사회상규적·윤리적 한계에 의한 제약'은 판례에 의할 때 상해죄에 대하여만 인정된다.
ㄹ. 의사의 불충분한 설명을 근거로 환자가 수술에 동의하였더라도 피해자 승낙으로 수술의 위법성이 조각되지 않는다.
ㅁ. 승낙은 법익 침해 후에 하여도 유효하며, 승낙한 이후에는 자유롭게 철회할 수 없다.

① ㄱ(○), ㄴ(○), ㄷ(×), ㄹ(×), ㅁ(○)
② ㄱ(○), ㄴ(×), ㄷ(○), ㄹ(○), ㅁ(×)
③ ㄱ(×), ㄴ(○), ㄷ(○), ㄹ(○), ㅁ(×)
④ ㄱ(○), ㄴ(○), ㄷ(×), ㄹ(○), ㅁ(×)
⑤ ㄱ(○), ㄴ(×), ㄷ(○), ㄹ(×), ㅁ(○)

[ㄱ ▸ O] 피해자의 승낙은 피해자의 자유의사를 고려함으로써 형법의 보충성을 실현하고, 나아가 형법 집행의 권한을 시민 개인에게 위탁하는 것과 유사한 역할을 함으로써 형법의 민사화에 기여한다.

[ㄴ ▸ O] 형법 제305조에 규정된 13세 미만 부녀에 대한 의제강간, 추행죄는 그 성립에 있어 위계 또는 위력이나 폭행 또는 협박의 방법에 의함을 요하지 아니하며 피해자의 동의가 있었다고 하여도 성립하는 것이다(대판 1982.10.12. 82도2183).

[ㄷ ▸ ×] 피해자의 승낙에 의한 법익 침해행위에 대한 사회상규적 제한은 상해죄에만 적용된다는 견해가 있으나, 판례는 상해죄 이외에 폭행치사죄에도 적용하고 있다(대판 1985.12.10. 85도1892).

[ㄹ ▸ O] 산부인과 전문의 수련과정 2년차인 의사가 피해자의 병명을 자궁근종으로 오진하고 이에 근거하여 의학에 대한 전문지식이 없는 피해자에게 자궁적출술의 불가피성만을 강조하였을 뿐 위와 같은 진단상의 과오가 없었으면 당연히 설명받았을 자궁 외 임신에 관한 내용을 설명받지 못한 피해자로부터 수술승낙을 받았다면 위 승낙은 부정확 또는 불충분한 설명을 근거로 이루어진 것으로서 수술의 위법성을 조각할 유효한 승낙이라고 볼 수 없다(대판 1993.7.27. 92도2345).

[ㅁ ▸ ×] 사후승낙은 위법성을 조각하지 아니하고, 승낙한 이후에도 원칙적으로 자유롭게 철회할 수 있다(대판 2011.5.13. 2010도9962).

정답 ④

2020년 변호사시험 문 4. ☑ 확인Check! ○ △ ×

다음 사례에 관한 설명 중 옳은 것은?(다툼이 있는 경우 판례에 의함)

甲은 21:25경 자신의 약혼자를 승용차에 태우고 도로를 진행하고 있었는데, 술에 취하여 인도에서 택시를 기다리고 있던 乙이 甲의 차를 乙의 회사 직원이 타고 가는 차로 오인하고 차도로 나와 甲의 차를 세워 타려고 하였다. 이에 甲이 항의하자 乙은 甲의 바지춤을 잡고 끌어당겨 甲의 바지를 찢어지게 한 다음 甲을 잡아끌고 가려다가 甲과 함께 넘어졌다. 甲은 약혼자의 신고로 출동한 경찰관이 현장에 도착할 때까지 약 3분가량 乙의 양손을 잡아 누르고 있었다.

① 위 사례에서는 공격행위와 방어행위가 연달아 행하여지고 甲의 방어행위가 동시에 공격행위인 양면적 성격을 띠므로 甲의 행위만을 가려내어 정당방위에 해당한다고 보기 어렵다.
② 甲의 행위는 乙로부터 부당한 침해를 방위하기 위한 것이기는 하나 사회통념상 허용될 만한 정도의 상당성이 있는 것으로 보이지 아니하므로 과잉방위에 해당한다.
③ 위 사례는 乙이 일방적으로 불법한 공격을 가하고 甲은 불법한 공격으로부터 자신을 보호하기 위한 저항수단으로 유형력을 행사한 경우이나 그 행위가 소극적인 방어의 한도를 벗어나 적극적 반격에 이르렀으므로 甲의 행위는 정당행위로서 위법성이 조각된다고 할 수 없다.
④ 甲의 행위가 정당방위 또는 정당행위에 해당한다는 점은 甲이 입증하여야 하나, 그 증명은 법관으로 하여금 의심할 여지가 없을 정도의 확신을 가지게 하는 증명력을 가진 엄격한 증거에 의하여야 하는 것은 아니다.
⑤ 乙이 폭행죄로 기소되어 공판절차에서 범행 당시 술에 만취하였기 때문에 전혀 기억이 없다고 범의를 부인함과 동시에 심신상실상태에 있었다고 주장한다면, 법원이 乙에 대해 유죄판결을 함에 있어서는 그에 대한 판단을 명시하여야 한다.

[❶ ▸ ×] 피해자가 피고인 운전의 차량 앞에 뛰어 들어 함부로 타려고 하고 이에 항의하는 피고인의 바지춤을 잡아 당겨 찢고 피고인을 끌고 가려다가 넘어지자, 피고인이 피해자의 양 손목을 경찰관이 도착할 때까지 약 3분간 잡아 누른 경우, 정당방위에 해당한다(대판 1999.6.11. 99도943).

[❷ ▸ ×] [❸ ▸ ×] 피해자가 야간에 술에 취하여, 피고인 운전의 차량 앞에 뛰어 들어 함부로 타려고 하였고, 이에 항의하는 피고인의 바지춤을 잡아 끌어당겨 바지가 찢어지기까지 하였고, 이에 반하여 피고인이 피고인을 잡아끌고 가려다가 넘어진 위 피해자의 양 손목을 잡아 누르고 있었던 것에 불과한 것이라면, 피고인의 행위는 위 피해자에 대항하여 폭행을 가한 것이라기보다는 그의 계속되는 부당한 공격으로부터 벗어나거나 이를 방어하기 위하여 한 것으로 보는 것이 상당하고, 그 행위에 이르게 된 경위, 목적, 수단, 의사 등과 피고인의 방어행위로 인하여 입은 위 피해자의 피해가 극히 미미하다는 점 등의 제반사정에 비추어 볼 때, 피고인의 행위는 사회통념상 허용될 만한 정도의 상당성이 있는 것으로서 위법성이 결여된 행위라고 보아야 할 것이다(대판 1999.6.11. 99도943).

[❹ ▸ ×] 공연히 사실을 적시하여 사람의 명예를 훼손한 행위가 형법 제310조의 규정에 따라서 위법성이 조각되어 처벌대상이 되지 않기 위하여는 그것이 진실한 사실로서 오로지 공공의 이익에 관한 때에 해당된다는 점을 행위자가 증명하여야 하는 것이나, 그 증명은 유죄의 인정에 있어 요구되는 것과 같이 법관으로 하여금 의심할 여지가 없을 정도의 확신을 가지게 하는 증명력을 가진 엄격한 증거에 의하여야 하는 것은 아니므로, 이때에는 전문증거에 대한 증거능력의 제한을 규정한 형사소송법 제310조의2는 적용될 여지가 없다(대판 1996.10.25. 95도1473).

[❺ ▸ ○] 피고인의 감당하기 어려울 정도로 만취되어 거의 의식불명의 상태에서 본건 범행을 저지른 것이라는 주장은 피고인이 범행 당시 심신장애의 상태에 있었음을 내세우는 취지로서 형사소송법 제323조 제2항에 규정된 범죄의 성립을 조각하거나 형의 감면의 이유가 되는 사실의 진술에 해당한다고 하겠으므로 원심으로서는 이에 대한 판단을 명시하였어야 할 것이다(대판 1984.9.11. 84도1387).

⑤ 정답

2018년 변호사시험 문 9. ☑ 확인Check! ○ △ ×

다음과 같은 근거로 벌하지 아니하는 경우는?(다툼이 있는 경우 판례에 의함)

자기 또는 타인의 법익에 대한 현재의 위난을 피하기 위한 행위는 상당한 이유가 있는 때에는 벌하지 아니한다.

① 정당 당직자가 국회 외교통상 상임위원회 회의장 앞 복도에서 출입이 봉쇄된 회의장 출입구를 뚫을 목적으로 회의장 출입문 및 그 안쪽에 쌓여 있던 집기를 손상하거나 국회 심의를 방해할 목적으로 회의장 내에 물을 분사한 경우
② 자신의 진돗개를 물어뜯는 공격을 하였다는 이유로 소지하고 있던 기계톱으로 타인의 개를 내리쳐 등 부분을 절개하여 죽인 경우
③ 아파트 입주자대표회의 회장이 다수 입주민들의 민원에 따라 위성방송 수신을 방해하는 케이블TV방송의 시험방송 송출을 중단시키기 위하여 위 케이블TV방송의 방송안테나를 절단하도록 지시한 경우
④ 운전자가 경찰관의 불심검문을 받아 운전면허증을 교부한 후 경찰관에게 큰 소리로 욕설을 하였는데, 경찰관이 자신을 모욕죄의 현행범으로 체포하려고 하자 반항하면서 경찰관에게 가벼운 상해를 입힌 경우
⑤ 선장이 피조개양식장에 피해를 주지 않기 위해 양식장까지의 거리가 약 30미터가 되도록 선박의 닻줄을 7샤클(175미터)에서 5샤클(125미터)로 감아놓았는데, 태풍을 갑자기 만나게 되면서 선박의 안전을 위하여 어쩔 수 없이 선박의 닻줄을 7샤클로 늘여 놓았다가 피조개양식장을 침범하여 물적 피해를 야기한 경우

[❶ ▸ 긴급피난 ×] 甲 정당 당직자인 피고인들 등이 국회 외교통상 상임위원회 회의장 앞 복도에서 출입이 봉쇄된 회의장 출입구를 뚫을 목적으로 회의장 출입문 및 그 안쪽에 쌓여 있던 집기를 손상하거나, 국회 심의를 방해할 목적으로 회의장 내에 물을 분사한 경우, 피고인들의 공용 물건 손상 및 국회회의장 소동행위를 위법성이 조각되는 정당행위나 긴급피난의 요건을 갖춘 행위로 평가하기 어렵다(대판 2013.6.13. 2010도13609).

[❷ ▸ 긴급피난 ×] 피고인이 피해견으로부터 직접적인 공격은 받지 아니하여 피고인으로서는 진돗개의 목줄을 풀어 다른 곳으로 피하거나 주위에 있는 몽둥이나 기계톱 등을 휘둘러 피해견을 쫓아버릴 수도 있었음에도 불구하고 그 자체로 매우 위험한 물건인 기계톱의 엑셀을 잡아당겨 작동시킨 후 이를 이용하여 피해견의 척추를 포함한 등 부분에서부터 배 부분까지 절단함으로써 내장이 밖으로 다 튀어나올 정도로 죽인 사실을 알 수 있는바, 피고인의 행위에 위법성조각사유 또는 책임조각사유가 있다고 보기도 어렵다(대판 2016.1.28. 2014도2477).

[❸ ▸ 긴급피난 ×] 아파트 입주자대표회의 회장이 다수 입주민들의 민원에 따라 위성방송 수신을 방해하는 케이블TV방송의 시험방송 송출을 중단시키기 위하여 위 케이블TV방송의 방송안테나를 절단하도록 지시한 행위는 긴급피난 내지는 정당행위에 해당한다고 볼 수 없다(대판 2006.4.13. 2005도9396).

[❹ ▸ 긴급피난 ×] 피고인이 경찰관의 불심검문을 받아 운전면허증을 교부한 후 경찰관에게 큰 소리로 욕설을 하였는데, 경찰관이 모욕죄의 현행범으로 체포하겠다고 고지한 후 피고인의 오른쪽 어깨를 붙잡자 반항하면서 경찰관에게 상해를 가한 경우, 피고인이 도망하거나 증거를 인멸할 염려가 있다고 보기는 어려우므로, 경찰관이 피고인을 체포한 행위는 적법한 공무집행이라고 볼 수 없고, 피고인이 체포를 면하려고 반항하는 과정에서 상해를 가한 것은 불법체포로 인한 신체에 대한 현재의 부당한 침해에서 벗어나기 위한 행위로서 정당방위에 해당한다(대판 2011.5.26. 2011도3682).

[❺ ▸ 긴급피난 ○] 선박의 이동에도 새로운 공유수면점용허가가 있어야 하고 휴지선을 이동하는 데는 예인선이 따로 필요한 관계로 비용이 많이 들어 다른 해상으로 이동을 하지 못하고 있는 사이에 태풍을 만나게 되고 그와 같은 위급한 상황에서 선박과 선원들의 안전을 위하여 사회통념상 가장 적절하고 필요불가결하다고 인정되는 조치를 취하였다면 형법상 긴급피난으로서 위법성이 없어서 범죄가 성립되지 아니한다(대판 1987.1.20. 85도221).

정답 ⑤

2017년 변호사시험 문 5.

☑ 확인 Check! ○ △ ×

다음 설명 중 甲의 행위가 위법성이 조각되는 경우를 모두 고른 것은?(다툼이 있는 경우 판례에 의함)

ㄱ. 甲이 군무기피의 목적이 있었으나 국군보안사령부의 민간인에 대한 정치사찰을 폭로한다는 명목으로 군무를 이탈한 경우

ㄴ. 甲이 乙과 말다툼을 하던 중 乙이 건초더미에 있던 낫을 들고 반항하자 乙로부터 낫을 빼앗아 그 낫으로 乙의 가슴, 배, 왼쪽 허벅지 부위 등을 수차례 찔러 乙이 사망한 경우

ㄷ. 甲은 자신의 아파트로 찾아와 소란을 피우는 친구 乙에게 출입문을 열어 주었으나, 乙이 신발을 신은 채 거실로 들어와 함께 온 아들과 합세하여 남편과의 불륜관계를 추궁하며 자신을 구타하자, 그로부터 벗어나기 위해 손을 휘저으며 발버둥을 치는 과정에서 乙에게 상해를 가한 경우

ㄹ. 변호사 甲은 참고인조사를 받는 줄 알고 검찰청에 자진출석한 자신의 사무장 乙을 합리적 근거 없이 검사가 긴급체포하자 이를 제지하는 과정에서 검사에게 상해를 가한 경우

ㅁ. 甲이 乙의 개가 자신의 애완견을 물어뜯는 공격을 하자 소지하고 있던 기계톱으로 乙의 개를 절개하여 죽인 경우

① ㄱ, ㄴ　② ㄴ, ㅁ　③ ㄷ, ㄹ
④ ㄱ, ㄷ, ㄹ　⑤ ㄷ, ㄹ, ㅁ

[ㄱ ▸ ×] 서면화된 인사발령 없이 국군보안사령부 서빙고분실로 배치되어 이른바 '혁노맹'사건 수사에 협력하게 된 사정만으로 군무이탈행위에 군무기피목적이 없었다고 할 수 없고, 국군보안사령부의 민간인에 대한 정치사찰을 폭로한다는 명목으로 군무를 이탈한 행위가 정당방위나 정당행위에 해당하지 아니한다(대판 1993.6.8. 93도766).

[ㄴ ▸ ×] 피고인이 피해자와 말다툼을 하다가 건초더미에 있던 낫을 들고 반항하는 피해자로부터 낫을 빼앗아 그 낫으로 피해자의 가슴, 배, 등, 뒤통수, 목, 왼쪽 허벅지 부위 등을 10여 차례 찔러 피해자로 하여금 다발성 자상에 의한 기흉 등으로 사망하게 한 경우, 피고인의 이 사건 범행행위가 피해자의 피고인에 대한 현재의 부당한 침해를 방위하거나 그러한 침해를 예방하기 위한 행위로 상당한 이유가 있는 경우에 해당한다고 볼 수 없다(대판 2007.4.26. 2007도1794).

[ㄷ ▸ ○] 甲과 자신의 남편과의 관계를 의심하게 된 상대방이 자신의 아들 등과 함께 甲의 아파트에 찾아가 현관문을 발로 차는 등 소란을 피우다가, 출입문을 열어 주자 곧바로 甲을 밀치고 신발을 신은 채로 거실로 들어가 상대방 일행이 서로 합세하여 甲을 구타하기 시작하였고, 甲은 이를 벗어나기 위하여 손을 휘저으며 발버둥치는 과정에서 상대방 등에게 상해를 가하게 된 경우, 甲은 그러한 위법한 공격으로부터 자신을 보호하고 이를 벗어나기 위한 사회관념상 상당성 있는 방어행위로서 유형력의 행사에 이르렀다고 할 것이어서 위 행위의 위법성은 조각된다(대판 2010.2.11. 2009도12958).

[ㄹ ▸ ○] 검사가 참고인조사를 받는 줄 알고 검찰청에 자진출석한 변호사사무실 사무장을 합리적 근거 없이 긴급체포하자 그 변호사가 이를 제지하는 과정에서 위 검사에게 상해를 가한 것은 정당방위에 해당한다(대판 2006.9.8. 2006도148).

[ㅁ ▸ ×] 피고인이 피해견으로부터 직접적인 공격은 받지 아니하여 피고인으로서는 진돗개의 목줄을 풀어 다른 곳으로 피하거나 주위에 있는 몽둥이나 기계톱 등을 휘둘러 피해견을 쫓아버릴 수도 있었음에도 불구하고 그 자체로 매우 위험한 물건인 기계톱의 엑셀을 잡아당겨 작동시킨 후 이를 이용하여 피해견의 척추를 포함한 등 부분에서부터 배 부분까지 절단함으로써 내장이 밖으로 다 튀어나올 정도로 죽인 사실을 알 수 있는바, 피고인의 행위에 위법성조각사유 또는 책임조각사유가 있다고 보기도 어렵다(대판 2016.1.28. 2014도2477).

③ 정답

CHAPTER 06

책임론

형 법

각 문항별로 이해도를 체크해 보세요.

최근 5년간 회별 평균 1문

제1절 책임의 일반이론

2013년 변호사시험 문 8.

확인 Check! ○ △ ×

책임의 근거 또는 본질에 대한 설명 중 옳지 않은 것은?

① 사회적 책임론에 따르면, 책임의 근거는 행위자의 반사회적 성격에 있으므로 사회생활을 하고 있는 책임무능력자에 대하여도 사회방위를 위해 보안처분을 가하여야 한다. 이러한 의미에서 책임능력은 형벌능력을 의미한다.

② 심리적 책임론에 따르면, 책임의 본질은 결과에 대한 인식과 의사인 고의 또는 결과를 인식하지 못한 과실에 있으며, 범죄 성립의 모든 객관적·외적 요소는 구성요건과 위법성단계에, 주관적·내적 요소는 책임단계에 배치한다.

③ 도의적 책임론은 형사책임의 근거를 행위자의 자유의사에서 찾으며, 가벌성 판단에서 행위보다 행위자에 중점을 두는 주관주의 책임론의 입장이다.

④ 기능적 책임론에 따르면, 책임의 내용은 형벌의 목적, 특히 일반예방의 목적에 따라 결정되어야 하며, 책임은 예방의 필요성을 한계로 하고 예방의 필요성도 책임형벌을 제한함으로써 책임과 예방의 상호 제한적 기능을 인정한다.

⑤ 규범적 책임론에 따르면, 책임의 구성요소는 행위자의 감정세계와 구성요건에 해당하는 결과 사이의 심리적 결합이 아니라 행위자의 적법행위가 요구되었음에도 불구하고 위법행위를 하였다는 환경의 평가에 있으므로, 책임은 구성요건에 해당하는 불법행위에 대한 비난가능성이다.

[❶ ▸ O] 사회적 책임론은 범죄란 소질과 환경에 의하여 결정된 행위자의 반사회적 성격의 소산이므로, 책임의 근거는 사회적으로 위험한 행위자의 반사회적 성격에 있다고 주장하는 견해로, 결국 책임무능력자가 사회적으로 위험한 성격을 가지고 있는 경우에는 사회방위처분인 보안처분이 필요하므로, 책임능력은 형벌능력을 의미한다.

[❷ ▸ O] 심리적 책임론은 책임을 결과에 대한 행위자의 심리적 사실관계로 파악하여, 고의·과실만 있으면 책임을 인정할 수 있다고 주장하는 견해이다.

[❸ ▸ ×] 도의적 책임론은 책임의 근거를 자유의사에 두고, 자유의사를 가진 자가 자유로운 의사에 의하여 적법한 행위를 할 수 있었음에도 불구하고 위법한 행위를 한 데 대한 도의적·윤리적 비난이라고 주장하는 견해로, 책임비난의 대상은 행위자 자신이 아니라 개개의 행위이므로, 객관주의 범죄론에 근거한다.

[❹ ▸ O] 기능적 책임론(예방적 책임론)은 책임의 내용을 형벌의 예방목적에 의하여 보충하거나 대체하여야 한다고 주장하는 견해로, 록신(Roxin)의 답책성이론은 장래범죄 예방이라는 형사정책적 고려를 중요시하여 책임과 예방의 상호 제한적 기능을 인정한다.

[❺ ▸ O] 규범적 책임론은 책임을 심리적 사실관계가 아닌 평가적 가치관계로 파악하여, 적법행위에 대한 기대가능성이 책임의 중심적 요소임을 주장하는 견해이다.

정답 ③

제2절 책임능력 ★★

2020년 변호사시험 문 8. ☑ 확인Check! ○ △ ×

책임에 관한 설명 중 옳지 않은 것은?(다툼이 있는 경우 판례에 의함)

① 형법 제10조에 규정된 심신장애는 정신병 또는 비정상적 정신상태와 같은 정신적 장애가 있는 외에 정신적 장애로 말미암아 사물에 대한 변별능력과 그에 따른 행위통제능력이 결여되거나 감소되었음을 요하므로, 정신적 장애가 있는 자라고 하여도 범행 당시 정상적인 사물변별능력이나 행위통제능력이 있었다면 심신장애로 볼 수 없다.

② 이미 유죄의 확정판결을 받은 자는 공범의 형사사건에서 그 범행에 대한 증언을 거부할 수 없을 뿐만 아니라 사실대로 증언하여야 하고, 설사 자신의 형사사건에서 그 범행을 부인하였다 하더라도 이를 이유로 사실대로 진술할 것을 기대할 가능성이 없다고 볼 수는 없다.

③ 심신장애의 유무는 사실문제로서 그 판단에 전문감정인의 정신감정 결과가 중요한 참고자료가 되기는 하나, 법원이 반드시 그 의견에 구속되는 것은 아니다.

④ 성주물성애증이 있다는 사정만으로는 심신장애에 해당한다고 볼 수 없으나, 그 증상이 매우 심각하여 원래 의미의 정신병이 있는 사람과 동등하다고 평가할 수 있거나 다른 심신장애사유와 경합된 경우 등에는 심신장애를 인정할 여지가 있다.

⑤ 사회통념상 모든 성의와 노력을 다했어도 임금이나 퇴직금의 체불이나 미불을 방지할 수 없었다는 것을 인정할 정도가 되어 사용자에게 더 이상의 적법행위를 기대할 수 없거나 불가피한 사정이었음이 인정되는 경우에는 근로기준법이나 근로자퇴직급여 보장법에서 정하는 임금 및 퇴직금 등의 기일 내 지급의무 위반죄의 책임이 조각된다.

[❶ ▸ ○] 형법 제10조에 규정된 심신장애는 생물학적 요소로서 정신병 또는 비정상적 정신상태와 같은 정신적 장애가 있는 외에 심리학적 요소로서 이와 같은 정신적 장애로 말미암아 사물에 대한 변별능력과 그에 따른 행위통제능력이 결여되거나 감소되었음을 요하므로, 정신적 장애가 있는 자라고 하여도 범행 당시 정상적인 사물변별능력이나 행위통제능력이 있었다면 심신장애로 볼 수 없다(대판 2007.2.8. 2006도7900).

[❷ ▸ ○] 이미 유죄의 확정판결을 받은 피고인은 공범의 형사사건에서 그 범행에 대한 증언을 거부할 수 없을 뿐만 아니라 나아가 사실대로 증언하여야 하고, 설사 피고인이 자신의 형사사건에서 시종일관 그 범행을 부인하였다 하더라도 이러한 사정은 위증죄에 관한 양형참작사유로 볼 수 있음은 별론으로 하고 이를 이유로 피고인에게 사실대로 진술할 것을 기대할 가능성이 없다고 볼 수는 없다(대판 2008.10.23. 2005도10101).

[❸ ▸ ×] 형법 제10조 소정의 심신장애의 유무는 법원이 형벌제도의 목적 등에 비추어 판단하여야 할 법률문제로서, 그 판단에 있어서는 전문감정인의 정신감정 결과가 중요한 참고자료가 되기는 하나, 법원으로서는 반드시 그 의견에 기속을 받는 것은 아니고, 그러한 감정 결과뿐만 아니라 범행의 경위, 수단, 범행 전후의 피고인의 행동 등 기록에 나타난 제반자료 등을 종합하여 독자적으로 심신장애의 유무를 판단하여야 한다(대판 1996.5.10. 96도638).

[❹ ▸ ○] 무생물인 옷 등을 성적 각성과 희열의 자극제로 믿고 이를 성적 흥분을 고취시키는 데 쓰는 성주물성애증이라는 정신질환이 있다고 하더라도 그러한 사정만으로는 절도 범행에 대한 형의 감면사유인 심신장애에 해당한다고 볼 수 없고, 다만 그 증상이 매우 심각하여 원래의 의미의 정신병이 있는 사람과 동등하다고 평가할 수 있거나, 다른 심신장애사유와 경합된 경우 등에는 심신장애를 인정할 여지가 있다(대판 2013.1.24. 2012도12689).

[❺ ▸ ○] 기업이 불황이라는 사유만으로 사용자가 근로자에 대한 임금 등을 체불하는 것은 허용되지 아니한다. 그러나 모든 성의와 노력을 다했어도 임금의 체불이나 미불을 방지할 수 없었다는 것이 사회통념상 긍정할 정도가 되어 사용자에게 더 이상의 적법행위를 기대할 수 없거나 불가피한 사정이었음이 인정되는 경우, 그러한 사유는 구 근로기준법 제36조 위반죄의 책임조각사유가 된다(대판 2008.10.9. 2008도5984).

③ 정답

2019년 변호사시험 문 11. ☑ 확인Check! ○ △ X

책임에 관한 설명 중 옳지 않은 것은?(다툼이 있는 경우 판례에 의함)

① 도의적 책임론은 행위자가 과거에 잘못된 성격을 형성한 성격책임에서 책임의 근거를 찾고 있다.
② 충동조절장애와 같은 성격적 결함이라 할지라도 그것이 매우 심각하여 원래의 의미의 정신병을 가진 사람과 동등하다고 평가할 수 있는 경우에는 그로 인한 범행은 심신장애로 인한 범행으로 보아야 한다.
③ 甲이 음주운전을 할 의사를 가지고 음주만취한 후 운전을 결행하여 부주의로 보행자 A를 충격하여 A를 그 현장에서 즉사시키고 도주하였다면, 이는 음주 시에 교통사고를 일으킬 위험성을 예견하였는데도 자의로 심신장애를 야기한 경우에 해당하므로 甲에 대한 형사처벌이 가능하다.
④ 법률의 착오와 관련하여, 위법성의 인식에 필요한 노력의 정도는 구체적인 행위정황과 행위자 개인의 인식능력 그리고 행위자가 속한 사회집단에 따라 달리 평가되어야 한다.
⑤ 사용자가 모든 성의와 노력을 다했어도 임금이나 퇴직금의 체불이나 미불을 방지할 수 없었다는 것이 사회통념상 긍정할 정도가 되어 사용자에게 더 이상의 적법행위를 기대할 수 없거나 불가피한 사정이었음이 인정되는 경우에는 그러한 사유는 근로기준법이나 근로자퇴직급여 보장법에서 정하는 임금 및 퇴직금 등의 기일 내 지급의무 위반죄의 책임조각사유로 된다.

[❶ ▸ X] 도의적 책임론은 책임의 근거를 자유의사에 두고, 자유의사를 가진 자가 자유로운 의사에 의하여 적법한 행위를 할 수 있었음에도 불구하고 위법한 행위를 한 데 대한 도의적·윤리적 비난이라고 주장하는 견해이다. 행위자가 과거에 잘못된 성격을 형성한 성격책임에서 책임의 근거를 찾는 견해는 사회적 책임론이다.

[❷ ▸ O] 원칙적으로 충동조절장애와 같은 성격적 결함은 형의 감면사유인 심신장애에 해당하지 아니한다고 봄이 상당하지만, 충동조절장애와 같은 성격적 결함이라 할지라도 그것이 매우 심각하여 원래의 의미의 정신병을 가진 사람과 동등하다고 평가할 수 있는 경우에는 그로 인한 범행은 심신장애로 인한 범행으로 보아야 한다(대판 2006.10.13. 2006도5360).

[❸ ▸ O] 피고인이 음주운전을 할 의사를 가지고 음주만취한 후 운전을 결행하여 교통사고를 일으켰다면 피고인은 음주 시에 교통사고를 일으킬 위험성을 예견하였는데도 자의로 심신장애를 야기한 경우에 해당하므로 형법 제10조 제3항에 의하여 심신장애로 인한 감경 등을 할 수 없다(대판 1992.7.28. 92도999).

[❹ ▸ O] 형법 제16조의 정당한 이유가 있는지 여부는 행위자에게 자기 행위의 위법의 가능성에 대해 심사숙고하거나 조회할 수 있는 계기가 있어 자신의 지적 능력을 다하여 이를 회피하기 위한 진지한 노력을 다하였더라면 스스로의 행위에 대하여 위법성을 인식할 수 있는 가능성이 있었음에도 이를 다하지 못한 결과 자기 행위의 위법성을 인식하지 못한 것인지 여부에 따라 판단하여야 할 것이고, 이러한 위법성의 인식에 필요한 노력의 정도는 구체적인 행위정황과 행위자 개인의 인식능력 그리고 행위자가 속한 사회집단에 따라 달리 평가되어야 한다(대판 2006.3.24. 2005도3717).

[❺ ▸ O] 기업이 불황이라는 사유만으로 사용자가 근로자에 대한 임금 등을 체불하는 것은 허용되지 아니한다. 그러나 모든 성의와 노력을 다했어도 임금의 체불이나 미불을 방지할 수 없었다는 것이 사회통념상 긍정할 정도가 되어 사용자에게 더 이상의 적법행위를 기대할 수 없거나 불가피한 사정이었음이 인정되는 경우, 그러한 사유는 구 근로기준법 제36조 위반죄의 책임조각사유가 된다(대판 2008.10.9. 2008도5984).

정답 ①

2014년 변호사시험 문 17. ☑ 확인Check! ○ △ ×

원인에 있어서 자유로운 행위의 가벌성근거에 관한 견해 〈보기 1〉과 그 내용 〈보기 2〉 및 이에 대한 비판 〈보기 3〉이 바르게 연결된 것은?

〈보기 1〉
가. 가벌성의 근거를 원인설정행위 자체에서 찾는 견해
나. 가벌성의 근거를 원인설정행위와 실행행위의 불가분적 관련에서 찾는 견해
다. 가벌성의 근거를 책임능력 결함상태에서의 실행행위에서 찾는 견해

〈보기 2〉
A. 책임능력 결함상태에서 구성요건 해당행위를 시작한 때에 실행의 착수가 있는 것으로 본다.
B. 일종의 '반무의식상태'에서 실행행위가 이루어지는 한 그 주관적 요소를 인정할 수 있다.
C. 원인에 있어서 자유로운 행위를 자신을 책임능력 없는 도구로 이용하는 간접정범으로 이해한다.

〈보기 3〉
a. 행위와 책임의 동시존재원칙의 예외를 인정하는 결과가 되어 책임주의에 반할 위험이 있다.
b. 실행의 착수에 구성요건적 행위정형성이 결여되어 죄형법정주의에 반할 위험이 있다.
c. 대부분의 경우에 행위자의 책임능력이 인정되어 법적 안정성을 해하는 결과를 초래한다.

① 가-A-a, 나-B-b, 다-C-c
② 가-B-b, 나-A-c, 다-C-a
③ 가-B-c, 나-A-a, 다-C-b
④ 가-C-b, 나-A-a, 다-B-c
⑤ 가-C-a, 나-A-b, 다-B-c

1. 가벌성의 근거

구성요건모델은 불법의 실체를 갖춘 원인설정행위 자체, 예외모델은 원인설정행위와 실행행위의 불가분적 관련, 반무의식상태설은 책임능력 결함상태에서의 실행행위가 각각의 가벌성의 근거이다.

2. 실행의 착수시기

구성요건모델은 원인설정행위 시, 예외모델은 행위와 책임의 동시존재원칙의 예외를 인정하여 가벌성의 근거만 앞으로 당겨지는 데 불과하므로, 책임능력 결함상태에서의 실행행위 시, 반무의식상태설 또한 책임능력 결함상태에서의 실행행위 시가 각각의 실행의 착수시기이다.

3. 비 판

구성요건모델은 원인설정행위 시에 실행의 착수를 인정하므로, 실행의 착수에 구성요건적 행위정형성이 결여되어 죄형법정주의에 반할 위험이 있고, 예외모델은 행위와 책임의 동시존재원칙의 예외를 인정하므로, 책임주의에 반할 위험이 있으며, 반무의식상태설은 대부분의 경우에 행위자의 책임능력이 인정되므로, 법적 안정성을 해할 수 있다.

④ 정답

2015년 변호사시험 문 14.

☑ 확인Check! ○ △ ×

다음 사례에 관한 설명 중 옳은 것을 모두 고른 것은?(다툼이 있는 경우 판례에 의함)

[사례 1] 甲은 유치원생인 여자아이 앞에서 공연음란행위를 하였다.
[사례 2] 甲은 타인의 집에 들어가 여자의 속옷을 절취하였다.

ㄱ. [사례 1]에서 甲에게 소아기호증과 같은 질환이 있었던 경우, 그 자체만으로는 형의 감면사유인 심신장애에 해당하지 아니하지만, 그 증상이 매우 심각하여 원래 의미의 정신병이 있는 사람과 동등하다고 평가할 수 있는 경우에는 심신장애를 인정할 여지가 있다.

ㄴ. [사례 2]에서 甲에게 무생물인 옷 등을 성적 각성과 희열의 자극제로 믿고 이를 성적 흥분을 고취시키는 데 쓰는 성주물성애증이라는 정신질환이 있었던 경우, 그러한 사정만으로는 심신장애에 해당한다고 볼 수 없지만, 다른 심신장애사유와 경합된 경우에는 심신장애를 인정할 여지가 있다.

ㄷ. [사례 1], [사례 2]에서 甲에게 생물학적으로 보아 정신병, 정신박약 등과 같은 심신장애가 있는 경우, 또는 심리학적으로 보아 사물에 대한 판별능력과 그에 따른 행위통제능력이 결여되거나 감소된 경우 중에서 어느 하나에 해당하면 형법 제10조(심신장애자) 제1항 내지 제2항이 적용된다.

① ㄱ ② ㄱ, ㄴ ③ ㄱ, ㄷ
④ ㄴ, ㄷ ⑤ ㄱ, ㄴ, ㄷ

[ㄱ ▸ O] 사춘기 이전의 소아들을 상대로 한 성행위를 중심으로 성적 흥분을 강하게 일으키는 공상, 성적 충동, 성적 행동이 반복되어 나타나는 소아기호증은 성적인 측면에서의 성격적 결함으로 인하여 나타나는 것으로서, 소아기호증과 같은 질환이 있다는 사정은 그 자체만으로는 형의 감면사유인 심신장애에 해당하지 아니한다고 봄이 상당하고, 다만 그 증상이 매우 심각하여 원래의 의미의 정신병이 있는 사람과 동등하다고 평가할 수 있거나, 다른 심신장애사유와 경합된 경우 등에는 심신장애를 인정할 여지가 있다(대판 2007.2.8. 2006도7900).

[ㄴ ▸ O] 무생물인 옷 등을 성적 각성과 희열의 자극제로 믿고 이를 성적 흥분을 고취시키는 데 쓰는 성주물성애증이라는 정신질환이 있다고 하더라도 그러한 사정만으로는 절도 범행에 대한 형의 감면사유인 심신장애에 해당한다고 볼 수 없고, 다만 그 증상이 매우 심각하여 원래의 의미의 정신병이 있는 사람과 동등하다고 평가할 수 있거나, 다른 심신장애사유와 경합된 경우 등에는 심신장애를 인정할 여지가 있다(대판 2013.1.24. 2012도12689).

[ㄷ ▸ X] 형법 제10조 제1항, 제2항이 적용되기 위해서는 생물학적 요소와 심리적 요소를 모두 구비하여야 한다.

정답 ②

제3절 위법성의 인식과 금지착오 ★☆

2012년 변호사시험 문 2. ☑ 확인Check! ○ △ ×

甲은 하산하다가 야생 멧돼지에게 쫓겨 급히 도망치며 달리던 중 마침 乙의 전원주택을 발견하고 그 집으로 뛰어들어 몸을 숨겨 위기를 모면하였다. 집주인 乙은 甲을 도둑으로 오인하여, 그를 쫓아내려는 의도로 "도둑이야!"라고 외쳤다. 甲이 자초지종을 설명하려고 다가가자 乙은 자신을 공격하려는 것으로 오인하여 그의 가슴을 힘껏 밀어 넘어뜨렸다. 이 사안에서 乙이 오인한 점에 대하여는 정당한 이유가 인정된다고 볼 때, 甲과 乙의 형사책임에 관한 설명 중 옳은 것은?

① 엄격책임설에 따르면 乙의 행위는 폭행의 구성요건적 고의뿐 아니라 위법성의 인식도 부정되지는 않으므로 폭행죄가 인정된다.
② 제한책임설(유추적용설)에 따르면 乙은 폭행의 구성요건적 고의가 배제되어 무죄이다.
③ 법효과제한적 책임설에 따르면 乙의 행위는 폭행의 구성요건적 고의가 인정되므로 폭행죄의 죄책을 진다.
④ 엄격고의설에 따르면 乙의 행위는 폭행의 고의가 인정되므로 폭행죄의 죄책을 진다.
⑤ 甲의 주거침입행위는 자구행위에 해당하여 무죄이다.

[❶ ▸ ×] 엄격책임설은 위법성조각사유의 전제사실에 대한 착오를 금지착오로 이해하는데, 착오에 정당한 이유가 없으면 고의범이 성립하고, 정당한 이유가 있으면 책임이 조각된다. 사안의 경우에는 오인에 정당한 이유가 있어 책임이 조각될 것이므로, 乙이 甲을 폭행한 행위는 무죄가 된다.

[❷ ▸ ○] 제한적 책임설은 위법성조각사유의 전제사실에 대한 착오를 제3의 착오로 이해하는데, 그중 구조적 유사성을 이유로 구성요건적 착오규정을 유추적용하는 유추적용설에 의하면, 착오로 인하여 구성요건적 고의가 조각되어 마찬가지로 과실범의 문제가 된다. 사안의 경우에는 구성요건적 고의가 조각되고, 오인에 정당한 이유가 있어 乙의 과실도 부정될 것이므로, 乙이 甲을 폭행한 행위는 무죄가 된다.

[❸ ▸ ×] 제한적 책임설의 하나인 법효과제한적 책임설에 의하면, 위법성조각사유의 전제사실에 대한 착오로 인하여 행위자의 심정반가치를 인정할 수 없으므로, 책임고의가 조각되어 과실범의 문제가 된다. 사안의 경우에는 구성요건적 고의는 인정되나 책임고의가 조각되고, 오인에 정당한 이유가 있어 乙의 책임과실도 부정될 것이므로, 乙이 甲을 폭행한 행위는 무죄가 된다.

[❹ ▸ ×] 엄격고의설은 현실적인 위법성 인식이 고의의 내용이 되므로, 위법성조각사유의 전제사실에 대한 현실적인 위법성 인식이 없는 경우에는, 고의가 조각되어 과실범의 문제가 된다. 사안의 경우에는 고의가 조각될 뿐만 아니라, 오인에 정당한 이유가 있어 乙의 과실도 부정될 것이므로, 乙이 甲을 폭행한 행위는 무죄가 된다.

[❺ ▸ ×] 甲의 주거침입행위는 자신의 생명·신체에 대한 위험을 피하기 위한 행위이므로, 긴급피난(형법 제22조 제1항)에 해당한다.

② 정답

2014년 변호사시험 문 18. ☑ 확인Check! ○ △ ×

착오에 관한 설명 중 옳은 것은?(다툼이 있는 경우에는 판례에 의함)

① 甲이 지하철에서 옆 사람이 손잡이를 잡기 위해 팔을 올리는 것을 성추행하는 것으로 경솔하게 오인하여 그 손을 쳐서 전치 4주의 상해를 입힌 경우 甲의 착오에 대한 엄격책임설과 제한적 책임설의 결론은 동일하다.

② 변호사 자격을 가진 국회의원 甲이 선거에 영향을 미칠 수 있는 내용이 포함된 의정보고서를 발간하는 과정에서 보좌관을 통해 관할 선거관리위원회 직원에게 구두로 문의하여 답변을 받은 결과 그 의정보고서를 발간하는 것이 선거법규에 저촉되지 않는다고 오인한 경우 형법 제16조의 정당한 이유가 인정되지 않는다.

③ 사인인 甲이 현행범인을 체포하면서 그 범인을 자기 집안에 감금까지 할 수 있다고 생각하고 감금한 경우 소극적 구성요건요소이론에 따르면 甲의 착오는 법률의 착오에 해당한다.

④ 甲이 자신의 아들이 물에 빠졌는데도 그를 타인의 아들이라고 잘못 생각하여 구조행위를 하지 않아 사망하게 한 경우 이분설에 따르면 甲의 착오는 형법 제16조의 법률의 착오에 해당한다.

⑤ 甲이 마당에 있는 乙의 도자기를 손괴하려고 돌을 던졌으나 빗나가 옆에 있던 乙에게 상해를 입힌 경우 법정적 부합설에 따르면 甲은 상해죄로 처벌된다.

[❶ ▸ ×] 엄격책임설은 위법성조각사유의 전제사실에 대한 착오를 금지착오로 이해하는데, 착오에 정당한 이유가 없으면 고의범이 성립하고, 정당한 이유가 있으면 책임이 조각된다. 제한적 책임설은 위법성조각사유의 전제사실에 대한 착오를 제3의 착오로 이해하는데, 그중 법효과제한적 책임설에 의하면, 위법성조각사유의 전제사실에 대한 착오로 인하여 행위자의 심정반가치를 인정할 수 없으므로, 책임고의가 조각되어 과실범의 문제가 되고, 구조적 유사성을 이유로 구성요건적 착오규정을 유추적용하는 유추적용설에 의하면, 착오로 인하여 구성요건적 고의가 조각되어 마찬가지로 과실범의 문제가 된다. 지문의 경우, 엄격책임설에 따르면 정당한 이유가 부정되므로 상해죄의 고의범으로 처벌되고, 법효과제한적 책임설이나 유추적용설에 따르면 과실치상죄로 처벌된다.

[❷ ▸ ○] 피고인이 그 보좌관을 통하여 관할 선거관리위원회 직원에게 문의하여 이 사건 의정보고서에 앞서 본 바와 같은 내용을 게재하는 것이 허용된다는 답변을 들은 것만으로는(또한 원심도 인정하는 바와 같이 이 사건 의정보고서의 제작과 관련하여, 피고인 측에서 관할 선거관리위원회의 지도계장에게 구두로 문의를 하였을 뿐 관할 선거관리위원회에 정식으로 질의를 하여 공식적인 답신을 받은 것도 아니다), 자신의 지적 능력을 다하여 이를 회피하기 위한 진지한 노력을 다 하였다고 볼 수 없고, 그 결과 자신의 행위의 위법성을 인식하지 못한 것이라고 할 것이므로 그에 대해 정당한 이유가 있다고 하기 어렵다(대판 2006.3.24. 2005도3717).

[❸ ▸ ×] 소극적 구성요건표지이론에 의하면, 위법성조각사유는 소극적 구성요건표지로서 불법구성요건을 형성하고, 이에 대한 착오는 구성요건적 착오이며, 구성요건적 착오로 인하여 불법고의가 조각되어 과실범의 문제가 된다. 지문의 경우, 위법성조각사유의 법적 한계에 대한 착오이므로 구성요건적 착오에 해당한다.

[❹ ▸ ×] 보증인의무의 체계적 지위에 관한 이분설에 의하면, 자신의 아들인 줄 모르고 구조하지 아니한 것은 보증인지위에 대한 착오이고, 이는 구성요건적 착오에 해당한다.

[❺ ▸ ×] 지문의 경우, 추상적 사실의 착오 중 방법의 착오에 해당한다. 법정적 부합설에 의하면, 乙의 도자기에 대한 손괴미수죄와 乙에 대한 과실치상죄의 상상적 경합으로 처벌된다.

정답 ②

2016년 변호사시험 문 5.

☑ 확인Check! ○ △ ×

법률의 착오(금지착오)에 관한 설명 중 옳지 않은 것을 모두 고른 것은?(다툼이 있는 경우 판례에 의함)

ㄱ. 행위자가 금지규범의 존재를 아예 인식하지 못한 '법률의 부지'는 행정형법의 영역에서 많이 발생하며 법률의 착오의 전형적인 사례로 인정된다.
ㄴ. 법률의 착오에 있어 정당한 이유가 있는지 여부는 행위자에게 자기 행위의 위법의 가능성에 대해 심사숙고하거나 조회할 수 있는 계기가 있어 자신의 지적 능력을 다하여 이를 회피하기 위한 진지한 노력을 다하였더라면 스스로의 행위에 대하여 위법성을 인식할 수 있는 가능성이 있었음에도 이를 다하지 못한 결과 자기 행위의 위법성을 인식하지 못한 것인지 여부에 따라 판단하여야 한다.
ㄷ. 고의의 성립에 위법성의 인식이 필요하다는 고의설과 위법성의 인식은 고의와는 분리된 독립한 책임요소로 보는 책임설의 입장 모두, 금지착오는 고의의 성립에 영향을 미치지 못하고 착오가 회피 불가능할 때에는 책임을 조각하지만 회피 가능할 때에는 책임을 감경할 수 있을 뿐이라는 결론에 이른다.
ㄹ. 법원의 무죄판결을 신뢰하여 행위한 경우에는 법률의 착오에 정당한 이유가 있는 것으로 인정될 수 있으나, 검사의 혐의 없음 불기소처분을 믿고 행위한 경우에는 검사의 불기소처분에는 확정력이 없으므로 법률의 착오에 정당한 이유가 있는 것으로 인정될 수 없다.

① ㄱ, ㄴ　② ㄱ, ㄷ　③ ㄷ, ㄹ
④ ㄱ, ㄷ, ㄹ　⑤ ㄴ, ㄷ, ㄹ

[ㄱ ▸ ×] 형법 제16조에서 "자기가 행한 행위가 법령에 의하여 죄가 되지 아니한 것으로 오인한 행위는 그 오인에 정당한 이유가 있는 때에 한하여 벌하지 아니한다"라고 규정하고 있는 것은 단순한 법률의 부지를 말하는 것이 아니고 일반적으로 범죄가 되는 경우이지만 자기의 특수한 경우에는 법령에 의하여 허용된 행위로서 죄가 되지 아니한다고 그릇 인식하고 그와 같이 그릇 인식함에 정당한 이유가 있는 경우에는 벌하지 않는다는 취지이다(대판 2005.9.29. 2005도4592).

[ㄴ ▸ O] 형법 제16조의 정당한 이유가 있는지 여부는 행위자에게 자기 행위의 위법의 가능성에 대해 심사숙고하거나 조회할 수 있는 계기가 있어 자신의 지적 능력을 다하여 이를 회피하기 위한 진지한 노력을 다하였더라면 스스로의 행위에 대하여 위법성을 인식할 수 있는 가능성이 있었음에도 이를 다하지 못한 결과 자기 행위의 위법성을 인식하지 못한 것인지 여부에 따라 판단하여야 할 것이고, 이러한 위법성의 인식에 필요한 노력의 정도는 구체적인 행위정황과 행위자 개인의 인식능력 그리고 행위자가 속한 사회집단에 따라 달리 평가되어야 한다(대판 2006.3.24. 2005도3717).

[ㄷ ▸ ×] 고의설에 의하면 위법성 인식이 고의의 내용이 되므로, 금지착오의 경우에는 고의가 조각되고, 과실의 경우에는 과실범으로 처벌된다. 책임설에 의하면 회피가능성 유무에 따라 회피가 불가능하다면 책임이 조각되지만, 회피가 가능하다면 경우에 따라 책임을 감경할 수 있을 뿐이다.

[ㄹ ▸ ×] 피고인이 대법원의 판례에 비추어 자신의 행위가 무허가의약품의 제조·판매행위에 해당하지 아니하는 것으로 오인하였다고 하더라도, 이는 사안을 달리하는 사건에 관한 대법원의 판례의 취지를 오해하였던 것에 불과하여 그와 같은 사정만으로는 그 오인에 정당한 사유가 있다고 볼 수 없다(대판 1995.7.28. 95도1081). 가감삼십전대보초와 한약 가지 수에만 차이가 있는 십전대보초를 제조하고 그 효능에 관하여 광고를 한 사실에 대하여 이전에 검찰의 혐의 없음 결정을 받은 적이 있다면, 피고인이 비록 한의사·약사·한약업사면허나 의약품판매업 허가가 없이 의약품인 가감삼십전대보초를 판매하였다고 하더라도 자기의 행위가 법령에 의하여 죄가 되지 않는 것으로 믿을 수밖에 없었고, 또 그렇게 오인함에 있어서 정당한 이유가 있는 경우에 해당한다(대판 1995.8.25. 95도717).

④ 정답

제4절 기대가능성 ★☆

2017년 변호사시험 문 7. ☑ 확인 Check! ○ △ ×

책임에 관한 설명 중 옳은 것을 모두 고른 것은?(다툼이 있는 경우 판례에 의함)

ㄱ. 충동조절장애와 같은 성격적 결함은 정신병이 아니기 때문에 그 정도에 상관없이 심신장애에 해당하지 않는다.
ㄴ. 형법 제12조(강요된 행위)의 '저항할 수 없는 폭력'이란 윤리적 의미에서 강압된 경우가 아니라 심리적 의미에서 육체적으로 어떤 행위를 절대적으로 하지 아니할 수 없게 하는 경우를 말한다.
ㄷ. 형법 제10조에 규정된 심신장애의 유무 및 정도의 판단은 법률적 판단으로서 반드시 전문감정인의 의견에 기속되어야 하는 것은 아니고, 여러 사정을 종합하여 법원이 독자적으로 판단할 수 있다.
ㄹ. 자신의 강도상해범행을 일관되게 부인하였으나 유죄판결이 확정된 자는, 별건으로 기소된 공범의 형사사건에서 자신의 범행사실을 사실대로 진술할 기대가능성이 있기 때문에 자신의 범행을 부인하는 허위의 증언을 한 경우 위증죄가 성립한다.

① ㄱ, ㄴ ② ㄱ, ㄹ ③ ㄴ, ㄷ
④ ㄷ, ㄹ ⑤ ㄴ, ㄷ, ㄹ

[ㄱ ▸ ×] 원칙적으로 충동조절장애와 같은 성격적 결함은 형의 감면사유인 심신장애에 해당하지 아니한다고 봄이 상당하지만, 충동조절장애와 같은 성격적 결함이라 할지라도 그것이 매우 심각하여 원래의 의미의 정신병을 가진 사람과 동등하다고 평가할 수 있는 경우에는 그로 인한 범행은 심신장애로 인한 범행으로 보아야 한다(대판 2006.10.13. 2006도5360).

[ㄴ ▸ ×] 형법 제12조 소정의 저항할 수 없는 폭력은, 심리적인 의미에 있어서 육체적으로 어떤 행위를 절대적으로 하지 아니할 수 없게 하는 경우와 윤리적 의미에 있어서 강압된 경우를 말하고, 협박이란 자기 또는 친족의 생명, 신체에 대한 위해를 달리 막을 방법이 없는 협박을 말하며, 강요라 함은 피강요자의 자유스런 의사결정을 하지 못하게 하면서 특정한 행위를 하게 하는 것을 말한다(대판 1983.12.13. 83도2276).

[ㄷ ▸ O] 형법 제10조 제1항 및 제2항 소정의 심신장애의 유무 및 정도의 판단은 법률적 판단으로서 반드시 전문감정인의 의견에 기속되어야 하는 것은 아니고, 정신분열병의 종류 및 정도, 범행의 동기 및 원인, 범행의 경위 및 수단과 태양, 범행 전후의 피고인의 행동, 증거 인멸 공작의 유무, 범행 및 그 전후의 상황에 관한 기억의 유무 및 정도, 반성의 빛 유무, 수사 및 공판정에서의 방어 및 변소의 방법과 태도, 정신병 발병 전의 피고인의 성격과 그 범죄와의 관련성 유무 및 정도 등을 종합하여 법원이 독자적으로 판단할 수 있다(대판 1994.5.13. 94도581).

[ㄹ ▸ O] 자신의 강도상해범행을 일관되게 부인하였으나 유죄판결이 확정된 피고인이 별건으로 기소된 공범의 형사사건에서 자신의 범행사실을 부인하는 증언을 한 경우, 피고인에게 사실대로 진술할 것이라는 기대가능성이 있으므로 위증죄가 성립한다(대판 2008.10.23. 2005도10101).

정답 ④

2012년 변호사시험 문 4. ☑ 확인Check! ○ △ ×

기대가능성에 관한 설명 중 옳지 않은 것은?(다툼이 있는 경우에는 판례에 의함)

① 적법행위에 대한 기대가능성이 없으면 책임을 물을 수 없다는 것이 규범적 책임론의 입장이다.
② 양심적 병역거부자의 경우 적법행위에 대한 기대가능성이 인정될 수 있다.
③ 자신의 강도상해범행을 일관되게 부인하였으나 유죄판결이 확정된 자는, 별건으로 기소된 공범의 형사사건에서 자신의 범행사실을 사실대로 진술할 기대가능성이 없기 때문에 위증죄가 성립하지 않는다.
④ 형법 제12조(강요된 행위)는 적법행위의 기대가능성이 없으므로 책임조각이 인정되는 규정이라고 할 수 있다.
⑤ 적법행위의 기대가능성 유무는 행위 당시의 구체적 상황하에 행위자 대신에 사회적 평균인을 두고 이 평균인의 관점에서 판단하여야 한다.

[❶ ▸ ○] 규범적 책임론은 책임을 심리적 사실관계가 아닌 평가적 가치관계로 파악하여, 적법행위에 대한 기대가능성이 책임의 중심적 요소임을 주장하는 견해로, 적법행위의 기대가능성이 없으면 이를 전제로 하는 책임도 인정될 수 없다.

[❷ ▸ ○] [❺ ▸ ○] 양심적 병역거부자에게 그의 양심상의 결정에 반한 행위를 기대할 가능성이 있는지 여부를 판단하기 위해서는, 행위 당시의 구체적 상황하에 행위자 대신에 사회적 평균인을 두고 이 평균인의 관점에서 그 기대가능성 유무를 판단하여야 할 것인 바, 양심적 병역거부자의 양심상의 결정이 적법행위로 나아갈 동기의 형성을 강하게 압박할 것이라고 보이기는 하지만 그렇다고 하여 그가 적법행위로 나아가는 것이 실제로 전혀 불가능하다고 할 수는 없다고 할 것인 바, 법규범은 개인으로 하여금 자기의 양심의 실현이 헌법에 합치하는 법률에 반하는 매우 드문 경우에는 뒤로 물러나야 한다는 것을 원칙적으로 요구하기 때문이다(대판 2004.7.15. 2004도2965[전합]).

[❸ ▸ ×] 자신의 강도상해범행을 일관되게 부인하였으나 유죄판결이 확정된 피고인이 별건으로 기소된 공범의 형사사건에서 자신의 범행사실을 부인하는 증언을 한 경우, 피고인에게 사실대로 진술할 것이라는 기대가능성이 있으므로 위증죄가 성립한다(대판 2008.10.23. 2005도10101).

[❹ ▸ ○] 기대불가능성을 이유로 한 책임조각사유에는 강요된 행위(형법 제12조), 과잉방위(형법 제21조 제3항), 과잉피난(형법 제22조 제3항) 등이 있다.

2018년 변호사시험 문 14. ☑ 확인Check! ○ △ ×

기대가능성에 관한 설명 중 옳지 않은 것은?(다툼이 있는 경우 판례에 의함)

① 양심적 병역거부자에게 그의 양심상의 결정에 반한 행위를 기대할 가능성이 있는지는 행위 당시의 구체적 상황하에 행위자 대신에 사회적 평균인을 두고 이 평균인의 관점에서 판단하여야 한다.
② 자신의 강도상해범행을 일관되게 부인하였으나 유죄판결이 확정된 자가, 별건으로 기소된 공범의 형사사건에서 자신의 범행사실을 부인하는 증언을 한 경우에는 사실대로 진술할 기대가능성이 있다고 할 수 없다.
③ 직장 상사의 범법행위에 가담한 부하에 대하여 직무상 지휘・복종관계에 있다는 이유만으로 범법행위에 가담하지 않을 기대가능성이 없다고는 할 수 없다.
④ 형법 제12조(강요된 행위)에서 말하는 저항할 수 없는 폭력은 심리적 의미에 있어서 육체적으로 어떤 행위를 절대적으로 하지 아니할 수 없게 하는 경우와 윤리적 의미에 있어서 강압된 경우를 말한다.
⑤ 친족의 신체에 대한 위해를 방어할 방법이 없는 협박에 의하여 강요된 행위는 벌하지 아니한다.

③ / ② 정답

[❶ ▸ O] 양심적 병역거부자에게 그의 양심상의 결정에 반한 행위를 기대할 가능성이 있는지 여부를 판단하기 위해서는, 행위 당시의 구체적 상황하에 행위자 대신에 사회적 평균인을 두고 이 평균인의 관점에서 그 기대가능성 유무를 판단하여야 할 것이다(대판 2004.7.15. 2004도2965[전합]).

[❷ ▸ ×] 자신의 강도상해범행을 일관되게 부인하였으나 유죄판결이 확정된 피고인이 별건으로 기소된 공범의 형사사건에서 자신의 범행사실을 부인하는 증언을 한 경우, 피고인에게 사실대로 진술할 것이라는 기대가능성이 있으므로 위증죄가 성립한다(대판 2008.10.23. 2005도10101).

[❸ ▸ O] 직장의 상사가 범법행위를 하는 데 가담한 부하에게 직무상 지휘·복종관계에 있다 하여 범법행위에 가담하지 않을 기대가능성이 없다고 할 수 없다(대판 1999.7.23. 99도1911).

[❹ ▸ O] 형법 제12조 소정의 저항할 수 없는 폭력은, 심리적인 의미에 있어서 육체적으로 어떤 행위를 절대적으로 하지 아니할 수 없게 하는 경우와 윤리적 의미에 있어서 강압된 경우를 말하고, 협박이란 자기 또는 친족의 생명, 신체에 대한 위해를 달리 막을 방법이 없는 협박을 말하며, 강요라 함은 피강요자의 자유스런 의사결정을 하지 못하게 하면서 특정한 행위를 하게 하는 것을 말한다(대판 1983.12.13. 83도2276).

[❺ ▸ O] 저항할 수 없는 폭력이나 자기 또는 친족의 생명, 신체에 대한 위해를 방어할 방법이 없는 협박에 의하여 강요된 행위는 벌하지 아니한다(형법 제12조).

CHAPTER 07

미수론

형 법

각 문항별로 이해도를 체크해 보세요.

최근 5년간 회별 평균 1문

제1절 장애 · 중지 · 불능미수 ★★★

2019년 변호사시험 문 5. 확인Check! ○ △ ×

미수범에 관한 설명 중 옳은 것을 모두 고른 것은?(다툼이 있는 경우 판례에 의함)

ㄱ. 야간에 다세대주택 2층에 침입해서 물건을 절취하기 위하여 그 다세대주택 외벽 가스배관을 타고 오르다가 순찰 중이던 경찰관에게 발각되어 그냥 뛰어내린 경우 야간주거침입절도죄의 실행의 착수에 이르지 못한 것이다.
ㄴ. 甲이 A의 사망에 대한 미필적 고의를 가지고 A가 주거로 사용하는 건조물을 소훼하였으나 이를 후회하고 진지한 노력으로 A를 구조함으로써 A가 사망하지 않은 경우에는 현주건조물방화치사죄의 중지미수범으로 처벌된다.
ㄷ. 주체의 착오로 인해 결과 발생이 불가능한 경우에도 불능미수가 성립될 수 있는지에 대해서는 형법상 명문의 규정이 없다.
ㄹ. 행위자가 처음부터 결과 발생이 불가능하다는 것을 알면서 실행에 착수하여 결과는 발생하지 않았지만 위험성이 있는 경우에는 불능미수가 성립된다.

① ㄱ, ㄷ ② ㄱ, ㄹ ③ ㄴ, ㄹ
④ ㄷ, ㄹ ⑤ ㄱ, ㄴ, ㄷ

[ㄱ ▸ O] 야간에 다세대주택에 침입하여 물건을 절취하기 위하여 가스배관을 타고 오르다가 순찰 중이던 경찰관에게 발각되어 그냥 뛰어내렸다면, 야간주거침입절도죄의 실행의 착수에 이르지 못한 것이라고 해야 한다(대판 2008.3.27. 2008도917).

[ㄴ ▸ X] 이론적으로는 부진정결과적 가중범인 현주건조물방화치사죄의 미수를 인정하는 것이 가능하나 이에 대한 처벌규정이 없고, 중한 결과에 대하여 과실이 있는 경우와는 달리 고의가 있는 경우를 미수감경하는 것은 불합리하므로, 현주건조물방화치사죄의 미수를 부정하는 것이 타당하다고 판단된다. 따라서 甲은 현주건조물방화죄와 살인미수죄의 상상적 경합으로 처벌된다.

[ㄷ ▸ O] 실행의 수단 또는 대상의 착오로 인하여 결과 발생이 불가능한 경우에도 위험성이 있으면 불능미수가 성립하나, 주체의 착오로 인하여 결과 발생이 불가능한 경우에도 불능미수가 성립하는지에 대하여는 형법상 명문의 규정이 없다.

[ㄹ ▸ X] 미수범의 고의는 확정적 행위의사이어야 하므로, 행위자가 처음부터 결과 발생이 불가능하다는 것을 알았다면 불능미수는 성립하지 아니한다.

① 정답

2020년 변호사시험 문 9. ☑ 확인 Check! ○ △ ×

미수에 관한 설명 중 옳지 않은 것은?(다툼이 있는 경우 판례에 의함)

① 중지미수는 범죄의 실행행위에 착수하고 그 범죄가 완수되기 전에 자기의 자유로운 의사에 따라 범죄의 실행행위를 중지하는 것으로서 장애미수와 대칭되는 개념이다.
② 중지미수와 장애미수는 범죄의 미수가 자의에 의한 중지이냐 또는 어떤 장애에 의한 미수이냐에 따라 구분하여야 하고, 특히 자의에 의한 중지 중에서도 사회통념상 장애에 의한 미수로 보이는 경우를 제외하고는 중지미수라고 보는 것이 일반이다.
③ 장애미수 또는 중지미수는 범죄의 실행에 착수할 당시 실행행위를 놓고 판단하였을 때 행위자가 의도한 범죄의 기수가 성립할 가능성이 있었으므로 처음부터 기수가 될 가능성이 객관적으로 배제되는 불능미수와 구별된다.
④ 불능미수는 행위자가 실제로 존재하지 않는 사실을 존재한다고 오인하였다는 측면에서 존재하는 사실을 인식하지 못한 사실의 착오와 다르다.
⑤ 불능범과 구별되는 불능미수의 성립요건인 위험성은 행위 당시에 피고인이 인식한 사정과 일반인이 인식할 수 있었던 사정을 놓고 일반인이 객관적으로 판단하여 결과 발생의 가능성이 있는지 여부를 따져야 한다.

[❶ ▸ ○] [❷ ▸ ○] 중지미수라 함은 범죄의 실행행위에 착수하고 그 범죄가 완수되기 전에 자기의 자유로운 의사에 따라 범죄의 실행행위를 중지하는 것으로서 장애미수와 대칭되는 개념이나 중지미수와 장애미수를 구분하는 데 있어서는 범죄의 미수가 자의에 의한 중지이냐 또는 어떤 장애에 의한 미수이냐에 따라 가려야 하고 특히 자의에 의한 중지 중에서도 일반 사회통념상 장애에 의한 미수라고 보여지는 경우를 제외한 것을 중지미수라고 풀이함이 일반이다(대판 1985.11.12. 85도2002).

[❸ ▸ ○] [❹ ▸ ○] [❺ ▸ ×] 장애미수 또는 중지미수는 범죄의 실행에 착수할 당시 실행행위를 놓고 판단하였을 때 행위자가 의도한 범죄의 기수가 성립할 가능성이 있었으므로 처음부터 기수가 될 가능성이 객관적으로 배제되는 불능미수와 구별된다. 불능미수는 행위자가 실제로 존재하지 않는 사실을 존재한다고 오인하였다는 측면에서 존재하는 사실을 인식하지 못한 사실의 착오와 다르다. 한편, 불능범과 구별되는 불능미수의 성립요건인 '위험성'은 피고인이 행위 당시에 인식한 사정을 놓고 일반인이 객관적으로 판단하여 결과 발생의 가능성이 있는지 여부를 따져야 한다(대판 2019.3.28. 2018도16002[전합]).

2018년 변호사시험 문 13. ☑ 확인 Check! ○ △ ×

미수범에 관한 설명 중 옳지 않은 것은?(다툼이 있는 경우 판례에 의함)

① 특수강간이 미수에 그쳤다 하더라도 그로 인하여 피해자가 상해를 입었으면 특수강간치상죄가 성립하고, 특수강간의 죄를 범한 자가 피해자에 대하여 상해의 고의를 가지고 피해자에게 상해를 입히려다가 미수에 그친 경우에는 특수강간상해죄의 미수범으로 처벌된다.
② 목적과 같은 초과주관적 요소가 필요한 범죄에 있어서는 그 미수범의 성립에 있어서도 초과주관적 요소가 구비되어야 한다.
③ 대금을 결제하기 위하여, 절취한 타인의 신용카드를 제시하고 신용카드회사의 승인까지 받았으나 매출전표에 서명한 사실이 없고 도난카드임이 밝혀져 최종적으로 매출취소로 거래가 종결되었다면 여신전문금융업법상 신용카드부정사용죄의 미수범으로 처벌된다.
④ 실행미수가 중지범으로 인정되기 위해서는 단순히 행위의 계속을 포기하는 것으로 족하지 않고 행위자가 자의에 의하여 결과의 발생을 방지할 것이 요구된다.
⑤ 미수범 처벌근거에 대한 학설 중 주관설에 의할 경우 미수와 기수는 동일하게 처벌되어야 한다.

정답 ⑤ / ③

[❶ ▸ O] 성폭력범죄의 처벌 및 피해자보호 등에 관한 법률 제9조 제1항에 의하면 같은 법 제6조 제1항에서 규정하는 특수강간의 죄를 범한 자뿐만 아니라, 특수강간이 미수에 그쳤다고 하더라도 그로 인하여 피해자가 상해를 입었으면 특수강간치상죄가 성립하는 것이고, 같은 법 제12조에서 규정한 위 제9조 제1항에 대한 미수범 처벌규정은 제9조 제1항에서 특수강간치상죄와 함께 규정된 특수강간상해죄의 미수에 그친 경우, 즉 특수강간의 죄를 범하거나 미수에 그친 자가 피해자에 대하여 상해의 고의를 가지고 피해자에게 상해를 입히려다가 미수에 그친 경우 등에도 적용된다(대판 2008.4.24, 2007도10058).

[❷ ▸ O] 미수범의 주관적 구성요건요소는 기수범과 동일하므로, 목적과 같은 초과주관적 구성요건요소가 필요한 범죄의 경우에는 그 미수범의 성립 시에도 이를 구비하여야 한다.

[❸ ▸ ×] 신용카드를 절취한 사람이 대금을 결제하기 위하여 신용카드를 제시하고 카드회사의 승인까지 받았다고 하더라도 매출전표에 서명한 사실이 없고 도난카드임이 밝혀져 최종적으로 매출취소로 거래가 종결되었다면, 신용카드 부정사용의 미수행위에 불과하다(대판 2008.2.14, 2007도8767).

[❹ ▸ O] 착수미수와는 달리, 실행미수는 결과 발생을 적극적으로 방지하여야만 중지범으로 인정된다.

[❺ ▸ O] 주관설에 의하면 법적대적 의사는 기수와 미수가 동일하므로, 양자는 동일하게 처벌된다.

2014년 변호사시험 문 14. ☑ 확인 Check! ○ △ ×

예비와 미수에 관한 설명 중 옳은 것은?(다툼이 있는 경우에는 판례에 의함)

① 예비죄에 대해서는 공동정범만 인정될 수 있고 방조범은 성립될 수 없다.
② 예비와 미수는 각각 형법 각칙에 처벌규정이 있는 경우에만 처벌할 수 있지만 구체적인 법정형까지 규정될 필요는 없다.
③ 일반적으로 공범이 자신의 행위를 중지한 것만으로는 중지미수가 성립하지 않지만 다른 공범 또는 정범의 행위를 중단시키기 위하거나 결과 발생을 저지하기 위한 진지한 노력이 있었을 경우에는 비록 결과가 발생하였다고 할지라도 그 공범에게는 예외적으로 중지미수가 성립될 수 있다.
④ 불능미수는 행위자가 결과 발생이 불가능하다는 것을 알면서 실행에 착수하여 결과는 발생하지 않았지만 위험성이 있는 경우에 성립한다.
⑤ 피고인이 신고하지 않은 외화 400만엔이 들어 있는 휴대용 가방을 보안검색대에 올려놓거나 이를 휴대하고 통과하지 않더라도 공항 내에서 탑승을 기다리고 있던 중에 체포된 경우라면 이미 외국환거래법이 규정한 국외반출죄의 실행의 착수는 인정된다.

[❶ ▸ O] 형법 제32조 제1항 소정 타인의 범죄란 정범이 범죄의 실현에 착수한 경우를 말하는 것이므로 종범이 처벌되기 위하여는 정범의 실행의 착수가 있는 경우에만 가능하고 형법 전체의 정신에 비추어 정범이 실행의 착수에 이르지 아니한 예비의 단계에 그친 경우에는 이에 가공하는 행위가 예비의 공동정범이 되는 경우를 제외하고는 종범의 성립을 부정하고 있다고 보는 것이 타당하다(대판 1976.5.25, 75도1549).

[❷ ▸ ×] 부정선거관련자처벌법 제5조 제4항에 동법 제5조 제1항의 예비음모는 이를 처벌한다고만 규정하고 있을 뿐이고 그 형에 관하여 따로 규정하고 있지 아니한 이상 죄형법정주의의 원칙상 위 예비음모를 처벌할 수 없다(대판 1977.6.28, 77도251).

[❸ ▸ ×] 공범의 경우, 다른 공범이나 정범의 실행행위를 중단시키거나 결과 발생을 저지하기 위한 진지한 노력이 있었을 경우에는 중지미수가 성립하나, 결과가 발생하였다면 중지미수가 성립하지 아니한다.

[❹ ▸ ×] 미수범의 고의는 확정적 행위의사이어야 하므로, 행위자가 처음부터 결과 발생이 불가능하다는 것을 알았다면 불능미수는 성립하지 아니한다.

[❺ ▸ ×] 피고인이 일화 500만¥은 기탁화물로 부치고 일화 400만¥은 휴대용 가방에 넣어 국외로 반출하려고 하는 경우에, 500만¥에 대하여는 기탁화물로 부칠 때 이미 국외로 반출하기 위한 행위에 근접·밀착한 행위가 이루어졌다고 보아 실행의 착수가 있었다고 할 것이지만, 휴대용 가방에 넣어 비행기에 탑승하려고 한 나머지 400만¥에 대하여는 그 휴대용 가방을 보안검색대에 올려놓거나 이를 휴대하고 통과하는 때에 비로소 실행의 착수가 있다고 볼 것이고, 피고인이 휴대용 가방을 가지고 보안검색대에 나아가지 않은 채 공항 내에서 탑승을 기다리고 있던 중에 체포되었다면 일화 400만¥에 대하여는 실행의 착수가 있다고 볼 수 없다(대판 2001.7.27, 2000도4298).

2012년 변호사시험 문 6. ☑ 확인 Check! ○ △ ×

실행의 착수시기 또는 기수시기에 관한 설명 중 옳지 않은 것은?(다툼이 있는 경우에는 판례에 의함)

① 위장결혼의 당사자 및 브로커와 공모한 피고인이 허위로 결혼사진을 찍고 혼인신고에 필요한 서류를 준비하여 위장결혼의 당사자에게 건네준 것만으로는 공전자기록등불실기재죄의 실행에 착수한 것으로 볼 수 없다.

② 부동산의 매도인이 제1차 매수인에게서 중도금을 수령한 후, 다시 제2차 매수인에게서 계약금만을 지급받더라도 배임죄의 실행의 착수는 인정된다.

③ 피고인이 방화의 의사로 뿌린 휘발유가 인화성이 강한 상태로 피고인의 처와 자녀가 있는 주택 주변과 피해자의 몸에 적지 않게 살포되어 있는 사정을 알면서도 라이터를 켜 불꽃을 일으킴으로써 피해자의 몸에 불이 붙은 경우, 비록 외부적 사정으로 불이 방화목적물인 주택 자체에 옮겨붙지는 아니하였다 하더라도 현존건조물방화죄의 실행의 착수가 인정된다.

④ 피해자의 해외도피를 방지하기 위하여 피해자를 협박하고 이에 피해자가 겁을 먹고 있는 상태를 이용하여 피해자 소유의 여권을 교부하게 함으로써 피해자가 그의 여권을 강제회수당하였다면 강요죄의 기수가 성립한다.

⑤ 위조사문서행사죄는 상대방이 위조된 문서의 내용을 실제로 인식할 필요 없이 상대방으로 하여금 위조된 문서를 인식할 수 있는 상태에 둠으로써 기수가 된다.

[❶ ▸ ○] 위장결혼의 당사자 및 브로커와 공모한 피고인이 허위로 결혼사진을 찍고 혼인신고에 필요한 서류를 준비하여 위장결혼의 당사자에게 건네준 것만으로는 공전자기록등불실기재죄의 실행에 착수한 것으로 볼 수 없다(대판 2009.9.24, 2009도4998).

[❷ ▸ ×] 피고인이 제1차 매수인으로부터 계약금 및 중도금 명목의 금원을 교부받은 후 제2차 매수인에게 부동산을 매도하기로 하고 계약금만을 지급받은 뒤 더 이상의 계약 이행에 나아가지 않았다면 배임죄의 실행의 착수가 있었다고 볼 수 없다(대판 2003.3.25, 2002도7134).

[❸ ▸ ○] 피고인이 방화의 의사로 뿌린 휘발유가 인화성이 강한 상태로 주택 주변과 피해자의 몸에 적지 않게 살포되어 있는 사정을 알면서도 라이터를 켜 불꽃을 일으킴으로써 피해자의 몸에 불이 붙은 경우, 비록 외부적 사정에 의하여 불이 방화목적물인 주택 자체에 옮겨붙지는 아니하였다 하더라도 현존건조물방화죄의 실행의 착수가 있었다고 봄이 상당하다(대판 2002.3.26, 2001도6641).

[❹ ▸ ○] 형법 제324조 소정의 폭력에 의한 권리행사방해죄는 폭행 또는 협박에 의하여 권리 행사가 현실적으로 방해되어야 할 것인 바, 피해자의 해외도피를 방지하기 위하여 피해자를 협박하고 이에 피해자가 겁을 먹고 있는 상태를 이용하여 동인 소유의 여권을 교부하게 하여 피해자가 그의 여권을 강제회수당하였다면 피해자가 해외여행을 할 권리는 사실상 침해되었다고 볼 것이므로 권리행사방해죄[강요죄(註)]의 기수로 보아야 한다(대판 1993.7.27, 93도901).

정답 ②

[❺ ▸ O] 위조사문서의 행사는 상대방으로 하여금 위조된 문서를 인식할 수 있는 상태에 둠으로써 기수가 되고 상대방이 실제로 그 내용을 인식하여야 하는 것은 아니므로, 위조된 문서를 우송한 경우에는 그 문서가 상대방에게 도달한 때에 기수가 되고 상대방이 실제로 그 문서를 보아야 하는 것은 아니다(대판 2005.1.28. 2004도4663).

2016년 변호사시험 문 20. ☑ 확인Check! O △ X

미수에 관한 설명 중 옳지 않은 것은?(다툼이 있는 경우 판례에 의함)

① 미수범이 성립하기 위해서는 확정적으로 행위의사가 있어야 하나 행위의사가 확정적이면 그 실행이 일정한 조건의 발생에 좌우되는 때에도 고의는 인정된다.

② 甲이 A에게 위조한 주식인수계약서와 통장 사본을 보여 주면서 50억원의 투자를 받았다고 거짓말하며 자금 대여를 요청한 후 A와 함께 50억원의 입금 여부를 확인하기 위해 은행에 가던 중 범행이 발각될 것이 두려워 은행 입구에서 차용을 포기하고 돌아간 행위는 사기죄의 중지미수에 해당하지 않는다.

③ 일반적으로 공범이 자신의 행위를 중지한 것만으로는 중지미수가 성립하지 않지만, 다른 공범 또는 정범의 행위를 중단시키거나 결과 발생을 저지하기 위한 진지한 노력이 있었을 경우에는 비록 결과가 발생하였다 할지라도 그 공범에게는 예외적으로 중지미수가 성립될 수 있다.

④ 중지미수에 있어서 자의성 판단기준에 관한 학설 중 Frank의 공식은 행위자가 할 수 있었음에도 불구하고 하기를 원하지 않아서 범죄행위를 중지한 경우는 중지미수에 해당하지만 행위자가 범죄행위를 하려고 하였지만 할 수가 없어서 중지한 경우는 장애미수라고 하여 양자를 구별하고 있다.

⑤ 甲과 乙이 공동으로 A를 살해하려고 칼로 찔렀으나 A가 상처만 입고 죽지 않자 乙은 그대로 가버리고 甲만이 A를 살리려고 노력하여 A가 사망하지 않은 경우 甲에게만 중지미수에 의한 형의 감면이 인정된다.

[❶ ▸ O] 미수범의 고의는 확정적 행위의사이어야 하나, 행위의사가 확정적이면 그 실행이 일정한 조건의 발생에 좌우되는 조건부 범행결의의 경우에도 고의가 인정된다.

[❷ ▸ O] 피고인이 甲에게 위조한 예금통장 사본 등을 보여 주면서 외국회사에서 투자금을 받았다고 거짓말하며 자금 대여를 요청하였으나, 甲과 함께 그 입금 여부를 확인하기 위해 은행에 가던 중 은행 입구에서 차용을 포기하고 돌아가 사기미수로 기소된 경우, 피고인이 범행이 발각될 것이 두려워 범행을 중지한 것으로서 일반 사회통념상 범죄를 완수함에 장애가 되는 사정에 해당하여 자의에 의한 중지미수로 볼 수 없다(대판 2011.11.10. 2011도10539).

[❸ ▸ X] 공범의 경우, 다른 공범이나 정범의 실행행위를 중단시키거나 결과 발생을 저지하기 위한 진지한 노력이 있었을 경우에는 중지미수가 성립하나, 결과가 발생하였다면 중지미수가 성립하지 아니한다.

[❹ ▸ O] 프랭크(Frank)의 공식은 가능성 유무를 기준으로 중지미수의 자의성 유무를 판단하나, 양자를 혼동하였다는 비판이 있다.

[❺ ▸ O] 공동정범의 경우, 중지미수는 인적 감면사유이므로 자의로 중지한 자에게만 형이 감면된다. 따라서 자의로 중지한 甲에게는 중지미수로 인한 형의 감면이 인정되고, 다른 공동정범자 乙에게는 장애미수가 성립한다.

③ 정답

제2절 예비죄 ★

2015년 변호사시험 문 2. ☑ 확인Check! ○ △ ×

예비와 미수에 관한 설명 중 옳은 것을 모두 고른 것은?(다툼이 있는 경우 판례에 의함)

ㄱ. 미수범은 구성요건의 객관적 요소가 하나라도 충족되지 아니한 때에 성립하는 것으로, 현행법상 고의범은 물론이고 과실범에 대해서도 성립될 수 있다.
ㄴ. 공동정범 중 1인이 자의로 범행을 중지하였다 하더라도 다른 공범자들의 실행행위를 중지시키지 아니하거나 결과발생을 방지하지 아니한 이상 중지범을 인정할 수 없다.
ㄷ. 중지범은 범죄 실행의 착수 이후의 개념이므로 예비·음모죄에 대하여는 중지범을 인정할 수 없다.
ㄹ. 길가에 세워져 있는 자동차 안의 금품을 절취하기 위하여 준비한 손전등으로 유리창을 통해 자동차의 내부를 비추어 보다가 발각되었다면, 절도죄의 실행의 착수를 인정하기 어려워 절도미수죄로 처벌할 수 없으나 절도예비죄로는 처벌할 수 있다.

① ㄱ, ㄴ ② ㄴ, ㄷ ③ ㄷ, ㄹ
④ ㄱ, ㄴ, ㄹ ⑤ ㄴ, ㄷ, ㄹ

[ㄱ ▸ ×] 과실의 경우에는 범죄 실현의 의사가 없으므로, 과실범의 미수는 성립하지 아니한다.

[ㄴ ▸ O] 공동정범의 경우, 다른 공범자의 실행행위를 중단시키거나 결과 발생을 저지하기 위한 진지한 노력이 있었을 경우에는 중지미수가 성립하나, 결과가 발생하였다면 중지미수는 성립하지 아니한다.

[ㄷ ▸ O] 중지범은 범죄의 실행에 착수한 후 자의로 그 행위를 중지한 때를 말하는 것이고 실행의 착수가 있기 전인 예비음모의 행위를 처벌하는 경우에 있어서 중지범의 관념은 이를 인정할 수 없다(대판 1999.4.9. 99도424).

[ㄹ ▸ ×] 절도예비죄의 처벌에 대하여는 형법상 명문의 규정이 없다.

판례

노상에 세워 놓은 자동차 안에 있는 물건을 훔칠 생각으로 자동차의 유리창을 통하여 그 내부를 손전등으로 비추어 본 것에 불과하다면 비록 유리창을 따기 위해 면장갑을 끼고 있었고 칼을 소지하고 있었다 하더라도 절도의 예비행위로 볼 수는 있겠으나 타인의 재물에 대한 지배를 침해하는 데 밀접한 행위를 한 것이라고는 볼 수 없어 절취행위의 착수에 이른 것이었다고 볼 수 없다(대판 1985.4.23. 85도464).

정답 ②

2017년 변호사시험 문 11. ☑ 확인 Check! ○ △ ×

예비죄에 관한 설명 중 옳은 것은?(다툼이 있는 경우 판례에 의함)

① 정범의 범죄를 방조하려는 자가 예비단계에서의 방조에 그친 경우, 정범이 실행에 착수하였더라도 방조자를 처벌할 수 없다.
② 정범이 예비죄로 처벌되는 경우에는 예비죄의 방조가 성립될 수 있다.
③ 자신을 죽여 달라는 친구의 부탁을 받고 독약을 준비하였다가 이를 버린 경우 촉탁살인죄의 예비죄로 처벌할 수 있다.
④ 정범이 실행에 착수하지 아니하는 한 예비의 공동정범은 성립할 수 없다.
⑤ 절도를 준비하면서 뜻하지 않게 절도범행이 발각될 경우에 대비하여 체포를 면탈할 목적으로 칼을 휴대하고 있었더라도 강도예비죄가 성립하지 않는다.

[❶ ▸ ×] 종범은 정범의 실행행위 중에 이를 방조하는 경우뿐만 아니라, 실행 착수 전에 장래의 실행행위를 예상하고 이를 용이하게 하는 행위를 하여 방조한 경우에도 정범이 실행행위를 한 경우에 성립한다(대판 1996.9.6. 95도2551).

[❷ ▸ ×] [❹ ▸ ×] 정범이 실행의 착수에 이르지 아니하고 예비단계에 그친 경우에는, 이에 가공한다 하더라도 예비의 공동정범이 되는 때를 제외하고는 종범으로 처벌할 수 없다(대판 1979.5.22. 79도552).

[❸ ▸ ×] 촉탁승낙살인죄의 경우에는 예비죄로 처벌하지 아니한다.

[❺ ▸ ○] 강도예비·음모죄가 성립하기 위해서는 예비·음모행위자에게 미필적으로라도 '강도'를 할 목적이 있음이 인정되어야 하고 그에 이르지 않고 단순히 '준강도'할 목적이 있음에 그치는 경우에는 강도예비·음모죄로 처벌할 수 없다(대판 2006.9.14. 2004도6432).

⑤ 정답

CHAPTER 08

정범 및 공범론

형 법

각 문항별로 이해도를 체크해 보세요.

최근 5년간 회별 평균 2문

제1절 정범 · 공범의 일반이론 ★★☆

2017년 변호사시험 문 4.

확인 Check! ○ △ ×

공범에 관한 설명 중 옳은 것을 모두 고른 것은?(다툼이 있는 경우 판례에 의함)

ㄱ. 제한종속형식에 의할 경우 위법성이 조각되는 행위를 교사·방조한 경우에는 공범이 성립될 가능성이 없다.

ㄴ. 진정부작위범의 공동정범은 부작위자들에게 공통된 작위의무가 부여되어 있지 않아도 성립할 수 있다.

ㄷ. 형법 제31조 제1항은 교사범이 그 성립과 처벌에 있어서 정범에 종속한다는 일반적인 원칙을 선언한 것에 불과한 것으로, 신분관계로 인하여 형의 경중이 있는 경우에 신분이 있는 자가 신분이 없는 자를 교사하여 죄를 범하게 한 때에는 형법 제33조 단서가 형법 제31조 제1항에 우선하여 적용된다.

ㄹ. 매도, 매수와 같이 2인 이상의 서로 대향된 행위의 존재를 필요로 하는 관계에 있어서는 매도인에게 따로 처벌규정이 없는 이상 매도인의 매도행위는 그와 대향적 행위의 존재를 필요로 하는 상대방의 매수범행에 대하여 공범이나 방조범관계가 성립되지 아니한다.

① ㄱ, ㄴ ② ㄱ, ㄹ ③ ㄴ, ㄷ
④ ㄷ, ㄹ ⑤ ㄱ, ㄷ, ㄹ

[ㄱ ▸ O] 정범의 행위가 구성요건에 해당하고 위법하여야만 공범의 성립을 인정하는 제한적 종속형식에 의하면, 의사지배가 인정되어 간접정범이 성립하는 경우는 별론으로 하고, 정범의 행위의 위법성이 조각되면 공범이 성립할 여지는 없다.

[ㄴ ▸ X] 진정부작위범 사이의 공동정범은 다수의 부작위범에게 공통된 의무가 부여되어 있고 그 의무를 공통으로 이행할 수 있을 때에만 성립한다(대판 2008.3.27. 2008도89).

[ㄷ ▸ O] 형법 제31조 제1항은 협의의 공범의 일종인 교사범이 그 성립과 처벌에 있어서 정범에 종속한다는 일반적인 원칙을 선언한 것에 불과하고, 신분관계로 인하여 형의 경중이 있는 경우에 신분이 있는 자가 신분이 없는 자를 교사하여 죄를 범하게 한 때에는 형법 제33조 단서가 형법 제31조 제1항에 우선하여 적용됨으로써 신분이 있는 교사범이 신분이 없는 정범보다 중하게 처벌된다(대판 1994.12.23. 93도1002).

[ㄹ ▸ O] 매도, 매수와 같이 2인 이상의 서로 대향된 행위의 존재를 필요로 하는 관계에 있어서는 공범이나 방조범에 관한 형법 총칙규정의 적용이 있을 수 없고, 따라서 매도인에게 따로 처벌규정이 없는 이상 매도인의 매도행위는 그와 대향적 행위의 존재를 필요로 하는 상대방의 매수범행에 대하여 공범이나 방조범관계가 성립되지 아니한다(대판 2001.12.28. 2001도5158).

정답 ⑤

2020년 변호사시험 문 6.

☑ 확인 Check! ○ △ ×

동시범의 특례(형법 제263조)에 관한 설명 중 옳지 않은 것을 모두 고른 것은?(다툼이 있는 경우 판례에 의함)

ㄱ. A가 甲으로부터 폭행을 당하고 얼마 후 함께 A를 폭행하자는 甲의 연락을 받고 달려 온 乙로부터 다시 폭행을 당하고 사망하였으나 사망의 원인행위가 판명되지 않았다면, 형법 제263조가 적용되어 甲과 乙은 폭행치사죄의 공동정범의 예에 의해 처벌된다.

ㄴ. A가 행인 甲으로부터 상해를 입은 후 얼마 지나지 않아 다시 다른 행인 乙로부터 상해를 입고 사망하였으나 사망의 원인행위가 판명되지 않았다면, 형법 제263조가 적용되어 甲과 乙은 상해치사죄의 공동정범의 예에 의해 처벌된다.

ㄷ. A가 甲으로부터 폭행을 당하고 얼마 후 乙이 甲과 의사연락 없이 A를 폭행하자 A가 乙의 계속되는 폭행을 피하여 도로를 무단횡단하다 지나가던 차량에 치어 사망하였다면, 형법 제263조가 적용되어 甲과 乙은 폭행치사죄의 공동정범의 예에 의해 처벌된다.

ㄹ. A가 甲이 운전하는 차량에 의해 교통사고를 당한 후 얼마 지나지 않아 다시 乙이 운전하는 차량에 의해 교통사고를 당하고 사망하였으나 사망의 원인행위가 판명되지 않았다면, 형법 제263조가 적용되어 甲과 乙은 교통사고처리특례법 위반(치사)죄의 공동정범의 예에 의해 처벌된다.

① ㄱ, ㄷ ② ㄴ, ㄹ ③ ㄱ, ㄴ, ㄷ
④ ㄱ, ㄷ, ㄹ ⑤ ㄴ, ㄷ, ㄹ

[ㄱ ▸ ×] 甲과 甲의 연락을 받고 달려 온 乙이 A를 폭행한 경우, 그 폭행에 대한 공동가공의 의사가 있었다면 폭행치사죄의 공동정범이 성립한다(대판 1985.12.10. 85도1892).

[ㄴ ▸ ○] 시간적 차이가 있는 독립된 상해행위나 폭행행위가 경합하여 사망의 결과가 일어나고 그 사망의 원인된 행위가 판명되지 않은 경우에는 공동정범의 예에 의하여 처벌할 것이다(대판 2000.7.28. 2000도2466). 따라서 甲과 乙에게는 형법 제263조가 적용되어 상해치사죄의 공동정범의 예에 의하여 처벌된다.

[ㄷ ▸ ×] A가 甲으로부터 폭행을 당하고 얼마 후 乙이 甲과 의사연락 없이 A를 폭행하자 A가 乙의 계속되는 폭행을 피하여 도로를 무단횡단하다 지나가던 차량에 치어 사망한 경우, A의 사망의 결과는 乙의 행위로 인한 것이므로 형법 제263조가 적용될 여지가 없는 甲에게는 폭행죄가 성립하고, A의 사망의 결과에 대하여 인과관계와 객관적 귀속 및 중한 결과에 대한 객관적 예견가능성이 인정되는 乙에게는 폭행치사죄가 성립한다고 판단된다.

[ㄹ ▸ ×] 형법 제263조는 폭행과 상해의 죄에 대한 특례규정이므로, 그 보호법익을 달리하는 교통사고처리특례법 위반(치사)죄의 경우에는 적용되지 아니한다고 보는 것이 타당하다.

④ 정답

2020년 변호사시험 문 1.

☑ 확인Check! ○ △ ×

공범에 관한 설명 중 옳은 것(○)과 옳지 않은 것(×)을 올바르게 조합한 것은?(다툼이 있는 경우 판례에 의함)

ㄱ. 공무원이 부정한 청탁을 받고 제3자에게 뇌물을 제공하게 하고 제3자가 그러한 공무원의 범죄행위를 알면서 방조한 경우, 그에 대한 별도의 처벌규정이 없더라도 제3자에게는 방조범에 관한 형법 총칙의 규정이 적용되어 제3자뇌물수수방조죄가 인정될 수 있다.

ㄴ. 물건의 소유자가 아닌 사람이 소유자의 권리행사방해범행에 가담한 경우에는 형법 제33조 본문에 따라 권리행사방해죄의 공범이 될 수 있으며, 공범으로 기소된 물건의 소유자에게 고의가 없어 범죄가 성립하지 않더라도 권리행사방해범행을 공동으로 하였음이 인정되는 한 공동정범의 죄책을 진다.

ㄷ. 공범 중 1인이 그 범행에 관한 수사절차에서 참고인 또는 피의자로 조사받으면서 자기의 범행을 구성하는 사실관계에 관하여 허위로 진술하고 허위자료를 제출하는 것이 다른 공범을 도피하게 하는 결과가 된다고 하더라도 범인도피죄로 처벌되지 않으나, 공범이 이러한 행위를 교사하였다면 범인도피교사의 죄책을 면할 수 없다.

ㄹ. 신분관계가 없는 사람이 신분관계로 인하여 성립될 범죄에 가공한 경우, 신분관계가 없는 사람에게 공동가공의 의사와 이에 기초한 기능적 행위지배를 통한 범죄의 실행이라는 주관적·객관적 요건이 충족되면 공동정범으로 처벌된다.

① ㄱ(×), ㄴ(×), ㄷ(×), ㄹ(○)
② ㄱ(○), ㄴ(×), ㄷ(○), ㄹ(×)
③ ㄱ(○), ㄴ(×), ㄷ(×), ㄹ(○)
④ ㄱ(×), ㄴ(○), ㄷ(○), ㄹ(×)
⑤ ㄱ(×), ㄴ(○), ㄷ(×), ㄹ(○)

[ㄱ ▸ ○] 제3자뇌물수수죄에서 제3자란 행위자와 공동정범 이외의 사람을 말하고, 교사자나 방조자도 포함될 수 있다. 그러므로 공무원 또는 중재인이 부정한 청탁을 받고 제3자에게 뇌물을 제공하게 하고 제3자가 그러한 공무원 또는 중재인의 범죄행위를 알면서 방조한 경우에는 그에 대한 별도의 처벌규정이 없더라도 방조범에 관한 형법 총칙의 규정이 적용되어 제3자뇌물수수방조죄가 인정될 수 있다(대판 2017.3.15. 2016도19659).

[ㄴ ▸ ×] 물건의 소유자가 아닌 사람은 형법 제33조 본문에 따라 소유자의 권리행사방해범행에 가담한 경우에 한하여 그의 공범이 될 수 있을 뿐이다. 그러나 권리행사방해죄의 공범으로 기소된 물건의 소유자에게 고의가 없는 등으로 범죄가 성립하지 않는다면 공동정범이 성립할 여지가 없다(대판 2017.5.30. 2017도4578).

[ㄷ ▸ ×] 공범 중 1인이 그 범행에 관한 수사절차에서 참고인 또는 피의자로 조사받으면서 자기의 범행을 구성하는 사실관계에 관하여 허위로 진술하고 허위 자료를 제출하는 것은 자신의 범행에 대한 방어권 행사의 범위를 벗어난 것으로 볼 수 없다. 이러한 행위가 다른 공범을 도피하게 하는 결과가 된다고 하더라도 범인도피죄로 처벌할 수 없다. 이때 공범이 이러한 행위를 교사하였더라도 범죄가 될 수 없는 행위를 교사한 것에 불과하여 범인도피교사죄가 성립하지 않는다(대판 2018.8.1. 2015도20396).

[ㄹ ▸ ○] 신분관계가 없는 사람이 신분관계로 인하여 성립될 범죄에 가공한 경우에는 신분관계가 있는 사람과 공범이 성립한다(형법 제33조 본문). 이 경우 신분관계가 없는 사람에게 공동가공의 의사와 이에 기초한 기능적 행위지배를 통한 범죄의 실행이라는 주관적·객관적 요건이 충족되면 공동정범으로 처벌한다(대판 2019.8.29. 2018도13792[전합]).

정답 ③

2019년 변호사시험 문 13. ☑ 확인Check! ○ △ ×

정범 및 공범에 관한 설명 중 옳지 않은 것은?(다툼이 있는 경우 판례에 의함)

① 형법 제127조는 공무원 또는 공무원이었던 자가 법령에 의한 직무상 비밀을 누설하는 행위만을 처벌하고 있을 뿐 직무상 비밀을 누설받은 상대방을 처벌하는 규정이 없으므로, 직무상 비밀을 누설받은 자에 대하여는 공범에 관한 형법 총칙규정이 적용될 수 없다.

② 甲이 뇌물공여의사 없이 오로지 공무원 乙을 함정에 빠뜨릴 의사로 직무와 관련되었다는 형식을 빌려 乙에게 금품을 공여한 경우에도 乙이 그 금품을 직무와 관련하여 수수한다는 의사를 가지고 받아들이면 甲에게 뇌물공여죄가 성립하지 않는 경우라도 乙에게 뇌물수수죄가 성립한다.

③ 폭력행위 등 처벌에 관한 법률 제2조 제2항에서 '2명 이상이 공동하여' 죄를 범한 때라 함은 수인이 동일한 장소에서 동일한 기회에 상호 다른 사람의 범행을 인식하고 이를 이용하여 범행을 한 경우를 뜻하는 것으로서, 폭행 등의 실행범과의 공모사실은 인정되나 그와 공동하여 범행에 가담하였거나 범행장소에 있었다고 인정되지 아니하는 경우에는 공동하여 죄를 범한 때에 해당하지 아니한다.

④ 합동범은 주관적 요건으로서 공모 외에 객관적 요건으로서 현장에서의 실행행위의 분담을 요하나, 이 실행행위의 분담은 반드시 동시에 동일 장소에서 실행행위를 특정하여 분담하는 것만을 뜻하는 것이 아니라 시간적으로나 장소적으로 서로 협동관계에 있다고 볼 수 있으면 충분하다.

⑤ 간접정범이 성립하기 위해서는 처벌되지 아니하는 타인의 행위를 적극적으로 유발하고 이를 이용하여 자신의 범죄를 실현하여야 하며, 그 과정에서 타인의 의사를 부당하게 억압하여야 한다.

[❶ ▸ O] 2인 이상 서로 대향된 행위의 존재를 필요로 하는 대향범에 대하여는 공범에 관한 형법 총칙규정이 적용될 수 없는데, 형법 제127조는 공무원 또는 공무원이었던 자가 법령에 의한 직무상 비밀을 누설하는 행위만을 처벌하고 있을 뿐 직무상 비밀을 누설받은 상대방을 처벌하는 규정이 없는 점에 비추어, 직무상 비밀을 누설받은 자에 대하여는 공범에 관한 형법 총칙규정이 적용될 수 없다고 보는 것이 타당하다(대판 2011.4.28. 2009도3642).

[❷ ▸ O] 오로지 공무원을 함정에 빠뜨릴 의사로 직무와 관련되었다는 형식을 빌려 그 공무원에게 금품을 공여한 경우에도 공무원이 그 금품을 직무와 관련하여 수수한다는 의사를 가지고 받아들이면 뇌물수수죄가 성립한다(대판 2008.3.13. 2007도10804).

[❸ ▸ O] 폭력행위 등 처벌에 관한 법률 제2조 제2항의 '2인 이상이 공동하여 전항 계기의 죄를 범한 때'라고 함은 그 수인 간에 소위 공범관계가 존재하는 것을 요건으로 하는 것이고 수인이 동일 장소에서 동일 기회에 상호 다른 자의 범행을 인식하고 이를 이용하여 범행을 한 경우임을 요한다고 할 것이므로 폭행의 실행범과의 공모사실은 인정되나 그와 공동하여 범행에 가담하였거나 범행장소에 있었다고 인정되지 아니하는 경우에는 '공동하여' 죄를 범한 때에 해당하지 아니한다(대판 1990.10.30. 90도2022).

[❹ ▸ O] 합동범은 주관적 요건으로서 공모 외에 객관적 요건으로서 현장에서의 실행행위의 분담을 요하나 이 실행행위의 분담은 반드시 동시에 동일 장소에서 실행행위를 특정하여 분담하는 것만을 뜻하는 것이 아니라 시간적으로나 장소적으로 서로 협동관계에 있다고 볼 수 있으면 충분하다(대판 1992.7.28. 92도917).

[❺ ▸ ×] 처벌되지 아니하는 타인의 행위를 적극적으로 유발하고 이를 이용하여 자신의 범죄를 실현한 자는 형법 제34조 제1항이 정하는 간접정범의 죄책을 지게 되고, 그 과정에서 타인의 의사를 부당하게 억압하여야만 간접정범에 해당하는 것은 아니다(대판 2008.9.11. 2007도7204).

⑤ 정답

2018년 변호사시험 문 7. ☑ 확인 Check! ○ △ ×

공범에 관한 설명 중 옳지 않은 것은?(다툼이 있는 경우 판례에 의함)

① 의사가 직접 환자를 진찰하지 않고 처방전을 작성하여 교부한 경우, 그 행위와 대향범 관계에 있는 '처방전을 교부받은 행위'를 한 자가 의사에게 진찰 없는 처방전 교부를 교사한 사실이 인정되더라도 그에게 형법 총칙상 교사범규정을 적용할 수 없다.

② 교사를 받은 자가 범죄의 실행을 승낙하고 실행의 착수에 이르지 아니한 때에는 교사자와 피교사자를 예비 또는 음모에 준하여 처벌한다.

③ 수표의 발행인이 아닌 자는 부정수표단속법 제4조가 정한 허위신고죄의 주체가 될 수 없으나, 허위신고의 고의 없는 발행인을 이용하여 간접정범의 형태로 허위신고죄를 범할 수 있다.

④ 공동정범은 공동의사에 의한 기능적 행위지배가 있음에 반하여 종범은 그 행위지배가 없는 점에서 양자가 구별된다.

⑤ 형법상 과실범으로 처벌되는 자를 방조하여 범죄행위의 결과를 발생하게 한 자는 방조의 예에 의하여 처벌된다.

[❶ ▸ ○] 2인 이상의 서로 대향된 행위의 존재를 필요로 하는 대향범에 대하여는 공범에 관한 형법 총칙규정이 적용될 수 없는데, 구 의료법 제17조 제1항 본문은 의료업에 종사하고 직접 진찰한 의사가 아니면 처방전을 작성하여 환자 등에게 교부하지 못한다고 규정하면서 제89조에서는 위 조항 본문을 위반한 자를 처벌하고 있을 뿐, 위와 같이 작성된 처방전을 교부받은 상대방을 처벌하는 규정이 따로 없는 점에 비추어, 위와 같이 작성된 처방전을 교부받은 자에 대하여는 공범에 관한 형법 총칙규정이 적용될 수 없다고 보아야 한다(대판 2011.10.13. 2011도6287).

[❷ ▸ ○] 교사를 받은 자가 범죄의 실행을 승낙하고 실행의 착수에 이르지 아니한 때에는 교사자와 피교사자를 음모 또는 예비에 준하여 처벌한다(형법 제31조 제2항).

[❸ ▸ ×] 발행인 아닌 자는 부정수표단속법 제4조가 정한 허위신고죄의 주체가 될 수 없고, 허위신고의 고의 없는 발행인을 이용하여 간접정범의 형태로 허위신고죄를 범할 수도 없다(대판 1992.11.10. 92도1342).

[❹ ▸ ○] 공동정범의 본질은 분업적 역할분담에 의한 기능적 행위지배에 있다고 할 것이므로 공동정범은 공동의사에 의한 기능적 행위지배가 있음에 반하여 종범은 그 행위지배가 없는 점에서 양자가 구별된다(대판 2013.1.10. 2012도12732).

[❺ ▸ ○] 어느 행위로 인하여 처벌되지 아니하는 자 또는 과실범으로 처벌되는 자를 교사 또는 방조하여 범죄행위의 결과를 발생하게 한 자는 교사 또는 방조의 예에 의하여 처벌한다(형법 제34조 제1항).

정답 ③

제2절 간접정범

제3절 공동정범 ★★★

2016년 변호사시험 문 9.

다음 설명 중 옳지 않은 것을 모두 고른 것은?(다툼이 있는 경우 판례에 의함)

ㄱ. 의사인 甲이 모발이식시술을 하기 위해서 환자 A의 뒷머리 부분에서 모낭을 채취한 후 간호조무사인 乙로 하여금 식모기(植毛機)를 이용하여 A의 앞머리 부위 진피층까지 찔러 넣는 방법으로 모낭삽입시술을 하도록 한 경우, 乙의 행위는 진료보조행위의 범위를 벗어나 의료행위에 해당하므로 甲은 무면허의료행위의 공범으로서의 죄책을 진다.

ㄴ. 비의료인인 丙이 실질적으로 운영하는 A의원의 원장이자 유일한 의사인 甲이, A의원의 간호조무사인 乙이 丙의 지시에 따라 환자들에 대해 미용성형수술의 재수술을 맡아 하고 있다는 사실을 알면서 월 1,000만원의 급여를 안정적으로 지급받으며 원장으로 계속 근무한 경우, 乙, 丙의 무면허의료행위에 가담하였다고 보기는 어려우므로 甲에게는 무면허의료행위에 대한 공동정범으로서의 죄책이 없다.

ㄷ. 의사인 甲이 자신이 운영하는 병원의 모든 시술에서 특별한 제한 없이 전신마취제인 프로포폴을 투여하여 준다는 소문을 듣고 찾아온 사람들에게 환자에 대한 진료 및 간호사와 간호조무사에 대한 구체적인 지시·감독 없이 간호사와 간호조무사로 하여금 프로포폴을 제한 없이 투약하게 한 경우, 甲은 무면허의료행위의 공동정범으로서의 죄책을 진다.

ㄹ. 뇌수술을 받고 중환자실에 입원해 있던 환자 A의 처 乙은 치료비에 상당한 부담을 느낀 나머지 A의 치료를 중단시킬 의도로 퇴원을 요구하였고, 주치의 甲이 이런 의도를 알면서도 치료 중단 및 퇴원을 허용하는 조치를 취하여 A가 사망에 이른 경우, 甲에게 환자의 사망이라는 결과 발생에 대한 정범의 고의는 인정되나 A의 사망에 이르는 사태의 핵심적 경과를 계획적으로 조종하거나 저지·촉진하는 등으로 지배하고 있었다고 보기는 어려우므로 공동정범의 객관적 요건인 기능적 행위지배가 흠결되어 살인죄의 공동정범으로서의 죄책이 없다.

① ㄱ　② ㄴ　③ ㄱ, ㄷ
④ ㄴ, ㄹ　⑤ ㄷ, ㄹ

[ㄱ ▸ O] 피고인들이 모발이식시술을 하면서 공동피고인 1로 하여금 식모기(植毛機)를 피시술자의 머리 부위 진피층까지 찔러 넣는 방법으로 수여부에 모낭을 삽입하도록 한 행위는 진료보조행위의 범위를 벗어나 의료행위에 해당한다고 보아야 하므로, 피고인들은 무면허의료행위의 공범이 된다(대판 2007.6.28. 2005도8317).

[ㄴ ▸ X] 의원의 원장이자 유일한 의사인 피고인 1이 의사면허 없는 공동피고인 중 5가 자신이 수술한 환자들에 대해 재수술을 맡아 하고 있다는 사실을 알면서도 월 1,000만원이라는 급여를 안정적으로 지급받으며 원장으로 계속 근무함으로써 공동피고인 중 5의 무면허의료행위가 가능하도록 한 이상, 위 의원을 실질적으로 운영한 피고인 2와 공동피고인 중 4 및 공동피고인 중 5와 적어도 묵시적인 의사연결 아래 그 무면허의료행위에 가담하였다고 보아야 하므로, 피고인 1에게 위 무면허의료행위에 대한 공동정범으로서의 죄책이 있다(대판 2007.5.31. 2007도1977).

② 정답

[ㄷ ▸ O] 피고인들은, 자신들이 운영하는 병원의 모든 시술에서 특별한 제한 없이 프로포폴을 투여하여 준다는 소문을 듣고 찾아온 사람들에게 환자에 대한 진료 및 간호사와 간호조무사에 대한 구체적인 지시·감독 없이 간호사와 간호조무사로 하여금 프로포폴을 제한 없이 투약하게 함으로써 무면허의료행위를 하였으므로, 의사도 무면허의료행위의 공동정범으로서의 죄책을 진다(대판 2014.9.4. 2012도16119).

[ㄹ ▸ O] 보호자가 의학적 권고에도 불구하고 치료를 요하는 환자의 퇴원을 간청하여 담당 전문의와 주치의가 치료중단 및 퇴원을 허용하는 조치를 취함으로써 환자를 사망에 이르게 한 행위에 대하여 보호자, 담당 전문의 및 주치의가 부작위에 의한 살인죄의 공동정범으로 기소된 경우, 담당 전문의와 주치의에게 환자의 사망이라는 결과 발생에 대한 정범의 고의는 인정되나 환자의 사망이라는 결과나 그에 이르는 사태의 핵심적 경과를 계획적으로 조종하거나 저지·촉진하는 등으로 지배하고 있었다고 보기는 어려워 공동정범의 객관적 요건인 이른바 기능적 행위지배가 흠결되어 있으므로, 작위에 의한 살인방조죄가 성립한다(대판 2004.6.24. 2002도995).

2013년 변호사시험 문 3. ☑ 확인 Check! O △ X

공동정범에 관한 설명 중 옳은 것을 모두 고른 것은?(다툼이 있는 경우에는 판례에 의함)

가. 2인 이상이 범죄에 공동가공하는 공범관계에서 비록 전체의 모의과정이 없더라도 수인 사이에 순차적으로 또는 암묵적으로 상통하여 의사의 결합이 이루어지면 공모관계가 성립한다.
나. 乙, 丙과 A회사의 사무실 금고에서 현금을 절취할 것을 공모한 甲이 乙과 丙에게 범행도구를 구입하여 제공해 주었을 뿐만 아니라 乙과 丙이 사무실에서 현금을 절취하는 동안 범행장소가 보이지 않는 멀리 떨어진 곳에서 기다렸다가 절취한 현금을 운반한 경우, 甲은 乙, 丙의 합동절도의 공동정범의 죄책을 진다.
다. 甲이 부녀를 유인하여 성매매를 통해 수익을 얻을 것을 乙과 공모한 후, 乙로 하여금 유인된 A녀(16세)의 성매매 홍보용 나체사진을 찍도록 하고, A가 중도에 약속을 어길 경우 민·형사상 책임을 진다는 각서를 작성하도록 하였지만, 자신이 별건으로 체포되어 구치소에 수감 중인 동안 A가 乙의 관리 아래 성매수의 대가로 받은 돈을 A, 乙 및 甲의 처 등이 나누어 사용한 경우라도 甲에게는 공모관계에서의 이탈이 인정된다.
라. 포괄일죄의 범행 도중에 공동정범으로 범행에 가담한 자는 비록 그가 그 범행에 가담할 때에 이미 이루어진 종전의 범행을 알았다 하더라도 그 가담 이후의 범행에 대하여만 공동정범의 책임을 진다.
마. 甲과 乙은 알선 등과 관련하여 금품 등을 특정 금액 이하로만 받기로 약정하고 이를 수수하기로 공모하였지만 乙이 공모내용을 현저히 초과하는 금품을 수수한 경우, 수수한 금품 등의 구체적 금액을 공범자가 알아야 공모공동정범이 성립하는 것은 아니므로 甲에게는 乙이 수수한 금품 전부에 관하여 공모공동정범이 성립한다.

① 가, 나, 다 ② 가, 나, 라 ③ 나, 다, 라
④ 가, 나, 라, 마 ⑤ 나, 다, 라, 마

[가 ▸ O] 2인 이상이 범죄에 공동가공하는 공범관계에서, 비록 전체의 모의과정이 없었다고 하더라도 수인 사이에 순차적으로 또는 암묵적으로 상통하여 그 의사의 결합이 이루어지면 공모관계가 성립하고, 이러한 공모가 이루어진 이상 실행행위에 직접 관여하지 아니한 자라도 다른 공모자의 행위에 대하여 공동정범으로서의 형사책임을 진다(대판 2004.5.28. 2004도1465).

[나 ▸ O] 피고인이 甲, 乙과 공모한 후 甲, 乙은 피해자 회사의 사무실 금고에서 현금을 절취하고, 피고인은 위 사무실로부터 약 100m 떨어진 곳에서 망을 보는 방법으로 합동하여 재물을 절취하였다고 하여 주위적으로 기소된 경우, 제반사정에 비추어 피고인은 甲, 乙의 합동절도범행에 대한 공동정범으로서 죄책을 면할 수 없다(대판 2011.5.13. 2011도2021).

정답 ②

[다 ▸ ×] 공모공동정범에 있어서 공모자 중의 1인이 다른 공모자가 실행행위에 이르기 전에 그 공모관계에서 이탈한 때에는 그 이후의 다른 공모자의 행위에 관하여는 공동정범으로서의 책임은 지지 않는다 할 것이나, 공모관계에서의 이탈은 공모자가 공모에 의하여 담당한 기능적 행위지배를 해소하는 것이 필요하므로 공모자가 공모에 주도적으로 참여하여 다른 공모자의 실행에 영향을 미친 때에는 범행을 저지하기 위하여 적극적으로 노력하는 등 실행에 미친 영향력을 제거하지 아니하는 한 공모자가 구속되었다는 등의 사유만으로 공모관계에서 이탈하였다고 할 수 없다(대판 2010.9.9. 2010도6924).

[라 ▸ ○] 포괄적 일죄의 일부에 공동정범으로 가담한 자는 비록 그가 그때에 이미 이루어진 종전의 범행을 알았다 하여도 그 가담 이후의 범행에 대해서만 공동정범으로서 책임을 진다(대판 1982.6.8. 82도884).

[마 ▸ ×] 구 특정범죄 가중처벌 등에 관한 법률 제3조와 특정경제범죄 가중처벌 등에 관한 법률 제7조 소정의 알선수재 및 구 변호사법 제90조 제2호 소정의 법률사건에 관한 화해·청탁 알선 등의 공모공동정범에서, 공범자들 사이에 그 알선 등과 관련하여 금품이나 이익을 수수하기로 명시적 또는 암묵적인 공모관계가 성립하고 그 공모내용에 따라 공범자 중 1인이 금품이나 이익을 수수하였다면, 사전에 특정 금액 이하로만 받기로 약정하였다든가 수수한 금액이 공모과정에서 도저히 예상할 수 없는 고액이라는 등과 같은 특별한 사정이 없는 한, 그 수수한 금품이나 이익 전부에 관하여 위 각 죄의 공모공동정범이 성립하는 것이며, 수수할 금품이나 이익의 규모나 정도 등에 대하여 사전에 서로 의사의 연락이 있거나 수수한 금품 등의 구체적 금액을 공범자가 알아야 공모공동정범이 성립하는 것은 아니고, 이와 같은 법리는 특정경제범죄 가중처벌 등에 관한 법률 제5조 소정의 수재의 공모공동정범에서도 마찬가지로 적용된다(대판 2010.10.14. 2010도387).

2014년 변호사시험 문 20. ☑ 확인Check! ○ △ ×

甲은 乙, 丙과 함께 지나가는 행인을 대상으로 강도를 하기로 모의한 뒤(甲은 모의과정에서 모의를 주도하였다), 함께 범행대상을 물색하다가 乙, 丙이 행인 A를 강도대상으로 지목하고 뒤쫓아 가자 甲은 단지 "어?"라고만 하고 비대한 체격 때문에 뒤따라가지 못한 채 범행현장에서 200m 정도 떨어진 곳에 앉아 있었다. 乙, 丙은 A를 쫓아가 A를 폭행하고 지갑과 현금 30만원을 빼앗았다. 이에 관한 설명 중 옳지 않은 것은?(다툼이 있는 경우에는 판례에 의함)

① 乙과 丙은 2인 이상이 합동하여 범행한 경우로서 특수강도죄의 죄책을 진다.
② 甲은 강도죄의 공모관계에서 이탈하였다고 볼 수 없으므로 특수강도죄의 공동정범의 죄책을 진다.
③ 만일 甲, 乙, 丙이 위의 범죄사실로 기소되었을 경우 甲에 대한 변론을 분리한 후라면 甲을 乙, 丙 사건에 대한 증인으로 신문할 수 있다.
④ 만일 乙, 丙이 강취과정에서 A를 고의로 살해하였더라도 甲이 이를 예견할 수 없었다면 甲은 강도치사죄의 죄책을 지지 않는다.
⑤ 만일 甲이 먼저 붙잡혀 공판과정에서 일관되게 범행을 부인하였지만 유죄판결이 확정되고 그 후 별건으로 기소된 乙, 丙의 형사사건에서 자신의 범행을 부인하는 증언을 하였더라도 사실대로 진술할 기대가능성이 없어 위증죄는 성립하지 않는다.

[❶ ▸ ○] 흉기를 휴대하거나 2인 이상이 합동하여 폭행 또는 협박으로 타인의 재물을 강취하거나 기타 재산상의 이익을 취득하거나 제삼자로 하여금 이를 취득하게 한 자는 특수강도죄의 죄책을 진다(형법 제333조·제334조 제2항).

[❷ ▸ ○] 다른 3명의 공모자들과 강도 모의를 하면서 삽을 들고 사람을 때리는 시늉을 하는 등 그 모의를 주도한 피고인이 함께 범행대상을 물색하다가 다른 공모자들이 강도의 대상을 지목하고 뒤쫓아 가자 단지 "어?"라고만 하고 비대한 체격 때문에 뒤따라가지 못한 채 범행현장에서 200m 정도 떨어진 곳에 앉아 있었으나 위 공모자들이 피해자를 쫓아가 강도상해의 범행을 한 경우, 피고인에게 공동가공의 의사와 공동의사에 기한 기능적 행위지배를 통한 범죄의 실행사실이 인정되므로 강도상해죄의 공모관계에 있고, 다른 공모자가 강도상해죄의 실행에 착수하기까지 범행을 만류하는 등으로 그 공모관계에서 이탈하였다고 볼 수 없으므로 강도상해죄의 공동정범으로서의 죄책을 진다(대판 2008.4.10. 2008도1274).

⑤ 정답

[❸ ▸ O] 공범인 공동피고인은 당해 소송절차에서는 피고인의 지위에 있으므로 다른 공동피고인에 대한 공소사실에 관하여 증인이 될 수 없으나, 소송절차가 분리되어 피고인의 지위에서 벗어나게 되면 다른 공동피고인에 대한 공소사실에 관하여 증인이 될 수 있다(대판 2008.6.26. 2008도3300).

[❹ ▸ O] 피고인들이 등산용 칼을 이용하여 노상강도를 하기로 공모한 경우, 범행 당시 차 안에서 망을 보고 있던 피고인 甲이나 등산용 칼을 휴대하고 있던 피고인 乙과 함께 차에서 내려 피해자로부터 금품을 강취하려 했던 피고인 丙으로서는 그때 우연히 현장을 목격하게 된 다른 피해자를 피고인 乙이 소지 중인 등산용 칼로 살해하여 강도살인행위에 이를 것을 전혀 예상하지 못하였다고 할 수 없으므로 피고인들 모두는 강도치사죄로 의율처단함이 옳다(대판 1990.11.27. 90도2262). 따라서 이와 같은 판례의 취지를 고려하면, 甲이 乙, 丙의 A에 대한 강도살인행위를 예견할 수 없었던 경우에는, 甲은 강도치사죄의 죄책을 지지 아니한다.

[❺ ▸ ×] 이미 유죄의 확정판결을 받은 피고인은 공범의 형사사건에서 그 범행에 대한 증언을 거부할 수 없을 뿐만 아니라 나아가 사실대로 증언하여야 하고, 설사 피고인이 자신의 형사사건에서 시종일관 그 범행을 부인하였다 하더라도 이러한 사정은 위증죄에 관한 양형참작사유로 볼 수 있음은 별론으로 하고 이를 이유로 피고인에게 사실대로 진술할 것을 기대할 가능성이 없다고 볼 수는 없다(대판 2008.10.23. 2005도10101).

2015년 변호사시험 문 7. ☑ 확인Check! O △ X

다음 설명 중 옳은 것을 모두 고른 것은?(다툼이 있는 경우 판례에 의함)

ㄱ. 공모공동정범의 경우 제반상황에 비추어 공모자들이 범행 도중에 부수적인 다른 범죄가 파생되리라고 예상하거나 충분히 예상할 수 있는데도 이를 방지하기 위한 합리적인 조치를 취하지 아니하여 예상되던 범행들이 발생하였다면, 그 파생적인 범행에 대하여 개별적인 의사의 연락이 없었다고 하더라도 당초의 공모자들 사이에 그 범행 전부에 대하여 암묵적인 공모는 물론 그에 대한 기능적 행위지배가 인정된다.

ㄴ. 공모공동정범에서 공모관계로부터의 이탈은 공모자가 공모에 의하여 담당한 기능적 행위지배를 해소하는 것이 필요하므로, 공모자가 공모에 주도적으로 참여하여 다른 공모자의 실행에 영향을 미친 때에는 범행을 저지하기 위하여 적극적으로 노력하는 등 실행에 미친 영향력을 제거하지 않는 한 공모관계로부터 이탈하였다고 할 수 없다.

ㄷ. 대향범은 2인 이상의 대향적 협력에 의하여 성립하는 범죄로서 대향자 쌍방의 불법내용이 같으므로 형법상 쌍방을 처벌하는 경우 전부 쌍방의 법정형이 같은데, 다만 대향자 일방만을 처벌하는 경우가 있다.

ㄹ. 변호사사무실 직원 甲이 법원공무원 乙에게 부탁하여 수사 중인 사건의 체포영장발부자 명단을 누설받은 경우, 乙이 직무상 비밀을 누설한 행위와 甲이 이를 누설받은 행위는 대향범관계에 있으므로 甲의 행위를 공무상 비밀누설교사죄로 처벌할 수 없다.

① ㄱ, ㄴ ② ㄱ, ㄹ ③ ㄱ, ㄴ, ㄹ
④ ㄴ, ㄷ, ㄹ ⑤ ㄱ, ㄴ, ㄷ, ㄹ

[ㄱ ▸ O] 이른바 공모공동정범의 경우 제반상황에 비추어, 공모자들이 그 공모한 범행을 수행하거나 목적 달성을 위하여 나아가는 도중에 부수적인 다른 범죄가 파생되리라고 예상하거나 충분히 예상할 수 있는데도 그러한 가능성을 외면한 채 이를 방지하기에 충분한 합리적인 조치를 취하지 아니하고 공모한 범행에 나아갔다가 결국 그와 같이 예상되던 범행들이 발생하였다면, 비록 그 파생적인 범행 하나하나에 대하여 개별적인 의사의 연락이 없었더라도 당초의 공모자들 사이에 그 범행 전부에 대하여 암묵적인 공모는 물론 그에 대한 기능적 행위지배가 존재한다고 보아야 할 것이다(대판 2013.9.12. 2013도6570).

정답 ③

[ㄴ▸O] 공모공동정범에 있어서 공모자 중의 1인이 다른 공모자가 실행행위에 이르기 전에 그 공모관계에서 이탈한 때에는 그 이후의 다른 공모자의 행위에 관하여는 공동정범으로서의 책임은 지지 않는다 할 것이나, 공모관계에서의 이탈은 공모자가 공모에 의하여 담당한 기능적 행위지배를 해소하는 것이 필요하므로 공모자가 공모에 주도적으로 참여하여 다른 공모자의 실행에 영향을 미친 때에는 범행을 저지하기 위하여 적극적으로 노력하는 등 실행에 미친 영향력을 제거하지 아니하는 한 공모자가 구속되었다는 등의 사유만으로 공모관계에서 이탈하였다고 할 수 없다(대판 2010.9.9, 2010도6924).

[ㄷ▸X] 대항범에는 대향자 쌍방의 법정형이 같은 경우와 함께, 수뢰죄(5년 이하의 징역 또는 10년 이하의 자격정지)와 증뢰죄(5년 이하의 징역 또는 2천만원 이하의 벌금)의 관계처럼 법정형이 다른 경우도 있다.

[ㄹ▸O] 변호사사무실 직원인 피고인 甲이 법원공무원인 피고인 乙에게 부탁하여, 수사 중인 사건의 체포영장발부자 53명의 명단을 누설받은 경우, 피고인 乙이 직무상 비밀을 누설한 행위와 피고인 甲이 이를 누설받은 행위는 대향범관계에 있으므로 공범에 관한 형법 총칙규정이 적용될 수 없으므로, 피고인 甲의 행위는 공무상 비밀누설교사죄에 해당하지 아니한다(대판 2011.4.28, 2009도3642).

2012년 변호사시험 문 37. ☑ 확인Check! O △ X

甲은 2010.7.6. 23:00경 강도의 고의를 가지고 가스총을 주머니에 넣은 채 좁은 골목길이 복잡하게 얽혀 있는 동네 길목에서 '표적'을 기다리다가 귀가 중인 피해자에게 다가가 가스총으로 겁을 주어 현금 20만원과 목걸이 및 반지를 빼앗았다. 일주일 후 甲은 양심의 가책을 느끼고 경찰서에 출석하여 위 범죄사실을 자수하였다. 하지만 경찰관은 甲이 범행한 장소와 피해자를 정확하게 기억하지 못하여 피해자에 대한 조사를 하지 못하였을 뿐 아니라, 목걸이와 반지도 모조품인 것을 알고 쓰레기통에 버렸다고 하고 20만원은 이미 소비해 버린 상태인 것만 확인한 채 사건을 검찰에 송치하였다. 甲은 검찰에서도 범행을 자백하였고, 특수강도죄로 기소된 후 제1심 공판절차에서도 일관되게 자백하였다. 이에 관한 설명 중 옳은 것을 모두 고른 것은?(다툼이 있는 경우에는 판례에 의함)

가. 만약 甲의 주도하에 甲과 乙이 사전에 범행을 모의하고 범행 당일 23:00경 범행장소에서 만나기로 하였는데 乙이 마음을 바꾸어 약속장소에 나타나지 않아 甲이 혼자서 위 사례와 같은 범행을 한 것이라면, 乙에게도 특수강도죄의 공동정범이 성립한다.
나. 제1심법원이 甲의 자백에 따라 위 사건을 간이공판절차에 의해 심판하게 되었다고 하더라도, 甲의 자백에 대한 보강증거가 없으면 甲을 유죄로 인정할 수 없다.
다. 만약 甲을 조사한 경찰관이 공판정에서 피고인이 피의자 신문 시 공소사실을 자백하는 것을 들었다고 증언한다면, 이 증언은 甲의 자백에 대한 보강증거가 될 수 있다.
라. 만약 甲이 동네 길목에서 기다리다가 양심의 가책을 받아 범행을 포기하였더라도 甲에게는 형법 제26조(중지범)가 적용될 수 없다.

① 가, 나　② 가, 다　③ 나, 다
④ 나, 라　⑤ 다, 라

[가▸X] 공모공동정범에 있어서 공모자 중의 1인이 다른 공모자가 실행행위에 이르기 전에 그 공모관계에서 이탈한 때에는 그 이후의 다른 공모자의 행위에 관하여는 공동정범으로서의 책임은 지지 않는다 할 것이나, 공모관계에서의 이탈은 공모자가 공모에 의하여 담당한 기능적 행위지배를 해소하는 것이 필요하므로 공모자가 공모에 주도적으로 참여하여 다른 공모자의 실행에 영향을 미친 때에는 범행을 저지하기 위하여 적극적으로 노력하는 등 실행에 미친 영향력을 제거하지 아니하는 한 공모관계에서 이탈하였다고 할 수 없다(대판 2008.4.10, 2008도1274).

④ 정답

[나 ▸ O] 간이공판절차에 의하여 증거능력의 제한이 완화되는 것은 전문법칙에 한하므로, 이외의 증거법칙은 그대로 적용된다. 따라서 자백의 보강법칙에 의하여, 甲의 자백에 대한 보강증거가 없으면 甲을 유죄로 인정할 수 없다.

[다 ▸ X] 피고인이 범행을 자인하는 것을 들었다는 피고인 아닌 자의 진술내용은 형사소송법 제310조의 피고인의 자백에는 포함되지 아니하나 이는 피고인의 자백의 보강증거로 될 수 없다(대판 2008.2.14. 2007도10937).

[라 ▸ O] 중지범은 범죄의 실행에 착수한 후 자의로 그 행위를 중지한 때를 말하는 것이고 실행의 착수가 있기 전인 예비음모의 행위를 처벌하는 경우에 있어서 중지범의 관념은 이를 인정할 수 없다(대판 1999.4.9. 99도424).

2012년 변호사시험 문 7. ☑ 확인Check! O △ X

공동정범에 관한 설명 중 옳지 않은 것은?(다툼이 있는 경우에는 판례에 의함)

① 甲이 주도하여 乙, 丙과 절도를 하기로 공모한 후, 甲과 乙이 실행행위에 이르기 전에 망을 보기로 한 丙이 공모관계에서 이탈한 경우, 그 이후의 甲과 乙의 절취행위에 대하여 丙은 공동정범으로서의 책임을 지지 아니하고 그 이탈의 표시는 명시적일 필요는 없다.
② 甲이 A회사의 직원으로서 경쟁업체에 유출하기 위해 회사의 영업비밀을 무단으로 반출함으로써 업무상 배임죄의 기수에 이르렀다면, 그 이후 乙이 甲과 접촉하여 그 영업비밀을 취득하더라도 乙에 대해서 업무상 배임죄의 공동정범은 성립하지 않는다.
③ 甲과 乙이 공동하여 강도하기로 공모하고 함께 협박에 사용할 등산용 칼을 구입하였으나 실행의 착수에 이르지 못한 경우, 강도예비죄의 공동정범이 된다.
④ 甲이 A녀를 강간하고 있을 때, 乙 스스로 甲의 강간행위에 가담할 의사로 甲이 모르는 사이에 망을 보아 준 경우, 乙은 강간죄의 공동정범이 된다.
⑤ 甲과 乙이 칼을 들고 강도하기로 공모한 경우, 乙이 피해자의 거소에 들어가 피해자를 향하여 칼을 휘둘러 상해를 가하였다면 대문 밖에서 망을 본 甲은 상해의 결과에 대하여도 공동정범으로서의 책임을 면할 수 없다.

[❶ ▸ O] 공모공동정범에 있어서 그 공모자 중의 1인이 다른 공모자가 실행행위에 이르기 전에 그 공모관계에서 이탈한 때에는 그 이후의 다른 공모자의 행위에 관하여 공동정범으로서의 책임은 지지 않는다고 할 것이고 그 이탈의 표시는 반드시 명시적임을 요하지 않는다(대판 1986.1.21. 85도2371).

[❷ ▸ O] 회사 직원이 영업비밀을 경쟁업체에 유출하거나 스스로의 이익을 위하여 이용할 목적으로 무단으로 반출한 때 업무상 배임죄의 기수에 이르렀다고 할 것이고, 그 이후에 위 직원과 접촉하여 영업비밀을 취득하려고 한 자는 업무상 배임죄의 공동정범이 될 수 없다(대판 2003.10.30. 2003도4382).

[❸ ▸ O] 형법 제32조 제1항 소정 타인의 범죄란 정범이 범죄의 실현에 착수한 경우를 말하는 것이므로 종범이 처벌되기 위하여는 정범의 실행의 착수가 있는 경우에만 가능하고 형법 전체의 정신에 비추어 정범이 실행의 착수에 이르지 아니한 예비의 단계에 그친 경우에는 이에 가공하는 행위가 예비의 공동정범이 되는 경우를 제외하고는 종범의 성립을 부정하고 있다고 보는 것이 타당하다(대판 1976.5.25. 75도1549).

[❹ ▸ X] 공동정범은 행위자 상호 간에 범죄행위를 공동으로 한다는 공동가공의 의사를 가지고 범죄를 공동실행하는 경우에 성립하는 것으로서, 여기에서의 공동가공의 의사는 공동행위자 상호 간에 있어야 하며 행위자 일방의 가공의사만으로는 공동정범관계가 성립할 수 없다(대판 1985.5.14. 84도2118). 지문의 경우, 甲과 乙 사이에 강간행위에 대한 공동가공의 의사가 존재하였다고 볼 수 없으므로, 乙은 강간죄의 공동정범이 되지 아니한다.

정답 ④

[❺ ▸ O] 강도합동범 중 1인이 피고인과 공모한 대로 과도를 들고 강도를 하기 위하여 피해자의 거소를 들어가 피해자를 향하여 칼을 휘두른 이상 이미 강도의 실행행위에 착수한 것임이 명백하고, 그가 피해자들을 과도로 찔러 상해를 가하였다면 대문 밖에서 망을 본 공범인 피고인이 구체적으로 상해를 가할 것까지 공모하지 않았다 하더라도 피고인은 상해의 결과에 대하여도 공범으로서의 책임을 면할 수 없다(대판 1998.4.14. 98도356).

제4절 교사범

2014년 변호사시험 문 10.

☑ 확인Check! O △ X

교사범에 관한 설명으로 옳은 것(O)과 옳지 않은 것(×)을 올바르게 조합한 것은?(다툼이 있는 경우에는 판례에 의함)

ㄱ. 甲이 乙에게 A의 자동차를 강취할 것을 교사하였으나 乙이 A의 자동차를 절취한 경우 甲은 절도죄의 교사범으로 처벌된다.
ㄴ. 甲이 乙에게 A의 주거에 침입할 것을 교사하였는데 乙이 A의 승낙을 얻어 정당하게 주거에 들어간 경우 공범종속성설 중 제한적 종속형식에 의하면 甲은 주거침입죄의 교사범이 성립하지 않는다.
ㄷ. 甲은 乙에게 A를 살해하라고 교사하였는데 乙은 A가 귀가하는 것을 기다리다가 A로 생각되는 사람을 권총으로 살해하였다. 그러나 乙의 총에 사망한 사람은 B였다. 법정적 부합설에 의하면 甲은 살인죄의 교사범으로 처벌된다.
ㄹ. 甲이 남자친구인 乙에게 甲의 부(父)인 A를 살해하도록 교사한 경우 甲에게 형법 제33조 단서가 형법 제31조 제1항에 우선하여 적용되어 甲이 乙보다 중하게 처벌된다.

① ㄱ(×), ㄴ(O), ㄷ(O), ㄹ(O)
② ㄱ(×), ㄴ(O), ㄷ(×), ㄹ(×)
③ ㄱ(×), ㄴ(×), ㄷ(×), ㄹ(O)
④ ㄱ(O), ㄴ(O), ㄷ(×), ㄹ(×)
⑤ ㄱ(O), ㄴ(×), ㄷ(O), ㄹ(O)

[ㄱ ▸ ×] 정범이 교사한 내용보다 적게 실행한 경우에는 정범이 실행한 범위 내에서 교사범이 성립하고, 교사한 범죄의 예비・음모를 처벌하는 규정과 상상적 경합이 성립한다. 따라서 甲에게는 절도교사범과 강도예비・음모죄의 상상적 경합이 성립하나, 甲은 형이 중한 강도예비・음모죄로 처벌된다(형법 제40조).

[ㄴ ▸ O] 제한적 종속형식에 의하면, 정범의 행위가 구성요건에 해당하고 위법하여야만 공범이 성립하나, 乙은 양해에 해당하는 A의 승낙을 얻어 정당하게 주거에 들어갔으므로, 구성요건 해당성조차 인정되지 아니한다. 따라서 제한적 종속형식에 의하더라도, 甲에게는 주거침입죄의 교사범이 성립하지 아니한다.

[ㄷ ▸ O] 정범의 객체의 착오가 공범에게 객체의 착오가 된다는 견해와 방법의 착오가 된다는 견해의 대립이 있으나, 법정적 부합설에 의하면 발생한 사실에 대한 고의기수책임을 인정하므로, 甲은 살인죄의 교사범으로 처벌된다.

[ㄹ ▸ O] 형법 제31조 제1항은 협의의 공범의 일종인 교사범이 그 성립과 처벌에 있어서 정범에 종속한다는 일반적인 원칙을 선언한 것에 불과하고, 신분관계로 인하여 형의 경중이 있는 경우에 신분이 있는 자가 신분이 없는 자를 교사하여 죄를 범하게 한 때에는 형법 제33조 단서가 형법 제31조 제1항에 우선하여 적용됨으로써 신분이 있는 교사범이 신분이 없는 정범보다 중하게 처벌된다(대판 1994.12.23. 93도1002).

① 정답

2017년 변호사시험 문 10.

☑ 확인Check! ○ △ ×

甲의 죄책에 관한 설명 중 옳지 않은 것은?(다툼이 있는 경우 판례에 의함)

① 甲이 자기의 형사사건에 관하여 乙을 교사하여 위증죄를 범하게 한 경우, 위증죄의 교사범이 성립한다.

② 甲이 乙을 교사하여 甲 자신이 형사처분을 받을 목적으로 수사기관에 대하여 乙이 甲에 대한 허위의 사실을 신고하도록 한 경우, 무고죄의 교사범이 성립한다.

③ 甲이 乙을 교사하여 자기의 형사사건에 관한 증거를 변조하도록 하였더라도, 乙이 甲과 공범관계에 있는 형사사건에 관한 증거를 변조한 것에 해당하여 乙이 증거변조죄로 처벌되지 않는 경우, 증거변조죄의 간접정범은 물론 교사범도 성립하지 않는다.

④ 공무원이 아닌 甲이 관공서에 허위내용의 증명원을 제출하여 그 내용이 허위인 정을 모르는 담당 공무원 乙로부터 그 증명원내용과 같은 증명서를 발급받은 경우, 공문서위조죄의 간접정범이 성립하지 않는다.

⑤ 무면허로 운전하다가 교통사고를 낸 甲이 동거하고 있는 동생 乙을 경찰서에 대신 출석시켜 자신을 위하여 허위의 자백을 하게 하여 범인도피죄를 범하게 한 경우, 범인도피죄의 교사범이 성립하지 않는다.

[❶ ▸ ○] 피고인이 자기의 형사사건에 관하여 허위의 진술을 하는 행위는 피고인의 형사소송에 있어서의 방어권을 인정하는 취지에서 처벌의 대상이 되지 않으나, 법률에 의하여 선서한 증인이 타인의 형사사건에 관하여 위증을 하면 형법 제152조 제1항의 위증죄가 성립되므로 자기의 형사사건에 관하여 타인을 교사하여 위증죄를 범하게 하는 것은 이러한 방어권을 남용하는 것이라고 할 것이어서 교사범의 죄책을 부담케 함이 상당하다(대판 2004.1.27. 2003도5114).

[❷ ▸ ○] 형법 제156조의 무고죄는 국가의 형사사법권 또는 징계권의 적정한 행사를 주된 보호법익으로 하는 죄이나, 스스로 본인을 무고하는 자기무고는 무고죄의 구성요건에 해당하지 아니하여 무고죄를 구성하지 않는다. 그러나 피무고자의 교사·방조하에 제3자가 피무고자에 대한 허위의 사실을 신고한 경우에는 제3자의 행위는 무고죄의 구성요건에 해당하여 무고죄를 구성하므로, 제3자를 교사·방조한 피무고자도 교사·방조범으로서의 죄책을 부담한다(대판 2008.10.23. 2008도4852).

[❸ ▸ ○] 노동조합 지부장인 피고인 甲이 업무상 횡령혐의로 조합원들로부터 고발을 당하자 피고인 乙과 공동하여 조합 회계서류를 무단폐기한 후 폐기에 정당한 근거가 있는 것처럼 피고인 乙로 하여금 조합 회의록을 조작하여 수사기관에 제출하도록 교사한 경우, 회의록의 변조·사용은 피고인들이 공범관계에 있는 문서손괴죄 형사사건에 관한 증거를 변조·사용한 것으로 볼 수 있어 피고인 乙에 대한 증거변조죄 및 변조증거사용죄가 성립하지 않으며, 피교사자인 피고인 乙이 증거변조죄 및 변조증거사용죄로 처벌되지 않은 이상 피고인 甲에 대하여 공범인 교사범은 물론 그 간접정범도 성립하지 않는다(대판 2011.7.14. 2009도13151).

[❹ ▸ ○] 어느 문서의 작성권한을 갖는 공무원이 그 문서의 기재사항을 인식하고 그 문서를 작성할 의사로써 이에 서명날인하였다면, 설령 그 서명날인이 타인의 기망으로 착오에 빠진 결과 그 문서의 기재사항이 진실에 반함을 알지 못한 데 기인한다고 하여도, 그 문서의 성립은 진정하며 여기에 하등 작성명의를 모용한 사실이 있다고 할 수는 없으므로, 공무원 아닌 자가 관공서에 허위내용의 증명원을 제출하여 그 내용이 허위인 정을 모르는 담당 공무원으로부터 그 증명원내용과 같은 증명서를 발급받은 경우 공문서위조죄의 간접정범으로 의율할 수는 없다(대판 2001.3.9. 2000도938).

[❺ ▸ ×] [1] 범인이 자신을 위하여 타인으로 하여금 허위의 자백을 하게 하여 범인도피죄를 범하게 하는 행위는 방어권의 남용으로 범인도피교사죄에 해당하는바, 이 경우 그 타인이 형법 제151조 제2항에 의하여 처벌을 받지 아니하는 친족, 호주 또는 동거가족에 해당한다 하여 달리 볼 것은 아니다.
[2] 무면허운전으로 사고를 낸 사람이 동생을 경찰서에 대신 출두시켜 피의자로 조사받도록 한 행위는 범인도피교사죄를 구성한다(대판 2006.12.7. 2005도3707).

정답 ⑤

2017년 변호사시험 문 3. ☑ 확인Check! ○ △ ✕

착오에 관한 설명 중 옳은 것은?(다툼이 있는 경우 판례에 의함)

① 아내 甲이 밤늦게 담을 넘어 오던 남편 A를 도둑으로 착각하고 상해를 가한 경우, 엄격책임설은 형법 제16조를 적용하여 착오에 과실이 있으면(즉, 정당한 이유가 없으면) 甲에게 과실치상죄의 성립을 인정한다.

② 소매치기 甲녀가 도주 중 행인 乙에게 강간범이 쫓아온다고 거짓말하여 이를 믿은 乙로 하여금 甲 자신을 추격해 오던 피해자에게 상해를 가하게 한 경우, 소극적 구성요건표지이론 및 구성요건착오 유추적용설에 따르면 甲에게 상해죄의 교사범이 성립한다(단, 乙에 대한 甲의 우월적 의사지배는 부정되고, 제한종속형식에 따름).

③ 甲은 乙에게 A를 살해하라고 교사하였으나 乙이 B를 A로 착각하여 B를 살해한 경우, 甲에게 객체의 착오를 인정하는 견해에 따르면 甲에게는 B에 대한 살인죄의 교사범이 성립한다.

④ 甲은 살해의 고의로 A의 머리를 둔기로 가격한 후 A가 실신하자 죽었다고 생각하고 죄적 인멸을 위해 A를 매장했으나 A는 매장으로 질식사한 경우, 甲에게 살인미수죄와 과실치사죄의 상상적 경합이 인정된다.

⑤ 甲은 乙에게 A에 대한 강도를 교사하였으나 乙이 강간을 한 경우, 甲에게는 강간죄의 교사범이 아니라 강도죄의 교사범이 성립한다.

[❶ ▸ ✕] 엄격책임설은 위법성조각사유의 전제사실에 대한 착오를 금지착오로 이해하는데, 착오에 정당한 이유가 없으면 고의범이 성립하고, 정당한 이유가 있으면 책임이 조각된다. 따라서 甲에게는 A에 대한 상해죄가 성립한다.

[❷ ▸ ✕] 소극적 구성요건표지이론이나 구성요건착오 유추적용설에 의하면, 위법성조각사유의 전제사실에 대한 착오로 인하여 불법고의가 조각되어 과실범의 문제가 된다. 따라서 제한적 종속형식에 의하면, 착오로 행위한 자에게는 교사범이 성립할 수 없다.

[❸ ▸ ○] 정범의 객체의 착오가 공범에게 객체의 착오가 된다는 견해에 의하면, 착오의 한계에 관한 어떠한 학설에 의하더라도 발생한 사실에 대한 고의기수책임을 인정한다. 따라서 甲에게는 B에 대한 살인죄의 교사범이 성립한다.

[❹ ▸ ✕] 피해자가 피고인의 구타행위로 인해 직접 사망한 것이 아니라 죄적을 인멸할 목적으로 행한 매장행위에 의해 사망하게 되었더라도 전 과정을 개괄적으로 보면 피해자의 살해라는 애초의 예견사실이 결국 실현된 것이기 때문에 살인죄의 죄책을 면할 수 없다(대판 1988.6.28. 88도650).

[❺ ▸ ✕] 甲이 乙에게 A에 대한 강도를 교사하였으나 강간을 한 경우와 같이 질적 초과가 본질적인 경우에는, 효과 없는 교사로서 음모 또는 예비에 준하여 처벌된다(형법 제31조 제2항).

③ 정답

제5절 종 범 ★

2015년 변호사시험 문 4. ☑ 확인Check! O △ X

종범에 관한 설명 중 옳지 않은 것을 모두 고른 것은?(다툼이 있는 경우 판례에 의함)

ㄱ. 정범의 강도예비행위를 방조하였으나 정범이 실행의 착수에 이르지 못한 경우 방조자는 강도예비죄의 종범에 해당한다.
ㄴ. 자기의 지휘, 감독을 받는 자를 방조하여 범죄의 결과를 발생하게 한 자는 정범에 정한 형의 장기 또는 다액에 그 2분의 1까지 가중한 형으로 처벌한다.
ㄷ. 법률상 정범의 범행을 방지할 의무가 있는 자가 그 범행을 알면서도 방지하지 아니하여 범행을 용이하게 한 때에는 부작위에 의한 종범이 성립한다.
ㄹ. 종범은 정범의 실행행위 중에 이를 방조하는 경우뿐만 아니라, 정범이 실행행위에 나아갔다면 실행의 착수 전에 장래의 실행행위를 예상하고 이를 용이하게 한 경우에도 종범이 성립한다.

① ㄱ ② ㄱ, ㄴ ③ ㄴ, ㄷ
④ ㄱ, ㄴ, ㄷ ⑤ ㄴ, ㄷ, ㄹ

[ㄱ ▸ X] 형법 제32조 제1항 소정 타인의 범죄란 정범이 범죄의 실현에 착수한 경우를 말하는 것이므로 종범이 처벌되기 위하여는 정범의 실행의 착수가 있는 경우에만 가능하고 형법 전체의 정신에 비추어 정범이 실행의 착수에 이르지 아니한 예비의 단계에 그친 경우에는 이에 가공하는 행위가 예비의 공동정범이 되는 경우를 제외하고는 종범의 성립을 부정하고 있다고 보는 것이 타당하다(대판 1976.5.25, 75도1549).

[ㄴ ▸ X] 자기의 지휘, 감독을 받는 자를 교사 또는 방조하여 특수교사·방조의 결과를 발생하게 한 자는 교사인 때에는 정범에 정한 형의 장기 또는 다액에 그 2분의 1까지 가중하고 방조인 때에는 정범의 형으로 처벌한다(형법 제34조 제2항).

[ㄷ ▸ O] 종범의 방조행위는 작위에 의한 경우뿐만 아니라 부작위에 의한 경우도 포함하는 것으로서 법률상 정범의 범행을 방지할 의무 있는 자가 그 범행을 알면서도 방지하지 아니하여 범행을 용이하게 한 때에는 부작위에 의한 종범이 성립한다(대판 1985.11.26, 85도1906).

[ㄹ ▸ O] 형법상 방조행위는 정범이 범행을 한다는 정을 알면서 그 실행행위를 용이하게 하는 직접·간접의 모든 행위를 가리키는 것으로서 유형적·물질적인 방조뿐만 아니라 정범에게 범행의 결의를 강화하도록 하는 것과 같은 무형적·정신적 방조행위까지도 이에 해당한다. 종범은 정범의 실행행위 중에 이를 방조하는 경우뿐만 아니라, 실행 착수 전에 장래의 실행행위를 예상하고 이를 용이하게 하는 행위를 하여 방조한 경우에도 성립한다(대판 2009.6.11, 2009도1518).

정답 ②

2012년 변호사시험 문 9. ☑ 확인Check! ○ △ ×

방조범에 관한 설명으로 옳은 것(○)과 옳지 않은 것(×)을 올바르게 조합한 것은?(다툼이 있는 경우에는 판례에 의함)

가. 정범이 실행에 착수하기 전에 방조한 경우에는 그 이후 정범이 실행에 착수하였더라도 방조범이 성립할 수 없다.
나. 간호조무사의 무면허진료행위가 있은 후에 이를 의사가 진료부에 기재하는 행위는 범죄 종료 후의 사후행위에 불과하므로 무면허의료행위의 방조에 해당하지 않는다.
다. 방조범에 있어서 정범의 고의는 정범에 의하여 실현되는 범죄의 구체적 내용을 인식할 것을 요하는 것은 아니고 미필적 인식 또는 예견으로 족하다.
라. 방조범은 정범이 누구인지를 확실히 알아야 한다.

① 가(○), 나(○), 다(×), 라(○)
② 가(○), 나(×), 다(○), 라(×)
③ 가(×), 나(○), 다(×), 라(○)
④ 가(×), 나(×), 다(○), 라(×)
⑤ 가(×), 나(×), 다(○), 라(○)

[가 ▸ ×] 종범은 정범의 실행행위 중에 이를 방조하는 경우는 물론이고 실행의 착수 전에 장래의 실행행위를 예상하고 이를 용이하게 하는 행위를 하여 방조한 경우에도 정범이 그 실행행위에 나아갔다면 성립한다(대판 1997.4.17. 96도3377[전합]).

[나 ▸ ×] 진료부는 환자의 계속적인 진료에 참고로 공하여지는 진료상황부이므로 간호보조원의 무면허진료행위가 있은 후에 이를 의사가 진료부에다 기재하는 행위는 정범의 실행행위 종료 후의 단순한 사후행위에 불과하다고 볼 수 없고 무면허의료행위의 방조에 해당한다(대판 1982.4.27. 82도122).

[다 ▸ ○] 형법상 방조행위는 정범이 범행을 한다는 정을 알면서 그 실행행위를 용이하게 하는 직접·간접의 행위를 말하므로, 방조범은 정범의 실행을 방조한다는 이른바 방조의 고의와 정범의 행위가 구성요건에 해당하는 행위인 점에 대한 정범의 고의가 있어야 하나, 방조범에 있어서 정범의 고의는 정범에 의하여 실현되는 범죄의 구체적 내용을 인식할 것을 요하는 것은 아니고 미필적 인식 또는 예견으로 족하다(대판 2005.4.29. 2003도6056).

[라 ▸ ×] 정범이 범행을 한다는 점을 알면서 그 실행행위를 용이하게 한 이상 그 행위가 간접적이거나 직접적이거나를 가리지 않으며 이 경우 정범이 누구에 의하여 실행되어지는가를 확지할 필요는 없다(대판 1977.9.28. 76도4133).

④ 정답

제6절 공범과 신분 ★☆

2019년 변호사시험 문 40. ☑ 확인Check! O △ X

주식회사의 임원 甲은 애인 乙과 공모하여 업무수행용 법인카드를 이용해 3개월간 3,000만 원에 해당하는 금액을 개인용도로 사용하였다. 친구 甲이 급여에 비하여 소비가 지나친 것을 수상하게 여기던 사법경찰관 P는 때마침 회사의 제보를 받고 甲과 乙에게 출석을 요구하여 조사한 결과 甲으로부터는 자백을 받았으나, 乙은 범죄사실을 부인하였다. 이에 P는 법관의 영장에 의하지 아니하고 신용카드회사에 근무하는 친구로부터 甲의 법인카드 사용내역을 확보하였다. 이에 관한 설명 중 옳은 것을 모두 고른 것은?(다툼이 있는 경우 판례에 의함)

ㄱ. 甲의 행위는 업무상 배임죄에 해당한다.
ㄴ. 乙의 행위는 업무상 배임죄에 정한 형으로 처단된다.
ㄷ. P가 수집한 카드 사용내역은 적법한 절차에 따르지 아니하고 수집한 증거에 해당하여 유죄의 증거로 사용할 수 없다.
ㄹ. 만약 카드 사용내역이 증거로 사용될 수 없고 다른 증거가 없다면, 甲은 자신의 자백이 유일한 증거이므로 처벌되지 아니한다.

① ㄱ, ㄷ ② ㄱ, ㄹ ③ ㄱ, ㄷ, ㄹ
④ ㄴ, ㄷ, ㄹ ⑤ ㄱ, ㄴ, ㄷ, ㄹ

[ㄱ ▸ O] 주식회사의 임원이 공적 업무수행을 위하여서만 사용이 가능한 법인카드를 개인용도로 계속적, 반복적으로 사용한 경우 특별한 사정이 없는 한 임원에게는 임무 위배의 인식과 그로 인하여 자신이 이익을 취득하고 주식회사에 손해를 가한다는 인식이 있었다고 볼 수 있으므로, 이러한 행위는 업무상 배임죄를 구성한다(대판 2014.2.21. 2011도8870). 따라서 甲의 행위는 업무상 배임죄에 해당한다.

[ㄴ ▸ X] 업무자라는 신분관계가 없는 자가 그러한 신분관계에 있는 자와 공모하여 위 상호신용금고법 위반죄를 저질렀다면, 그러한 신분관계가 없는 자에 대하여는 형법 제33조 단서에 의하여 형법 제355조 제2항에 따라 처단하여야 할 것인 바, 그러한 경우에는 신분관계가 없는 자에게도 일단 업무상 배임으로 인한 상호신용금고법 제39조 제1항 제2호 위반죄가 성립한 다음 형법 제33조 단서에 의하여 중한 형이 아닌 형법 제355조 제2항에 정한 형으로 처벌되는 것이다(대판 1997.12.26. 97도2609). 따라서 이와 같은 판례의 취지를 고려하면, 乙의 행위는 배임죄에 정한 형으로 처단된다.

[ㄷ ▸ O] 수사기관이 영장에 의하지 아니하고 매출전표의 거래명의자에 관한 정보를 획득하였다면, 그와 같이 수집된 증거는 원칙적으로 형사소송법 제308조의2에서 정하는 '적법한 절차에 따르지 아니하고 수집한 증거'에 해당하여 유죄의 증거로 삼을 수 없다(대판 2013.3.28. 2012도13607).

[ㄹ ▸ O] 피고인의 자백이 그 피고인에게 불이익한 유일의 증거인 때에는 이를 유죄의 증거로 하지 못한다(형소법 제310조).

정답 ③

2016년 변호사시험 문 15. ☑ 확인 Check! ○ △ ×

공범에 관한 설명 중 옳지 않은 것은?(다툼이 있는 경우 판례에 의함)

① 신분관계로 인하여 형의 경중이 있는 경우에 신분이 있는 자가 신분이 없는 자를 교사하여 죄를 범하게 한 때에는 형법 제33조 단서가 형법 제31조 제1항에 우선하여 적용된다.

② 업무상 타인의 사무를 처리하는 자가 그러한 신분관계가 없는 자와 공모하여 업무상 배임죄를 저질렀다면 그러한 신분관계가 없는 자에 대하여는 형법 제33조 단서에 의하여 단순배임죄가 성립한다.

③ 도박의 습벽이 있는 자가 습벽이 없는 타인의 도박을 방조하면 상습도박방조죄에 해당한다.

④ 형법 제152조 제1항과 제2항은 위증을 한 범인이 형사사건의 피고인 등을 '모해할 목적'을 가지고 있었는가 아니면 그러한 목적이 없었는가 하는 범인의 특수한 상태의 차이에 따라 범인에게 과할 형의 경중을 구별하고 있으므로, 이는 형법 제33조 단서 소정의 '신분관계로 인하여 형의 경중이 있는 경우'에 해당한다.

⑤ 변호사가 변호사 아닌 자에게 고용되어 법률사무소의 개설·운영에 관여하는 행위는 변호사법 위반죄의 방조범으로 처벌할 수 없다.

[❶ ▸ ○] [❹ ▸ ○] [1] 형법 제31조 제1항은 협의의 공범의 일종인 교사범이 그 성립과 처벌에 있어서 정범에 종속한다는 일반적인 원칙을 선언한 것에 불과하고, 신분관계로 인하여 형의 경중이 있는 경우에 신분이 있는 자가 신분이 없는 자를 교사하여 죄를 범하게 한 때에는 형법 제33조 단서가 형법 제31조 제1항에 우선하여 적용됨으로써 신분이 있는 교사범이 신분이 없는 정범보다 중하게 처벌된다.
[2] 형법 제152조 제1항과 제2항은 위증을 한 범인이 형사사건의 피고인 등을 '모해할 목적'을 가지고 있었는가 아니면 그러한 목적이 없었는가 하는 범인의 특수한 상태의 차이에 따라 범인에게 과할 형의 경중을 구별하고 있으므로, 이는 바로 형법 제33조 단서 소정의 '신분관계로 인하여 형의 경중이 있는 경우'에 해당한다고 봄이 상당하다(대판 1994.12.23. 93도1002).

[❷ ▸ ×] 업무자라는 신분관계가 없는 자가 그러한 신분관계에 있는 자와 공모하여 위 상호신용금고법 위반죄를 저질렀다면, 그러한 신분관계가 없는 자에 대하여는 형법 제33조 단서에 의하여 형법 제355조 제2항에 따라 처단하여야 할 것인 바, 그러한 경우에는 신분관계가 없는 자에게도 일단 업무상 배임으로 인한 상호신용금고법 제39조 제1항 제2호 위반죄가 성립한 다음 형법 제33조 단서에 의하여 중한 형이 아닌 형법 제355조 제2항에 정한 형으로 처벌되는 것이다(대판 1997.12.26. 97도2609).

[❸ ▸ ○] 상습도박의 죄나 상습도박방조의 죄에 있어서의 상습성은 행위의 속성이 아니라 행위자의 속성으로서 도박을 반복해서 거듭하는 습벽을 말하는 것인 바, 도박의 습벽이 있는 자가 타인의 도박을 방조하면 상습도박방조의 죄에 해당하는 것이며, 도박의 습벽이 있는 자가 도박을 하고 또 도박방조를 하였을 경우 상습도박방조의 죄는 무거운 상습도박의 죄에 포괄시켜 1죄로서 처단하여야 한다(대판 1984.4.24. 84도195).

[❺ ▸ ○] 변호사가 변호사 아닌 자에게 고용되어 법률사무소의 개설·운영에 관여하는 행위는 위 범죄가 성립하는 데 당연히 예상될 뿐만 아니라 범죄의 성립에 없어서는 아니 되는 것인데도 이를 처벌하는 규정이 없는 이상, 그 입법취지에 비추어 볼 때 변호사 아닌 자에게 고용되어 법률사무소의 개설·운영에 관여한 변호사의 행위가 일반적인 형법 총칙상의 공모, 교사 또는 방조에 해당된다고 하더라도 변호사를 변호사 아닌 자의 공범으로서 처벌할 수는 없다(대판 2004.10.28. 2004도3994).

② 정답

2012년 변호사시험 문 17. ☑ 확인Check! ○ △ ✕

乙에게 인정되는 범죄와 동일한 범죄의 공동정범, 교사범 또는 방조범의 성립을 甲에게도 인정할 수 있는 경우를 모두 고른 것은?(다툼이 있는 경우에는 판례에 의함)

가. 부인 甲이 그의 아들 乙과 더불어 남편을 살해한 경우
나. A회사 경리과장 乙의 배임행위를 A회사 직원이 아닌 친구 甲이 함께한 경우
다. 甲이 乙을 사주하여 법정에서 위증하게 한 경우
라. 공무원이 아닌 甲이 공무원인 남편 乙과 함께 뇌물을 수수한 경우

① 가 ② 가, 나 ③ 가, 나, 다
④ 가, 나, 다, 라 ⑤ 나, 다, 라

[가 ▸ O] 처(妻)가 실자(實子)와 더불어 그 남편을 살해할 것을 공모하고 자(子)로 하여금 남편을 자빠뜨리고 양수로 두부를 강압하게 한 후 남편의 생식기 부분을 잡아당겨서 질식사에 이르게 한 경우 그 처(妻)와 실자(實子)를 존속살인범행의 공동정범으로 인정한 것은 정당하다(대판 1961.8.2. 4294형상284).

[나 ▸ O] 업무자라는 신분관계가 없는 자가 그러한 신분관계에 있는 자와 공모하여 위 상호신용금고법 위반죄를 저질렀다면, 그러한 신분관계가 없는 자에 대하여는 형법 제33조 단서에 의하여 형법 제355조 제2항에 따라 처단하여야 할 것인 바, 그러한 경우에는 신분관계가 없는 자에게도 일단 업무상 배임으로 인한 상호신용금고법 제39조 제1항 제2호 위반죄가 성립한 다음 형법 제33조 단서에 의하여 중한 형이 아닌 형법 제355조 제2항에 정한 형으로 처벌되는 것이다(대판 1997.12.26. 97도2609). 따라서 이와 같은 판례의 취지를 고려하면, 甲에게는 형법 제33조 본문에 의한 업무상 배임죄가 성립한다.

[다 ▸ O] 법률에 의하여 선서한 증인이 타인의 형사사건에 관하여 위증을 하면 형법 제152조 제1항의 위증죄가 성립되므로 자기의 형사사건에 관하여 타인을 교사하여 위증죄를 범하게 하는 것은 이러한 방어권을 남용하는 것이라고 할 것이어서 교사범의 죄책을 부담케 함이 상당하다(대판 2004.1.27. 2003도5114).

[라 ▸ O] 공무원이 아닌 사람(이하 '비공무원')이 공무원과 공동가공의 의사와 이를 기초로 한 기능적 행위지배를 통하여 공무원의 직무에 관하여 뇌물을 수수하는 범죄를 실행하였다면 공무원이 직접 뇌물을 받은 것과 동일하게 평가할 수 있으므로 공무원과 비공무원에게 형법 제129조 제1항에서 정한 뇌물수수죄의 공동정범이 성립한다(대판 2019.8.29. 2018도2738[전합]). 따라서 이와 같은 판례의 취지를 고려하면, 甲과 乙에게는 형법 제30조, 제33조 본문에 의한 뇌물수수죄의 공동정범이 성립한다.

정답 ④

CHAPTER 09

죄수론

형 법

각 문항별로 이해도를 체크해 보세요.

최근 5년간 회별 평균 0.8문

제1절 일 죄 ★☆

2020년 변호사시험 문 15. 확인 Check! ○ △ ×

불가벌적 사후행위에 관한 설명 중 옳지 않은 것은?(다툼이 있는 경우 판례에 의함)

① 재산범죄를 저지른 이후에 별도의 재산범죄의 구성요건에 해당하는 사후행위가 있었다면 비록 그 행위가 불가벌적 사후행위로서 처벌의 대상이 되지 않는다 할지라도 그 사후행위로 인하여 취득한 물건은 재산범죄로 인하여 취득한 물건으로서 장물이 될 수 있다.

② 타인의 부동산을 보관 중인 자가 그 부동산에 근저당권설정등기를 마침으로써 횡령행위가 기수에 이른 후 해당 부동산을 매각함으로써 기존의 근저당권과 관계없이 법익 침해의 결과를 발생시켰다면, 특별한 사정이 없는 한 불가벌적 사후행위가 아니라 별도의 횡령죄가 성립한다.

③ 부동산에 피해자 명의의 근저당권을 설정하여 줄 의사가 없음에도 피해자를 속이고 근저당권 설정을 약정하여 금원을 편취하고 그 약정이 사기 등을 이유로 취소되지 않은 상황에서 다시 그 부동산에 관하여 제3자 명의로 근저당권설정등기를 마친 경우, 사기죄 이외에 별도의 배임죄가 성립한다.

④ 평소 본범과 공동하여 수차 상습으로 절도 등 범행을 함으로써 실질적인 범죄집단을 이루고 있었던 甲이 본범으로부터 장물을 취득하였다면, 본범이 범한 당해 절도범행에 있어서 정범자(공동정범이나 합동범)가 되지 아니하더라도 甲의 장물취득행위는 불가벌적 사후행위에 해당한다.

⑤ 자동차를 절취한 후 자동차등록번호판을 떼어 내는 자동차관리법 위반행위는 절도범행의 불가벌적 사후행위에 해당하지 않는다.

[❶ ▸ ○] 형법 제41장의 장물에 관한 죄에 있어서의 '장물'이라 함은 재산범죄로 인하여 취득한 물건 그 자체를 말하므로, 재산범죄를 저지른 이후에 별도의 재산범죄의 구성요건에 해당하는 사후행위가 있었다면 비록 그 행위가 불가벌적 사후행위로서 처벌의 대상이 되지 않는다 할지라도 그 사후행위로 인하여 취득한 물건은 재산범죄로 인하여 취득한 물건으로서 장물이 될 수 있다(대판 2004.4.16. 2004도353).

[❷ ▸ ○] 타인의 부동산을 보관 중인 자가 불법영득의사를 가지고 그 부동산에 근저당권설정등기를 경료함으로써 일단 횡령행위가 기수에 이르렀다 하더라도 그 후 같은 부동산에 별개의 근저당권을 설정하여 새로운 법익 침해의 위험을 추가함으로써 법익 침해의 위험을 증가시키거나 해당 부동산을 매각함으로써 기존의 근저당권과 관계없이 법익 침해의 결과를 발생시켰다면, 특별한 사정이 없는 한 불가벌적 사후행위로 볼 수 없고, 별도로 횡령죄를 구성한다 할 것이다(대판 2013.2.21. 2010도10500[전합]).

[❸ ▸ ○] 부동산에 피해자 명의의 근저당권을 설정하여 줄 의사가 없음에도 피해자를 속이고 근저당권 설정을 약정하여 금원을 편취한 경우라 할지라도, 이러한 약정은 사기 등을 이유로 취소되지 않는 한 여전히 유효하여 피해자 명의의 근저당권설정등기를 하여 줄 임무가 발생하는 것이고, 그럼에도 불구하고 임무에 위배하여 그 부동산에 관하여 제3자 명의로 근저당권설정등기를 마친 경우, 이러한 배임행위는 금원을 편취한 사기죄와는 전혀 다른 새로운 보호법익을 침해하는 행위로서 사기범행의 불가벌적 사후행위가 되는 것이 아니라 별죄를 구성한다(대판 2008.3.27. 2007도9328).

④ 정답

[❹ ▸ ×] 평소 본범과 공동하여 수차 상습으로 절도등 범행을 자행함으로써 실질적인 범죄집단을 이루고 있었다 하더라도, 당해 범죄행위의 정범자(공동정범이나 합동범)로 되지 아니한 이상 이를 자기의 범죄라고 할 수 없고 따라서 그 장물의 취득을 불가벌적 사후행위라고 할 수 없다(대판 1986.9.9. 86도1273).

[❺ ▸ ○] 자동차를 절취한 후 자동차등록번호판을 떼어 내는 행위는 새로운 법익의 침해로 보아야 하므로 위와 같은 번호판을 떼어 내는 행위가 절도범행의 불가벌적 사후행위가 되는 것은 아니다(대판 2007.9.6. 2007도4739).

2014년 변호사시험 문 19. ☑ 확인 Check! ○ △ ×

인터넷 파일공유 사이트를 운영하는 甲은 사이트를 통해 저작재산권 대상인 디지털 콘텐츠가 불법 유통되고 있음을 알면서도 저작재산권의 침해를 방지할 조치를 취하지 않고 회원들로 하여금 불법디지털콘텐츠를 업로드하게 한 후 이를 다운로드하게 하면서 일부이익을 취득하였다 . 甲의 죄책과 관련된 죄수설명 중 옳지 않은 것을 모두 고른 것은?(다툼이 있는 경우에는 판례에 의함)

ㄱ. 저작재산권 침해행위는 각각의 저작물에 대한 침해행위가 있더라도 저작권자가 같다면 별개의 죄를 구성하지 않는다.
ㄴ. 동일 죄명에 해당하는 수개의 행위 또는 연속된 행위는 범의가 단일하지 않아도 포괄일죄로 처단된다.
ㄷ. 상습범을 별도로 처벌하는 규정이 없다면 수회에 걸쳐 죄를 범한 것인 이상 상습성의 발현에 따른 것이라도 원칙적으로 경합범으로 보아야 한다.
ㄹ. 상습성을 이유로 포괄일죄가 되는 범행의 중간에 동종의 상습범에 대한 확정판결이 있을 때에도 포괄일죄는 확정판결 전후의 죄로 분리되지 않는다.

① ㄱ ② ㄴ, ㄷ ③ ㄷ, ㄹ
④ ㄱ, ㄴ, ㄹ ⑤ ㄱ, ㄴ, ㄷ, ㄹ

[ㄱ ▸ ×] [ㄷ ▸ ○] [1] 상습범이란 어느 기본적 구성요건에 해당하는 행위를 한 자가 범죄행위를 반복하여 저지르는 습벽, 즉 상습성이라는 행위자적 속성을 갖추었다고 인정되는 경우에 이를 가중처벌사유로 삼고 있는 범죄유형을 가리키므로, 상습성이 있는 자가 같은 종류의 죄를 반복하여 저질렀다 하더라도 상습범을 별도의 범죄유형으로 처벌하는 규정이 없는 한 각 죄는 원칙적으로 별개의 범죄로서 경합범으로 처단할 것이다.
[2] 저작재산권 침해행위는 저작권자가 같더라도 저작물별로 침해되는 법익이 다르므로, 각각의 저작물에 대한 침해행위는 원칙적으로 각 별개의 죄를 구성한다. 다만, 단일하고도 계속된 범의 아래 동일한 저작물에 대한 침해행위가 일정 기간 반복하여 행하여진 경우에는 포괄하여 하나의 범죄가 성립한다고 볼 수 있다(대판 2012.5.10. 2011도12131).

[ㄴ ▸ ×] 동일 죄명에 해당하는 수개의 행위를 단일하고 계속된 범의 아래 일정 기간 계속하여 행하고 그 피해법익도 동일한 경우에는 이들 각 행위를 통틀어 포괄일죄로 처단하여야 할 것이다(대판 2010.11.25. 2010도1588).

[ㄹ ▸ ×] 공소제기된 범죄사실과 추가로 발견된 범죄사실 사이에 그것들과 동일한 습벽에 의하여 저질러진 또 다른 범죄사실에 대한 유죄의 확정판결이 있는 경우에는 전후 범죄사실의 일죄성은 그에 의하여 분단되어 공소제기된 범죄사실과 판결이 확정된 범죄사실만이 포괄하여 하나의 상습범을 구성하고, 추가로 발견된 확정판결 후의 범죄사실은 그것과 경합범관계에 있는 별개의 상습범이 되므로, 검사는 공소장변경절차에 의하여 이를 공소사실로 추가할 수는 없고 어디까지나 별개의 독립된 범죄로 공소를 제기하여야 한다(대판 2000.3.10. 99도2744).

정답 ④

2012년 변호사시험 문 3. ☑ 확인 Check! ○ △ ×

甲의 ⓑ행위가 ⓐ행위와 결합하여 실체법상 일죄로 평가받는 관계에 있거나, ⓐ행위에 대한 불가벌적 사후행위로 평가받는 사례를 모두 모아 놓은 것은?(다툼이 있는 경우에는 판례에 의함)

가. ⓐ 전과가 있던 甲은 친구 乙인 것처럼 가장하여 A회사에 취직하기 위하여 허락 없이 임의로 친구 乙 명의의 이력서를 작성하였다.
　ⓑ 甲은 위 乙 명의의 이력서에 날인하기 위하여 허락 없이 임의로 乙 명의의 인장을 만들어 乙 이름 뒤에 날인하였다.

나. ⓐ 甲은 乙을 살해하였다.
　ⓑ 甲은 乙의 시체를 바다에 투기하였다.

다. ⓐ 甲은 乙의 지갑을 훔쳐 달아나던 중 이웃주민 丙, 丁에게 추격을 당하게 되었다. 이에 甲은 체포를 면탈할 목적으로 가지고 있던 주머니칼로 丙의 팔에 전치 3주의 상해를 입혔다.
　ⓑ 甲은 계속하여 추격해 온 丁에게 위 칼을 내밀며 "쫓아오면 칼로 찔러 죽인다"라고 소리쳐 협박하였다.

라. ⓐ 乙은 丙으로부터 토지를 매수하면서 甲과 명의신탁약정을 하여 甲이 丙으로부터 곧장 토지의 소유권이전등기를 경료받도록 하였다. 甲은 위 토지를 보관하고 있던 중 토지의 일부가 수용되자 그 대가로 받은 토지수용보상금을 임의로 소비하였다.
　ⓑ 이후 甲은 乙로부터 나머지 토지 전체의 소유권이전등기를 乙 명의로 경료해 줄 것을 요청받았으나 甲은 이를 거부하였다.

① 가, 다　　② 가, 다, 라　　③ 나, 라
④ 나, 다, 라　　⑤ 다, 라

[가 ▸ ○] 사문서위조죄와 인장위조죄는 흡수관계에 있으므로, ⓐ의 행위로 인한 사문서위조죄가 성립하면 ⓑ의 행위로 인한 인장위조죄는 별도로 성립하지 아니한다.

[나 ▸ ×] 판례에 의하면, ⓐ의 살인죄와 ⓑ의 사체유기죄는 실체적 경합에 해당한다.

[다 ▸ ○] 절도범이 체포를 면탈할 목적으로 체포하려는 여러 명의 피해자에게 같은 기회에 폭행을 가하여 그중 1인에게만 상해를 가하였다면 이러한 행위는 포괄하여 하나의 강도상해죄만 성립한다(대판 2001.8.21. 2001도3447). 따라서 ⓑ의 행위는 별죄를 구성하지 아니하고, ⓐ의 행위에 포괄되어 하나의 강도상해죄만 성립한다.

[라 ▸ ×] 명의수탁자가 신탁받은 부동산의 일부에 대한 토지수용보상금 중 일부를 소비하고, 이어 수용되지 않은 나머지 부동산 전체에 대한 반환을 거부한 경우, 부동산의 일부에 관하여 수령한 수용보상금 중 일부를 소비하였다고 하여 객관적으로 부동산 전체에 대한 불법영득의 의사를 외부에 발현시키는 행위가 있었다고 볼 수는 없으므로, 그 금원 횡령죄가 성립된 이후에 수용되지 않은 나머지 부동산 전체에 대한 반환을 거부한 것은 새로운 법익의 침해가 있는 것으로서 별개의 횡령죄가 성립하는 것이지 불가벌적 사후행위라 할 수 없다(대판 2001.11.27. 2000도3463). 따라서 ⓐ의 행위로 인하여 성립한 횡령죄와는 별도로 ⓑ의 행위로 인하여 또 다른 횡령죄가 성립하고, 양 죄는 실체적 경합관계에 있다.

① 정답

제2절 수 죄 ★★★

2020년 변호사시험 문 11. ☑ 확인Check! ○ △ ×

죄수에 관한 설명 중 옳지 않은 것은?(다툼이 있는 경우 판례에 의함)

① 공무원이 취급하는 사건에 관하여 청탁 또는 알선을 할 의사와 능력이 없음에도 청탁 또는 알선을 한다고 기망하고 금품을 교부받은 경우에는 사기죄와 변호사법 위반죄가 성립하고 두 죄는 실체적 경합관계에 있다.
② 본인에 대한 배임행위가 본인 이외의 제3자에 대한 사기죄를 구성한다 하더라도 그로 인하여 본인에게 손해가 생긴 때에는 사기죄와 함께 배임죄가 성립하고 두 죄는 실체적 경합관계에 있다.
③ 강도가 한 개의 강도범행을 하는 기회에 수명의 피해자에게 각 폭행을 가하여 각 상해를 입힌 경우에는 각 피해자별로 수개의 강도상해죄가 성립하며 이들은 실체적 경합관계에 있다.
④ 상습성이 있는 자가 같은 종류의 죄를 반복하여 저질렀다 하더라도 상습범을 별도의 범죄유형으로 처벌하는 규정이 없는 한 각 죄는 원칙적으로 실체적 경합범으로 처단된다.
⑤ 공무원이 직무관련자에게 제3자와 계약을 체결하도록 요구하여 계약 체결을 하게 한 행위가 제3자뇌물수수죄와 직권남용권리행사방해죄의 구성요건에 모두 해당하는 경우에는 제3자뇌물수수죄와 직권남용권리행사방해죄가 각각 성립하고 두 죄는 상상적 경합관계에 있다.

[❶ ▸ ×] 공무원이 취급하는 사건에 관하여 청탁 또는 알선을 할 의사와 능력이 없음에도 청탁 또는 알선을 한다고 기망하고 금품을 교부받은 경우, 사기죄와 변호사법 위반죄가 상상적 경합의 관계에 있다(대판 2006.1.27. 2005도8704).

[❷ ▸ ○] [1] 본인에 대한 배임행위가 본인 이외의 제3자에 대한 사기죄를 구성한다 하더라도 그로 인하여 본인에게 손해가 생긴 때에는 사기죄와 함께 배임죄가 성립한다.
[2] 건물관리인이 건물주로부터 월세임대차계약 체결업무를 위임받고도 임차인들을 속여 전세임대차계약을 체결하고 그 보증금을 편취한 경우, 사기죄와 별도로 업무상 배임죄가 성립하고 두 죄가 실체적 경합범의 관계에 있다(대판 2010.11.11. 2010도10690).

[❸ ▸ ○] 강도가 한 개의 강도범행을 하는 기회에 수명의 피해자에게 각 폭행을 가하여 각 상해를 입힌 경우에는 각 피해자별로 수개의 강도상해죄가 성립하며 이들은 실체적 경합범의 관계에 있다(대판 1987.5.26. 87도527).

[❹ ▸ ○] 상습범이란 어느 기본적 구성요건에 해당하는 행위를 한 자가 범죄행위를 반복하여 저지르는 습벽, 즉 상습성이라는 행위자적 속성을 갖추었다고 인정되는 경우에 이를 가중처벌사유로 삼고 있는 범죄유형을 가리키므로, 상습성이 있는 자가 같은 종류의 죄를 반복하여 저질렀다 하더라도 상습범을 별도의 범죄유형으로 처벌하는 규정이 없는 한 각 죄는 원칙적으로 별개의 범죄로서 경합범으로 처단할 것이다(대판 2012.5.10. 2011도12131).

[❺ ▸ ○] 공무원이 직무관련자에게 제3자와 계약을 체결하도록 요구하여 계약 체결을 하게 한 행위가 제3자뇌물수수죄의 구성요건과 직권남용권리행사방해죄의 구성요건에 모두 해당하는 경우에는, 제3자뇌물수수죄와 직권남용권리행사방해죄가 각각 성립하되, 이는 사회관념상 하나의 행위가 수개의 죄에 해당하는 경우이므로 두 죄는 형법 제40조의 상상적 경합관계에 있다(대판 2017.3.15. 2016도19659).

정답 ①

2017년 변호사시험 문 40. ☑ 확인Check! ○ △ ×

형법 제37조 후단의 사후적 경합범에 관한 설명 중 옳지 않은 것은?(다툼이 있는 경우 판례에 의함)

① 2004.1.20. 법률 제7077호로 공포·시행된 형법 개정법률에서는 형법 제37조 후단의 '판결이 확정된 죄'를 '금고 이상의 형에 처한 판결이 확정된 죄'로 개정하면서 특별한 경과규정을 두지 않았다. 그러나 피고인에게 불리하게 되는 등의 특별한 사정이 없는 한 위 개정법률 시행 당시 법원에 계속 중인 사건 중 위 개정법률 시행 전에 벌금형에 처한 판결이 확정된 경우에도 개정법률이 적용되는 것으로 보아야 한다.

② 경합범 중 판결을 받지 아니한 죄가 있는 때에는 그 죄와 판결이 확정된 죄를 동시에 판결할 경우와 형평을 고려하여 그 죄에 대하여 형을 선고한다. 이 경우 그 형을 감경 또는 면제할 수 있다.

③ '판결이 확정된 죄'라 함은 수개의 독립된 죄 중의 어느 죄에 대하여 확정판결이 있었던 사실 그 자체를 의미하나, 일반사면으로 형의 선고의 효력이 상실된 경우에는 '판결이 확정된 죄'에 해당하지 않는다.

④ 피고인이 경합범관계에 있는 A, B, C, D의 죄를 순차적으로 범하였는데 B와 C 범죄의 중간시점에 금고 이상의 형에 처한 판결이 확정된 경우, 판결주문은 "피고인을 판시 제1죄(A, B)에 대하여 징역 1년에, 판시 제2죄(C, D)에 대하여 징역 2년에 각 처한다"라는 형식으로 기재된다.

⑤ 위 ④의 경우 피고인만 판시 제1죄에 대하여만 무죄를 주장하며 항소를 하였다면, 판시 제2죄 부분은 항소기간이 지남으로써 확정된다.

[❶ ▸ ○] 2004.1.20. 법률 제7077호로 공포·시행된 형법 중 개정법률에 의해 형법 제37조 후단의 '판결이 확정된 죄'가 '금고 이상의 형에 처한 판결이 확정된 죄'로 개정되었는바, 위 개정법률은 특별한 경과규정을 두고 있지 않으나, 형법 제37조는 경합범의 처벌에 관하여 형을 가중하는 규정으로서 일반적으로는 두 개의 형을 선고하는 것보다는 하나의 형을 선고하는 것이 피고인에게 유리하므로 위 개정법률을 적용하는 것이 오히려 피고인에게 불리하게 되는 등의 특별한 사정이 없는 한 형법 제1조 제2항을 유추적용하여 위 개정법률 시행 당시 법원에 계속 중인 사건 중 위 개정법률 시행 전에 벌금형 및 그보다 가벼운 형에 처한 판결이 확정된 경우에도 적용되는 것으로 보아야 할 것이다(대판 2004.6.25. 2003도7124).

[❷ ▸ ○] 경합범 중 판결을 받지 아니한 죄가 있는 때에는 그 죄와 판결이 확정된 죄를 동시에 판결할 경우와 형평을 고려하여 그 죄에 대하여 형을 선고한다. 이 경우 그 형을 감경 또는 면제할 수 있다(형법 제39조 제1항).

[❸ ▸ ×] 형법 제37조 후단의 경합범에 있어서 '판결이 확정된 죄'라 함은 수개의 독립된 죄 중의 어느 죄에 대하여 확정판결이 있었던 사실 자체를 의미하고 일반사면으로 형의 선고의 효력이 상실된 여부는 묻지 않는다(대판 1996.3.8. 95도2114).

[❹ ▸ ○] [❺ ▸ ○] B와 C 범죄의 중간시점에 금고 이상의 형에 처한 판결이 확정된 경우, 금고 이상의 형에 처한 판결이 확정된 범죄와 A, B 범죄만이 사후적 경합범(형법 제37조 후단)이 성립하고, 제1죄와 제2죄는 경합범이 되지 아니하므로 법원은 별도의 형을 선고하여야 한다. 한편, 피고인만 판시 제1죄에 대하여만 무죄를 주장하며 항소를 하였다면, 제1죄 부분은 확정되지 아니한 채 항소심으로 이심되어 항소심의 심판대상이 되고, 항소하지 아니한 제2죄 부분은 항소기간이 지남으로써 확정된다.

③ 정답

2017년 변호사시험 문 27.

확인 Check! ○ △ ×

甲은 A가 운영하는 식당에 들어가 금품을 절취하기로 마음먹고 야간에 A의 식당 창문과 방충망을 그대로 창틀에서 분리만 한 후 식당 안으로 들어갔으나 곧바로 방범시스템이 작동하여 그 경보소리를 듣고 달려온 A와 근처를 순찰 중이던 경찰관 B에게 발각되자 체포를 면탈할 목적으로 A와 B를 폭행하고 도주하였다. 이러한 상황은 식당에 설치된 CCTV에 모두 녹화되었다. 甲은 공소제기되어 제1심법원에서 재판 진행 중이다. 이에 관한 설명 중 옳지 않은 것을 모두 고른 것은?(다툼이 있는 경우 판례에 의함)

ㄱ. 甲은 A에 대하여 준강도미수죄, B에 대하여 준강도미수죄와 공무집행방해죄가 성립하고, 각 죄는 실체적 경합관계에 있다.

ㄴ. 만일 甲이 위와 같은 방법으로 식당 안에 침입하여 현금을 절취한 후 발각되지 않고 도주하였다면, 甲은 형법 제331조 제1항(야간손괴침입절도)의 특수절도죄의 죄책을 진다.

ㄷ. 만일 상습으로 단순절도를 범했던 甲이 오후 3시에 A의 식당에 들어가 현금을 절취한 후 발각되지 않고 도주하였다면, 甲에게는 상습절도죄와 별개로 주거침입죄가 성립한다.

ㄹ. 검사가 위 CCTV 녹화기록을 증거로 제출하였는데, 제1심법원이 공판기일에 CCTV에 대한 검증을 행한 경우, 그 검증 결과가 바로 증거가 되는 것이고 그 검증의 결과를 기재한 검증조서가 서증으로서 증거가 되는 것은 아니다.

ㅁ. 위 사건에 대한 제1심법원의 판결에 대하여 검사만이 양형부당을 이유로 항소한 경우, 피고인 甲은 항소심판결에 대하여 사실오인, 채증법칙 위반, 심리미진 또는 법령 위반 등의 사유를 들어 상고이유로 삼을 수 없다.

① ㄱ, ㄴ ② ㄴ, ㄷ ③ ㄱ, ㄴ, ㄹ
④ ㄱ, ㄷ, ㅁ ⑤ ㄷ, ㄹ, ㅁ

[ㄱ ▸ ×] 절도가 체포를 면탈할 목적으로 추격하여 온 수인에 대하여 같은 기회에 동시 또는 이시에 폭행 또는 협박을 하였다 하더라도 준강도의 포괄일죄가 성립한다(대판 1966.12.6. 66도1392). 절도범인이 체포를 면탈할 목적으로 경찰관에게 폭행·협박을 가한 때에는 준강도죄와 공무집행방해죄를 구성하고 양 죄는 상상적 경합관계에 있으나, 강도범인이 체포를 면탈할 목적으로 경찰관에게 폭행을 가한 때에는 강도죄와 공무집행방해죄는 실체적 경합관계에 있고 상상적 경합관계에 있는 것이 아니다(대판 1992.7.28. 92도917). 따라서 이와 같은 판례의 취지를 고려하면, 甲의 A와 B에 대한 각 준강도미수죄는 포괄일죄에 해당하고, B에 대한 준강도미수죄와 공무집행방해죄는 상상적 경합관계에 있다.

[ㄴ ▸ ×] 피고인이 야간에 피해자들이 운영하는 식당의 창문과 방충망을 손괴하고 침입하여 현금을 절취하였다는 내용으로 형법 제331조 제1항의 특수절도로 기소된 경우, 피고인은 창문과 방충망을 창틀에서 분리하였을 뿐 물리적으로 훼손하여 효용을 상실하게 한 것은 아니므로, 무죄이다(대판 2015.10.29. 2015도7559). 따라서 이와 같은 판례의 취지를 고려하면, 甲에게는 형법 제331조 제1항의 특수절도가 성립하지 아니한다.

[ㄷ ▸ O] 상습으로 단순절도를 범한 범인이 상습적인 절도범행의 수단으로 주간(낮)에 주거 침입을 한 경우에 그 주간 주거침입행위의 위법성에 대한 평가가 형법 제332조, 제329조의 구성요건적 평가에 포함되어 있다고 볼 수 없다. 그러므로 형법 제332조에 규정된 상습절도죄를 범한 범인이 그 범행의 수단으로 주간에 주거 침입을 한 경우 그 주간 주거침입행위는 상습절도죄와 별개로 주거침입죄를 구성한다. 또 형법 제332조에 규정된 상습절도죄를 범한 범인이 그 범행 외에 상습적인 절도의 목적으로 주간에 주거 침입을 하였다가 절도에 이르지 아니하고 주거 침입에 그친 경우에도 그 주간 주거침입행위는 상습절도죄와 별개로 주거침입죄를 구성한다(대판 2015.10.15. 2015도8169).

[ㄹ ▸ O] 수소법원이 공판기일에 검증을 행한 경우에는 그 검증 결과, 즉 법원이 오관의 작용에 의하여 판단한 결과가 바로 증거가 되고, 그 검증의 결과를 기재한 검증조서가 서증으로서 증거가 되는 것은 아니다(대판 2009.11.12. 2009도8949).

정답 ①

[ㅁ ▸ O] 원심판결에 심리미진이나 채증법칙 위반으로 인한 사실오인의 위법이 있다는 주장은, 제1심판결에 대하여 검사만이 양형부당을 이유로 항소한 이 사건에서 원심이 심판대상으로 삼지 아니한 사항에 관하여 피고인이 상고심에 이르러서 비로소 상고이유로 내세우는 것에 불과하므로 적법한 상고이유가 될 수 없다(대판 2013.4.11, 2013도1079).

2015년 변호사시험 문 13. ☑ 확인Check! ○ △ ×

경합범에 관한 설명 중 옳은 것을 모두 고른 것은?(다툼이 있는 경우 판례에 의함)

ㄱ. 포괄일죄의 중간에 다른 종류의 범죄에 대하여 금고 이상의 형에 처한 확정판결이 끼어 있는 경우 그 포괄일죄는 확정판결 후의 범죄로 다루어야 하므로 사후적 경합범이 되지 않는다.

ㄴ. 피고인이 A, B, C죄를 순차적으로 범하고 이 중 A죄에 대하여 벌금형에 처한 판결이 확정된 후, 그 판결 확정 전에 범한 B죄와 판결 확정 후에 범한 C죄가 기소된 경우 법원은 B죄와 C죄를 동시적 경합범으로 처벌할 수 없다.

ㄷ. 형법 제37조 후단 경합범의 선고형은 그 죄에 선고될 형과 판결이 확정된 죄의 선고형의 총합이 두 죄에 대하여 형법 제38조를 적용하여 산출한 처단형의 범위에서 정하여야 한다.

ㄹ. 금고 이상의 형에 처한 확정판결 전에 범한 A죄와 그 확정판결 후에 범한 B죄에 대하여는 별개의 주문으로 형을 선고해야 한다.

① ㄱ, ㄴ ② ㄱ, ㄹ ③ ㄴ, ㄷ
④ ㄱ, ㄷ, ㄹ ⑤ ㄴ, ㄷ, ㄹ

[ㄱ ▸ O] 포괄일죄는 그 중간에 다른 종류의 범죄에 대한 확정판결이 끼어 있어도 그 때문에 포괄일죄가 둘로 나뉘는 것은 아니고, 또 이 경우에는 그 확정판결 후의 범죄로 다루어야 한다(대판 2001.3.13, 2000도4880).

[ㄴ ▸ ×] 형법 제37조 후단의 사후적 경합범이 성립하기 위해서는, 금고 이상의 형에 처한 판결이 확정된 죄와 그 판결 확정 전에 범한 죄의 요건을 갖추어야 하는데, 지문의 경우에는 A죄에 대하여 벌금형에 처한 판결이 확정되었으므로, A, B, C죄는 사후적 경합범이 성립하지 아니하고, 다만 판결이 확정되지 아니한 B, C죄는 동시적 경합범이 성립될 뿐이다.

[ㄷ ▸ ×] 형법 제37조의 후단 경합범에 대하여 심판하는 법원은 판결이 확정된 죄와 후단 경합범의 죄를 동시에 판결할 경우와 형평을 고려하여 후단 경합범의 처단형의 범위 내에서 후단 경합범의 선고형을 정할 수 있는 것이고, 그 죄와 판결이 확정된 죄에 대한 선고형의 총합이 두 죄에 대하여 형법 제38조를 적용하여 산출한 처단형의 범위 내에 속하도록 후단 경합범에 대한 형을 정하여야 하는 제한을 받는 것은 아니며, 후단 경합범에 대한 형을 감경 또는 면제할 것인지는 원칙적으로 그 죄에 대하여 심판하는 법원이 재량에 따라 판단할 수 있다(대판 2008.9.11, 2006도8376).

[ㄹ ▸ O] 확정판결 전에 저지른 범죄와 그 판결 후에 저지른 범죄는 서로 겹쳐 있으나 본조의 경합범관계에 있는 것은 아니므로 두 개의 주문으로 각각 따로 처벌한 조치는 정당하다(대판 1970.12.22, 70도2271).

② 정답

2012년 변호사시험 문 31. ☑ 확인Check! ○ △ ×

상상적 경합범에 관한 설명 중 옳지 않은 것은?(다툼이 있는 경우에는 판례에 의함)

① 작위범인 허위공문서작성죄와 부작위범인 직무유기죄가 상상적 경합관계에 있는 경우, 작위범인 허위공문서작성죄로 기소하지 않고 부작위범인 직무유기죄로만 기소할 수 있다.

② 공소제기의 효력은 상상적 경합관계에 있는 죄의 전부에 미치고, 상상적 경합관계에 있는 죄들 중 일부의 죄에 대하여 형을 선고한 판결이 확정되면 기판력은 다른 죄에도 미친다.

③ 상상적 경합관계에 있는 죄들 중 일부에 대해 무죄가 선고되어 검사만 상고한 경우, 무죄 부분의 유·무죄 여하에 따라 처단할 죄목과 양형이 다르므로 상고심은 유죄 부분도 함께 심판대상으로 하여야 한다.

④ 상상적 경합관계에 있는 죄들 중 일부의 죄에 대해 공소시효가 완성되었다고 하여 그 죄와 상상적 경합관계에 있는 다른 죄의 공소시효까지 완성되는 것은 아니다.

⑤ 상상적 경합관계에 있는 수죄에 대하여 모두 무죄가 선고되었고, 검사가 그 전부에 대하여 상고하였으나 그중 일부에 대하여는 상고이유로 삼지 않았다고 하더라도 상고심에 전부 이심되며 상고심으로서는 그 무죄 부분까지 나아가 판단하여야 한다.

[❶ ▸ ○] 하나의 행위가 부작위범인 직무유기죄와 작위범인 허위공문서작성·행사죄의 구성요건을 동시에 충족하는 경우, 공소제기권자는 재량에 의하여 작위범인 허위공문서작성·행사죄로 공소를 제기하지 않고 부작위범인 직무유기죄로만 공소를 제기할 수 있다(대판 2008.2.14. 2005도4202).

[❷ ▸ ○] 형법 제40조 소정의 상상적 경합관계의 경우에는 그중 1죄에 대한 확정판결의 기판력은 다른 죄에 대하여도 미치는 것이고, 여기서 1개의 행위라 함은 법적 평가를 떠나 사회관념상 행위가 사물자연의 상태로서 1개로 평가되는 것을 의미한다(대판 2007.2.23. 2005도10233).

[❸ ▸ ○] 상상적 경합관계에 있는 두 죄에 대하여 한 죄는 무죄, 한 죄는 유죄가 선고되어 검사만이 무죄 부분에 대하여 상고하였다 하여도 유죄 부분도 상고심의 심판대상이 되는 것이고, 공소사실 중 일부에 대하여는 유죄를, 실체적 경합관계에 있는 일부에 대하여는 무죄를 각 선고하고, 그 유죄 부분과 상상적 경합관계에 있는 다른 일부에 대하여는 무죄임을 판시하면서 주문에 별도의 선고를 하지 않은 항소심판결에 대하여, 검사가 무죄 부분 전체에 대하여 상고를 한 경우 그 유죄 부분은 형식상 검사 및 피고인 어느 쪽도 상고한 것 같아 보이지 않지만 그 부분과 상상적 경합관계에 있는 무죄 부분에 대하여 검사가 상고함으로써 그 유죄 부분은 그 무죄 부분의 유·무죄 여하에 따라서 처단될 죄목과 양형을 좌우하게 되므로, 결국 그 유죄 부분도 함께 상고심의 판단대상이 된다(대판 2007.6.1. 2005도7523).

[❹ ▸ ○] 1개의 행위가 여러 개의 죄에 해당하는 경우 형법 제40조는 이를 과형상 일죄로 처벌한다는 것에 지나지 아니하고, 공소시효를 적용함에 있어서는 각 죄마다 따로 따져야 할 것인 바, 공무원이 취급하는 사건에 관하여 청탁 또는 알선을 할 의사와 능력이 없음에도 청탁 또는 알선을 한다고 기망하여 금품을 교부받은 경우에 성립하는 사기죄와 변호사법 위반죄는 상상적 경합의 관계에 있으므로, 변호사법 위반죄의 공소시효가 완성되었다고 하여 그 죄와 상상적 경합관계에 있는 사기죄의 공소시효까지 완성되는 것은 아니다(대판 2006.12.8. 2006도6356).

[❺ ▸ ×] 환송 전 원심에서 상상적 경합관계에 있는 수죄에 대하여 모두 무죄가 선고되었고, 이에 검사가 무죄 부분 전부에 대하여 상고하였으나 그중 일부 무죄 부분(A)에 대하여는 이를 상고이유로 삼지 않은 경우, 비록 상고이유로 삼지 아니한 무죄 부분(A)도 상고심에 이심되지만 그 부분은 이미 당사자 간의 공격방어의 대상으로부터 벗어나 사실상 심판대상에서 이탈하게 되므로, 상고심으로서도 그 무죄 부분에까지 나아가 판단할 수 없다. 따라서 상고심으로부터 다른 무죄 부분(B)에 대한 원심판결이 잘못되었다는 이유로 사건을 파기환송받은 원심은 그 무죄 부분(A)에 대하여 다시 심리·판단하여 유죄를 선고할 수 없다(대판 2008.12.11. 2008도8922).

정답 ⑤

2012년 변호사시험 문 5. ☑ 확인Check! ○ △ ×

죄수관계에 관한 설명 중 옳은 것을 모두 고른 것은?(다툼이 있는 경우에는 판례에 의함)

가. 위조통화를 행사하여 상대방으로부터 재물을 편취한 경우, 위조통화행사죄와 사기죄는 실체적 경합관계에 있다.
나. 차의 운전자가 음주의 영향으로 정상적인 운전이 곤란한 상태에서의 운전 중 교통사고로 사람에게 상해를 입게 하여 특정범죄 가중처벌 등에 관한 법률 위반(위험운전치사상)죄와 도로교통법 위반(음주운전)죄가 성립한 경우, 양 죄는 실체적 경합관계에 있다.
다. 타인의 사무를 처리하는 자가 본인을 기망하여 재물을 교부받은 경우, 사기죄만 성립한다.
라. 국립병원 의사가 허위의 진단서를 작성한 경우, 허위진단서작성죄와 허위공문서작성죄의 상상적 경합에 해당한다.
마. 공무원이 직무집행을 빙자하여 타인의 재물을 갈취한 경우, 공갈죄만 성립한다.

① 가, 나, 마 ② 가, 다, 마 ③ 나, 다, 라
④ 나, 라, 마 ⑤ 다, 라, 마

[가 ▸ ○] 통화위조죄에 관한 규정은 공공의 거래상의 신용 및 안전을 보호하는 공공적인 법익을 보호함을 목적으로 하고 있고, 사기죄는 개인의 재산법익에 대한 죄이어서 양 죄는 그 보호법익을 달리하고 있으므로 위조통화를 행사하여 재물을 불법영득한 때에는 위조통화행사죄와 사기죄의 양 죄가 성립되고, 무죄 부분에 파기사유가 있을 때에는 위 무죄 부분과 원심판결 유죄 부분은 형법 제37조 전단의 경합범관계에 있다(대판 1979.7.10. 79도840).

[나 ▸ ○] 음주로 인한 특정범죄 가중처벌 등에 관한 법률 위반(위험운전치사상)죄와 도로교통법 위반(음주운전)죄는 입법취지와 보호법익 및 적용영역을 달리하는 별개의 범죄이므로, 양 죄가 모두 성립하는 경우 두 죄는 실체적 경합관계에 있다(대판 2008.11.13. 2008도7143).

[다 ▸ ×] 타인의 사무를 처리하는 자가 그 사무처리상 임무에 위배하여 본인을 기망하고 착오에 빠진 본인으로부터 재물을 교부받은 경우, 업무상 배임행위에 사기행위가 수반된 때의 죄수관계에 관하여 보면, 사기죄와 업무상배임죄는 그 구성요건을 달리하는 별개의 범죄이고 형법상으로도 각각 별개의 장(章)에 규정되어 있어, 1개의 행위에 관하여 사기죄와 업무상 배임죄의 각 구성요건이 모두 구비된 때에는 양 죄를 법조경합관계로 볼 것이 아니라 상상적 경합관계로 봄이 상당하다 할 것이고, 나아가 업무상 배임죄가 아닌 단순배임죄라고 하여 양 죄의 관계를 달리 보아야 할 이유도 없다(대판 2002.7.18. 2002도669[전합]).

[라 ▸ ×] 형법이 제225조 내지 제230조에서 공문서에 관한 범죄를 규정하고, 이어 제231조 내지 제236조에서 사문서에 관한 범죄를 규정하고 있는 점 등에 비추어 볼 때 형법 제233조 소정의 허위진단서작성죄의 대상은 공무원이 아닌 의사가 사문서로서 진단서를 작성한 경우에 한정되고, 공무원인 의사가 공무소의 명의로 허위진단서를 작성한 경우에는 허위공문서작성죄만이 성립하고 허위진단서작성죄는 별도로 성립하지 않는다(대판 2004.4.9. 2003도7762).

[마 ▸ ○] 공무원이 직무집행의 의사 없이 또는 직무처리와 대가적 관계없이 타인을 공갈하여 재물을 교부하게 한 경우에는 공갈죄만이 성립하고, 이러한 경우 재물의 교부자가 공무원의 해악의 고지로 인하여 외포의 결과 금품을 제공한 것이라면 그는 공갈죄의 피해자가 될 것이고 뇌물공여죄는 성립될 수 없다고 하여야 할 것이다(대판 1994.12.22. 94도2528).

① 정답

CHAPTER 10

형벌론

형 법

각 문항별로 이해도를 체크해 보세요.

최근 5년간 회별 평균 1문

제1절 형벌의 종류

제2절 형의 양정 

2016년 변호사시험 문 2.

확인Check! ○ △ ×

형의 양정에 관한 설명 중 옳지 않은 것은?(다툼이 있는 경우 판례에 의함)

① 형법은 상대적 법정형을 원칙으로 하고, 여적죄에 관해서만 절대적 법정형을 두고 있다.
② 형법 총칙은 일반적 가중사유로 경합범가중, 누범가중, 특수교사・방조의 세 가지 경우를 인정하고 있다.
③ 형법 총칙상 필요적 감경사유에는 심신미약, 농아자, 중지범 등이 있고, 임의적 감경사유에는 과잉방위, 과잉피난, 불능미수, 종범, 자수 또는 자복 등이 있다.
④ 작량감경을 할 때 작량감경사유가 수개 있는 경우에는 거듭 감경할 수 없지만, 법률상 감경을 한 후에 다시 작량감경을 할 수는 있다.
⑤ 범죄의 불법과 책임을 근거지우거나 가중・감경사유가 된 상황은 다시 양형의 자료가 될 수 없는데, 이를 '이중평가의 금지'라고 한다.

[❶ ▸ ○] 적국과 합세하여 대한민국에 항적한 자는 사형에 처한다(형법 제93조).

[❷ ▸ ○] 형법 제56조에 규정된 일반적 가중사유는 제34조 제2항의 가중, 누범가중, 경합범가중이다.

[❸ ▸ ×] 형법 제32조 제2항은 "종범의 형은 정범의 형보다 감경한다"라고 규정하고 있으므로, 종범은 필요적 감경사유에 해당하고, 심신미약은 2018.12.18. 개정으로 인하여 필요적 감경사유가 아닌 임의적 감경사유에 해당한다.

[❹ ▸ ○] 작량감경사유가 수개 있더라도 거듭된 감경은 불가하지만, 법률상 감경을 한 후라면 감경 가능하다.

[❺ ▸ ○] 이중평가의 금지원칙에 따라, 이미 법적 구성요건요소가 된 상황은 다시 양형의 자료로서 고려할 수 없다.

정답 ③

2019년 변호사시험 문 9. ☑ 확인Check! ○ △ ×

몰수와 추징에 관한 설명 중 옳지 않은 것은?(다툼이 있는 경우 판례에 의함)

① 배임수·증재죄에서 수재자가 증재자로부터 받은 재물을 그대로 가지고 있다가 증재자에게 반환하였다면 증재자로부터 이를 몰수하거나 그 가액을 추징하여야 한다.

② 공무원이 뇌물을 받음에 있어서 그 취득을 위하여 상대방에게 뇌물의 가액에 상당하는 금원의 일부를 비용의 명목으로 출연한 경우, 그 공무원으로부터 뇌물죄로 얻은 이익을 몰수·추징함에 있어서는 그 뇌물의 가액에서 위와 같은 지출을 공제한 나머지 가액에 상당한 이익만을 몰수·추징해야 하는 것이지 그 받은 뇌물 자체를 몰수해야 하는 것은 아니다.

③ 공무원인 범인이 금품을 무상대여받음으로써 위법한 재산상 이익을 취득한 경우, 그가 받은 부정한 이익은 그로 인한 금융이익 상당액이라 할 것이므로 추징의 대상이 되는 것은 무상으로 대여받은 금품 그 자체가 아니라 위 금융이익 상당액이라고 보아야 한다.

④ 특정범죄 가중처벌 등에 관한 법률 위반(알선수재)죄로 유죄가 선고된 사안에서, 범인이 공무원의 직무에 속한 사항의 알선에 관하여 금품을 받음에 있어 타인의 동의하에 그 타인 명의의 예금계좌로 입금받는 방식을 취하였다고 하더라도 이는 범인이 받은 금품을 관리하는 방법의 하나에 지나지 아니하므로, 그 가액 역시 범인으로부터 추징해야 한다.

⑤ 법원은 피고인의 소유물은 물론 공범자의 소유물도 그 공범자의 소추 여부를 불문하고 몰수할 수 있고, 이 경우 공범자에는 공동정범, 교사범, 방조범에 해당하는 자뿐만 아니라 필요적 공범관계에 있는 자도 포함된다.

[❶ ▸ ○] 배임수재죄와 배임증재죄는 이른바 대향범으로서 제357조 제3항에서 필요적 몰수 또는 추징을 규정한 것은 범행에 제공된 재물과 재산상 이익을 박탈하여 부정한 이익을 보유하지 못하게 하기 위한 것이므로, 제3항에서 몰수의 대상으로 규정한 '범인이 취득한 제1항의 재물'은 배임수재죄의 범인이 취득한 목적물이자 배임증재죄의 범인이 공여한 목적물을 가리키는 것이지 배임수재죄의 목적물만을 한정하여 가리키는 것이 아니다. 그러므로 수재자가 증재자로부터 받은 재물을 그대로 가지고 있다가 증재자에게 반환하였다면 증재자로부터 이를 몰수하거나 그 가액을 추징하여야 한다(대판 2017.4.7. 2016도18104).

[❷ ▸ ×] 공무원이 뇌물을 받음에 있어서 그 취득을 위하여 상대방에게 뇌물의 가액에 상당하는 금원의 일부를 비용의 명목으로 출연하거나 그 밖에 경제적 이익을 제공하였다 하더라도, 이는 뇌물을 받는 데 지출한 부수적 비용에 불과하다고 보아야 할 것이지, 이로 인하여 공무원이 받은 뇌물이 그 뇌물의 가액에서 위와 같은 지출액을 공제한 나머지 가액에 상당한 이익에 한정되는 것이라고 볼 수는 없으므로, 그 공무원으로부터 뇌물죄로 얻은 이익을 몰수·추징함에 있어서는 그 받은 뇌물 자체를 몰수하여야 하고, 그 뇌물의 가액에서 위와 같은 지출을 공제한 나머지 가액에 상당한 이익만을 몰수·추징할 것은 아니다(대판 1999.10.8. 99도1638).

[❸ ▸ ○] 금품의 무상대여를 통하여 위법한 재산상 이익을 취득한 경우 범인이 받은 부정한 이익은 그로 인한 금융이익 상당액이라 할 것이므로 추징의 대상이 되는 것은 무상으로 대여받은 금품 그 자체가 아니라 위 금융이익 상당액이라고 봄이 상당하다(대판 2014.5.16. 2014도1547).

[❹ ▸ ○] 공무원의 직무에 속한 사항의 알선에 관하여 금품을 받음에 있어 타인의 동의하에 그 타인 명의의 예금계좌로 입금받는 방식을 취하였다고 하더라도 이는 범인이 받은 금품을 관리하는 방법의 하나에 지나지 아니하므로, 그 가액 역시 범인으로부터 추징하지 않으면 안 된다고 할 것이다(대판 2006.10.27. 2006도4659).

[❺ ▸ ○] 형법 제48조 제1항의 '범인'에는 공범자도 포함되므로 피고인의 소유물은 물론 공범자의 소유물도 그 공범자의 소추 여부를 불문하고 몰수할 수 있고, 여기에서의 공범자에는 공동정범, 교사범, 방조범에 해당하는 자는 물론 필요적 공범관계에 있는 자도 포함된다(대판 2006.11.23. 2006도5586).

② 정답

2017년 변호사시험 문 2. ☑ 확인 Check! ○ △ ✕

다음 〈사례〉에 대하여 형의 선택 및 가중, 감경을 할 경우 옳은 것은?(다툼이 있는 경우 판례에 의함)

> 甲은 2011.3.2. 사기죄로 징역 2년을 선고받아 2012.11.5. 그 형의 집행을 종료하였다. 甲은 다시 2015.6.2. 사기죄를 범한 후 도피 중 2016.6.7. 강도상해죄를 범하고 체포되어 위 두 죄로 기소되었다. 법원은 공소사실을 모두 유죄로 인정하고 제1심판결을 선고하면서 작량감경을 하고, 특히 강도상해죄를 범할 당시 심신미약의 상태였음을 인정한다.
> ※ 형법 제337조 강도상해죄의 법정형은 무기 또는 7년 이상의 징역이고, 형법 제347조 사기죄의 법정형은 10년 이하의 징역 또는 2천만원 이하의 벌금이다.
> ※ 이 사례에서 제시된 것 외의 다른 가중, 감경사유는 없다.

① 강도상해죄에 대하여 무기징역을 선택하고 사기죄에 대하여 징역형을 선택할 경우, 처단형의 장기는 20년이다.
② 강도상해죄에 대하여 무기징역을 선택하고 사기죄에 대하여 징역형을 선택할 경우, 처단형의 단기는 10년이다.
③ 두 개의 죄에 대하여 모두 유기징역을 선택할 경우, 처단형의 장기는 15년이다.
④ 두 개의 죄에 대하여 모두 유기징역을 선택할 경우, 처단형의 단기는 3년 6개월이다.
⑤ 강도상해죄에 대하여 유기징역을 선택하고 사기죄에 대하여 벌금형을 선택할 경우, 벌금형 처단형의 다액은 500만원이다.

형의 가감은 형법 제56조에 의하여 각칙 본조에 의한 가중, 제34조 제2항의 가중, 누범가중, 법률상 감경, 경합범가중, 작량감경의 순으로 행한다. 다만, 2018.12.18. 형법 제10조 제2항의 개정으로 인하여 심신미약은 임의적 감경사유에 해당하나, 출제 당시를 기준으로 하여 필요적 감경으로 문제를 해설한다.

[❶ ▸ ×] [❷ ▸ ×] 사기죄는 누범에 해당하므로, 그 죄에 정한 형의 장기의 2배까지 가중하여(형법 제35조 제2항) 처단형의 단기는 1개월, 장기는 20년이지만, 甲은 강도상해죄를 범할 당시 심신미약상태였으므로 구 형법 제10조 제2항, 제55조 제1항, 동조 제2항 제2호에 의하여 무기징역이 단기 10년, 장기 50년으로 감경된다. 또한 사기죄와 강도상해죄는 경합범이므로, 병과주의에 따라 가장 중한 죄에 정한 형의 장기의 1/2까지 가중하는데(형법 제38조 제1항 제2호), 유기징역의 가중 시에는 그 정도가 50년까지이므로(형법 제42조 단서) 단기 10년, 장기 50년이 유지되지만, 작량감경에 의하여 결국 처단형의 단기는 5년, 장기는 25년이다.

[❸ ▸ ○] [❹ ▸ ×] 사기죄는 누범에 해당하므로, 그 죄에 정한 형의 장기의 2배까지 가중하여(형법 제35조 제2항) 처단형의 단기는 1개월, 장기는 20년이다. 강도상해죄에 대하여 징역형을 선택할 경우, 처단형의 단기는 7년, 장기는 30년이지만, 심신미약자에 대한 필요적 감경에 의하여 단기는 3년 6개월, 장기 15년으로 감경된다. 또한 사기죄와 강도상해죄는 경합범이므로, 병과주의에 따라 단기는 3년 6개월이 유지되고, 장기는 30년으로 가중되지만, 작량감경에 의하여 결국 처단형의 단기는 1년 9개월, 장기는 15년이다.

[❺ ▸ ×] 법정형 중 벌금형을 선택한 경우에는 판례에 따라 누범가중을 할 수 없으므로, 사례의 사기죄에 대하여 벌금형을 선택할 경우, 작량감경에 의하여 처단형의 다액은 1천만원이다.

정답 ③

제3절 누 범

제4절 집행유예 · 선고유예 · 가석방 ★☆

2020년 변호사시험 문 3.

2018.9.1. 혈중알코올농도 0.123% 상태에서 자동차를 운전하였다는 공소사실로 2019.2.1. 불구속기소된 甲이 변호사 乙을 찾아와 2019.4.3. 상담을 하면서 나눈 다음의 대화내용 중 옳은 것(○)과 옳지 않은 것(×)을 올바르게 조합한 것은?(다툼이 있는 경우 판례에 의함)

甲 : 선고기일이 2019.4.17.인데 얼마 남지 않았네요. 어떠한 처벌을 받게 될지 걱정입니다.
乙 : 전과가 있나요?
甲 : 2017.5.3. 도로교통법 위반(음주운전)죄로 징역 6월, 집행유예 2년의 판결을 선고받아 2017.5.10. 그 판결이 확정된 전과가 하나 있습니다. 제가 이번에 다시 집행유예를 선고받을 수는 없나요?
乙 : (ㄱ) 형법 제62조 제1항 단서에서 규정한 '금고 이상의 형을 선고한 판결이 확정된 때'에는 실형뿐만 아니라 형의 집행유예를 선고한 판결이 확정된 경우도 포함되므로, 원칙적으로 집행유예를 선고받을 수는 없습니다.
甲 : 2019.5.10.이 지나서 선고를 받게 되면 집행유예를 받을 수 있나요?
乙 : (ㄴ) 예. 집행유예기간 중에 범한 범죄라고 할지라도 집행유예가 실효되거나 취소됨이 없이 그 유예기간이 경과한 경우에는 다시 집행유예의 선고가 가능하므로, 집행유예를 선고 받을 수도 있습니다.
甲 : 이번에 징역의 실형을 선고받고 2019.5.10. 이전에 그 판결이 확정되면 제가 2017년에 받은 집행유예판결은 어떻게 되나요?
乙 : (ㄷ) 집행유예기간 중 고의로 범한 죄로 금고 이상의 실형을 선고받아 그 판결이 확정되면 집행유예가 실효되므로, 원칙적으로 징역 6월을 더 복역해야 합니다.
甲 : 2019.5.10.이 지나서 판결을 선고받아도 그런가요?
乙 : (ㄹ) 아닙니다. 집행유예의 선고를 받고 그 선고가 실효되거나 취소됨이 없이 유예기간을 경과하면 형의 선고는 효력을 잃게 되므로, 2017년에 받았던 집행유예는 실효되지 않습니다.

① ㄱ(○), ㄴ(○), ㄷ(○), ㄹ(○)
② ㄱ(○), ㄴ(○), ㄷ(○), ㄹ(×)
③ ㄱ(○), ㄴ(○), ㄷ(×), ㄹ(×)
④ ㄱ(×), ㄴ(×), ㄷ(○), ㄹ(○)
⑤ ㄱ(×), ㄴ(×), ㄷ(×), ㄹ(×)

[ㄱ ▸ ○] 형법 제62조 제1항 단서에서 규정한 '금고 이상의 형을 선고한 판결이 확정된 때'는 실형뿐 아니라 형의 집행유예를 선고한 판결이 확정된 경우도 포함된다고 해석되며, 형의 집행유예를 선고받은 자가 형법 제65조에 의하여 그 선고가 실효 또는 취소됨이 없이 정해진 유예기간을 무사히 경과하여 형의 선고가 효력을 잃게 되었다고 하더라도, 형의 선고의 법률적 효과가 없어진다는 것일 뿐, 형의 선고가 있었다는 기왕의 사실 자체까지 없어지는 것은 아니라 할 것이고, 더구나 집행유예기간 중에 죄를 범하였다는 역사적 사실마저 소급적으로 소멸되는 것은 아니다(대판 2007.2.8. 2006도6196).

[ㄴ ▸ ○] 집행유예기간 중에 범한 죄에 대하여 형을 선고할 때에, 집행유예의 결격사유를 정하는 형법 제62조 제1항 단서 소정의 요건에 해당하는 경우란, 이미 집행유예가 실효 또는 취소된 경우와 그 선고시점에 미처 유예기간이 경과하지

① 정답

아니하여 형 선고의 효력이 실효되지 아니한 채로 남아 있는 경우로 국한되고, 집행유예가 실효 또는 취소됨이 없이 유예기간을 경과한 때에는, 형의 선고가 이미 그 효력을 잃게 되어 '금고 이상의 형을 선고'한 경우에 해당한다고 보기 어려울 뿐 아니라, 집행의 가능성이 더 이상 존재하지 아니하여 집행종료나 집행면제의 개념도 상정하기 어려우므로 위 단서 소정의 요건에 해당하지 않는다고 할 것이므로, 집행유예기간 중에 범한 범죄라고 할지라도 집행유예가 실효·취소됨이 없이 그 유예기간이 경과한 경우에는 이에 대해 다시 집행유예의 선고가 가능하다(대판 2007.2.8. 2006도6196).

[ㄷ ▸ O] 집행유예의 선고를 받은 자가 유예기간 중 고의로 범한 죄로 금고 이상의 실형을 선고받아 그 판결이 확정된 때에는 집행유예의 선고는 효력을 잃는다(형법 제63조).

[ㄹ ▸ O] 형법 제65조는 "집행유예의 선고를 받은 후 그 선고의 실효 또는 취소됨이 없이 유예기간을 경과한 때에는 형의 선고는 효력을 잃는다"라고 규정하고 있다. 여기서 '형의 선고가 효력을 잃는다'는 의미는 형의 실효와 마찬가지로 형의 선고에 의한 법적 효과가 장래를 향하여 소멸한다는 취지이다(대판 2016.6.23. 2016도5032).

2018년 변호사시험 문 10. ☑ 확인 Check! ○ △ ×

다음 사례에 관한 설명 중 옳지 않은 것은?(다툼이 있는 경우 판례에 의함)

> 甲은 ㉠ 2004.9.27. 폭력행위 등 처벌에 관한 법률 위반(공동상해)죄로 징역 2년을 선고받고, ㉡ 2008.5.19. 도로교통법 위반(음주운전)죄로 징역 4월에 집행유예 2년을 선고받고, ㉢ 2012.6.5. 폭력행위 등 처벌에 관한 법률 위반(공동상해)죄로 징역 2년에 집행유예 4년을 선고받아 같은 날 확정되었다. 그리고 甲은 ㉣ 2015.6.1. 폭력행위 등 처벌에 관한 법률 위반(공동상해)죄로 징역 2년을 선고받아 그 판결이 2016.1.31. 확정되었고, ㉤ 2017.3.3. 다시 폭력행위 등 처벌에 관한 법률 위반(공동상해)죄로 공소제기되었는데, 공소제기시점에서 ㉠의 형은 형의 실효 등에 관한 법률에 의하여 실효된 상태이다.

① 만약 ㉠의 판결이 확정된 때부터 그 집행을 종료하거나 면제된 후 3년까지의 기간에 ㉡의 죄를 범하였다면, ㉡의 죄에 대하여는 징역형의 집행유예를 선고할 수 없다.
② ㉡의 판결이 확정되고 그 집행유예기간 중, ㉠의 판결이 확정된 때부터 그 집행을 종료하거나 면제된 후 3년까지의 기간에 ㉡의 죄를 범한 사실이 발각되면 ㉡의 집행유예선고를 취소한다.
③ ㉢의 집행유예기간 중 ㉣의 죄가 범하여진 경우, ㉣의 죄로 징역형의 실형을 선고받아 그 판결이 확정되었으므로 ㉢의 집행유예의 선고는 효력을 잃는다.
④ 만약 ㉡의 집행유예선고가 실효 또는 취소되지 않고 유예기간을 경과하였다면, ㉡의 전과는 폭력행위 등 처벌에 관한 법률 제2조 제3항에서 말하는 '징역형을 받은 경우'에 해당하지 않는다.
⑤ ㉠과 ㉣의 전과는 폭력행위 등 처벌에 관한 법률 제2조 제3항에서 말하는 '징역형을 받은 경우'에 해당하고, 그 횟수가 2회 이상이므로 甲은 ㉤의 죄가 유죄로 인정되는 경우 폭력행위 등 처벌에 관한 법률 제2조 제3항을 적용하여 처벌되어야 한다.

[❶ ▸ O] 3년 이하의 징역이나 금고 또는 500만원 이하의 벌금의 형을 선고할 경우에 제51조의 사항을 참작하여 그 정상에 참작할 만한 사유가 있는 때에는 1년 이상 5년 이하의 기간 형의 집행을 유예할 수 있다. 다만, 금고 이상의 형을 선고한 판결이 확정된 때부터 그 집행을 종료하거나 면제된 후 3년까지의 기간에 범한 죄에 대하여 형을 선고하는 경우에는 그러하지 아니하다(형법 제62조 제1항).

[❷ ▸ O] 집행유예의 선고를 받은 후 제62조 단행의 사유가 발각된 때에는 집행유예의 선고를 취소한다(형법 제64조 제1항).

[❸ ▸ O] 집행유예의 선고를 받은 자가 유예기간 중 고의로 범한 죄로 금고 이상의 실형을 선고받아 그 판결이 확정된 때에는 집행유예의 선고는 효력을 잃는다(형법 제63조).

정답 ⑤

[❹ ▸ O] [❺ ▸ X] [1] 형법 제65조는 "집행유예의 선고를 받은 후 그 선고의 실효 또는 취소됨이 없이 유예기간을 경과한 때에는 형의 선고는 효력을 잃는다"라고 규정하고 있다. 여기서 '형의 선고가 효력을 잃는다'는 의미는 형의 실효와 마찬가지로 형의 선고에 의한 법적 효과가 장래를 향하여 소멸한다는 취지이다. 따라서 형법 제65조에 따라 형의 선고가 효력을 잃는 경우에도 그 전과는 폭력행위 등 처벌에 관한 법률 제2조 제3항에서 말하는 '징역형을 받은 경우'라고 할 수 없다.

[2] 폭력행위 등 처벌에 관한 법률(이하 '폭력행위처벌법') 제2조 제3항은 "이 법(형법 각 해당 조항 및 각 해당 조항의 상습범, 특수범, 상습특수범, 각 해당 조항의 상습범의 미수범, 특수범의 미수범, 상습특수범의 미수범을 포함한다)을 위반하여 2회 이상 징역형을 받은 사람이 다시 제2항 각 호에 규정된 죄를 범하여 누범으로 처벌할 경우에는 다음 각 호의 구분에 따라 가중처벌한다"라고 규정하고 있다. 그런데 형의 실효 등에 관한 법률에 따라 형이 실효된 경우에는 형의 선고에 의한 법적 효과가 장래를 향하여 소멸하므로 형이 실효된 후에는 그 전과를 폭력행위처벌법 제2조 제3항에서 말하는 '징역형을 받은 경우'라고 할 수 없다(대판 2016.6.23. 2016도5032).

2014년 변호사시험 문 8. ☑ 확인Check! O △ X

집행유예 · 선고유예에 관한 설명 중 옳지 않은 것을 모두 고른 것은?(다툼이 있는 경우에는 판례에 의함)

ㄱ. 형법 제37조 후단의 경합범관계에 있는 죄에 대하여 하나의 판결로 두 개의 자유형을 선고하는 경우에 하나의 자유형에 대하여는 실형을, 다른 하나의 자유형에 대하여는 집행유예를 선고하는 것은 허용되지 않는다.

ㄴ. 집행유예의 선고를 받은 후에 그 선고가 실효 또는 취소됨이 없이 유예기간이 경과하더라도 형의 선고가 있었다는 사실 자체가 없어지는 것은 아니다.

ㄷ. '개전의 정상이 현저한 때'라고 함은 피고인이 죄를 깊이 뉘우치는 경우를 뜻하는 것이므로 피고인이 범죄사실을 자백하지 않고 부인할 경우에는 언제나 선고유예를 할 수 없다.

ㄹ. 집행유예를 선고하면서 사회봉사명령으로서 일정액의 금전출연을 주된 내용으로 하는 사회공헌계획의 성실한 이행을 명하는 것은 허용될 수 없다.

ㅁ. 형법 제39조 제1항에 의하여 형법 제37조 후단 경합범 중 판결을 받지 아니한 죄에 대하여 형을 선고하는 경우에 형법 제37조 후단에 규정된 '금고 이상의 형에 처한 판결이 확정된 죄'의 형은 선고유예의 결격사유인 '자격정지 이상의 형을 받은 전과'에 포함되지 않는다.

① ㄱ, ㄷ
② ㄷ, ㅁ
③ ㄱ, ㄷ, ㄹ
④ ㄱ, ㄷ, ㅁ
⑤ ㄴ, ㄹ, ㅁ

[ㄱ ▸ X] 형법 제37조 후단의 경합범관계에 있는 죄에 대하여 형법 제39조 제1항에 의하여 따로 형을 선고하여야 하기 때문에 하나의 판결로 두 개의 자유형을 선고하는 경우 그 두 개의 자유형은 각각 별개의 형이므로 형법 제62조 제1항에 정한 집행유예의 요건에 해당하면 그 각 자유형에 대하여 각각 집행유예를 선고할 수 있는 것이고, 또 그 두 개의 자유형 중 하나의 자유형에 대하여 실형을 선고하면서 다른 자유형에 대하여 집행유예를 선고하는 것도 우리 형법상 이러한 조치를 금하는 명문의 규정이 없는 이상 허용되는 것으로 보아야 한다(대판 2002.2.26. 2000도4637).

[ㄴ ▸ O] 형법 제59조 제1항 단행에서 정한 "자격정지 이상의 형을 받은 전과"라 함은 자격정지 이상의 형을 선고받은 범죄경력 자체를 의미하는 것이고, 그 형의 효력이 상실된 여부는 묻지 않는 것으로 해석함이 상당하다고 할 것이고, 따라서 형의 집행유예를 선고받은 자는 형법 제65조에 의하여 그 선고가 실효 또는 취소됨이 없이 정해진 유예기간을 무사히 경과하여 형의 선고가 효력을 잃게 되었다고 하더라도 형의 선고의 법률적 효과가 없어진다는 것일 뿐, 형의 선고가 있었다는 기왕의 사실 자체까지 없어지는 것은 아니므로, 형법 제59조 제1항 단행에서 정한 선고유예 결격사유인 "자격정지 이상의 형을 받은 전과가 있는 자"에 해당한다고 보아야 한다(대판 2003.12.26. 2003도3768).

④ 정답

[ㄷ ▸ ×] 선고유예의 요건 중 '개전의 정상이 현저한 때'라고 함은, 반성의 정도를 포함하여 널리 형법 제51조가 규정하는 양형의 조건을 종합적으로 참작하여 볼 때 형을 선고하지 않더라도 피고인이 다시 범행을 저지르지 않으리라는 사정이 현저하게 기대되는 경우를 가리킨다고 해석할 것이고, 이와 달리 여기서의 '개전의 정상이 현저한 때'가 반드시 피고인이 죄를 깊이 뉘우치는 경우만을 뜻하는 것으로 제한하여 해석하거나, 피고인이 범죄사실을 자백하지 않고 부인할 경우에는 언제나 선고유예를 할 수 없다고 해석할 것은 아니다(대판 2003.2.20. 2001도6138[전합]).

[ㄹ ▸ O] 재벌그룹 회장의 횡령행위 등에 대하여 집행유예를 선고하면서 사회봉사명령으로서 일정액의 금전출연을 주된 내용으로 하는 사회공헌계획의 성실한 이행을 명하는 것은 시간단위로 부과될 수 있는 일 또는 근로활동이 아닌 것을 명하는 것이어서 허용될 수 없고, 준법경영을 주제로 하는 강연과 기고를 명하는 것은 헌법상 양심의 자유 등에 대한 심각하고 중대한 침해가능성, 사회봉사명령의 의미나 내용에 대한 다툼의 여지 등의 문제가 있어 허용될 수 없다(대판 2008.4.11. 2007도8373).

[ㅁ ▸ ×] 형법 제39조 제1항에 의하여 형법 제37조 후단 경합범 중 판결을 받지 아니한 죄에 대하여 형을 선고하는 경우에 있어서 형법 제37조 후단에 규정된 금고 이상의 형에 처한 판결이 확정된 죄의 형도 형법 제59조 제1항 단서에서 정한 '자격정지 이상의 형을 받은 전과'에 포함된다고 봄이 상당하다(대판 2010.7.8. 2010도931).

PART

02 형법각론

CHAPTER 01

생명과 신체에 관한 죄

형 법

각 문항별로 이해도를 체크해 보세요.

최근 5년간 회별 평균 0.8문

제1절 살인의 죄

★

2018년 변호사시험 문 11.

확인 Check! ○ △ ×

다음 설명 중 옳은 것(○)과 옳지 않은 것(×)을 올바르게 조합한 것은?(다툼이 있는 경우 판례에 의함)

ㄱ. 살인예비죄가 성립하기 위해서는 살인죄의 실현을 위한 준비행위가 있어야 하는데, 여기서 준비행위는 반드시 객관적으로 보아 살인죄의 실현에 실질적으로 기여할 수 있는 외적 행위임을 요하지 아니하고 단순히 범행의 의사 또는 계획만으로 족하다.

ㄴ. 대한민국 국민이 외국에서 살인죄를 범하였다가 외국법원에서 무죄취지의 재판을 받고 석방된 후 국내에서 다시 기소되었다고 하더라도 이는 일사부재리의 원칙에 반하는 것이 아니며, 외국에서 미결 상태로 구금된 기간에 대하여도 '외국에서 집행된 형의 산입'에 관한 형법 제7조가 적용되어야 한다.

ㄷ. 피해자의 재물을 강취한 직후 피해자를 살해할 목적으로 현주건조물에 방화하여 사망에 이르게 한 경우에는 강도살인죄와 현주건조물방화치사죄가 모두 성립하고 두 죄는 상상적 경합의 관계에 있다.

ㄹ. 사람의 시기(始期)는 규칙적인 진통을 동반하면서 분만이 개시된 때를 말하고, 제왕절개 수술의 경우에는 '의학적으로 제왕절개 수술이 가능하였고 규범적으로 수술이 필요하였던 때'를 분만이 개시된 때로 보아야 한다.

ㅁ. 산부인과 의사가 임신한 부녀의 촉탁을 받아 약물에 의한 유도분만의 방법으로 낙태시술을 하였다가 태아가 살아서 미숙아 상태로 출생하자 염화칼륨을 주입하여 사망하게 한 경우에는 살인죄와 업무상촉탁낙태죄의 경합범으로 처벌된다.

① ㄱ(○), ㄴ(×), ㄷ(×), ㄹ(○), ㅁ(○)
② ㄱ(○), ㄴ(○), ㄷ(○), ㄹ(×), ㅁ(×)
③ ㄱ(×), ㄴ(×), ㄷ(×), ㄹ(×), ㅁ(○)
④ ㄱ(×), ㄴ(○), ㄷ(○), ㄹ(○), ㅁ(×)
⑤ ㄱ(×), ㄴ(×), ㄷ(○), ㄹ(×), ㅁ(○)

[ㄱ ▸ ×] 형법 제255조, 제250조의 살인예비죄가 성립하기 위하여는 형법 제255조에서 명문으로 요구하는 살인죄를 범할 목적 외에도 살인의 준비에 관한 고의가 있어야 하며, 나아가 실행의 착수까지에는 이르지 아니하는 살인죄의 실현을 위한 준비행위가 있어야 한다. 여기서의 준비행위는 물적인 것에 한정되지 아니하며 특별한 정형이 있는 것도 아니지만, 단순히 범행의 의사 또는 계획만으로는 그것이 있다고 할 수 없고 객관적으로 보아서 살인죄의 실현에 실질적으로 기여할 수 있는 외적 행위를 필요로 한다(대판 2009.10.29. 2009도7150).

[ㄴ ▸ ×] 형법 제7조는 "죄를 지어 외국에서 형의 전부 또는 일부가 집행된 사람에 대해서는 그 집행된 형의 전부 또는 일부를 선고하는 형에 산입한다"라고 규정하고 있다. 이 규정의 취지는, 형사판결은 국가주권의 일부분인 형벌권 행사에 기초한 것이어서 피고인이 외국에서 형사처벌을 과하는 확정판결을 받았더라도 그 외국 판결은 우리나라 법원을 기속할 수 없고 우리나라에서는 기판력도 없어 일사부재리의 원칙이 적용되지 않으므로, 피고인이 동일한 행위에 관하여 우리나라 형벌법규에 따라 다시 처벌받는 경우에 생길 수 있는 실질적인 불이익을 완화하려는 것이다. 그런데 여기서 '외국에서

⑤ 정답

형의 전부 또는 일부가 집행된 사람'이란 문언과 취지에 비추어 '외국 법원의 유죄판결에 의하여 자유형이나 벌금형 등 형의 전부 또는 일부가 실제로 집행된 사람'을 말한다고 해석하여야 한다. 따라서 형사사건으로 외국 법원에 기소되었다가 무죄판결을 받은 사람은, 설령 그가 무죄판결을 받기까지 상당 기간 미결구금되었더라도 이를 유죄판결에 의하여 형이 실제로 집행된 것으로 볼 수는 없으므로, '외국에서 형의 전부 또는 일부가 집행된 사람'에 해당한다고 볼 수 없고, 그 미결구금 기간은 형법 제7조에 의한 산입의 대상이 될 수 없다(대판 2017.8.24. 2017도5977[전합]).

[ㄷ ▸ O] 피고인들이 피해자들의 재물을 강취한 후 그들을 살해할 목적으로 현주건조물에 방화하여 사망에 이르게 한 경우, 피고인들의 행위는 강도살인죄와 현주건조물방화치사죄에 모두 해당하고 그 두 죄는 상상적 경합범관계에 있다(대판 1998.12.8. 98도3416).

[ㄹ ▸ X] 제왕절개수술의 경우 '의학적으로 제왕절개수술이 가능하였고 규범적으로 수술이 필요하였던 시기'는 판단하는 사람 및 상황에 따라 다를 수 있어, 분만 개시시점, 즉 사람의 시기도 불명확하게 되므로 이 시점을 분만의 시기로 볼 수는 없다(대판 2007.6.29. 2005도3832).

[ㅁ ▸ O] 산부인과 의사인 피고인이 약물에 의한 유도분만의 방법으로 낙태시술을 하였으나 태아가 살아서 미숙아상태로 출생하자 그 미숙아에게 염화칼륨을 주입하여 사망하게 한 경우, 염화칼륨 주입행위를 낙태를 완성하기 위한 행위에 불과한 것으로 볼 수 없고, 살아서 출생한 미숙아가 정상적으로 생존할 확률이 적다고 하더라도 그 상태에 대한 확인이나 최소한의 의료행위도 없이 적극적으로 염화칼륨을 주입하여 미숙아를 사망에 이르게 하였다면 피고인에게는 미숙아를 살해하려는 범의가 인정된다(대판 2005.4.15. 2003도2780). 따라서 업무상 촉탁낙태죄와 살인죄는 실체적 경합관계에 있다.

2012년 변호사시험 문 34. ☑ 확인 Check! O △ X

甲은 피해자 A(만 7세)를 도로에서 약 17미터 떨어진 야산 속의 경작하지 않는 밭으로 데리고 들어가 주먹으로 얼굴을 수차례 때리고, 가지고 있던 스카프로 A의 목을 감아 스카프의 양끝을 양손으로 나누어 잡고 A의 머리를 땅에 비비면서 약 4분 동안 2회에 걸쳐 목을 졸라 실신시킨 후 A를 버려둔 채 그곳을 떠났고, 그로 인하여 A는 사망한 채로 다음 날 발견되었다. 제1심법원에서는 위와 같은 사실관계에 비추어 甲에게 살인죄의 유죄를 인정하였다. 이에 관한 설명 중 옳지 않은 것은?(다툼이 있는 경우에는 판례에 의함)

① 甲은 항소하려는 경우 항소장을 제1심법원에 제출하여야 한다.
② 항소심 공판 중 위 범행에 사용된 도구가 스카프가 아니라 甲이 신고 있던 양말임이 밝혀진 경우에는 범죄 성립에 영향이 있다고 볼 수 있으므로 항소심법원은 원심판결을 파기하여야 한다.
③ 살인죄의 고의는 자기의 행위로 인하여 피해자가 사망할 수도 있다는 사실을 인식・예견하는 것으로 족하므로 甲에게 살인의 고의가 없었다고 할 수 없다.
④ 결과적으로 A의 사체 발견이 현저하게 곤란을 받게 되는 사정이 있다고 하더라도 별도로 사체은닉죄는 성립하지 않는다.
⑤ A의 부(父)는 신청에 의하여 공판정에 증인으로 출석하여 甲의 처벌에 관한 의견까지 진술할 수 있다.

[❶ ▸ O] 항소를 함에는 항소장을 원심법원에 제출하여야 한다(형소법 제359조).

[❷ ▸ X] [❸ ▸ O] [1] 피고인이 범행에 사용한 도구가 스카프가 아니라 피고인이 신고 있던 양말(늘였을 때의 길이 약 70cm)임에도 원심이 이를 스카프로 잘못 인정한 위법이 있다 하더라도, 이는 공소사실의 동일성의 범위 내에 속하는 것으로서 피고인의 방어권 행사에 아무런 지장이 없고 범죄의 성립이나 양형조건에도 영향이 없는 것이므로 원심의 이러한 잘못은 원심판결을 파기하여야 할 위법에 속하지 아니한다.
[2] 살인죄의 범의는 자기의 행위로 인하여 피해자가 사망할 수도 있다는 사실을 인식・예견하는 것으로 족하고 피해자의 사망을 희망하거나 목적으로 할 필요는 없고, 또 확정적인 고의가 아닌 미필적 고의로도 족한 것이다(대판 1994.12.22. 94도2511).

정답 ②

[❹ ▸ ○] 형법 제161조의 사체 은닉이라 함은 사체의 발견을 불가능 또는 심히 곤란하게 하는 것을 구성요건으로 하고 있으나 살인, 강도살인등의 목적으로 사람을 살해한 자가 그 살해의 목적을 수행함에 있어 사후 사체의 발견이 불가능 또는 심히 곤란하게 하려는 의사로 인적이 드문 장소로 피해자를 유인하거나 실신한 피해자를 끌고 가서 그곳에서 살해하고 사체를 그대로 둔 채 도주한 경우에는 비록 결과적으로 사체의 발견이 현저하게 곤란을 받게 되는 사정이 있다 하더라도 별도로 사체은닉죄가 성립되지 아니한다(대판 1986.6.24. 86도891).

[❺ ▸ ○] 법원은 범죄로 인한 피해자등의 신청이 있는 때에는 그 피해자등을 증인으로 신문하여야 한다(형소법 제294조의2 제1항 본문). 법원은 피해자등을 신문하는 경우 피해의 정도 및 결과, 피고인의 처벌에 관한 의견, 그 밖에 당해 사건에 관한 의견을 진술할 기회를 주어야 한다(동조 제2항).

제2절 상해와 폭행의 죄 ★☆

2013년 변호사시험 문 5. ☑ 확인Check! ○ △ ×

구 폭력행위 등 처벌에 관한 법률 제3조 제1항(집단 · 흉기 등)의 '행위자가 흉기 기타 위험한 물건을 휴대'한 경우라고 인정될 수 있는 사례를 모두 고른 것은?(다툼이 있는 경우에는 판례에 의함)

가. 甲은 주먹으로 A의 얼굴 부위를 1회 때려 그로 인하여 상해가 발생하였고, 당구대 위에 놓여 있던 당구공으로 A의 머리를 톡톡 건드렸고 그로 인하여 상해가 발생하지는 아니하였다.
나. 甲은 자신의 승용차 트렁크에서 공기총을 꺼내어 A를 향해 들이대고 협박하였다. 공기총에는 실탄이 장전되지 아니한 상태였으나, 승용차 트렁크에는 공기총 실탄이 보관되어 있었다.
다. 甲은 A가 식칼을 들고 나와 자신을 찌르려고 하자 이를 저지하기 위하여 그 칼을 뺏은 다음 A를 훈계하면서 칼의 칼자루 부분으로 A의 머리를 가볍게 쳤다.
라. 甲은 A가 견인료 납부를 요구하면서 자신의 승용차 앞을 가로막고 서 있자 A의 다리 부분을 위 승용차 앞범퍼로 들이받고 약 1m 정도 진행하였고, 이로 인하여 A는 땅바닥으로 넘어졌다.
마. 甲은 A 등과 이혼에 관한 사항을 협의하던 도중 A 등과 가벼운 실랑이를 하게 되었다. 이 과정에서 甲의 승낙 없이 A의 아버지인 B가 甲의 아들을 자신의 중형승용차에 태운 후 시동을 걸고 출발하려고 하였다. 甲은 이를 제지하기 위하여 급히 자신의 소형승용차를 출발시켜 B가 운전하던 승용차를 저속으로 가볍게 충격하였다. 이로 인하여 B는 특별한 치료를 요하지 않는 가벼운 상해를 입었으며, 甲의 차량과 B의 차량도 경미한 손상을 입게 되었다.

① 가, 나 ② 가, 라 ③ 나, 다
④ 나, 라 ⑤ 라, 마

[가 ▸ ×] 피고인이 피해자의 얼굴을 주먹으로 가격하여 생긴 상처가 주된 상처로 보이고, 당구공으로는 피해자의 머리를 톡톡 건드린 정도에 불과한 것으로 보이는 사실을 인정한 다음, 위와 같은 사정 아래에서는 피고인이 당구공으로 피해자의 머리를 때린 행위로 인하여 사회통념상 피해자나 제3자에게 생명 또는 신체에 위험을 느끼게 하였으리라고 보여지지 아니하므로 위 당구공은 폭력행위 등 처벌에 관한 법률 제3조 제1항의 '위험한 물건'에는 해당하지 아니한다(대판 2008.1.17. 2007도9624).

[나 ▸ ○] 피고인이 공기총에 실탄을 장전하지 아니하였다고 하더라도 범행현장에서 공기총과 함께 실탄을 소지하고 있었고 피고인으로서는 언제든지 실탄을 장전하여 발사할 수도 있으므로 공기총은 '위험한 물건'에 해당한다(대판 2002.11.126. 2002도4586).

④ 정답

[다 ▸ ×] 폭력행위 등 처벌에 관한 법률 제3조 제1항 소정의 위험한 물건의 위험성 여부는 구체적인 사안에 따라서 사회통념에 비추어 그 물건을 사용하면 그 상대방이나 제3자가 곧 위험성을 느낄 수 있으리라고 인정되는 물건인가의 여부에 따라 이를 판단하여야 할 것인 바, 피해자가 먼저 식칼을 들고 나와 피고인을 찌르려다가 피고인이 이를 저지하기 위하여 그 칼을 뺏은 다음 피해자를 훈계하면서 위 칼의 칼자루 부분으로 피해자의 머리를 가볍게 쳤을 뿐이라면 피해자가 위험성을 느꼈으리라고는 할 수 없다(대판 1989.12.22. 89도1570).

[라 ▸ ○] 견인료 납부를 요구하는 교통관리직원을 승용차 앞범퍼 부분으로 들이받아 폭행한 경우, 승용차는 폭력행위 등 처벌에 관한 법률 제3조 제1항 소정의 '위험한 물건'에 해당한다(대판 1997.5.30. 97도597).

[마 ▸ ×] 피고인이 이혼분쟁과정에서 자신의 아들을 승낙 없이 자동차에 태우고 떠나려고 하는 피해자들 일행을 상대로 급하게 추격 또는 제지하는 과정에서 이 사건 자동차를 사용하게 된 점, 이 사건 범행은 소형승용차(라노스)로 중형승용차(쏘나타)를 충격한 것이고, 충격할 당시 두 차량 모두 정차하여 있다가 막 출발하는 상태로서 차량속도가 빠르지 않았으며 상대방 차량의 손괴 정도가 그다지 심하지 아니한 점, 이 사건 자동차의 충격으로 피해자들이 입은 상해의 정도가 비교적 경미한 점 등의 여러 사정을 종합하면, 피고인의 이 사건 자동차 운행으로 인하여 사회통념상 상대방이나 제3자가 생명 또는 신체에 위험을 느꼈다고 보기 어렵다(대판 2009.3.26. 2007도3520).

2016년 변호사시험 문 14. ☑ 확인Check! ○ △ ×

다음 설명 중 옳은 것(○)과 옳지 않은 것(×)을 올바르게 조합한 것은?(다툼이 있는 경우 판례에 의함)

ㄱ. 특정범죄 가중처벌 등에 관한 법률 제5조의10 제2항은 운전자에 대한 폭행·협박으로 인하여 교통사고의 발생 등과 같은 구체적 위험을 초래하는 중간 매개원인이 유발되고 그 결과로서 불특정 다중에게 상해나 사망의 결과를 발생시킨 경우에만 적용될 수 있을 뿐, 교통사고 등의 발생 없이 직접적으로 운전자에 대한 상해의 결과만을 발생시킨 경우에는 적용되지 아니한다.
ㄴ. 형법은 유사강간죄의 법정형을 강간죄의 법정형보다 낮게 규정하고 있다.
ㄷ. 빚 독촉을 하다가 멱살을 잡고 대드는 피해자 A의 손을 뿌리치고 그를 뒤로 밀어 넘어뜨려 A의 등에 업힌 B(생후 7개월)에게 상해를 입혀 사망에 이르게 하였다면 B에 대한 폭행치사죄가 성립한다.
ㄹ. 폭력행위 등 처벌에 관한 법률 제2조 제2항의 '2인 이상이 공동하여 상해 또는 폭행의 죄를 범한 때'라 함은 수인이 동일 장소에서 동일 기회에 범행을 한 경우이면 족하고, 수인 사이에 범죄에 공동가공하여 이를 공동으로 실현하려는 의사의 결합이 있어야 하는 것은 아니다.

① ㄱ(×), ㄴ(○), ㄷ(○), ㄹ(×)
② ㄱ(○), ㄴ(○), ㄷ(×), ㄹ(○)
③ ㄱ(×), ㄴ(×), ㄷ(○), ㄹ(×)
④ ㄱ(○), ㄴ(×), ㄷ(○), ㄹ(×)
⑤ ㄱ(×), ㄴ(○), ㄷ(○), ㄹ(○)

[ㄱ ▸ ×] [1] 특정범죄가중법 제5조의10의 죄는 제1항, 제2항 모두 운행 중인 자동차의 운전자를 대상으로 하는 범행이 교통질서와 시민의 안전 등 공공의 안전에 대한 위험을 초래할 수 있다고 보아 이를 가중처벌하는 이른바 추상적 위험범에 해당하고, 그중 제2항은 제1항의 죄를 범하여 사람을 상해나 사망이라는 중한 결과에 이르게 한 경우 제1항에 정한 형보다 중한 형으로 처벌하는 결과적 가중범규정으로 해석할 수 있다. 따라서 운행 중인 자동차의 운전자를 폭행하거나 협박하여 운전자나 승객 또는 보행자 등을 상해나 사망에 이르게 하였다면 이로써 특정범죄가중법 제5조의10 제2항의 구성요건을 충족한다.

정답 ①

[2] 특정범죄가중법 제5조의10 제2항은 운전자에 대한 폭행·협박으로 인하여 교통사고의 발생 등과 같은 구체적 위험을 초래하는 중간매개원인이 유발되고 그 결과로써 불특정 다중에게 상해나 사망의 결과를 발생시킨 경우에만 적용될 수 있을 뿐, 교통사고 등의 발생 없이 직접적으로 운전자에 대한 상해의 결과만을 발생시킨 경우에는 적용되지 아니한다고 볼 것은 아니다(대판 2015.3.26. 2014도13345).

[ㄴ ▸ O] 폭행 또는 협박으로 사람을 강간한 자는 3년 이상의 유기징역에 처한다(형법 제297조). 폭행 또는 협박으로 사람에 대하여 구강, 항문 등 신체(성기는 제외한다)의 내부에 성기를 넣거나 성기, 항문에 손가락 등 신체(성기는 제외한다)의 일부 또는 도구를 넣는 행위를 한 사람은 2년 이상의 유기징역에 처한다(동법 제297조의2).

[ㄷ ▸ O] 피고인이 폭행을 가한 대상자와 그 폭행의 결과 사망한 대상자는 서로 다른 인격자라 할지라도 위와 같이 어린애를 업은 사람을 밀어 넘어뜨리면 그 어린애도 따라서 필연적으로 넘어질 것임은 피고인도 예견하였을 것이므로 어린애를 업은 사람을 넘어뜨린 행위는 그 어린애에 대해서도 역시 폭행이 된다 할 것이고, 따라서 원심이 피고인을 폭행치사죄로 인정한 조처에는 인과관계를 오인한 위법이 없다(대판 1972.11.28. 72도2201).

[ㄹ ▸ X] 폭력행위 등 처벌에 관한 법률 제2조 제2항의 '2인 이상이 공동하여 상해 또는 폭행의 죄를 범한 때'라 함은 그 수인 사이에 소위 공범관계가 존재하는 것을 요건으로 하고, 또 수인이 동일 장소에서 동일 기회에 상호 다른 자의 범행을 인식하고 이를 이용하여 범행을 한 경우라야 하며, 2인 이상이 공동으로 가공하여 범죄를 행하는 공동정범에 있어서 공모나 모의는 반드시 직접, 명시적으로 이루어질 필요는 없고 순차적, 암묵적으로 상통하여 이루어질 수도 있으나 어느 경우에도 범죄에 공동가공하여 이를 공동으로 실현하려는 의사의 결합이 있어야 할 것이다(대판 2013.11.28. 2013도4430).

2018년 변호사시험 문 15. ☑ 확인Check! ○ △ ✕

다음 설명 중 옳지 않은 것은?(다툼이 있는 경우 판례에 의함)

① 피해자의 신체에 공간적으로 근접하여 손발이나 물건을 휘두르거나 던지는 행위는 직접 피해자의 신체에 접촉하지 아니하였다 하더라도 피해자에 대한 불법한 유형력의 행사로서 폭행죄의 폭행에 해당될 수 있다.
② 강제추행죄는 사람에 대하여 폭행 또는 협박을 가하여 항거를 곤란하게 한 뒤에 추행행위를 하는 경우뿐만 아니라 폭행 자체가 추행행위로 인정되는 경우도 포함한다.
③ 강도범인이 상해행위를 하였다면 강취행위와 상해행위 사이에 다소의 시간적·공간적 간격이 있었다는 것만으로는 강도상해죄의 성립에 영향이 없으나, 상해의 결과는 강도범행의 수단으로 한 폭행에 의하여 발생해야 하므로 상해행위는 강도가 기수에 이르기 전에 행하여져야 한다.
④ 시간적 차이가 있는 독립된 상해행위나 폭행행위가 경합하여 사망의 결과가 일어나고 그 사망의 원인된 행위가 판명되지 않은 경우에는 공동정범의 예에 의하여 처벌된다.
⑤ 평소 건강에 별다른 이상이 없는 피해자에게 성인권장용량의 2배에 해당하는 졸피뎀 성분의 수면제가 섞인 커피를 마시게 하여 피해자가 정신을 잃고 깊이 잠이 든 사이 피해자를 간음한 경우, 피해자가 4시간 뒤에 깨어나 잠이 든 이후의 상황에 대해서 제대로 기억하지 못하였다면 이는 강간치상죄의 상해에 해당한다.

[❶ ▸ O] 피해자의 신체에 공간적으로 근접하여 고성으로 폭언이나 욕설을 하거나 동시에 손발이나 물건을 휘두르거나 던지는 행위는 직접 피해자의 신체에 접촉하지 아니하였다 하더라도 피해자에 대한 불법한 유형력의 행사로서 폭행에 해당될 수 있다(대판 2003.1.10. 2000도5716).

[❷ ▸ O] 강제추행죄는 상대방에 대하여 폭행 또는 협박을 가하여 항거를 곤란하게 한 뒤에 추행행위를 하는 경우뿐만 아니라 폭행행위 자체가 추행행위라고 인정되는 경우도 포함되며, 이 경우의 폭행은 반드시 상대방의 의사를 억압할 정도의 것이어야 하는 것은 아니다(대판 2015.12.10. 2015도9517).

③ 정답

[❸ ▸ ×] 형법 제337조의 강도상해죄는, 반드시 강도범행의 수단으로 한 폭행에 의하여 상해를 입힐 것을 요하는 것은 아니고 상해행위가 강도가 기수에 이르기 전에 행하여져야만 하는 것은 아니므로, 강도범행 이후에도 피해자를 계속 끌고 다니거나 차량에 태우고 함께 이동하는 등으로 강도범행으로 인한 피해자의 심리적 저항불능상태가 해소되지 않은 상태에서 강도범인의 상해행위가 있었다면 강취행위와 상해행위 사이에 다소의 시간적·공간적 간격이 있었다는 것만으로는 강도상해죄의 성립에 영향이 없다(대판 2014.9.26. 2014도9567).

[❹ ▸ ○] 시간적 차이가 있는 독립된 상해행위나 폭행행위가 경합하여 사망의 결과가 일어나고 그 사망의 원인된 행위가 판명되지 않은 경우에는 공동정범의 예에 의하여 처벌할 것이다(대판 2000.7.28. 2000도2466).

[❺ ▸ ○] 수면제(졸피뎀)와 같은 약물을 투약하여 피해자를 일시적으로 수면 또는 의식불명상태에 이르게 한 경우에도 약물로 인하여 피해자의 건강상태가 불량하게 변경되고 생활기능에 장애가 초래되었다면 자연적으로 의식을 회복하거나 외부적으로 드러난 상처가 없더라도 이는 강간치상죄나 강제추행치상죄에서 말하는 상해에 해당한다(대판 2017.6.29. 2017도3196).

제3절 과실치사상의 죄 ☆

2016년 변호사시험 문 19. ☑ 확인Check! ○ △ ×

특정범죄 가중처벌 등에 관한 법률 위반(도주차량)죄에 관한 설명 중 옳지 않은 것은?(다툼이 있는 경우 판례에 의함)

① 사고운전자가 사고 후 피해자 일행에게 자신의 인적사항을 알려 주었고 근처에 있던 택시기사에게 피해자를 병원으로 이송해 줄 것을 부탁하였다면, 피해자의 병원 이송 및 경찰관의 사고현장 도착 이전에 사고운전자가 사고현장을 이탈하였더라도 특정범죄 가중처벌 등에 관한 법률 위반(도주차량)죄가 인정되지 않는다.

② 사고운전자가 사고 후 주변사람의 신고로 도착한 구급차에 올라타서 피해자와 함께 병원에 동행하면서 사고와 무관한 사람인 것처럼 행세하였지만 1시간가량 경과 후 자신의 잘못을 인정하고 가해자임을 밝혔다면, 특정범죄 가중처벌 등에 관한 법률 위반(도주차량)죄가 인정되지 않는다.

③ 운전자가 11세인 피해자의 왼쪽 손 부분 등을 차로 들이받아 땅바닥에 넘어뜨려 약 1주일간의 치료를 요하는 상해를 입게 한 사건에서, 스스로 자기 몸의 상처가 어느 정도인지 충분히 파악하기에는 나이 어린 피해자가 집으로 혼자 돌아갈 수 있느냐는 질문에 "예"라 답했다는 이유만으로 아무런 보호조치도 없는 상태에서 피해자를 그냥 돌아가게 했다면 도주에 해당한다.

④ 특정범죄 가중처벌 등에 관한 법률 제5조의3 제1항 소정의 '차의 교통으로 인하여 형법 제286조의 죄를 범한 당해 차량의 운전자'란 차의 교통으로 인한 업무상 과실 또는 중대한 과실로 인하여 사람을 사상에 이르게 한 자를 가리키는 것이지 과실이 없는 사고운전자까지 포함하는 것은 아니다.

⑤ 자동차 운전자가 업무상 과실로 동시에 수인을 사상케 하고 도주한 경우, 특정범죄 가중처벌 등에 관한 법률 위반(도주차량)죄는 피해자별로 수죄가 성립하며 이러한 수죄는 상상적 경합관계에 있다.

[❶ ▸ ×] 사고운전자가 사고로 인하여 피해자가 사상을 당한 사실을 인식하였음에도 불구하고 피해자를 구호하는 등 도로교통법 제54조 제1항에 규정된 의무를 이행하기 이전에 사고현장을 이탈하였다면, 사고운전자가 사고현장을 이탈하기 전에 피해자에 대하여 자신의 신원을 확인할 수 있는 자료를 제공하여 주었다고 하더라도, 특정범죄 가중처벌 등에 관한 법률 제5조의3 제1항에 규정된 '피해자를 구호하는 등 도로교통법 제54조 제1항의 규정에 의한 조치를 취하지 아니하고 도주한 때'에 해당한다(대판 2011.3.10. 2010도16027).

정답 ①

[❷ ▸ O] 피고인이 교통사고를 낸 후 사고현장에서 사고와 무관한 사람인 것처럼 행세하고 친구가 운전하였다고 거짓말하였다고 하더라도, 피고인이 사고장소를 떠나지 않고 때마침 주변사람들의 신고로 바로 구급차가 사고장소에 도착하자 그 자리에서 피해자들을 구급차에 싣는 장면을 지켜보았고, 피해자들을 태운 구급차가 병원으로 출발하려고 하자 구급차에 올라타서 피해자들과 함께 병원으로 동행하였고, 그로부터 약 1~2시간이 경과한 이후에 비로소 사고와 무관한 사람인 것처럼 행세하던 태도를 바꾸어 뒤늦게 자신의 잘못을 인정하고 피고인이 교통사고를 낸 사람이라고 피해자들의 친지들과 경찰관에게 신원을 밝힌 경우, 피고인에게 도주의 범의가 있었다고 보기는 어렵다(대판 2004.3.25. 2003도8125).

[❸ ▸ O] 피고인이 그가 운전하는 자동차의 우측 앞부분으로 11세 남짓의 국민학교 4학년 어린이인 피해자의 왼쪽 손부분 등을 들이받아 땅바닥에 넘어뜨려 약 1주일간의 치료를 요하는 우 제5수지 관절염좌상 등을 가한 이 사건에 있어서, 전혀 사리분별을 할 수 없지는 않지만 아직 스스로 자기 몸의 상처가 어느 정도인지 충분히 파악하기에는 나이 어린 피해자가 피고인 운전의 승용차에 부딪쳐 땅에 넘어진 이상, 의학에 전문지식이 없는 피고인으로서는 의당 피해자를 병원으로 데려가서 있을지도 모르는 다른 상처 등에 대한 진단 및 치료를 받게 하여야 할 것이며, 또 어린 피해자에게 집으로 혼자 돌아갈 수 있느냐고 질문하여 "예"라고 대답하였다는 이유만으로 아무런 보호조치도 없는 상태에서 피해자를 그냥 돌아가게 하였다면 사고의 야기자가 누구인지를 쉽게 알 수 없도록 하였다 할 것이므로, 피고인의 이와 같은 소위는 특정범죄 가중처벌 등에 관한 법률 제5조의3 제1항 제2호에 해당한다(대판 1996.8.20. 96도1461).

[❹ ▸ O] 특정범죄 가중처벌 등에 관한 법률 제5조의3 제1항 소정의 "차의 교통으로 인하여 형법 제268조의 죄를 범한 당해 차량의 운전자"란 차의 교통으로 인한 업무상 과실 또는 중대한 과실로 인하여 사람을 사상에 이르게 한 자를 가리키는 것이지 과실이 없는 사고운전자까지 포함하는 것은 아니다(대판 1991.5.28. 91도711).

[❺ ▸ O] 자동차 운전자가 업무상 과실로 동시에 수인을 사상케 하고 도주한 경우, 특정범죄 가중처벌 등에 관한 법률 위반(도주차량)죄는 피해자별로 수죄가 성립하며 이러한 수죄는 상상적 경합관계에 있다(대판 2002.1.25. 2001도6408).

제4절 낙태의 죄

제5절 유기와 학대의 죄

CHAPTER 02

자유에 관한 죄

형 법

각 문항별로 이해도를 체크해 보세요.

최근 5년간 회별 평균 0.6문

제1절 협박의 죄 ★☆

2015년 변호사시험 문 11.

확인Check! ○ △ ×

다음 사례(ㄱ~ㄹ은 연결되는 하나의 사례임)에서 甲, 乙, 丙의 죄책에 관한 설명 중 옳은 것을 모두 고른 것은?(다툼이 있는 경우 판례에 의함)

ㄱ. A주식회사는 직원 甲을 통해 乙에게 외제 승용차를 할부판매하였고, 乙이 이를 친구인 丙 명의로 등록하여 운행하던 중 乙이 약정기일에 1억원의 할부금을 갚지 못하였다. 그로 인하여 甲이 회사에서 책임추궁을 당하자 할부금을 갚지 않으면 乙의 아들에게 상해를 가하겠다는 협박편지를 乙의 아파트 우편함에 넣어 두었으나 경비원이 이를 휴지통에 버린 경우 甲은 협박죄의 미수에 해당한다.

ㄴ. 乙은 甲으로부터 수회 할부금 변제 독촉을 받자 A회사의 내부비리를 검찰에 고발하겠다는 협박편지를 A회사에게 발송한 경우 乙은 A회사에 대한 협박죄의 미수에 해당한다.

ㄷ. 乙이 약정기일에 할부금을 변제하지 못하면 위 승용차를 회수해도 좋다는 각서 및 매매계약서와 양도증명서를 작성하여 교부한 후 乙이 그 채무를 불이행하자 甲은 취거 당시 乙의 의사에 반하여 위 승용차를 임의로 가져간 경우라도 영득이 적법하므로 절도죄가 성립하지 않는다.

ㄹ. 만일 甲이 위 승용차를 취거해 가기 전에 丙이 명의수탁받은 위 승용차를 자신의 소유라고 속여 B에게 매도하였다면 B가 자기의 명의로 소유권이전등록을 하였더라도 丙은 B에 대하여 사기죄가 성립한다.

① ㄱ ② ㄴ, ㄷ ③ ㄷ, ㄹ
④ ㄱ, ㄴ, ㄷ ⑤ ㄱ, ㄴ, ㄹ

[ㄱ ▸ O] 협박죄는 사람의 의사결정의 자유를 보호법익으로 하는 위험범이라 봄이 상당하고, 협박죄의 미수범 처벌조항은 해악의 고지가 현실적으로 상대방에게 도달하지 아니한 경우나, 도달은 하였으나 상대방이 이를 지각하지 못하였거나, 고지된 해악의 의미를 인식하지 못한 경우 등에 적용될 뿐이다(대판 2007.9.28. 2007도606[전합]).

[ㄴ ▸ X] 협박죄는 사람의 의사결정의 자유를 보호법익으로 하는 범죄로서 형법 규정의 체계상 개인적 법익, 특히 사람의 자유에 대한 죄 중 하나로 구성되어 있는바, 위와 같은 협박죄의 보호법익, 형법 규정상 체계, 협박의 행위 개념 등에 비추어 볼 때, 협박죄는 자연인만을 그 대상으로 예정하고 있을 뿐 법인은 협박죄의 객체가 될 수 없다(대판 2010.7.15. 2010도1017).

[ㄷ ▸ X] 굴삭기 매수인이 약정된 기일에 대금채무를 이행하지 아니하면 굴삭기를 회수하여 가도 좋다는 약정을 하고 각서와 매매계약서 및 양도증명서 등을 작성하여 판매회사 담당자에게 교부한 후 그 채무를 불이행하자 그 담당자가 굴삭기를 취거하여 매도한 경우, 굴삭기에 대한 소유권 등록 없이 매수인의 위와 같은 약정 및 각서 등의 작성, 교부만으로 굴삭기에 대한 소유권이 판매회사로 이전될 수는 없으므로 굴삭기 취거 당시 그 소유권은 여전히 매수인에게 남아 있고,

PART 02 형법각론

정답 ①

매수인의 의사표시 중에 자신의 동의나 승낙 없이 현실적으로 자신의 점유를 배제하고 굴삭기를 가져가도 좋다는 의사까지 포함되어 있었던 것으로 보기는 어려우므로, 그 굴삭기 취거행위는 절도죄에 해당하고 불법영득의 의사도 인정된다(대판 2001.10.26. 2001도4546).

[ㄹ ▸ ×] 부동산의 명의수탁자가 부동산을 제3자에게 매도하고 매매를 원인으로 한 소유권이전등기까지 마쳐 준 경우, 명의신탁의 법리상 대외적으로 수탁자에게 그 부동산의 처분권한이 있는 것임이 분명하고, 제3자로서도 자기 명의의 소유권이전등기가 마쳐진 이상 무슨 실질적인 재산상의 손해가 있을 리 없으므로 그 명의신탁사실과 관련하여 신의칙상 고지의무가 있다거나 기망행위가 있었다고 볼 수도 없어서 그 제3자에 대한 사기죄가 성립될 여지가 없고, 나아가 그 처분 시 매도인(명의수탁자)의 소유라는 말을 하였다고 하더라도 역시 사기죄가 성립하지 않으며, 이는 자동차의 명의수탁자가 처분한 경우에도 마찬가지이다(대판 2007.1.11. 2006도4498).

2012년 변호사시험 문 33. 확인Check! ○ △ ×

A회사 감사팀으로부터 횡령의혹을 받고 있는 직원인 甲과 乙은 공모하여 '회사의 내부비리를 금융감독원 등 관계기관에 고발하겠다'는 취지의 서면을 A회사 대표이사의 처남이자 상무이사인 B에게 팩스로 송부하였다. 그 후 甲은 B에게 전화를 하여 "당신도 그 비리에 연루되어 있으니 우리의 횡령행위를 문제 삼지 말라"라고 요구하면서 위 서면의 내용과 같은 말을 하였다. 이에 B는 甲과 乙을 협박죄로 고소하여 검사는 甲과 乙을 협박죄의 공동정범으로 기소하였는데, 재판 도중 B는 乙과 합의하고 乙에 대한 고소를 취소하였다. 이에 관한 설명 중 옳은 것은?(특별법 위반의 점은 논외로 하고, 다툼이 있는 경우에는 판례에 의함)

① 피해자 본인이나 그 친족 이외의 '제3자'에 대한 법익 침해를 내용으로 하는 해악을 고지한 것이므로 甲과 乙에게 협박죄가 성립할 수 없다.
② 비리를 관계기관에 고발하는 것은 국민의 권리일 뿐 아니라 고발의 내용도 위법하지 않으므로 甲과 乙의 행위는 정당한 권리 행사로서 협박죄가 성립할 수 없다.
③ B가 현실적으로 공포심을 일으키지 아니하였다고 하더라도 협박죄의 기수에 해당한다.
④ B가 乙과 합의하고 乙에 대한 고소를 취소하였으므로 고소불가분의 원칙상 甲을 협박죄로 처벌할 수 없다.
⑤ 법원은 乙의 이익을 위하여 乙에게 공소기각의 판결을 하지 아니하고 무죄를 선고할 수 있다.

[❶ ▸ ×] [❷ ▸ ×] [1] 협박죄에서 협박이란 일반적으로 보아 사람으로 하여금 공포심을 일으킬 정도의 해악을 고지하는 것을 의미하며, 그 고지되는 해악의 내용, 즉 침해하겠다는 법익의 종류나 법익의 향유주체 등에는 아무런 제한이 없다. 따라서 피해자 본인이나 그 친족뿐만 아니라 그 밖의 '제3자'에 대한 법익 침해를 내용으로 하는 해악을 고지하는 것이라고 하더라도 피해자 본인과 제3자가 밀접한 관계에 있어 그 해악의 내용이 피해자 본인에게 공포심을 일으킬 만한 정도의 것이라면 협박죄가 성립할 수 있다. 이때 '제3자'에는 자연인뿐만 아니라 법인도 포함된다 할 것이다.
[2] 비록 피고인이 횡령죄로 기소된 부분에 관하여 원심에서 보관자의 지위에 있지 않다는 이유로 무죄를 선고받아 이 부분 판결이 확정되기는 하였지만, 회사에 대하여 정당한 절차와 방법을 통해 자신의 무고함을 주장하는 데 그치지 않고 피해자를 상대로 그와 무관한 회사의 내부비리 등을 고발하겠다는 내용의 해악을 고지한 것은 관습이나 윤리관념 등 사회통념에 비추어 용인할 수 있는 정도의 것이라고는 볼 수 없다(대판 2010.7.15. 2010도1017).

[❸ ▸ ○] 협박죄가 성립하려면, 일반적으로 사람으로 하여금 공포심을 일으키게 하기에 충분한 것이어야 하지만, 상대방이 그에 의하여 현실적으로 공포심을 일으킬 것까지 요구하는 것은 아니며, 그와 같은 정도의 해악을 고지함으로써 상대방이 그 의미를 인식한 이상, 상대방이 현실적으로 공포심을 일으켰는지 여부와 관계없이 그로써 구성요건은 충족되어 협박죄의 기수에 이르는 것으로 해석하여야 한다(대판 2007.9.28. 2007도606[전합]).

③ 정답

[❹ ▸ ×] 형사소송법이 고소와 고소취소에 관한 규정을 하면서 제232조 제1항, 제2항에서 고소취소의 시한과 재고소의 금지를 규정하고 제3항에서는 반의사불벌죄에 제1항, 제2항의 규정을 준용하는 규정을 두면서도, 제233조에서 고소와 고소취소의 불가분에 관한 규정을 함에 있어서는 반의사불벌죄에 이를 준용하는 규정을 두지 아니한 것은 처벌을 희망하지 아니하는 의사표시나 처벌을 희망하는 의사표시의 철회에 관하여 친고죄와는 달리 공범자 간에 불가분의 원칙을 적용하지 아니하고자 함에 있다고 볼 것이지, 입법의 불비로 볼 것은 아니다(대판 1994.4.26. 93도1689). 따라서 이와 같은 판례의 취지를 고려하면, 반의사불벌죄인 협박죄에는 고소불가분의 원칙이 적용되지 아니하므로, 甲은 여전히 협박죄로 처벌될 수 있다.

[❺ ▸ ×] 무죄의 제1심판결에 대하여 검사가 채증법칙 위배 등을 들어 항소하였으나 공소기각사유가 있다고 인정될 경우, 항소심법원은 직권으로 판단하여 제1심판결을 파기하고 피고인에 대한 공소사실에 관하여 무죄라는 판단을 하기에 앞서 공소기각의 판결을 선고하여야 하고, 공소기각사유가 있으나 피고인의 이익을 위한다는 이유로 검사의 항소를 기각하여 무죄의 제1심판결을 유지할 수 없다(대판 1994.10.14. 94도1818).

2013년 변호사시험 문 36. ☑ 확인Check! ○ △ ×

甲은 사장 A가 자신을 해고한 것에 불만을 품고 A의 휴대전화로 "그런 식으로 살지 말라. 계속 그렇게 행동하다간 너의 가족이 무사하지 않을 것이다"라는 내용의 문자메시지를 보내고, 그 후 다시 "따님은 학교를 잘 다니고 계신지. 곧 못 볼 수도 있는 딸인데 맛있는 것 많이 사 주시지요"라는 문자메시지를 보냈다. 이를 본 A는 전혀 공포심을 느끼지 못했다. 이 경우 다음 설명 중 옳지 않은 것은?(다툼이 있는 경우에는 판례에 의함)

① 협박죄에는 상대방 본인뿐만 아니라 본인과 밀접한 관계에 있는 제3자에 대한 해악을 고지하는 것도 포함되기 때문에 甲의 행위는 협박죄의 협박에 해당한다.
② 만일 甲에게 협박죄가 성립한다면 협박죄는 위험범이므로 A가 공포심을 느끼지 못했다고 하더라도 협박죄의 기수가 된다.
③ 검사가 유죄의 증거로 문자정보가 저장되어 있는 휴대전화기를 법정에 제출하는 경우 그 휴대전화기에 저장된 문자정보는 그 자체가 증거로 사용될 수 있다.
④ 휴대전화기 이용자가 문자정보가 저장된 휴대전화기를 법정에 제출할 수 없거나 그 제출이 곤란한 사정이 있는 경우, 검사는 그 문자정보를 읽을 수 있도록 한 휴대전화기의 화면을 촬영한 사진을 증거로 제출할 수 있다.
⑤ 휴대전화기에 저장된 문자정보는 경험자의 진술에 갈음하는 대체물에 해당되므로 형사소송법 제310조의2에서 정한 전문법칙이 적용된다.

[❶ ▸ ○] 피해자 본인이나 그 친족뿐만 아니라 그 밖의 '제3자'에 대한 법익 침해를 내용으로 하는 해악을 고지하는 것이라고 하더라도 피해자 본인과 제3자가 밀접한 관계에 있어 그 해악의 내용이 피해자 본인에게 공포심을 일으킬 만한 정도의 것이라면 협박죄가 성립할 수 있다(대판 2010.7.15. 2010도1017).

[❷ ▸ ○] 협박죄가 성립하려면, 일반적으로 사람으로 하여금 공포심을 일으키게 하기에 충분한 것이어야 하지만, 상대방이 그에 의하여 현실적으로 공포심을 일으킬 것까지 요구하는 것은 아니며, 그와 같은 정도의 해악을 고지함으로써 상대방이 그 의미를 인식한 이상, 상대방이 현실적으로 공포심을 일으켰는지 여부와 관계없이 그로써 구성요건은 충족되어 협박죄의 기수에 이르는 것으로 해석하여야 한다(대판 2007.9.28. 2007도606[전합]).

정답 ⑤

[❸ ▸ ○] [❹ ▸ ○] [❺ ▸ ×] [1] 구 정보통신망 이용촉진 및 정보보호 등에 관한 법률 제65조 제1항 제3호는 정보통신망을 통하여 공포심이나 불안감을 유발하는 글을 반복적으로 상대방에게 도달하게 하는 행위를 처벌하고 있다. 검사가 위 죄에 대한 유죄의 증거로 문자정보가 저장되어 있는 휴대전화기를 법정에 제출하는 경우, 휴대전화기에 저장된 문자정보 그 자체가 범행의 직접적인 수단으로서 증거로 사용될 수 있다. 또한 검사는 휴대전화기 이용자가 그 문자정보를 읽을 수 있도록 한 휴대전화기의 화면을 촬영한 사진을 증거로 제출할 수도 있는데, 이를 증거로 사용하려면 문자정보가 저장된 휴대전화기를 법정에 제출할 수 없거나 그 제출이 곤란한 사정이 있고, 그 사진의 영상이 휴대전화기의 화면에 표시된 문자정보와 정확하게 같다는 사실이 증명되어야 한다.
[2] 정보통신망을 통하여 공포심이나 불안감을 유발하는 글을 반복적으로 상대방에게 도달하게 하는 행위를 하였다는 공소사실에 대하여 휴대전화기에 저장된 문자정보가 그 증거가 되는 경우, 그 문자정보는 범행의 직접적인 수단이고 경험자의 진술에 갈음하는 대체물에 해당하지 않으므로, 형사소송법 제310조의2에서 정한 전문법칙이 적용되지 않는다(대판 2008.11.13. 2006도2556).

제2절 강요의 죄

제3절 체포와 감금의 죄 ☆

2017년 변호사시험 문 19. ☑ 확인Check! ○ △ ×

감금의 죄에 관한 설명 중 옳은 것을 모두 고른 것은?(다툼이 있는 경우 판례에 의함)

ㄱ. 정신병자도 감금죄의 객체가 될 수 있다.
ㄴ. 감금행위가 단순히 강도상해범행의 수단이 되는 데 그치지 아니하고 강도상해의 범행이 끝난 뒤에도 계속된 경우에는 감금죄와 강도상해죄가 성립하고, 두 죄는 실체적 경합범관계에 있다.
ㄷ. 감금행위가 강간죄나 강도죄의 수단이 된 경우에도 감금죄는 강간죄나 강도죄에 흡수되지 아니하고 별도로 성립한다.
ㄹ. 경찰서 내 대기실로서 일반인과 면회인 및 경찰관이 수시로 출입하는 곳이고 여닫이문만 열면 나갈 수 있도록 된 구조라 하여도 경찰서 밖으로 나가지 못하도록 그 신체의 자유를 제한하는 유·무형의 억압이 있었다면 이는 감금에 해당한다.
ㅁ. 감금을 하기 위한 수단으로 행사된 단순한 협박행위는 감금죄에 흡수되어 따로 협박죄를 구성하지 않는다.

① ㄱ, ㄴ ② ㄱ, ㄴ, ㄷ, ㄹ ③ ㄱ, ㄷ, ㄹ, ㅁ
④ ㄴ, ㄷ, ㄹ, ㅁ ⑤ ㄱ, ㄴ, ㄷ, ㄹ, ㅁ

[ㄱ ▸ ○] 정신병자도 감금죄의 객체가 될 수 있다(대판 2002.10.11. 2002도4315).

⑤ 정답

[ㄴ ▸ O] 감금행위가 단순히 강도상해범행의 수단이 되는 데 그치지 아니하고 강도상해의 범행이 끝난 뒤에도 계속된 경우에는 1개의 행위가 감금죄와 강도상해죄에 해당하는 경우라고 볼 수 없고, 이 경우 감금죄와 강도상해죄는 형법 제37조의 경합범관계에 있다(대판 2003.1.10. 2002도4380).

[ㄷ ▸ O] 감금행위가 강간죄나 강도죄의 수단이 된 경우에도 감금죄는 강간죄나 강도죄에 흡수되지 아니하고 별죄를 구성한다(대판 1997.1.21. 96도2715).

[ㄹ ▸ O] 감금죄에 있어서의 감금행위는 사람으로 하여금 일정한 장소 밖으로 나가지 못하도록 하여 신체의 자유를 제한하는 행위를 가리키는 것이고, 그 방법은 반드시 물리적, 유형적 장애를 사용하는 경우뿐만 아니라 심리적, 무형적 장애에 의하는 경우도 포함되는 것이므로, 설사 그 장소가 경찰서 내 대기실로서 일반인과 면회인 및 경찰관이 수시로 출입하는 곳이고 여닫이문만 열면 나갈 수 있도록 된 구조라 하여도 경찰서 밖으로 나가지 못하도록 그 신체의 자유를 제한하는 유형, 무형의 억압이 있었다면 이는 감금에 해당한다(대판 1997.6.13. 97도877).

[ㅁ ▸ O] 감금을 하기 위한 수단으로서 행사된 단순한 협박행위는 감금죄에 흡수되어 따로 협박죄를 구성하지 아니한다(대판 1982.6.22. 82도705).

제4절 약취 · 유인과 인신매매의 죄 ☆

2014년 변호사시험 문 5. ☑ 확인Check! O △ X

자유에 관한 죄에 대한 설명 중 옳은 것을 모두 고른 것은?(다툼이 있는 경우에는 판례에 의함)

ㄱ. 골프시설의 운영자가 골프회원에게 불리하게 내용이 변경된 회칙에 대하여 동의한다는 내용의 등록신청서를 제출하지 않으면 회원으로 대우하지 않겠다고 통지하는 것은 강요죄의 협박에 해당한다.
ㄴ. 미성년자가 혼자 머무는 주거에 침입하여 그를 감금한 후 협박에 의하여 부모의 출입을 봉쇄한 경우 미성년자의 장소적 이전이 없었으므로 미성년자약취죄가 성립하지 않는다.
ㄷ. 재물을 강취하기 위하여 피해자를 강제로 승용차에 태우고 가다가 주먹으로 때려 반항을 억압한 다음 현금 35만원 등이 들어 있는 가방을 빼앗은 후 약 15km를 계속하여 진행하여 가다가 교통사고를 일으켜 발각된 경우 감금죄와 강도죄는 실체적 경합관계이다.
ㄹ. A주식회사 대표이사에게 자신의 횡령행위를 문제 삼으면 A주식회사의 내부비리 등을 금융감독원 등 관계기관에 고발하겠다고 발언하는 경우 대표이사뿐만 아니라 법인에 대하여도 협박죄가 성립한다.
ㅁ. 미성년자의 어머니가 교통사고로 사망하여 아버지가 미성년자의 양육을 외조부에게 맡겼으나 교통사고 배상금 등으로 분쟁이 발생하자 학교에서 귀가하는 미성년자를 아버지가 본인의 의사에 반하여 강제로 차에 태우고 데려간 경우 미성년자약취죄가 성립한다.

① ㄴ, ㄹ ② ㄱ, ㄷ, ㅁ ③ ㄴ, ㄷ, ㄹ
④ ㄱ, ㄴ, ㄷ, ㅁ ⑤ ㄱ, ㄷ, ㄹ, ㅁ

[ㄱ ▸ O] 골프시설의 운영자가 골프회원에게 불리하게 변경된 내용의 회칙에 대하여 동의한다는 내용의 등록신청서를 제출하지 아니하면 회원으로 대우하지 아니하겠다고 통지한 것은 강요죄에 해당한다(대판 2003.9.26. 2003도763).

정답 ②

[ㄴ ▸ ×] 형법 제287조에 규정된 약취행위는 폭행 또는 협박을 수단으로 하여 미성년자를 그 의사에 반하여 자유로운 생활관계 또는 보호관계로부터 이탈시켜 범인이나 제3자의 사실상 지배하에 옮기는 행위를 말하는 것이다. 물론, 여기에는 미성년자를 장소적으로 이전시키는 경우뿐만 아니라 장소적 이전 없이 기존의 자유로운 생활관계 또는 부모와의 보호관계로부터 이탈시켜 범인이나 제3자의 사실상 지배하에 두는 경우도 포함된다고 보아야 한다(대판 2008.1.17. 2007도8485).

[ㄷ ▸ ○] 피고인은 공소외 1 등과 피해자로부터 돈을 빼앗자고 공모한 다음 그를 강제로 승용차에 태우고 가면서 공소사실과 같이 돈을 빼앗고 상해를 가한 뒤에도 계속하여 상당한 거리를 진행하여 가다가 교통사고를 일으켜 감금행위가 중단되었는데, 이와 같이 감금행위가 단순히 강도상해범행의 수단이 되는 데 그치지 아니하고 그 범행이 끝난 뒤에도 계속되었으므로, 피고인이 저지른 감금죄와 강도상해죄는 형법 제37조의 경합범관계에 있다고 보아야 한다(대판 2003.1.10. 2002도4380).

[ㄹ ▸ ×] 협박죄는 사람의 의사결정의 자유를 보호법익으로 하는 범죄로서 형법 규정의 체계상 개인적 법익, 특히 사람의 자유에 대한 죄 중 하나로 구성되어 있는바, 위와 같은 협박죄의 보호법익, 형법 규정상 체계, 협박의 행위 개념 등에 비추어 볼 때, 협박죄는 자연인만을 그 대상으로 예정하고 있을 뿐 법인은 협박죄의 객체가 될 수 없다(대판 2010.7.15. 2010도1017).

[ㅁ ▸ ○] 미성년자를 보호감독하는 자라 하더라도 다른 보호감독자의 감호권을 침해하거나 자신의 감호권을 남용하여 미성년자 본인의 이익을 침해하는 경우에는 미성년자약취·유인죄의 주체가 될 수 있다(대판 2008.1.31. 2007도8011).

제5절 강간과 추행의 죄

2013년 변호사시험 문 6. ☑ 확인 Check! ○ △ ×

성범죄에 관한 설명 중 옳지 않은 것은?(다툼이 있는 경우에는 판례에 의함)

① 특수강간범이 강간행위 계속 중에 특수강도의 행위를 한 후 강간행위를 종료한 경우 성폭력범죄의 처벌 등에 관한 특례법상의 특수강도강간죄가 성립한다.

② 甲, 乙, 丙이 사전의 모의에 따라 강간할 목적으로 심야에 인가에서 멀리 떨어져 있어 쉽게 도망할 수 없는 야산으로 피해자 A, B, C를 유인한 다음 곧바로 암묵적인 합의에 따라 각자 마음에 드는 피해자 1명씩만을 데리고 불과 100m 이내의 거리에 있는 곳으로 흩어져 동시 또는 순차적으로 피해자들을 각각 강간하였다면, 甲에게는 A, B, C 모두에 대한 성폭력범죄의 처벌 등에 관한 특례법상의 특수강간죄가 성립한다.

③ 자신이 알고 있는 사람과 다툼을 일으키고 자신의 말을 무시하고 차량이 주차된 장소로 가는 48세 부녀자인 A를 뒤따라가 '그냥 가면 가만두지 않겠다'라고 하면서 바지를 벗고 자신의 성기를 보여 준 甲의 행위는 비록 사람들이 왕래하는 골목길 도로이고 직접적인 신체적 접촉이 없었으나, 주차된 차량들 사이에서 발생한 것이고, 저녁 8시경에 이루어졌으며, 객관적으로 일반인에게 성적 수치심과 혐오감을 일으키는 행위이므로 강제추행죄가 성립한다.

④ 강간범이 강간행위 후에 강도의 범의를 일으켜 그 부녀의 재물을 강취하는 경우에는 강도강간죄가 아니라 강간죄와 강도죄의 경합범이 성립한다.

⑤ 성폭력범죄의 처벌 등에 관한 특례법상의 공중밀집장소에서의 추행죄에서 규정하고 있는 공중밀집장소란 공중의 이용에 상시적으로 제공, 개방된 상태에 놓여 있는 곳 일반을 의미하므로, 공중밀집장소의 일반적 특성을 이용한 행위라고 보기 어려운 특별한 사정이 있는 경우에 해당하지 않는 한 추행행위 당시의 현실적인 밀집도 내지 혼잡도에 따라 그 규정의 적용 여부를 달리한다고 볼 수 없다.

③ 정답

[❶ ▸ ○] 다른 특별한 사정이 없는 한 특수강간범이 강간행위 종료 전에 특수강도의 행위를 한 이후에 그 자리에서 강간행위를 계속하는 때에도 특수강도가 부녀를 강간한 때에 해당하여 구 성폭력범죄의 처벌 및 피해자보호 등에 관한 법률 제5조 제2항에 정한 특수강도강간죄로 의율할 수 있다(대판 2010.7.15. 2010도3594).

[❷ ▸ ○] 피고인 등이 비록 특정한 1명씩의 피해자만 강간하거나 강간하려고 하였다 하더라도, 사전의 모의에 따라 강간할 목적으로 심야에 인가에서 멀리 떨어져 있어 쉽게 도망할 수 없는 야산으로 피해자들을 유인한 다음 곧바로 암묵적인 합의에 따라 각자 마음에 드는 피해자들을 데리고 불과 100m 이내의 거리에 있는 곳으로 흩어져 동시 또는 순차적으로 피해자들을 각각 강간하였다면, 그 각 강간의 실행행위도 시간적으로나 장소적으로 협동관계에 있었다고 보아야 할 것이므로, 피해자 3명 모두에 대한 특수강간죄 등이 성립된다(대판 2004.8.20. 2004도2870).

[❸ ▸ ×] 피고인이 피해자 甲(여, 48세)에게 욕설을 하면서 자신의 바지를 벗어 성기를 보여 주는 방법으로 강제추행하였다는 내용으로 기소된 경우, 제반사정을 고려할 때 단순히 피고인이 바지를 벗어 자신의 성기를 보여 준 것만으로는 폭행 또는 협박으로 '추행'을 하였다고 볼 수 없다(대판 2012.7.26. 2011도8805).

[❹ ▸ ○] 강도강간죄는 강도가 강간하는 것을 그 요건으로 하므로 부녀를 강간한 자가 강간행위 후에 강도의 범의를 일으켜 재물을 강취하는 경우에는 강간죄와 강도죄의 경합범이 성립될 수 있을 뿐이다(대판 1977.9.28. 77도1350).

[❺ ▸ ○] 공중밀집장소에서의 추행죄를 규정한 성폭력범죄의 처벌 및 피해자보호 등에 관한 법률 제13조의 '공중이 밀집하는 장소'에는, 현실적으로 사람들이 빽빽이 들어서 있어 서로 간의 신체적 접촉이 이루어지고 있는 곳만을 의미하는 것이 아니라 이 사건 찜질방 등과 같이 공중의 이용에 상시적으로 제공·개방된 상태에 놓여 있는 곳 일반을 의미한다. 또한 위 공중밀집장소의 의미를 이와 같이 해석하는 한 그 장소의 성격과 이용현황, 피고인과 피해자 사이의 친분관계 등 구체적 사실관계에 비추어, 공중밀집장소의 일반적 특성을 이용한 추행행위라고 보기 어려운 특별한 사정이 있는 경우에 해당하지 않는 한, 그 행위 당시의 현실적인 밀집도 내지 혼잡도에 따라 그 규정의 적용 여부를 달리한다고 할 수는 없다(대판 2009.10.29. 2009도5704).

2015년 변호사시험 문 12. ☑ 확인 Check! ○ △ ×

다음 설명 중 옳지 않은 것은?(다툼이 있는 경우 판례에 의함)

① 강제추행죄는 폭행이 추행행위에 앞서 이루어진 경우뿐만 아니라 폭행행위 자체가 추행행위라고 인정되는 경우에도 성립한다.

② 피고인이 심신미약자인 피해자를 여관으로 유인하기 위하여 인터넷쪽지로 남자를 소개해 주겠다고 거짓말을 하여 피해자가 이에 속아 여관으로 오게 되었고, 그곳에서 성관계를 하게 되었다면 거짓말로 여관으로 유인한 행위는 위계에 의한 심신미약자간음죄의 위계에 해당한다.

③ 혼인빙자등간음죄를 규정한 구 형법 제304조가 폐지되었는바, 제304조의 내용 중 위계간음죄 부분의 폐지는 법률이념의 변천에 따라 반성적 고려에서 비롯되었으며, 이는 범죄 후의 법령 개폐로 범죄를 구성하지 않게 되어 형이 폐지되었을 때에 해당하므로 폐지 전에 행한 위계간음행위에 대하여 면소판결을 하여야 한다.

④ 8세인 미성년자에 대한 추행행위로 피해자의 외음부 부위에 염증이 발생한 경우 그 증상이 약간의 발적과 경도의 염증이 수반된 정도에 불과하더라도 그로 인하여 피해자 신체의 건강상태가 불량하게 되고 생활기능에 장애가 초래된 것이라면 이러한 상해는 미성년자의제강제추행치상죄의 상해의 개념에 해당한다.

⑤ 피고인이 간음하기 위해 피해자의 바지를 벗기려는 순간 피해자가 어렴풋이 잠에서 깨어나 피고인을 자신의 애인으로 착각하여 불을 끄라고 말하였고, 피고인이 여관으로 가자고 제의하자 그냥 빨리하라고 하면서 성교에 응하자 피고인이 피해자를 간음한 경우 준강간죄가 성립하지 않는다.

정답 ②

[❶ ▸ ○] 강제추행죄는 상대방에 대하여 폭행 또는 협박을 가하여 항거를 곤란하게 한 뒤에 추행행위를 하는 경우뿐만 아니라 폭행행위 자체가 추행행위라고 인정되는 경우도 포함되며, 이 경우의 폭행은 반드시 상대방의 의사를 억압할 정도의 것임을 요하지 않고 상대방의 의사에 반하는 유형력의 행사가 있는 이상 그 힘의 대소강약을 불문한다(대판 2012.6.14. 2012도3893).

[❷ ▸ ×] 피고인이 피해자를 여관으로 유인하기 위하여 남자를 소개시켜 주겠다고 거짓말을 하고 피해자가 이에 속아 여관으로 오게 되었고 거기에서 성관계를 하게 되었다 할지라도, 그녀가 여관으로 온 행위와 성교행위 사이에는 불가분의 관련성이 인정되지 아니하는 만큼 이로 인하여 피해자가 간음행위 자체에 대한 착오에 빠졌다거나 이를 알지 못하였다고 할 수는 없다 할 것이어서, 피고인의 위 행위는 형법 제302조 소정의 위계에 의한 심신미약자간음죄에 있어서 위계에 해당하지 아니한다(대판 2002.7.12. 2002도2029).

[❸ ▸ ○] 구 형법 제304조 중 혼인빙자간음죄 부분은 2008헌바58 등 결정에 의하여 위헌으로 판단되었고, 또한 위 개정형법 부칙 등에서 그 시행 전의 행위에 대한 벌칙의 적용에 관하여 아무런 경과규정을 두지 아니하였다. 이러한 사정 등에 비추어 보면, 구 형법 제304조의 삭제는 법률이념의 변천에 따라 과거에 범죄로 본 음행의 상습 없는 부녀에 대한 위계간음행위에 관하여 현재의 평가가 달라짐에 따라 이를 처벌대상으로 삼는 것이 부당하다는 반성적 고려에서 비롯된 것으로 봄이 타당하므로, 이는 범죄 후의 법령 개폐로 범죄를 구성하지 않게 되어 형이 폐지되었을 때에 해당한다(대판 2014.4.24. 2012도14253).

[❹ ▸ ○] 미성년자에 대한 추행행위로 인하여 그 피해자의 외음부 부위에 염증이 발생한 것이라면, 그 증상이 약간의 발적과 경도의 염증이 수반된 정도에 불과하다고 하더라도 그로 인하여 피해자 신체의 건강상태가 불량하게 변경되고 생활기능에 장애가 초래된 것이 아니라고 볼 수 없으니, 이러한 상해는 미성년자의제강제추행치상죄의 상해의 개념에 해당한다(대판 1996.11.22. 96도1395).

[❺ ▸ ○] 피해자는 안방에서 잠을 자고 있던 중 피고인이 안방에 들어오자 피고인을 자신의 애인으로 잘못 알고 불을 끄라고 말하였고, 피고인이 자신을 애무할 때 누구냐고 물었으며, 피고인이 여관으로 가자고 제의하자 그냥 빨리 하라고 말한 사실을 알 수 있으므로, 피고인의 이 사건 간음행위 당시 피해자가 심신상실상태에 있었다고 볼 수 없다(대판 2000.2.25. 98도4355).

2018년 변호사시험 문 16. ☑ 확인 Check! ○ △ ×

다음 설명 중 옳지 않은 것은?(다툼이 있는 경우 판례에 의함)

① 아동·청소년의 성을 사는 행위를 알선하는 행위를 업으로 하는 사람이 알선의 대상이 아동·청소년임을 인식하면서 알선행위를 하였더라도, 알선행위로 아동·청소년의 성을 사는 행위를 한 사람이 행위의 상대방이 아동·청소년임을 인식하지 못하였다면 아동·청소년의 성보호에 관한 법률 위반(알선영업행위등)죄가 성립하지 않는다.

② 감금행위가 단순히 강도상해범행의 수단이 되는 데 그치지 아니하고 강도상해의 범행이 끝난 뒤에도 계속된 경우에는 감금죄와 강도상해죄의 경합범으로 처벌된다.

③ 미성년자가 혼자 머무는 주거에 침입하여 그를 감금한 뒤 폭행 또는 협박에 의하여 부모의 출입을 봉쇄하고 독자적인 생활관계를 형성하기에 이르렀다면 비록 장소적 이전이 없었다 할지라도 미성년자약취죄가 성립한다.

④ 강간범이 강간행위 후에 강도의 범의를 일으켜 피해자의 재물을 강취한 경우에는 강도강간죄가 아니라 강간죄와 강도죄의 경합범으로 처벌될 수 있을 뿐이나, 강간행위를 종료하기 전에 강도행위를 하고 그 자리에서 강간행위를 계속한 때에는 강도강간죄로 처벌된다.

⑤ 강간범이 범행현장에서 범행에 사용하려는 의도 아래 흉기 등 위험한 물건을 지닌 이상 그 사실을 피해자가 인식하거나 실제로 범행에 사용하지 않은 경우도 성폭력범죄의 처벌 등에 관한 특례법 제4조 제1항 소정의 '흉기나 그 밖의 위험한 물건을 지닌 채 강간죄를 범한 자'에 해당한다.

[❶ ▸ ×] 아동·청소년의 성을 사는 행위를 알선하는 행위를 업으로 하여 청소년성보호법 제15조 제1항 제2호의 위반죄가 성립하기 위해서는 알선행위를 업으로 하는 사람이 아동·청소년을 알선의 대상으로 삼아 그 성을 사는 행위를 알선한다는 것을 인식하여야 하지만, 이에 더하여 알선행위로 아동·청소년의 성을 사는 행위를 한 사람이 행위의 상대방이 아동·청소년임을 인식하여야 한다고 볼 수는 없다(대판 2016.2.18. 2015도15664).

[❷ ▸ ○] 감금행위가 단순히 강도상해범행의 수단이 되는 데 그치지 아니하고 강도상해의 범행이 끝난 뒤에도 계속된 경우에는 1개의 행위가 감금죄와 강도상해죄에 해당하는 경우라고 볼 수 없고, 이 경우 감금죄와 강도상해죄는 형법 제37조의 경합범관계에 있다(대판 2003.1.10. 2002도4380).

[❸ ▸ ○] 형법 제287조에 규정된 약취행위는 폭행 또는 협박을 수단으로 하여 미성년자를 그 의사에 반하여 자유로운 생활관계 또는 보호관계로부터 이탈시켜 범인이나 제3자의 사실상 지배하에 옮기는 행위를 말하는 것이다. 물론, 여기에는 미성년자를 장소적으로 이전시키는 경우뿐만 아니라 장소적 이전 없이 기존의 자유로운 생활관계 또는 부모와의 보호관계로부터 이탈시켜 범인이나 제3자의 사실상 지배하에 두는 경우도 포함된다고 보아야 한다(대판 2008.1.17. 2007도8485).

[❹ ▸ ○] 강도강간죄는 강도라는 신분을 가진 범인이 강간죄를 범하였을 때 성립하는 범죄이므로, 강간범이 강간행위 후에 강도의 범의를 일으켜 그 부녀의 재물을 강취하는 경우에는 강도강간죄가 아니라 강도죄와 강간죄의 경합범이 성립될 수 있을 뿐이나, 강간범이 강간행위 종료 전, 즉 그 실행행위의 계속 중에 강도의 행위를 할 경우에는 이때에 바로 강도의 신분을 취득하는 것이므로 이후에 그 자리에서 강간행위를 계속하는 때에는 강도가 부녀를 강간한 때에 해당하여 형법 제339조 소정의 강도강간죄를 구성한다 할 것이다(대판 2010.7.15. 2010도3594).

[❺ ▸ ○] 성폭력범죄의 처벌 및 피해자보호 등에 관한 법률의 목적과 같은 법 제6조의 규정취지에 비추어 보면 같은 법 제6조 제1항 소정의 '흉기 기타 위험한 물건을 휴대하여 강간죄를 범한 자'란 범행현장에서 그 범행에 사용하려는 의도 아래 흉기를 소지하거나 몸에 지니는 경우를 가리키는 것이고, 그 범행과는 전혀 무관하게 우연히 이를 소지하게 된 경우까지를 포함하는 것은 아니라 할 것이나, 범행현장에서 범행에 사용하려는 의도 아래 흉기 등 위험한 물건을 소지하거나 몸에 지닌 이상 그 사실을 피해자가 인식하거나 실제로 범행에 사용하였을 것까지 요구되는 것은 아니다(대판 2004.6.11. 2004도2018).

정답 ①

2019년 변호사시험 문 3. ☑ 확인Check! ○ △ ×

다음 설명 중 옳은 것을 모두 고른 것은?(다툼이 있는 경우 판례에 의함)

ㄱ. 甲이 새벽에 귀가하는 A(25세, 여)를 발견하고는 강간하기로 마음먹고, A를 따라가 A가 거주하는 아파트 엘리베이터를 같이 탄 뒤 엘리베이터 안에서 주먹으로 A의 얼굴을 수회 때려 반항을 억압한 후 A를 끌고 엘리베이터에서 내린 다음 아파트 계단에서 A를 간음하고 그로 인하여 A에게 상해를 가한 경우, 아파트의 엘리베이터, 공용 계단은 특별한 사정이 없는 한 주거침입죄의 객체인 '사람의 주거'에 해당하므로 甲에게는 성폭력범죄의 처벌 등에 관한 특례법 위반(강간등상해)죄가 성립한다.

ㄴ. 甲이 야간에 A(26세, 여)의 주거에 침입하여 A에게 칼을 들이대고 협박하여 A의 반항을 억압한 상태에서 강간행위를 실행하던 도중 범행현장에 있던 A 소유의 핸드백을 빼앗은 다음 그 자리에서 강간행위를 계속한 경우, 甲에게는 성폭력범죄의 처벌 등에 관한 특례법 위반(특수강간)죄와 특수강도죄가 성립하고 양 죄는 실체적 경합범관계이다.

ㄷ. 甲이 버스에서 내려 혼자 걸어가는 A(27세, 여)를 발견하고 마스크를 착용한 채 뒤따라가다가 인적이 없고 외진 곳에서 가까이 접근하여 껴안으려고 양 팔을 든 순간, A가 뒤돌아보면서 소리치자 甲이 그 상태로 몇 초 동안 A를 쳐다보다가 다시 오던 길로 되돌아간 경우, 甲에게는 강제추행미수죄가 성립한다.

ㄹ. 사리판단력이 있는 고등학교 1년생으로 종전에 성경험이 있었던 A(16세, 여)에게 甲이 성교의 대가로 돈을 주겠다고 거짓말하여 이에 속은 A와 성교행위를 한 경우, 위계로써 아동·청소년을 간음한 경우에 해당하므로, 甲에게는 형법상 미성년자간음죄가 아니라 아동·청소년의 성보호에 관한 법률 위반(위계등간음)죄가 성립한다.

ㅁ. 甲이 제작한 영상물이 객관적으로 아동·청소년이 등장하여 성적 행위를 하는 내용을 표현한 영상물에 해당하더라도 대상이 된 아동·청소년의 동의하에 촬영한 것이라면, 甲의 행위는 아동·청소년의 성보호에 관한 법률상 '아동·청소년이용음란물'을 제작한 것에 해당하지 아니한다.

① ㄱ, ㄴ　　② ㄱ, ㄷ　　③ ㄴ, ㄹ
④ ㄴ, ㅁ　　⑤ ㄷ, ㄹ, ㅁ

[ㄱ ▸ O] [1] 다가구용 단독주택이나 다세대주택·연립주택·아파트 등 공동주택의 내부에 있는 엘리베이터, 공용 계단과 복도는 특별한 사정이 없는 한 주거침입죄의 객체인 '사람의 주거'에 해당하고, 위 장소에 거주자의 명시적, 묵시적 의사에 반하여 침입하는 행위는 주거침입죄를 구성한다.
[2] 피고인이 강간할 목적으로 피해자를 따라 피해자가 거주하는 아파트 내부의 엘리베이터에 탄 다음 그 안에서 폭행을 가하여 반항을 억압한 후 계단으로 끌고 가 피해자를 강간하고 상해를 입힌 경우, 피고인이 성폭력범죄의 처벌 및 피해자보호 등에 관한 법률 제5조 제1항에 정한 주거침입범의 신분을 가지게 되었다는 이유로, 주거 침입을 인정하지 않고 강간상해죄만을 선고한 원심판결을 파기한다(대판 2009.9.10. 2009도4335).

[ㄴ ▸ X] 구 성폭력범죄의 처벌 및 피해자보호 등에 관한 법률 제5조 제2항은 형법 제334조(특수강도) 등의 죄를 범한 자가 형법 제297조(강간) 등의 죄를 범한 경우에 이를 특수강도강간 등의 죄로 가중하여 처벌하는 것이므로, 다른 특별한 사정이 없는 한 특수강간범이 강간행위 종료 전에 특수강도의 행위를 한 이후에 그 자리에서 강간행위를 계속하는 때에도 특수강도가 부녀를 강간한 때에 해당하여 구 성폭력범죄의 처벌 및 피해자보호 등에 관한 법률 제5조 제2항에 정한 특수강도강간죄로 의율할 수 있다(대판 2010.12.9. 2010도9630).

[ㄷ ▸ O] 피고인이 밤에 술을 마시고 배회하던 중 버스에서 내려 혼자 걸어가는 피해자 갑을 발견하고 마스크를 착용한 채 뒤따라가다가 인적이 없고 외진 곳에서 가까이 접근하여 껴안으려 하였으나, 갑이 뒤돌아보면서 소리치자 그 상태로 몇 초 동안 쳐다보다가 다시 오던 길로 되돌아갔다고 하여 아동·청소년의 성보호에 관한 법률 위반으로 기소된 경우, 피고인의 행위는 아동·청소년에 대한 강제추행미수죄에 해당한다(대판 2015.9.10. 2015도6980).

② 정답

[ㄹ ▸ ×] 피고인이 청소년에게 성교의 대가로 돈을 주겠다고 거짓말하고 청소년이 이에 속아 피고인과 성교행위를 하였다고 하더라도, 사리판단력이 있는 청소년에 관하여는 그러한 금품의 제공과 성교행위 사이에 불가분의 관련성이 인정되지 아니하는 만큼 이로 인하여 청소년이 간음행위 자체에 대한 착오에 빠졌다거나 이를 알지 못하였다고 할 수 없으므로, 피고인의 행위는 청소년의 성보호에 관한 법률 제10조 제4항 소정의 위계에 해당하지 아니한다(대판 2001.12.24. 2001도5074).

[ㅁ ▸ ×] 제작한 영상물이 객관적으로 아동・청소년이 등장하여 성적 행위를 하는 내용을 표현한 영상물에 해당하는 한 대상이 된 아동・청소년의 동의하에 촬영한 것이라거나 사적인 소지・보관을 1차적 목적으로 제작한 것이라고 하여 구 아청법 제8조 제1항의 '아동・청소년이용음란물'에 해당하지 아니한다거나 이를 '제작'한 것이 아니라고 할 수 없다. 다만, 아동・청소년인 행위자 본인이 사적인 소지를 위하여 자신을 대상으로 '아동・청소년이용음란물'에 해당하는 영상 등을 제작하거나 그 밖에 이에 준하는 경우로서, 영상의 제작행위가 헌법상 보장되는 인격권, 행복추구권 또는 사생활의 자유 등을 이루는 사적인 생활영역에서 사리분별력 있는 사람의 자기결정권의 정당한 행사에 해당한다고 볼 수 있는 예외적인 경우에는 위법성이 없다고 볼 수 있다(대판 2015.2.12. 2014도11501).

명예와 신용에 관한 죄

각 문항별로 이해도를 체크해 보세요.

최근 5년간 회별 평균 0.8문

제1절 명예에 관한 죄 ★★★

2013년 변호사시험 문 10.

지방자치단체장 선거에 출마한 甲은 상대후보 A의 도덕성에 치명적 타격을 줄 수 있는 허위의 사실을 지역신문기자 乙에게 제보하였다. 乙은 제보의 사실 여부를 자세히 확인하지 아니한 채, 이를 진실로 여기고 지역주민들의 중요한 알 권리를 위해서 지역신문에 기사화하였다. 이 사례를 위법성조각사유의 전제사실에 관한 착오로 보아 해결할 경우 옳은 설명을 모두 고른 것은?(공직선거법 위반은 논외로 함)

가. 엄격책임설에 의하면 乙은 출판물에 의한 허위사실적시 명예훼손죄(제309조 제2항)의 간접정범으로 처벌된다.
나. 제한적 책임설 중 법효과제한적 책임설에 의하면 乙은 진실한 사실적시 명예훼손죄(제307조 제1항)로 처벌된다.
다. 제한적 책임설 중 유추적용설에 의하면 甲은 乙이 범한 진실한 사실적시 명예훼손죄(제307조 제1항)에 대한 교사범으로 처벌된다.

① 가, 다 ② 나, 다 ③ 나
④ 다 ⑤ 없 음

지역신문기자 乙에게는 비방의 목적이 인정되지 아니하고, 형법 제307조 제1항의 고의로 동조 제2항의 구성요건을 실현하였으므로, 형법 제15조 제1항에 의하여 형법 제307조 제1항의 명예훼손죄 성부가 문제된다.

[가 ▸ ×] 엄격책임설에 의하면, 사실의 진실성에 대한 乙의 착오에는 정당한 이유가 없으므로, 형법 제307조 제1항의 명예훼손죄의 직접정범으로 처벌된다.

[나 ▸ ×] 제한적 책임설 중 법효과제한적 책임설에 의하면, 乙의 착오로 인하여 책임고의가 조각되어 과실범의 문제가 되나, 명예훼손죄의 경우에는 과실범 처벌규정이 없으므로, 결국 乙은 무죄가 된다.

[다 ▸ ×] 제한적 책임설 중 유추적용설에 의하더라도, 乙의 착오로 인하여 구성요건적 고의가 조각되어 과실범의 문제가 되나, 명예훼손죄의 경우에는 과실범 처벌규정이 없으므로 결국 乙은 무죄가 되고, 허위의 사실을 乙에게 제보한 甲은 위법성조각사유의 전제사실에 대한 착오에 빠져 행위를 하는 도구로서 乙을 이용하였으므로, 乙에 대한 의사지배가 인정된다고 해석함이 상당하다. 따라서 비방의 목적으로 乙에게 허위의 기사를 제보함으로써 기사화시킨 甲은, 형법 제309조 제2항의 출판물에 의한 명예훼손죄의 간접정범으로 처벌된다.

정답 ⑤

2014년 변호사시험 문 9. ☑ 확인Check! ○ △ ×

명예훼손죄에 관한 설명 중 옳지 않은 것은?(다툼이 있는 경우에는 판례에 의함)

① 진정서 사본과 고소장 사본을 특정 사람들에게만 개별적으로 우송한 경우라도 그 수가 200여 명에 이른 경우에는 명예훼손죄의 요건인 공연성이 인정된다.

② 정부 또는 국가기관은 형법상 명예훼손죄의 피해자가 될 수 없으나 언론보도의 내용이 공직자 개인에 대한 악의적인 공격으로 현저히 상당성을 잃은 것으로 평가되는 경우에는 그 보도로 인하여 공직자 개인에 대한 명예훼손죄가 성립할 수 있다.

③ 인터넷 포털사이트의 기사란에 마치 특정 여자연예인이 재벌의 아이를 낳았거나 그 대가를 받은 것처럼 댓글이 달린 상황에서 "지고지순의 뜻이 뭔지나 아나? 모 재벌님하고의 관계는 끝났나?"라는 추가댓글을 게시한 경우 허위사실의 적시에 해당하여 정보통신망 이용촉진 및 정보보호 등에 관한 법률상의 명예훼손죄가 성립한다.

④ 인터넷 포털사이트의 지식검색 질문·답변게시판에 성형시술 결과가 만족스럽지 못하다는 주관적인 평가를 주된 내용으로 하는 한 줄의 댓글을 게시한 경우 사실의 적시에는 해당하지만 비방의 목적이 없어서 정보통신망 이용촉진 및 정보보호 등에 관한 법률상의 명예훼손죄는 성립하지 않는다.

⑤ 자신의 아들 등으로부터 폭행을 당하여 입원한 피해자의 병실로 병문안을 간 가해자의 어머니가 피해자의 어머니와 폭행사건에 대하여 대화하던 중 피해자의 어머니의 친척 등 모두 3명이 있는 자리에서 "학교에 알아보니 피해자에게 원래 정신병이 있었다고 하더라"라고 허위사실을 말한 경우 공연성이 인정되므로 허위사실적시에 의한 명예훼손죄가 성립한다.

[❶ ▸ ○] 명예훼손죄의 요건인 공연성은 불특정 또는 다수인이 인식할 수 있는 상태를 말하는 것이므로, 진정서와 고소장을 특정 사람들에게 개별적으로 우송하여도 다수인(19명, 193명)에게 배포하였고, 또 그 내용이 다른 사람에게 전파될 가능성도 있어 공연성의 요건이 충족된다(대판 1991.6.25. 91도347).

[❷ ▸ ○] 정부 또는 국가기관의 정책결정이나 업무수행과 관련된 사항은 항상 국민의 감시와 비판의 대상이 되어야 하고, 이러한 감시와 비판은 이를 주요 임무로 하는 언론보도의 자유가 충분히 보장될 때 비로소 정상적으로 수행될 수 있으며, 정부 또는 국가기관은 형법상 명예훼손죄의 피해자가 될 수 없으므로, 정부 또는 국가기관의 정책결정 또는 업무수행과 관련된 사항을 주된 내용으로 하는 언론보도로 인하여 그 정책결정이나 업무수행에 관여한 공직자에 대한 사회적 평가가 다소 저하될 수 있더라도, 그 보도의 내용이 공직자 개인에 대한 악의적이거나 심히 경솔한 공격으로서 현저히 상당성을 잃은 것으로 평가되지 않는 한, 그 보도로 인하여 곧바로 공직자 개인에 대한 명예훼손이 된다고 할 수 없다(대판 2011.9.2. 2010도17237).

[❸ ▸ ○] 피고인은 인터넷 포털사이트의 피해자에 대한 기사란에 그녀가 재벌과 사이에 아이를 낳거나 아이를 낳아 준 대가로 수십억원을 받은 사실이 없음에도 불구하고, 그러한 사실이 있는 것처럼 댓글이 붙어 있던 상황에서, 추가로 "지고지순이 뜻이 뭔지나 아니? 모 재벌님하고의 관계는 끝났나?"라는 내용의 댓글을 게시하였다는 것인 바, 위와 같은 댓글이 이루어진 장소, 시기와 상황, 그 표현의 전 취지 등을 위 법리에 비추어 보면, 피고인의 위와 같은 행위는 간접적이고 우회적인 표현을 통하여 위와 같은 허위사실의 존재를 구체적으로 암시하는 방법으로 사실을 적시한 경우에 해당한다(대판 2008.7.120. 2008도2422).

[❹ ▸ ○] 인터넷 포털사이트의 지식검색 질문·답변게시판에 성형시술 결과가 만족스럽지 못하다는 주관적인 평가를 주된 내용으로 하는 한 줄의 댓글을 게시한 경우, 그 표현물은 전체적으로 보아 성형시술을 받을 것을 고려하고 있는 다수의 인터넷 사용자들의 의사결정에 도움이 되는 정보 및 의견의 제공이라는 공공의 이익에 관한 것이어서 비방할 목적이 있었다고 보기 어렵다(대판 2009.5.28. 2008도8812).

정답 ⑤

[⑤ ▸ ×] 피고인이 자신의 아들 등에게 폭행을 당하여 입원한 피해자의 병실로 찾아가 그의 모(母) 甲과 대화하던 중 甲의 이웃 乙 및 피고인의 일행 丙 등이 있는 자리에서 "학교에 알아보니 피해자에게 원래 정신병이 있었다고 하더라"라고 허위사실을 말하여 피해자의 명예를 훼손하였다는 내용으로 기소된 경우, 피고인이 丙과 함께 피해자의 병문안을 가서 피고인·甲·乙·丙 4명이 있는 자리에서 피해자에 대한 폭행사건에 관하여 대화를 나누던 중 위 발언을 한 것이라면 불특정 또는 다수인이 인식할 수 있는 상태라고 할 수 없고, 또 그 자리에 있던 사람들의 관계 등 여러 사정에 비추어 피고인의 발언이 불특정 또는 다수인에게 전파될 가능성이 있다고 보기도 어려워 공연성이 없다(대판 2011.9.8. 2010도7497).

2015년 변호사시험 문 33. ☑ 확인Check! ○ △ ×

甲은 자신의 아들 A에게 폭행을 당하여 입원한 B의 1인 병실로 병문안을 가서 B의 모친인 C와 대화하던 중 C의 여동생인 D가 있는 자리에서 "과거에 B에게 정신병이 있었다고 하더라"라고 말하였다. 이에 화가 난 B는 甲을 명예훼손죄로 고소하였고, 甲은 명예훼손죄로 기소되었다. 한편, C는 자신과 D가 나눈 대화내용을 녹음한 녹음테이프를 증거로 제출하였는데 그 녹음테이프에는 '甲이 위의 발언을 한 것을 들었다'라는 D의 진술이 녹음되어 있었다. 이에 관한 설명 중 옳지 않은 것은?(다툼이 있는 경우 판례에 의함)

① 甲이 B, C, D의 3명이 있는 자리에서 위의 발언을 한 것이라면 불특정 또는 다수인이 인식할 수 있는 상태라고 할 수 없다.

② 위 사례에서 검사가 허위사실적시 명예훼손죄로 기소하였으나 심리 결과 적시한 사실이 허위임에 대한 입증이 없는 경우 공소장 변경 없이 법원이 사실적시 명예훼손죄를 직권으로 인정할 수 있음에도 무죄를 선고하였더라도 위법하지 아니하다.

③ 甲이 자신의 위 발언내용을 진실한 것으로 알고 있었다면 그것이 객관적으로 허위의 사실로 밝혀지더라도 형법 제307조 제2항의 허위사실적시 명예훼손죄에 해당하지 않는다.

④ 위 녹음테이프는 수사기관이 아닌 사인이 피고인이 아닌 사람과의 대화내용을 녹음한 것이므로 형사소송법 제311조, 제312조 규정 이외에 피고인이 아닌 자의 진술을 기재한 서류와 다를 바 없다.

⑤ 위 녹음테이프에 녹음된 D의 진술내용이 명예훼손죄를 입증할 증거가 될 수 있기 위해서는 녹음테이프가 원본이거나 원본의 내용 그대로 복사된 사본임이 인정되고, 그 진술이 특히 신빙할 수 있는 상태에서 행하여진 것임이 인정되어야 한다.

[① ▸ ○] 피고인이 자신의 아들 등에게 폭행을 당하여 입원한 피해자의 병실로 찾아가 그의 모(母) 甲과 대화하던 중 甲의 이웃 乙 및 피고인의 일행 丙 등이 있는 자리에서 "학교에 알아보니 피해자에게 원래 정신병이 있었다고 하더라"라고 허위사실을 말하여 피해자의 명예를 훼손하였다는 내용으로 기소된 경우, 피고인이 丙과 함께 피해자의 병문안을 가서 피고인·甲·乙·丙 4명이 있는 자리에서 피해자에 대한 폭행사건에 관하여 대화를 나누던 중 위 발언을 한 것이라면 불특정 또는 다수인이 인식할 수 있는 상태라고 할 수 없고, 또 그 자리에 있던 사람들의 관계 등 여러 사정에 비추어 피고인의 발언이 불특정 또는 다수인에게 전파될 가능성이 있다고 보기도 어려워 공연성이 없다(대판 2011.9.8. 2010도7497).

[② ▸ ○] 형법 제307조 제2항의 허위사실적시에 의한 명예훼손의 공소사실 중에는 같은 조 제1항의 사실적시에 의한 명예훼손의 공소사실이 포함되어 있으므로, 위 허위사실적시에 의한 명예훼손으로 기소된 경우, 적시한 사실이 허위임에 대한 입증이 없다면 법원은 공소장변경절차 없이도 직권으로 위 사실적시에 의한 명예훼손죄를 인정할 수 있다. 다만, 법원이 공소사실의 동일성이 인정되는 범위 내에서 공소가 제기된 범죄사실에 포함된 이보다 가벼운 범죄사실을 공소장 변경 없이 직권으로 인정할 수 있는 경우라고 하더라도, 공소가 제기된 범죄사실과 대비하여 볼 때 실제로 인정되는 범죄사실의 사안이 중대하여 공소장이 변경되지 않았다는 이유로 이를 처벌하지 않는다면 적정절차에 의한 신속한 실체적 진실의 발견이라는 형사소송의 목적에 비추어 현저히 정의와 형평에 반하는 것으로 인정되는 경우가 아닌 한, 법원이 직권으로 그 범죄사실을 인정하지 아니하였다고 하여 위법한 것은 아니다(대판 2008.10.9. 2007도1220).

⑤ 정답

[❸ ▸ ○] 진실한 것으로 오인하고 허위의 사실을 적시한 경우에는 형법 제307조 제2항의 허위사실적시 명예훼손죄가 아닌, 형법 제15조 제1항에 의한 형법 제307조 제1항의 명예훼손죄가 성립함을 유의하여야 한다.

[❹ ▸ ○] [❺ ▸ ×] 수사기관 아닌 사인(私人)이 피고인 아닌 사람과의 대화내용을 녹음한 녹음테이프는 형사소송법 제311조, 제312조 규정 이외의 피고인 아닌 자의 진술을 기재한 서류와 다를 바 없으므로, 피고인이 녹음테이프를 증거로 할 수 있음에 동의하지 아니하는 이상 그 증거능력을 부여하기 위해서는, 첫째 녹음테이프가 원본이거나 원본으로부터 복사한 사본일 경우 복사과정에서 편집되는 등의 인위적 개작 없이 원본내용 그대로 복사된 사본일 것, 둘째 형사소송법 제313조 제1항에 따라 공판준비나 공판기일에서 원진술자의 진술에 의하여 녹음테이프에 녹음된 각자의 진술내용이 자신이 진술한 대로 녹음된 것이라는 점이 인정되어야 한다(대판 2011.9.8. 2010도7497).

2015년 변호사시험 문 38. ☑ 확인 Check! ○ △ ×

甲은 자신의 집에서 A4용지 1장에, A에 대하여 아래와 같은 내용을 수기(手記)로 작성한 다음 잉크젯 복합기를 이용하여 복사하는 방법으로 유인물을 30장 제작하였다. 甲은 15장은 자신이 직접, 나머지 15장은 친구 乙에게 부탁하여 A가 거주하는 아파트단지 곳곳에 게시하였다. 이에 관한 설명 중 옳은 것은?(다툼이 있는 경우 판례에 의함)

> A, 그는 누구인가?!
> A는 처자식이 있는 몸임에도 불구하고, 2014.12.경 △△도 ○○시 등지 모텔에서 B와 수차례 불륜행위를 저질렀다.

① 다른 사람들이 보기 전에 A가 아파트단지에 게시된 위 유인물을 모두 회수하였다면 甲과 乙은 명예훼손죄의 미수범으로 처벌된다.
② 甲이 A와 합의하여 A가 甲에 대한 처벌을 원하지 않는다는 내용의 합의서를 작성하여 수사기관에 제출한 경우, 이 합의서의 효력은 乙에게도 미친다.
③ 위 유인물이 甲과 乙의 명예훼손사건의 증거로 제출된 경우, 이는 형사소송법 제313조 제1항의 '피고인이 작성한 진술서'이므로 그 진술자이며 작성자인 甲이 공판준비나 공판기일에서 진정성립진술을 하여야 증거능력이 인정된다.
④ 수사기관에 출석한 B가 자신의 명예도 훼손되었다고 진술하고 있는 경우, B에 대한 명예훼손범행을 처벌하기 위하여 B의 고소가 필요한 것은 아니다.
⑤ 위 유인물은 복합기를 이용하여 제작되었으므로 형법 제309조 소정의 출판물에 해당한다.

[❶ ▸ ×] 명예훼손죄는 적시한 사실을 불특정 또는 다수인이 인식할 수 있는 상태에 이르면 기수가 되므로, 甲이 아파트단지 곳곳에 유인물을 게시함으로써 명예훼손죄가 기수에 이르렀다고 할 것이어서, 다른 사람들이 보기 전에 A가 아파트단지에 게시된 위 유인물을 모두 회수하였다고 하더라도, 그 행위는 범죄의 성립에 영향을 미치지 아니한다.

[❷ ▸ ×] 형사소송법이 고소와 고소취소에 관한 규정을 하면서 제232조 제1항, 제2항에서 고소취소의 시한과 재고소의 금지를 규정하고 제3항에서는 반의사불벌죄에 제1항, 제2항의 규정을 준용하는 규정을 두면서도, 제233조에서 고소와 고소취소의 불가분에 관한 규정을 함에 있어서는 반의사불벌죄에 이를 준용하는 규정을 두지 아니한 것은 처벌을 희망하지 아니하는 의사표시나 처벌을 희망하는 의사표시의 철회에 관하여 친고죄와는 달리 공범자 간에 불가분의 원칙을 적용하지 아니하고자 함에 있다고 볼 것이지, 입법의 불비로 볼 것은 아니다(대판 1994.4.26. 93도1689). 따라서 이와 같은 판례의 취지를 고려하면, 반의사불벌죄인 명예훼손죄에는 고소불가분의 원칙이 적용되지 아니하므로, 합의서의 효력은 乙에게 미치지 아니한다.

[❸ ▸ ×] 원진술의 내용인 사실(A와 B의 불륜행위)이 요증사실이 아니라, 甲의 명예훼손행위의 존부라는 원진술의 존재 자체가 요증사실이므로, 유인물은 본래증거가 아닌 전문증거로서 형사소송법 제313조 제1항이 적용되지 아니한다.

정답 ④

[❹ ▸ O] 명예훼손죄는 친고죄가 아닌 반의사불벌죄이므로, 甲의 B에 대한 명예훼손행위를 처벌하기 위한 별도의 고소를 요하지 아니한다.

[❺ ▸ X] 형법 제309조 제1항 소정의 '기타 출판물'에 해당한다고 하기 위하여는 그것이 등록·출판된 제본인쇄물이나 제작물은 아니라고 할지라도 적어도 그와 같은 정도의 효용과 기능을 가지고 사실상 출판물로 유통·통용될 수 있는 외관을 가진 인쇄물로 볼 수 있어야 한다(대판 2000.2.11. 99도3048).

2016년 변호사시험 문 13. ☑ 확인Check! O △ X

명예에 관한 죄에 관한 설명 중 옳지 않은 것을 모두 고른 것은?(다툼이 있는 경우 판례에 의함)

ㄱ. 개인 블로그의 비공개 대화방에서 상대방으로부터 비밀을 지키겠다는 말을 듣고 1:1로 대화하면서 타인의 명예를 훼손하는 발언을 한 경우 상대방이 대화내용을 불특정 또는 다수인에게 전파할 가능성이 있다고 할 수 없다.
ㄴ. 공연히 사실을 적시하여 사람의 명예를 훼손한 행위가 형법 제310조에 따라 위법성이 조각되려면 그것이 진실한 사실로서 오로지 공공의 이익에 관한 때에 해당된다는 점을 행위자가 증명하여야 하고, 그 증명을 함에 있어서 전문증거의 증거능력을 제한하는 형사소송법 제310조의2가 적용된다.
ㄷ. '여성 아나운서'와 같이 집단표시에 의한 구성원 개개인에 대한 명예훼손죄는 성립되지 않는 것이 원칙이고 모욕죄의 경우도 마찬가지이다.
ㄹ. 甲이 경찰관 A를 상대로 진정한 직무유기사건이 혐의가 인정되지 않아 내사종결처리되었음에도, 甲이 도청에 찾아가 다수인이 듣고 있는 가운데 "내일부로 검찰청에서 A에 대한 구속영장이 떨어진다"라고 소리친 경우, 이는 실현가능성이 없는 장래의 일을 적시한 것에 불과하여 설령 그것이 과거 또는 현재의 사실을 기초로 하더라도 명예훼손죄는 성립되지 않는다.

① ㄱ ② ㄱ, ㄹ ③ ㄴ, ㄷ
④ ㄱ, ㄴ, ㄹ ⑤ ㄴ, ㄷ, ㄹ

[ㄱ ▸ X] 개인 블로그의 비공개 대화방에서 상대방으로부터 비밀을 지키겠다는 말을 듣고 일대일로 대화하였다고 하더라도, 그 사정만으로 대화 상대방이 대화내용을 불특정 또는 다수에게 전파할 가능성이 없다고 할 수 없으므로, 명예훼손죄의 요건인 공연성을 인정할 여지가 있다(대판 2008.2.14. 2007도8155).

[ㄴ ▸ X] 공연히 사실을 적시하여 사람의 명예를 훼손한 행위가 형법 제310조의 규정에 따라서 위법성이 조각되어 처벌대상이 되지 않기 위하여는 그것이 진실한 사실로서 오로지 공공의 이익에 관한 때에 해당된다는 점을 행위자가 증명하여야 하는 것이나, 그 증명은 유죄의 인정에 있어 요구되는 것과 같이 법관으로 하여금 의심할 여지가 없을 정도의 확신을 가지게 하는 증명력을 가진 엄격한 증거에 의하여야 하는 것은 아니므로, 이때에는 전문증거에 대한 증거능력의 제한을 규정한 형사소송법 제310조의2는 적용될 여지가 없다(대판 1996.10.25. 95도1473).

[ㄷ ▸ O] 판례의 태도에 의하면, 원칙적으로 집합명칭에 대한 명예훼손죄나 모욕죄는 성립하지 아니한다.

[ㄹ ▸ X] 피고인이 경찰관을 상대로 진정한 사건이 혐의인정되지 않아 내사종결처리되었음에도 불구하고 공연히 "사건을 조사한 경찰관이 내일부로 검찰청에서 구속영장이 떨어진다"고 말한 것은 현재의 사실을 기초로 하거나 이에 대한 주장을 포함하여 장래의 일을 적시한 것으로 볼 수 있어 명예훼손죄에 있어서의 사실의 적시에 해당한다(대판 2003.5.13. 2002도7420).

④ 정답

2012년 변호사시험 문 32. ☑ 확인Check! ○ △ ×

甲은 A를 아파트관리기금을 횡령한 혐의로 경찰에 고소하였다. 그 후 甲은 경찰로부터 기소의견으로 검찰에 사건을 송치하였다는 민원사건처리 결과통지서를 받자, "A의 횡령혐의가 기소의견으로 검찰에 송치되었고, A는 민사상 위자료까지 부담하게 되어 매우 안타깝다"라는 내용의 안내문과 민원사건처리 결과통지서 사본을 아파트 55세대의 우편함에 넣어 배포하였다. 검사는 甲을 A에 대한 명예훼손죄로 기소하였지만, 甲은 자신의 행위는 A의 비리를 알려 입주민 전체의 분열과 갈등으로 인한 피해를 방지하기 위한 것으로서 오로지 공공의 이익을 위하여 진실한 사실을 적시한 것이므로 형법 제310조의 위법성조각사유에 해당한다고 주장하였다. 이에 관한 설명 중 옳지 않은 것은?(다툼이 있는 경우에는 판례에 의함)

① 사실을 적시한 행위자의 주요한 목적이 공공의 이익을 위한 것이면 부수적으로 다른 목적이 있었다고 하더라도 형법 제310조의 적용을 배제할 수 없다.
② 형법 제310조는 적시사실이 진실한 사실일 것을 요건으로 하지만, 통지서 사본이 첨부된 위 안내문의 주요 내용이 진실하다면 일부 자세한 부분이 진실과 약간 차이가 나거나 다소 과장된 표현이 있다고 하더라도 적용될 수 있다.
③ 만약 통지서 사본이 첨부된 위 안내문이 출판물에 해당한다면, 甲에게 공공의 이익을 위한 목적이 인정되더라도 형법 제310조의 적용대상이 될 수 없다.
④ 형법 제310조에 의하여 위법성이 조각되기 위해서는 그것이 진실한 사실로서 오로지 공공의 이익에 관한 때에 해당된다는 점을 행위자가 증명하여야 한다.
⑤ 형법 제310조의 위법성조각사유에 대한 증명은 반드시 엄격한 증명에 의하여야 하는 것은 아니다.

[❶ ▸ ○] [❷ ▸ ○] 형법 제310조에는 "형법 제307조 제1항의 행위가 진실한 사실로서 오로지 공공의 이익에 관한 때에는 처벌하지 않는다"고 규정하고 있는데, 여기서 '진실한 사실'이라 함은 그 내용 전체의 취지를 살펴볼 때 중요한 부분이 객관적 사실과 합치되는 사실이라는 의미로 세부(細部)에 있어 진실과 약간 차이가 나거나 다소 과장된 표현이 있더라도 무방하다 할 것이며, 한편 '오로지 공공의 이익에 관한 때'라 함은 적시된 사실이 객관적으로 볼 때 공공의 이익에 관한 것으로서 행위자도 주관적으로 공공의 이익을 위하여 그 사실을 적시한 것이어야 하는 것인데, 여기의 공공의 이익에 관한 것에는 널리 국가·사회 기타 일반 다수인의 이익에 관한 것뿐만 아니라 특정한 사회집단이나 그 구성원 전체의 관심과 이익에 관한 것도 포함하는 것이고, 행위자의 주요한 동기 내지 목적이 공공의 이익을 위한 것이라면 부수적으로 다른 사익적 목적이나 동기가 내포되어 있더라도 형법 제310조의 적용을 배제할 수 없다(대판 2000.2.11. 99도3048).

[❸ ▸ ×] 형법 제309조 제1항 소정의 '사람을 비방할 목적'이란 가해의 의사 내지 목적을 요하는 것으로서 공공의 이익을 위한 것과는 행위자의 주관적 의도의 방향에 있어 서로 상반되는 관계에 있다고 할 것이므로, 형법 제310조의 공공의 이익에 관한 때에는 처벌하지 아니한다는 규정은 사람을 비방할 목적이 있어야 하는 형법 제309조 제1항 소정의 행위에 대하여는 적용되지 아니하고 그 목적을 필요로 하지 않는 형법 제307조 제1항의 행위에 한하여 적용되는 것이고, 반면에 적시한 사실이 공공의 이익에 관한 것인 경우에는 특별한 사정이 없는 한 비방목적은 부인된다고 봄이 상당하므로 이와 같은 경우에는 형법 제307조 제1항 소정의 명예훼손죄의 성립 여부가 문제될 수 있고 이에 대하여는 다시 형법 제310조에 의한 위법성조각 여부가 문제로 될 수 있다(대판 2003.12.26. 2003도6036).

[❹ ▸ ○] [❺ ▸ ○] 공연히 사실을 적시하여 사람의 명예를 훼손한 행위가 형법 제310조의 규정에 따라서 위법성이 조각되어 처벌대상이 되지 않기 위하여는 그것이 진실한 사실로서 오로지 공공의 이익에 관한 때에 해당된다는 점을 행위자가 증명하여야 하는 것이나, 그 증명은 유죄의 인정에 있어 요구되는 것과 같이 법관으로 하여금 의심할 여지가 없을 정도의 확신을 가지게 하는 증명력을 가진 엄격한 증거에 의하여야 하는 것은 아니므로, 이때에는 전문증거에 대한 증거능력의 제한을 규정한 형사소송법 제310조의2는 적용될 여지가 없다(대판 1996.10.25. 95도1473).

정답 ③

제2절 신용 · 업무와 경매에 관한 죄 ★★★

2020년 변호사시험 문 18. ☑ 확인Check! ○ △ ×

업무방해죄에 관한 설명 중 옳은 것을 모두 고른 것은?(다툼이 있는 경우 판례에 의함)

ㄱ. 업무방해죄는 업무방해의 결과를 초래할 위험이 발생하면 충분하므로 시험출제위원이 문제를 선정하여 시험실시자에게 제출하기 전에 이를 유출하였다면, 그 후 그 문제가 시험실시자에게 제출되지 아니하였더라도 업무방해죄가 성립한다.

ㄴ. 피해자에 대한 폭행행위가 동일한 피해자에 대한 업무방해죄의 수단이 된 경우에는 업무방해죄와는 별도로 폭행죄가 성립하며 두 죄는 상상적 경합관계에 있다.

ㄷ. 초등학생들이 학교에 등교하여 교실에서 수업을 듣는 것은 업무방해죄의 보호대상이 되는 업무에 해당하지 않으므로, 초등학교 교실 안에서 교사들에게 욕설을 하거나 학생들에게 욕설을 하여 수업을 할 수 없게 하였다고 하더라도 학생들의 업무를 방해하였다고 볼 수 없다.

ㄹ. 신규직원 채용권한을 가지고 있는 지방공사 사장이 신규직원 채용시험업무 담당자에게 지시하여 상호 공모 내지 양해하에 시험성적 조작 등의 부정한 행위를 하였다면 위계에 의한 업무방해죄가 성립한다.

ㅁ. 지방경찰청 민원실에서 민원인이 진정사건의 처리와 관련하여 지방경찰청장과의 면담을 요구하면서 이를 제지하는 경찰관들에게 큰 소리로 욕설을 하고 행패를 부려 경찰관들의 수사 관련 업무를 방해하였더라도 위력에 의한 업무방해죄는 성립하지 아니한다.

① ㄱ, ㄹ ② ㄴ, ㄷ ③ ㄱ, ㄴ, ㄹ
④ ㄱ, ㄷ, ㅁ ⑤ ㄴ, ㄷ, ㅁ

[ㄱ ▸ ×] 시험의 출제위원이 문제를 선정하여 시험실시자에게 제출하기 전에 이를 유출하였다고 하더라도 이러한 행위 자체는 위계를 사용하여 시험실시자의 업무를 방해하는 행위가 아니라 그 준비단계에 불과한 것이고, 그 후 그와 같이 유출된 문제가 시험실시자에게 제출되지도 아니하였다면 그러한 문제 유출로 인하여 시험실시업무가 방해될 추상적인 위험조차도 있다고 할 수 없으므로 업무방해죄가 성립한다고 할 수 없다(대판 1999.12.10. 99도3487).

[ㄴ ▸ ○] 업무방해죄와 폭행죄는 구성요건과 보호법익을 달리하고 있고, 업무방해죄의 성립에 일반적 · 전형적으로 사람에 대한 폭행행위를 수반하는 것은 아니며, 폭행행위가 업무방해죄에 비하여 별도로 고려되지 않을 만큼 경미한 것이라고 할 수도 없으므로, 설령 피해자에 대한 폭행행위가 동일한 피해자에 대한 업무방해죄의 수단이 되었다고 하더라도 그러한 폭행행위가 이른바 '불가벌적 수반행위'에 해당하여 업무방해죄에 대하여 흡수관계에 있다고 볼 수는 없다(대판 2012.10.11. 2012도1895).

[ㄷ ▸ ○] 형법상 업무방해죄의 보호대상이 되는 '업무'라 함은 직업 기타 사회생활상의 지위에 기하여 계속적으로 종사하는 사무 또는 사업을 말하는 것인데, 초등학생들이 학교에 등교하여 교실에서 수업을 듣는 것은 헌법 제31조가 정하고 있는 무상으로 초등교육을 받을 권리 및 초 · 중등교육법 제12, 13조가 정하고 있는 국가의 의무교육 실시의무와 부모들의 취학의무 등에 기하여 학생들 본인의 권리를 행사하는 것이거나 국가 내지 부모들의 의무를 이행하는 것에 불과할 뿐 그것이 '직업 기타 사회생활상의 지위에 기하여 계속적으로 종사하는 사무 또는 사업'에 해당한다고 할 수 없다(대판 2013.6.14. 2013도3829).

⑤ 정답

[ㄹ ▸ ×] 신규직원 채용권한을 가지고 있는 지방공사 사장이 시험업무 담당자들에게 지시하여 상호 공모 내지 양해하에 시험성적 조작 등의 부정한 행위를 한 경우, 법인인 공사에게 신규직원 채용업무와 관련하여 오인·착각 또는 부지를 일으키게 한 것이 아니므로, '위계'에 의한 업무방해죄에 해당하지 않는다(대판 2007.12.27. 2005도6404).

[ㅁ ▸ ○] 형법이 업무방해죄와는 별도로 공무집행방해죄를 규정하고 있는 것은 사적 업무와 공무를 구별하여 공무에 관해서는 공무원에 대한 폭행, 협박 또는 위계의 방법으로 그 집행을 방해하는 경우에 한하여 처벌하겠다는 취지라고 보아야 한다. 따라서 공무원이 직무상 수행하는 공무를 방해하는 행위에 대해서는 업무방해죄로 의율할 수는 없다고 해석함이 상당하다(대판 2009.11.19. 2009도4166[전합]).

2013년 변호사시험 문 11. ☑ 확인Check! ○ △ ×

업무방해죄에 관한 설명 중 옳지 않은 것은?(다툼이 있는 경우에는 판례에 의함)

① 업무방해죄의 성립에는 업무방해의 결과가 실제로 발생함을 요하지 않고, 업무방해의 결과를 초래할 위험이 발생하는 것이면 족하다.

② 시장번영회의 회장으로서 시장번영회에서 제정하여 시행 중인 관리규정을 위반하여 칸막이를 천장까지 설치한 일부 점포주들에 대하여 회원들의 동의를 얻어 시행되고 있는 관리규정에 따라 단전조치를 한 경우 업무방해죄로 처벌할 수 없다.

③ 근로자들이 집단적으로 근로의 제공을 거부하여 사용자의 정상적인 업무운영을 저해하고 손해를 발생하게 한 행위는 당연히 업무방해죄의 위력에 해당되고 노동관계 법령에 따른 정당한 쟁의행위로서 위법성이 조각되는 경우가 아닌 한 업무방해죄로 처벌된다.

④ 폭력조직 간부가 조직원들과 공모하여 타인이 운영하는 성매매업소 앞에 속칭 '병풍'을 치거나 차량을 주차해 놓는 등 위력으로써 성매매업을 방해한 경우 업무방해죄로 처벌할 수 없다.

⑤ 수산업협동조합의 신규직원 채용에 응시한 A와 B가 필기시험에서 합격선에 못 미치는 점수를 받게 되자, 채점업무 담당자들이 조합장인 피고인의 지시에 따라 점수조작행위를 통하여 이들을 필기시험에 합격시킴으로써 필기시험 합격자를 대상으로 하는 면접시험에 응시할 수 있도록 한 사안에서, 위 점수조작행위에 공모 또는 양해하였다고 볼 수 없는 일부 면접위원들이 조합의 신규직원 채용업무로서 수행한 면접업무는 위 점수조작행위에 의하여 방해되었다고 보아야 한다.

[❶ ▸ ○] 업무방해죄의 성립에 있어서 업무방해의 결과가 실제로 발생함을 요하는 것은 아니고 업무방해의 결과를 초래할 위험이 발생하면 족하다고 할 것이며, 업무를 '방해한다'함은 업무의 집행 자체를 방해하는 것은 물론이고 널리 업무의 경영을 저해하는 것도 포함한다(대판 2002.3.29. 2000도3231).

[❷ ▸ ○] 피고인이 이 사건 시장번영회의 회장으로서 시장번영회에서 제정하여 시행 중인 관리규정을 위반하여 칸막이를 천장에까지 설치한 일부 점포주들에 대하여 단전조치를 하여 위력으로써 그들의 업무를 방해한 경우, 피고인이 이러한 행위에 이르게 된 경위가 단전 그 자체를 궁극적인 목적으로 한 것이 아니라 위 관리규정에 따라 상품 진열 및 시설물 높이를 규제함으로써 시장기능을 확립하기 위하여 적법한 절차를 거쳐 시행한 것이고 그 수단이나 방법에 있어서도 비록 전기의 공급이 현대생활의 기본조건이기는 하나 위 번영회를 운영하기 위한 효과적인 규제수단으로서 회원들의 동의를 얻어 시행되고 있는 관리규정에 따라 전기공급자의 지위에서 그 공급을 거절한 것이므로 정당한 사유가 있다고 볼 것이고, 나아가 제반사정에 비추어 보면 피고인의 행위는 법익권형성, 긴급성, 보충성을 갖춘 행위로서 사회통념상 허용될 만한 정도의 상당성이 있는 것이므로 피고인의 각 행위는 형법 제20조 소정의 정당행위에 해당한다(대판 1994.4.15. 93도2899).

정답 ③

[❸ ▸ ×] 근로자는 원칙적으로 헌법상 보장된 기본권으로서 근로조건 향상을 위한 자주적인 단결권·단체교섭권 및 단체행동권을 가지므로(헌법 제33조 제1항), 쟁의행위로서 파업이 언제나 업무방해죄에 해당하는 것으로 볼 것은 아니고, 전후 사정과 경위 등에 비추어 사용자가 예측할 수 없는 시기에 전격적으로 이루어져 사용자의 사업운영에 심대한 혼란 내지 막대한 손해를 초래하는 등으로 사용자의 사업 계속에 관한 자유의사가 제압·혼란될 수 있다고 평가할 수 있는 경우에 비로소 집단적 노무 제공의 거부가 위력에 해당하여 업무방해죄가 성립한다고 보는 것이 타당하다(대판 2011.3.17. 2007도482[전합]).

[❹ ▸ O] 성매매 알선 등 행위는 법에 의하여 원천적으로 금지된 행위로서 형사처벌의 대상이 되는 중대한 범죄행위일 뿐 아니라 정의관념상 용인될 수 없는 정도로 반사회성을 띠는 경우에 해당하므로, 업무방해죄의 보호대상이 되는 업무라고 볼 수 없다(대판 2011.10.13. 2011도7081).

[❺ ▸ O] 수산업협동조합의 신규직원 채용에 응시한 甲과 乙이 필기시험에서 합격선에 못 미치는 점수를 받게 되자, 채점업무 담당자들이 조합장인 피고인의 지시에 따라 점수조작행위를 통하여 이들을 필기시험에 합격시킴으로써 필기시험 합격자를 대상으로 하는 면접시험에 응시할 수 있도록 한 경우, 위 점수조작행위에 공모 또는 양해하였다고 볼 수 없는 일부 면접위원들이 조합의 신규직원 채용업무로서 수행한 면접업무는 위 점수조작행위에 의하여 방해되었다고 보아야 하므로, 업무방해죄가 성립한다(대판 2010.3.25. 2009도8506).

2017년 변호사시험 문 35. ☑ 확인 Check! ○ △ ×

입시학원 강사인 甲은 A사립대학에 재직 중인 입학처장 乙에게 요청하여 A대학의 신입생전형 논술시험문제를 전자우편으로 전송받았다. 甲은 공모에 따라 A대학에 진학하고자 하는 학생들에게 시험문제와 답안을 알려 주었고, 학생들은 답안지를 그대로 작성하여 그 정을 모르는 시험감독관에게 제출하였다. 이에 관한 설명 중 옳지 않은 것은?(다툼이 있는 경우 판례에 의함)

① 甲은 위계로써 입시감독업무를 방해하였으므로 업무방해죄가 성립한다.
② 乙이 자신의 범행 발각을 두려워하여 A대학의 입학 관련 메인컴퓨터의 비밀번호를 변경하고 그 비밀번호를 입학담당관에게 알려 주지 않은 경우, 乙에게는 컴퓨터등장애업무방해죄가 성립한다.
③ 검사가 乙의 전자우편을 압수·수색하는 과정에서 급속을 요하는 때에는 압수·수색영장을 집행하면서 참여권자에 대한 사전통지를 생략하였다고 하더라도 적법절차원칙에 위배되지 않는다.
④ 공소제기 후, 검사가 제출한 증거에 대한 피고인 甲의 동의 또는 진정성립 여부 등에 관한 의견이 증거목록에 기재되었다면 증거목록의 기재는 공판조서의 일부로서 명백한 오기가 아닌 이상 절대적인 증명력을 가지게 된다.
⑤ 검사가 제출한 증거에 대해 甲이 증거동의하였다면, 공판기일에서의 증거조사가 완료된 후 甲이 증거동의의 의사표시를 취소하더라도 이미 취득한 증거능력이 상실된다고 볼 수 없다.

[❶ ▸ O] 교수인 피고인 갑이 출제교수들로부터 대학원신입생전형 시험문제를 제출받아 피고인 을, 병에게 그 시험문제를 알려 주자 그들이 답안쪽지를 작성한 다음 이를 답안지에 그대로 베껴 써서 그 정을 모르는 시험감독관에게 제출한 경우, 위계로써 입시감독업무를 방해한 것이므로 업무방해죄에 해당한다(대판 1991.11.12. 91도2211).

[❷ ▸ ×] 메인컴퓨터의 비밀번호는 시스템관리자가 시스템에 접근하기 위하여 사용하는 보안수단에 불과하므로, 단순히 메인컴퓨터의 비밀번호를 알려 주지 아니한 것만으로는 정보처리장치의 작동에 직접 영향을 주어 그 사용목적에 부합하는 기능을 하지 못하게 하거나 사용목적과 다른 기능을 하게 하였다고 볼 수 없어 형법 제314조 제2항에 의한 컴퓨터등장애업무방해죄로 의율할 수 없다 할 것이다(대판 2004.7.9. 2002도631).

[❸ ▸ O] 압수·수색영장을 집행함에는 미리 집행의 일시와 장소를 참여권자에게 통지하여야 한다. 단, 참여권자가 참여하지 아니한다는 의사를 명시한 때 또는 급속을 요하는 때에는 예외로 한다(형소법 제122조).

② 정답

[❹ ▸ O] 공판조서의 기재가 명백한 오기인 경우를 제외하고는 공판기일의 소송절차로서 공판조서에 기재된 것은 조서만으로써 증명하여야 하고 그 증명력은 공판조서 이외의 자료에 의한 반증이 허용되지 않는 절대적인 것이므로, 검사 제출의 증거에 관하여 동의 또는 진정성립 여부 등에 관한 피고인의 의견이 증거목록에 기재된 경우에는 그 증거목록의 기재는 공판조서의 일부로서 명백한 오기가 아닌 이상 절대적인 증명력을 가지게 된다(대판 2012.6.14. 2011도12571).

[❺ ▸ O] 형사소송법 제318조에 규정된 증거동의의 의사표시는 증거조사가 완료되기 전까지 취소 또는 철회할 수 있으나, 일단 증거조사가 완료된 뒤에는 취소 또는 철회가 인정되지 아니하므로 제1심에서 한 증거동의를 제2심에서 취소할 수 없고, 일단 증거조사가 종료된 후에 증거동의의 의사표시를 취소 또는 철회하더라도 취소 또는 철회 이전에 이미 취득한 증거능력이 상실되지 않는다(대판 2005.4.28. 2004도4428).

2014년 변호사시험 문 38. ☑ 확인Check! O △ X

甲은 乙로부터 5,000만원을 차용하면서 그 담보로 甲의 丙에 대한 5,000만원 임대차보증금반환채권을 乙에게 양도하기로 하고 乙과 채권양도계약을 체결하였다. 그런데 甲은 丙에게 채권양도통지를 하지 않고 있다가 채권양도사실을 모르고 있던 丙으로부터 5,000만원을 지급받아 이를 임의로 소비하였다. 이를 알게 된 乙은 甲이 운영하는 성매매업소에 찾아가 자신이 휴대한 회칼로 甲과 손님들을 위협한 후 야구방망이로 甲을 폭행하였다. 사법경찰관은 "乙의 주거지인 3층 옥탑방에 보관 중인 야구방망이 등 범행도구"가 압수·수색할 장소와 물건으로 기재된 압수·수색영장을 집행하여 1층 주인집 거실에서 발견된 주인 소유의 야구방망이를 압수하였다. 며칠 후 사법경찰관은 乙의 자동차에서 위 회칼을 발견하여 甲으로부터 범행도구임을 확인받고 甲으로부터 임의제출을 받은 것으로 압수조서를 작성하고 이를 압수하였다. 이에 관한 설명 중 옳은 것은?(다툼이 있는 경우에는 판례에 의함)

① 甲이 차용금에 대한 변제의사 및 능력이 없고 처음부터 채권양도통지를 할 생각 없이 乙을 속이기 위하여 담보로 채권양도를 하겠다고 한 경우라면 사기죄와 횡령죄의 양 죄가 성립하고 양 죄는 상상적 경합범의 관계에 있다.
② 乙에게는 甲에 대한 업무방해죄를 인정할 수 있다.
③ 乙이 甲과 손님을 위협, 폭행한 행위는 甲에 대한 업무방해의 수단이 되었으므로 이 폭행, 협박은 업무방해죄의 불가벌적 수반행위로 업무방해죄에 흡수된다.
④ 사법경찰관이 위 압수·수색영장에 의하여 야구방망이를 압수한 것은 위법하다.
⑤ 회칼은 甲이 임의로 제출한 물건이므로 사법경찰관이 영장 없이 이를 압수한 것은 적법하다.

[❶ ▸ X] 피고인이 피해자 乙에게서 돈을 빌리면서 담보명목으로 丙에 대한 채권을 양도하였는데도 丙에게 채권양도통지를 하기 전에 이를 추심하여 임의로 소비한 경우, 공사대금채권의 양도에 관한 피고인의 진정성이 인정되는 경우라면, 피고인은 위 공사대금채권의 양도인의 지위에서 양수인인 피해자를 위하여 보관하여야 하는데도 추심한 채권을 임의로 소비한 행위에 대하여 횡령죄의 책임만 지게 될 것이다. 반면에 피고인이, 당초부터 위 공사대금채권을 추심하여 빼돌릴 생각을 가지고 있었던 경우라면, 차용금 편취에 관한 사기죄는 성립하지만, 사기죄와 별도로 횡령죄는 성립되지 않는다고 할 것이다(대판 2011.5.13. 2011도1442).

[❷ ▸ X] 성매매 알선 등 행위는 법에 의하여 원천적으로 금지된 행위로서 형사처벌의 대상이 되는 중대한 범죄행위일 뿐 아니라 정의관념상 용인될 수 없는 정도로 반사회성을 띠는 경우에 해당하므로, 업무방해죄의 보호대상이 되는 업무라고 볼 수 없다(대판 2011.10.13. 2011도7081).

[❸ ▸ X] 업무방해죄와 폭행죄는 구성요건과 보호법익을 달리하고 있고, 업무방해죄의 성립에 일반적·전형적으로 사람에 대한 폭행행위를 수반하는 것은 아니며, 폭행행위가 업무방해죄에 비하여 별도로 고려되지 않을 만큼 경미한 것이라고 할 수도 없으므로, 설령 피해자에 대한 폭행행위가 동일한 피해자에 대한 업무방해죄의 수단이 되었다고 하더라도 그러한 폭행행위가 이른바 '불가벌적 수반행위'에 해당하여 업무방해죄에 대하여 흡수관계에 있다고 볼 수는 없다(대판 2012.10.11. 2012도1895).

정답 ④

[❹ ▸ ○] 헌법과 형사소송법이 구현하고자 하는 적법절차와 영장주의의 정신에 비추어 볼 때, 법관이 압수・수색영장을 발부하면서 '압수할 물건'을 특정하기 위하여 기재한 문언은 엄격하게 해석하여야 하고, 함부로 피압수자 등에게 불리한 내용으로 확장 또는 유추해석하여서는 안 된다. 따라서 압수・수색영장에서 압수할 물건을 '압수장소에 보관중인 물건'이라고 기재하고 있는 것을 '압수장소에 현존하는 물건'으로 해석할 수는 없다(대판 2009.3.12, 2008도763). 따라서 1층 주인집 거실에서 발견된 주인 소유의 야구방망이를 압수하는 것은, 영장의 효력범위를 벗어난 집행으로서 위법하다고 판단된다.

[❺ ▸ ×] 회칼의 소유자, 소지자 또는 보관자는 甲이 아닌 乙이므로, 사법경찰관이 영장 없이 甲이 임의제출한 회칼을 압수한 것은 부적법하다.

2012년 변호사시험 문 40. ☑ 확인Check! ○ △ ×

甲은 'A퀵서비스'라는 상호로 배달・운송업을 하는 자로, 과거 乙이 운영하는 'B퀵서비스'의 직원으로 일하던 중 소지하게 된 B퀵서비스 명의로 된 영수증을 보관하고 있던 것을 이용하여, 2010.2.1.부터 2011.2.1.까지 자신의 A퀵서비스 배달업무를 하면서 불친절하고 배달을 지연시켜 손님의 불만이 예상되는 배달 건에 대하여는 B퀵서비스 명의로 된 영수증에 자신이 한 배달내역을 기입하여 손님들의 불만을 乙에게 떠넘기는 방법으로 영업을 하였다. 乙은 甲의 행위에 의하여 자신의 신용이 훼손되었다는 이유로 2011.10.1. 甲을 고소하였다. 검사는 甲을 신용훼손죄로 기소하였다가, 공판 중 동일한 사실관계에 대하여 예비적으로 업무방해죄의 공소사실 및 적용법조를 추가한다는 공소장변경신청을 하였다. 이에 관한 설명 중 옳은 것은?(다툼이 있는 경우에는 판례에 의함)

① 甲의 행위는 신용훼손죄에 해당한다.
② 만약 'B퀵서비스'가 국가기관인 우체국이라면 甲의 행위는 공무집행방해죄에 해당한다.
③ 乙이 甲의 행위를 2011.2.1. 알게 되었다면 乙의 고소는 6개월의 고소기간을 도과하여 부적법하다.
④ 甲이 공판정에서 위 사실관계를 완전히 인정하면서 다만 乙의 신용을 훼손하거나 업무를 방해할 생각은 없었다고 그 범의만을 부인하는 경우 법원은 간이공판절차에 의하여 재판할 수 없다.
⑤ 공소장 변경이 적법하게 이루어진 경우, 법원은 신용훼손죄에 대하여 판단하지 않고 업무방해죄의 성립 여부만을 판단할 수 있다.

[❶ ▸ ×] 퀵서비스 운영자인 피고인이 배달업무를 하면서, 손님의 불만이 예상되는 경우에는 평소 경쟁관계에 있는 피해자 운영의 퀵서비스 명의로 된 영수증을 작성・교부함으로써 손님들로 하여금 불친절하고 배달을 지연시킨 사업체가 피해자 운영의 퀵서비스인 것처럼 인식하게 한 경우, 퀵서비스의 주된 계약내용이 신속하고 친절한 배달이라 하더라도, 그와 같은 사정만으로 위 행위가 피해자의 경제적 신용, 즉 지급능력이나 지급의사에 대한 사회적 신뢰를 저해하는 행위에 해당한다고 보기는 어렵다(대판 2011.5.13, 2009도5549).

[❷ ▸ ×] 공무집행방해죄는 폭행・협박을 구성요건요소로 하고 있으므로, B퀵서비스에 대한 허위사실을 유포함에 그친 甲의 행위는 공무집행방해죄에 해당되지 아니한다.

[❸ ▸ ×] 신용훼손죄는 비친고죄이므로, 고소기간의 제한을 받지 아니한다.

[❹ ▸ ○] 피고인이 공소사실에 대하여 검사가 신문을 할 때에는 공소사실을 모두 사실과 다름없다고 진술하였으나 변호인이 신문을 할 때에는 범의나 공소사실을 부인하였다면 그 공소사실은 간이공판절차에 의하여 심판할 대상이 아니고, 따라서 피고인의 법정에서의 진술을 제외한 나머지 증거들은 간이공판절차가 아닌 일반절차에 의한 적법한 증거조사를 거쳐 그에 관한 증거능력이 부여되지 아니하는 한 그 공소사실에 대한 유죄의 증거로 삼을 수 없다(대판 1998.2.27, 97도3421).

④ 정답

[❺ ▸ ×] 예비적으로 업무방해죄의 공소사실 및 적용법조를 추가한다는 공소장변경신청을 한 경우에는, 먼저 주위적 공소사실인 신용훼손죄의 성부를 판단한 이후에 예비적 공소사실인 업무방해죄의 성부를 판단하여야 한다.

2017년 변호사시험 문 8.

☑ 확인Check! ○ △ ×

업무방해죄에 관한 설명 중 옳지 않은 것을 모두 고른 것은?(다툼이 있는 경우 판례에 의함)

ㄱ. 지방공사 사장이 신규직원 채용권한을 행사하는 것은 공사의 기관으로서 공사의 업무를 집행하는 것이므로, 신규직원 채용업무는 위 권한의 귀속주체인 사장 본인에 대한 관계에서도 업무방해죄의 객체인 타인의 업무에 해당한다.
ㄴ. 타인 명의로 허위의 학력과 경력을 기재한 이력서를 작성하고, 그 타인의 고등학교 생활기록부 등 관련 서류를 작성·제출하여 응시자의 지능과 경험, 교육 정도 등을 감안하여 적격 여부를 판단하는 A회사의 채용시험에 합격하였다면, A회사의 채용업무를 위계에 의하여 방해하였다고 보아야 한다.
ㄷ. 의료인이 아니거나 의료법인이 아닌 자가 의료기관을 개설하여 운영하는 행위는 업무방해죄의 보호대상이 되는 업무에 포함된다.
ㄹ. 법원의 직무집행정지가처분결정에 의하여 그 직무집행이 정지된 자가 법원의 결정에 반하여 직무를 수행함으로써 업무를 계속하는 경우에 그 업무는 업무방해죄에서 말하는 업무에 해당한다.
ㅁ. 대부업체 직원이 대출금을 회수하기 위하여 소액의 지연이자를 문제 삼아 법적 조치를 거론하면서 소규모 간판업자인 채무자의 휴대전화로 한 달 여에 걸쳐 수백 회에 이르는 전화공세를 한 경우 업무방해죄를 구성한다.

① ㄴ, ㄹ ② ㄷ, ㄹ ③ ㄱ, ㄷ, ㄹ
④ ㄱ, ㄷ, ㅁ ⑤ ㄷ, ㄹ, ㅁ

[ㄱ ▸ ○] 지방공사 사장이 신규직원 채용권한을 행사하는 것은 공사의 기관으로서 공사의 업무를 집행하는 것이므로, 위 권한의 귀속주체인 사장 본인에 대한 관계에서도 업무방해죄의 객체인 타인의 업무에 해당한다(대판 2007.12.27. 2005도6404).

[ㄴ ▸ ○] 피고인이 노동운동을 하기 위하여 노동현장에 취업하고자 하나, 자신이 대학교에 입학한 학력과 국가보안법 위반죄의 처벌전력 때문에 쉽사리 입사할 수 없음을 알고, 타인 명의로 허위의 학력과 경력을 기재한 이력서를 작성하고, 동인의 고등학교 생활기록부 등 서류를 작성·제출하여 시험에 합격하였다면, 피고인은 위계에 의하여 위 회사의 근로자로서의 적격자를 채용하는 업무를 방해하였음이 분명하다고 할 것이다(대판 1992.6.9. 91도2221).

[ㄷ ▸ ×] 의료인이나 의료법인이 아닌 자가 의료기관을 개설하여 운영하는 행위는 그 위법의 정도가 중하여 사회생활상 도저히 용인될 수 없는 정도로 반사회성을 띠고 있으므로 업무방해죄의 보호대상이 되는 '업무'에 해당하지 않는다(대판 2001.11.30. 2001도2015).

[ㄹ ▸ ×] 법원의 직무집행정지가처분결정에 의하여 그 직무집행이 정지된 자가 법원의 결정에 반하여 직무를 수행함으로써 업무를 계속 행하는 경우 그 업무는 국법질서와 재판의 존엄성을 무시하는 것으로서 사실상 평온하게 이루어지는 사회적 활동의 기반이 되는 것이라 할 수 없고, 비록 그 업무가 반사회성을 띠는 경우라고까지는 할 수 없다고 하더라도 법적 보호라는 측면에서는 그와 동등한 평가를 받을 수밖에 없으므로, 그 업무 자체는 법의 보호를 받을 가치를 상실하였다고 하지 않을 수 없어 업무방해죄에서 말하는 업무에 해당하지 않는다(대판 2002.8.23. 2001도5592).

[ㅁ ▸ ○] 대부업체 직원이 대출금을 회수하기 위하여 소액의 지연이자를 문제 삼아 법적 조치를 거론하면서 소규모 간판업자인 채무자의 휴대전화로 수백 회에 이르는 전화공세를 한 것은 사회통념상 허용한도를 벗어난 채권추심행위로서 채무자의 간판업 업무가 방해되는 결과를 초래할 위험이 있었으므로, 업무방해죄를 구성한다(대판 2005.5.27. 2004도8447).

정답 ②

CHAPTER 04

사생활의 평온에 관한 죄

형 법

각 문항별로 이해도를 체크해 보세요.

최근 5년간 회별 평균 -문

제1절 주거 침입의 죄

2012년 변호사시험 문 15.

확인 Check! ○ △ ×

주거침입죄에 관한 설명 중 옳지 않은 것은?(다툼이 있는 경우에는 판례에 의함)

① 주거침입죄에서 주거란 단순히 가옥 자체만을 말하는 것이 아니라 그 정원 등 위요지를 포함한다.

② 다세대주택 · 연립주택 · 아파트 등 공동주택의 내부에 있는 엘리베이터, 공용 계단과 복도는 특별한 사정이 없는 한 주거침입죄의 객체인 '사람의 주거'에 해당한다.

③ 복수의 주거권자 중 한 사람이 그 주거에의 출입을 승낙하더라도, 그 승낙이 다른 주거권자의 의사에 직접 · 간접으로 반하는 경우 그 출입행위는 주거 침입에 해당한다.

④ 임대차기간이 종료된 후에는 임차인이 계속 점유하고 있는 건물에 그 소유자가 무단으로 들어가더라도 주거침입죄가 성립하지 않는다.

⑤ 피고인이 피해자가 사용 중인 공중화장실의 용변칸에 노크하여 남편으로 오인한 피해자가 용변칸 문을 열자 강간할 의도로 용변칸에 들어간 것이라면, 피해자가 명시적 또는 묵시적으로 이를 승낙하였다고 볼 수 없어 주거 침입에 해당한다.

[❶ ▸ O] [❷ ▸ O] 주거침입죄에 있어서 주거란 단순히 가옥 자체만을 말하는 것이 아니라 그 정원 등 위요지를 포함한다. 따라서 다가구용 단독주택이나 다세대주택 · 연립주택 · 아파트 등 공동주택 안에서 공용으로 사용하는 엘리베이터, 계단과 복도는 주거로 사용하는 각 가구 또는 세대의 전용 부분에 필수적으로 부속하는 부분으로서 그 거주자들에 의하여 일상생활에서 감시 · 관리가 예정되어 있고 사실상의 주거의 평온을 보호할 필요성이 있는 부분이므로, 다가구용 단독주택이나 다세대주택 · 연립주택 · 아파트 등 공동주택의 내부에 있는 엘리베이터, 공용 계단과 복도는 특별한 사정이 없는 한 주거침입죄의 객체인 '사람의 주거'에 해당하고, 위 장소에 거주자의 명시적, 묵시적 의사에 반하여 침입하는 행위는 주거침입죄를 구성한다(대판 2009.9.10. 2009도4335).

[❸ ▸ O] 형법상 주거침입죄의 보호법익은 주거권이라는 법적 개념이 아니고 사적 생활관계에 있어서의 사실상 주거의 자유와 평온으로서 그 주거에서 공동생활을 하고 있는 전원이 평온을 누릴 권리가 있다 할 것이나 복수의 주거권자가 있는 경우 한 사람의 승낙이 다른 거주자의 의사에 직접 · 간접으로 반하는 경우에는 그에 의한 주거에의 출입은 그 의사에 반한 사람의 주거의 평온, 즉 주거의 지배 · 관리의 평온을 해치는 결과가 되므로 주거침입죄가 성립한다(대판 1984.6.26. 83도685).

[❹ ▸ X] 건물의 소유자라고 주장하는 피고인과 그것을 점유 · 관리하고 있는 피해자 사이에 건물의 소유권에 대한 분쟁이 계속되고 있는 상황이라면 피고인이 그 건물에 침입하는 것에 대한 피해자의 추정적 승낙이 있었다거나 피고인의 이 사건 범행이 사회상규에 위배되지 않는다고 볼 수 없다(대판 1989.9.12. 89도889).

[❺ ▸ O] 피고인이 피해자가 사용 중인 공중화장실의 용변칸에 노크하여 남편으로 오인한 피해자가 용변칸 문을 열자 강간할 의도로 용변칸에 들어간 것이라면 피해자가 명시적 또는 묵시적으로 이를 승낙하였다고 볼 수 없어 주거침입죄에 해당한다(대판 2003.5.30. 2003도1256).

④ 정답

CHAPTER 05

재산에 관한 죄

형 법

각 문항별로 이해도를 체크해 보세요.

최근 5년간 회별 평균 7.6문

제1절 재산죄의 기본개념 ★★★

2020년 변호사시험 문 13.

확인 Check! O △ X

친족상도례에 관한 설명 중 옳지 않은 것은?(다툼이 있는 경우 판례에 의함)

① 친족상도례는 공갈의 죄 및 장물에 관한 죄에 적용될 수 있지만 강도의 죄 및 손괴의 죄에는 적용되지 않는다.
② 범인이 자신과 사돈지간인 피해자를 속여 재물을 편취한 경우, 사기죄의 범인에 대해 친족상도례를 적용할 수 없다.
③ 사기죄의 범인이 금원을 편취하기 위한 수단으로 피해자와 혼인신고를 한 것이어서 그 혼인이 무효인 경우, 범행 당시 피해자가 범인의 배우자였던 사실은 인정되므로 친족상도례를 적용할 수 있다.
④ 횡령죄와 관련하여 친족상도례는 범인과 피해물건의 소유자 및 위탁자 쌍방 간에 형법 제328조 소정의 친족관계가 있는 경우에만 적용되고, 범인과 피해물건의 소유자 간에만 친족관계가 있거나 범인과 위탁자 간에만 친족관계가 있는 경우에는 적용될 수 없다.
⑤ 甲이 乙에게 절도를 교사하고 이에 따라 乙이 자신과 동거하지 않는 삼촌 丙의 신용카드를 절취한 경우, 丙의 고소가 없더라도 甲을 절도교사죄로 처벌할 수 있다.

[❶ ▸ O] 친족 간의 정서를 고려한 법정책적 규정인 친족상도례는 강도죄, 손괴죄 및 강제집행면탈죄에는 적용되지 아니한다.

[❷ ▸ O] 친족상도례가 적용되는 친족의 범위는 민법의 규정에 의하여야 하는데, 민법 제767조는 배우자, 혈족 및 인척을 친족으로 한다고 규정하고 있고, 민법 제769조는 혈족의 배우자, 배우자의 혈족, 배우자의 혈족의 배우자만을 인척으로 규정하고 있을 뿐, 구 민법 제769조에서 인척으로 규정하였던 '혈족의 배우자의 혈족'을 인척에 포함시키지 않고 있다. 따라서 사기죄의 피고인과 피해자가 사돈지간이라고 하더라도 이를 민법상 친족으로 볼 수 없다(대판 2011.4.28. 2011도2170).

[❸ ▸ X] 형법 제354조, 제328조 제1항에 의하면 배우자 사이의 사기죄는 이른바 친족상도례에 의하여 형을 면제하도록 되어 있으나, 사기죄를 범하는 자가 금원을 편취하기 위한 수단으로 피해자와 혼인신고를 한 것이어서 그 혼인이 무효인 경우라면, 그러한 피해자에 대한 사기죄에서는 친족상도례를 적용할 수 없다(대판 2015.12.10. 2014도11533).

[❹ ▸ O] 횡령범인이 위탁자가 소유자를 위해 보관하고 있는 물건을 위탁자로부터 보관받아 이를 횡령한 경우에 형법 제361조에 의하여 준용되는 제328조 제2항의 친족 간의 범행에 관한 조문은 범인과 피해물건의 소유자 및 위탁자 쌍방 사이에 같은 조문에 정한 친족관계가 있는 경우에만 적용되고, 단지 횡령범인과 피해물건의 소유자 간에만 친족관계가 있거나 횡령범인과 피해물건의 위탁자 간에만 친족관계가 있는 경우에는 적용되지 않는다(대판 2008.7.24. 2008도3438).

[❺ ▸ O] 형법 제328조 제3항에 따라 신분관계 없는 공범인 甲에게는 친족상도례가 적용되지 아니하므로, 피해자 丙의 고소가 없더라도 甲을 절도교사죄로 처벌할 수 있다.

PART 02 형법각론

정답 ③

2020년 변호사시험 문 5.

☑ 확인 Check! ○ △ ×

재산죄의 객체에 관한 설명 중 옳은 것은?(다툼이 있는 경우 판례에 의함)

① 회사에서 회사 컴퓨터에 저장된 정보를 몰래 자신의 저장장치로 복사한 경우, 컴퓨터에 저장된 정보는 절도죄의 객체인 재물이 될 수 있다.

② 협박으로 금전채무지불각서 1매를 쓰게 하고 이를 강취한 경우, 사법상 유효하지 못한 위 지불각서는 강도죄의 객체인 재산상 이익이 될 수 없다.

③ 대가를 지급하기로 하고 성관계를 가진 뒤 대금을 지급하지 않은 경우, 성행위의 대가는 사기죄의 객체인 재산상 이익이 될 수 없다.

④ 권한 없이 인터넷뱅킹으로 타인의 예금계좌에서 자신의 예금계좌로 돈을 이체한 후 그중 일부를 인출한 돈은 장물죄의 객체가 된다.

⑤ 민사집행법상 보전처분단계에서 가압류채권자의 지위는 원칙적으로 강제집행면탈죄의 객체가 될 수 없다.

[❶ ▸ ×] 절도죄의 객체는 관리 가능한 동력을 포함한 '재물'에 한한다 할 것이고, 또 절도죄가 성립하기 위해서는 그 재물의 소유자 기타 점유자의 점유 내지 이용가능성을 배제하고 이를 자신의 점유하에 배타적으로 이전하는 행위가 있어야만 할 것인 바, 컴퓨터에 저장되어 있는 '정보' 그 자체는 유체물이라고 볼 수도 없고, 물질성을 가진 동력도 아니므로 재물이 될 수 없다 할 것이며, 또 이를 복사하거나 출력하였다 할지라도 그 정보 자체가 감소하거나 피해자의 점유 및 이용가능성을 감소시키는 것이 아니므로 그 복사나 출력행위를 가지고 절도죄를 구성한다고 볼 수도 없다(대판 2002.7.12. 2002도745).

[❷ ▸ ×] 피해자를 협박하여 지불각서 1장을 써 받았고, 그 과정에서 피해자에게 상해를 입힌 경우, 그 권리의무관계의 외형상 변동의 사법상 효력의 유무는 그 범죄의 성립에 영향이 없고, 법률상 정당하게 그 이행을 청구할 수 있는 것이 아니라도 강도죄에 있어서의 재산상의 이익에 해당한다(대판 1994.2.22. 93도428).

[❸ ▸ ×] 일반적으로 부녀와의 성행위 자체는 경제적으로 평가할 수 없고, 부녀가 상대방으로부터 금품이나 재산상 이익을 받을 것을 약속하고 성행위를 하는 약속 자체는 선량한 풍속 기타 사회질서에 위반한 사항을 내용으로 하는 법률행위로서 무효이나, 사기죄의 객체가 되는 재산상의 이익이 반드시 사법(私法)상 보호되는 경제적 이익만을 의미하지 아니하고, 부녀가 금품 등을 받을 것을 전제로 성행위를 하는 경우 그 행위의 대가는 사기죄의 객체인 경제적 이익에 해당하므로, 부녀를 기망하여 성행위 대가의 지급을 면하는 경우 사기죄가 성립한다(대판 2001.10.23. 2001도2991).

[❹ ▸ ×] 컴퓨터등사용사기죄의 범행으로 예금채권을 취득한 다음 자기의 현금카드를 사용하여 현금자동지급기에서 현금을 인출한 경우, 현금카드사용권한 있는 자의 정당한 사용에 의한 것으로서 현금자동지급기 관리자의 의사에 반하거나 기망행위 및 그에 따른 처분행위도 없었으므로, 별도로 절도죄나 사기죄의 구성요건에 해당하지 않는다 할 것이고, 그 결과 그 인출된 현금은 재산범죄에 의하여 취득한 재물이 아니므로 장물이 될 수 없다(대판 2004.4.16. 2004도353).

[❺ ▸ ○] 강제집행면탈죄의 객체는 채무자의 재산 중에서 채권자가 민사집행법상 강제집행 또는 보전처분의 대상으로 삼을 수 있는 것만을 의미하므로, '보전처분단계에서의 가압류채권자의 지위' 자체는 원칙적으로 민사집행법상 강제집행 또는 보전처분의 대상이 될 수 없어 강제집행면탈죄의 객체에 해당한다고 볼 수 없고, 이는 가압류채무자가 가압류해방금을 공탁한 경우에도 마찬가지이다(대판 2008.9.11. 2006도8721).

⑤ 정답

2018년 변호사시험 문 17. ☑ 확인 Check! ○ △ ×

친족상도례에 관한 설명 중 옳지 않은 것은?(다툼이 있는 경우 판례에 의함)

① 특정경제범죄 가중처벌 등에 관한 법률에는 친족상도례에 관한 규정을 적용한다는 명시적인 규정이 없으므로 특정경제범죄 가중처벌 등에 관한 법률 위반(사기)죄에는 친족상도례에 관한 규정이 적용되지 않는다.

② 절도범인이 피해물건의 소유자나 점유자의 어느 일방과의 사이에서만 친족관계가 있는 경우에는 친족상도례에 관한 규정이 적용되지 않는다.

③ 법원을 기망하여 제3자로부터 재물을 편취한 경우 피해자는 법원이 아니라 재물을 편취당한 제3자이므로 제3자와 사기죄를 범한 자가 직계혈족의 관계에 있을 때에는 그 범인에 대하여 형을 면제하여야 한다.

④ A와 B를 기망하여 이들의 합유로 되어 있는 부동산에 대한 매매계약을 체결하고 소유권을 이전받은 다음 잔금을 지급하지 않은 경우, A와는 형이 면제되는 친족관계가 있으나 B와는 아무런 친족관계가 없다면 친족상도례에 관한 규정이 적용되지 않는다.

⑤ 사돈지간은 민법상 친족이 아니므로 백화점 내 점포에 입점시켜 주겠다고 거짓말을 하여 사돈지간인 피해자로부터 입점비 명목으로 돈을 편취하였다면 친족상도례에 관한 규정이 적용되지 않는다.

[❶ ▸ ×] 형법상 사기죄의 성질은 특정경제범죄 가중처벌 등에 관한 법률 제3조 제1항에 의해 가중처벌되는 경우에도 그대로 유지되고, 특별법인 특정경제범죄 가중처벌 등에 관한 법률에 친족상도례에 관한 형법 제354조, 제328조의 적용을 배제한다는 명시적인 규정이 없으므로, 형법 제354조는 특정경제범죄 가중처벌 등에 관한 법률 제3조 제1항 위반죄에도 그대로 적용된다(대판 2000.10.13. 99오1).

[❷ ▸ ○] 친족상도례에 관한 규정은 범인과 피해물건의 소유자 및 점유자 모두 사이에 친족관계가 있는 경우에만 적용되는 것이고 절도범인이 피해물건의 소유자나 점유자의 어느 일방과 사이에서만 친족관계가 있는 경우에는 그 적용이 없다(대판 1980.11.11. 80도131).

[❸ ▸ ○] 사기죄의 보호법익은 재산권이라고 할 것이므로 사기죄에 있어서는 재산상의 권리를 가지는 자가 아니면 피해자가 될 수 없다. 그러므로 법원을 기망하여 제3자로부터 재물을 편취한 경우에 피기망자인 법원은 피해자가 될 수 없고 재물을 편취당한 제3자가 피해자라고 할 것이므로 피해자인 제3자와 사기죄를 범한 자가 직계혈족의 관계에 있을 때에는 그 범인에 대하여는 형법 제354조에 의하여 준용되는 형법 제328조 제1항에 의하여 그 형을 면제하여야 할 것이다(대판 2014.9.26. 2014도8076).

[❹ ▸ ○] 피고인 등이 공모하여, 피해자 甲, 乙 등을 기망하여 甲, 乙 및 丙과 부동산매매계약을 체결하고 소유권을 이전받은 다음 잔금을 지급하지 않아 같은 금액 상당의 재산상 이익을 편취하였다는 내용으로 기소된 경우, 甲은 피고인의 8촌 혈족, 丙은 피고인의 부친이나, 위 부동산이 甲, 乙, 丙의 합유로 등기되어 있어 피고인에게 형법상 친족상도례 규정이 적용되지 않는다(대판 2015.6.11. 2015도3160).

[❺ ▸ ○] 친족상도례가 적용되는 친족의 범위는 민법의 규정에 의하여야 하는데, 민법 제767조는 배우자, 혈족 및 인척을 친족으로 한다고 규정하고 있고, 민법 제769조는 혈족의 배우자, 배우자의 혈족, 배우자의 혈족의 배우자만을 인척으로 규정하고 있을 뿐, 구 민법 제769조에서 인척으로 규정하였던 '혈족의 배우자의 혈족'을 인척에 포함시키지 않고 있다. 따라서 사기죄의 피고인과 피해자가 사돈지간이라고 하더라도 이를 민법상 친족으로 볼 수 없다(대판 2011.4.28. 2011도2170).

정답 ①

2016년 변호사시험 문 10.

☑ 확인Check! ○ △ ×

재산죄에 관한 설명 중 옳은 것을 모두 고른 것은?(다툼이 있는 경우 판례에 의함)

ㄱ. 甲은 리스한 승용차를 사채업자 A에게 담보로 제공하였고, 사채업자 A는 甲이 차용금을 변제하지 못하자 승용차를 B에게 매도하였는데, 이후 甲은 위 승용차를 발견하고 이를 본래 소유자였던 리스회사에 반납하기 위하여 취거한 경우 甲에게 절도죄가 성립한다.

ㄴ. 甲이 보관·관리하고 있던 회사의 비자금이 인출·사용되었음에도 甲이 주장하는 사용처에 비자금이 사용되었다는 점을 인정할 수 있는 자료가 부족하고 오히려 甲이 비자금을 개인적인 용도에 사용하였다는 점에 대한 신빙성 있는 자료가 많은 경우에는 甲이 비자금을 불법영득의 의사로써 횡령한 것이라고 추단할 수 있다.

ㄷ. 甲은 A의 영업점 내에 있는 A 소유의 휴대전화를 허락 없이 가지고 나와 이를 이용하여 통화를 하고 문자메시지를 주고받은 다음 약 1~2시간 후 A에게 아무런 말도 하지 않고 위 영업점 정문 옆 화분에 놓아두고 간 경우 甲에게 휴대전화에 대한 불법영득의사가 인정되지 않는다.

ㄹ. A주식회사 감사인 甲이 회사 경영진과의 불화로 한 달 가까이 결근하다가 회사 감사실에 침입하여 자신이 사용하던 컴퓨터에서 하드디스크를 떼어간 후 4개월 가까이 지난 시점에 반환한 경우 일시보관하였다고 평가하기 어려워 甲에게 절도죄가 성립한다.

① ㄱ, ㄴ　② ㄱ, ㄹ　③ ㄴ, ㄷ
④ ㄷ, ㄹ　⑤ ㄱ, ㄴ, ㄹ

[ㄱ ▸ O] 우선 피고인이 자기 이외의 자의 소유물인 이 사건 승용차를 점유자인 피해자의 의사에 반하여 그 점유를 배제하고 자기의 점유로 옮긴 이상 그러한 행위가 '절취'에 해당함은 분명하다. 또한 피고인이 이 사건 승용차를 임의로 가져간 것이 소유자인 ○○캐피탈의 의사에 반하는 것이라고는 보기 어렵고 실제로 위 승용차가 ○○캐피탈에 반납된 사정을 감안한다고 하더라도, 그러한 사정만으로는 피고인에게 불법영득의 의사가 없다고 할 수도 없다(대판 2014.2.21. 2013도14139).

[ㄴ ▸ O] 피고인들이 보관·관리하고 있던 회사의 비자금이 인출·사용되었음에도 피고인들이 그 행방이나 사용처를 제대로 설명하지 못하거나, 피고인들이 주장하는 사용처에 사용된 자금이 그 비자금과는 다른 자금으로 충당된 것으로 드러나는 등 피고인들이 주장하는 사용처에 비자금이 사용되었다는 점을 인정할 수 있는 자료가 부족하고 오히려 피고인들이 비자금을 개인적인 용도에 사용하였다는 점에 대한 신빙성 있는 자료가 많은 경우 등에는 피고인들이 그 돈을 불법영득의 의사로써 횡령한 것이라고 추단할 수 있을 것이다(대판 2012.8.23. 2011도14045).

[ㄷ ▸ X] 피고인이 甲의 영업점 내에 있는 甲 소유의 휴대전화를 허락 없이 가지고 나와 이를 이용하여 통화를 하고 문자메시지를 주고받은 다음 약 1~2시간 후 甲에게 아무런 말을 하지 않고 위 영업점 정문 옆 화분에 놓아두고 감으로써 이를 절취하였다는 내용으로 기소된 경우, 피고인이 甲의 휴대전화를 자신의 소유물과 같이 경제적 용법에 따라 이용하다가 본래의 장소와 다른 곳에 유기한 것이므로 피고인에게 불법영득의사가 있었다고 할 것이다(대판 2012.7.12. 2012도1132).

[ㄹ ▸ O] 甲 주식회사 감사인 피고인이 회사 경영진과의 불화로 한 달 가까이 결근하다가 회사 감사실에 침입하여 자신이 사용하던 컴퓨터에서 하드디스크를 떼어 간 후 4개월 가까이 지난 시점에 반환한 경우, 피고인이 하드디스크를 일시보관 후 반환하였다고 평가하기 어려워 불법영득의사를 인정할 수 있다(대판 2011.8.18. 2010도9570).

⑤ 정답

2016년 변호사시험 문 35. ☑ 확인Check! ○ △ ×

다음 사례에 관한 설명 중 옳지 않은 것은?(다툼이 있는 경우 판례에 의함)

> 甲과 乙은 옆 동네에 사는 甲의 사촌동생 A의 신용카드를 훔쳐 은행 현금인출기에서 비밀번호를 입력하고 현금서비스로 100만원을 인출하였다. 甲은 인출한 100만원 중 50만원을 자신의 애인인 丙에게 용돈으로 주었다. 수사가 개시되자 甲은 형사처분을 면할 목적으로 2년간 외국에 도피하였다. 甲이 귀국하자 검사는 甲, 乙, 丙을 위의 공소사실로 기소하였다.

① A의 신용카드를 훔친 甲의 행위는 친고죄에 해당하므로 A의 고소가 없는 경우에 법원은 형사소송법 제327조 제2호에 의하여 공소기각판결을 선고하여야 한다.
② 甲의 신용카드 절도에 대한 A의 적법한 고소가 있는 경우에 甲의 절도피고사건 항소심에서 A가 그 고소를 취소하더라도 항소심법원은 그 고소취소를 사유로 공소기각판결을 선고할 수는 없다.
③ 100만원의 현금서비스를 받은 甲의 행위는 친고죄에 해당하므로 A의 고소가 없는 경우에 법원은 형사소송법 제327조 제2호에 의하여 공소기각판결을 선고하여야 한다.
④ 甲이 준 용돈 50만원이 훔친 카드로 인출된 것임을 丙이 돈을 받을 당시 알았다면 丙에게는 장물취득죄가 성립한다.
⑤ 甲의 국외도피로 인한 공소시효 정지의 효과는 乙에게 미치지 않는다.

[❶ ▸ ○] 甲이 사촌동생 A의 신용카드를 훔친 행위는 절도죄이자 상대적 친고죄이므로, 형법 제328조 제2항에 의하여 A의 고소가 있어야만 공소를 제기할 수 있다. 따라서 A의 고소가 없는 경우, 법원은 형사소송법 제327조 제2호에 의하여 공소기각판결을 선고하여야 한다.

[❷ ▸ ○] 고소는 제1심판결 선고 전까지 취소할 수 있으므로(형소법 제232조 제1항), 항소심법원은 고소취소를 사유로 공소기각판결을 할 수 없다.

[❸ ▸ ×] 100만원의 현금서비스를 받은 甲의 행위는 절도죄에 해당하고, 그 행위로 인한 피해자는 현금인출기 관리자이므로, 형법 제328조의 친족상도례 규정은 적용되지 아니한다.

[❹ ▸ ○] 甲이 절취행위로 취득한 재물임을 알면서도 丙이 50만원을 받은 경우에는, 丙에게 장물취득죄가 성립한다.

[❺ ▸ ○] 범인이 형사처분을 면할 목적으로 국외에 있는 경우 그 기간 동안 공소시효는 정지되나(형소법 제253조 제3항), 그 효과는 다른 공범에게 미치지 아니한다.

정답 ③

2013년 변호사시험 문 31. ☑ 확인Check! ○ △ ×

甲은 동거하지 않는 이종사촌동생인 乙의 기망에 의하여 乙로부터 부동산을 비싸게 매수하자 乙이 취득한 전매차익 1,000만원을 받아내기 위하여 주방용 칼을 들고 乙의 집으로 찾아가 전매차익을 돌려주지 않으면 죽여 버리겠다고 협박하여 乙로부터 1,000만원을 돌려받았다. 이에 乙은 甲을 경찰서에 신고하여 처벌을 원한다고 진술하였으나, 사건이 검찰에 송치된 후에 甲으로부터 500만원을 돌려받고 "원만히 합의되었으므로 앞으로 어떠한 민·형사상의 책임을 묻지 않겠다"는 취지의 합의서를 작성하여 검사에게 제출하였다. 이후 검사는 甲을 폭력행위 등 처벌에 관한 법률 위반(집단·흉기등공갈)죄로 기소하였다. 위 사례에 대한 설명 중 옳은 것은?(다툼이 있는 경우에는 판례에 의함)

① 甲은 기망에 의하여 乙로부터 부동산을 비싸게 매수한 것이므로 위와 같이 乙로부터 1,000만원을 돌려받은 것은 정당한 권리 행사에 해당되어 무죄이다.

② 甲과 乙은 이종사촌 사이로 형법 제354조, 제328조의 친족 간의 범행에 관한 규정이 적용될 여지가 없으므로 甲은 유죄이다.

③ 甲에 대하여 법원은 형사소송법 제327조 제5호(고소가 있어야 죄를 논할 사건에 대하여 고소의 취소가 있은 때)에 의하여 공소기각의 판결을 하여야 한다.

④ 甲은 폭력행위 등 처벌에 관한 법률 위반(집단·흉기등공갈)죄로 처벌되고, 설사 甲과 乙이 형법 제354조, 제328조의 친족관계에 있다 하더라도 법원은 乙의 고소 없이 甲을 처벌할 수 있다.

⑤ 乙이 작성한 합의서에 비록 고소를 취소한다고 명시한 문구가 없더라도 위와 같은 합의서를 제출한 것은 고소를 취소한 것으로 볼 수 있다.

[❶ ▸ ×] 피해자의 기망에 의하여 부동산을 비싸게 매수한 피고인이라도 그 계약을 취소함이 없이 등기를 피고인 앞으로 둔 채 피해자의 전매차익을 받아낼 셈으로 피해자를 협박하여 재산상의 이득을 얻거나 돈을 받았다면 이는 정당한 권리행사의 범위를 넘은 것으로서 사회통념상 용인될 수 없으므로 공갈죄를 구성한다(대판 1991.9.24. 91도1824).

[❷ ▸ ×] [❸ ▸ ×] 동거하지 않는 이종사촌관계인 甲과 乙에게는 형법 제354조, 제328조의 친족상도례 규정이 적용되고, 판례에 따르면 특별법인 폭처법 위반(집단·흉기등공갈)죄에도 동 규정이 그대로 적용되므로, 乙이 공소제기 전에 고소를 취소하였다면 법원은 형소법 제327조 제2호에 의하여 공소기각판결을 하여야 한다.

[❹ ▸ ×] 형법 제354조, 제328조의 규정에 의하면, 직계혈족, 배우자, 동거친족, 동거가족 또는 그 배우자 간의 공갈죄는 그 형을 면제하여야 하고 그 외의 친족 간에는 고소가 있어야 공소를 제기할 수 있는바, 흉기 기타 위험한 물건을 휴대하고 공갈죄를 범하여 '폭력행위 등 처벌에 관한 법률' 제3조 제1항, 제2조 제1항 제3호에 의하여 가중처벌되는 경우에도 형법상 공갈죄의 성질은 그대로 유지되는 것이고, 특별법인 위 법률에 친족상도례에 관한 형법 제354조, 제328조의 적용을 배제한다는 명시적인 규정이 없으므로, 형법 제354조는 ' 폭력행위 등 처벌에 관한 법률 제3조 제1항 위반죄'에도 그대로 적용된다(대판 2010.7.29. 2010도5795).

[❺ ▸ ○] 피해자가 경찰에 강간치상의 범죄사실을 신고한 후 경찰관에게 가해자의 처벌을 원한다는 취지의 진술을 하였다가, 그 다음에 가해자와 합의한 후 "이 사건 전체에 대하여 가해자와 원만히 합의하였으므로 피해자는 가해자를 상대로 이 사건과 관련한 어떠한 민·형사상의 책임도 묻지 아니한다"는 취지의 가해자와 피해자 사이의 합의서가 경찰에 제출되었다면, 위와 같은 합의서의 제출로써 피해자는 가해자에 대하여 처벌을 희망하던 종전의 의사를 철회한 것으로서 공소제기 전에 고소를 취소한 것으로 봄이 상당하다(대판 2002.7.12. 2001도6777).

⑤ 정답

제2절 절도의 죄 ★★★★★★★☆

2020년 변호사시험 문 7. ☑ 확인Check! ○ △ ×

甲은 밤 10시경 절취의 목적으로 피해자 A가 집에 없는 틈을 타 드라이버로 A의 집 현관문을 부수고 들어가 A의 귀금속을 가지고 나왔다. 다음 설명 중 옳은 것은?(다툼이 있는 경우 판례에 의함)

① 甲에게는 형법 제331조 제1항의 특수절도(야간손괴침입절도)죄가 성립한다.
② 만약 위 사례에서 甲이 현관문을 부순 시점에 집으로 돌아오는 A에게 들켜 도망간 경우, 아직 A의 집 안으로 들어가지 않았으므로 실행의 착수가 인정되지 않아 절도범행은 처벌할 수 없다.
③ 만약 乙이 甲에게 절도를 교사하고 甲이 범행 후 훔친 귀금속을 맡아 달라고 부탁하자 乙이 이를 수락하고 귀금속을 교부받아 갖고 있다가 임의로 처분하였다면, 乙에게는 절도교사죄 이외에 장물보관죄 및 횡령죄가 성립한다.
④ 만약 甲이 A의 현금카드를 사용하여 돈을 인출할 목적으로 현금카드를 가지고 나와 현금자동지급기에서 돈을 인출한 후 현금카드를 제자리에 가져다 놓은 경우, 현금카드에 대한 절도죄와 인출한 현금에 대한 절도죄가 성립한다.
⑤ 만약 甲이 A로부터 명의수탁을 받아 자신의 명의로 등록되어 있는 자동차를 A 몰래 가져간 경우, 자동차의 소유권은 등록명의를 기준으로 하므로 절도죄는 성립하지 않는다.

[❶ ▸ ○] 야간에 문호 또는 장벽 기타 건조물의 일부를 손괴하고 사람의 주거, 간수하는 저택, 건조물이나 선박 또는 점유하는 방실에 침입하여 타인의 재물을 절취한 자는 1년 이상 10년 이하의 징역에 처한다(형법 제330조 · 제331조 제1항).

[❷ ▸ ×] 손괴후야간주거침입절도죄(형법 제331조 제1항)의 실행의 착수시기는 주거 침입을 목적으로 야간에 문호 또는 장벽 기타 건조물의 일부를 손괴하기 시작한 때이므로, A의 집 안으로 들어가지 않았다고 하더라도 甲이 현관문을 부순 이상 그 실행의 착수가 인정된다.

[❸ ▸ ×] 절도범인으로부터 장물보관의뢰를 받은 자가 그 정을 알면서 이를 인도받아 보관하고 있다가 임의처분하였다 하여도 장물보관죄가 성립하는 때에는 이미 그 소유자의 소유물추구권을 침해하였으므로 그 후의 횡령행위는 불가벌적 사후행위에 불과하여 별도로 횡령죄가 성립하지 않는다(대판 2004.4.9. 2003도8219).

[❹ ▸ ×] 피해자로부터 지갑을 잠시 건네받아 임의로 지갑에서 현금카드를 꺼내어 현금자동인출기에서 현금을 인출하고 곧바로 피해자에게 현금카드를 반환한 경우, 현금카드에 대한 불법영득의사가 없다(대판 1998.11.10. 98도2642).

[❺ ▸ ×] [1] 자동차나 중기(또는 건설기계)의 소유권의 득실 변경은 등록을 함으로써 그 효력이 생기고 그와 같은 등록이 없는 한 대외적 관계에서는 물론 당사자의 대내적 관계에 있어서도 그 소유권을 취득할 수 없는 것이 원칙이지만, 당사자 사이에 그 소유권을 그 등록명의자 아닌 자가 보유하기로 약정하였다는 등의 특별한 사정이 있는 경우에는 그 내부관계에 있어서는 그 등록명의자 아닌 자가 소유권을 보유하게 된다.
[2] 자동차 명의신탁관계에서 제3자가 명의수탁자로부터 승용차를 가져가 매도할 것을 허락받고 인감증명 등을 교부받아 위 승용차를 명의신탁자 몰래 가져간 경우, 위 제3자와 명의수탁자의 공모 · 가공에 의한 절도죄의 공모공동정범이 성립한다(대판 2007.1.11. 2006도4498).

PART 02 형법각론

정답 ①

2019년 변호사시험 문 19. ☑ 확인Check! ○ △ ×

다음 설명 중 옳은 것을 모두 고른 것은?(특별법 위반의 점은 논외로 하고, 다툼이 있는 경우 판례에 의함)

ㄱ. 甲이 자신이 일하는 회사 사무실에서 회사 명의의 예금통장을 몰래 가지고 나와 예금 1,000만원을 인출한 후 다시 그 통장을 제자리에 갖다 놓은 경우, 甲에게 예금통장에 대한 불법영득의사는 인정되지 않으므로 예금통장에 대한 절도죄는 성립하지 않는다.

ㄴ. PC방 종업원 甲이 손님 A로부터 2만원의 현금을 인출해 오라는 부탁과 함께 A의 현금카드를 건네받아 현금자동지급기에서 5만원을 인출한 뒤 2만원만 A에게 건네주고 나머지는 자신이 가진 경우, 甲의 행위는 현금자동지급기 관리자의 의사에 반해 현금 3만원에 대한 점유를 침탈한 것이므로 절도죄를 구성한다.

ㄷ. 乙이 권한 없이 인터넷뱅킹으로 타인의 예금계좌에서 자신의 예금계좌로 돈을 이체한 후 그중 일부를 현금으로 인출하여 甲에게 주었는데 甲이 그 정을 알고 받았다면, 甲이 받은 돈은 재물로서 장물에 해당하므로 甲에게는 장물취득죄가 성립한다.

ㄹ. 甲이 A의 명의를 모용하여 카드회사로부터 발급받은 신용카드를 사용하여 현금자동지급기에서 현금대출을 받은 경우, 현금대출을 받은 甲의 행위는 현금자동지급기 관리자의 의사에 반해 그의 지배를 배제한 채 그 현금을 자기의 지배하에 옮겨 놓는 행위이므로 절도죄를 구성한다.

ㅁ. 甲이 A를 협박하여 A 소유의 현금카드를 강취한 다음 이를 이용하여 현금자동지급기에서 현금을 인출한 경우, 甲의 현금인출행위는 현금카드 사용에 관한 A의 승낙에 기한 것이라고 할 수 없어 현금카드에 대한 강도죄와는 별도로 절도죄를 구성한다.

① ㄱ, ㅁ ② ㄷ, ㄹ ③ ㄹ, ㅁ
④ ㄱ, ㄴ, ㄷ ⑤ ㄴ, ㄹ, ㅁ

[ㄱ ▸ ×] 예금통장은 예금채권을 표창하는 유가증권이 아니고 그 자체에 예금액 상당의 경제적 가치가 화체되어 있는 것도 아니지만, 이를 소지함으로써 예금채권의 행사자격을 증명할 수 있는 자격증권으로서 예금계약사실뿐 아니라 예금액에 대한 증명기능이 있고 이러한 증명기능은 예금통장 자체가 가지는 경제적 가치라고 보아야 하므로, 예금통장을 사용하여 예금을 인출하게 되면 그 인출된 예금액에 대하여는 예금통장 자체의 예금액증명기능이 상실되고 이에 따라 그 상실된 기능에 상응한 경제적 가치도 소모된다. 그렇다면 타인의 예금통장을 무단사용하여 예금을 인출한 후 바로 예금통장을 반환하였다 하더라도 그 사용으로 인한 위와 같은 경제적 가치의 소모가 무시할 수 있을 정도로 경미한 경우가 아닌 이상, 예금통장 자체가 가지는 예금액증명기능의 경제적 가치에 대한 불법영득의 의사를 인정할 수 있으므로 절도죄가 성립한다(대판 2010.5.27. 2009도9008).

[ㄴ ▸ ×] 예금주인 현금카드소유자로부터 일정한 금액의 현금을 인출해 오라는 부탁을 받으면서 이와 함께 현금카드를 건네받은 것을 기화로 그 위임을 받은 금액을 초과하여 현금을 인출하는 방법으로 그 차액 상당을 위법하게 이득할 의사로 현금자동지급기에 그 초과된 금액이 인출되도록 입력하여 그 초과된 금액의 현금을 인출한 경우에는 그 인출된 현금에 대한 점유를 취득함으로써 이때에 그 인출한 현금 총액 중 인출을 위임받은 금액을 넘는 부분의 비율에 상당하는 재산상 이익을 취득한 것으로 볼 수 있으므로 이러한 행위는 그 차액 상당액에 관하여 형법 제347조의2(컴퓨터등사용사기)에 규정된 '컴퓨터 등 정보처리장치에 권한 없이 정보를 입력하여 정보처리를 하게 함으로써 재산상의 이익을 취득'하는 행위로서 컴퓨터등사용사기죄에 해당된다(대판 2006.3.24. 2005도3516).

[ㄷ ▸ ×] 컴퓨터등사용사기죄의 범행으로 예금채권을 취득한 다음 자기의 현금카드를 사용하여 현금자동지급기에서 현금을 인출한 경우, 현금카드사용권한 있는 자의 정당한 사용에 의한 것으로서 현금자동지급기 관리자의 의사에 반하거나 기망행위 및 그에 따른 처분행위도 없었으므로, 별도로 절도죄나 사기죄의 구성요건에 해당하지 않는다 할 것이고, 그 결과 그 인출된 현금은 재산범죄에 의하여 취득한 재물이 아니므로 장물이 될 수 없다(대판 2004.4.16. 2004도353).

③ 정답

[ㄹ ▸ ○] 피고인이 타인의 명의를 모용하여 신용카드를 발급받은 경우, 비록 카드회사가 피고인으로부터 기망을 당한 나머지 피고인에게 피모용자 명의로 발급된 신용카드를 교부하고, 사실상 피고인이 지정한 비밀번호를 입력하여 현금자동지급기에 의한 현금대출(현금서비스)을 받을 수 있도록 하였다 할지라도, 카드회사의 내심의 의사는 물론 표시된 의사도 어디까지나 카드명의인인 피모용자에게 이를 허용하는 데 있을 뿐 피고인에게 이를 허용한 것은 아니라는 점에서, 피고인이 타인의 명의를 모용하여 발급받은 신용카드를 사용하여 현금자동지급기에서 현금대출을 받는 행위는 카드회사에 의하여 미리 포괄적으로 허용된 행위가 아니라, 현금자동지급기의 관리자의 의사에 반하여 그의 지배를 배제한 채 그 현금을 자기의 지배하에 옮겨 놓는 행위로서 절도죄에 해당한다(대판 2006.7.27. 2006도3126).

[ㅁ ▸ ○] 강도죄는 공갈죄와는 달리 피해자의 반항을 억압할 정도로 강력한 정도의 폭행·협박을 수단으로 재물을 탈취하여야 성립하므로, 피해자로부터 현금카드를 강취하였다고 인정되는 경우에는 피해자로부터 현금카드의 사용에 관한 승낙의 의사표시가 있었다고 볼 여지가 없다. 따라서 강취한 현금카드를 사용하여 현금자동지급기에서 예금을 인출한 행위는 피해자의 승낙에 기한 것이라고 할 수 없으므로, 현금자동지급기 관리자의 의사에 반하여 그의 지배를 배제하고 그 현금을 자기의 지배하에 옮겨 놓는 것이 되어서 강도죄와는 별도로 절도죄를 구성한다(대판 2007.5.10. 2007도1375).

2017년 변호사시험 문 29. ☑ 확인Check! ○ △ ×

甲은 2016.12.4. 02:30경 A의 자취방에서 A로부터 심한 욕설을 듣자 격분하여 부엌칼로 A를 찔러 살해하였다. 甲은 같은 날 05:00경 피 묻은 자신의 옷을 A의 점퍼로 갈아입고 나오려 하다가 A의 점퍼 주머니 안에 A 명의의 B은행 계좌의 예금통장(예금액 500만원)과 도장이 들어 있는 것을 발견하였다. 甲은 A의 점퍼를 입고 집으로 돌아간 후에 2016.12.5. 10:30경 B은행으로 가서 위 예금통장과 도장을 이용하여 A 명의로 예금청구서를 작성하여 이를 은행 직원에게 제출하고 예금 500만원을 모두 인출하였고, 위 예금통장과 도장은 甲의 집에 보관하고 있었다. 이에 관한 설명 중 옳은 것은?(다툼이 있는 경우 판례에 의함)

① 甲이 A를 살해하고 A의 예금통장과 도장이 들어 있는 점퍼를 입고 나온 행위는 강도살인죄가 성립한다.
② 甲이 A 명의로 예금청구서를 작성하고 이를 은행 직원에게 제출하여 예금을 인출한 행위는 사문서위조죄 및 위조사문서행사죄, 사기죄가 성립하고, 그중 위조사문서행사죄와 사기죄는 상상적 경합관계에 있다.
③ 만일 甲이 위 예금통장을 B은행 현금자동지급기에 넣고 甲 명의의 C은행 계좌로 500만원을 계좌이체한 후, 이체된 500만원을 현금자동지급기를 이용하여 인출하였다면, 이러한 행위는 컴퓨터등사용사기죄 및 절도죄가 성립하고 양 죄는 실체적 경합관계에 있다.
④ 만일 사법경찰관이 2016.12.6. 14:00에 甲의 집에서 약 10킬로미터 떨어져 있는 버스터미널에서 甲을 적법하게 긴급체포하였다면, 사법경찰관은 긴급히 압수할 필요가 있는 때에는 2016.12.7. 14:00 이내에 한하여 甲의 집에서 위 예금통장과 도장을 영장 없이 압수·수색할 수 있다.
⑤ 검사가 긴급체포된 甲에 대하여 구속영장을 청구한 경우 구속영장을 청구받은 판사는 지체 없이 甲을 심문하여야 하며, 심문할 甲에게 변호인이 없는 때에는 甲의 신청이 있는 경우에 한하여 변호인을 선정하여 주어야 한다.

[❶ ▸ ×] 피해자를 살해한 방에서 사망한 피해자 곁에 4시간 30분쯤 있다가 그곳 피해자의 자취방 벽에 걸려 있던 피해자가 소지하는 물건들을 영득의 의사로 가지고 나온 경우 피해자가 생전에 가진 점유는 사망 후에도 여전히 계속되는 것으로 보아야 한다(대판 1993.9.28. 93도2143). 따라서 이와 같은 판례의 취지를 고려하면, 甲의 행위는 살인죄와 절도죄가 성립하고, 양 죄는 실체적 경합의 관계에 있다 할 것이다.

[❷ ▸ ×] 甲이 A를 살해하였으므로, 그 후 甲이 A 명의로 예금청구서를 작성하고 이를 은행 직원에게 제출하여 예금을 인출한 행위는 사문서위조죄 및 위조사문서행사죄, 사기죄가 성립하고, 각 죄는 실체적 경합의 관계에 있다 할 것이다.

정답 ④

[❸ ▸ ×] 절취한 타인의 신용카드를 이용하여 현금지급기에서 계좌이체를 한 행위는 컴퓨터등사용사기죄에서 컴퓨터 등 정보처리장치에 권한 없이 정보를 입력하여 정보처리를 하게 한 행위에 해당함은 별론으로 하고 이를 절취행위라고 볼 수는 없고, 한편 위 계좌이체 후 현금지급기에서 현금을 인출한 행위는 자신의 신용카드나 현금카드를 이용한 것이어서 이러한 현금 인출이 현금지급기 관리자의 의사에 반한다고 볼 수 없어 절취행위에 해당하지 않으므로 절도죄를 구성하지 않는다(대판 2008.6.12. 2008도2440).

[❹ ▸ ○] 검사 또는 사법경찰관은 긴급체포된 자가 소유·소지 또는 보관하는 물건에 대하여 긴급히 압수할 필요가 있는 경우에는 체포한 때부터 24시간 이내에 한하여 영장 없이 압수·수색 또는 검증을 할 수 있다(형소법 제217조 제1항). 따라서 2016.12.6. 14:00에 甲을 긴급체포한 사법경찰관은 2016.12.7. 14:00 이내에 한하여 甲의 집에서 예금통장과 도장을 영장 없이 압수·수색할 수 있다.

[❺ ▸ ×] 형사소송법 제200조의2·제200조의3 또는 제212조에 따라 체포된 피의자에 대하여 구속영장을 청구받은 판사는 지체 없이 피의자를 심문하여야 한다. 이 경우 특별한 사정이 없는 한 구속영장이 청구된 날의 다음 날까지 심문하여야 한다(형소법 제201조의2 제1항). 심문할 피의자에게 변호인이 없는 때에는 지방법원 판사는 직권으로 변호인을 선정하여야 한다. 이 경우 변호인의 선정은 피의자에 대한 구속영장청구가 기각되어 효력이 소멸한 경우를 제외하고는 제1심까지 효력이 있다(동조 제8항).

2018년 변호사시험 문 35.

☑ 확인Check! ○ △ ×

甲은 집에서 필로폰을 투약한 다음, 함께 사는 사촌언니 A의 K은행 예금통장을 몰래 가지고 나와 K은행 현금자동지급기에 넣고 미리 알고 있던 통장 비밀번호를 입력하여 A 명의의 예금잔고 중 100만원을 甲 명의의 M은행 계좌로 이체한 후 집으로 돌아와 예금통장을 원래 자리에 가져다 놓았다. 이후 甲은 자신의 신용카드로 M은행 현금자동지급기에서 위와 같이 이체한 100만원을 인출하였다. 마침 부근을 순찰 중인 경찰관이 필로폰 기운으로 비틀거리는 甲을 수상히 여겨 甲에게 동행을 요구하였으나 甲은 그대로 도주하였다. 필로폰 투약사실을 알게 된 A의 설득으로 甲은 다음 날 경찰서에 자진출석하였으나 필로폰 투약사실을 일관되게 부인하며 소변의 임의제출도 거부하므로 경찰관은 소변 확보를 위해 압수·수색·검증영장을 발부받았다. 이에 관한 설명 중 옳지 않은 것은?(다툼이 있는 경우 판례에 의함)

① A의 예금통장을 가지고 나온 행위에 대하여 甲이 비록 예금통장을 그 자리에 가져다 놓았다고 하더라도 절도죄가 인정되지만 A의 고소가 있어야 처벌이 가능하다.
② A의 예금계좌에서 甲의 계좌로 100만원을 이체한 행위는 컴퓨터등사용사기죄에 해당되고 이 경우 친족상도례가 적용되지 않는다.
③ 甲이 자신의 신용카드로 현금자동지급기에서 100만원을 인출한 행위는 별도로 절도죄나 사기죄의 구성요건에 해당하지 않는다.
④ 甲은 경찰서에 자진출석하였으나 혐의를 부인하고 있으므로 필로폰 투약사실에 대한 자수로서의 효력이 없다.
⑤ 사법경찰관은 압수·수색·검증영장의 효력에 의하여 甲의 동의 없이 그 신체에서 소변을 채취할 수 있고, 이 경우 별도로 감정처분허가장까지 필요한 것은 아니다.

[❶ ▸ ×] 타인의 예금통장을 무단사용하여 예금을 인출한 후 바로 예금통장을 반환하였다 하더라도 그 사용으로 인한 위와 같은 경제적 가치의 소모가 무시할 수 있을 정도로 경미한 경우가 아닌 이상, 예금통장 자체가 가지는 예금액증명기능의 경제적 가치에 대한 불법영득의 의사를 인정할 수 있으므로 절도죄가 성립한다(대판 2010.5.27. 2009도9008). 다만, 예금통장에 대한 절도죄가 성립한다고 하더라도, 甲과 사촌언니 A는 동거친족관계이므로 형법 제328조 제1항에 의하여 그 형을 면제한다.

① 정답

[❷ ▸ O] 친척 소유 예금통장을 절취한 자가 그 친척 거래 금융기관에 설치된 현금자동지급기에 예금통장을 넣고 조작하는 방법으로 친척 명의 계좌의 예금잔고를 자신이 거래하는 다른 금융기관에 개설된 자기 계좌로 이체한 경우, 그 범행으로 인한 피해자는 이체된 예금 상당액의 채무를 이중으로 지급해야 할 위험에 처하게 되는 그 친척 거래 금융기관이라 할 것이고, 거래약관의 면책조항이나 채권의 준점유자에 대한 법리 적용 등에 의하여 위와 같은 범행으로 인한 피해가 최종적으로는 예금명의인인 친척에게 전가될 수 있다고 하여, 자금이체거래의 직접적인 당사자이자 이중지급위험의 원칙적인 부담자인 거래 금융기관을 위와 같은 컴퓨터등사용사기범행의 피해자에 해당하지 않는다고 볼 수는 없으므로, 위와 같은 경우에는 친족 사이의 범행을 전제로 하는 친족상도례를 적용할 수 없다(대판 2007.3.15. 2006도2704).

[❸ ▸ O] 컴퓨터등사용사기죄의 범행으로 예금채권을 취득한 다음 자기의 현금카드를 사용하여 현금자동지급기에서 현금을 인출한 경우, 현금카드사용권한 있는 자의 정당한 사용에 의한 것으로서 현금자동지급기 관리자의 의사에 반하거나 기망행위 및 그에 따른 처분행위도 없었으므로, 별도로 절도죄나 사기죄의 구성요건에 해당하지 않는다(대판 2004.4.16. 2004도353).

[❹ ▸ O] 자수서를 소지하고 수사기관에 자발적으로 출석하였으나 자수서를 제출하지 아니하고 범행사실도 부인하였다면 자수가 성립하지 아니하고, 그 이후 구속까지 된 상태에서 자수서를 제출하고 범행사실을 시인한 것을 자수에 해당한다고 인정할 수 없다(대판 2004.10.14. 2003도3133).

[❺ ▸ O] 수사기관이 범죄증거를 수집할 목적으로 피의자의 동의 없이 피의자의 소변을 채취하는 것은 법원으로부터 감정허가장을 받아 형사소송법 제221조의4 제1항, 제173조 제1항에서 정한 '감정에 필요한 처분'으로 할 수 있지만(피의자를 병원 등에 유치할 필요가 있는 경우에는 형사소송법 제221조의3에 따라 법원으로부터 감정유치장을 받아야 한다), 형사소송법 제219조, 제106조 제1항, 제109조에 따른 압수・수색의 방법으로도 할 수 있다. 이러한 압수・수색의 경우에도 수사기관은 원칙적으로 형사소송법 제215조에 따라 판사로부터 압수・수색영장을 적법하게 발부받아 집행해야 한다(대판 2018.7.12. 2018도6219).

2017년 변호사시험 문 18. ☑ 확인Check! O △ X

A건설회사에 근무하는 甲과 乙은 영업비밀을 경쟁업체에 유출하여 판매하기 위해 다른 사원들이 모두 퇴근한 자정 무렵 경비원 몰래 A회사 건물 안으로 진입하여, 乙이 사무실 출입문 밖에서 망을 보고 있는 사이 甲은 사무실 안으로 들어가 컴퓨터에 저장되어 있는 설계도면 파일을 열어 프린터를 이용하여 출력해 나왔다. 그 후 甲과 乙은 설계도면 출력물의 구매자를 물색하다가 경쟁업체인 B건설회사 사장 丙에게 접근하여 1억원을 주면 출력물을 넘겨주겠다고 제안하였으나 丙이 5,000만원만 주겠다고 하여 출력물을 넘겨주는 대가로 5,000만원을 받고 그에게 출력물을 넘겨주었다. 이에 관한 설명 중 옳은 것을 모두 고른 것은?(다툼이 있는 경우 판례에 의함)

ㄱ. 甲과 乙이 A회사 건물 안으로 들어간 행위는 폭력행위 등 처벌에 관한 법률상의 공동주거 침입에 해당한다.
ㄴ. 甲과 乙의 행위는 설계도면 파일을 2인 이상이 합동하여 절취한 경우에 해당한다.
ㄷ. 甲과 乙이 설계도면을 출력하여 회사 밖으로 무단반출한 것만으로 업무상 배임죄의 기수에 해당한다.
ㄹ. 甲과 乙이 설계도면 출력물을 넘겨주는 대가로 5,000만원을 받은 행위는 배임수재죄에 해당한다.
ㅁ. 甲과 乙에게 5,000만원을 주고 설계도면 출력물을 취득한 丙의 행위는 배임증재죄에 해당한다.

① ㄱ, ㄷ　　② ㄹ, ㅁ　　③ ㄱ, ㄴ, ㄷ
④ ㄴ, ㄹ, ㅁ　　⑤ ㄱ, ㄷ, ㄹ, ㅁ

[ㄱ ▸ O] 2명 이상이 공동하여 형법 제319조(주거 침입, 퇴거 불응)의 죄를 범한 사람은 형법 각 해당 조항에서 정한 형의 2분의 1까지 가중한다(폭처법 제2조 제2항 제1호).

정답 ①

[ㄴ ▸ ×] 피고인이 컴퓨터에 저장된 정보를 출력하여 생성한 문서는 피해회사의 업무를 위하여 생성되어 피해회사에 의하여 보관되고 있던 문서가 아니라, 피고인이 가지고 갈 목적으로 피해회사의 업무와 관계없이 새로이 생성시킨 문서라 할 것이므로, 이는 피해회사 소유의 문서라고 볼 수는 없다 할 것이어서, 이를 가지고 간 행위를 들어 피해회사 소유의 문서를 절취한 것으로 볼 수는 없다(대판 2002.7.12. 2002도745).

[ㄷ ▸ ○] 회사 직원이 영업비밀을 경쟁업체에 유출하거나 스스로의 이익을 위하여 이용할 목적으로 무단으로 반출하였다면 그 반출 시에 업무상 배임죄의 기수가 되고, 영업비밀이 아니더라도 그 자료가 불특정 다수의 사람에게 공개되지 않았고 사용자가 상당한 시간, 노력 및 비용을 들여 제작한 영업상 주요한 자산인 경우에도 그 자료의 반출행위는 업무상 배임죄를 구성하며, 회사 직원이 영업비밀이나 영업상 주요한 자산인 자료를 적법하게 반출하여 그 반출행위가 업무상 배임죄에 해당하지 않는 경우라도 퇴사 시에 그 영업비밀 등을 회사에 반환하거나 폐기할 의무가 있음에도 경쟁업체에 유출하거나 스스로의 이익을 위하여 이용할 목적으로 이를 반환하거나 폐기하지 아니하였다면, 이러한 행위는 업무상 배임죄에 해당한다(대판 2008.4.24. 2006도9089).

[ㄹ ▸ ×] [ㅁ ▸ ×] 배임수증재죄는 타인의 사무를 처리하는 자가 그 임무에 관하여 부정한 청탁을 받고 재물 또는 재산상의 이익을 취득하거나 제3자로 하여금 이를 취득하게 한 때 또는 부정한 청탁을 하고 재물 또는 이익을 공여한 때에 성립한다(형법 제357조 제1항 · 제2항). 지문의 甲과 乙, 丙의 행위는 '부정한 청탁'이라는 객관적 구성요건요소를 충족시키지 못하였으므로, 배임수증재죄에 해당하지 아니한다.

2016년 변호사시험 문 39. ☑ 확인Check! ○ △ ×

甲은 2015.6.16. 15:40경 휴가를 떠나 비어 있던 A의 집에 들어가 잠을 잔 후, 같은 날 22:00경 방에 있던 태블릿PC 1대와 자기앞수표 1장을 훔쳤다. 이에 관한 설명 중 옳은 것을 모두 고른 것은?(다툼이 있는 경우 판례에 의함)

ㄱ. 甲에게는 야간주거침입절도죄가 성립되지 않는다.
ㄴ. 만약 甲이 태블릿PC를 자기 것인 양 중고사이트에 올려 매각하고, 자기앞수표로 백화점에서 물건을 구입한 경우, 매각행위와 구입행위는 절취한 재물을 통해 새로운 법익을 침해한 것으로 각각 사기죄가 성립한다.
ㄷ. 만약 甲이 A의 혼인 외의 출생자인데, 공판기간 중 A가 甲을 인지한 경우라면 친족상도례의 규정을 적용할 수 없어 甲에 대한 형을 면제할 수 없다.
ㄹ. 수사기관이 甲의 주거에 대해 압수 · 수색영장을 한 번 집행한 후 아직 그 영장의 유효기간이 남아 있더라도 甲의 주거에 대하여 다시 압수 · 수색하기 위해서는 새로운 영장을 발부받아야 한다.

① ㄱ, ㄴ ② ㄱ, ㄹ ③ ㄴ, ㄷ
④ ㄴ, ㄹ ⑤ ㄷ, ㄹ

[ㄱ ▸ ○] 형법은 제329조에서 절도죄를 규정하고 곧바로 제330조에서 야간주거침입절도죄를 규정하고 있을 뿐, 야간절도죄에 관하여는 처벌규정을 별도로 두고 있지 아니하다. 이러한 형법 제330조의 규정형식과 그 구성요건의 문언에 비추어 보면, 형법은 야간에 이루어지는 주거침입행위의 위험성에 주목하여 그러한 행위를 수반한 절도를 야간주거침입절도죄로 중하게 처벌하고 있는 것으로 보아야 하고, 따라서 주거 침입이 주간에 이루어진 경우에는 야간주거침입절도죄가 성립하지 않는다고 해석하는 것이 타당하다(대판 2011.4.14. 2011도300).

[ㄴ ▸ ×] 甲이 태블릿PC를 자기 것인 양 중고사이트에 올려 매각하였더라도, 원소유자인 A는 민법 제251조에 의하여 2년간은 그 반환을 청구할 수 있으므로, 매각행위는 사기죄가 성립한다. 다만, 자기앞수표는 현금처럼 유통되므로 점유가 있는 곳에 소유가 있다고 할 것인 바, 부당이득 반환의 문제가 될 뿐 자기앞수표 자체의 반환청구는 인정되지 아니한다. 따라서 구입행위는 사기죄가 성립하지 아니한다.

 ② 정답

[ㄷ ▸ ×] 형법 제344조, 제328조 제1항 소정의 친족 간의 범행에 관한 규정이 적용되기 위한 친족관계는 원칙적으로 범행 당시에 존재하여야 하는 것이지만, 부가 혼인 외의 출생자를 인지하는 경우에 있어서는 민법 제860조에 의하여 그 자의 출생 시에 소급하여 인지의 효력이 생기는 것이며, 이와 같은 인지의 소급효는 친족상도례에 관한 규정의 적용에도 미친다고 보아야 할 것이므로, 인지가 범행 후에 이루어진 경우라고 하더라도 그 소급효에 따라 형성되는 친족관계를 기초로 하여 친족상도례의 규정이 적용된다(대판 1997.1.24. 96도1731).

[ㄹ ▸ O] 형사소송법 제215조에 의한 압수·수색영장은 수사기관의 압수·수색에 대한 허가장으로서 거기에 기재되는 유효기간은 집행에 착수할 수 있는 종기(終期)를 의미하는 것일 뿐이므로, 수사기관이 압수·수색영장을 제시하고 집행에 착수하여 압수·수색을 실시하고 그 집행을 종료하였다면 이미 그 영장은 목적을 달성하여 효력이 상실되는 것이고, 동일한 장소 또는 목적물에 대하여 다시 압수·수색할 필요가 있는 경우라면 그 필요성을 소명하여 법원으로부터 새로운 압수·수색영장을 발부받아야 하는 것이지, 앞서 발부받은 압수·수색영장의 유효기간이 남아 있다고 하여 이를 제시하고 다시 압수·수색을 할 수는 없다(대결 1999.12.1. 99모161).

2016년 변호사시험 문 17. ☑ 확인Check! ○ △ ×

甲은 2015.11.3. 01:00경 건축자재 등을 훔칠 생각으로 乙과 함께 주택 신축공사현장에 있는 컨테이너박스 앞에서, 乙은 망을 보고 甲은 컨테이너박스 앞에 놓여 있던 노루발못뽑이(일명 빠루)를 이용하여 컨테이너박스의 출입문의 시정장치를 부순 혐의로 기소되었다. 甲은 제1심법정에서 乙이 시켜서 한 일이라고 자백하였으나, 제1심법원은 공소사실에는 형법 제331조 제2항(합동절도)의 특수절도미수죄만 포함되어 있음을 전제로, 乙의 존재에 대하여는 증거가 불충분하여 공소사실을 무죄로 판단하면서, 다만 공소사실에는 절도미수죄의 공소사실이 포함되어 있다는 이유로 동일한 공소사실범위 내에 있는 절도미수죄만을 유죄로 인정하였다. 이에 관한 설명 중 옳지 않은 것은?(다툼이 있는 경우 판례에 의함)

① 乙의 존재가 인정되지 않는다면 甲의 행위는 형법 제331조 제1항(야간손괴침입절도)에 해당하므로 손괴행위 시에 실행의 착수가 인정되어, 甲에게는 특수절도죄의 미수범이 성립한다.
② 만약 甲과 乙이 합동하여 주간에 타인의 아파트에 들어가 물건을 절취하면서 그 범행수단으로 주거 침입을 한 경우에 그 주거침입행위는 별죄를 구성한다.
③ 만약 甲과 乙이 절도의 의사로 합동하여 주간에 아파트의 출입문 시정장치를 손괴하다가 발각되어 함께 체포되었다면, 甲, 乙에게는 형법 제331조 제2항(합동절도)의 특수절도미수죄가 성립한다.
④ 적법하게 수집된 범행에 사용된 노루발못뽑이와 손괴된 쇠창살의 모습이 촬영되어 수사보고서에 첨부된 현장사진은 형법 제331조 제1항(야간손괴침입절도)의 죄에 관한 甲의 자백에 대한 보강증거로 인정될 수 있다.
⑤ 항소심에서 제1심법원이 무죄로 판단한 특수절도미수죄를 파기하는 경우에 제1심법원이 유죄로 인정한 절도미수죄도 파기되어야 한다.

[❶ ▸ O] 손괴후야간주거침입절도죄(형법 제331조 제1항)의 실행의 착수시기는 주거 침입을 목적으로 야간에 문호 또는 장벽 기타 건조물의 일부를 손괴하기 시작한 때이므로, 甲에게는 특수절도죄의 미수범이 성립한다.

[❷ ▸ O] [❸ ▸ ×] 형법 제331조 제2항의 특수절도에 있어서 주거 침입은 그 구성요건이 아니므로, 절도범인이 그 범행수단으로 주거 침입을 한 경우에 그 주거침입행위는 절도죄에 흡수되지 아니하고 별개로 주거침입죄를 구성하여 절도죄와는 실체적 경합의 관계에 있게 되고, 2인 이상이 합동하여 야간이 아닌 주간에 절도의 목적으로 타인의 주거에 침입하였다 하여도 아직 절취할 물건의 물색행위를 시작하기 전이라면 특수절도죄의 실행에는 착수한 것으로 볼 수 없는 것이어서 그 미수죄가 성립하지 않는다(대판 2009.12.24. 2009도9667).

정답 ③

[❹ ▸ O] 피고인이 甲과 합동하여 乙의 재물을 절취하려다가 미수에 그쳤다는 내용의 공소사실을 자백한 경우, 피고인을 현행범으로 체포한 乙의 수사기관에서의 진술과 현장사진이 첨부된 수사보고서는 피고인 자백의 진실성을 담보하기에 충분한 보강증거가 된다(대판 2011.9.29. 2011도8015).

[❺ ▸ O] 원심판결 중 특수절도미수죄 부분은 위법하여 파기되어야 하고, 원심에서 유죄로 인정한 절도미수죄도 그와 일죄의 관계에 있으므로 파기되어야 하며, 그 파기되는 부분은 피고인에 대한 원심판결의 나머지 유죄 부분과 형법 제37조 전단의 경합범관계에 있으므로, 결국 원심판결은 전부가 파기되어야 한다(대판 2011.9.29. 2011도8015).

2014년 변호사시험 문 39. ☑ 확인 Check! O △ X

다음 사례에 관한 설명 중 옳은 것은?(다툼이 있는 경우에는 판례에 의함)

ㄱ. 甲은 발행일이 백지인 수표 1장을 위조하여 乙에게 교부하였다. 그런데 이 수표가 위조된 사실을 알고 있는 乙은 이를 자신의 채무를 변제하기 위하여 사용하였다.
ㄴ. 양도담보권설정자인 채무자가 점유개정의 방식으로 담보목적물인 동산을 점유하고 있는 상태에서 양도담보권자인 채권자 丙이 丁에게 담보목적물을 매각하고 목적물반환청구권을 양도하여 丁이 임의로 이를 가져가게 하였다.
ㄷ. A가 자동차를 구입하여 장애인에 대한 면세혜택 등의 적용을 받기 위해 戊 명의를 빌려 등록하였다. 명의수탁자 戊와 그의 딸 己는 공모하여 戊는 己에게 자동차이전등록서류를 교부하고 己는 그 자동차를 명의신탁자 A 몰래 가져와 이를 다른 사람에게 처분하였다.

① 사안ㄱ.에서 발행일이 기재되지 않은 수표는 적법하게 지급받을 수 없으므로 甲은 수표 위조로 인한 부정수표단속법 위반의 죄책을 지지 않는다.
② 사안ㄱ.에서 甲과 乙이 공동피고인으로 기소된 경우 乙이 피고인으로서 "甲으로부터 그가 위조한 수표를 받은 사실이 있다"라고 한 법정진술은 甲이 乙에게 위조수표를 교부한 사실에 대한 증거로 사용할 수 있다.
③ 사안ㄴ.에서 위 동산의 실질적인 소유권은 채무자에게 있으므로 丙과 丁은 절도죄의 공동정범의 죄책을 진다.
④ 사안ㄷ.에서 위 자동차에 대한 실질적인 소유권은 A에게 있으므로 戊와 己는 절도죄의 공동정범의 죄책을 진다.
⑤ 사안ㄷ.에서 공소시효의 진행은 개별적으로 진행되므로 戊가 먼저 기소되어 유죄판결을 받아 그 판결이 확정된 경우 戊가 기소되어 판결이 확정될 때까지의 기간 동안 己에 대한 공소시효의 진행은 정지되지 않는다.

[❶ ▸ X] 금액과 발행일자의 기재가 없는 이른바 백지수표도 소지인이 보충권을 행사하여 금액과 날짜를 기입하면 완전무결한 유가증권인 수표가 되는 것이고, 특별한 사정이 없는 한 백지수표를 발행하는 그 자체로서 보충권을 소지인에게 부여하였다고 보아야 하며, 수표 면이나 그 부전에 명시되어 있지 않는 한 보충권의 제한을 선의의 취득자에게 대항할 수 없으므로 백지수표도 유통증권에 해당하고, 따라서 백지수표의 발행도 부정수표단속법의 규제를 받아야 함은 물론이다(대판 2013.12.26. 2011도7185).

[❷ ▸ X] 甲과 乙은 공범 아닌 공동피고인의 관계이므로, 乙을 증인으로서 신문한 경우에는 그 증언이 甲의 부정수표단속법 위반의 공소사실에 대한 유죄의 증거가 될 수 있다.

[❸ ▸ X] 양도담보권자인 채권자가 제3자에게 담보목적물인 동산을 매각한 경우, 제3자는 채권자와 채무자 사이의 정산절차 종결 여부와 관계없이 양도담보목적물을 인도받음으로써 소유권을 취득하게 되고, 양도담보의 설정자가 담보목적물을 점유하고 있는 경우에는 그 목적물의 인도는 채권자로부터 목적물반환청구권을 양도받는 방법으로도 가능하다. 채권자가 양도담보목적물을 위와 같은 방법으로 제3자에게 처분하여 그 목적물의 소유권을 취득하게 한 다음 그 제3자로 하여금 그 목적물을 취거하게 한 경우, 그 제3자로서는 자기의 소유물을 취거한 것에 불과하므로, 채권자의 이 같은 행위는 절도죄를 구성하지 않는다(대판 2008.11.27. 2006도4263).

④ 정답

[❹ ▸ O] [1] 자동차나 중기(또는 건설기계)의 소유권의 득실 변경은 등록을 함으로써 그 효력이 생기고 그와 같은 등록이 없는 한 대외적 관계에서는 물론 당사자의 대내적 관계에 있어서도 그 소유권을 취득할 수 없는 것이 원칙이지만, 당사자 사이에 그 소유권을 그 등록명의자 아닌 자가 보유하기로 약정하였다는 등의 특별한 사정이 있는 경우에는 그 내부관계에 있어서는 그 등록명의자 아닌 자가 소유권을 보유하게 된다.
[2] 자동차 명의신탁관계에서 제3자가 명의수탁자로부터 승용차를 가져가 매도할 것을 허락받고 인감증명 등을 교부받아 위 승용차를 명의신탁자 몰래 가져간 경우, 위 제3자와 명의수탁자의 공모・가공에 의한 절도죄의 공모공동정범이 성립한다(대판 2007.1.11. 2006도4498).

[❺ ▸ X] 공범의 1인에 대한 공소시효 정지는 다른 공범자에게 대하여 효력이 미치고 당해 사건의 재판이 확정된 때로부터 진행한다(형소법 제253조 제2항).

2013년 변호사시험 문 40. ☑ 확인 Check! O △ X

甲女는 A연구소 마당에 승용차를 세워 두고 그곳에서 약 20m 떨어진 마당 뒤편에서 절취하기 위하여 타인 소유의 나무 한 그루를 캐내었으나, 이 나무는 높이가 약 150cm 이상, 폭이 약 1m 정도로 상당히 커서 甲이 혼자서 이를 운반하기 어려웠다. 이에 甲은 남편인 乙에게 전화를 하여 사정을 이야기하고 나무를 차에 싣는 것을 도와 달라고 말하였는데, 이를 승낙하고 잠시 후 현장에 온 乙은 甲과 함께 나무를 승용차까지 운반하였다. 그 후 甲은 친구인 丙에게 위 절취사실을 말해 주었다. 이 경우 다음 설명 중 옳은 것은?(다툼이 있는 경우에는 판례에 의함)

① 乙은 甲의 절도범행이 기수에 이르기 전에 그 범행에 가담하여 甲이 캔 나무를 甲과 함께 승용차에 싣기 위해 운반함으로써 절도범행을 완성한 것이다.
② 乙은 절도범행의 기수 이전에 甲과 함께 절취하였으므로 절도죄의 승계적 공동정범이 성립한다.
③ 본범의 정범은 장물죄의 주체가 될 수 없으므로 乙에게는 장물운반죄가 성립하지 않는다.
④ 공소사실에 대하여 甲이 자백하고 乙이 부인하는 상황에서 甲의 자백이 불리한 유일한 증거인 경우 공판기일에 丙이 증인으로 출석하여 "甲이 나무를 절취한 사실을 자신에게 말한 적이 있다"고 증언하였다 하더라도 이러한 丙의 증언은 甲의 자백에 대한 보강증거가 될 수는 없다.
⑤ 甲에 대하여 구속영장이 청구되어 甲은 구속 전 피의자심문을 받으면서 자신의 범죄사실을 인정하였더라도 구속 전 피의자심문조서에 대하여 甲 또는 甲의 변호인이 증거로 함에 동의하지 않을 경우 甲의 공소사실을 인정하는 증거로 사용할 수 없다.

[❶ ▸ X] [❷ ▸ X] 입목을 절취하기 위하여 이를 캐낸 때에는 그 시점에서 이미 소유자의 입목에 대한 점유가 침해되어 범인의 사실적 지배하에 놓이게 됨으로써 범인이 그 점유를 취득하게 되는 것이므로, 이때 절도죄는 기수에 이르렀다고 할 것이고, 이를 운반하거나 반출하는 등의 행위는 필요로 하지 않는다고 할 것이다(대판 2008.10.23. 2008도6080).

[❸ ▸ X] 甲이 절취한 타인 소유의 나무를 乙이 함께 승용차까지 운반하였다고 하더라도, 乙이 甲과 합동하여 그 나무 절취행위를 하였다고 볼 수는 없다고 할 것이므로, 乙을 특수절도의 정범이라고 할 수 없다. 따라서 乙의 행위는 장물운반죄를 구성한다.

[❹ ▸ O] 피고인이 범행을 자인하는 것을 들었다는 피고인 아닌 자의 진술내용은 형사소송법 제310조의 피고인의 자백에는 포함되지 아니하나 이는 피고인의 자백의 보강증거로 될 수 없다(대판 2008.2.14. 2007도10937).

[❺ ▸ X] 법원 또는 합의부원, 검사, 변호인, 청구인이 구속된 피의자를 심문하고 그에 대한 피의자의 진술 등을 기재한 구속적부심문조서는 형사소송법 제311조가 규정한 문서에는 해당하지 않는다 할 것이나, 특히 신용할 만한 정황에 의하여 작성된 문서라고 할 것이므로 특별한 사정이 없는 한, 피고인이 증거로 함에 부동의하더라도 형사소송법 제315조 제3호에 의하여 당연히 그 증거능력이 인정된다(대판 2004.1.16. 2003도5693).

정답 ④

2013년 변호사시험 문 35. ☑ 확인 Check! ○ △ ×

甲, 乙, 丙, 丁은 절도를 하기로 모의하였다. 빈집털이경험이 풍부한 甲은 乙, 丙, 丁에게 빈집털이와 관련하여 범행대상, 물색방법, 범행 시 유의사항 등을 자세히 설명하였다. 乙, 丙, 丁은 A의 집을 범행대상으로 정하고, 당일 14시 30분경 丙과 丁이 A의 집 문을 열고 침입하여 현금 800만원을 절취하였다. 丙과 丁이 A의 집 안으로 들어간 직후 밖에서 망을 보기로 한 乙은 갑자기 후회가 되어 현장을 이탈하였다. 검사 P는 丙과 丁을 특수절도죄, 甲을 특수절도죄에 대한 공동정범으로 기소하였으나 乙은 범행모의단계에서 기여도가 적고 절도범행이 개시되기 이전에 이탈했다는 점을 고려하여 기소유예처분을 하였다. 이 경우 다음 설명 중 옳지 않은 것을 모두 고른 것은?(다툼이 있는 경우에는 판례에 의함)

ㄱ. 만일 丙과 丁이 금품을 절취하기 위하여 A의 집에 침입한 사실이 함께 기소되었다면, 특수절도죄와 주거침입죄의 상상적 경합범으로 처벌된다.
ㄴ. 특수절도죄의 성립과 관련하여 검사 P가 범행현장에 없었던 甲을 특수절도죄의 공동정범으로 인정한 것은 대법원의 태도에 부합한다.
ㄷ. 검사 P는 丙과 丁은 기소하면서 乙은 기소유예처분하였는데 이는 공소제기절차가 법률의 규정에 위반된 경우이므로 법원은 공소기각판결을 선고해야 한다.
ㄹ. 甲에게 특수절도죄에 대한 방조고의와 방조행위가 인정되고 실질적으로 甲의 방어권 행사에 불이익이 없는 경우 법원은 공소장 변경 없이 甲을 특수절도죄의 종범으로 인정할 수 있다.
ㅁ. 법원은 심리 중 甲의 행위가 특수절도죄의 공동정범이 아니라 종범에 해당하는 사실을 인정한 경우에 직권으로 이를 종범으로 인정하지 않고 특수절도죄의 공동정범에 대하여 무죄를 선고하는 것은 허용되지 않는다.

① ㄱ, ㄴ, ㄷ ② ㄱ, ㄷ, ㅁ ③ ㄱ, ㄹ, ㅁ
④ ㄴ, ㄷ, ㄹ ⑤ ㄷ, ㄹ, ㅁ

[ㄱ ▸ ×] 형법 제331조 제2항의 특수절도에 있어서 주거 침입은 그 구성요건이 아니므로, 절도범인이 그 범행수단으로 주거 침입을 한 경우에 그 주거침입행위는 절도죄에 흡수되지 아니하고 별개로 주거침입죄를 구성하여 절도죄와는 실체적 경합의 관계에 있게 된다(대판 2009.12.24. 2009도9667).

[ㄴ ▸ ○] 피고인이 甲, 乙과 공모한 후 甲, 乙은 피해자 회사의 사무실 금고에서 현금을 절취하고, 피고인은 위 사무실로부터 약 100m 떨어진 곳에서 망을 보는 방법으로 합동하여 재물을 절취하였다고 하여 주위적으로 기소된 경우, 제반사정에 비추어 피고인은 甲, 乙의 합동절도범행에 대한 공동정범으로서 죄책을 면할 수 없다(대판 2011.5.13. 2011도2021).

[ㄷ ▸ ×] 형사소송법 제246조와 제247조가 검사에게 자의적이고 무제한적인 소추권을 부여한 것은 아니라고 할지라도 검사는 범죄의 구성요건에 해당하여 형사적 제재를 함이 상당하다고 판단되는 경우에는 공소를 제기할 수 있고, 또 형법 제51조의 사항을 참작하여 공소를 제기하지 아니할 수 있는 재량권이 부여되어 있는 것이므로 이 재량권의 행사에 따라 공소제기하였다 하여 공소권을 남용한 경우에 해당한다고 할 수 없다(대판 1990.9.25. 90도1613).

[ㄹ ▸ ○] 법원은 공소사실의 동일성이 인정되는 범위 내에서 공소가 제기된 범죄사실보다 가벼운 범죄사실이 인정되는 경우에, 그 심리의 경과 등에 비추어 볼 때 피고인의 방어에 실질적인 불이익을 주지 아니한다면 공소장 변경 없이 직권으로 가벼운 범죄사실을 인정할 수 있다고 할 것이므로, 공동정범으로 기소된 범죄사실을 방조사실로 인정할 수 있다(대판 2012.6.28. 2012도2628).

② 정답

[ㅁ ▸ ×] 법원은 공소사실의 동일성이 인정되는 범위 내에서 공소가 제기된 범죄사실에 포함된 보다 가벼운 범죄사실이 인정되는 경우에 심리의 경과에 비추어 피고인의 방어권 행사에 실질적 불이익을 초래할 염려가 없다고 인정되는 때에는 공소장이 변경되지 않았더라도 직권으로 공소장에 기재된 공소사실과 다른 범죄사실을 인정할 수 있지만, 이와 같은 경우라고 하더라도 공소가 제기된 범죄사실과 대비하여 볼 때 실제로 인정되는 범죄사실의 사안이 중대하여 공소장이 변경되지 않았다는 이유로 이를 처벌하지 않는다면 적정절차에 의한 신속한 실체적 진실의 발견이라는 형사소송의 목적에 비추어 현저히 정의와 형평에 반하는 것으로 인정되는 경우가 아닌 한 법원이 직권으로 그 범죄사실을 인정하지 아니하였다고 하여 위법한 것이라고까지 볼 수는 없다(대판 2001.12.11. 2001도4013). 따라서 이와 같은 판례의 취지를 고려하면, 법원이 甲의 행위에 대하여 특수절도죄의 공동정범은 인정할 수 없으나 특수절도죄의 종범은 인정할 수 있다고 하더라도, 이를 인정하지 아니하고 특수절도죄의 공동정범에 대하여 무죄를 선고하는 것은 위법하지 아니하다.

2019년 변호사시험 문 34. ☑ 확인 Check! ○ △ ×

甲은 주간에 A의 집에 들어가 자전거 1대를 절취(㉠)하여 가던 중 귀가하던 A에게 2018.9.1. 15:00에 체포되었다. 같은 날 15:30 甲을 지체 없이 인수받은 사법경찰관 P는 진술거부권을 고지하지 않고 질문하여 甲으로부터 ㉠은 물론 며칠 전 길에 세워 둔 B의 자전거 1대를 절취(㉡)하였다는 사실도 자백받았다. 경찰서에 도착한 P는 甲에게 진술거부권을 고지한 후 신문하였고, 甲의 ㉠, ㉡에 관한 자백이 담긴 신문조서를 작성하였다. P는 검사 S에게 甲에 대한 구속영장을 신청하였고, S는 법원에 2018.9.3. 15:15 영장을 청구하였다. 만약 위 혐의사실에 관한 공판심리 중 甲에게 절도의 상습성이 인정되었다고 할 때, 이에 관한 설명 중 옳은 것(○)과 옳지 않은 것(×)을 올바르게 조합한 것은?(다툼이 있는 경우 판례에 의함)

ㄱ. 甲에게는 상습절도죄 외에 주거침입죄가 별도로 성립한다.
ㄴ. 甲이 ㉠, ㉡ 이후에 범한 절도죄로 이미 유죄판결을 받고 확정되었다면, 법원은 면소판결을 하여야 한다.
ㄷ. S의 구속영장청구는 현행범이 체포된 때로부터 48시간이 경과한 시점에 이루어진 것으로 법원은 이를 기각하여야 한다.
ㄹ. 甲이 제1심에서 변호인의 조력을 받고 진술거부권을 고지받은 상태에서 ㉠, ㉡죄에 대하여 다시 자백하는 등 인과관계가 희석되었다고 하더라도 그 법정자백은 증거능력을 부여받을 수 없다.
ㅁ. 甲의 ㉠행위가 일몰 후에 행해졌더라면 甲의 ㉠, ㉡행위는 포괄하여 상습야간주거침입절도죄가 성립한다.

① ㄱ(○), ㄴ(×), ㄷ(×), ㄹ(×), ㅁ(○)
② ㄱ(○), ㄴ(×), ㄷ(○), ㄹ(×), ㅁ(×)
③ ㄱ(○), ㄴ(○), ㄷ(×), ㄹ(×), ㅁ(×)
④ ㄱ(×), ㄴ(×), ㄷ(○), ㄹ(○), ㅁ(○)
⑤ ㄱ(×), ㄴ(○), ㄷ(×), ㄹ(○), ㅁ(○)

[ㄱ ▸ ○] 상습으로 단순절도를 범한 범인이 상습적인 절도범행의 수단으로 주간(낮)에 주거 침입을 한 경우에 그 주간 주거침입행위의 위법성에 대한 평가가 형법 제332조, 제329조의 구성요건적 평가에 포함되어 있다고 볼 수 없다. 그러므로 형법 제332조에 규정된 상습절도죄를 범한 범인이 그 범행의 수단으로 주간에 주거 침입을 한 경우 그 주간 주거침입행위는 상습절도죄와 별개로 주거침입죄를 구성한다. 또 형법 제332조에 규정된 상습절도죄를 범한 범인이 그 범행 외에 상습적인 절도의 목적으로 주간에 주거 침입을 하였다가 절도에 이르지 아니하고 주거 침입에 그친 경우에도 그 주간 주거침입행위는 상습절도죄와 별개로 주거침입죄를 구성한다(대판 2015.10.15. 2015도8169).

[ㄴ ▸ ×] 상습범으로서 포괄적 일죄의 관계에 있는 여러 개의 범죄사실 중 일부에 대하여 유죄판결이 확정된 경우에, 그 확정판결의 사실심판결 선고 전에 저질러진 나머지 범죄에 대하여 새로이 공소가 제기되었다면 그 새로운 공소는 확정판결이 있었던 사건과 동일한 사건에 대하여 다시 제기된 데 해당하므로 이에 대하여는 판결로써 면소의 선고를 하여야 하는 것인 바(형사소송법 제326조 제1호), 다만 이러한 법리가 적용되기 위해서는 전의 확정판결에서 당해 피고인이 상습범으로 기소되어 처단되었을 것을 필요로 하는 것이고, 상습범 아닌 기본구성요건의 범죄로 처단되는 데 그친 경우에는,

정답 ①

가사 뒤에 기소된 사건에서 비로소 드러났거나 새로 저질러진 범죄사실과 전의 판결에서 이미 유죄로 확정된 범죄사실 등을 종합하여 비로소 그 모두가 상습범으로서의 포괄적 일죄에 해당하는 것으로 판단된다 하더라도 뒤늦게 앞서의 확정판결을 상습범의 일부에 대한 확정판결이라고 보아 그 기판력이 그 사실심판결 선고 전의 나머지 범죄에 미친다고 보아서는 아니 된다(대판 2004.9.16. 2001도3206[전합]).

[ㄷ ▸ ×] 체포된 현행범인에 대하여 일정 시간 내에 구속영장청구 여부를 결정하도록 하고 그 기간 내에 구속영장을 청구하지 아니하는 때에는 즉시 석방하도록 한 것은 영장에 의하지 아니한 체포상태가 부당하게 장기화되어서는 안 된다는 인권보호의 요청과 함께 수사기관에서 구속영장청구 여부를 결정하기 위한 합리적이고 충분한 시간을 보장해 주려는 데에도 그 입법취지가 있다고 할 것이다. 따라서 검사 등이 아닌 이에 의하여 현행범인이 체포된 후 불필요한 지체 없이 검사 등에게 인도된 경우 위 48시간의 기산점은 체포 시가 아니라 검사 등이 현행범인을 인도받은 때라고 할 것이다(대판 2011.12.22. 2011도12927). 이에 따르면 48시간의 기산점은 사법경찰관 P가 甲을 인수받은 시점인 2018.9.1. 15:30이므로, 이로부터 48시간 이내인 2018.9.3. 15:15 이루어진 S의 甲에 대한 구속영장청구는 적법하다고 할 것이다.

[ㄹ ▸ ×] 강도 현행범으로 체포된 피고인에게 진술거부권을 고지하지 아니한 채 강도범행에 대한 자백을 받고, 이를 기초로 여죄에 대한 진술과 증거물을 확보한 후 진술거부권을 고지하여 피고인의 임의자백 및 피해자의 피해사실에 대한 진술을 수집한 경우, 제1심법정에서의 피고인의 자백은 진술거부권을 고지받지 않은 상태에서 이루어진 최초 자백 이후 40여 일이 지난 후에 변호인의 충분한 조력을 받으면서 공개된 법정에서 임의로 이루어진 것이고, 피해자의 진술은 법원의 적법한 소환에 따라 자발적으로 출석하여 위증의 벌을 경고받고 선서한 후 공개된 법정에서 임의로 이루어진 것이어서, 예외적으로 유죄 인정의 증거로 사용할 수 있는 2차적 증거에 해당한다(대판 2009.3.12. 2008도11437).

[ㅁ ▸ ○] 단순절도와 야간주거침입절도를 상습적으로 범한 경우에는 그중 법정형이 중한 상습야간주거침입절도죄에 나머지 행위들을 포괄시켜 하나의 죄만이 성립된다(대판 1979.12.11. 79도2371).

2013년 변호사시험 문 2. ☑ 확인Check! ○ △ ×

절도죄에 관한 설명 중 옳지 않은 것은?(다툼이 있는 경우에는 판례에 의함)

① 甲이 A 소유 토지에 임대차계약 등을 체결하지 않는 등 권한 없이 식재한 감나무에서 감을 수확한 경우 그 감나무는 甲의 소유라고 볼 수 있으므로 甲은 절도죄로 처벌되지 않는다.

② A가 육지에서 멀리 떨어진 섬에서 광산을 개발하기 위하여 발전기, 경운기엔진을 섬으로 반입하였다가 광업권 설정이 취소됨으로써 광산 개발이 불가능하게 되자 그 물건들을 창고 안에 두고 철수한 뒤 10년 동안 나타나지 않고 사망한 후, 그 섬에서 거주하는 甲이 그 물건들을 자신의 집 근처로 옮겨 놓은 경우, A의 상속인에게 그 물건에 대한 점유가 인정되지 않으므로 甲은 절도죄로 처벌되지 않는다.

③ 甲이 A의 자취방에서 재물강취의사 없이 A를 살해한 후 4시간 30분 동안 그 곁에 있다가 예금통장과 인장이 들어 있는 A의 잠바를 걸치고 나온 경우, A의 점유가 인정되므로 甲은 절도죄로 처벌된다.

④ 금은방에서 순금목걸이를 구입할 것처럼 기망하여 건네받은 다음 화장실에 다녀오겠다고 거짓말하고 도주한 甲은 절도죄로 처벌된다.

⑤ 내리막길에 주차된 자동차를 절취할 목적으로 조수석 문을 열고 시동을 걸려고 차 안의 기기를 만지다가 핸드브레이크를 풀게 되어 시동이 걸리지 않은 상태에서 약 10미터 전진하다가 가로수를 들이받게 한 甲은 절도죄의 기수로 처벌되지 않는다.

[❶ ▸ ×] 타인의 토지상에 권원 없이 식재한 수목의 소유권은 토지소유자에게 귀속하고 권원에 의하여 식재한 경우에는 그 소유권이 식재한 자에게 있으므로, 권원 없이 식재한 감나무에서 감을 수확한 것은 절도죄에 해당한다(대판 1998.4.24. 97도3425).

① 정답

[❷ ▸ O] 육지로부터 멀리 떨어진 섬에서 광산을 개발하기 위하여 발전기, 경운기엔진을 섬으로 반입하였다가 광업권 설정이 취소됨으로써 광산 개발이 불가능하게 되자 육지로 그 물건들을 반출하는 것을 포기하고 그대로 유기하여 둔 채 섬을 떠난 후 10년 동안 그 물건들을 관리하지 않고 있었다면, 그 섬에 거주하는 피고인이 그 소유자가 섬을 떠난 지 7년이 경과한 뒤 노후된 물건들을 피고인 집 가까이에 옮겨 놓았다 하더라도, 그 물건들의 반입경위, 그 소유자가 섬을 떠나게 된 경위, 그 물건들을 옮긴 시점과 그간의 관리상황 등에 비추어 볼 때 피고인이 그 물건들을 옮겨 갈 당시 원소유자나 그 상속인이 그 물건들을 점유할 의사로 사실상 지배하고 있었다고는 볼 수 없으므로, 그 물건들을 절도죄의 객체인 타인이 점유하는 물건으로 볼 수 없다(대판 1994.10.11. 94도1481).

[❸ ▸ O] 피해자를 살해한 방에서 사망한 피해자 곁에 4시간 30분쯤 있다가 그곳 피해자의 자취방 벽에 걸려 있던 피해자가 소지하는 물건들을 영득의 의사로 가지고 나온 경우 피해자가 생전에 가진 점유는 사망 후에도 여전히 계속되는 것으로 보아야 한다(대판 1993.9.28. 93도2143). 따라서 甲은 절도죄로 처벌된다.

[❹ ▸ O] 피고인이 피해자 경영의 금방에서 마치 귀금속을 구입할 것처럼 가장하여 피해자로부터 순금목걸이 등을 건네받은 다음 화장실에 갔다 오겠다는 핑계를 대고 도주한 것이라면 위 순금목걸이 등은 도주하기 전까지는 아직 피해자의 점유하에 있었다고 할 것이므로 이를 절도죄로 의율처단한 것은 정당하다(대판 1994.8.12. 94도1487).

[❺ ▸ O] 자동차를 절취할 생각으로 자동차의 조수석 문을 열고 들어가 시동을 걸려고 시도하는 등 차 안의 기기를 이것저것 만지다가 핸드브레이크를 풀게 되었는데 그 장소가 내리막길인 관계로 시동이 걸리지 않은 상태에서 약 10미터 전진하다가 가로수를 들이받는 바람에 멈추게 되었다면 절도의 기수에 해당한다고 볼 수 없을 뿐 아니라 도로교통법 제2조 제19호 소정의 자동차의 운전에 해당하지 아니한다(대판 1994.9.9. 94도1522).

2014년 변호사시험 문 4.

☑ 확인Check! O △ X

甲의 죄책에 관한 설명 중 옳은 것(O)과 옳지 않은 것(×)을 올바르게 조합한 것은?(다툼이 있는 경우에는 판례에 의함)

ㄱ. 甲이 야간에 카페에서 업주의 주거로 사용되는 그곳 내실에 침입하여 장식장 안에 들어 있는 정기적금통장을 꺼내 들고 카페로 나오던 중 발각되어 돌려준 경우 야간주거침입절도죄의 기수가 성립한다.

ㄴ. 甲이 乙 명의로 구입·등록하여 乙에게 명의신탁한 자동차를 피해자에게 담보로 제공한 후 甲이 피해자가 점유중인 자동차를 몰래 가져간 경우 이 자동차는 甲 소유의 재물이어서 권리행사방해죄의 객체가 되므로 자동차에 대한 절도죄가 성립하지 않는다.

ㄷ. 손님이 甲이 PC방에서 다른 손님이 두고 간 휴대전화를 업주 몰래 가지고 간 경우 업주가 휴대전화를 현실적으로 발견하지 않는 한 이에 대한 점유를 개시하였다고 할 수 없으므로 절도죄가 아닌 점유이탈물횡령죄가 성립한다.

ㄹ. 甲이 상사와의 의견충돌 끝에 항의의 표시로 사표를 제출한 다음 평소 자신이 전적으로 보관·관리해 오던 비자금 관련 서류 및 금품이 든 가방을 가지고 나왔으나 그 이후 계속 정상적으로 근무한 경우 불법영득의사를 인정할 수 없어 절도죄가 성립하지 않는다.

ㅁ. 甲이 피해자의 영업점 내에 있는 피해자 소유의 휴대전화를 허락 없이 가지고 나와 휴대전화를 이용하여 통화하고 문자메시지를 주고받은 다음 2시간 후에 피해자에게 아무런 말을 하지 않고 피해자의 영업점 정문 옆 화분에 놓아두고 간 경우 불법영득의 의사가 인정되기 때문에 절도죄가 성립한다.

① ㄱ(×), ㄴ(O), ㄷ(O), ㄹ(×), ㅁ(×)
② ㄱ(O), ㄴ(×), ㄷ(×), ㄹ(O), ㅁ(O)
③ ㄱ(O), ㄴ(O), ㄷ(×), ㄹ(×), ㅁ(×)
④ ㄱ(×), ㄴ(×), ㄷ(×), ㄹ(×), ㅁ(O)
⑤ ㄱ(O), ㄴ(O), ㄷ(×), ㄹ(O), ㅁ(O)

정답 ②

[ㄱ ▸ O] 피고인이 피해자 경영의 까페에서 야간에 아무도 없는 그곳 내실에 침입하여 장식장 안에 들어 있던 정기적금통장 등을 꺼내 들고 까페로 나오던 중 발각되어 돌려준 경우 피고인은 피해자의 재물에 대한 소지(점유)를 침해하고, 일단 피고인 자신의 지배 내에 옮겼다고 볼 수 있으니 절도의 미수에 그친 것이 아니라 야간주거침입절도의 기수라고 할 것이다(대판 1991.4.23. 91도476).

[ㄴ ▸ X] 피고인이 자신의 모(母) 甲 명의로 구입·등록하여 甲에게 명의신탁한 자동차를 乙에게 담보로 제공한 후 乙 몰래 가져가 절취하였다는 내용으로 기소된 경우, 乙에 대한 관계에서 자동차의 소유자는 甲이고 피고인은 소유자가 아니므로 乙이 점유하고 있는 자동차를 임의로 가져간 이상 절도죄가 성립한다(대판 2012.4.26. 2010도11771).

[ㄷ ▸ X] 피해자가 피씨방에 두고 간 핸드폰은 피씨방 관리자의 점유하에 있어서 제3자가 이를 취한 행위는 절도죄를 구성한다고 할 것이다(대판 2007.3.15. 2006도9338).

[ㄹ ▸ O] 상사와의 의견충돌 끝에 항의의 표시로 사표를 제출한 다음 평소 피고인이 전적으로 보관, 관리해 오던 이른바 비자금 관계 서류 및 금품이 든 가방을 들고나온 경우, 불법영득의 의사가 있다고 할 수 없을 뿐만 아니라, 그 서류 및 금품이 타인의 점유하에 있던 물건이라고도 볼 수 없다(대판 1995.9.5. 94도3033). 따라서 절도죄는 성립하지 아니한다.

[ㅁ ▸ O] 피고인이 甲의 영업점 내에 있는 甲 소유의 휴대전화를 허락 없이 가지고 나와 이를 이용하여 통화를 하고 문자메시지를 주고받은 다음 약 1~2시간 후 甲에게 아무런 말을 하지 않고 위 영업점 정문 옆 화분에 놓아두고 감으로써 이를 절취하였다는 내용으로 기소된 경우, 피고인이 甲의 휴대전화를 자신의 소유물과 같이 경제적 용법에 따라 이용하다가 본래의 장소와 다른 곳에 유기한 것이므로 피고인에게 불법영득의사가 있었다고 할 것이다(대판 2012.7.12. 2012도1132). 따라서 절도죄가 성립한다.

2013년 변호사시험 문 9. ☑ 확인Check! O △ X

甲과 乙은 2009.4.22. 13:00경 A가 거주하는 OO아파트 C동 202호에 이르러 그곳에 들어가 금품을 절취하기 위하여 육각렌치로 출입문 시정장치를 손괴하던 중 A에게 발각되어 도주하다가 경찰에게 체포되었다. 특수절도죄의 성립 여부에 관한 설명 중 옳지 않은 것을 모두 고른 것은?(다툼이 있는 경우에는 판례에 의함)

가. 甲과 乙에게 특수절도죄의 미수범이 성립한다.
나. 만약 甲과 乙이 출입문 시정장치를 손괴하고 방 안까지 들어가자마자 A에게 발각되어 도주한 경우라면 특수절도죄의 미수범이 성립한다.
다. 만약 甲과 乙이 방 안까지 들어갔다가 절취할 금품을 찾지 못하여 거실로 돌아 나오다 A에게 발각되어 도주한 경우라면 특수절도죄의 미수범이 성립한다.
라. 만약 甲이 1층에서 망을 보고 乙이 같은 날 23:30경 위 202호의 불이 꺼져 있는 것을 보고 금품을 절취하기 위하여 도시가스배관을 타고 올라가다가 발은 1층 방범창을 딛고 두 손은 1층과 2층 사이에 있는 도시가스배관을 잡고 있던 상태에서 A에게 발각되어 도주한 경우라면 특수절도죄의 미수범이 성립한다.
마. 만약 甲과 乙이 절도의 범의로 같은 날 22:00경 乙이 아파트 현관에서 망을 보고 甲이 202호 출입문 시정장치를 육각렌치로 손괴한 후 안으로 들어가려는 순간, 귀가하던 A에게 발각되어 도주한 경우라면 특수절도죄의 미수범이 성립한다.

① 가, 나 ② 가, 마 ③ 가, 나, 라
④ 다, 라, 마 ⑤ 가, 나, 라, 마

③ 정답

[가 ▸ ×] [나 ▸ ×] 형법 제331조 제2항의 특수절도에 있어서 주거 침입은 그 구성요건이 아니므로, 절도범인이 그 범행수단으로 주거 침입을 한 경우에 그 주거침입행위는 절도죄에 흡수되지 아니하고 별개로 주거침입죄를 구성하여 절도죄와는 실체적 경합의 관계에 있게 되고, 2인 이상이 합동하여 야간이 아닌 주간에 절도의 목적으로 타인의 주거에 침입하였다 하여도 아직 절취할 물건의 물색행위를 시작하기 전이라면 특수절도죄의 실행에는 착수한 것으로 볼 수 없는 것이어서 그 미수죄가 성립하지 않는다(대판 2009.12.24. 2009도9667).

[다 ▸ O] [1] 야간이 아닌 주간에 절도의 목적으로 다른 사람의 주거에 침입하여 절취할 재물의 물색행위를 시작하는 등 그에 대한 사실상의 지배를 침해하는 데에 밀접한 행위를 개시하면 절도죄의 실행에 착수한 것으로 보아야 한다. [2] 주간에 절도의 목적으로 방 안까지 들어갔다가 절취할 재물을 찾지 못하여 거실로 돌아나온 경우, 절도죄의 실행 착수가 인정된다(대판 2003.6.24. 2003도1985).

[라 ▸ ×] 피고인이 이 사건 다세대주택 2층의 불이 꺼져 있는 것을 보고 물건을 절취하기 위하여 가스배관을 타고 올라가다가, 발은 1층 방범창을 딛고 두 손은 1층과 2층 사이에 있는 가스배관을 잡고 있던 상태에서 순찰 중이던 경찰관에게 발각되자 그대로 뛰어내린 경우, 이러한 피고인의 행위만으로는 주거의 사실상의 평온을 침해할 현실적 위험성이 있는 행위를 개시한 때에 해당한다고 보기 어렵다(대판 2008.3.27. 2008도917). 따라서 야간주거침입절도죄는 성립하지 아니한다.

[마 ▸ O] 야간에 절도의 목적으로 출입문에 장치된 자물통 고리를 절단하고 출입문을 손괴한 뒤 집안으로 침입하려다가 발각된 것이라면 이는 특수절도죄[형법 제331조 제1항(註)]의 실행에 착수한 것이다(대판 1986.9.9. 86도1273).

2015년 변호사시험 문 34. ☑ 확인 Check! O △ ×

다음 설명 중 옳지 않은 것은?(다툼이 있는 경우 판례에 의함)

① 甲이 자기 명의의 예금통장과 비밀번호, 도장 등을 양도하는 방법으로 본범 乙의 사기범행을 방조한 다음, 乙의 범행 결과 자기의 예금계좌에 입금된 돈을 乙이 미처 인출하기에 앞서 인출한 경우 사기죄의 방조범 이외에 장물취득죄가 성립한다.
② 변호사 甲이 법률자문과정에서 작성한 법률의견서는 전문증거로서 공판준비 또는 공판기일에서 그 작성자 또는 진술자인 甲의 진술에 의하여 그 성립의 진정함이 증명되어야 증거능력을 인정할 수 있다.
③ 甲이 자신의 어머니 乙 명의로 구입·등록하여 乙에게 명의신탁한 자동차를 丙에게 담보로 제공한 후 丙 몰래 가져간 경우, 甲에게는 절도죄가 성립한다.
④ 간통사건의 항소심이 제1심판결을 파기하고 이를 제1심법원에 환송하였고, 환송 후 제1심판결의 선고 전에 고소권자인 甲이 간통고소를 취소한 경우에 제1심법원은 공소기각판결을 선고해야 한다.
⑤ 甲이 乙과 동업계약을 체결한 다음 乙의 승낙 없이 동업재산인 사업권을 제3자에게 양도하는 계약을 체결한 후 그 계약금을 받아 임의로 소비한 경우, 甲과 乙의 동업계약상 지분비율과 관계없이 임의로 소비한 금액 전부에 대하여 횡령죄의 죄책을 부담한다.

[❶ ▸ ×] 장물취득죄에서 '취득'이라 함은 장물의 점유를 이전받음으로써 그 장물에 대하여 사실상 처분권을 획득하는 것을 의미하는데, 이 사건의 경우 본범의 사기행위는 피고인이 예금계좌를 개설하여 본범에게 양도한 방조행위가 가공되어 본범에게 편취금이 귀속되는 과정 없이 피고인이 피해자로부터 피고인의 예금계좌로 돈을 송금받아 취득함으로써 종료되는 것이고, 그 후 피고인이 자신의 예금계좌에서 위 돈을 인출하였다 하더라도 이는 예금명의자로서 은행에 예금반환을 청구한 결과일 뿐 본범으로부터 위 돈에 대한 점유를 이전받아 사실상 처분권을 획득한 것은 아니므로, 피고인의 위와 같은 인출행위를 장물취득죄로 벌할 수는 없다(대판 2010.12.9. 2010도6256).

정답 ①

[❷ ▸ O] 변호사가 법률자문과정에 작성하여 甲 회사 측에 전송한 전자문서를 출력한 '법률의견서'는, 압수된 디지털 저장매체로부터 출력한 문건으로서 실질에 있어서 형사소송법 제313조 제1항에 규정된 '피고인 아닌 자가 작성한 진술서나 그 진술을 기재한 서류'에 해당하는데, 공판준비 또는 공판기일에서 작성자 또는 진술자인 변호사의 진술에 의하여 성립의 진정함이 증명되지 아니하였으므로 위 규정에 의하여 증거능력을 인정할 수 없다(대판 2012.5.17. 2009도6788[전합]).

[❸ ▸ O] 피고인이 자신의 모(母) 甲 명의로 구입・등록하여 甲에게 명의신탁한 자동차를 乙에게 담보로 제공한 후 乙 몰래 가져가 절취하였다는 내용으로 기소된 경우, 乙에 대한 관계에서 자동차의 소유자는 甲이고 피고인은 소유자가 아니므로 乙이 점유하고 있는 자동차를 임의로 가져간 이상 절도죄가 성립한다(대판 2012.4.26. 2010도11771).

[❹ ▸ O] 형사소송법 제232조 제1항은 고소를 제1심판결 선고 전까지 취소할 수 있도록 규정하여 친고죄에서 고소취소의 시한을 한정하고 있다. 그런데 상소심에서 형사소송법 제366조 또는 제393조 등에 의하여 법률 위반을 이유로 제1심공소기각판결을 파기하고 사건을 제1심법원에 환송함에 따라 다시 제1심절차가 진행된 경우, 종전의 제1심판결은 이미 파기되어 효력을 상실하였으므로 환송 후의 제1심판결 선고 전에는 고소취소의 제한사유가 되는 제1심판결 선고가 없는 경우에 해당한다. 뿐만 아니라 특히 간통죄 고소는 제1심판결 선고 후 이혼소송이 취하된 경우 또는 피고인과 고소인이 다시 혼인한 경우에도 소급적으로 효력을 상실하게 되는 점까지 감안하면, 환송 후의 제1심판결 선고 전에 간통죄의 고소가 취소되면 형사소송법 제327조 제5호에 의하여 판결로써 공소를 기각하여야 한다(대판 2011.8.25. 2009도9112).

[❺ ▸ O] 동업자 사이에 손익분배정산이 되지 아니하였다면 동업자 한 사람이 임의로 동업자들의 합유에 속하는 동업재산을 처분할 권한이 없는 것이므로, 동업자 한 사람이 동업재산을 보관 중 임의로 횡령하였다면 지분비율에 관계없이 횡령한 금액 전부에 대하여 횡령죄의 죄책을 부담한다(대판 2011.6.10. 2010도17684).

제3절 강도의 죄 ★★☆

2014년 변호사시험 문 2. ☑ 확인Check! O △ X

개인적 법익에 관한 죄에 대한 설명 중 옳은 것은?(다툼이 있는 경우에는 판례에 의함)

① 절도범이 체포를 면탈할 목적으로 체포하려는 A와 B를 같은 기회에 폭행하여 그중 A에게만 상해를 가한 경우 A에 대한 강도상해죄와 B에 대한 준강도죄가 성립하고 두 죄는 상상적 경합범관계이다.

② 甲이 권한 없이 인터넷뱅킹을 이용하여 타인의 예금계좌에서 자신의 예금계좌로 돈을 이체한 후 그중 일부를 인출하여 그 정을 아는 乙에게 교부한 경우 乙에게는 장물취득죄가 성립한다.

③ 폭행죄는 반의사불벌죄로서 개인적 법익에 관한 죄이므로 피해자가 폭행과 무관한 사유로 사망한 경우 그 상속인이 피해자를 대신하여 처벌불원의 의사표시를 할 수 있다.

④ 甲이 성인인 A와 술값문제로 시비가 되어 A를 폭행하여 비골 골절 등의 상해를 가한 다음 A의 가슴을 만지는 등 A를 강제로 추행한 경우 甲에게는 상해죄와 강제추행치상죄가 성립한다.

⑤ A회사의 감사인 甲은 경영진과의 불화로 회사를 퇴사한 후 30일이 지나 회사의 승낙 없이 자신이 사용하던 A회사 소유의 컴퓨터 하드디스크를 가지고 가기 위하여 일출 직후인 06:48경 A회사에 갔으나 자신의 출입카드가 정지되어 출입구가 열리지 않자 경비원으로부터 임시출입증을 받아 감사실에 들어간 경우 甲에게는 방실침입죄가 성립한다.

[❶ ▸ ×] 절도범이 체포를 면탈할 목적으로 체포하려는 여러 명의 피해자에게 같은 기회에 폭행을 가하여 그중 1인에게만 상해를 가하였다면 이러한 행위는 포괄하여 하나의 강도상해죄만 성립한다(대판 2001.8.21. 2001도3447).

⑤ 정답

[❷ ▸ ×] [1] 컴퓨터등사용사기죄의 범행으로 예금채권을 취득한 다음 자기의 현금카드를 사용하여 현금자동지급기에서 현금을 인출한 경우, 현금카드사용권한 있는 자의 정당한 사용에 의한 것으로서 현금자동지급기 관리자의 의사에 반하거나 기망행위 및 그에 따른 처분행위도 없었으므로, 별도로 절도죄나 사기죄의 구성요건에 해당하지 않는다 할 것이고, 그 결과 그 인출된 현금은 재산범죄에 의하여 취득한 재물이 아니므로 장물이 될 수 없다.
[2] 甲이 권한 없이 인터넷뱅킹으로 타인의 예금계좌에서 자신의 예금계좌로 돈을 이체한 후 그중 일부를 인출하여 그 정을 아는 乙에게 교부한 경우, 甲이 컴퓨터등사용사기죄에 의하여 취득한 예금채권은 재물이 아니라 재산상 이익이므로, 그가 자신의 예금계좌에서 돈을 인출하였더라도 장물을 금융기관에 예치하였다가 인출한 것으로 볼 수 없다(대판 2004.4.16. 2004도353). 따라서 乙에게는 장물취득죄가 성립하지 아니한다.

[❸ ▸ ×] 폭행죄는 피해자의 명시한 의사에 반하여 공소를 제기할 수 없는 반의사불벌죄로서 처벌불원의 의사표시는 의사능력이 있는 피해자가 단독으로 할 수 있는 것이고, 피해자가 사망한 후 그 상속인이 피해자를 대신하여 처벌불원의 의사표시를 할 수는 없다고 보아야 한다(대판 2010.5.27. 2010도2680).

[❹ ▸ ×] [1] 강제추행치상죄에서 상해의 결과는 강제추행의 수단으로 사용한 폭행이나 추행행위 그 자체 또는 강제추행에 수반하는 행위로부터 발생한 것이어야 한다. 따라서 상해를 가한 부분을 고의범인 상해죄로 처벌하면서 이를 다시 결과적 가중범인 강제추행치상죄의 상해로 인정하여 이중으로 처벌할 수는 없다.
[2] 피고인이 피해자를 폭행하여 비골 골절 등의 상해를 가한 다음 강제추행한 경우, 피고인의 위 폭행은 강제추행의 수단으로서의 폭행으로 볼 수 없어, 이 사건 비골 골절 등과 그 이후 일어난 강제추행 사이에 인과관계가 있다고 할 수 없다(대판 2009.7.23. 2009도1934). 따라서 甲에게는 상해죄와 강제추행죄가 성립한다.

[❺ ▸ ○] 甲 주식회사 감사인 피고인이 회사 경영진과의 불화로 한 달 가까이 결근하다가 자신의 출입카드가 정지되어 있는데도 이른 아침에 경비원에게서 출입증을 받아 컴퓨터 하드디스크를 절취하기 위해 회사 감사실에 들어간 경우, 위 방실침입행위는 정당행위에 해당하지 않는다(대판 2011.8.18. 2010도9570).

2015년 변호사시험 문 1. ☑ 확인Check! ○ △ ×

준강도에 관한 설명 중 옳지 않은 것은?(다툼이 있는 경우 판례에 의함)

① 피고인이 술값의 지급을 면하기 위하여 술집 주인인 피해자를 부근에 있는 아파트 뒤편 골목으로 유인한 후 폭행하여 반항하지 못하게 하고 그대로 도주함으로써 술값의 지급을 면한 경우 준강도죄가 성립한다.
② 준강도의 주체는 절도범인으로, 절도의 실행에 착수한 이상 미수, 기수 여부를 불문한다.
③ 절도범인이 체포를 면탈할 목적으로 체포하려는 여러 사람에게 같은 기회에 폭행을 가하여 그중 1인에게만 상해를 가하였다면 포괄하여 하나의 강도상해죄만 성립한다.
④ 강도예비·음모죄가 성립하기 위해서는 예비·음모행위자에게 미필적으로라도 '강도'를 할 목적이 있어야 하고, 그에 이르지 않고 단순히 '준강도'를 할 목적이 있음에 그치는 경우 강도예비·음모죄로 처벌할 수 없다.
⑤ 준강도죄의 기수 여부는 절도행위의 기수 여부를 기준으로 판단하여야 하지만 절도미수범이 체포를 면탈할 목적으로 상해를 가한 경우 강도상해의 기수범으로 처벌된다.

[❶ ▸ ×] 피고인이 술집 운영자 甲으로부터 술값의 지급을 요구받자 甲을 유인·폭행하고 도주함으로써 술값의 지급을 면하여 재산상 이익을 취득하고 상해를 가하였다고 하여 강도상해로 기소되었는데, 원심이 위 공소사실을 "피고인이 甲에게 지급해야 할 술값의 지급을 면하여 재산상 이익을 취득하고 甲을 폭행하였다"는 범죄사실로 인정하여 준강도죄를 적용한 경우, 원심이 인정한 범죄사실에는 그 자체로 절도의 실행에 착수하였다는 내용이 포함되어 있지 않다(대판 2014.5.16. 2014도2521). 따라서 준강도죄는 성립하지 아니한다.

정답 ①

[❷ ▸ O] 준강도의 주체는 절도, 즉 절도범인으로, 절도의 실행에 착수한 이상 미수이거나 기수이거나 불문하고, 야간에 타인의 재물을 절취할 목적으로 사람의 주거에 침입한 경우에는 주거에 침입한 단계에서 이미 형법 제330조에서 규정한 야간주거침입절도죄라는 범죄행위의 실행에 착수한 것이라고 보아야 하며, 주거침입죄의 경우 주거 침입의 범의로써, 예컨대 주거로 들어가는 문의 시정장치를 부수거나 문을 여는 등 침입을 위한 구체적 행위를 시작하였다면 주거침입죄의 실행의 착수는 있었다고 보아야 한다(대판 2003.10.24. 2003도4417).

[❸ ▸ O] 절도범이 체포를 면탈할 목적으로 체포하려는 여러 명의 피해자에게 같은 기회에 폭행을 가하여 그중 1인에게만 상해를 가하였다면 이러한 행위는 포괄하여 하나의 강도상해죄만 성립한다(대판 2001.8.21. 2001도3447).

[❹ ▸ O] 강도예비·음모죄가 성립하기 위해서는 예비·음모행위자에게 미필적으로라도 '강도'를 할 목적이 있음이 인정되어야 하고 그에 이르지 않고 단순히 '준강도'할 목적이 있음에 그치는 경우에는 강도예비·음모죄로 처벌할 수 없다(대판 2006.9.14. 2004도6432).

[❺ ▸ O] 형법 제335조의 조문 가운데 '절도' 운운함은 절도기수범과 절도미수범을 모두 포함하는 것이고, 준강도가 사람을 상해했을 때에는 형법 제337조의 강도상해죄가 성립된다(대판 1990.2.27. 89도2532).

2020년 변호사시험 문 30.

☑ 확인Check! ○ △ ×

㉠ 甲은 乙과 공모하여 A가 운영하는 식당에서 A 소유의 현금 10만원과 신용카드를 절취하고, 乙은 그동안 망을 보았다. 그 후 ㉡ 甲은 B가 운영하는 주점에서 술을 마시고 절취한 위 신용카드를 이용하여 술값 50만원을 결제하였는데, 이때 甲은 술값이 기재된 매출전표의 서명란에 A의 이름을 기재하고 그 자리에서 B에게 위 매출전표를 교부하였다. 甲은 특수절도죄, 사기죄 등으로, 乙은 특수절도죄로 기소되었다. 그런데 甲은 법정에서 乙과의 범행 일체를 자백하였으나 乙은 이를 모두 부인하였고, 한편 압수된 위 현금 10만원과 신용카드가 증거물로 제출되었다. 이에 관한 설명 중 옳은 것을 모두 고른 것은?(다툼이 있는 경우 판례에 의함)

ㄱ. ㉠행위와 관련하여 만약 甲이 식당에서 절도범행을 마치고 10분가량 지나 200m 정도 떨어진 버스정류장까지 도망가다가 뒤쫓아 온 A에게 붙잡혀 식당으로 돌아왔을 때 비로소 A를 폭행한 경우라면 甲에게는 준강도죄가 성립한다.
ㄴ. ㉡행위는 사기죄, 여신전문금융업법 위반죄, 사문서위조죄 및 위조사문서행사죄를 구성하고, 각 죄의 관계는 실체적 경합범이다.
ㄷ. 만약 乙이 망을 본 사실이 인정되지 않는다면, 법원은 공소장 변경이 없더라도 甲에 대하여 단순절도죄로 유죄를 인정할 수 있다.
ㄹ. 만약 사법경찰관이 식당 현장상황에 관하여 甲의 범행재연사진을 포함하여 검증조서를 작성하였다면, 그 검증조서 중 위 사진 부분은 비진술증거이므로 피고인 甲이 증거로 함에 동의하지 않았더라도 증거능력이 있다.
ㅁ. 만약 검찰주사보가 A와의 전화대화내용을 문답형식의 수사보고서로 작성하였다면, 위 수사보고서는 전문증거로서 형사소송법 제313조가 적용되는데 수사보고서에 진술자 A의 서명 또는 날인이 없으므로 증거능력이 없다.

① ㄱ, ㄴ　② ㄱ, ㄹ　③ ㄴ, ㅁ
④ ㄷ, ㄹ　⑤ ㄷ, ㅁ

[ㄱ ▸ ×] 피해자의 집에서 절도범행을 마친 지 10분가량 지나 피해자의 집에서 200m가량 떨어진 버스정류장이 있는 곳에서 피고인을 절도범인이라고 의심하고 뒤쫓아 온 피해자에게 붙잡혀 피해자의 집으로 돌아왔을 때 비로소 피해자를 폭행한 경우, 그 폭행은 사회통념상 절도범행이 이미 완료된 이후에 행하여졌으므로, 준강도죄가 성립하지 않는다(대판 1999.2.26. 98도3321).

⑤ 정답

[ㄴ ▸ ×] 판례에 따르면, 사문서위조 및 동 행사죄는 신용카드부정사용죄에 흡수되므로, ㉡행위는 사기죄와 여신전문금융업법 위반(신용카드부정사용)죄만을 구성하고, 양 죄의 관계는 실체적 경합범이다.

[ㄷ ▸ ○] 특수절도죄로 공소제기한 사실을 법원이 검사의 공소장변경절차 없이 절도죄로 인정하더라도 공소원인사실의 동일성에 변경이 없으므로 위법이라 할 수 없다(대판 1973.7.24. 73도1256).

[ㄹ ▸ ×] '사법경찰관이 작성한 검증조서 중 피고인의 진술 부분을 제외한 기재 및 사진의 각 영상'에는 이 사건 범행에 부합되는 피의자이었던 피고인이 범행을 재연하는 사진이 첨부되어 있으나, 기록에 의하면 행위자인 피고인이 위 검증조서에 대하여 증거로 함에 부동의하였고 공판정에서 검증조서 중 범행을 재연한 부분에 대하여 그 성립의 진정 및 내용을 인정한 흔적을 찾아볼 수 없고 오히려 이를 부인하고 있으므로 그 증거능력을 인정할 수 없다(대판 2007.4.26. 2007도1794). 따라서 그 검증조서 중 위 사진 부분은, 형사소송법 제312조 제3항에 의하여 피고인 甲이 증거로 함에 동의하지 아니하였다면 증거능력이 없다.

[ㅁ ▸ ○] 외국에 거주하는 참고인과의 전화대화내용을 문답형식으로 기재한 검찰주사보 작성의 수사보고서는 전문증거로서 형사소송법 제310조의2에 의하여 제311조 내지 제316조에 규정된 것 이외에는 이를 증거로 삼을 수 없는 것인데, 위 수사보고서는 제311조, 제312조, 제315조, 제316조의 적용대상이 되지 아니함이 분명하므로, 결국 제313조의 진술을 기재한 서류에 해당하여야만 제314조의 적용 여부가 문제될 것인 바, 제313조가 적용되기 위하여는 그 진술을 기재한 서류에 그 진술자의 서명 또는 날인이 있어야 한다(대판 1999.2.26. 98도2742).

2019년 변호사시험 문 16. ☑ 확인Check! ○ △ ×

甲은 18:50경 열려 있는 A의 집 현관문을 통해 집 안으로 들어가 20분 정도 물건을 찾아다니다가, 19:10경 안방 서랍 안에 있는 A의 다이아몬드반지를 발견하고, 바지 주머니에 넣은 후 다시 현관문을 통해 밖으로 나올 때, 마침 귀가하던 A 및 A의 처 B와 마주쳤다. A와 B는 즉시 甲이 도둑임을 알아채고 함께 甲을 막아섰다. 이에 甲은 체포를 면탈하려고 주먹으로 A의 얼굴을 때리고 곧바로 B의 배를 발로 차, A와 B를 쓰러뜨린 후 도주하였다. 그 날 일몰시각은 19:05으로 확인되었다. 이에 관한 설명 중 옳은 것은?(다툼이 있는 경우 판례에 의함)

① 甲이 A의 집에 들어가 다이아몬드반지를 훔친 행위는 야간주거침입절도죄에 해당한다.
② 甲의 행위는 A, B에 대한 각각의 준특수강도죄에 해당하고 양 죄는 실체적 경합범관계이다.
③ 만약 甲이 집 안에서 훔칠 물건을 찾고 있던 도중에 귀가한 A, B에게 발각되자, 체포를 면탈할 목적으로 그들을 폭행한 후 빈손으로 도주하였다면, 주거침입죄 및 준강도미수죄가 성립하고 양 죄는 실체적 경합범관계이다.
④ 만약 甲이 다이아몬드반지를 훔쳐 나오면서 A와 B를 마주치지는 않았지만, 신고를 받고 출동한 경찰관 P가 현관문 앞에서 甲을 현행범으로 체포하려 하자 甲이 이를 면탈하기 위해 주먹으로 P의 얼굴을 때려 넘어뜨리고 도주하였다면, 주거침입죄와 준강도죄 및 공무집행방해죄가 성립하고 그중 준강도죄와 공무집행방해죄는 실체적 경합범관계이다.
⑤ 만약 甲이 A, B의 아들이라면 친족상도례가 적용되므로, 준강도죄나 준특수강도죄로는 처벌받지 아니한다.

[❶ ▸ ×] 형법은 제329조에서 절도죄를 규정하고 곧바로 제330조에서 야간주거침입절도죄를 규정하고 있을 뿐, 야간절도죄에 관하여는 처벌규정을 별도로 두고 있지 아니하다. 이러한 형법 제330조의 규정형식과 그 구성요건의 문언에 비추어 보면, 형법은 야간에 이루어지는 주거침입행위의 위험성에 주목하여 그러한 행위를 수반한 절도를 야간주거침입절도죄로 중하게 처벌하고 있는 것으로 보아야 하고, 따라서 주거 침입이 주간에 이루어진 경우에는 야간주거침입절도죄가 성립하지 않는다고 해석하는 것이 타당하다(대판 2011.4.14. 2011도300).

[❷ ▸ ×] 절도가 체포를 면탈할 목적으로 추격하여 온 수인에 대하여 같은 기회에 동시 또는 이시에 폭행 또는 협박을 하였다 하더라도 준강도의 포괄일죄가 성립한다(대판 1966.12.6. 66도1392).

정답 ③

[❸ ▸ ○] 형법 제335조에서 절도가 재물의 탈환을 항거하거나 체포를 면탈하거나 죄적을 인멸할 목적으로 폭행 또는 협박을 가한 때에 준강도로서 강도죄의 예에 따라 처벌하는 취지는, 강도죄와 준강도죄의 구성요건인 재물탈취와 폭행·협박 사이에 시간적 순서상 전후의 차이가 있을 뿐 실질적으로 위법성이 같다고 보기 때문인 바, 이와 같은 준강도죄의 입법취지, 강도죄와의 균형 등을 종합적으로 고려해 보면, 준강도죄의 기수 여부는 절도행위의 기수 여부를 기준으로 하여 판단하여야 한다(대판 2004.11.18. 2004도5074[전합]). 따라서 甲의 행위는 주거침입죄와 준강도미수죄를 구성하고, 양 죄는 실체적 경합관계에 있다.

[❹ ▸ ×] 절도범인이 체포를 면탈할 목적으로 경찰관에게 폭행·협박을 가한 때에는 준강도죄와 공무집행방해죄를 구성하고 양 죄는 상상적 경합관계에 있으나, 강도범인이 체포를 면탈할 목적으로 경찰관에게 폭행을 가한 때에는 강도죄와 공무집행방해죄는 실체적 경합관계에 있고 상상적 경합관계에 있는 것이 아니다(대판 1992.7.28. 92도917).

[❺ ▸ ×] 친족 간의 정서를 고려한 법정책적 규정인 친족상도례는 강도죄(준강도죄·준특수강도죄), 손괴죄 및 강제집행면탈죄에는 적용되지 아니한다.

2015년 변호사시험 문 40. ☑ 확인Check! ○ △ ×

甲은 2014.6.25. 23:30경 물건을 훔칠 생각으로 복면을 하고 A의 집에 침입하였다가 마침 거실에 있던 애완견이 짖는 바람에 잠이 깬 A에게 발각되어, A가 "도둑이야!"라고 고함치자 집 밖으로 도망쳐 나왔다.

※ 아래의 ㉠과 ㉡은 위 사실관계 후 전개된 상황으로 서로 독립적인 별개의 상황이다.

㉠ A는 혼자서 甲을 추격하여 체포하였는데, 그 과정에서 甲은 체포를 면탈할 목적으로, 주먹으로 A의 얼굴 부위를 1회 때려 A에게 비골 골절상을 가하였다.

㉡ 마침 A의 집 주변에서 야간순찰 중이던 경찰관 B는 A의 고함소리와 동시에 A의 집에서 도망쳐 나오는 甲을 발견하고, 혼자서 甲을 추격하여 체포하였는데, 그 과정에서 甲은 체포를 면탈할 목적으로 발로 B의 왼쪽 허벅지 부위를 1회 걷어차 폭행하였다.

다음 설명 중 옳지 않은 것은?(다툼이 있는 경우 판례에 의함)

① ㉠ 상황이라면, 甲이 A에게 상해를 가한 것은 A에 대하여 강도상해죄를 구성한다.
② ㉡ 상황이라면, 甲이 B를 폭행한 것은 B에 대하여 준강도죄와 공무집행방해죄를 구성하고, 양 죄는 상상적 경합관계에 있다.
③ ㉡ 상황이라면, 만일 B가 진술거부권을 고지하지 않고, 甲을 신문한 결과 절도범행을 자백하는 내용의 피의자신문조서를 작성한 경우 이 피의자신문조서는 증거능력이 없다.
④ ㉡ 상황이라면, 만일 B가 진술거부권을 고지하지 않고 甲을 조사하여 자백을 받은 경우, B가 공판기일에 증인으로 출석하여, 甲이 A의 집에서 도망쳐 나오는 장면을 증언하더라도 그 증언은 증거능력이 없다.
⑤ ㉡ 상황이라면, B가 甲을 체포할 당시 甲이 소지하고 있던 복면은 필요한 때에는 영장 없이 압수할 수 있으나, 계속 압수할 필요가 있는 경우에는 지체 없이 압수·수색영장을 청구하여야 한다.

[❶ ▸ ○] 피고인들이 합동하여 절도범행을 하는 도중에, 사전에 구체적인 의사연락이 없었다고 하여도, 피고인이 체포를 면탈할 목적으로 피해자를 힘껏 떠밀어 콘크리트바닥에 넘어뜨려 상처를 입게 함으로써 추적을 할 수 없게 한 경우, 폭행의 정도가 피해자의 추적을 억압할 정도의 것이었던 이상 피고인들은 강도상해의 죄책을 면할 수 없다(대판 1991.11.26. 91도2267). 따라서 甲이 A에게 상해를 가한 것은 A에 대하여 강도상해죄를 구성한다.

④ 정답

[❷ ▸ ○] 절도범인이 체포를 면탈할 목적으로 경찰관에게 폭행·협박을 가한 때에는 준강도죄와 공무집행방해죄를 구성하고 양 죄는 상상적 경합관계에 있으나, 강도범인이 체포를 면탈할 목적으로 경찰관에게 폭행을 가한 때에는 강도죄와 공무집행방해죄는 실체적 경합관계에 있고 상상적 경합관계에 있는 것이 아니다(대판 1992.7.28. 92도917).

[❸ ▸ ○] 피의자의 진술을 녹취 내지 기재한 서류 또는 문서가 수사기관에서의 조사과정에서 작성된 것이라면, 그것이 '진술조서, 진술서, 자술서'라는 형식을 취하였다고 하더라도 피의자신문조서와 달리 볼 수 없고, 한편 형사소송법이 보장하는 피의자의 진술거부권은 헌법이 보장하는 형사상 자기에 불리한 진술을 강요당하지 않는 자기부죄거부의 권리에 터 잡은 것이므로 수사기관이 피의자를 신문함에 있어서 피의자에게 미리 진술거부권을 고지하지 않은 때에는 그 피의자의 진술은 위법하게 수집된 증거로서 진술의 임의성이 인정되는 경우라도 증거능력이 부인되어야 한다(대판 2011.11.10. 2010도8294).

[❹ ▸ ×] 현행범을 체포한 경찰관의 진술이라 하더라도 범행을 목격한 부분에 관하여는 여느 목격자와 다름없이 증거능력이 있고, 다만 그 증거의 신빙성만 문제되는 것이라 할 것이며, 위와 같은 경찰관의 체포행위를 도운 자가 범인의 범행을 목격하였다는 취지의 진술은 그 사람이 경찰정보원이라 하더라도 그 증거능력을 부인할 아무런 이유가 없다 할 것이다(대판 1995.5.9. 95도535).

[❺ ▸ ○] 검사 또는 사법경찰관은 제1항 또는 제216조 제1항 제2호에 따라 압수한 물건을 계속 압수할 필요가 있는 경우에는 지체 없이 압수수색영장을 청구하여야 한다. 이 경우 압수수색영장의 청구는 체포한 때부터 48시간 이내에 하여야 한다(형소법 제217조 제2항).

제4절 사기의 죄 ★★★★

2020년 변호사시험 문 12. ☑ 확인Check! ○ △ ×

사기죄에 관한 설명 중 옳은 것(○)과 옳지 않은 것(×)을 올바르게 조합한 것은?(다툼이 있는 경우 판례에 의함)

ㄱ. 금원 편취를 내용으로 하는 사기죄에서는 기망으로 인한 금원 교부가 있으면 그 자체로 피해자의 재산 침해가 되어 바로 사기죄가 성립하고, 상당한 대가가 지급되었다거나 피해자의 전체 재산상의 손해가 없다 하여도 사기죄의 성립에는 그 영향이 없다.
ㄴ. 피해자에 대한 사기범행을 실현하는 수단으로 타인을 기망하여 그를 피해자로부터 편취한 재물을 전달하는 도구로만 이용한 경우, 편취의 대상인 재물에 관하여 피해자에 대한 사기죄와는 별도로 도구로 이용된 타인에 대한 사기죄가 성립한다.
ㄷ. 부동산의 명의수탁자가 그 부동산을 자신의 소유라고 말하면서 제3자에게 매도하고 소유권이전등기를 마쳐 준 경우, 제3자에 대한 사기죄가 성립한다.
ㄹ. 사기도박으로 금전을 편취하려고 하는 자가 상대방에게 도박에 참가할 것을 권유하는 것만으로는 사기죄의 실행의 착수가 인정되지 않는다.
ㅁ. 피해자를 속여 재물을 교부받으면서 일부 대가를 지급한 경우, 편취액은 대가를 공제한 차액이 아니라 교부받은 재물 전부이다.

① ㄱ(×), ㄴ(○), ㄷ(○), ㄹ(○), ㅁ(×)
② ㄱ(○), ㄴ(×), ㄷ(×), ㄹ(×), ㅁ(○)
③ ㄱ(×), ㄴ(○), ㄷ(×), ㄹ(○), ㅁ(○)
④ ㄱ(○), ㄴ(×), ㄷ(○), ㄹ(×), ㅁ(○)
⑤ ㄱ(○), ㄴ(○), ㄷ(×), ㄹ(○), ㅁ(×)

정답 ②

[ㄱ ▸ O] [ㅁ ▸ O] 재물 편취를 내용으로 하는 사기죄에 있어서는 기망으로 인한 재물 교부가 있으면 그 자체로서 피해자의 재산 침해가 되어 이로써 곧 사기죄가 성립하는 것이고, 상당한 대가가 지급되었다거나 피해자의 전체 재산상에 손해가 없다 하여도 사기죄의 성립에는 그 영향이 없으므로 사기죄에 있어서 그 대가가 일부 지급된 경우에도 그 편취액은 피해자로부터 교부된 재물의 가치로부터 그 대가를 공제한 차액이 아니라 교부받은 재물 전부이다(대판 1995.3.24. 95도203).

[ㄴ ▸ X] 간접정범을 통한 범행에서 피이용자는 간접정범의 의사를 실현하는 수단으로서의 지위를 가질 뿐이므로, 피해자에 대한 사기범행을 실현하는 수단으로서 타인을 기망하여 그를 피해자로부터 편취한 재물이나 재산상 이익을 전달하는 도구로서만 이용한 경우에는 편취의 대상인 재물 또는 재산상 이익에 관하여 피해자에 대한 사기죄가 성립할 뿐 도구로 이용된 타인에 대한 사기죄가 별도로 성립한다고 할 수 없다(대판 2017.5.31. 2017도3894).

[ㄷ ▸ X] 부동산의 명의수탁자가 부동산을 제3자에게 매도하고 매매를 원인으로 한 소유권이전등기까지 마쳐 준 경우, 명의신탁의 법리상 대외적으로 수탁자에게 그 부동산의 처분권한이 있는 것임이 분명하고, 제3자로서도 자기 명의의 소유권이전등기가 마쳐진 이상 무슨 실질적인 재산상의 손해가 있을 리 없으므로 그 명의신탁사실과 관련하여 신의칙상 고지의무가 있다거나 기망행위가 있었다고 볼 수도 없어서 그 제3자에 대한 사기죄가 성립될 여지가 없고, 나아가 그 처분 시 매도인(명의수탁자)의 소유라는 말을 하였다고 하더라도 역시 사기죄가 성립하지 않으며, 이는 자동차의 명의수탁자가 처분한 경우에도 마찬가지이다(대판 2007.1.11. 2006도4498).

[ㄹ ▸ X] 사기죄는 편취의 의사로 기망행위를 개시한 때에 실행에 착수한 것으로 보아야 하므로, 사기도박에서도 사기적인 방법으로 도금을 편취하려고 하는 자가 상대방에게 도박에 참가할 것을 권유하는 등 기망행위를 개시한 때에 실행의 착수가 있는 것으로 보아야 한다(대판 2011.1.13. 2010도9330).

2019년 변호사시험 문 10. ☑ 확인 Check! O △ X

2018.7.경 甲과 乙은 공모하여 甲의 장인인 A(甲과 동거하지 아니하고, 乙과는 아무런 신분관계가 없음)에 대한 차용증을 위조한 다음 법원에 A 소유 토지에 대한 부동산가압류를 신청하였고 법원은 위 신청에 대한 부동산가압류명령을 발령하여 부동산등기부와 동일한 공전자기록에 위 토지에 대한 가압류등기가 경료되었다. 이후 甲과 乙은 A에 대하여 대여금청구의 소를 제기하면서 소장에 A의 주소를 허위로 기재하는 방법으로 승소판결을 받았다. A는 위 사실을 뒤늦게 알고, 알게 된 날로부터 1개월 만에 甲과 乙을 사문서위조, 위조사문서행사, 사기, 공전자기록등불실기재 및 불실기재공전자기록등행사로 경찰에 고소하였다. 乙은 수사를 받게 된 것을 알고 집에 보관 중이던 위 차용증 원본을 태워 없앴다. 이에 관한 설명 중 옳은 것을 모두 고른 것은?(특별법 위반의 점은 논외로 하고, 다툼이 있는 경우 판례에 의함)

ㄱ. 甲과 乙이 부동산가압류를 신청하고 이에 따른 명령을 받은 것에 대하여는 사기죄가 성립하고, 이 경우 사기죄는 부동산가압류명령이 발령된 시점에 기수에 이른다.
ㄴ. 甲은 A와 동거하지 아니하는 친족관계이므로 甲의 사기죄에 대하여 친족상도례가 적용되고, 이는 상대적 친고죄인데 A가 고소기간 내에 고소를 하였으므로 甲을 사기죄로 처벌할 수 있다.
ㄷ. 위 가압류등기는 甲과 乙의 등기신청이 아니라 법원의 촉탁에 의하여 이루어졌으므로 甲과 乙에게는 공전자기록등불실기재죄 및 불실기재공전자기록등행사죄가 성립하지 아니한다.
ㄹ. 자신의 형사사건에 대한 증거를 인멸한 경우 증거인멸죄가 성립하지 않지만, 乙이 없앤 차용증 원본은 甲에 대한 형사사건의 증거이기도 하므로 乙을 증거인멸죄로 처벌할 수 있다.
ㅁ. 甲이 위 범행 이후 처와 이혼하여 甲과 A 사이에 더 이상 친족관계가 존재하지 않더라도 甲의 사기죄에 대하여 친족상도례가 적용된다.

① ㄱ, ㄴ　② ㄱ, ㄷ　③ ㄴ, ㄷ
④ ㄷ, ㅁ　⑤ ㄹ, ㅁ

④ 정답

[ㄱ ▸ ×] 가압류는 강제집행의 보전방법에 불과하고 그 기초가 되는 허위의 채권에 의하여 실제로 청구의 의사표시를 한 것이라고 할 수 없으므로 소의 제기 없이 가압류신청을 한 것만으로는 사기죄의 실행에 착수한 것이라고 할 수 없다(대판 1982.10.26. 82도1529).

[ㄴ ▸ ×] 甲이 乙과 더불어 법원에 A 소유 토지에 대한 부동산가압류를 신청한 행위가 사기죄를 구성하지 아니하므로, 甲에게 친족상도례가 적용되는지 여부는 더 나아가 살펴볼 여지가 없다.

[ㄷ ▸ O] 공정증서원본불실기재죄에 있어서의 불실의 기재는 당사자의 허위신고에 의하여 이루어져야 하므로 법원의 촉탁에 의하여 이루어진 경우에는 가령 그 전제절차에 허위적 요소가 있다 하더라도 그것은 법원의 촉탁에 의하여 이루어진 것이지 당사자의 허위신고에 의하여 이루어진 것이 아니므로 공정증서원본불실기재죄를 구성하지 않는다(대판 1983.12.27. 83도2442).

[ㄹ ▸ ×] 증거인멸죄는 타인의 형사사건 또는 징계사건에 관한 증거를 인멸하는 경우에 성립하는 것으로서, 피고인 자신이 직접 형사처분이나 징계처분을 받게 될 것을 두려워한 나머지 자기의 이익을 위하여 그 증거가 될 자료를 인멸하였다면, 그 행위가 동시에 다른 공범자의 형사사건이나 징계사건에 관한 증거를 인멸한 결과가 된다고 하더라도 이를 증거인멸죄로 다스릴 수 없고, 이러한 법리는 그 행위가 피고인의 공범자가 아닌 자의 형사사건이나 징계사건에 관한 증거를 인멸한 결과가 된다고 하더라도 마찬가지이다(대판 1995.9.29. 94도2608).

[ㅁ ▸ O] 형법 제344조, 제328조 제1항 소정의 친족 간의 범행에 관한 규정이 적용되기 위한 친족관계는 원칙적으로 범행 당시에 존재하여야 하는 것이다(대판 1997.1.24. 96도1731).

2015년 변호사시험 문 6. ☑ 확인Check! ○ △ ×

현금카드기능이 있는 신용카드 사용범죄에 관한 설명 중 옳지 않은 것을 모두 고른 것은?(다툼이 있는 경우 판례에 의함)

ㄱ. 강취한 타인의 신용카드를 사용하여 현금자동지급기에서 예금을 인출한 행위는 그 현금을 객체로 하는 절도죄가 성립한다.
ㄴ. 타인의 명의를 모용하여 발급받은 신용카드를 사용하여 현금자동지급기에서 현금대출(현금서비스)을 받은 행위는 그 현금을 객체로 하는 절도죄가 성립한다.
ㄷ. 절취한 타인의 신용카드를 사용하여 현금자동지급기에서 현금대출(현금서비스)을 받은 행위는 그 현금을 객체로 하는 절도죄가 성립한다.
ㄹ. 물품을 구입하고 절취한 신용카드로 결제를 하면서 매출전표에 서명하여 이를 교부한 경우 신용카드부정사용죄 외에 사문서위조죄 및 위조사문서행사죄로 처벌된다.
ㅁ. 갈취한 타인의 신용카드와 그 타인으로부터 알아낸 비밀번호를 이용하여 현금자동지급기에서 예금을 인출한 행위는 그 현금을 객체로 하는 절도죄가 성립한다.

① ㄱ, ㄴ ② ㄴ, ㄹ ③ ㄹ, ㅁ
④ ㄱ, ㄷ, ㅁ ⑤ ㄴ, ㄹ, ㅁ

[ㄱ ▸ O] 강도죄는 공갈죄와는 달리 피해자의 반항을 억압할 정도로 강력한 정도의 폭행・협박을 수단으로 재물을 탈취하여야 성립하므로, 피해자로부터 현금카드를 강취하였다고 인정되는 경우에는 피해자로부터 현금카드의 사용에 관한 승낙의 의사표시가 있었다고 볼 여지가 없다. 따라서 강취한 현금카드를 사용하여 현금자동지급기에서 예금을 인출한 행위는 피해자의 승낙에 기한 것이라고 할 수 없으므로, 현금자동지급기 관리자의 의사에 반하여 그의 지배를 배제하고 그 현금을 자기의 지배하에 옮겨 놓는 것이 되어서 강도죄와는 별도로 절도죄를 구성한다(대판 2007.5.10. 2007도1375).

정답 ③

[ㄴ ▸ O] 피고인이 타인의 명의를 모용하여 신용카드를 발급받은 경우, 비록 카드회사가 피고인으로부터 기망을 당한 나머지 피고인에게 피모용자 명의로 발급된 신용카드를 교부하고, 사실상 피고인이 지정한 비밀번호를 입력하여 현금자동지급기에 의한 현금대출(현금서비스)을 받을 수 있도록 하였다 할지라도, 카드회사의 내심의 의사는 물론 표시된 의사도 어디까지나 카드명의인인 피모용자에게 이를 허용하는 데 있을 뿐 피고인에게 이를 허용한 것은 아니라는 점에서, 피고인이 타인의 명의를 모용하여 발급받은 신용카드를 사용하여 현금자동지급기에서 현금대출을 받는 행위는 카드회사에 의하여 미리 포괄적으로 허용된 행위가 아니라, 현금자동지급기의 관리자의 의사에 반하여 그의 지배를 배제한 채 그 현금을 자기의 지배하에 옮겨 놓는 행위로서 절도죄에 해당한다(대판 2006.7.27. 2006도3126).

[ㄷ ▸ O] 피해자 명의의 신용카드를 부정사용하여 현금자동인출기에서 현금을 인출하고 그 현금을 취득까지 한 행위는 신용카드업법 제25조 제1항의 부정사용죄에 해당할 뿐 아니라 그 현금을 취득함으로써 현금자동인출기 관리자의 의사에 반하여 그의 지배를 배제하고 그 현금을 자기의 지배하에 옮겨 놓는 것이 되므로 별도로 절도죄를 구성하고, 위 양 죄의 관계는 그 보호법익이나 행위태양이 전혀 달라 실체적 경합관계에 있는 것으로 보아야 한다(대판 1995.7.28. 95도997).

[ㄹ ▸ X] 신용카드업법 제25조 제1항은 신용카드를 위조·변조하거나 도난·분실 또는 위조·변조된 신용카드를 사용한 자는 7년 이하의 징역 또는 5천만원 이하의 벌금에 처한다고 규정하고 있는바, 위 부정사용죄의 구성요건적 행위인 신용카드의 사용이라 함은 신용카드의 소지인이 신용카드의 본래 용도인 대금결제를 위하여 가맹점에 신용카드를 제시하고 매출표에 서명하여 이를 교부하는 일련의 행위를 가리키고 단순히 신용카드를 제시하는 행위만을 가리키는 것은 아니라고 할 것이므로, 위 매출표의 서명 및 교부가 별도로 사문서위조 및 동 행사의 죄의 구성요건을 충족한다고 하여도 이 사문서위조 및 동 행사의 죄는 위 신용카드부정사용죄에 흡수되어 신용카드부정사용죄의 1죄만이 성립하고 별도로 사문서위조 및 동 행사의 죄는 성립하지 않는다(대판 1992.6.9. 92도77).

[ㅁ ▸ X] 예금주인 현금카드소유자를 협박하여 그 카드를 갈취한 다음 피해자의 승낙에 의하여 현금카드를 사용할 권한을 부여받아 이를 이용하여 현금자동지급기에서 현금을 인출한 행위는 모두 피해자의 예금을 갈취하고자 하는 피고인의 단일하고 계속된 범의 아래에서 이루어진 일련의 행위로서 포괄하여 하나의 공갈죄를 구성하므로, 현금자동지급기에서 피해자의 예금을 인출한 행위를 현금카드 갈취행위와 분리하여 따로 절도죄로 처단할 수는 없다. 왜냐하면 위 예금인출 행위는 하자 있는 의사표시이기는 하지만 피해자의 승낙에 기한 것이고, 피해자가 그 승낙의 의사표시를 취소하기까지는 현금카드를 적법, 유효하게 사용할 수 있으므로, 은행으로서도 피해자의 지급정지신청이 없는 한 그의 의사에 따라 그의 계산으로 적법하게 예금을 지급할 수밖에 없기 때문이다(대판 2007.5.10. 2007도1375).

2012년 변호사시험 문 14. ☑ 확인Check! O △ X

사기죄에 관한 설명 중 옳지 않은 것은?(다툼이 있는 경우에는 판례에 의함)

① 변호사가 대법관에게 로비자금으로 사용한다고 기망하여 의뢰인에게서 금원을 교부받은 경우 사기죄가 성립할 수 있다.
② 사기범행의 피해자로부터 현금을 예금계좌로 송금받은 경우 사기죄의 객체는 재산상 이익이 아니라 재물이다.
③ 임대차계약을 체결하면서 임대인이 임차인에게 임대목적물에 대한 경매가 진행 중인 사실을 알리지 않으면 사기죄가 성립할 수 있다.
④ 피기망자와 피해자가 일치하지 않아도 사기죄가 성립할 수 있다.
⑤ 상대방으로부터 소송비용 명목으로 일정한 금액을 이미 송금받았음에도 불구하고 그 상대방을 피고로 하여 소송비용 상당액의 지급을 구하는 손해배상금청구의 소를 제기하였다가 판사의 권유에 따라 소를 취하한 경우라도 사기죄의 미수범으로 처벌된다.

⑤ 정답

[❶ ▸ O] 사기죄의 실행행위로서의 기망은 반드시 법률행위의 중요 부분에 관한 허위표시임을 요하지 아니하고 상대방을 착오에 빠지게 하여 행위자가 희망하는 재산적 처분행위를 하도록 하기 위한 판단의 기초가 되는 사실에 관한 것이면 충분하므로, 용도를 속이고 돈을 빌린 경우에 만일 진정한 용도를 고지하였더라면 상대방이 빌려주지 않았을 것이라는 관계에 있는 때에는 사기죄의 실행행위인 기망은 있는 것으로 보아야 한다(대판 1995.9.15. 95도707).

[❷ ▸ O] 사기죄의 객체는 타인이 점유하는 '타인의' 재물 또는 재산상의 이익이므로, 피해자와의 관계에서 살펴보아 그것이 피해자 소유의 재물인지 아니면 피해자가 보유하는 재산상의 이익인지에 따라 '재물'이 객체인지 아니면 '재산상의 이익'이 객체인지 구별하여야 하는 것으로서, 이 사건과 같이 피해자가 본범의 기망행위에 속아 현금을 피고인 명의의 은행 예금계좌로 송금하였다면, 이는 재물에 해당하는 현금을 교부하는 방법이 예금계좌로 송금하는 형식으로 이루어진 것에 불과하여, 피해자의 은행에 대한 예금채권은 당초 발생하지 않는다(대판 2010.12.9. 2010도6256).

[❸ ▸ O] 임대인이 임대차계약을 체결하면서 임차인에게 임대목적물이 경매 진행 중인 사실을 알리지 아니한 경우, 임차인이 등기부를 확인 또는 열람하는 것이 가능하더라도 사기죄가 성립한다(대판 1998.12.8. 98도3263).

[❹ ▸ O] 사기죄에 있어서 피기망자와 피해자가 일치하지 아니하는 경우에는, 피기망자가 피해자를 위하여 그 재산을 처분할 권한이나 지위를 가지고 있거나 법적 권한을 가지고 있으면 사기죄가 성립한다는 것이 판례이다.

[❺ ▸ ×] [1] 불능범의 판단기준으로서 위험성 판단은 피고인이 행위 당시에 인식한 사정을 놓고 이것이 객관적으로 일반인의 판단으로 보아 결과 발생의 가능성이 있느냐를 따져야 한다.
[2] 소송비용을 편취할 의사로 소송비용의 지급을 구하는 손해배상청구의 소를 제기한 경우, 사기죄의 불능범에 해당한다(대판 2005.12.8. 2005도8105).

2018년 변호사시험 문 18. ☑ 확인Check! ○ △ ×

다음 설명 중 옳지 않은 것은?(다툼이 있는 경우 판례에 의함)

① 절도범이 절도현장에서 체포 면탈을 목적으로 자신을 체포하려는 A와 B를 같은 기회에 폭행하여 B에게만 상해를 가한 경우에는 포괄하여 하나의 강도상해죄가 성립한다.
② 피해자에게 자동차를 매도하겠다고 거짓말하고 매매대금을 받고 자동차를 양도하면서 자동차에 미리 부착해 놓은 지피에스(GPS)로 위치를 추적하여 자동차를 몰래 가져왔으나, 피해자에게 자동차를 인도하고 소유권이전등록에 필요한 일체의 서류를 교부함으로써 피해자가 언제든지 자동차의 소유권이전등록을 마칠 수 있게 되었다면 절도죄만 성립할 뿐 그와는 별도로 사기죄가 성립하지는 않는다.
③ 피해자에 대한 사기범행을 실현하는 수단으로서 타인을 기망하여 그를 피해자로부터 편취한 재물이나 재산상 이익을 전달하는 도구로만 이용한 경우에는 피해자에 대한 사기죄만 성립할 뿐 도구로 이용된 타인에 대한 사기죄가 별도로 성립하지는 않는다.
④ 상습으로 단순절도죄를 범한 범인이 범행의 수단으로 주간에 주거 침입을 한 경우 주거침입행위는 상습절도죄(형법 제332조)와 별개로 주거침입죄를 구성한다.
⑤ A가 B의 돈을 절취한 다음 다른 금전과 섞거나 교환하지 않고 쇼핑백에 넣어 자신의 집에 숨겨 두었는데 甲이 B의 지시를 받아 乙과 함께 A를 위협하여 쇼핑백에 들어 있던 절취된 돈을 교부받았다면 甲은 폭력행위 등 처벌에 관한 법률 위반(공동공갈)의 죄책을 진다.

[❶ ▸ O] 절도범이 체포를 면탈할 목적으로 체포하려는 여러 명의 피해자에게 같은 기회에 폭행을 가하여 그중 1인에게만 상해를 가하였다면 이러한 행위는 포괄하여 하나의 강도상해죄만 성립한다(대판 2001.8.21. 2001도3447).

정답 ⑤

[❷ ▸ O] 피고인 등이 피해자 갑 등에게 자동차를 매도하겠다고 거짓말하고 자동차를 양도하면서 매매대금을 편취한 다음, 자동차에 미리 부착해 놓은 지피에스(GPS)로 위치를 추적하여 자동차를 절취하였다고 하여 사기 및 특수절도로 기소된 경우, 피고인이 갑 등에게 자동차를 인도하고 소유권이전등록에 필요한 일체의 서류를 교부함으로써 갑 등이 언제든지 자동차의 소유권이전등록을 마칠 수 있게 된 이상, 피고인이 자동차를 양도한 후 다시 절취할 의사를 가지고 있었더라도 자동차의 소유권을 이전하여 줄 의사가 없었다고 볼 수 없고, 피고인이 자동차를 매도할 당시 곧바로 다시 절취할 의사를 가지고 있으면서도 이를 숨긴 것을 기망이라고 할 수 없어, 결국 피고인이 자동차를 매도할 당시 기망행위가 없었으므로, 피고인에게 사기죄가 인정되지 아니한다(대판 2016.3.24. 2015도17452).

[❸ ▸ O] 간접정범을 통한 범행에서 피이용자는 간접정범의 의사를 실현하는 수단으로서의 지위를 가질 뿐이므로, 피해자에 대한 사기범행을 실현하는 수단으로서 타인을 기망하여 그를 피해자로부터 편취한 재물이나 재산상 이익을 전달하는 도구로서만 이용한 경우에는 편취의 대상인 재물 또는 재산상 이익에 관하여 피해자에 대한 사기죄가 성립할 뿐 도구로 이용된 타인에 대한 사기죄가 별도로 성립한다고 할 수 없다(대판 2017.5.31. 2017도3894).

[❹ ▸ O] 상습으로 단순절도를 범한 범인이 상습적인 절도범행의 수단으로 주간(낮)에 주거 침입을 한 경우에 그 주간 주거침입행위의 위법성에 대한 평가가 형법 제332조, 제329조의 구성요건적 평가에 포함되어 있다고 볼 수 없다. 그러므로 형법 제332조에 규정된 상습절도죄를 범한 범인이 그 범행의 수단으로 주간에 주거 침입을 한 경우 그 주간 주거침입행위는 상습절도죄와 별개로 주거침입죄를 구성한다. 또 형법 제332조에 규정된 상습절도죄를 범한 범인이 그 범행 외에 상습적인 절도의 목적으로 주간에 주거 침입을 하였다가 절도에 이르지 아니하고 주거 침입에 그친 경우에도 그 주간 주거침입행위는 상습절도죄와 별개로 주거침입죄를 구성한다(대판 2015.10.15. 2015도8169).

[❺ ▸ X] 甲이 乙의 돈을 절취한 다음 다른 금전과 섞거나 교환하지 않고 쇼핑백 등에 넣어 자신의 집에 숨겨 두었는데, 피고인이 乙의 지시로 폭력조직원 丙과 함께 甲에게 겁을 주어 쇼핑백 등에 들어 있던 절취된 돈을 교부받아 갈취하였다고 하여 폭력행위 등 처벌에 관한 법률 위반(공동공갈)으로 기소된 경우, 피고인 등이 甲에게서 되찾은 돈은 절취대상인 당해 금전이라고 구체적으로 특정할 수 있어 객관적으로 甲의 다른 재산과 구분됨이 명백하므로 이를 타인인 甲의 재물이라고 볼 수 없고, 따라서 비록 피고인 등이 甲을 공갈하여 돈을 교부받았더라도 타인의 재물을 갈취한 행위로서 공갈죄가 성립된다고 볼 수 없다(대판 2012.8.30. 2012도6157).

2019년 변호사시험 문 36.

☑ 확인Check! O △ X

전기통신금융사기(이른바 보이스피싱범죄)를 계획한 甲이 순진해 보이는 乙에게 은행 계좌를 개설하여 현금인출카드를 주면 50만원을 주겠다고 하자 乙은 甲이 범죄에 사용할 수도 있다는 것을 알면서도 돈을 벌 생각으로 자신의 계좌번호, 현금인출카드를 건네주었다. 甲의 계획대로 기망당한 다수의 피해자들은 현금을 乙의 계좌로 송금하였다. 한편, 乙은 자신이 통장과 도장을 보관하고 있는 것을 이용하여 甲의 승낙 없이 위 계좌에서 500만원을 인출하여 사용하였다. 검사는 위 범행에 대해 甲과 乙을 공소제기하였다. 이에 관한 설명 중 옳은 것은?(다툼이 있는 경우 판례에 의함)

① 乙은 사기방조죄 외에 사기 피해자들에 대한 횡령죄도 성립한다.
② 乙은 사기방조죄 외에 장물취득죄도 성립한다.
③ 甲이 사기 피해자들로부터 취득한 것은 재산상 이익이므로 乙이 예금계좌에서 인출한 500만원은 장물에 해당하지 않는다.
④ 乙이 甲과의 대화내용을 甲 몰래 스마트폰으로 녹음하였다가 SD카드에 저장하여 경찰관에게 임의제출한 경우, 甲이 동의하더라도 이는 통신비밀보호법을 위반하여 위법하게 수집된 증거이므로 증거능력이 없다.
⑤ 甲은 사기죄, 乙은 사기방조죄로 기소된 경우, 변론분리 없이 검사의 피고인신문과정에서 "甲으로부터 은행 계좌를 개설하여 현금인출카드를 주면 50만원을 주겠다는 제안을 받고 현금인출카드를 교부하였다"라고 한 乙의 진술을 甲의 범죄사실을 인정하는 증거로 삼더라도 위법하지 않다.

⑤ 정답

[❶ ▸ ×] 전기통신금융사기(이른바 보이스피싱범죄)의 범인이 피해자를 기망하여 피해자의 돈을 사기이용계좌로 송금·이체받았다면 이로써 편취행위는 기수에 이른다. 따라서 범인이 피해자의 돈을 보유하게 되었더라도 이로 인하여 피해자와 사이에 어떠한 위탁 또는 신임관계가 존재한다고 할 수 없는 이상 피해자의 돈을 보관하는 지위에 있다고 볼 수 없으며, 나아가 그 후에 범인이 사기이용계좌에서 현금을 인출하였더라도 이는 이미 성립한 사기범행의 실행행위에 지나지 아니하여 새로운 법익을 침해한다고 보기도 어려우므로, 위와 같은 인출행위는 사기의 피해자에 대하여 따로 횡령죄를 구성하지 아니한다. 그리고 이러한 법리는 사기범행에 이용되리라는 사정을 알고서도 자신 명의 계좌의 접근매체를 양도함으로써 사기범행을 방조한 종범이 사기이용계좌로 송금된 피해자의 돈을 임의로 인출한 경우에도 마찬가지로 적용된다(대판 2017.5.31. 2017도3045).

[❷ ▸ ×] [❸ ▸ ×] [1] 사기죄의 객체는 타인이 점유하는 '타인의' 재물 또는 재산상의 이익이므로, 피해자와의 관계에서 살펴보아 그것이 피해자 소유의 재물인지 아니면 피해자가 보유하는 재산상의 이익인지에 따라 '재물'이 객체인지 아니면 '재산상의 이익'이 객체인지 구별하여야 하는 것으로서, 이 사건과 같이 피해자가 본범의 기망행위에 속아 현금을 피고인 명의의 은행 예금계좌로 송금하였다면, 이는 재물에 해당하는 현금을 교부하는 방법이 예금계좌로 송금하는 형식으로 이루어진 것에 불과하여, 피해자의 은행에 대한 예금채권은 당초 발생하지 않는다.

[2] 장물취득죄에서 '취득'이라 함은 장물의 점유를 이전받음으로써 그 장물에 대하여 사실상 처분권을 획득하는 것을 의미하는데, 이 사건의 경우 본범의 사기행위는 피고인이 예금계좌를 개설하여 본범에게 양도한 방조행위가 가공되어 본범에게 편취금이 귀속되는 과정 없이 피고인이 피해자로부터 피고인의 예금계좌로 돈을 송금받아 취득함으로써 종료되는 것이고, 그 후 피고인이 자신의 예금계좌에서 위 돈을 인출하였다 하더라도 이는 예금명의자로서 은행에 예금 반환을 청구한 결과일 뿐 본범으로부터 위 돈에 대한 점유를 이전받아 사실상 처분권을 획득한 것은 아니므로, 피고인의 위와 같은 인출행위를 장물취득죄로 벌할 수는 없다.

[3] 사기범행에 이용되리라는 사정을 알고서도 자신의 명의로 새마을금고 예금계좌를 개설하여 甲에게 이를 양도함으로써 甲이 乙을 속여 乙로 하여금 1,000만원을 위 계좌로 송금하게 한 사기범행을 방조한 피고인이 위 계좌로 송금된 돈 중 140만원을 인출하여 甲이 편취한 장물을 취득하였다는 공소사실에 대하여, 甲이 사기범행으로 취득한 것은 재산상 이익이어서 장물에 해당하지 않는다는 원심판단은 적절하지 아니하지만, 피고인의 위와 같은 인출행위를 장물취득죄로 벌할 수는 없다(대판 2010.12.9. 2010도6256).

[❹ ▸ ×] 피고인이 범행 후 피해자에게 전화를 걸어오자 피해자가 증거를 수집하려고 그 전화내용을 녹음한 경우, 그 녹음테이프가 피고인 모르게 녹음된 것이라 하여 이를 위법하게 수집된 증거라고 할 수 없다(대판 1997.3.28. 97도240).

[❺ ▸ ○] 형사소송법 제310조의 피고인의 자백에는 공범인 공동피고인의 진술은 포함되지 않으며, 이러한 공동피고인의 진술에 대하여는 피고인의 반대신문권이 보장되어 있어 독립한 증거능력이 있다(대판 1992.7.28. 92도917).

2016년 변호사시험 문 11. ☑ 확인 Check! ○ △ ×

재산죄에 관한 설명 중 옳은 것을 모두 고른 것은?(다툼이 있는 경우 판례에 의함)

ㄱ. 회사가 타인의 사무를 처리하는 일을 영업으로 영위하는 경우, 회사의 대표이사는 내부기관으로서 당해 회사가 그 타인에 대하여 부담하고 있는 의무내용대로 사무를 처리할 임무가 있더라도 그 임무는 회사에 대하여 부담하는 임무이지 직접 타인에 대하여 지고 있는 임무는 아니므로, 대표이사가 그 임무에 위배하였다고 하더라도 그 타인에 대한 배임죄가 성립한다고 할 수 없다.

ㄴ. 전자복권구매시스템에서 은행환불명령을 입력하여 가상계좌 잔액이 1,000원 이하로 되었을 때 복권구매명령을 입력하면 가상계좌로 복권구매요청금과 동일한 액수의 가상현금이 입금되는 프로그램오류를 이용하였을 뿐 허위의 정보를 입력한 경우가 아닌 때에도 부정한 명령의 입력에 해당하여 컴퓨터등사용사기죄가 성립할 수 있다.

ㄷ. 강도범행 이후 피해자의 심리적 저항불능상태가 해소되지 않은 상태에서 피해자를 계속 끌고 다니거나 차량에 태우고 함께 이동하는 등 강취행위와 상해행위 사이에 다소의 시간적·공간적 간격이 있는 상태에서 강도범인의 상해행위가 있었다면 강도상해죄가 성립한다.

ㄹ. 비의료인이 개설한 의료기관이 마치 의료법에 의하여 적법하게 개설된 요양기관인 것처럼 국민건강보험공단에 요양급여비용의 지급을 청구하여 요양급여비용을 지급받더라도, 의료기관의 개설인인 비의료인이 개설명의를 빌려준 의료인으로 하여금 환자들에게 진단, 치료 등 요양급여를 실제로 제공하게 하였다면 사기죄가 성립하지 않는다.

ㅁ. 타인의 사망을 보험사고로 하는 생명보험계약을 체결함에 있어 제3자가 피보험자인 것처럼 가장하여 체결하는 등으로 그 유효요건이 갖추어지지 못한 경우에도 보험사고의 우연성과 같은 보험의 본질을 해칠 정도라고 볼 수 있는 특별한 사정이 없는 한, 하자 있는 보험계약을 체결한 행위만으로는 보험금을 편취하려는 의사에 의한 기망행위의 실행에 착수한 것으로 볼 수 없다.

① ㄱ, ㄷ ② ㄴ, ㄷ ③ ㄷ, ㄹ
④ ㄱ, ㄹ, ㅁ ⑤ ㄴ, ㄷ, ㅁ

[ㄱ ▸ ×] 형법 제355조 제2항의 배임죄에 있어서 타인의 사무를 처리할 의무의 주체가 법인이 되는 경우라도 법인은 다만 사법상의 의무주체가 될 뿐 범죄능력이 없는 것이며 그 타인의 사무는 법인을 대표하는 자연인인 대표기관의 의사결정에 따른 대표행위에 의하여 실현될 수밖에 없어 그 대표기관은 마땅히 법인이 타인에 대하여 부담하고 있는 의무내용대로 사무를 처리할 임무가 있다 할 것이므로 법인이 처리할 의무를 지는 타인의 사무에 관하여는 법인이 배임죄의 주체가 될 수 없고 그 법인을 대표하여 사무를 처리하는 자연인인 대표기관이 바로 타인의 사무를 처리하는 자, 즉 배임죄의 주체가 된다(대판 1984.10.10. 82도2595[전합]).

[ㄴ ▸ ○] 피고인이 甲 주식회사에서 운영하는 전자복권구매시스템에서 은행환불명령을 입력하여 가상계좌 잔액이 1,000원 이하로 되었을 때 복권구매명령을 입력하면 가상계좌로 복권구매요청금과 동일한 액수의 가상현금이 입금되는 프로그램오류를 이용하여 잔액을 1,000원 이하로 만들고 다시 복권구매명령을 입력하는 행위를 반복함으로써 피고인의 가상계좌로 구매요청금 상당의 금액이 입금되게 한 경우, 피고인의 행위는 형법 제347조의2에서 정한 '허위의 정보 입력'에 해당하지는 않더라도, 프로그램 자체에서 발생하는 오류를 적극적으로 이용하여 사무처리의 목적에 비추어 정당하지 아니한 사무처리를 하게 한 행위로서 '부정한 명령의 입력'에 해당한다(대판 2013.11.14. 2011도4440).

⑤ 정답

[ㄷ ▸ O] 형법 제337조의 강도상해죄는 강도범인이 강도의 기회에 상해행위를 함으로써 성립하므로 강도범행의 실행 중이거나 실행 직후 또는 실행의 범의를 포기한 직후로서 사회통념상 범죄행위가 완료되지 아니하였다고 볼 수 있는 단계에서 상해가 행하여짐을 요건으로 한다. 그러나 반드시 강도범행의 수단으로 한 폭행에 의하여 상해를 입힐 것을 요하는 것은 아니고 상해행위가 강도가 기수에 이르기 전에 행하여져야만 하는 것은 아니므로, 강도범행 이후에도 피해자를 계속 끌고 다니거나 차량에 태우고 함께 이동하는 등으로 강도범행으로 인한 피해자의 심리적 저항불능상태가 해소되지 않은 상태에서 강도범인의 상해행위가 있었다면 강취행위와 상해행위 사이에 다소의 시간적·공간적 간격이 있었다는 것만으로는 강도상해죄의 성립에 영향이 없다(대판 2014.9.26. 2014도9567).

[ㄹ ▸ X] 비의료인이 개설한 의료기관이 마치 의료법에 의하여 적법하게 개설된 요양기관인 것처럼 국민건강보험공단에 요양급여비용의 지급을 청구하는 것은 국민건강보험공단으로 하여금 요양급여비용 지급에 관한 의사결정에 착오를 일으키게 하는 것으로서 사기죄의 기망행위에 해당하고, 이러한 기망행위에 의하여 국민건강보험공단에서 요양급여비용을 지급받을 경우에는 사기죄가 성립한다. 이 경우 의료기관의 개설인인 비의료인이 개설명의를 빌려준 의료인으로 하여금 환자들에게 요양급여를 제공하게 하였다 하여도 마찬가지이다(대판 2015.7.9. 2014도11843).

[ㅁ ▸ O] 타인의 사망을 보험사고로 하는 생명보험계약을 체결함에 있어 제3자가 피보험자인 것처럼 가장하여 체결하는 등으로 그 유효요건이 갖추어지지 못한 경우에도, 보험계약 체결 당시에 이미 보험사고가 발생하였음에도 이를 숨겼다거나 보험사고의 구체적 발생가능성을 예견할 만한 사정을 인식하고 있었던 경우 또는 고의로 보험사고를 일으키려는 의도를 가지고 보험계약을 체결한 경우와 같이 보험사고의 우연성과 같은 보험의 본질을 해칠 정도라고 볼 수 있는 특별한 사정이 없는 한, 그와 같이 하자 있는 보험계약을 체결한 행위만으로는 미필적으로라도 보험금을 편취하려는 의사에 의한 기망행위의 실행에 착수한 것으로 볼 것은 아니다. 그러므로 그와 같이 기망행위의 실행의 착수로 인정할 수 없는 경우에 피보험자 본인임을 가장하는 등으로 보험계약을 체결한 행위는 단지 장차의 보험금 편취를 위한 예비행위에 지나지 않는다(대판 2013.11.14. 2013도7494).

2015년 변호사시험 문 10. ☑ 확인 Check! O △ X

소송사기에 관한 설명 중 옳지 않은 것은?(다툼이 있는 경우 판례에 의함)

① 甲이 소송비용을 편취할 의사로 소송비용의 지급을 구하는 손해배상청구의 소를 제기한 경우 사기죄의 불가벌적 불능범에 해당한다.
② 甲이 사망자 乙 명의의 문서를 위조하여 소장에 첨부한 후, 乙을 상대로 법원에 제소한 경우 사문서위조 및 위조사문서행사죄는 성립하지만 사기죄는 성립하지 않는다.
③ 부동산등기부상 소유자로 등기된 적이 있는 甲이 자신 이후에 소유권이전등기를 경료한 등기명의인들을 상대로 허위의 사실을 주장하면서 그들 명의의 소유권이전등기말소를 구하는 소를 제기하더라도 사기죄의 실행에 착수한 것이 아니다.
④ 甲이 피담보채권인 공사대금채권을 실제와 달리 허위로 크게 부풀려 유치권에 기한 경매신청을 한 경우 사기죄의 실행에 착수한 것이다.
⑤ 甲이 진정한 임차권자가 아니면서 허위의 임대차계약서를 법원에 제출하여 임차권등기명령을 신청한 경우 사기죄의 실행에 착수한 것이다.

[❶ ▸ O] [1] 불능범의 판단기준으로서 위험성 판단은 피고인이 행위 당시에 인식한 사정을 놓고 이것이 객관적으로 일반인의 판단으로 보아 결과 발생의 가능성이 있느냐를 따져야 한다.
[2] 소송비용을 편취할 의사로 소송비용의 지급을 구하는 손해배상청구의 소를 제기한 경우, 사기죄의 불능범에 해당한다(대판 2005.12.8. 2005도8105).

정답 ③

[❷ ▸ O] 소송사기에 있어서 피기망자인 법원의 재판은 피해자의 처분행위에 갈음하는 내용과 효력이 있는 것이어야 하고, 그렇지 아니하는 경우에는 착오에 의한 재물의 교부행위가 있다고 할 수 없어서 사기죄는 성립되지 아니한다고 할 것이므로, 피고인의 제소가 사망한 자를 상대로 한 것이라면 이와 같은 사망한 자에 대한 판결은 그 내용에 따른 효력이 생기지 아니하여 상속인에게 그 효력이 미치지 아니하고 따라서 사기죄를 구성한다고 할 수 없다(대판 2002.1.11. 2000도1881). 다만, 그 명의인이 실재하지 않는 허무인이거나 또는 문서의 작성일자 전에 이미 사망하였다고 하더라도 그러한 문서 역시 공공의 신용을 해할 위험성이 있으므로 문서위조죄가 성립한다고 봄이 상당하며, 이는 공문서뿐만 아니라 사문서의 경우에도 마찬가지라고 보아야 한다(대판 2005.2.24. 2002도18[전합]).

[❸ ▸ ×] 이른바 소송사기는 법원을 기망하여 자기에게 유리한 재판을 얻고 이에 기하여 상대방으로부터 재물의 교부를 받거나 재산상 이익을 취득하는 것을 말하는 것인 바, 부동산등기부상 소유자로 등기된 적이 있는 자가 자기 이후에 소유권이전등기를 경료한 등기명의인들을 상대로 허위의 사실을 주장하면서 그들 명의의 소유권이전등기의 말소를 구하는 소송을 제기한 경우 그 소송에서 승소한다면 등기명의인들의 등기가 말소됨으로써 그 소송을 제기한 자의 등기명의가 회복되는 것이므로 이는 법원을 기망하여 재물이나 재산상 이익을 편취한 것이라고 할 것이고 따라서 등기명의인들 전부 또는 일부를 상대로 하는 그와 같은 말소등기청구소송의 제기는 사기의 실행에 착수한 것이라고 보아야 한다(대판 2003.7.22. 2003도1951).

[❹ ▸ O] 유치권에 의한 경매를 신청한 유치권자는 일반채권자와 마찬가지로 피담보채권액에 기초하여 배당을 받게 되는 결과 피담보채권인 공사대금채권을 실제와 달리 허위로 크게 부풀려 유치권에 의한 경매를 신청할 경우 정당한 채권액에 의하여 경매를 신청한 경우보다 더 많은 배당금을 받을 수도 있으므로, 이는 법원을 기망하여 배당이라는 법원의 처분행위에 의하여 재산상 이익을 취득하려는 행위로서, 불능범에 해당한다고 볼 수 없고, 소송사기죄의 실행의 착수에 해당한다(대판 2012.11.15. 2012도9603).

[❺ ▸ O] 법원의 임차권등기명령을 피해자의 재산적 처분행위에 갈음하는 내용과 효력이 있는 것으로 보고 그 집행에 의한 임차권등기가 마쳐짐으로써 신청인이 재산상 이익을 취득하였다고 보는 이상, 진정한 임차권자가 아니면서 허위의 임대차계약서를 법원에 제출하여 임차권등기명령을 신청하면 그로써 소송사기의 실행행위에 착수한 것으로 보아야 하고, 나아가 그 임차보증금반환채권에 관하여 현실적으로 청구의 의사표시를 하여야만 사기죄의 실행의 착수가 있다고 볼 것은 아니다(대판 2012.5.24. 2010도12732).

제5절 공갈의 죄 ☆

2018년 변호사시험 문 20. 확인 Check! ○ △ ×

사채업자 甲은 소규모 간판업자 乙에게 300만원을 빌려주었는데 乙이 변제기가 지나도록 채무를 변제하지 않자 하루 간격으로 두 차례 과격한 표현의 경고성 문구를 담은 문자메시지를 乙의 휴대폰으로 발송하고, 乙의 사무실과 휴대폰으로 매일 수십 회에 걸쳐 독촉전화를 걸었다. 그러나 실제 통화를 한 것은 한 번뿐이고 나머지는 전화를 받지 아니하였다. 이에 甲은 乙을 찾아가 "당장 돈을 내놓지 않으면 사람을 시켜 쥐도 새도 모르게 죽여 버리겠다"라고 乙을 위협하였고, 이에 乙은 겁을 먹고 자신의 현금카드를 건네주면서 현금자동지급기에서 원금과 이자조로 현금 400만원을 직접 인출해 가도록 하였다. 이에 관한 설명 중 옳지 않은 것은?(다툼이 있는 경우 판례에 의함)

① 甲이 乙의 휴대폰으로 경고성 문구를 담은 문자메시지를 발송한 점은 정보통신망 이용촉진 및 정보보호 등에 관한 법률 위반죄를 구성한다.

② 甲이 우월한 경제적 지위를 이용하여 乙을 압박하는 방법으로 전화공세를 하여 乙의 업무가 방해될 위험이 발생하였다면 甲은 업무방해의 죄책을 진다.

③ 甲이 乙을 위협하여 乙로부터 현금카드를 건네받아 현금자동지급기에서 400만원을 인출한 점은 포괄하여 하나의 공갈죄를 구성한다.

④ 공갈죄의 수단으로서 한 협박은 공갈죄에 흡수되어 별도로 협박죄를 구성하지 않으므로, 乙이 甲을 협박죄로 고소하였다가 취소하였다고 하여도 이는 甲을 공갈죄로 처벌하는 데에 장애가 되지 않는다.

⑤ 만약 乙이 자유로운 의사로 甲에게 자신의 현금카드를 주면서 400만원을 인출해 가라고 하였는데 甲이 500만원을 인출한 다음 현금카드를 되돌려 주었다면, 위임받은 범위를 초과하여 인출한 100만원에 대해서는 컴퓨터등사용사기의 죄책을 진다.

[❶ ▸ ×] 정보통신망 이용촉진 및 정보보호 등에 관한 법률 제74조 제1항 제3호, 제44조의7 제1항 제3호는 '정보통신망을 통하여 공포심이나 불안감을 유발하는 문언을 반복적으로 상대방에게 도달하게 한 자'를 처벌하고 있다. 따라서 그와 같이 평가될 수 없는 일회성 내지 비연속적인 단발성 행위가 수차 이루어진 것에 불과한 경우에는 그 문언의 구체적 내용 및 정도에 따라 협박죄나 경범죄처벌법상 불안감 조성행위 등 별개의 범죄로 처벌함은 별론으로 하더라도 위 법 위반죄로 처벌할 수는 없다(대판 2009.4.23. 2008도11595).

[❷ ▸ ○] [1] 업무방해죄에 있어서의 '위력'이란 사람의 자유의사를 제압・혼란케 할 만한 일체의 세력을 말하고, 유형적이든 무형적이든 묻지 아니하며, 폭행・협박은 물론 사회적, 경제적, 정치적 지위와 권세에 의한 압박 등을 포함한다고 할 것이고, 위력에 의해 현실적으로 피해자의 자유의사가 제압되는 것을 요하는 것은 아니다.
[2] 대부업체 직원이 대출금을 회수하기 위하여 소액의 지연이자를 문제 삼아 법적 조치를 거론하면서 소규모 간판업자인 채무자의 휴대전화로 수백 회에 이르는 전화공세를 한 것은 사회통념상 허용한도를 벗어난 채권추심행위로서 채무자의 간판업 업무가 방해되는 결과를 초래할 위험이 있었으므로, 업무방해죄를 구성한다(대판 2005.5.27. 2004도8447).

[❸ ▸ ○] 예금주인 현금카드소유자를 협박하여 그 카드를 갈취하였고, 하자 있는 의사표시이기는 하지만 피해자의 승낙에 의하여 현금카드를 사용할 권한을 부여받아 이를 이용하여 현금을 인출한 이상, 피해자가 그 승낙의 의사표시를 취소하기까지는 현금카드를 적법, 유효하게 사용할 수 있고, 은행의 경우에도 피해자의 지급정지신청이 없는 한 피해자의 의사에 따라 그의 계산으로 적법하게 예금을 지급할 수밖에 없는 것이므로, 피고인이 피해자로부터 현금카드를 사용한 예금 인출의 승낙을 받고 현금카드를 교부받은 행위와 이를 사용하여 현금자동지급기에서 예금을 여러 번 인출한 행위들은 모두 피해자의 예금을 갈취하고자 하는 피고인의 단일하고 계속된 범의 아래에서 이루어진 일련의 행위로서 포괄하여 하나의 공갈죄를 구성한다고 볼 것이지, 현금지급기에서 피해자의 예금을 취득한 행위를 현금지급기 관리자의 의사에 반하여 그가 점유하고 있는 현금을 절취한 것이라 하여 이를 현금카드 갈취행위와 분리하여 따로 절도죄로 처단할 수는 없다(대판 1996.9.20. 95도1728).

정답 ①

[❹ ▸ ○] 공갈죄의 수단으로서 한 협박은 공갈죄에 흡수될 뿐 별도로 협박죄를 구성하지 않으므로, 그 범죄사실에 대한 피해자의 고소는 결국 공갈죄에 대한 것이라 할 것이어서 그 후 고소가 취소되었다 하여 공갈죄로 처벌하는 데에 아무런 장애가 되지 아니하며, 검사가 공소를 제기할 당시에는 그 범죄사실을 협박죄로 구성하여 기소하였다 하더라도, 그 후 공판 중에 기본적 사실관계가 동일하여 공소사실을 공갈미수로 공소장 변경이 허용된 이상 그 공소제기의 하자는 치유된다(대판 1996.9.24. 96도2151).

[❺ ▸ ○] 예금주인 현금카드소유자로부터 일정한 금액의 현금을 인출해 오라는 부탁을 받으면서 이와 함께 현금카드를 건네받은 것을 기화로 그 위임을 받은 금액을 초과하여 현금을 인출하는 방법으로 그 차액 상당을 위법하게 이득할 의사로 현금자동지급기에 그 초과된 금액이 인출되도록 입력하여 그 초과된 금액의 현금을 인출한 경우에는 그 인출된 현금에 대한 점유를 취득함으로써 이때에 그 인출한 현금 총액 중 인출을 위임받은 금액을 넘는 부분의 비율에 상당하는 재산상 이익을 취득한 것으로 볼 수 있으므로 이러한 행위는 그 차액 상당액에 관하여 형법 제347조의2(컴퓨터등사용사기)에 규정된 '컴퓨터 등 정보처리장치에 권한 없이 정보를 입력하여 정보처리를 하게 함으로써 재산상의 이익을 취득'하는 행위로서 컴퓨터등사용사기죄에 해당된다(대판 2006.3.24. 2005도3516).

제6절 횡령의 죄 ★★★★★

2019년 변호사시험 문 12. ☑ 확인Check! ○ △ ×

X회사의 대표이사 甲은 신축 중인 건물공사의 하도급과 관련하여 발주업체의 이사 乙에게 "개인채무 변제에 필요하니 하도급 공사대금 20억원을 23억원으로 부풀리는 데 눈감아 달라. 그리고 3억원은 급하니 공사 완료 전에 미리 개인적으로 지급해 주면 2,000만원을 주겠다"라고 부탁하였고, 며칠 후 약속한 대로 업무상 보관 중이던 X회사의 비자금 2,000만원을 그 정을 알고 있는 운전기사 丙에게 주면서 乙에게 그 돈을 전달하게 하였다. 丙은 甲에게서 받은 2,000만원 중 1,000만원은 자신의 유흥비로 소비하고 나머지 1,000만원만 乙에게 교부하였다. 그로부터 일주일 후 甲은 丙에게 "2,000만원을 乙에게 잘 전달하였느냐?"라고 물었고, 丙은 甲이 말한 내용을 보이스펜에 녹음하였다. 경찰관 P가 위 범행에 대한 제보를 받고 수사에 나서자 丙은 수사에 협조하여 선처를 받고자 甲의 말을 녹음해 두었던 원본 보이스펜을 P에게 임의제출하였다. 그 후 검사는 피의자 甲을 구속한 상태에서 수사를 진행하였다. 이에 관한 설명 중 옳지 않은 것은?(특별법 위반의 점은 논외로 하고, 다툼이 있는 경우 판례에 의함)

① 甲이 업무상 보관 중이던 X회사의 비자금을 丙을 통하여 乙에게 전달한 행위는 배임증재죄와 업무상 횡령죄를 구성한다.
② 丙이 甲으로부터 받은 2,000만원 중 1,000만원을 개인적으로 사용한 행위에 대해서는 횡령죄가 성립하지 않는다.
③ 만약 법정에서 甲에 대한 증거로 제출된 보이스펜의 녹음내용을 증거로 함에 甲이 부동의한 경우에는 보이스펜이 甲이 말한 내용을 녹음한 원본임이 입증되고, 형사소송법 제313조 제1항 단서에 따라 공판준비 또는 공판기일에서 丙의 진술에 의하여 보이스펜에 녹음된 甲의 진술내용이 甲이 진술한 대로 녹음된 것임이 증명되고, 그 진술이 특히 신빙할 수 있는 상태에서 행하여진 것임이 인정되면 보이스펜에 녹음된 진술의 증거능력을 인정할 수 있다.
④ 甲이 청구한 구속적부심사절차에서 법원이 甲에게 보증금 납입을 조건으로 석방을 결정한 경우 甲은 그 결정에 대하여 취소의 실익이 있어도 형사소송법 제402조에 의한 항고를 할 수 없다.
⑤ 만약 甲이 X회사의 자금을 이용하여 비자금을 조성하였다 하더라도 그것이 비자금소유자인 X회사 이외의 제3자가 이를 발견하기 곤란하게 하기 위한 장부상 분식에 불과하거나 X회사의 운영에 필요한 자금을 조달하는 수단으로 인정되는 경우에는 업무상 횡령죄의 불법영득의사를 인정할 수 없다.

④ 정답

[❶ ▸ O] 회사가 기업활동을 하면서 형사상의 범죄를 수단으로 하여서는 안 되므로 뇌물 공여를 금지하는 법률규정은 회사가 기업활동을 할 때 준수하여야 하고, 따라서 회사의 이사 등이 업무상의 임무에 위배하여 보관 중인 회사의 자금으로 뇌물을 공여하였다면 이는 오로지 회사의 이익을 도모할 목적이라기보다는 뇌물 공여 상대방의 이익을 도모할 목적이나 기타 다른 목적으로 행하여진 것이라고 보아야 하므로, 그 이사 등은 회사에 대하여 업무상 횡령죄의 죄책을 면하지 못한다. 그리고 특별한 사정이 없는 한 이러한 법리는 회사의 이사 등이 회사의 자금으로 부정한 청탁을 하고 배임 증재를 한 경우에도 마찬가지로 적용된다(대판 2013.4.25. 2011도9238). 따라서 甲의 행위는 배임증재죄와 업무상 횡령죄를 구성한다.

[❷ ▸ O] 민법 제746조에 불법의 원인으로 인하여 재산을 급여하거나 노무를 제공한 때에는 그 이익의 반환을 청구하지 못한다고 규정한 뜻은 급여를 한 사람은 그 원인행위가 법률상 무효임을 내세워 상대방에게 부당이득반환청구를 할 수 없고, 또 급여한 물건의 소유권이 자기에게 있다고 하여 소유권에 기한 반환청구도 할 수 없어서 결국 급여한 물건의 소유권은 급여를 받은 상대방에게 귀속되는 것이므로, 갑이 을로부터 제3자에 대한 뇌물 공여 또는 배임 증재의 목적으로 전달하여 달라고 교부받은 금전은 불법원인급여물에 해당하여 그 소유권은 갑에게 귀속되는 것으로서 갑이 위 금전을 제3자에게 전달하지 않고 임의로 소비하였다고 하더라도 횡령죄가 성립하지 않는다(대판 1999.6.11. 99도275).

[❸ ▸ O] 피고인과 상대방 사이의 대화내용에 관한 녹취서가 공소사실의 증거로 제출되어 녹취서의 기재내용과 녹음테이프의 녹음내용이 동일한지에 대하여 법원이 검증을 실시한 경우에, 증거자료가 되는 것은 녹음테이프에 녹음된 대화내용 자체이고, 그중 피고인의 진술내용은 실질적으로 형사소송법 제311조, 제312조의 규정 이외에 피고인의 진술을 기재한 서류와 다름없어, 피고인이 녹음테이프를 증거로 할 수 있음에 동의하지 않은 이상 녹음테이프에 녹음된 피고인의 진술내용을 증거로 사용하기 위해서는 형사소송법 제313조 제1항 단서에 따라 공판준비 또는 공판기일에서 작성자인 상대방의 진술에 의하여 녹음테이프에 녹음된 피고인의 진술내용이 피고인이 진술한 대로 녹음된 것임이 증명되고 나아가 그 진술이 특히 신빙할 수 있는 상태하에서 행하여진 것임이 인정되어야 한다. 또한 대화내용을 녹음한 파일 등 전자매체는 성질상 작성자나 진술자의 서명 또는 날인이 없을 뿐만 아니라, 녹음자의 의도나 특정한 기술에 의하여 내용이 편집·조작될 위험성이 있음을 고려하여, 대화내용을 녹음한 원본이거나 원본으로부터 복사한 사본일 경우에는 복사과정에서 편집되는 등의 인위적 개작 없이 원본의 내용 그대로 복사된 사본임이 증명되어야 한다(대판 2012.9.13. 2012도7461).

[❹ ▸ X] 형사소송법 제214조의2 제4항[현 제5항(註)]의 석방결정은 구속의 적법을 전제로 하면서 그 단서에서 정한 제한사유가 없는 경우에 한하여 출석을 담보할 만한 보증금의 납입을 조건으로 하여 피의자의 석방을 명하는 것이어서 같은 법 제214조의2 제3항[현 제4항(註)]의 석방결정과 제4항[현 제5항(註)]의 석방결정은 원래 그 실질적인 취지와 내용을 달리하는 것이고, 또한 기소 후 보석결정에 대하여 항고가 인정되는 점에 비추어 그 보석결정과 성질 및 내용이 유사한 기소 전 보증금 납입 조건부 석방결정에 대하여도 항고할 수 있도록 하는 것이 균형에 맞는 측면도 있다 할 것이므로, 같은 법 제214조의2 제4항[현 제5항(註)]의 석방결정에 대하여는 피의자나 검사가 그 취소의 실익이 있는 한 같은 법 제402조에 의하여 항고할 수 있다(대결 1997.8.27. 97모21).

[❺ ▸ O] 업무상 횡령죄가 성립하기 위하여는 자기 또는 제3자의 이익을 꾀할 목적으로 업무상 임무에 위배하여 자신이 보관하는 타인의 재물을 자기의 소유인 것 같이 사실상 또는 법률상 처분하는 의사를 의미하는 불법영득의 의사가 있어야 한다. 법인의 운영자 또는 관리자가 법인의 자금을 이용하여 비자금을 조성하였다고 하더라도 그것이 당해 비자금의 소유자인 법인 이외의 제3자가 이를 발견하기 곤란하게 하기 위한 장부상의 분식에 불과하거나 법인의 운영에 필요한 자금을 조달하는 수단으로 인정되는 경우에는 불법영득의 의사를 인정하기 어렵다(대판 2010.12.9. 2010도11015).

2019년 변호사시험 문 18. ☑ 확인 Check! ○ △ ✕

횡령죄에 관한 설명 중 옳은 것을 모두 고른 것은?(다툼이 있는 경우 판례에 의함)

ㄱ. 소유권의 취득에 등록이 필요한 차량에 대한 횡령죄에서 타인의 재물을 보관하는 사람의 지위는 일반 동산의 경우와 달리 차량에 대한 점유 여부가 아니라 등록에 의하여 차량을 제3자에게 법률상 유효하게 처분할 수 있는 권능 유무에 따라 결정하여야 하므로, 지입회사에 소유권이 있는 차량에 대하여 지입회사에서 운행관리권을 위임받은 지입차주가 지입회사의 승낙 없이 보관 중인 차량을 사실상 처분한 경우 횡령죄가 성립하지 아니한다.

ㄴ. 이른바 중간생략등기형 명의신탁을 한 경우, 명의수탁자가 신탁받은 부동산을 임의로 처분하여도 명의신탁자에 대한 관계에서 횡령죄가 성립하지 아니한다.

ㄷ. 甲이 경영하는 윤락업소에서 종업원 乙이 손님을 상대로 윤락행위를 하고 그 대가로 받은 화대를 甲과 乙이 절반씩 분배하기로 약정한 다음, 그때부터 乙이 甲의 업소에 찾아온 손님들을 상대로 윤락행위를 하고서 받은 화대를 甲이 보관하던 중 그 절반을 乙에게 반환하지 아니하고 화대 전부를 임의로 소비하였고 甲의 불법성이 乙의 그것보다 현저하게 큰 경우 甲의 행위는 횡령죄를 구성한다.

ㄹ. 특정경제범죄 가중처벌 등에 관한 법률 제3조 제1항에 의하면 횡령죄로 취득한 재물의 가액, 즉 이득액이 5억원 이상인 때에는 가중처벌되는데, 여기서 말하는 '이득액'은 단순일죄의 이득액 혹은 포괄일죄가 성립되는 경우 그 이득액의 합산액, 또는 경합범으로 처벌될 수죄에서 그 이득액을 합산한 금액을 의미한다.

① ㄱ, ㄴ ② ㄱ, ㄷ ③ ㄴ, ㄷ
④ ㄴ, ㄹ ⑤ ㄷ, ㄹ

[ㄱ ▸ ✕] 소유권의 취득에 등록이 필요한 타인 소유의 차량을 인도받아 보관하고 있는 사람이 이를 사실상 처분하면 횡령죄가 성립하며, 보관위임자나 보관자가 차량의 등록명의자일 필요는 없다. 그리고 이와 같은 법리는 지입회사에 소유권이 있는 차량에 대하여 지입회사에서 운행관리권을 위임받은 지입차주가 지입회사의 승낙 없이 보관 중인 차량을 사실상 처분하거나 지입차주에게서 차량 보관을 위임받은 사람이 지입차주의 승낙 없이 보관 중인 차량을 사실상 처분한 경우에도 마찬가지로 적용된다(대판 2015.6.25. 2015도1944[전합]).

[ㄴ ▸ ○] 명의신탁자가 매수한 부동산에 관하여 부동산실명법을 위반하여 명의수탁자와 맺은 명의신탁약정에 따라 매도인에게서 바로 명의수탁자 명의로 소유권이전등기를 마친 이른바 중간생략등기형 명의신탁을 한 경우, 명의신탁자는 신탁부동산의 소유권을 가지지 아니하고, 명의신탁자와 명의수탁자 사이에 위탁신임관계를 인정할 수도 없다. 따라서 명의수탁자가 명의신탁자의 재물을 보관하는 자라고 할 수 없으므로, 명의수탁자가 신탁받은 부동산을 임의로 처분하여도 명의신탁자에 대한 관계에서 횡령죄가 성립하지 아니한다(대판 2016.5.19. 2014도6992[전합]).

[ㄷ ▸ ○] 포주가 윤락녀와 사이에 윤락녀가 받은 화대를 포주가 보관하였다가 절반씩 분배하기로 약정하고도 보관 중인 화대를 임의로 소비한 경우, 포주와 윤락녀의 사회적 지위, 약정에 이르게 된 경위와 약정의 구체적 내용, 급여의 성격 등을 종합해 볼 때 포주의 불법성이 윤락녀의 불법성보다 현저히 크므로 화대의 소유권은 여전히 윤락녀에게 속하고, 따라서 횡령죄를 구성한다(대판 1999.9.17. 98도2036).

[ㄹ ▸ ✕] 특정경제범죄 가중처벌 등에 관한 법률 제3조 제1항은 특정재산범죄를 범한 자가 범죄행위로 인하여 취득하거나 제3자로 하여금 취득하게 한 재물 또는 재산상 이익의 가액(이하 '이득액')이 5억원 이상인 때 가중처벌하고 있는데, 여기서 말하는 '이득액'은 단순일죄의 이득액이나 혹은 포괄일죄가 성립되는 경우 이득액의 합산액을 의미하고, 경합범으로 처벌될 수죄에서 이득액을 합한 금액을 의미하는 것은 아니다(대판 2011.7.28. 2009도8265).

③ 정답

2016년 변호사시험 문 29. ☑ 확인 Check! ○ △ ×

K의 착오에 의해 자신의 계좌로 1,000만원이 잘못 송금되어 입금된 것을 발견한 甲은 이를 전액 인출한 다음, 다른 지방에 거주하는 친구인 乙에게 위 사정을 말하고 그 돈을 맡겼다. 乙은 그 돈을 자신의 계좌에 입금하였다가, 그중 100만원을 수표로 인출하여 임의로 사용하였다. 甲은 점유이탈물횡령죄로 약식명령을 받은 후 양형 부당을 이유로 A법원에 정식재판을 청구하였고, 검사는 정식재판을 청구하지 않았다. 甲에 대한 재판 계속 중 검사는 횡령죄로 공소장 변경을 신청하고, 증거를 보완하기 위하여 乙 주거지 관할 B법원에 乙의 금융계좌 등에 대한 압수·수색영장을 청구하였다. 이에 관한 설명 중 옳은 것은?(다툼이 있는 경우 판례에 의함)

① 점유이탈물횡령죄보다 횡령죄의 법정형이 더 중하므로 횡령죄로 죄명, 적용법조를 변경하는 것은 약식명령의 경우보다 불이익하게 변경되는 것이어서 불이익변경금지원칙에 따라 공소장 변경은 허용되지 않는다.
② 甲은 K와 거래관계가 없다고 하더라도 신의칙상 보관관계가 인정되어 횡령죄가 성립하고, 乙은 K에 대하여는 횡령죄가 성립하나 甲에 대하여는 횡령죄가 성립하지 않는다.
③ B법원 판사가 위 영장을 기각한 경우, 검사는 그 결정에 대하여 항고나 준항고로 다툴 수 있다.
④ B법원 판사가 위 영장을 발부한 경우, 검사는 그 영장을 통해 확보한 수표발행전표 등을 위 재판의 증거로 사용할 수 있다.
⑤ 검사는 A법원에 사실조회를 신청하여 위 수표발행전표 등을 확보할 수 있다.

[❶ ▸ ×] 약식명령에 대하여 피고인만이 정식재판을 청구하였는데, 검사가 당초 사문서위조 및 위조사문서행사의 공소사실로 공소제기하였다가 제1심에서 사서명위조 및 위조사서명행사의 공소사실을 예비적으로 추가하는 내용의 공소장 변경을 신청한 경우, 두 공소사실은 기초가 되는 사회적 사실관계가 범행의 일시와 장소, 상대방, 행위태양, 수단과 방법 등 기본적인 점에서 동일할 뿐만 아니라, 주위적 공소사실이 유죄로 되면 예비적 공소사실은 주위적 공소사실에 흡수되고 주위적 공소사실이 무죄로 될 경우에만 예비적 공소사실의 범죄가 성립할 수 있는 관계에 있어 규범적으로 보아 공소사실의 동일성이 있다고 보이고, 나아가 피고인에 대하여 사서명위조와 위조사서명행사의 범죄사실이 인정되는 경우에는 비록 사서명위조죄와 위조사서명행사죄의 법정형에 유기징역형만 있다 하더라도 형사소송법 제457조의2에서 규정한 불이익변경금지원칙이 적용되어 벌금형을 선고할 수 있으므로, 위와 같은 불이익변경금지원칙 등을 이유로 공소장 변경을 불허할 것은 아니다(대판 2013.2.28. 2011도14986). 개정 형사소송법 제457조의2(형종 상향의 금지 등) 제1항은 피고인이 정식재판을 청구한 사건에 대하여는 약식명령의 형보다 중한 종류의 형을 선고하지 못한다고 규정하고 있으므로, 이 지문은 역시 옳지 아니하다.

[❷ ▸ ×] 甲과 K 사이에는 신의칙상 보관관계가 인정되므로, 甲이 자신의 계좌로 잘못 송금되어 입금된 돈을 전액 인출한 행위는 K에 대한 횡령죄를 구성하나, 乙과 K 사이에는 신의칙상 보관관계가 인정되지 아니하므로, 乙에게는 K에 대한 횡령죄가 성립되지 아니한다. 또한 甲이 맡긴 그 돈을 자신의 계좌에 입금하였다가 그중 100만원을 인출하여 임의로 사용한 행위는, 장물보관자의 영득행위라고 할 것이어서 불가벌적 사후행위에 해당하므로, 장물보관죄 외에 별도로 甲에 대한 횡령죄를 구성하지 아니한다.

[❸ ▸ ×] 형사소송법 제416조는 재판장 또는 수명법관이 한 재판에 대한 준항고에 관하여 규정하고 있는바, 여기에서 말하는 '재판장 또는 수명법관'이라 함은 수소법원의 구성원으로서의 재판장 또는 수명법관만을 가리키는 것이어서, 수사기관의 청구에 의하여 압수영장 등을 발부하는 독립된 재판기관인 지방법원 판사가 이에 해당된다고 볼 수 없으므로, 지방법원 판사가 한 압수영장 발부의 재판에 대하여는 위 조항에서 정한 준항고로 불복할 수 없고, 나아가 같은 법 제402조, 제403조에서 규정하는 항고는 법원이 한 결정을 그 대상으로 하는 것이므로 법원의 결정이 아닌 지방법원 판사가 한 압수영장 발부의 재판에 대하여 그와 같은 항고의 방법으로도 불복할 수 없다(대결 1997.9.29. 97모66). 따라서 이와 같은 판례의 취지를 고려하면, 압수·수색영장 기각결정에 대하여도 항고나 준항고로 다툴 수 없다고 하여야 한다.

정답 ⑤

[❹ ▸ ×] 일단 공소가 제기된 후에는 피고사건에 관하여 검사로서는 형사소송법 제215조에 의하여 압수·수색을 할 수 없다고 보아야 하며, 그럼에도 검사가 공소제기 후 형사소송법 제215조에 따라 수소법원 이외의 지방법원 판사에게 청구하여 발부받은 영장에 의하여 압수·수색을 하였다면, 그와 같이 수집된 증거는 기본적 인권 보장을 위해 마련된 적법한 절차에 따르지 않은 것으로서 원칙적으로 유죄의 증거로 삼을 수 없다(대판 2011.4.28. 2009도10412).

[❺ ▸ ○] 법원은 직권 또는 검사, 피고인이나 변호인의 신청에 의하여 공무소 또는 공사단체에 조회하여 필요한 사항의 보고 또는 그 보관서류의 송부를 요구할 수 있다(형소법 제272조 제1항).

2016년 변호사시험 문 26. ☑ 확인Check! ○ △ ×

다음 사례에 관한 설명 중 옳은 것(○)과 옳지 않은 것(×)을 올바르게 조합한 것은?(다툼이 있는 경우 판례에 의함)

甲은 乙의 부동산을 명의신탁받아 보관하던 중, 乙의 승낙 없이 X은행으로부터 1억원을 대출받고 제1근저당권을 설정해 주었다. 그 후 甲은 다시 丙으로부터 1억5천만원을 대여받고 제2근저당권을 설정해 주었다. 검사는 위의 사실관계를 토대로 甲을 기소하였으며, 제1심법원은 유죄판결을 선고하여 그 판결이 확정되었다. 하지만 甲은 판결 선고 전에 사고로 사망하였다.

ㄱ. 甲의 제1근저당권 설정행위는 횡령죄가 성립한다.
ㄴ. 甲의 제2근저당권 설정행위는 불가벌적 사후행위가 되어 별개의 횡령죄가 성립하지 않는다.
ㄷ. 만약 丙이 명의신탁약정사실을 알고 있었다면, 그것만으로도 丙은 횡령죄의 공동정범이 된다.
ㄹ. 위 판결은 형사소송법 제441조에 따라 비상상고의 대상이 된다.

① ㄱ(○), ㄴ(×), ㄷ(×), ㄹ(×)
② ㄱ(×), ㄴ(×), ㄷ(○), ㄹ(○)
③ ㄱ(○), ㄴ(×), ㄷ(×), ㄹ(○)
④ ㄱ(×), ㄴ(○), ㄷ(○), ㄹ(○)
⑤ ㄱ(○), ㄴ(○), ㄷ(×), ㄹ(×)

[ㄱ ▸ ○] [ㄴ ▸ ×] 타인의 부동산을 보관 중인 자가 불법영득의사를 가지고 그 부동산에 근저당권설정등기를 경료함으로써 일단 횡령행위가 기수에 이르렀다 하더라도 그 후 같은 부동산에 별개의 근저당권을 설정하여 새로운 법익 침해의 위험을 추가함으로써 법익 침해의 위험을 증가시키거나 해당 부동산을 매각함으로써 기존의 근저당권과 관계없이 법익 침해의 결과를 발생시켰다면, 이는 당초의 근저당권 실행을 위한 임의경매에 의한 매각 등 그 근저당권으로 인해 당연히 예상될 수 있는 범위를 넘어 새로운 법익 침해의 위험을 추가시키거나 법익 침해의 결과를 발생시킨 것이므로 특별한 사정이 없는 한 불가벌적 사후행위로 볼 수 없고, 별도로 횡령죄를 구성한다(대판 2013.2.21. 2010도10500[전합]).

[ㄷ ▸ ×] 부동산의 등기명의수탁자가 명의신탁자의 승낙 없이 이를 제3자에게 양도함으로써 횡령죄가 성립하는 경우에 그것을 양수한 사람이나 이를 중간에서 소개한 사람은 비록 그 점을 알고 있었다 하더라도 처음부터 수탁자와 짜고 불법영득할 것을 공모한 것이 아닌 한 그 횡령죄의 공동정범이 될 수 없다(대판 1983.10.25. 83도2027).

[ㄹ ▸ ×] 법원이 원판결의 선고 전에 피고인이 이미 사망한 사실을 알지 못하여 공소기각의 결정을 하지 않고 실체판결에 나아감으로써 법령 위반의 결과를 초래하였다고 하더라도, 이는 형사소송법 제441조에 정한 '그 심판이 법령에 위반한 것'에 해당한다고 볼 수 없다(대판 2005.3.11. 2004오2).

① 정답

2016년 변호사시험 문 18. ☑ 확인Check! ○ △ ✕

다음 설명 중 옳은 것은?(다툼이 있는 경우 판례에 의함)

① 甲이 포털사이트 운영회사의 통계집계시스템 서버에 허위의 클릭정보를 전송하여 검색순위 결정과정에서 위와 같이 전송된 허위의 클릭정보가 실제로 통계에 반영됨으로써 정보처리에 장애가 발생하더라도 그로 인하여 실제로 검색순위에 변동을 초래하지 않았다면 甲에게 컴퓨터등장애업무방해죄가 성립하지 않는다.

② 甲이 乙로부터 A건설 컨소시엄이 제출한 설계도면에 경쟁업체보다 유리한 점수를 주어 A건설 컨소시엄이 낙찰받을 수 있도록 해 달라는 취지의 청탁을 받고 금품을 취득한 이후에 실제로 건설사업의 평가위원으로 위촉되었다면 甲에게 배임수재죄가 성립한다.

③ 甲이 A와의 합의하에 A 소유의 예당저수지 사금채취광업권을 명의신탁받아 보관하던 중, A로부터 위 광업권을 반환하라는 요구를 받고도 자신은 A로부터 위 광업권을 금 5,000만원에 매수한 것이라 주장하면서 그 반환요구를 거부한 경우 횡령죄가 성립한다.

④ 甲이 권한 없이 A회사의 아이디와 패스워드를 입력하여 인터넷뱅킹에 접속한 다음에 A회사의 예금계좌로부터 자신의 예금계좌로 합계 2억원을 이체한 후, 자신의 현금카드를 사용하여 현금자동지급기에서 6,000만원을 인출하여 그 정을 아는 乙에게 교부하였다면 甲에게는 컴퓨터등사용사기죄, 乙에게는 장물취득죄가 성립한다.

⑤ 甲이 A회사와 "판매대금은 매일 본사에 송금하여야 하고 본사의 계좌로 입금된 매출 총이익의 30~33%는 본사에게 귀속하고, 나머지는 가맹점에 귀속한다"라는 내용의 가맹점계약을 체결하고 편의점을 운영하다가 물품판매대금을 본사로 송금하지 아니하고 임의로 소비한 경우 횡령죄가 성립하지 않는다.

[❶ ▸ ✕] 형법 제314조 제2항의 '컴퓨터등장애업무방해죄'가 성립하기 위해서는 가해행위 결과 정보처리장치가 그 사용목적에 부합하는 기능을 하지 못하거나 사용목적과 다른 기능을 하는 등 정보처리에 장애가 현실적으로 발생하였을 것을 요하나, 정보처리에 장애를 발생하게 하여 업무방해의 결과를 초래할 위험이 발생한 이상, 나아가 업무방해의 결과가 실제로 발생하지 않더라도 위 죄가 성립한다. 따라서 포털사이트 운영회사의 통계집계시스템 서버에 허위의 클릭정보를 전송하여 검색순위 결정과정에서 위와 같이 전송된 허위의 클릭정보가 실제로 통계에 반영됨으로써 정보처리에 장애가 현실적으로 발생하였다면, 그로 인하여 실제로 검색순위의 변동을 초래하지는 않았다 하더라도 '컴퓨터등장애업무방해죄'가 성립한다(대판 2009.4.9. 2008도11978).

[❷ ▸ ✕] [1] 배임수재죄는 타인의 사무를 처리하는 지위를 가진 자에게 부정한 청탁을 행하여야 성립하는 것으로 형법 제357조 제1항에 규정되어 있고, 타인의 사무를 처리하는 자의 지위를 취득하기 전에 부정한 청탁을 받은 행위를 처벌하는 별도의 구성요건이 존재하지 않는 이상, 타인의 사무처리자의 지위를 취득하기 전에 부정한 청탁을 받은 경우에 배임수재죄로는 처벌할 수 없다고 보는 것이 죄형법정주의의 원칙에 부합한다고 할 것이다.
[2] 피고인이 제1심 공동피고인 등으로부터 청탁을 받을 당시에 춘천시가 발주한 이 사건 건설사업에 관한 사무를 처리하는 지위에 있었다고 인정되지 아니하는 이상 피고인을 배임수재죄로 처벌할 수는 없다고 할 것이다(대판 2010.7.22. 2009도12878).

[❸ ▸ ✕] 광업권은 재물인 광물을 취득할 수 있는 권리에 불과하지 재물 그 자체는 아니므로 횡령죄의 객체가 된다고 할 수 없고, 광업법 제12조가 광업권을 물권으로 하고 광업법에서 따로 정한 경우를 제외하고는 부동산에 관한 민법 기타 법령의 규정을 준용하도록 규정하고 있다 하여 광업권이 부동산과 마찬가지로 횡령죄의 객체가 된다고 할 수는 없다(대판 1994.3.8. 93도2272).

[❹ ▸ ✕] [1] 컴퓨터등사용사기죄의 범행으로 예금채권을 취득한 다음 자기의 현금카드를 사용하여 현금자동지급기에서 현금을 인출한 경우, 현금카드사용권한 있는 자의 정당한 사용에 의한 것으로서 현금자동지급기 관리자의 의사에 반하거나 기망행위 및 그에 따른 처분행위도 없었으므로, 별도로 절도죄나 사기죄의 구성요건에 해당하지 않는다 할 것이고, 그 결과 그 인출된 현금은 재산범죄에 의하여 취득한 재물이 아니므로 장물이 될 수 없다.

정답 ⑤

[2] 甲이 권한 없이 인터넷뱅킹으로 타인의 예금계좌에서 자신의 예금계좌로 돈을 이체한 후 그중 일부를 인출하여 그 정을 아는 乙에게 교부한 경우, 甲이 컴퓨터등사용사기죄에 의하여 취득한 예금채권은 재물이 아니라 재산상 이익이므로, 그가 자신의 예금계좌에서 돈을 인출하였더라도 장물을 금융기관에 예치하였다가 인출한 것으로 볼 수 없다(대판 2004.4.16. 2004도353). 따라서 乙에게는 장물취득죄가 성립하지 아니한다.

[⑤ ▸ ○] 가맹점계약을 동업계약관계로는 볼 수 없고, 따라서 가맹점주인 피고인이 판매하여 보관 중인 물품판매대금은 피고인의 소유라 할 것이어서 피고인이 이를 임의소비한 행위는 프랜차이즈계약상의 채무 불이행에 지나지 아니하므로, 결국 횡령죄는 성립하지 아니한다(대판 1998.4.14. 98도292).

2014년 변호사시험 문 40. ☑ 확인 Check! ○ △ ×

검사는 甲, 乙에 대하여 아래 ㄱ, ㄴ사실로 공소를 제기하였고 甲과 乙은 국민참여재판을 원하고 있다. 아래 사례에 관한 설명 중 옳지 않은 것은?(다툼이 있는 경우에는 판례에 의함)

ㄱ. 甲은 A로부터 직접 소유권이전등기를 받는 형식으로 7억원 상당의 A 소유 아파트를 명의수탁받아 보관하던 중 명의신탁사실을 알고 있는 乙에게 매도하였다.
ㄴ. 甲은 A가 사기에 이용하려고 한다는 사정을 알고서도 A의 부탁에 따라 자신의 명의로 농협은행 예금계좌를 개설하여 예금통장을 A에게 양도하였고 A는 X를 속여 X로 하여금 5,000만원을 위 계좌로 송금하게 하였는데 甲은 위 계좌로 송금된 돈 전액을 인출하였다.
ㄷ. 국민의 형사재판 참여에 관한 법률 제8조는 피고인이 공소장 부본을 송달받은 날부터 7일 이내에 국민참여재판을 원하는지 여부에 관한 의사가 기재된 서면을 제출하도록 하고 있다. 그런데 甲, 乙은 공소장 부본을 송달받은 날부터 7일 이내에 국민참여재판을 원하는지 여부에 관한 의사확인서를 제출하지 못하였으나 그 후 제1회 공판기일 전에 국민참여재판 신청을 하였다.

① ㄱ.사실과 관련하여 甲에 대하여는 특정경제범죄 가중처벌 등에 관한 법률 위반(횡령)죄가 성립한다
② ㄱ.사실과 관련하여 甲에 대하여 특정경제범죄 가중처벌 등에 관한 법률 위반(횡령)죄가 성립한다면 乙도 甲의 범죄에 대한 공동정범이 성립한다.
③ ㄴ.사실과 관련하여 甲의 위 예금인출행위는 장물취득죄에 해당하지 않는다.
④ ㄷ.사실과 관련하여 법원은 甲, 乙의 신청을 받아들여 국민참여재판을 진행할 수 있다.
⑤ 만일 甲, 乙이 국민참여재판을 원하지 않아 통상절차에 따라 재판하는 경우 제1심법원이 적법하게 간이공판절차에 의하여 심리할 것을 결정하였다면 사법경찰리가 작성한 X에 대한 진술조서는 甲이 증거로 사용하는 데 동의한 것으로 간주된다.

[❶ ▸ ○] 부동산을 소유자로부터 명의수탁받은 자가 이를 임의로 처분하였다면 명의신탁자에 대한 횡령죄가 성립하며, 그 명의신탁이 부동산 실권리자명의 등기에 관한 법률 시행 전에 이루어졌고 같은 법이 정한 유예기간 이내에 실명등기를 하지 아니함으로써 그 명의신탁약정 및 이에 따라 행하여진 등기에 의한 물권 변동이 무효로 된 후에 처분행위가 이루어졌다고 하여 달리 볼 것이 아니다(대판 2000.2.22. 99도5227). 또한 甲이 횡령행위를 통하여 취득한 이익이 7억원이므로, 특정경제범죄 가중처벌 등에 관한 법률 제3조 제1항 제2호에 의하여 가중처벌된다.

[❷ ▸ ×] 부동산의 등기명의수탁자가 명의신탁자의 승낙 없이 이를 제3자에게 양도함으로써 횡령죄가 성립하는 경우에 그것을 양수한 사람이나 이를 중간에서 소개한 사람은 비록 그 점을 알고 있었다 하더라도 처음부터 수탁자와 짜고 불법영득할 것을 공모한 것이 아닌 한 그 횡령죄의 공동정범이 될 수 없다(대판 1983.10.25. 83도2027).

② 정답

[❸ ▸ O] 장물취득죄에서 '취득'이라 함은 장물의 점유를 이전받음으로써 그 장물에 대하여 사실상 처분권을 획득하는 것을 의미하는데, 이 사건의 경우 본범의 사기행위는 피고인이 예금계좌를 개설하여 본범에게 양도한 방조행위가 가공되어 본범에게 편취금이 귀속되는 과정 없이 피고인이 피해자로부터 피고인의 예금계좌로 돈을 송금받아 취득함으로써 종료되는 것이고, 그 후 피고인이 자신의 예금계좌에서 위 돈을 인출하였다 하더라도 이는 예금명의자로서 은행에 예금 반환을 청구한 결과일 뿐 본범으로부터 위 돈에 대한 점유를 이전받아 사실상 처분권을 획득한 것은 아니므로, 피고인의 위와 같은 인출행위를 장물취득죄로 벌할 수는 없다(대판 2010.12.9. 2010도6256).

[❹ ▸ O] 국민의 형사재판 참여에 관한 법률 제8조의 취지를 위 기한이 지나면 피고인이 국민참여재판 신청을 할 수 없도록 하려는 것으로는 보기 어려운 점 등에 비추어 볼 때, 공소장 부본을 송달받은 날부터 7일 이내에 의사확인서를 제출하지 아니한 피고인도 제1회 공판기일이 열리기 전까지는 국민참여재판 신청을 할 수 있고, 법원은 그 의사를 확인하여 국민참여재판으로 진행할 수 있다고 봄이 상당하다(대결 2009.10.23. 2009모1032).

[❺ ▸ O] 형사소송법 제286조의2의 결정이 있는 사건의 증거에 관하여는 제310조의2, 제312조 내지 제314조 및 제316조의 규정에 의한 증거에 대하여 제318조 제1항의 동의가 있는 것으로 간주한다. 단, 검사, 피고인 또는 변호인이 증거로 함에 이의가 있는 때에는 그러하지 아니하다(형소법 제318조의3).

2012년 변호사시험 문 13. ☑ 확인Check! ○ △ ×

횡령죄에 관한 설명 중 옳지 않은 것은?(다툼이 있는 경우에는 판례에 의함)

① 제3자에 대한 뇌물 공여의 목적으로 전달하여 달라고 교부받은 돈을 전달하지 않고 임의로 소비하였다고 하더라도 횡령죄가 성립하지 않는다.
② 위탁판매에서 판매대금에 대한 특약이나 특별한 사정이 없는 한 수탁자가 판매대금을 임의로 사용한 경우는 횡령죄가 성립한다.
③ 피해물건의 보관을 의뢰한 위탁자와 그 소유자가 다른 경우, 친족상도례의 특례는 횡령범인이 위탁자뿐만 아니라 소유자와의 사이에도 친족관계가 있는 경우에만 적용된다.
④ 타인으로부터 용도가 엄격히 제한된 자금을 위탁받아 집행하는 경우라도 결과적으로 자금을 위탁한 본인을 위하는 면이 있다면 제한된 용도 이외의 목적으로 사용하더라도 횡령죄가 성립하지 않는다.
⑤ 동업재산은 동업자의 합유에 속하는 것이므로 동업자 중 한 사람이 지분을 임의로 처분하거나 또는 동업재산의 처분으로 얻은 대금을 보관 중 임의로 소비하였다면 횡령죄가 성립한다.

[❶ ▸ O] 민법 제746조에 불법의 원인으로 인하여 재산을 급여하거나 노무를 제공한 때에는 그 이익의 반환을 청구하지 못한다고 규정한 뜻은 급여를 한 사람은 그 원인행위가 법률상 무효임을 내세워 상대방에게 부당이득반환청구를 할 수 없고, 또 급여한 물건의 소유권이 자기에게 있다고 하여 소유권에 기한 반환청구도 할 수 없어서 결국 급여한 물건의 소유권은 급여를 받은 상대방에게 귀속되는 것이므로, 갑이 을로부터 제3자에 대한 뇌물 공여 또는 배임 증재의 목적으로 전달하여 달라고 교부받은 금전은 불법원인급여물에 해당하여 그 소유권은 갑에게 귀속되는 것으로서 갑이 위 금전을 제3자에게 전달하지 않고 임의로 소비하였다고 하더라도 횡령죄가 성립하지 않는다(대판 1999.6.11. 99도275).

[❷ ▸ O] 위탁판매에 있어서는 위탁품의 소유권은 위임자에게 속하고 그 판매대금은 다른 특약이나 특별한 사정이 없는 한 이를 수령함과 동시에 위탁자에 귀속한다 할 것이므로 위탁매매인이 이를 사용, 소비한 때에는 횡령죄가 성립한다(대판 1982.2.23. 81도2619).

[❸ ▸ O] 횡령범인이 위탁자가 소유자를 위해 보관하고 있는 물건을 위탁자로부터 보관받아 이를 횡령한 경우에 형법 제361조에 의하여 준용되는 제328조 제2항의 친족 간의 범행에 관한 조문은 범인과 피해물건의 소유자 및 위탁자 쌍방 사이에 같은 조문에 정한 친족관계가 있는 경우에만 적용되고, 단지 횡령범인과 피해물건의 소유자 간에만 친족관계가 있거나 횡령범인과 피해물건의 위탁자 간에만 친족관계가 있는 경우에는 적용되지 않는다(대판 2008.7.24. 2008도3438).

정답 ④

[❹ ▸ ×] 타인으로부터 용도가 엄격히 제한된 자금을 위탁받아 집행하면서 그 제한된 용도 이외의 목적으로 자금을 사용하는 것은 그 사용이 개인적인 목적에서 비롯된 경우는 물론 결과적으로 자금을 위탁한 본인을 위하는 면이 있더라도 그 사용행위 자체로써 불법영득의 의사를 실현한 것이 되어 횡령죄가 성립한다(대판 2018.10.4. 2016도16388).

[❺ ▸ ○] 동업재산은 동업자의 합유에 속하므로, 동업관계가 존속하는 한 동업자는 동업재산에 대한 지분을 임의로 처분할 권한이 없고, 동업자 한 사람이 지분을 임의로 처분하거나 또는 동업재산의 처분으로 얻은 대금을 보관 중 임의로 소비하였다면 횡령죄의 죄책을 면할 수 없다(대판 2011.6.10. 2010도17684).

2014년 변호사시험 문 16.

☑ 확인 Check! ○ △ ×

횡령죄에 관한 설명 중 옳은 것은?(다툼이 있는 경우에는 판례에 의함)

① 조합장이 조합으로부터 공무원에게 뇌물로 전달하여 달라고 금원을 교부받고도 이를 뇌물로 전달하지 않고 개인적으로 소비한 경우에 횡령죄가 성립한다.

② 타인이 착오로 피고인 명의의 홍콩은행 계좌로 잘못 송금한 300만 홍콩달러를 피고인이 임의로 인출하여 사용하였더라도 피고인과 송금인 사이에 별다른 거래관계가 없는 경우에는 횡령죄가 성립하지 않는다.

③ 지명채권의 양도인이 채무자에 대한 양도의 통지 전에 채무자로부터 채권을 추심하여 금전을 수령한 경우 그 금전은 양도인의 소유에 속하므로 이를 양도인이 임의로 소비하더라도 횡령죄가 성립하지 않는다.

④ 임차토지에 동업계약에 기해 식재되어 있는 수목을 관리·보관하던 동업자 일방이 다른 동업자의 허락을 받지 않고 함부로 제3자에게 수목을 매도하기로 계약을 체결한 후 계약금을 수령·소비하였으나 다른 동업자의 저지로 계약의 추가적인 이행이 진행되지 아니한 경우 횡령죄미수가 성립한다.

⑤ 주주나 대표이사 또는 그에 준하여 회사자금의 보관이나 운용에 관한 사실상의 사무를 처리하는 자가 회사 소유의 재산을 제3자의 자금 조달을 위하여 담보로 제공하는 등 사적인 용도로 임의처분하였더라도 그 처분에 관하여 주주총회나 이사회의 결의가 있었던 경우에는 횡령죄가 성립하지 않는다.

[❶ ▸ ×] 민법 제746조에 불법의 원인으로 인하여 재산을 급여하거나 노무를 제공한 때에는 그 이익의 반환을 청구하지 못한다고 규정한 뜻은 급여를 한 사람은 그 원인행위가 법률상 무효임을 내세워 상대방에게 부당이득반환청구를 할 수 없고, 또 급여한 물건의 소유권이 자기에게 있다고 하여 소유권에 기한 반환청구도 할 수 없어서 결국 급여한 물건의 소유권은 급여를 받은 상대방에게 귀속된다는 것이므로 조합장이 조합으로부터 공무원에게 뇌물로 전달하여 달라고 금원을 교부받은 것은 불법원인으로 인하여 지급받은 것으로서 이를 뇌물로 전달하지 않고 타에 소비하였다고 해서 타인의 물을 보관 중 횡령하였다고 볼 수는 없다(대판 1988.9.20. 86도628).

[❷ ▸ ×] 어떤 예금계좌에 돈이 착오로 잘못 송금되어 입금된 경우에는 그 예금주와 송금인 사이에 신의칙상 보관관계가 성립한다고 할 것이므로, 피고인이 송금절차의 착오로 인하여 피고인 명의의 은행 계좌에 입금된 돈을 임의로 인출하여 소비한 행위는 횡령죄에 해당하고, 이는 송금인과 피고인 사이에 별다른 거래관계가 없다고 하더라도 마찬가지이다(대판 2010.12.9. 2010도891).

[❸ ▸ ×] 양도인이 채권양도통지를 하기 전에 채무자로부터 채권을 추심하여 금전을 수령한 경우, 아직 대항요건을 갖추지 아니한 이상 채무자가 양도인에 대하여 한 변제는 유효하고, 그 결과 양수인에게 귀속되었던 채권은 소멸하지만, 이는 이미 채권을 양도하여 그 채권에 관한 한 아무런 권한도 가지지 아니하는 양도인이 양수인에게 귀속된 채권에 대한 변제로서 수령한 것이므로, 채권 양도의 당연한 귀결로서 그 금전을 자신에게 귀속시키기 위하여 수령할 수는 없는 것이고, 오로지 양수인에게 전달해 주기 위하여서만 수령할 수 있을 뿐이어서, 양도인이 수령한 금전은 양도인과 양수인 사이에서 양수인의 소유에 속하고, 여기에다가 위와 같이 양도인이 양수인을 위하여 채권 보전에 관한 사무를 처리하는 지위에 있다는 것을 고려하면, 양도인은 이를 양수인을 위하여 보관하는 관계에 있다고 보아야 할 것이다(대판 1999.4.15. 97도666[전합]).

④ 정답

[❹ ▸ O] 임차토지에 동업계약에 기해 식재되어 있는 수목을 관리·보관하던 피고인이 이 사건 수목을 함부로 제3자에 매도하는 계약을 체결하고 계약금을 수령·소비하여 이 사건 수목을 횡령한 경우, 횡령미수죄가 인정된다(대판 2012.8.17. 2011도9113).

[❺ ▸ X] 주식회사는 주주와 독립된 별개의 권리주체로서 이해가 반드시 일치하는 것은 아니므로, 주주나 대표이사 또는 그에 준하여 회사자금의 보관이나 운용에 관한 사실상의 사무를 처리하는 자가 회사 소유 재산을 제3자의 자금 조달을 위하여 담보로 제공하는 등 사적인 용도로 임의처분하였다면 그 처분에 관하여 주주총회나 이사회의 결의가 있었는지 여부와는 관계없이 횡령죄의 죄책을 면할 수는 없다(대판 2011.3.24. 2010도17396).

2016년 변호사시험 문 28. ☑ 확인 Check! O △ X

甲은 乙과 공동으로 구입하여 자신이 점유하고 있던 복사기를 A에게 매도하기로 하고 계약금과 중도금을 받았다. 그 후 甲은 복사기를 수리하기 위해 수리점에 맡겼다고 乙에게 거짓말하고 이를 다시 丙에게 매도한 후 복사기를 건네주었으며, 丙은 선의, 무과실로 이를 취득하였다. 며칠 후 이 사실을 알게 된 乙은 丙 몰래 위 복사기를 가져가 버렸다. 수사기관에서 甲의 아내 B는 참고인으로서 진술하고 진술조서에는 가명으로 서명, 날인하였다. 甲에 대한 재판 중 B가 증인으로 출석하였고, 재판장은 B에게 증언거부권이 있음을 고지하였다. 이에 관한 설명 중 옳은 것은?(다툼이 있는 경우 판례에 의함)

① 甲은 乙에 대하여 횡령죄와 사기죄의 상상적 경합범이 성립한다.
② 甲은 A에 대하여 배임죄가 성립한다.
③ 乙은 丙에 대하여 권리행사방해죄가 성립한다.
④ B에 대한 조서가 비록 가명으로 작성되었더라도 형사소송법 제312조 제4항의 요건을 모두 갖춘다면 증거능력이 인정될 수 있다.
⑤ B가 증언을 거부하여도 형사소송법 제314조에 따라 특신상태가 증명되면 B에 대한 진술조서는 증거능력이 인정된다.

[❶ ▸ X] 甲이 乙과 공동으로 구입한 복사기는 타인 소유에 해당하고, 자신이 점유하고 있던 복사기를 丙에게 매도함으로써 타인 소유의 재물을 기망에 의하여 영득하였으므로, 甲의 행위는 횡령죄만을 구성한다.

[❷ ▸ X] 매매의 목적물이 동산일 경우, 매도인은 매수인에게 계약에 정한 바에 따라 그 목적물인 동산을 인도함으로써 계약의 이행을 완료하게 되고 그때 매수인은 매매목적물에 대한 권리를 취득하게 되는 것이므로, 매도인에게 자기의 사무인 동산인도채무 외에 별도로 매수인의 재산의 보호 내지 관리행위에 협력할 의무가 있다고 할 수 없다. 동산매매계약에서의 매도인은 매수인에 대하여 그의 사무를 처리하는 지위에 있지 아니하므로, 매도인이 목적물을 매수인에게 인도하지 아니하고 이를 타에 처분하였다 하더라도 형법상 배임죄가 성립하는 것은 아니다(대판 2011.1.20. 2008도10479[전합]).

[❸ ▸ X] 권리행사방해죄의 객체는 타인의 점유 또는 권리의 목적이 된 자기의 물건이고, 丙이 선의·무과실로 취득한 복사기는 자기(乙) 소유의 물건이라고 할 수 없으므로, 乙이 이를 몰래 가져간 경우에는 절도죄가 성립한다.

[❹ ▸ O] 특정범죄신고자 등 보호법 등에서처럼 명시적으로 진술자의 인적사항의 전부 또는 일부의 기재를 생략할 수 있도록 한 경우가 아니라 하더라도, 진술자와 피고인의 관계, 범죄의 종류, 진술자 보호의 필요성 등 여러 사정으로 볼 때 상당한 이유가 있는 경우에는 수사기관이 진술자의 성명을 가명으로 기재하여 조서를 작성하였다고 해서 그 이유만으로 그 조서가 '적법한 절차와 방식'에 따라 작성되지 않았다고 할 것은 아니다. 그러한 조서라도 공판기일 등에 원진술자가 출석하여 자신의 진술을 기재한 조서임을 확인함과 아울러 그 조서의 실질적 진정성립을 인정하고 나아가 그에 대한 반대신문이 이루어지는 등 형사소송법 제312조 제4항에서 규정한 조서의 증거능력 인정에 관한 다른 요건이 모두 갖추어진 이상 그 증거능력을 부정할 것은 아니라고 할 것이다(대판 2012.5.24. 2011도7757).

정답 ④

[❺ ▸ ×] 현행 형사소송법 제314조의 문언과 개정취지, 증언거부권 관련 규정의 내용 등에 비추어 보면, 법정에 출석한 증인이 형사소송법 제148조, 제149조 등에서 정한 바에 따라 정당하게 증언거부권을 행사하여 증언을 거부한 경우는 형사소송법 제314조의 '그 밖에 이에 준하는 사유로 인하여 진술할 수 없는 때'에 해당하지 아니한다고 할 것이다(대판 2012.5.17. 2009도6788[전합]).

2017년 변호사시험 문 17. ☑ 확인Check! ○ △ ×

A는 삼촌 B로부터 임야를 증여받은 후 친구 甲과 맺은 명의신탁약정에 따라 명의신탁사실을 알고 있는 증여자인 B로부터 명의수탁자인 甲 앞으로 바로 소유권이전등기를 하였다. 그 후 甲은 A의 허락을 받지 않고 위 임야를 C에게 매도하였다. 이에 관한 설명 중 옳은 것을 모두 고른 것은?(다툼이 있는 경우 판례에 의함)

ㄱ. A는 B에게 위 임야에 대한 소유권이전등기청구권을 가진다.
ㄴ. A는 증여계약의 당사자로서 B를 대위하여 위 임야를 이전받아 취득할 수 있는 권리를 가지므로 甲은 A에 대하여 직접 위 임야의 소유권을 이전할 의무를 부담한다.
ㄷ. A와 甲 사이의 명의신탁약정 또는 이에 부수한 위임약정이 무효임에도 불구하고 횡령죄 성립을 위한 사무관리・관습・조리・신의칙에 기초한 위탁신임관계가 인정된다.
ㄹ. 甲이 위 임야를 임의로 처분하여도 A에 대한 관계에서 횡령죄가 성립하지 않는다.

① ㄹ ② ㄱ, ㄹ ③ ㄴ, ㄷ
④ ㄱ, ㄴ, ㄷ ⑤ ㄱ, ㄴ, ㄹ

[ㄱ ▸ ○] [ㄴ ▸ ×] [ㄷ ▸ ×] [ㄹ ▸ ○] [1] 부동산을 매수한 명의신탁자가 자신의 명의로 소유권이전등기를 하지 아니하고 명의수탁자와 맺은 명의신탁약정에 따라 매도인에게서 바로 명의수탁자에게 중간생략의 소유권이전등기를 마친 경우, 부동산 실권리자명의 등기에 관한 법률(이하 '부동산실명법') 제4조 제2항 본문에 의하여 명의수탁자 명의의 소유권이전등기는 무효이고, 신탁부동산의 소유권은 매도인이 그대로 보유하게 된다. 따라서 명의신탁자로서는 매도인에 대한 소유권이전등기청구권을 가질 뿐 신탁부동산의 소유권을 가지지 아니하고, 명의수탁자 역시 명의신탁자에 대하여 직접 신탁부동산의 소유권을 이전할 의무를 부담하지는 아니하므로, 신탁부동산의 소유자도 아닌 명의신탁자에 대한 관계에서 명의수탁자가 횡령죄에서 말하는 '타인의 재물을 보관하는 자'의 지위에 있다고 볼 수는 없다.
[2] 명의신탁자와 명의수탁자 사이에 위탁신임관계를 근거 지우는 계약인 명의신탁약정 또는 이에 부수한 위임약정이 무효임에도 불구하고 횡령죄 성립을 위한 사무관리・관습・조리・신의칙에 기초한 위탁신임관계가 있다고 할 수는 없다. 또한 명의신탁자와 명의수탁자 사이에 존재한다고 주장될 수 있는 사실상의 위탁관계라는 것도 부동산실명법에 반하여 범죄를 구성하는 불법적인 관계에 지나지 아니할 뿐 이를 형법상 보호할 만한 가치 있는 신임에 의한 것이라고 할 수 없다.
[3] 그러므로 명의신탁자가 매수한 부동산에 관하여 부동산실명법을 위반하여 명의수탁자와 맺은 명의신탁약정에 따라 매도인에게서 바로 명의수탁자 명의로 소유권이전등기를 마친 이른바 중간생략등기형 명의신탁을 한 경우, 명의신탁자는 신탁부동산의 소유권을 가지지 아니하고, 명의신탁자와 명의수탁자 사이에 위탁신임관계를 인정할 수도 없다. 따라서 명의수탁자가 명의신탁자의 재물을 보관하는 자라고 할 수 없으므로, 명의수탁자가 신탁받은 부동산을 임의로 처분하여도 명의신탁자에 대한 관계에서 횡령죄가 성립하지 아니한다(대판 2016.5.19. 2014도6992[전합]).

② 정답

제7절 배임의 죄 ★★★★☆

2020년 변호사시험 문 14. ☑ 확인 Check! ○ △ ×

배임수재죄 및 배임증재죄에 관한 설명 중 옳지 않은 것을 모두 고른 것은?(다툼이 있는 경우 판례에 의함)

ㄱ. 배임수재죄가 성립하기 위해서는 타인의 사무를 처리하는 지위를 가진 자가 부정한 청탁을 받아야 하므로, 타인의 사무처리자의 지위를 취득하기 전에 부정한 청탁을 받은 경우에는 배임수재죄로 처벌할 수 없다.
ㄴ. 배임수재죄 및 배임증재죄에서 공여 또는 취득하는 재물 또는 재산상 이익은 반드시 부정한 청탁에 대한 대가 또는 사례일 필요가 없다.
ㄷ. 청탁내용이 단순히 규정이 허용하는 범위 내에서 최대한 선처를 바란다는 내용에 불과하거나 위탁받은 사무의 적법하고 정상적인 처리범위에 속하는 것이라면 그 청탁의 사례로 금품을 수수하는 것은 배임 수재에 해당하지 않는다.
ㄹ. 부정한 청탁을 받고 나서 사후에 재물 또는 재산상 이익을 취득하였다면 재물 또는 재산상 이익이 청탁의 대가이더라도 배임수재죄가 성립하지 아니한다.
ㅁ. 배임수재죄에서 말하는 재산상 이익의 취득이라 함은 현실적인 취득만을 의미하는 것이 아니라 단순한 요구 또는 약속을 한 경우도 포함한다.

① ㄱ, ㄴ ② ㄴ, ㄹ ③ ㄱ, ㄷ, ㄹ
④ ㄴ, ㄹ, ㅁ ⑤ ㄴ, ㄷ, ㄹ, ㅁ

[ㄱ ▸ O] [1] 배임수재죄는 타인의 사무를 처리하는 지위를 가진 자에게 부정한 청탁을 행하여야 성립하는 것으로 형법 제357조 제1항에 규정되어 있고, 타인의 사무를 처리하는 자의 지위를 취득하기 전에 부정한 청탁을 받은 행위를 처벌하는 별도의 구성요건이 존재하지 않는 이상, 타인의 사무처리자의 지위를 취득하기 전에 부정한 청탁을 받은 경우에 배임수재죄로는 처벌할 수 없다고 보는 것이 죄형법정주의의 원칙에 부합한다고 할 것이다.
[2] 피고인이 제1심 공동피고인 등으로부터 청탁을 받을 당시에 춘천시가 발주한 이 사건 건설사업에 관한 사무를 처리하는 지위에 있었다고 인정되지 아니하는 이상 피고인을 배임수재죄로 처벌할 수는 없다고 할 것이다(대판 2010.7.22. 2009도12878).

[ㄴ ▸ X] 형법 제357조 제1항이 규정하는 배임수재죄는 타인의 사무를 처리하는 자가 임무에 관하여 부정한 청탁을 받고 재물 또는 재산상 이익을 취득하는 경우에 성립하는 범죄로서, 재물 또는 이익을 공여하는 사람과 취득하는 사람 사이에 부정한 청탁이 개재되지 않는 한 성립하지 않는다. 여기서 '부정한 청탁'이란 반드시 업무상 배임의 내용이 되는 정도에 이를 것을 요하지 않으며, 사회상규 또는 신의성실의 원칙에 반하는 것을 내용으로 하면 족하고, 이를 판단할 때에는 청탁의 내용 및 이에 관련한 대가의 액수, 형식, 보호법익인 거래의 청렴성 등을 종합적으로 고찰하여야 한다(대판 2011.8.18. 2010도10290).

[ㄷ ▸ O] 형법 제357조 제1항 소정의 배임수재죄는 재물 또는 이익을 공여하는 사람과 취득하는 사람 사이에 부정한 청탁이 개재되지 않는 한 성립하지 않는다고 할 것인데, 여기서 부정한 청탁이라 함은 사회상규 또는 신의성실의 원칙에 반하는 것을 내용으로 하는 청탁을 의미하므로, 청탁한 내용이 단순히 규정이 허용하는 범위 내에서 최대한의 선처를 바란다는 내용에 불과하거나 위탁받은 사무의 적법하고 정상적인 처리범위에 속하는 것이라면 이는 사회상규에 어긋난 부정한 청탁이라고 볼 수 없고 이러한 청탁의 사례로 금품을 수수한 것은 배임 수재에 해당하지 않는다(대판 2011.4.14. 2010도8743).

정답 ④

[ㄹ ▸ ×] 부정한 청탁을 받고 나서 사후에 재물 또는 재산상의 이익을 취득하였다고 하더라도 재물 또는 재산상의 이익이 청탁의 대가인 이상 배임수재죄가 성립되며, 또한 부정한 청탁의 결과로 상대방이 얻은 재물 또는 재산상 이익의 일부를 상대방으로부터 청탁의 대가로 취득한 경우에도 마찬가지이다(대판 2013.11.14. 2011도11174).

[ㅁ ▸ ×] 형법 제357조 제1항의 배임수재죄로 처벌하기 위하여는 타인의 사무를 처리하는 자가 부정한 청탁을 받아들이고 이에 대한 대가로서 재물 또는 재산상의 이익을 받은 데에 대한 범의가 있어야 할 것이고, 또 배임수재죄에서 말하는 '재산상의 이익의 취득'이라 함은 현실적인 취득만을 의미하므로 단순한 요구 또는 약속만을 한 경우에는 이에 포함되지 아니한다(대판 1999.1.29. 98도4182).

2020년 변호사시험 문 27. ☑ 확인 Check! ○ △ ×

甲은 A로부터 5억원을 빌리면서 변제기에 변제하지 못할 경우 자기 소유의 X부동산으로 대물변제하기로 약속하였다. 甲은 위 변제기를 지나 B에게 X부동산을 3억원에 매도하고 소유권이전등기를 해 주었다. 한편, 甲은 아버지의 예금통장을 절취한 후 현금지급기에서 미리 알고 있던 비밀번호를 입력하여 아버지의 예금계좌에서 자신의 계좌로 500만원을 이체하였다. 甲은 수사단계에서 불구속상태로 조사를 받던 중 변호인 접견을 요청하였으나 거절당했다. 그 이후 압수된 위 예금통장이 법정에서 증거물로 제출되었다. 이에 관한 설명 중 옳은 것은?(다툼이 있는 경우 판례에 의함)

① 甲이 타인의 사무처리자로서 A에 대한 대물변제예약약정을 위반한 행위는 배임죄에 해당한다.
② 甲이 아버지의 예금계좌에서 자신의 계좌로 500만원을 이체한 행위는 친족상도례가 적용된다.
③ 만일 甲이 아버지의 예금계좌에서 자신의 계좌로 이체한 500만원을 자신의 현금카드로 인출한 경우 이는 별도의 절도죄에 해당한다.
④ 법원은 위 예금통장 절취사실이 유죄로 인정될 경우, 위 예금통장에 대하여 판결로써 피해자에게 환부하는 선고를 하여야 한다.
⑤ 甲은 불구속피의자이므로 변호인과의 접견교통권이 인정되지 아니한다.

[❶ ▸ ×] 대물변제예약의 궁극적 목적은 차용금반환채무의 이행 확보에 있고, 채무자가 대물변제예약에 따라 부동산에 관한 소유권이전등기절차를 이행할 의무는 그 궁극적 목적을 달성하기 위해 채무자에게 요구되는 부수적 내용이어서 이를 가지고 배임죄에서 말하는 신임관계에 기초하여 채권자의 재산을 보호 또는 관리하여야 하는 '타인의 사무'에 해당한다고 볼 수는 없다. 그러므로 채권담보를 위한 대물변제예약의 경우, 채무자가 대물로 변제하기로 한 부동산을 제3자에게 처분하였다고 하더라도 형법상 배임죄가 성립하는 것은 아니다(대판 2014.8.21. 2014도3363[전합]).

[❷ ▸ ×] 친척 소유 예금통장을 절취한 자가 그 친척 거래 금융기관에 설치된 현금자동지급기에 예금통장을 넣고 조작하는 방법으로 친척 명의 계좌의 예금잔고를 자신이 거래하는 다른 금융기관에 개설된 자기 계좌로 이체한 경우, 그 범행으로 인한 피해자는 이체된 예금 상당액의 채무를 이중으로 지급해야 할 위험에 처하게 되는 그 친척 거래 금융기관이라 할 것이고, 거래약관의 면책조항이나 채권의 준점유자에 대한 법리 적용 등에 의하여 위와 같은 범행으로 인한 피해가 최종적으로는 예금명의인인 친척에게 전가될 수 있다고 하여, 자금이체거래의 직접적인 당사자이자 이중지급위험의 원칙적인 부담자인 거래 금융기관을 위와 같은 컴퓨터등사용사기범행의 피해자에 해당하지 않는다고 볼 수는 없으므로, 위와 같은 경우에는 친족 사이의 범행을 전제로 하는 친족상도례를 적용할 수 없다(대판 2007.3.15. 2006도2704).

[❸ ▸ ×] 절취한 타인의 신용카드를 이용하여 현금지급기에서 계좌이체를 한 행위는 컴퓨터등사용사기죄에서 컴퓨터 등 정보처리장치에 권한 없이 정보를 입력하여 정보처리를 하게 한 행위에 해당함은 별론으로 하고 이를 절취행위라고 볼 수는 없고, 한편 위 계좌이체 후 현금지급기에서 현금을 인출한 행위는 자신의 신용카드나 현금카드를 이용한 것이어서 이러한 현금 인출이 현금지급기 관리자의 의사에 반한다고 볼 수 없어 절취행위에 해당하지 않으므로 절도죄를 구성하지 않는다(대판 2008.6.12. 2008도2440).

④ 정답

[❹ ▸ ○] 예금통장은 압수한 장물로서 피해자의 소유이고, 절취사실이 유죄로 인정될 경우에는 환부할 이유가 명백하다고 할 것이므로, 법원은 위 예금통장에 대하여 형소법 제333조 제1항에 따라 판결로써 피해자에게 환부하는 선고를 하여야 한다.

[❺ ▸ ×] 헌법 제12조 제4항은 "누구든지 체포 또는 구속을 당한 때에는 즉시 변호인의 조력을 받을 권리를 가진다"고 규정하고 있으며, 형사소송법 제30조 제1항은 피고인 또는 피의자는 변호인을 선임할 수 있다고 규정하여 변호인의 조력을 받을 권리를 불구속피고인 또는 피의자에게까지 확대하고 있는바 이와 같은 변호인의 조력을 받을 권리를 실질적으로 보장하기 위하여는 변호인과의 접견교통권의 인정이 당연한 전제가 된다고 할 것이므로, 임의동행의 형식으로 수사기관에 연행된 피의자에게도 변호인 또는 변호인이 되려는 자와의 접견교통권은 당연히 인정된다고 보아야 할 것이고, 임의동행의 형식으로 연행된 피내사자의 경우에도 마찬가지라 할 것이다. 형사소송법 제34조는 변호인 또는 변호인이 되려는 자에게 구속을 당한 피고인 또는 피의자에 대하여까지 접견교통권을 보장하는 취지의 규정이므로 위 접견교통권을 위와 달리 해석할 법령상의 근거가 될 수 없다. 이와 같은 접견교통권은 피고인 또는 피의자나 피내사자의 인권 보장과 방어 준비를 위하여 필수불가결한 권리이므로 법령에 의한 제한이 없는 한 수사기관의 처분은 물론 법원의 결정으로도 이를 제한할 수 없다고 할 것이다(대결 1996.6.3. 96모18).

2020년 변호사시험 문 37. ☑ 확인Check! ○ △ ×

甲은 2019.8.1. A에게 X건물을 2억원에 매도하였다. 甲은 A로부터 2019.8.1. 계약금 2,000만원, 2019.9.1. 중도금 8,000만원을 지급받았다. 그런데 甲은 2019.11.1. A로부터 잔금 1억원을 지급받고 소유권이전등기 관련 서류를 교부해 주기로 하였음에도 2019.10.1. B에게 X건물을 매매대금 3억원에 매도하면서, B로부터 매매대금 전액을 지급받고 2019.10.30. B에게 그 소유권이전등기를 마쳐 주었다. 이에 관한 설명 중 옳은 것(○)과 옳지 않은 것(×)을 올바르게 조합한 것은?(다툼이 있는 경우 판례에 의함)

ㄱ. A로부터 중도금을 지급받은 甲은 '타인의 사무를 처리하는 자'에 해당하여 배임죄의 죄책을 진다.
ㄴ. 만약 甲이 B와의 매매계약에 따라 B로부터 계약금만 지급받은 뒤 더 이상의 계약 이행에 나아가지 않았더라도, 그러한 甲의 행위는 배임죄의 실행의 착수에 이른 것이므로 A에 대한 배임미수죄에 해당한다.
ㄷ. 만약 甲이 A에게 X건물을 증여하고 증여의 의사를 서면으로 표시한 상황에서 B에게 X건물을 매도하여 그 소유권이전등기를 마쳐 준 경우라면, 배임죄의 죄책을 지지 않는다.
ㄹ. 만약 A가 甲의 사촌동생이고 甲의 위 행위로 인한 이득액이 5억원 이상이라면 이는 특정경제범죄 가중처벌 등에 관한 법률 위반(배임)죄에 해당하나 친족상도례 규정이 적용된다.
ㅁ. 만약 甲이 Y건물을 추가로 이중매매하였고 검사가 甲의 X, Y건물에 대한 배임행위를 포괄하여 특정경제범죄 가중처벌 등에 관한 법률 위반(배임)죄로 기소하였는데 법원 심리 결과 단순배임죄의 경합범으로 확인되었다면, 법원은 공소장 변경이 없더라도 단순배임죄의 경합범으로 유죄를 인정할 수 있다.

① ㄱ(○), ㄴ(○), ㄷ(○), ㄹ(○), ㅁ(○)
② ㄱ(×), ㄴ(○), ㄷ(×), ㄹ(○), ㅁ(×)
③ ㄱ(○), ㄴ(×), ㄷ(×), ㄹ(○), ㅁ(○)
④ ㄱ(○), ㄴ(×), ㄷ(○), ㄹ(×), ㅁ(○)
⑤ ㄱ(×), ㄴ(○), ㄷ(○), ㄹ(×), ㅁ(×)

[ㄱ ▸ ○] 부동산매매계약에서 계약금만 지급된 단계에서는 어느 당사자나 계약금을 포기하거나 그 배액을 상환함으로써 자유롭게 계약의 구속력에서 벗어날 수 있다. 그러나 중도금이 지급되는 등 계약이 본격적으로 이행되는 단계에 이른 때에는 계약이 취소되거나 해제되지 않는 한 매도인은 매수인에게 부동산의 소유권을 이전해 줄 의무에서 벗어날 수 없다. 따라서 이러한 단계에 이른 때에 매도인은 매수인에 대하여 매수인의 재산 보전에 협력하여 재산적 이익을 보호·관리할 신임관계에 있게 된다. 그때부터 매도인은 배임죄에서 말하는 '타인의 사무를 처리하는 자'에 해당한다고 보아야 한다.

정답 ③

그러한 지위에 있는 매도인이 매수인에게 계약내용에 따라 부동산의 소유권을 이전해 주기 전에 그 부동산을 제3자에게 처분하고 제3자 앞으로 그 처분에 따른 등기를 마쳐 준 행위는 매수인의 부동산 취득 또는 보전에 지장을 초래하는 행위이다. 이는 매수인과의 신임관계를 저버리는 행위로서 배임죄가 성립한다(대판 2018.5.17. 2017도4027[전합]).

[ㄴ ▸ ×] 피고인이 제1차 매수인으로부터 계약금 및 중도금 명목의 금원을 교부받은 후 제2차 매수인에게 부동산을 매도하기로 하고 계약금만을 지급받은 뒤 더 이상의 계약 이행에 나아가지 않았다면 배임죄의 실행의 착수가 있었다고 볼 수 없다(대판 2003.3.25. 2002도7134).

[ㄷ ▸ ×] 서면으로 부동산 증여의 의사를 표시한 증여자는 계약이 취소되거나 해제되지 않는 한 수증자에게 목적부동산의 소유권을 이전할 의무에서 벗어날 수 없다. 그러한 증여자는 '타인의 사무를 처리하는 자'에 해당하고, 그가 수증자에게 증여계약에 따라 부동산의 소유권을 이전하지 않고 부동산을 제3자에게 처분하여 등기를 하는 행위는 수증자와의 신임관계를 저버리는 행위로서 배임죄가 성립한다(대판 2018.12.13. 2016도19308).

[ㄹ ▸ ○] 甲이 위 행위로 인하여 취득한 이득액이 5억원 이상인 경우, 특정경제범죄 가중처벌 등에 관한 법률(이하 '특경법') 제3조 제1항에 의하여 가중처벌된다. 다만, 판례는 특경법에 친족상도례에 관한 형법 제361조, 제328조의 적용을 배제한다는 명시적인 규정이 없어 형법 제361조는 특경법 제3조 제1항 위반죄에도 그대로 적용된다 하였으므로(대판 2013.9.13. 2013도7754), 甲과 A가 친족관계인 경우에는 甲이 저지른 특경법 위반(배임)죄에도 친족상도례 규정이 적용된다 할 것이다.

[ㅁ ▸ ○] 법원이 동일한 범죄사실을 가지고 포괄일죄로 보지 아니하고 실체적 경합관계에 있는 수죄로 인정하였다고 하더라도 이는 다만 죄수에 관한 법률적 평가를 달리한 것에 불과할 뿐이지 소추대상인 공소사실과 다른 사실을 인정한 것도 아니고 또 피고인의 방어권 행사에 실질적으로 불이익을 초래할 우려도 없으므로 불고불리의 원칙에 위반되는 것이 아니다(대판 1987.5.26. 87도527).

2012년 변호사시험 문 8. ☑ 확인Check! ○ △ ×

재산죄의 성립에 관한 설명 중 옳은 것을 모두 고른 것은?(다툼이 있는 경우에는 판례에 의함)

가. 채권자가 양도담보로 제공된 부동산을 변제기 후에 담보권의 실행차원에서 처분한 경우, 그 목적물을 부당하게 염가로 처분하거나 청산금의 잔액을 채무자에게 지급해 주지 않으면 배임죄가 성립한다.
나. 자기 소유의 동산에 대해 매수인과 매매계약을 체결한 매도인이 중도금까지 지급받은 상태에서 그 목적물을 제3자에 대한 자기의 채무 변제에 갈음하여 그 제3자에게 양도해 버린 경우에는 기존 매수인에 대한 배임죄가 성립한다.
다. 명의신탁약정에 따라 수탁자가 부동산매매계약의 매수인으로 나서서 그 정을 모르는 매도인과 매매계약을 체결하고 그 목적물을 자기 명의로 등기한 후 임의로 처분한 경우에는 횡령죄가 성립한다.
라. 양도담보로 제공된 동산을 채권자가 채무자와의 합의를 통해 점유보관하고 있다가 변제기가 도래하기 전에 그 목적물을 임의로 제3자에게 처분하면 횡령죄가 성립한다.

① 가, 나　② 가, 다　③ 나, 다, 라
④ 나, 라　⑤ 라

[가 ▸ ×] 양도담보가 처분정산형의 경우이건 귀속정산형의 경우이건 간에 담보권자가 변제기 경과 후에 담보권을 실행하여 그 환가대금 또는 평가액을 채권원리금과 담보권 실행비용 등의 변제에 충당하고 환가대금 또는 평가액의 나머지가 있어 이를 담보제공자에게 반환할 의무는 담보계약에 따라 부담하는 자신의 정산의무이므로 그 의무를 이행하는 사무는 곧 자기의 사무처리에 속하는 것이라 할 것이고 이를 부동산 매매에 있어서의 매도인의 등기의무와 같이 타인인 채무자의 사무처리에 속하는 것이라고 볼 수는 없어 그 정산의무를 이행하지 아니한 소위는 배임죄를 구성하지 않는다(대판 1985.11.26. 85도1493[전합]).

⑤ 정답

[나 ▸ ×] 매매의 목적물이 동산일 경우, 매도인은 매수인에게 계약에 정한 바에 따라 그 목적물인 동산을 인도함으로써 계약의 이행을 완료하게 되고 그때 매수인은 매매목적물에 대한 권리를 취득하게 되는 것이므로, 매도인에게 자기의 사무인 동산인도채무 외에 별도로 매수인의 재산의 보호 내지 관리행위에 협력할 의무가 있다고 할 수 없다. 동산매매계약에서의 매도인은 매수인에 대하여 그의 사무를 처리하는 지위에 있지 아니하므로, 매도인이 목적물을 매수인에게 인도하지 아니하고 이를 타에 처분하였다 하더라도 형법상 배임죄가 성립하는 것은 아니다(대판 2011.1.20. 2008도10479[전합]).

[다 ▸ ×] 횡령죄는 타인의 재물을 보관하는 자가 그 재물을 횡령하는 경우에 성립하는 범죄인 바, 부동산 실권리자명의 등기에 관한 법률 제2조 제1호 및 제4조의 규정에 의하면, 신탁자와 수탁자가 명의신탁약정을 맺고, 이에 따라 수탁자가 당사자가 되어 명의신탁약정이 있다는 사실을 알지 못하는 소유자와 사이에서 부동산에 관한 매매계약을 체결한 후 그 매매계약에 기하여 당해 부동산의 소유권이전등기를 수탁자 명의로 경료한 경우에는, 그 소유권이전등기에 의한 당해 부동산에 관한 물권 변동은 유효하고, 한편 신탁자와 수탁자 사이의 명의신탁약정은 무효이므로, 결국 수탁자는 전 소유자인 매도인뿐만 아니라 신탁자에 대한 관계에서도 유효하게 당해 부동산의 소유권을 취득한 것으로 보아야 할 것이고, 따라서 그 수탁자는 타인의 재물을 보관하는 자라고 볼 수 없다(대판 2000.3.24. 98도4347).

[라 ▸ ○] 채무자가 채무 이행의 담보를 위하여 동산에 관한 양도담보계약을 체결하고 점유개정의 방법으로 여전히 그 동산을 점유하는 경우 그 계약이 채무의 담보를 위하여 양도의 형식을 취하였을 뿐이고 실질은 채무의 담보와 담보권 실행의 청산절차를 주된 내용으로 하는 것이라면 별단의 사정이 없는 한 그 동산의 소유권은 여전히 채무자에게 남아 있고, 채권자는 단지 양도담보물권을 취득하는 데 지나지 않으므로 그 동산을 다른 사유에 의하여 보관하게 된 채권자는 타인 소유의 물건을 보관하는 자로서 횡령죄의 주체가 될 수 있다(대판 1989.4.11. 88도906).

2019년 변호사시험 문 20. ☑ 확인 Check! ○ △ ×

배임죄에 관한 설명 중 옳지 않은 것을 모두 고른 것은?(다툼이 있는 경우 판례에 의함)

ㄱ. 주식회사의 대표이사가 대표권을 남용하여 약속어음을 발행한 경우, 그 발행 상대방이 대표권 남용사실을 알았거나 알 수 있었던 때에 해당하여 약속어음 발행이 무효일 뿐 아니라, 실제 그 어음이 유통되지도 않았다면 회사에 현실적으로 손해가 발생하였다거나 실해 발생의 위험이 발생하였다고 볼 수 없으므로 배임죄의 기수, 미수 어느 것도 성립할 수 없다.
ㄴ. 금융기관이 금원을 대출함에 있어 대출금 중 선이자를 공제한 나머지만 교부하거나 약속어음을 할인함에 있어 만기까지의 선이자를 공제한 경우, 배임행위로 인하여 금융기관이 입는 손해는 선이자를 공제한 금액이 아니라 선이자로 공제한 금원을 포함한 대출금 전액이거나 약속어음 액면금 상당액으로 보아야 한다.
ㄷ. 배임죄에 있어 재산상 손해의 유무에 대한 판단과 관련하여, 법률적 판단에 의해 당해 배임행위가 무효인 경우에는, 경제적 관점에서 파악하여 본인에게 현실적인 손해를 가하였거나 재산상 실해 발생의 위험을 초래한 경우라도 재산상의 손해를 가한 때에 해당할 수 없다.
ㄹ. 업무상 배임죄의 실행으로 인하여 이익을 얻게 되는 수익자 또는 그와 밀접한 관련이 있는 제3자를 배임의 실행행위자와 공동정범으로 인정하기 위해서는, 위 수익자 또는 제3자가 실행행위자의 행위가 피해자 본인에 대한 배임행위에 해당한다는 것을 알면서도 소극적으로 그 배임행위에 편승하여 이익을 취득한 것만으로 충분하다.
ㅁ. 부동산에 근저당권을 설정하여 줄 의사가 없음에도 피해자를 속이고 근저당권 설정을 약정하여 금원을 편취한 다음, 근저당권설정약정이 유효함에도 그 부동산에 제3자 명의로 근저당권설정등기를 마친 경우, 사기죄와 배임죄가 성립한다.

① ㄱ, ㄴ, ㄷ　② ㄱ, ㄷ, ㄹ　③ ㄱ, ㄹ, ㅁ
④ ㄴ, ㄷ, ㅁ　⑤ ㄴ, ㄹ, ㅁ

정답 ②

[ㄱ ▸ ×] 주식회사의 대표이사가 대표권을 남용하는 등 그 임무에 위배하여 약속어음 발행을 한 행위가 배임죄에 해당하는지도 원칙적으로 위에서 살펴본 의무부담행위와 마찬가지로 보아야 한다. 다만 약속어음 발행의 경우 어음법상 발행인은 종전의 소지인에 대한 인적 관계로 인한 항변으로써 소지인에게 대항하지 못하므로(어음법 제17조, 제77조), 어음 발행이 무효라 하더라도 그 어음이 실제로 제3자에게 유통되었다면 회사로서는 어음채무를 부담할 위험이 구체적·현실적으로 발생하였다고 보아야 하고, 따라서 그 어음채무가 실제로 이행되기 전이라도 배임죄의 기수범이 된다. 그러나 약속어음 발행이 무효일 뿐만 아니라 그 어음이 유통되지도 않았다면 회사는 어음 발행의 상대방에게 어음채무를 부담하지 않기 때문에 특별한 사정이 없는 한 회사에 현실적으로 손해가 발생하였다거나 실해 발생의 위험이 발생하였다고도 볼 수 없으므로, 이때에는 배임죄의 기수범이 아니라 배임미수죄로 처벌하여야 한다(대판 2017.7.20. 2014도1104[전합]).

[ㄴ ▸ O] 업무상 배임죄에 있어서 본인에게 손해를 가한다 함은 총체적으로 보아 본인의 재산상태에 손해를 가하는 경우를 말하고, 위와 같은 손해에는 장차 취득할 것이 기대되는 이익을 얻지 못하는 경우도 포함된다 할 것인 바, 금융기관이 금원을 대출함에 있어 대출금 중 선이자를 공제한 나머지만 교부하거나 약속어음을 할인함에 있어 만기까지의 선이자를 공제한 경우 금융기관으로서는 대출금채무의 변제기나 약속어음의 만기에 선이자로 공제한 금원을 포함한 대출금 전액이나 약속어음 액면금 상당액을 취득할 것이 기대된다 할 것이므로 배임행위로 인하여 금융기관이 입는 손해는 선이자를 공제한 금액이 아니라 선이자로 공제한 금원을 포함한 대출금 전액이거나 약속어음 액면금 상당액으로 보아야 하고, 이러한 법리는 투신사가 회사채 등을 할인하여 매입하는 경우라고 달리 볼 것은 아니다(대판 2004.7.9. 2004도810).

[ㄷ ▸ ×] 재산상 손해의 유무에 대한 판단은 본인의 전 재산상태와의 관계에서 법률적 판단에 의하지 아니하고 경제적 관점에서 파악하여야 하므로, 법률적 판단에 의하여 당해 배임행위가 무효라 하더라도 경제적 관점에서 파악하여 배임행위로 인하여 본인에게 현실적인 손해를 가하였거나 재산상 실해 발생의 위험을 초래한 경우에는 재산상의 손해를 가한 때에 해당되어 배임죄를 구성한다. 이러한 법리는 최초 배임행위가 법률적 관점에서 무효라고 하더라도 그 후 타인의 사무를 처리하는 자가 계속적으로 배임행위에 관여하여 본인에게 현실적인 손해를 가한 경우에도 마찬가지이다(대판 2103.4.11. 2012도15890).

[ㄹ ▸ ×] 업무상 배임죄의 실행으로 인하여 이익을 얻게 되는 수익자가 소극적으로 실행행위자의 배임행위에 편승하여 이익을 취득하는 데 그치지 않고 배임행위를 교사하거나 또는 배임행위의 전 과정에 관여하는 등으로 실행행위자의 배임행위에 적극 가담한 경우에는 업무상 배임죄의 공동정범이 된다(대판 2007.2.8. 2006도483).

[ㅁ ▸ O] 부동산에 피해자 명의의 근저당권을 설정하여 줄 의사가 없음에도 피해자를 속이고 근저당권 설정을 약정하여 금원을 편취한 경우라 할지라도, 이러한 약정은 사기 등을 이유로 취소되지 않는 한 여전히 유효하여 피해자 명의의 근저당권설정등기를 하여 줄 임무가 발생하는 것이고, 그럼에도 불구하고 임무에 위배하여 그 부동산에 관하여 제3자 명의로 근저당권설정등기를 마친 경우, 이러한 배임행위는 금원을 편취한 사기죄와는 전혀 다른 새로운 보호법익을 침해하는 행위로서 사기범행의 불가벌적 사후행위가 되는 것이 아니라 별죄를 구성한다(대판 2008.3.27. 2007도9328).

2015년 변호사시험 문 9. ☑ 확인Check! ○ △ ×

다음 설명 중 옳지 않은 것은?(다툼이 있는 경우 판례에 의함)

① 신탁자가 수탁자에게 부동산의 매수위임과 함께 명의신탁약정을 맺고 수탁자가 당사자가 되어 그 정을 알지 못하는 매도인과 부동산매매계약을 체결하고 등기이전을 받은 뒤 수탁자가 이를 임의로 처분한 경우 신탁자에 대한 횡령죄가 성립하지 않으나, 배임죄는 성립한다.
② 소유자로부터 부동산을 매수한 자가 본인 명의로 소유권이전등기를 하지 않고 제3자와 맺은 명의신탁약정에 따라 매도인으로부터 바로 그 제3자에게 중간생략의 소유권이전등기를 경료한 경우 그 제3자가 자신의 명의로 신탁된 부동산을 임의로 처분하였다면 신탁자에 대한 횡령죄가 성립한다.
③ 동산의 매도인이 매수인으로부터 중도금을 수령한 후 그 동산을 제3자에게 양도한 경우 배임죄가 성립하지 않는다.
④ 채무자가 채권자에게 동산인 한우 100마리를 양도담보로 제공하고 점유개정의 방법으로 점유하고 있는 상태에서 다시 이를 제3자에게 점유개정의 방법으로 양도하는 경우 배임죄가 성립하지 않는다.
⑤ 채권담보의 목적으로 부동산에 관한 대물변제예약을 체결한 채무자가 대물로 변제하기로 한 부동산을 제3자에게 임의로 처분한 경우 배임죄가 성립하지 않는다.

[❶ ▸ ×] 명의신탁자와 명의수탁자가 이른바 계약명의신탁약정을 맺고 명의수탁자가 당사자가 되어 명의신탁약정이 있다는 사실을 알고 있는 소유자와 부동산에 관한 매매계약을 체결한 후 그 매매계약에 따라 당해 부동산의 소유권이전등기를 명의수탁자 명의로 마친 경우에는 부동산 실권리자명의 등기에 관한 법률(이하 '부동산실명법') 제4조 제2항 본문에 의하여 수탁자 명의의 소유권이전등기는 무효이고 당해 부동산의 소유권은 매도인이 그대로 보유하게 되므로, 명의수탁자는 부동산 취득을 위한 계약의 당사자도 아닌 명의신탁자에 대한 관계에서 횡령죄에서의 '타인의 재물을 보관하는 자'의 지위에 있다고 볼 수 없고, 또한 명의수탁자가 명의신탁자에 대하여 매매대금 등을 부당이득으로서 반환할 의무를 부담한다고 하더라도 이를 두고 배임죄에서의 '타인의 사무를 처리하는 자'의 지위에 있다고 보기도 어렵다(대판 2001.9.25. 2001도2722).

[❷ ▸ ×] 명의신탁자가 매수한 부동산에 관하여 부동산실명법을 위반하여 명의수탁자와 맺은 명의신탁약정에 따라 매도인에게서 바로 명의수탁자 명의로 소유권이전등기를 마친 이른바 중간생략등기형 명의신탁을 한 경우, 명의신탁자는 신탁부동산의 소유권을 가지지 아니하고, 명의신탁자와 명의수탁자 사이에 위탁신임관계를 인정할 수도 없다. 따라서 명의수탁자가 명의신탁자의 재물을 보관하는 자라고 할 수 없으므로, 명의수탁자가 신탁받은 부동산을 임의로 처분하여도 명의신탁자에 대한 관계에서 횡령죄가 성립하지 아니한다(대판 2016.5.19. 2014도6992[전합]).

[❸ ▸ ○] 매매의 목적물이 동산일 경우, 매도인은 매수인에게 계약에 정한 바에 따라 그 목적물인 동산을 인도함으로써 계약의 이행을 완료하게 되고 그때 매수인은 매매목적물에 대한 권리를 취득하게 되는 것이므로, 매도인에게 자기의 사무인 동산인도채무 외에 별도로 매수인의 재산의 보호 내지 관리행위에 협력할 의무가 있다고 할 수 없다. 동산매매계약에서의 매도인은 매수인에 대하여 그의 사무를 처리하는 지위에 있지 아니하므로, 매도인이 목적물을 매수인에게 인도하지 아니하고 이를 타에 처분하였다 하더라도 형법상 배임죄가 성립하는 것은 아니다(대판 2011.1.20. 2008도10479[전합]).

[❹ ▸ ○] 피고인이 그 소유의 이 사건 에어콘 등을 피해자에게 양도담보로 제공하고 점유개정의 방법으로 점유하고 있다가 다시 이를 제3자에게 양도담보로 제공하고 역시 점유개정의 방법으로 점유를 계속한 경우 뒤의 양도담보권자인 제3자는 처음의 담보권자인 피해자에 대하여 배타적으로 자기의 담보권을 주장할 수 없으므로 위와 같이 이중으로 양도담보 제공이 된 것만으로는 처음의 양도담보권자에게 담보권의 상실이나 담보가치의 감소 등 손해가 발생한 것으로 볼 수 없으니 배임죄를 구성하지 않는다(대판 1990.2.13. 89도1931).

정답 ①·② [법무부 확정답안 ①]

[⑤ ▸ ○] 대물변제예약의 궁극적 목적은 차용금반환채무의 이행 확보에 있고, 채무자가 대물변제예약에 따라 부동산에 관한 소유권이전등기절차를 이행할 의무는 그 궁극적 목적을 달성하기 위해 채무자에게 요구되는 부수적 내용이어서 이를 가지고 배임죄에서 말하는 신임관계에 기초하여 채권자의 재산을 보호 또는 관리하여야 하는 '타인의 사무'에 해당한다고 볼 수는 없다. 그러므로 채권담보를 위한 대물변제예약의 경우, 채무자가 대물로 변제하기로 한 부동산을 제3자에게 처분하였다고 하더라도 형법상 배임죄가 성립하는 것은 아니다(대판 2014.8.21. 2014도3363[전합]).

2014년 변호사시험 문 3. ☑ 확인 Check! ○ △ ×

다음 사례들 중 甲과 丙의 죄책에 관한 설명으로 옳지 않은 것을 모두 고른 것은?(다음 사례의 기재내용 중 '배임죄'는 '업무상 배임죄'로 대신할 수 있고 다툼이 있는 경우에는 판례에 의함)

ㄱ. 배임죄에서 '재산상 손해를 가한 때'에는 '재산상 손해 발생의 위험을 초래한 경우'도 포함되는 것이므로 법인의 대표이사 甲이 회사의 이익이 아닌 자기 또는 제3자의 이익을 도모할 목적으로 권한을 남용하여 회사 명의의 금전소비대차공정증서를 작성하여 법인 명의의 채무를 부담한 경우에는 상대방이 대표이사의 진의를 알았거나 알 수 있었다고 할지라도 배임죄가 성립한다.

ㄴ. 甲이 乙로부터 임야를 매수하면서 계약금을 지급하는 즉시 甲 앞으로 소유권을 이전받되 위 임야를 담보로 대출을 받아 잔금을 지급하기로 약정하고 甲이 계약금을 지급한 후 임야에 대한 소유권을 이전받고 이를 담보로 제공하여 자금을 융통하였음에도 乙에게 잔금을 지급하지 않았다고 하더라도 배임죄가 성립하지 않는다.

ㄷ. 부동산소유자인 甲이 乙과 부동산매매계약을 체결하고 계약금과 중도금을 모두 수령하였는데 이러한 사실을 모두 알고 있는 丙이 甲에게 부동산의 가격을 더 높게 지불할 테니 자신에게 위 부동산을 매각해 달라는 요청을 하자 위 부동산을 丙에게 이중으로 매도하고 소유권이전등기를 경료해 준 경우 甲에게는 배임죄가 성립하고 丙에게는 장물취득죄가 성립한다.

ㄹ. 아파트입주자대표회의 회장인 甲이 공공요금의 납부를 위한 지출결의서에 날인을 거부함으로써 아파트입주자들에게 그에 대한 통상의 연체료를 부담시켰다면 위 행위로 인하여 아파트입주민에게 연체료 금액만큼 손해를 가하고 연체료를 받은 공공기관은 그 금액만큼 이익을 취득한 것이므로 배임죄가 성립한다.

ㅁ. A주식회사를 인수하는 甲이 일단 금융기관으로부터 인수자금을 대출받아 회사를 인수한 다음 A주식회사에 아무런 반대급부를 제공하지 않고 그 회사의 자산을 위 인수자금 대출금의 담보로 제공하도록 하였다면 甲에게는 배임죄가 성립한다.

① ㄱ, ㄷ ② ㄴ, ㄹ ③ ㄱ, ㄷ, ㄹ
④ ㄴ, ㄷ, ㅁ ⑤ ㄷ, ㄹ, ㅁ

[ㄱ ▸ ×] 주식회사의 대표이사가 대표권을 남용하는 등 그 임무에 위배하여 회사 명의로 의무를 부담하는 행위를 하더라도 일단 회사의 행위로서 유효하고, 다만 상대방이 대표이사의 진의를 알았거나 알 수 있었을 때에는 회사에 대하여 무효가 된다. 따라서 상대방이 대표권 남용사실을 알았거나 알 수 있었던 경우 그 의무부담행위는 원칙적으로 회사에 대하여 효력이 없고, 경제적 관점에서 보아도 이러한 사실만으로는 회사에 현실적인 손해가 발생하였다거나 실해 발생의 위험이 초래되었다고 평가하기 어려우므로, 달리 그 의무부담행위로 인하여 실제로 채무의 이행이 이루어졌다거나 회사가 민법상 불법행위책임을 부담하게 되었다는 등의 사정이 없는 이상 배임죄의 기수에 이른 것은 아니다. 그러나 이 경우에도 대표이사로서는 배임의 범의로 임무위배행위를 함으로써 실행에 착수한 것이므로 배임죄의 미수범이 된다. 그리고 상대방이 대표권 남용사실을 알지 못하였다는 등의 사정이 있어 그 의무부담행위가 회사에 대하여 유효한 경우에는 회사의 채무가 발생하고 회사는 그 채무를 이행할 의무를 부담하므로, 이러한 채무의 발생은 그 자체로 현실적인 손해 또는 재산상 실해 발생의 위험이라고 할 것이어서 그 채무가 현실적으로 이행되기 전이라도 배임죄의 기수에 이르렀다고 보아야 한다(대판 2017.7.20. 2014도1104[전합]).

③ 정답

[ㄴ ▸ O] 피고인이 甲에게서 임야를 매수하면서, 계약금을 지급하는 즉시 피고인 앞으로 소유권을 이전받되 매매잔금은 甲의 책임 아래 형질변경과 건축허가를 받으면 일정 기간 내에 위 임야를 담보로 대출을 받아 지급하고 건축허가가 나지 아니하면 계약을 해제하여 원상회복해 주기로 약정하였는데도, 위 임야에 관하여 소유권이전등기를 받은 당일 1건, 그 후 1건의 근저당권을 설정한 경우, 피고인이 소유권이전등기를 받은 당일 이를 담보로 제공하여 자금을 융통하였고 그 후에도 같은 일을 하였으며 융통한 자금을 甲에게 매매대금으로 지급하지 아니하였다고 하여도 타인의 사무를 처리하는 자가 그 임무에 위배하는 행위를 한 것으로 볼 수 없고, 그러한 담보 제공 등의 행위가 피고인이 위 임야를 甲에게 반환할 의무를 현실적으로 부담하고 있지 아니한 상태에서 행하여진 이상 달라지지 아니하므로, 피고인에게 배임죄가 성립하지 않는다(대판 2011.4.28. 2011도3247).

[ㄷ ▸ X] 부동산소유자인 甲의 이중매매행위에 적극 가담한 丙은 구체적 사정에 따라 배임죄의 공동정범이나 공범이 되나, 甲에 의하여 이중매매에 제공된 부동산은 재산범죄로 인하여 영득한 재물이 아니므로, 丙에게는 장물취득죄가 성립하지 아니한다.

[ㄹ ▸ X] 입주자대표회의 회장이 지출결의서에 날인을 거부함으로써 아파트입주자들에게 그 연체료를 부담시킨 경우, 열 사용요금 납부연체로 인하여 발생한 연체료는 금전채무 불이행으로 인한 손해배상에 해당하므로, 공급업체가 연체료를 지급받았다는 사실만으로 공급업체가 그에 해당하는 재산상의 이익을 취득하게 된 것으로 단정하기 어렵고, 나아가 공급업체가 열 사용요금 연체로 인하여 실제로는 아무런 손해를 입지 않았거나 연체료 액수보다 적은 손해를 입었다는 등의 특별한 사정이 인정되는 경우에 한하여 비로소 연체료 내지 연체료 금액에서 실제 손해액을 공제한 차액에 해당하는 재산상의 이익을 취득한 것으로 볼 수 있을 뿐이므로, 업무상 배임죄가 성립하지 아니한다(대판 2009.6.25. 2008도3792).

[ㅁ ▸ O] 이른바 LBO(Leveraged Buyout)방식의 기업인수과정에서, 인수자가 제3자가 주 채무자인 대출금채무에 대하여 아무런 대가 없이 피인수회사의 재산을 담보로 제공하였다면, 설사 주 채무자인 제3자가 대출원리금 상당의 정리채권 등을 담보로 제공하고 있었다고 하더라도, 피인수회사로서는 이로 인하여 그 담보가치 상당의 재산상 손해를 입었다고 할 것이므로 배임죄가 성립한다(대판 2008.2.28. 2007도5987).

2018년 변호사시험 문 19. ☑ 확인 Check! O △ X

배임죄에 관한 설명 중 옳은 것을 모두 고른 것은?(다툼이 있는 경우 판례에 의함)

ㄱ. 타인 소유의 특허권을 명의신탁받아 관리하는 업무를 수행해 오다가 제3자로부터 특허권을 이전해 달라는 제의를 받고 대금을 지급받고는 그 타인의 승낙도 받지 않은 채 제3자 앞으로 특허권을 이전등록한 경우에는 업무상 배임죄가 성립한다.
ㄴ. 회사 직원이 영업비밀을 적법하게 반출하여 그 반출행위가 업무상 배임죄에 해당하지 않는 경우라도, 퇴사 시에 회사에 반환해야 할 의무가 있는 영업비밀을 회사에 반환하지 아니하였다면 업무상 배임죄가 성립한다.
ㄷ. 거래상대방의 대향적 행위의 존재를 필요로 하는 유형의 배임죄에서 배임죄의 실행으로 이익을 얻게 되는 수익자는 배임죄의 공범이 되는 것이 원칙이다.
ㄹ. 배임행위가 본인 이외의 제3자에 대한 사기죄를 구성한다 하더라도 그로 인하여 본인에게 손해가 생긴 때에는 사기죄와 함께 배임죄가 성립하고, 두 죄는 상상적 경합의 관계에 있다.
ㅁ. 동산매매계약에서 매도인은 매수인에 대하여 그의 사무를 처리하는 지위에 있지 아니하므로, 매도인이 목적물을 매수인에게 인도하지 아니하고 이를 타에 처분하였다 하더라도 배임죄가 성립하지 않는다.

① ㄱ, ㄴ, ㄷ ② ㄱ, ㄴ, ㅁ ③ ㄱ, ㄷ, ㄹ
④ ㄴ, ㄹ, ㅁ ⑤ ㄷ, ㄹ, ㅁ

정답 ②

[ㄱ▸O] 타인 소유의 특허권을 명의신탁받아 관리하는 업무를 수행해 오다가 제3자로부터 특허권을 이전해 달라는 제의를 받고 대금을 지급받고는 그 타인의 승낙도 받지 않은 채 제3자 앞으로 특허권을 이전등록한 경우에는 업무상 배임죄가 성립한다(대판 2016.10.13. 2014도17211).

[ㄴ▸O] 업무상 배임죄의 주체는 타인의 사무를 처리하는 지위에 있어야 한다. 따라서 회사 직원이 재직 중에 영업비밀 또는 영업상 주요한 자산을 경쟁업체에 유출하거나 스스로의 이익을 위하여 이용할 목적으로 무단으로 반출하였다면 타인의 사무를 처리하는 자로서 업무상의 임무에 위배하여 유출 또는 반출한 것이어서 유출 또는 반출 시에 업무상 배임죄의 기수가 된다. 또한 회사 직원이 영업비밀 등을 적법하게 반출하여 반출행위가 업무상 배임죄에 해당하지 않는 경우라도, 퇴사 시에 영업비밀 등을 회사에 반환하거나 폐기할 의무가 있음에도 경쟁업체에 유출하거나 스스로의 이익을 위하여 이용할 목적으로 이를 반환하거나 폐기하지 아니하였다면, 이러한 행위 역시 퇴사 시에 업무상 배임죄의 기수가 된다(대판 2017.6.29. 2017도3808).

[ㄷ▸X] 거래상대방의 대향적 행위의 존재를 필요로 하는 유형의 배임죄에 있어서 거래상대방으로서는 기본적으로 배임행위의 실행행위자와는 별개의 이해관계를 가지고 반대편에서 독자적으로 거래에 임한다는 점을 감안할 때, 거래상대방이 배임행위를 교사하거나 그 배임행위의 전 과정에 관여하는 등으로 배임행위에 적극 가담함으로써 그 실행행위자와의 계약이 반사회적 법률행위에 해당하여 무효로 되는 경우 배임죄의 교사범 또는 공동정범이 될 수 있음은 별론으로 하고, 관여의 정도가 거기에까지 이르지 아니하여 법질서 전체적인 관점에서 살펴볼 때 사회적 상당성을 갖춘 경우에 있어서는 비록 정범의 행위가 배임행위에 해당한다는 점을 알고 거래에 임하였다는 사정이 있어 외견상 방조행위로 평가될 수 있는 행위가 있었다 할지라도 범죄를 구성할 정도의 위법성은 없다고 봄이 상당하다(대판 2005.10.28. 2005도4915).

[ㄹ▸X] [1] 본인에 대한 배임행위가 본인 이외의 제3자에 대한 사기죄를 구성한다 하더라도 그로 인하여 본인에게 손해가 생긴 때에는 사기죄와 함께 배임죄가 성립한다.
[2] 피고인이 이 사건 각 건물에 관하여 전세임대차계약을 체결할 권한이 없음에도 임차인들을 속이고 전세임대차계약을 체결하여 그 임차인들로부터 전세보증금 명목으로 돈을 교부받은 행위는 건물주인 공소외인이 민사적으로 임차인들에게 전세보증금반환채무를 부담하는지 여부와 관계없이 사기죄에 해당하고, 이 사건 각 건물에 관하여 전세임대차계약이 아닌 월세임대차계약을 체결하여야 할 업무상 임무를 위반하여 전세임대차계약을 체결하여 그 건물주인 피해자 공소외인으로 하여금 전세보증금반환채무를 부담하게 한 행위는 위 사기죄와 별도로 업무상 배임죄에 해당한다(대판 2010.11.11. 2010도10690).

[ㅁ▸O] 매매의 목적물이 동산일 경우, 매도인은 매수인에게 계약에 정한 바에 따라 그 목적물인 동산을 인도함으로써 계약의 이행을 완료하게 되고 그때 매수인은 매매목적물에 대한 권리를 취득하게 되는 것이므로, 매도인에게 자기의 사무인 동산인도채무 외에 별도로 매수인의 재산의 보호 내지 관리행위에 협력할 의무가 있다고 할 수 없다. 동산매매계약에서의 매도인은 매수인에 대하여 그의 사무를 처리하는 지위에 있지 아니하므로, 매도인이 목적물을 매수인에게 인도하지 아니하고 이를 타에 처분하였다 하더라도 형법상 배임죄가 성립하는 것은 아니다(대판 2011.1.20. 2008도10479[전합]).

2017년 변호사시험 문 14. ☑ 확인Check! ○ △ ×

재산죄에 관한 설명 중 옳은 것(○)과 옳지 않은 것(×)을 올바르게 조합한 것은?(다툼이 있는 경우 판례에 의함)

ㄱ. 주유소 운영자가 농·어민 등에게 조세특례제한법에 정한 면세유를 공급한 것처럼 위조한 유류공급확인서로 정유회사를 기망하여 면세유를 공급받은 경우, 국가 또는 지방자치단체에 대한 사기죄를 구성하지 않는다.

ㄴ. 법인의 대표자 또는 피용자가 법인 명의로 한 채무부담행위가 관련 법령에 위배되어 법률상 효력이 없는 경우에는 그로 인하여 법인에게 어떠한 손해가 발생한다고 할 수 없으므로, 그 행위로 인하여 법인이 민법상 사용자책임 또는 법인의 불법행위책임을 부담하는 등의 특별한 사정이 없는 한 그 대표자 또는 피용자의 행위는 배임죄를 구성하지 아니한다.

ㄷ. 절도범이 체포를 면탈할 목적으로 여러 명의 피해자에게 같은 기회에 폭행을 가하여 그중 1인에게만 상해를 가한 경우 포괄하여 하나의 강도상해죄가 성립한다.

ㄹ. 회사의 대표이사가 대표권을 남용하여 회사 명의의 약속어음을 발행하였다면, 비록 상대방이 그 남용의 사실을 알았거나 중대한 과실로 알지 못하여 회사가 상대방에 대하여는 채무를 부담하지 아니한다 하더라도 그 약속어음이 제3자에게 유통되지 아니한다는 특별한 사정이 없는 한 회사에 대하여 업무상 배임죄에서의 재산상 실해 발생의 위험이 초래되었다 할 것이다.

ㅁ. 통정허위표시로서 무효인 임대차계약에 기초하여 임차권등기를 마침으로써 외형상 임차인으로서 취득하게 된 권리는 사기죄에서의 재산상 이익에 해당하지 않는다.

① ㄱ(×), ㄴ(×), ㄷ(○), ㄹ(○), ㅁ(×)
② ㄱ(×), ㄴ(○), ㄷ(×), ㄹ(×), ㅁ(○)
③ ㄱ(○), ㄴ(○), ㄷ(○), ㄹ(○), ㅁ(×)
④ ㄱ(○), ㄴ(○), ㄷ(○), ㄹ(×), ㅁ(×)
⑤ ㄱ(×), ㄴ(×), ㄷ(×), ㄹ(×), ㅁ(○)

[ㄱ ▸ ○] 기망행위에 의하여 국가적 또는 공공적 법익을 침해한 경우라도 그와 동시에 형법상 사기죄의 보호법익인 재산권을 침해하는 것과 동일하게 평가할 수 있는 때에는 당해 행정법규에서 사기죄의 특별관계에 해당하는 처벌규정을 별도로 두고 있지 않는 한 사기죄가 성립할 수 있다. 그런데 기망행위에 의하여 조세를 포탈하거나 조세의 환급·공제를 받은 경우에는 조세범처벌법 제9조에서 이러한 행위를 처벌하는 규정을 별도로 두고 있을 뿐만 아니라, 조세를 강제적으로 징수하는 국가 또는 지방자치단체의 직접적인 권력작용을 사기죄의 보호법익인 재산권과 동일하게 평가할 수 없는 것이므로 조세범 처벌법 위반죄가 성립함은 별론으로 하고, 형법상 사기죄는 성립하지 않는다(대판 2008.11.27. 2008도7303).

[ㄴ ▸ ×] [ㄹ ▸ ×] [1] 주식회사의 대표이사가 대표권을 남용하는 등 그 임무에 위배하여 회사 명의로 의무를 부담하는 행위를 하더라도 일단 회사의 행위로서 유효하고, 다만 상대방이 대표이사의 진의를 알았거나 알 수 있었을 때에는 회사에 대하여 무효가 된다. 따라서 상대방이 대표권 남용사실을 알았거나 알 수 있었던 경우 그 의무부담행위는 원칙적으로 회사에 대하여 효력이 없고, 경제적 관점에서 보아도 이러한 사실만으로는 회사에 현실적인 손해가 발생하였다거나 실해 발생의 위험이 초래되었다고 평가하기 어려우므로, 달리 그 의무부담행위로 인하여 실제로 채무의 이행이 이루어졌다거나 회사가 민법상 불법행위책임을 부담하게 되었다는 등의 사정이 없는 이상 배임죄의 기수에 이른 것은 아니다. 그러나 이 경우에도 대표이사로서는 배임의 범의로 임무위배행위를 함으로써 실행에 착수한 것이므로 배임죄의 미수범이 된다. 그리고 상대방이 대표권 남용사실을 알지 못하였다는 등의 사정이 있어 그 의무부담행위가 회사에 대하여 유효한 경우에는 회사의 채무가 발생하고 회사는 그 채무를 이행할 의무를 부담하므로, 이러한 채무의 발생은 그 자체로 현실적인 손해 또는 재산상 실해 발생의 위험이라고 할 것이어서 그 채무가 현실적으로 이행되기 전이라도 배임죄의 기수에 이르렀다고 보아야 한다.

정답 정답 없음 [법무부 확정답안 ③]

[2] 주식회사의 대표이사가 대표권을 남용하는 등 그 임무에 위배하여 약속어음 발행을 한 행위가 배임죄에 해당하는지도 원칙적으로 위에서 살펴본 의무부담행위와 마찬가지로 보아야 한다. 다만 약속어음 발행의 경우 어음법상 발행인은 종전의 소지인에 대한 인적 관계로 인한 항변으로써 소지인에게 대항하지 못하므로(어음법 제17조, 제77조), 어음 발행이 무효라 하더라도 그 어음이 실제로 제3자에게 유통되었다면 회사로서는 어음채무를 부담할 위험이 구체적·현실적으로 발생하였다고 보아야 하고, 따라서 그 어음채무가 실제로 이행되기 전이라도 배임죄의 기수범이 된다. 그러나 약속어음 발행이 무효일 뿐만 아니라 그 어음이 유통되지도 않았다면 회사는 어음 발행의 상대방에게 어음채무를 부담하지 않기 때문에 특별한 사정이 없는 한 회사에 현실적으로 손해가 발생하였다거나 실해 발생의 위험이 발생하였다고도 볼 수 없으므로, 이때에는 배임죄의 기수범이 아니라 배임미수죄로 처벌하여야 한다(대판 2017.7.20. 2014도1104[전합]).

[ㄷ ▸ O] 절도범이 체포를 면탈할 목적으로 체포하려는 여러 명의 피해자에게 같은 기회에 폭행을 가하여 그중 1인에게만 상해를 가하였다면 이러한 행위는 포괄하여 하나의 강도상해죄만 성립한다(대판 2001.8.21. 2001도3447).

[ㅁ ▸ X] 임차권등기 이후에는 상가건물 임대차보호법 제3조 제1항의 대항요건을 상실하더라도 이미 취득한 대항력 또는 우선변제권을 상실하지 아니하는 효력이 있으므로, 그 임차권등기의 기초가 되는 임대차계약이 통정허위표시로서 무효라 하더라도, 장차 피신청인의 이의신청 또는 취소신청에 의한 법원의 재판을 거쳐 그 임차권등기가 말소될 때까지는 신청인은 외형상으로 우선변제권 있는 임차인으로서 부동산담보권에 유사한 권리를 취득하게 된다 할 것이니, 이러한 이익은 재산적 가치가 있는 구체적 이익으로서 사기죄의 객체인 재산상 이익에 해당한다고 봄이 상당하다(대판 2012.5.24. 2010도12732).

제8절 장물의 죄 ☆

2012년 변호사시험 문 11. ☑ 확인 Check! ○ △ ✕

甲의 죄책에 관한 판례의 입장 중 옳지 않은 것은?

① 甲이 乙의 명의를 모용하여 발급받은 신용카드로 현금자동지급기에서 현금대출을 받는 행위는 절도죄에 해당한다.
② 금융기관 직원인 甲이 전산단말기를 이용하여 다른 공범들이 지정한 계좌에 허위의 정보를 입력하는 방법으로 입금되도록 한 경우, 그 후 입금이 취소되어 인출하지 못하였다고 하더라도 컴퓨터등사용사기죄가 성립한다.
③ 甲이 예금주인 현금카드소유자 乙을 협박하여 그 카드를 갈취한 다음 乙의 승낙에 의하여 현금카드를 사용할 권한을 부여받아 현금자동지급기에서 현금을 인출한 행위는 포괄하여 하나의 공갈죄를 구성한다.
④ 甲이 허위양도한 부동산의 시가액보다 그 부동산에 의하여 담보된 채무액이 더 많은 경우, 허위양도로 인하여 채권자를 해할 위험이 없으므로 강제집행면탈죄가 성립하지 않는다.
⑤ 甲이 단순히 보수를 받고 본범인 乙을 위하여 장물을 일시사용하거나 사용할 목적으로 장물을 건네받은 것만으로는 장물을 취득한 것으로 볼 수 없다.

[❶ ▸ O] 피고인이 타인의 명의를 모용하여 신용카드를 발급받은 경우, 비록 카드회사가 피고인으로부터 기망을 당한 나머지 피고인에게 피모용자 명의로 발급된 신용카드를 교부하고, 사실상 피고인이 지정한 비밀번호를 입력하여 현금자동지급기에 의한 현금대출(현금서비스)을 받을 수 있도록 하였다 할지라도, 카드회사의 내심의 의사는 물론 표시된 의사도 어디까지나 카드명의인인 피모용자에게 이를 허용하는 데 있을 뿐 피고인에게 이를 허용한 것은 아니라는 점에서, 피고인이 타인의 명의를 모용하여 발급받은 신용카드를 사용하여 현금자동지급기에서 현금대출을 받는 행위는 카드회사에 의하여 미리 포괄적으로 허용된 행위가 아니라, 현금자동지급기의 관리자의 의사에 반하여 그의 지배를 배제한 채 그 현금을 자기의 지배하에 옮겨 놓는 행위로서 절도죄에 해당한다(대판 2006.7.27. 2006도3126).

④ 정답

[❷ ▸ O] 금융기관 직원이 전산단말기를 이용하여 다른 공범들이 지정한 특정 계좌에 돈이 입금된 것처럼 허위의 정보를 입력하는 방법으로 위 계좌로 입금되도록 한 경우, 이러한 입금절차를 완료함으로써 장차 그 계좌에서 이를 인출하여 갈 수 있는 재산상 이익을 취득하였으므로 형법 제347조의2에서 정하는 컴퓨터등사용사기죄는 기수에 이르렀고, 그 후 그러한 입금이 취소되어 현실적으로 인출되지 못하였다고 하더라도 이미 성립한 컴퓨터등사용사기죄에 어떤 영향이 있다고 할 수는 없다(대판 2006.9.14. 2006도4127).

[❸ ▸ O] 예금주인 현금카드소유자를 협박하여 그 카드를 갈취하였고, 하자 있는 의사표시이기는 하지만 피해자의 승낙에 의하여 현금카드를 사용할 권한을 부여받아 이를 이용하여 현금을 인출한 이상, 피해자가 그 승낙의 의사표시를 취소하기까지는 현금카드를 적법, 유효하게 사용할 수 있고, 은행의 경우에도 피해자의 지급정지신청이 없는 한 피해자의 의사에 따라 그의 계산으로 적법하게 예금을 지급할 수밖에 없는 것이므로, 피고인이 피해자로부터 현금카드를 사용한 예금 인출의 승낙을 받고 현금카드를 교부받은 행위와 이를 사용하여 현금자동지급기에서 예금을 여러 번 인출한 행위들은 모두 피해자의 예금을 갈취하고자 하는 피고인의 단일하고 계속된 범의 아래에서 이루어진 일련의 행위로서 포괄하여 하나의 공갈죄를 구성한다고 볼 것이다(대판 1996.9.20. 95도1728).

[❹ ▸ ×] 강제집행면탈죄는 이른바 위태범으로서 강제집행을 당할 구체적인 위험이 있는 상태에서 재산을 은닉, 손괴, 허위양도 또는 허위의 채무를 부담하면 바로 성립하는 것이고, 반드시 채권자를 해하는 결과가 야기되거나 이로 인하여 행위자가 어떤 이득을 취하여야 범죄가 성립하는 것은 아니며, 허위양도한 부동산의 시가액보다 그 부동산에 의하여 담보된 채무액이 더 많다고 하여 그 허위양도로 인하여 채권자를 해할 위험이 없다고 할 수 없다(대판 1999.2.12. 98도2474).

[❺ ▸ O] 장물취득죄에서 '취득'이라고 함은 점유를 이전받음으로써 그 장물에 대하여 사실상의 처분권을 획득하는 것을 의미하는 것이므로, 단순히 보수를 받고 본범을 위하여 장물을 일시사용하거나 그와 같이 사용할 목적으로 장물을 건네받은 것만으로는 장물을 취득한 것으로 볼 수 없다(대판 2003.5.13. 2003도1366).

제9절 손괴의 죄

제10절 권리 행사를 방해하는 죄

2013년 변호사시험 문 15. ☑ 확인Check! O △ X

강제집행면탈죄에 관한 설명 중 옳지 않은 것은?(다툼이 있는 경우에는 판례에 의함)

① 강제집행면탈죄는 채권자의 권리 보호를 주된 보호법익으로 하는 위험범이므로 채권자의 채권이 존재하지 않더라도 강제집행면탈죄가 성립할 수 있다.
② 채무자와 제3채무자 사이에 채무자의 장래청구권이 충분하게 표시되었거나 결정된 법률관계가 존재한다면 동산·부동산뿐만 아니라 장래의 권리도 강제집행면탈죄의 객체에 해당한다.
③ 객관적 구성요건으로 강제집행을 받을 객관적 상태가 요구되며, 이는 민사소송에 의한 강제집행 또는 가압류·가처분 등의 집행을 당할 구체적 염려가 있는 상태를 말한다.
④ 약 18억원 정도의 채무초과상태에 있는 자가 자신이 발행한 약속어음이 부도가 난 경우, 강제집행을 당할 구체적인 위험을 인정할 수 있다.
⑤ 국세징수법에 의한 체납처분은 강제집행면탈죄의 강제집행에 포함되지 않는다.

정답 ①

[❶ ▸ X] 형법 제327조의 강제집행면탈죄는 채권자의 권리 보호를 그 주된 보호법익으로 하고 있는 것이므로 강제집행의 기본이 되는 채권자의 권리, 즉 채권의 존재는 강제집행면탈죄의 성립요건이라 할 것이고, 따라서 그 채권의 존재가 인정되지 않을 때에는 강제집행면탈죄가 성립하지 않는다(대판 2007.7.12. 2007도3005).

[❷ ▸ O] 강제집행면탈죄의 객체인 재산은 채무자의 재산 중에서 채권자가 민사집행법상 강제집행 또는 보전처분의 대상으로 삼을 수 있는 것을 의미하는데, 장래의 권리라도 채무자와 제3채무자 사이에 채무자의 장래청구권이 충분하게 표시되었거나 결정된 법률관계가 존재한다면 재산에 해당하는 것으로 보아야 한다(대판 2011.7.28. 2011도6115).

[❸ ▸ O] [❹ ▸ O] [1] 형법 제327조의 강제집행면탈죄는 강제집행을 당할 구체적인 위험이 있는 상태에서 재산을 은닉, 손괴, 허위양도 또는 허위의 채무를 부담하여 채권자를 해할 때 성립된다 할 것이고, 여기서 집행을 당할 구체적인 위험이 있는 상태란 채권자가 이행청구의 소 또는 그 보전을 위한 가압류, 가처분신청을 제기하거나 제기할 태세를 보인 경우를 말한다.
[2] 약 18억원 정도의 채무초과상태에 있는 피고인 발행의 약속어음이 부도가 난 경우, 강제집행을 당할 구체적인 위험이 있는 상태에 있다고 인정할 수 있다(대판 1999.2.9. 96도3141).

[❺ ▸ O] 형법 제327조의 강제집행면탈죄가 적용되는 강제집행은 민사집행법의 적용대상인 강제집행 또는 가압류 · 가처분 등의 집행을 가리키는 것이므로, 국세징수법에 의한 체납처분을 면탈할 목적으로 재산을 은닉하는 등의 행위는 위 죄의 규율대상에 포함되지 않는다(대판 2012.4.26. 2010도5693).

2017년 변호사시험 문 32.

☑ 확인 Check! ○ △ ×

채무자 甲은 채권자 A의 가압류집행을 면탈할 목적으로, 자신이 제3채무자 乙에 대해 가지고 있는 채권을 2016.12.8. 丙에게 허위로 양도하였다. 한편, A는 甲의 乙에 대한 위 채권에 대하여 2016.12.1. 법원에 가압류신청을 하였고 법원의 가압류결정 정본은 2016.12.8. 乙에게 송달되었다. 이에 관한 설명으로 옳지 않은 것은?(다툼이 있는 경우 판례에 의함)

① 만일 A가 가압류신청을 한 상태가 아니라 甲을 상대로 가압류신청을 할 태세를 보이고 있는 상황이었더라도 甲에게 강제집행면탈죄가 성립할 수 있다.
② 만일 A가 가압류가 아닌 담보권 실행을 위한 경매를 신청한 경우라면 甲에게 강제집행면탈죄가 성립하지 않는다.
③ 검사가 甲을 강제집행면탈죄로 공소제기한 경우, 법원이 가압류결정 정본 송달과 채권양도행위의 선후에 대해 심리 · 판단하지 않고 무죄를 선고하였다면 위법하다.
④ 만일 甲의 乙에 대한 채권이 '장래의 권리'일지라도 甲과 乙 사이에 장래청구권이 충분하게 표시되었거나 결정된 법률관계가 존재한다면 강제집행면탈죄가 성립할 수 있다.
⑤ 위 사안에서 강제집행면탈죄가 성립하는 경우, 공소시효는 甲이 乙에게 채권 양도의 통지를 한 때가 아니라 丙에게 채권을 허위양도한 때부터 진행한다.

[❶ ▸ O] [❸ ▸ O] [1] 형법 제327조의 강제집행면탈죄는 위태범으로서 현실적으로 민사소송법에 의한 강제집행 또는 가압류 · 가처분의 집행을 받을 우려가 있는 객관적인 상태 아래, 즉 채권자가 본안 또는 보전소송을 제기하거나 제기할 태세를 보이고 있는 상태에서 주관적으로 강제집행을 면탈하려는 목적으로 재산을 은닉, 손괴, 허위양도하거나 허위의 채무를 부담하여 채권자를 해할 위험이 있으면 성립하고, 반드시 채권자를 해하는 결과가 야기되거나 행위자가 어떤 이득을 취하여야 범죄가 성립하는 것은 아니다.
[2] 채무자인 피고인이 채권자 甲의 가압류집행을 면탈할 목적으로 제3채무자 乙에 대한 채권을 丙에게 허위양도하였다고 하여 강제집행면탈로 기소된 경우, 가압류결정 정본이 제3채무자에게 송달된 날짜와 피고인이 채권을 양도한 날짜가 동일하므로 가압류결정 정본이 乙에게 송달되기 전에 채권을 허위로 양도하였다면 강제집행면탈죄가 성립하는데도, 가압류결정 정본 송달과 채권양도행위의 선후에 대해 심리 · 판단하지 아니한 채 무죄를 선고한 원심판결에 법리오해 등의 위법이 있다(대판 2012.6.28. 2012도3999).

⑤ 정답

[❷ ▸ ○] 형법 제327조의 강제집행면탈죄가 적용되는 강제집행은 민사집행법 제2편의 적용대상인 '강제집행' 또는 가압류·가처분 등의 집행을 가리키는 것이고, 민사집행법 제3편의 적용대상인 '담보권 실행 등을 위한 경매'를 면탈할 목적으로 재산을 은닉하는 등의 행위는 위 죄의 규율대상에 포함되지 않는다(대판 2015.3.26. 2014도14909).

[❹ ▸ ○] 강제집행면탈죄의 객체인 재산은 채무자의 재산 중에서 채권자가 민사집행법상 강제집행 또는 보전처분의 대상으로 삼을 수 있는 것을 의미하는데, 장래의 권리라도 채무자와 제3채무자 사이에 채무자의 장래청구권이 충분하게 표시되었거나 결정된 법률관계가 존재한다면 재산에 해당하는 것으로 보아야 한다(대판 2011.7.28. 2011도6115).

[❺ ▸ ×] 강제집행면탈죄는 채권자의 권리 실현의 이익을 보호법익으로 하는데, 강제집행면탈의 목적으로 채무자가 그의 제3채무자에 대한 채권을 허위로 양도한 경우에 제3채무자에게 채권 양도의 통지가 행하여짐으로써 통상 제3채무자가 채권 귀속의 변동을 인식할 수 있게 된 시점에서는 채권 실현의 이익이 해하여질 위험이 실제로 발현되었다고 할 것이므로, 늦어도 그 통지가 있는 때에는 그 범죄행위가 종료하여 그때부터 공소시효가 진행된다고 볼 것이다(대판 2011.10.13. 2011도6855).

2016년 변호사시험 문 4. ☑ 확인 Check! ○ △ ×

강제집행면탈죄에 관한 설명 중 옳은 것은?(다툼이 있는 경우 판례에 의함)

① 이른바 계약명의신탁의 방식으로 명의수탁자가 당사자가 되어 소유자와 부동산에 관한 매매계약을 체결하고 그 명의로 소유권이전등기를 마친 경우, 채무자인 명의신탁자에게 강제집행면탈죄가 성립될 여지는 없다.

② 甲과 乙이 공모하여 甲의 채권자를 해하기 위하여 허위의 채무를 부담하는 내용의 공정증서를 작성하고 그 공정증서에 기하여 법원으로부터 채권압류 및 추심명령을 받은 뒤 배당을 받았다면, 적어도 채권자를 해하는 결과가 야기된 시점은 배당일이므로 그때부터 강제집행면탈죄의 공소시효가 진행한다.

③ 甲이 자신을 상대로 사실혼관계 부당파기로 인한 손해배상청구소송을 제기한 A에 대한 채무를 면탈하기 위하여 A와 함께 거주하던 甲 명의 아파트를 담보로 10억원을 대출받아 그중 8억원을 타인 명의 계좌로 입금하였다면, 비록 甲이 A의 甲에 대한 위자료 등 채권액을 훨씬 상회하는 다른 재산이 있다고 하더라도 강제집행면탈죄가 성립한다.

④ 채권자 A가 甲에 대한 연체차임채권을 확보하기 위하여 甲이 임차하여 운영하는 주유소의 신용카드 매출채권을 가압류하자, 甲이 강제집행을 면탈할 목적으로 그 즉시 타인 명의의 신용카드 결제단말기를 빌려와 수개월 동안 주유대금 결제에 사용하는 수법으로 주유소의 신용카드 매출채권을 은닉한 경우, 비록 甲이 위 가압류 이전부터 A에 대하여 연체차임을 상회하는 보증금반환채권을 보유하고 있음을 근거로 은닉행위 이후 상계의 의사표시를 함으로써 A의 연체차임채권이 모두 소멸되었다고 하더라도 강제집행면탈죄가 성립한다.

⑤ 채무자인 甲이 채권자 A의 가압류집행을 면탈할 목적으로 제3채무자 B에 대한 채권을 C에게 허위양도한 경우, 가압류결정 정본이 B에게 송달된 날짜와 甲이 C에게 채권을 양도한 날짜가 동일하다면 시간상 채권 양도가 가압류결정 정본 송달보다 먼저 이루어졌더라도 강제집행면탈죄가 성립하지 않는다.

[❶ ▸ ○] 명의신탁자와 명의수탁자가 이른바 계약명의신탁약정을 맺고 명의수탁자가 당사자가 되어 명의신탁약정이 있다는 사실을 알지 못하는 소유자와 부동산에 관한 매매계약을 체결한 후 그 매매계약에 따라 당해 부동산의 소유권이전등기를 명의수탁자 명의로 마친 경우에는, 명의신탁자와 명의수탁자 사이의 명의신탁약정의 무효에도 불구하고 부동산 실권리자명의 등기에 관한 법률 제4조 제2항 단서에 의하여 그 명의수탁자는 당해 부동산의 완전한 소유권을 취득한다. 이와 달리 소유자가 계약명의신탁약정이 있다는 사실을 안 경우에는 수탁자 명의의 소유권이전등기는 무효이고 당해 부동산의 소유권은 매도인이 그대로 보유하게 된다. 어느 경우든지 명의신탁자는 그 매매계약에 의해서는 당해 부동산의 소유권을 취득하지 못하게 되어, 결국 그 부동산은 명의신탁자에 대한 강제집행이나 보전처분의 대상이 될 수 없다(대판 2009.5.14. 2007도2168).

정답 ①

[❷ ▸ ×] 허위의 채무를 부담하는 내용의 채무변제계약 공정증서를 작성한 후 이에 기하여 채권압류 및 추심명령을 받은 때에, 강제집행면탈죄가 성립함과 동시에 그 범죄행위가 종료되어 공소시효가 진행한다(대판 2009.5.28. 2009도875).

[❸ ▸ ×] 피고인이 자신을 상대로 사실혼관계해소청구소송을 제기한 甲에 대한 채무를 면탈하려고 피고인 명의 아파트를 담보로 10억원을 대출받아 그중 8억원을 타인 명의 계좌로 입금하여 은닉하였다고 하여 강제집행면탈죄로 기소된 경우, 피고인의 재산은닉행위 당시 甲의 재산분할청구권은 존재하였다고 보기 어렵고, 가사사건 제1심판결에 근거하여 위자료 4,000만원의 채권이 존재한다는 사실이 증명되었다고 볼 여지가 있었을 뿐이므로, 피고인에게 위자료채권액을 훨씬 상회하는 다른 재산이 있었던 이상 강제집행면탈죄는 성립하지 않는다고 보아야 한다(대판 2011.9.8. 2011도5165).

[❹ ▸ ×] [1] 상계의 의사표시가 있는 경우에는 각 채무는 상계할 수 있는 때에 소급하여 대등액에 관하여 소멸한 것으로 보게 된다. 따라서 상계로 인하여 소멸한 것으로 보게 되는 채권에 관하여는 상계의 효력이 발생하는 시점 이후에는 채권의 존재가 인정되지 않으므로 강제집행면탈죄가 성립하지 않는다.
[2] 피고인이 妻 甲 명의로 임차하여 운영하는 주유소의 주유대금 신용카드 결제를, 별도로 운영하는 다른 주유소의 신용카드 결제단말기로 처리함으로써 甲 명의 주유소의 매출채권을 다른 주유소의 매출채권으로 바꾸는 수법으로 은닉하여 甲에 대하여 연체차임 등 채권이 있어 甲 명의 주유소의 매출채권을 가압류한 乙 주식회사의 강제집행을 면탈하였다는 내용으로 기소된 경우, 乙 회사가 甲을 상대로 미지급차임 등의 지급을 구하는 민사소송을 제기하였으나 甲이 임대차보증금반환채권으로 상계한다는 주장을 하여 乙 회사의 청구가 기각된 판결이 확정된 사정에 비추어, 상계의 의사표시에 따라 乙 회사의 차임채권 등은 채권 발생일에 임대차보증금반환채권과 대등액으로 상계되어 소멸되었으므로 피고인의 행위 당시 乙 회사의 채권의 존재가 인정되지 아니하여 강제집행면탈죄가 성립하지 않는다(대판 2012.8.30. 2011도2252).

[❺ ▸ ×] 채무자인 피고인이 채권자 甲의 가압류집행을 면탈할 목적으로 제3채무자 乙에 대한 채권을 丙에게 허위양도하였다고 하여 강제집행면탈로 기소된 경우, 가압류결정 정본이 제3채무자에게 송달된 날짜와 피고인이 채권을 양도한 날짜가 동일하므로 가압류결정 정본이 乙에게 송달되기 전에 채권을 허위로 양도하였다면 강제집행면탈죄가 성립한다(대판 2012.6.28. 2012도3999).

2020년 변호사시험 문 22. ☑ 확인Check! ○ △ ×

甲은 乙에게 3억원의 금전채무를 지고 있다. 변제기가 지났는데도 甲이 위 채무를 변제하지 못하자 乙은 甲에게 2주 내로 돈을 갚지 않으면 민사소송을 제기하겠다는 취지의 내용증명우편을 발송하였고, 이를 받은 甲은 유일한 재산인 자기 명의의 아파트를 丙에게 매도하였다. 그러나 사실 甲은 丙과 통모하여 실제 매매대금을 주고받은 사실 없이 丙의 명의로 소유권이전등기만 마쳤다. 이에 관한 설명 중 옳은 것을 모두 고른 것은?(다툼이 있는 경우 판례에 의함)

ㄱ. 강제집행면탈죄는 채권자가 민사소송을 제기하거나 가압류, 가처분의 신청을 할 기세를 보이고 있는 상태인 경우에도 성립하므로, 위 사례에서 甲은 강제집행면탈의 죄책을 진다.
ㄴ. 만약 丙이 위와 같은 사정을 전혀 모르는 상태에서 甲에게 정당한 매매대금을 지급하고 아파트를 매수한 경우라면 甲에게 강제집행을 면탈할 의도가 있었다고 하더라도 강제집행면탈죄가 성립하지 아니한다.
ㄷ. 만약 甲이 강제집행을 면할 목적으로 丙에게 허위채무를 부담하고 아파트에 근저당권설정등기를 마쳐 주었다면 강제집행면탈죄가 성립하지 않는다.
ㄹ. 만약 위 사례에서 甲이 丙에게 아파트를 양도한 시점에 甲에게 乙의 집행을 확보하기에 충분한 다른 재산이 있다고 하더라도 강제집행면탈죄가 성립한다.

① ㄱ, ㄴ ② ㄴ, ㄷ ③ ㄱ, ㄴ, ㄷ
④ ㄱ, ㄷ, ㄹ ⑤ ㄱ, ㄴ, ㄷ, ㄹ

① 정답

[ㄱ ▸ O] 형법 제327조의 강제집행면탈죄는 위태범으로서 현실적으로 민사소송법에 의한 강제집행 또는 가압류・가처분의 집행을 받을 우려가 있는 객관적인 상태 아래, 즉 채권자가 본안 또는 보전소송을 제기하거나 제기할 태세를 보이고 있는 상태에서 주관적으로 강제집행을 면탈하려는 목적으로 재산을 은닉, 손괴, 허위양도하거나 허위의 채무를 부담하여 채권자를 해할 위험이 있으면 성립하고, 반드시 채권자를 해하는 결과가 야기되거나 행위자가 어떤 이득을 취하여야 범죄가 성립하는 것은 아니다(대판 2012.6.28. 2012도3999).

[ㄴ ▸ O] 강제집행면탈죄에 있어서 허위양도라 함은 실제로 양도의 진의가 없음에도 불구하고 표면상 양도의 형식을 취하여 재산의 소유명의를 변경시키는 것이고, 은닉이라 함은 강제집행을 실시하는 자가 채무자의 재산을 발견하는 것을 불능 또는 곤란하게 만드는 것을 말하는바, 진의에 의하여 재산을 양도하였다면 설령 그것이 강제집행을 면탈할 목적으로 이루어진 것으로서 채권자의 불이익을 초래하는 결과가 되었다고 하더라도 강제집행면탈죄의 허위양도 또는 은닉에는 해당하지 아니한다고 보아야 할 것이며, 한편 그와 같은 행위로 인하여 채권자를 해할 위험이 있으면 강제집행면탈죄가 성립하고 반드시 현실적으로 채권자를 해하는 결과가 야기되어야만 강제집행면탈죄가 성립하는 것은 아니다(대판 1998.9.8. 98도1949).

[ㄷ ▸ X] 피고인이 강제집행을 면할 목적으로 허위채무를 부담하고 근저당권설정등기를 경료하여 줌으로써 채권자를 해하였다고 인정된다면 설혹 피고인이 그 근저당권이 설정된 부동산 외에 약간의 다른 재산이 있더라도 강제집행면탈죄가 성립된다(대판 1990.3.23. 89도2506).

[ㄹ ▸ X] 강제집행의 기본이 되는 채권자의 권리, 즉 채권의 존재는 강제집행면탈죄의 성립요건으로서 채권의 존재가 인정되지 않을 때에는 강제집행면탈죄는 성립하지 않는다. 그리고 채권이 존재하는 경우에도 채무자의 재산 은닉 등 행위시를 기준으로 채무자에게 채권자의 집행을 확보하기에 충분한 다른 재산이 있었다면 채권자를 해하였거나 해할 우려가 있다고 쉽사리 단정할 것이 아니다(대판 2011.9.8. 2011도5165).

2013년 변호사시험 문 18. ☑ 확인 Check! O △ X

재산범죄에 관한 설명 중 옳은 것을 모두 고른 것은?(다툼이 있는 경우에는 판례에 의함)

가. 장물인 귀금속의 매도를 부탁받은 甲이 그 귀금속이 장물임을 알면서도 매매를 중개하고 매수인에게 이를 전달하려다가 매수인을 만나기 전에 체포된 경우에는 위 귀금속의 매매를 중개함으로 인한 장물알선죄가 성립하지 않는다.
나. 렌터카회사의 공동대표이사 중 1인인 A가 회사 보유 차량을 자신의 개인적인 채무담보 명목으로 B에게 넘겨준 후, 렌터카회사와 B 사이에 법적 분쟁이 진행 중에 다른 공동대표이사인 甲이 위 차량을 몰래 회수하도록 한 경우 위 B의 점유는 권리행사방해죄의 보호대상인 점유에 해당하지 않는다.
다. 무효인 경매절차에서 경매목적물을 경락받아 이를 점유하고 있는 낙찰자의 점유는 적법한 점유로서, 동시이행항변권을 가지고 있는 점유자는 권리행사방해죄에 있어서의 타인의 물건을 점유하고 있는 자라고 할 것이다.
라. 불법원인급여에 해당하여 급여자가 수익자에 대한 반환청구권을 행사할 수 없다고 하더라도 수익자가 기망을 통하여 급여자로 하여금 불법원인급여에 해당하는 재물을 제공하도록 하였다면 사기죄가 성립한다.
마. 소송비용을 편취할 의사로 소송비용의 지급을 구하는 손해배상청구의 소를 제기한 경우에는 사기죄의 불가벌적 불능범에 해당한다.

① 가, 나, 마 ② 가, 다, 마 ③ 나, 다, 라
④ 나, 라, 마 ⑤ 다, 라, 마

정답 ⑤

[가 ▸ ×] 형법 제362조 제2항에 정한 장물알선죄에서 '알선'이란 장물을 취득·양도·운반·보관하려는 당사자 사이에 서서 이를 중개하거나 편의를 도모하는 것을 의미한다. 따라서 장물인 정을 알면서, 장물을 취득·양도·운반·보관하려는 당사자 사이에 서서 서로를 연결하여 장물의 취득·양도·운반·보관행위를 중개하거나 편의를 도모하였다면, 그 알선에 의하여 당사자 사이에 실제로 장물의 취득·양도·운반·보관에 관한 계약이 성립하지 아니하였거나 장물의 점유가 현실적으로 이전되지 아니한 경우라도 장물알선죄가 성립한다(대판 2009.4.23. 2009도1203).

[나 ▸ ×] 렌트카회사의 공동대표이사 중 1인이 회사 보유 차량을 자신의 개인적인 채무담보 명목으로 피해자에게 넘겨주었는데 다른 공동대표이사인 피고인이 위 차량을 몰래 회수하도록 한 경우, 위 피해자의 점유는 권리행사방해죄의 보호대상인 점유에 해당한다(대판 2006.3.23. 2005도4455).

[다 ▸ ○] 쌍무계약이 무효로 되어 각 당사자가 서로 취득한 것을 반환하여야 할 경우, 어느 일방의 당사자에게만 먼저 그 반환의무의 이행이 강제된다면 공평과 신의칙에 위배되는 결과가 되므로 각 당사자의 반환의무는 동시이행관계에 있다고 보아 민법 제536조를 준용함이 옳다고 해석되고, 이러한 법리는 경매절차가 무효로 된 경우에도 마찬가지라고 할 것이므로, 무효인 경매절차에서 경매목적물을 경락받아 이를 점유하고 있는 낙찰자의 점유는 적법한 점유로서 그 점유자는 권리행사방해죄에 있어서의 타인의 물건을 점유하고 있는 자라고 할 것이다(대판 2003.11.28. 2003도4257).

[라 ▸ ○] 민법 제746조의 불법원인급여에 해당하여 급여자가 수익자에 대한 반환청구권을 행사할 수 없다고 하더라도, 수익자가 기망을 통하여 급여자로 하여금 불법원인급여에 해당하는 재물을 제공하도록 하였다면 사기죄가 성립한다고 할 것이다(대판 2006.11.23. 2006도6795).

[마 ▸ ○] [1] 불능범의 판단기준으로서 위험성 판단은 피고인이 행위 당시에 인식한 사정을 놓고 이것이 객관적으로 일반인의 판단으로 보아 결과 발생의 가능성이 있느냐를 따져야 한다.
[2] 소송비용을 편취할 의사로 소송비용의 지급을 구하는 손해배상청구의 소를 제기한 경우, 사기죄의 불능범에 해당한다(대판 2005.12.8. 2005도8105).

2017년 변호사시험 문 15. ☑ 확인Check! ○ △ ×

甲의 죄책에 관한 설명 중 옳지 않은 것은?(다툼이 있는 경우 판례에 의함)

① 甲이 피해자 A의 케이티전화카드(한국통신의 후불식 통신카드)를 절취하여 전화통화에 이용하였으나 A가 통신요금을 납부할 책임을 부담한다면 편의시설부정이용죄는 성립하지 않는다.
② 甲이 장물인 귀금속의 매도를 부탁받은 후 그 귀금속이 장물임을 알면서도 그 매매를 중개하고 매수인에게 이를 전달하기 위해 매수인을 만나러 가는 도중에 체포되었더라도 장물알선죄는 성립한다.
③ 차량의 실소유자인 甲은 자동차등록원부에 제3자인 B의 명의로 등록되어 있는 그 차량을 A에게 자신의 채무에 대한 담보로 제공하였는데, 甲이 A와 사이가 나빠지자 A의 승낙을 받지 않고 미리 소지하고 있던 위 차량의 보조키를 이용하여 위 차량을 운전하여 가져가 버린 경우, 권리행사방해죄는 성립하지 않는다.
④ 甲은 장기간 세금 납부를 하지 않고 도망 다니던 중 처로부터 체납처분 관련 서류가 집으로 배달되었다는 연락을 받자 이를 면탈할 목적으로 자신의 소유 아파트를 친구에게 허위양도한 경우, 강제집행면탈죄가 성립한다.
⑤ 甲은 A조합 이사장으로서 A조합이 주관하는 지역축제의 대행기획사를 선정하는 과정에서 최종 기획사로 선정될 경우 조합운영비를 지원하겠다는 B회사의 약속에 따라 위 축제가 끝난 후 B회사로부터 A조합운영비 명목으로 5,000만원을 교부받아 A조합운영비로 사용하였다면 배임수재죄가 성립하지 않는다.

④ 정답

[❶ ▸ ○] 형법 제348조의2에서 규정하는 편의시설부정이용의 죄는 부정한 방법으로 대가를 지급하지 아니하고 자동판매기, 공중전화 기타 유료자동설비를 이용하여 재물 또는 재산상의 이익을 취득하는 행위를 범죄구성요건으로 하고 있는데, 타인의 전화카드(한국통신의 후불식 통신카드)를 절취하여 전화통화에 이용한 경우에는 통신카드서비스 이용계약을 한 피해자가 그 통신요금을 납부할 책임을 부담하게 되므로, 이러한 경우에는 피고인이 '대가를 지급하지 아니하고' 공중전화를 이용한 경우에 해당한다고 볼 수 없어 편의시설부정이용의 죄를 구성하지 않는다(대판 2001.9.25. 2001도3625).

[❷ ▸ ○] 형법 제362조 제2항에 정한 장물알선죄에서 '알선'이란 장물을 취득·양도·운반·보관하려는 당사자 사이에 서서 이를 중개하거나 편의를 도모하는 것을 의미한다. 따라서 장물인 정을 알면서, 장물을 취득·양도·운반·보관하려는 당사자 사이에 서서 서로를 연결하여 장물의 취득·양도·운반·보관행위를 중개하거나 편의를 도모하였다면, 그 알선에 의하여 당사자 사이에 실제로 장물의 취득·양도·운반·보관에 관한 계약이 성립하지 아니하였거나 장물의 점유가 현실적으로 이전되지 아니한 경우라도 장물알선죄가 성립한다(대판 2009.4.23. 2009도1203).

[❸ ▸ ○] [1] 형법 제323조의 권리행사방해죄는 타인의 점유 또는 권리의 목적이 된 자기의 물건을 취거, 은닉 또는 손괴하여 타인의 권리 행사를 방해함으로써 성립하는 것이므로, 그 취거, 은닉 또는 손괴한 물건이 자기의 물건이 아니라면 권리행사방해죄가 성립할 여지가 없다.
[2] 피고인이 피해자에게 담보로 제공한 차량이 그 자동차등록원부에 타인 명의로 등록되어 있는 이상 그 차량은 피고인의 소유가 아니므로, 피고인이 피해자의 승낙 없이 미리 소지하고 있던 위 차량의 보조키를 이용하여 이를 운전하여 간 행위는 권리행사방해죄를 구성하지 않는다(대판 2005.11.10. 2005도6604).

[❹ ▸ ×] 형법 제327조의 강제집행면탈죄가 적용되는 강제집행은 민사집행법의 적용대상인 강제집행 또는 가압류·가처분 등의 집행을 가리키는 것이므로, 국세징수법에 의한 체납처분을 면탈할 목적으로 재산을 은닉하는 등의 행위는 위 죄의 규율대상에 포함되지 않는다(대판 2012.4.26. 2010도5693).

[❺ ▸ ○] 조합 이사장이 조합이 주관하는 도자기 축제의 대행기획사를 선정하는 과정에서 최종 기획사로 선정된 회사로부터 조합운영비 지급을 약속받고 위 축제가 끝난 후 조합운영비 명목으로 현금 3,000만원을 교부받아 조합운영비로 사용한 경우, 이사장이 개인적인 이익을 위해서가 아니라 조합의 이사장으로서 위 금원을 받아 조합의 운영경비로 사용한 것이므로, 배임수재죄는 성립하지 아니한다(대판 2008.4.24. 2006도1202).

CHAPTER 06

공공의 안전과 평온에 관한 죄

형 법

각 문항별로 이해도를 체크해 보세요.

최근 5년간 회별 평균 0.2문

제1절 방화와 실화의 죄

2017년 변호사시험 문 12.

☑ 확인Check! ○ △ ×

다음 설명 중 옳지 않은 것은?(다툼이 있는 경우 판례에 의함)

① 부작위에 의한 현주건조물방화치사죄가 성립하기 위하여는, 부작위자에게 법률상의 소화의무가 인정되는 외에 소화의 가능성 및 용이성이 있어야 한다.

② 자기가 점유하는 타인의 재물을 그 타인을 기망하여 횡령한 경우, 횡령죄만 성립한다.

③ 전자충격기를 사용하여 피해자에게 강간을 시도하다가 미수에 그치고 약 2주간의 치료를 요하는 상해에 이르게 한 경우, 성폭력범죄의 처벌 등에 관한 특례법상의 특수강간치상죄가 성립한다.

④ 교통방해치사상죄가 성립하려면 교통방해행위가 피해자의 사상이라는 결과를 발생하게 한 유일하거나 직접적인 원인이 될 필요가 없고, 그 행위와 결과 사이에 피해자나 제3자의 과실 등 다른 사실이 개재된 경우라도 그와 같은 사실이 통상 예견될 수 있는 것이라면 상당인과관계를 인정할 수 있다.

⑤ 피해자의 재물을 강취한 후 그를 살해할 목적으로 현주건조물에 방화하여 사망에 이르게 한 경우, 강도살인죄는 현주건조물방화치사죄에 대하여 특별관계에 있다.

[❶ ▸ ○] 부작위에 의한 현주건조물방화치사 및 현주건조물방화치상죄가 성립하기 위하여는, 피고인에게 법률상의 소화의무가 인정되는 외에 소화의 가능성 및 용이성이 있었음에도 피고인이 그 소화의무에 위배하여 이미 발생한 화력을 방치함으로써 소훼의 결과를 발생시켜야 하는 것이다(대판 2010.1.14. 2009도12109).

[❷ ▸ ○] 자기가 점유하는 타인의 재물을 횡령하기 위하여 기망수단을 쓴 경우에는 피기망자에 의한 재산처분행위가 없으므로 일반적으로 횡령죄만 성립되고 사기죄는 성립되지 아니한다(대판 1980.12.9. 80도1177).

[❸ ▸ ○] 위험한 물건인 전자충격기를 사용하여 강간을 시도하다가 미수에 그치고, 피해자에게 약 2주간의 치료를 요하는 안면부 좌상 등의 상해를 입힌 경우, 성폭력범죄의 처벌 및 피해자보호 등에 관한 법률에 의한 특수강간치상죄가 성립한다(대판 2008.4.24. 2007도10058).

[❹ ▸ ○] 형법 제188조에 규정된 교통방해에 의한 치사상죄는 결과적 가중범이므로, 위 죄가 성립하려면 교통방해행위와 사상(死傷)의 결과 사이에 상당인과관계가 있어야 하고 행위 시에 결과의 발생을 예견할 수 있어야 한다. 그리고 교통방해행위가 피해자의 사상이라는 결과를 발생하게 한 유일하거나 직접적인 원인이 된 경우만이 아니라, 그 행위와 결과 사이에 피해자나 제3자의 과실 등 다른 사실이 개재된 때에도 그와 같은 사실이 통상 예견될 수 있는 것이라면 상당인과관계를 인정할 수 있다(대판 2014.7.24. 2014도6206).

[❺ ▸ ×] 피고인들이 피해자들의 재물을 강취한 후 그들을 살해할 목적으로 현주건조물에 방화하여 사망에 이르게 한 경우, 피고인들의 행위는 강도살인죄와 현주건조물방화치사죄에 모두 해당하고 그 두 죄는 상상적 경합범관계에 있다(대판 1998.12.8. 98도3416).

⑤ 정답

2015년 변호사시험 문 39. ☑ 확인 Check! ○ △ ×

다음 사례에 관한 설명 중 옳지 않은 것은?(다툼이 있는 경우 판례에 의함)

독신인 甲은 보험금을 지급받을 목적으로, 2014.10.1. 23:30 화재보험에 가입된 혼자 사는 자신의 단독주택에 휘발유를 뿌린 뒤 라이터로 불을 붙였다. 때마침 불길에 휩싸인 甲의 주택을 보고 깜짝 놀라 달려 나온 이웃주민 A가 甲을 덮쳐 넘어뜨려 체포하였다. A는 甲을 붙잡은 상태에서 곧바로 경찰서에 신고하였고, 이 신고를 받고 출동한 경찰관 B는 2014.10.2. 00:10 A로부터 甲을 인도받으면서 피의사실의 요지, 체포이유 등을 고지하였다. B는 甲의 자백과 함께 방화범행의 증거물에 대한 조사를 마치고, 검사에게 구속영장을 신청하면서 수사관계서류를 관할 검찰청에 접수하였고, 검사는 같은 날 17:00 관할 법원에 구속영장청구서 및 수사관계서류를 접수시켰다.
관할 법원 영장전담판사는 2014.10.3. 10:00 구속 전 피의자심문절차를 실시하였고, 같은 날 13:00 구속영장을 발부하면서, 수사관계서류를 검찰청에 반환하였다.

① 甲의 방화 당시 위 주택에 甲 이외의 사람이 없었다면 현주건조물방화죄는 성립하지 않는다.
② 甲이 보험금지급청구를 하지 않았다면 사기죄의 실행의 착수는 인정되지 않는다.
③ 甲의 주택이 甲의 단독소유이고, 전세권이나 저당권 등 제한물권이 설정되어 있지 않았다면, 甲의 행위는 자기소유건조물방화죄에 해당한다.
④ A가 甲을 현행범인으로 체포할 당시 甲에게 피의사실의 요지, 체포이유 등을 고지하지 않았다고 하더라도 A의 체포행위는 위법하지 않다.
⑤ B의 구속절차가 적법하다면, B는 2014.10.13. 24:00까지 甲을 검사에게 인치하여야 한다.

[❶ ▸ ○] 현주건조물방화죄의 구성요건요소인 사람은 범인 이외의 모든 자연인을 의미하므로, 甲의 방화 당시 주택에 甲 이외의 사람이 없었다면 현주건조물방화죄는 성립하지 아니한다.

[❷ ▸ ○] 판례에 따르면 보험회사에 보험금지급청구를 한 때에 사기죄의 실행의 착수가 인정되므로, 지문의 경우에는 사기죄의 실행의 착수가 인정되지 아니한다.

[❸ ▸ ×] 자기의 소유에 속하는 물건이라도 압류 기타 강제처분을 받거나 타인의 권리 또는 보험의 목적물이 된 때에는 방화와 실화의 죄의 규정의 적용에 있어서 타인의 물건으로 간주한다(형법 제176조).

[❹ ▸ ○] 사인인 A는 수사기관이 아니므로, 현행범인의 체포 시 고지의무를 부담하지 아니한다.

[❺ ▸ ○] 사법경찰관의 구속기간은 10일이므로, 甲이 체포된 때부터 초일을 산입하여 계산하면 구속기간의 기산점은 2014.10.2.이 되고, 2014.10.11. 24:00에 일단 만료된다(형소법 제202조 · 제203조의2 · 제66조). 다만, 구속 전 피의자심문을 하는 경우에는 법원이 구속영장청구서, 수사관계서류 및 증거물을 접수한 날부터 구속영장을 발부하여 검찰청에 반환한 날까지의 기간은 그 구속기간에 이를 산입하지 아니하므로(동법 제201조의2 제7항), 구속기간은 2일이 연장되어 결국 2014.10.13. 24:00에 만료된다.

정답 ③

2014년 변호사시험 문 12. ☑ 확인 Check! ○ △ ×

甲은 A의 재물을 강취한 후 A를 살해할 목적으로 A가 살고 있는 집에 방화하여 A는 사망하였다. 그 후 수사망을 피해 도피 중이던 甲은 자신의 누나 丁에게 도피자금을 부탁하였고 丁은 甲에게 도피자금을 송금하였다. 한편, 사법경찰관 丙은 丁의 동의를 얻은 후 강도살인과 방화와 관련된 甲과 丁 사이의 통화내용을 녹음하여 녹음테이프를 검사에게 증거로 제출하였다. 이에 관한 설명 중 옳은 것을 모두 고른 것은?(다툼이 있는 경우에는 판례에 의함)

ㄱ. 甲이 A의 재물을 강취한 뒤 A의 집에 방화하여 A를 살해한 행위는 강도살인죄와 현주건조물방화치사죄의 상상적 경합에 해당한다.
ㄴ. 甲이 자신을 위하여 丁으로 하여금 도피자금을 송금하도록 하는 행위는 방어권의 남용으로 범인도피교사죄에 해당한다.
ㄷ. 丙이 증거로 제출한 녹음테이프에 대해서는 丙이 공판정에서 성립의 진정을 인정하더라도 증거능력이 인정되지 않는다.
ㄹ. 甲의 재판에 증인으로 출석한 丁은 증언거부권을 행사할 수 있다.

① ㄱ, ㄴ ② ㄱ, ㄹ ③ ㄴ, ㄷ
④ ㄴ, ㄷ, ㄹ ⑤ ㄱ, ㄴ, ㄷ, ㄹ

[ㄱ ▸ O] 피고인들이 피해자들의 재물을 강취한 후 그들을 살해할 목적으로 현주건조물에 방화하여 사망에 이르게 한 경우, 피고인들의 행위는 강도살인죄와 현주건조물방화치사죄에 모두 해당하고 그 두 죄는 상상적 경합범관계에 있다(대판 1998.12.8. 98도3416).

[ㄴ ▸ O] 범인이 자신을 위하여 타인으로 하여금 허위의 자백을 하게 하여 범인도피죄를 범하게 하는 행위는 방어권의 남용으로 범인도피교사죄에 해당하는바, 이 경우 그 타인이 형법 제151조 제2항에 의하여 처벌을 받지 아니하는 친족, 호주 또는 동거가족에 해당한다 하여 달리 볼 것은 아니다(대판 2006.12.7. 2005도3707).

[ㄷ ▸ O] 구 통신비밀보호법 제2조 제7호가 규정한 '전기통신의 감청'은 그 전호의 '우편물의 검열' 규정과 아울러 고찰할 때 제3자가 전기통신의 당사자인 송신인과 수신인의 동의를 받지 아니하고 같은 호 소정의 각 행위를 하는 것만을 말한다고 풀이함이 상당하다고 할 것이므로, 전기통신에 해당하는 전화통화 당사자의 일방이 상대방 모르게 통화내용을 녹음(위 법에는 '채록'이라고 규정한다)하는 것은 여기의 감청에 해당하지 아니하지만(따라서 전화통화 당사자의 일방이 상대방 몰래 통화내용을 녹음하더라도, 대화 당사자 일방이 상대방 모르게 그 대화내용을 녹음한 경우와 마찬가지로 동법 제3조 제1항 위반이 되지 아니한다), 제3자의 경우는 설령 전화통화 당사자 일방의 동의를 받고 그 통화내용을 녹음하였다 하더라도 그 상대방의 동의가 없었던 이상, 사생활 및 통신의 불가침을 국민의 기본권의 하나로 선언하고 있는 헌법 규정과 통신비밀의 보호와 통신의 자유 신장을 목적으로 제정된 통신비밀보호법의 취지에 비추어 이는 동법 제3조 제1항 위반이 된다고 해석하여야 할 것이다(이 점은 제3자가 공개되지 아니한 타인 간의 대화를 녹음한 경우에도 마찬가지이다)(대판 2002.10.8. 2002도123).

[ㄹ ▸ O] 丁은 甲의 방계혈족이므로, 형사소송법 제148조 제1호에 의하여 증언거부권을 행사할 수 있다.

⑤ 정답

CHAPTER 07

공공의 신용에 관한 죄

형 법

각 문항별로 이해도를 체크해 보세요.

최근 5년간 회별 평균 1.2문

제1절 통화에 관한 죄

제2절 유가증권 · 인지와 우표에 관한 죄

제3절 문서에 관한 죄 ★★★★★

PART 02

형법각론

2020년 변호사시험 문 20.

확인 Check! ○ △ ×

문서죄에 관한 설명 중 옳은 것은?(다툼이 있는 경우 판례에 의함)

① 어떤 선박이 사고를 낸 것처럼 허위로 사고신고를 하면서 그 선박의 선박국적증서와 선박검사증서를 함께 제출한 경우에는 공문서부정행사죄가 성립한다.

② 간접정범을 통한 위조공문서행사범행에 있어 도구로 이용된 자라고 하더라도 그 공문서가 위조된 것임을 알지 못하는 자에게 행사한 경우에는 위조공문서행사죄가 성립한다.

③ 불실의 사실이 기재된 공정증서의 정본을 그 정을 모르는 법원 직원에게 교부한 경우에는 불실기재공정증서원본행사죄가 성립한다.

④ 자신의 이름과 나이를 속이는 용도로 사용할 목적으로 주민등록증의 이름 · 주민등록번호란에 글자를 오려 붙인 후 이를 컴퓨터 스캔장치를 이용하여 이미지파일로 만들어 컴퓨터 모니터로 출력하는 한편, 타인에게 이메일로 전송한 경우에는 공문서위조 및 위조공문서행사죄가 성립한다.

⑤ 실질적인 채권채무관계 없이 작성명의인과의 합의로 작성한 차용증을 그 작성명의인의 의사에 의하지 아니하고 차용증상의 채권이 실제로 존재하는 것처럼 그 지급을 구하는 민사소송을 제기하면서 법원에 제출한 경우에는 사문서부정행사죄가 성립한다.

[❶ ▸ ×] 어떤 선박이 사고를 낸 것처럼 허위로 사고신고를 하면서 그 선박의 선박국적증서와 선박검사증서를 함께 제출하였다고 하더라도, 선박국적증서와 선박검사증서는 위 선박의 국적과 항행할 수 있는 자격을 증명하기 위한 용도로 사용된 것일 뿐 그 본래의 용도를 벗어나 행사된 것으로 보기는 어려우므로, 이와 같은 행위는 공문서부정행사죄에 해당하지 않는다(대판 2009.2.26. 2008도10851).

정답 ②

[❷ ▸ O] 위조문서행사죄에 있어서 행사는 위조된 문서를 진정한 것으로 사용함으로써 문서에 대한 공공의 신용을 해칠 우려가 있는 행위를 말하므로 그 행사의 상대방에는 아무런 제한이 없고, 다만 문서가 위조된 것임을 이미 알고 있는 공범자 등에게 행사하는 경우에는 위조문서행사죄가 성립할 수 없으나, 간접정범을 통한 위조문서행사범행에 있어 도구로 이용된 자라고 하더라도 문서가 위조된 것임을 알지 못하는 자에게 행사한 경우에는 위조문서행사죄가 성립한다(대판 2012.2.23. 2011도14441).

[❸ ▸ ×] 형법 제229조, 제228조 제1항의 규정과 형벌법규는 문언에 따라 엄격하게 해석하여야 하고 피고인에게 불리한 방향으로 지나치게 확장해석하거나 유추해석하여서는 아니 되는 원칙에 비추어 볼 때, 위 각 조항에서 규정한 '공정증서원본'에는 공정증서의 정본이 포함된다고 볼 수 없으므로 불실의 사실이 기재된 공정증서의 정본을 그 정을 모르는 법원 직원에게 교부한 행위는 형법 제229조의 불실기재공정증서원본행사죄에 해당하지 아니한다(대판 2002.3.26. 2001도6503).

[❹ ▸ ×] 자신의 이름과 나이를 속이는 용도로 사용할 목적으로 주민등록증의 이름 · 주민등록번호란에 글자를 오려 붙인 후 이를 컴퓨터 스캔장치를 이용하여 이미지파일로 만들어 컴퓨터 모니터로 출력하는 한편, 타인에게 이메일로 전송한 경우, 컴퓨터 모니터 화면에 나타나는 이미지는 형법상 문서에 관한 죄의 문서에 해당하지 않으므로 공문서위조 및 위조공문서행사죄를 구성하지 않는다(대판 2007.11.29. 2007도7480).

[❺ ▸ ×] 실질적인 채권채무관계 없이 당사자 간의 합의로 작성한 '차용증 및 이행각서'는 그 작성명의인들이 자유의사로 작성한 문서로 그 사용권한자가 특정되어 있다고 할 수 없고 또 그 용도도 다양하므로, 설령 피고인이 그 작성명의인들의 의사에 의하지 아니하고 위 '차용증 및 이행각서'상의 채권이 실제로 존재하는 것처럼 그 지급을 구하는 민사소송을 제기하면서 소지하고 있던 위 '차용증 및 이행각서'를 법원에 제출하였다고 하더라도 그것이 사문서부정행사죄에 해당하지 않는다(대판 2007.3.30. 2007도629).

2019년 변호사시험 문 39. ☑ 확인Check! O △ X

외국에 거주하는 위장결혼 알선 브로커인 한국인 甲은, 국내에 거주하는 노숙자 乙에게 100만원을 송금해 주기로 하고 진정한 혼인의사가 없는 乙로 하여금 외국인 여성 A와의 혼인신고서를 작성하여 OO구청 공무원 B에게 제출하도록 하였다. B는 가족관계등록부와 동일한 공전자기록에 乙과 A가 혼인한 것으로 입력하여 등록하였다. 한편, 100만원의 입금을 기다리던 乙은 전혀 모르는 사람인 C의 이름으로 100만원이 착오 입금되었으나, 이를 알면서도 인출하여 사용해 버렸다. 이에 관한 설명 중 옳지 않은 것은?(다툼이 있는 경우 판례에 의함)

① 乙에게는 공전자기록등불실기재죄 및 동 행사죄가 성립한다.
② 외국에 거주하는 甲도 우리 형법의 적용대상이 된다.
③ 만약 乙이 허위의 정을 모르는 B로 하여금 乙과 A가 부부로 기재된 가족관계증명서를 발급하게 하였더라도 乙에게는 허위공문서작성죄의 간접정범이 성립하지 않는다.
④ 乙은 계좌에 착오로 입금된 금전을 반환해야 하는 타인의 사무처리자이므로, 이를 인출하여 사용한 행위는 배임죄를 구성한다.
⑤ 乙에 대한 사법경찰관 작성의 피의자신문조서는 乙이 진정성립을 인정하였더라도 甲이 공판기일에 내용을 부인하면 甲에 대하여 증거능력이 부정된다.

[❶ ▸ O] 피고인들이 중국 국적의 조선족 여자들과 참다운 부부관계를 설정할 의사 없이 단지 그들의 국내취업을 위한 입국을 가능하게 할 목적으로 형식상 혼인하기로 한 것이라면, 피고인들과 조선족 여자들 사이에는 혼인의 계출에 관하여는 의사의 합치가 있었으나 참다운 부부관계의 설정을 바라는 효과의사는 없었다고 인정되므로 피고인들의 혼인은 우리나라의 법에 의하여 혼인으로서의 실질적 성립요건을 갖추지 못하여 그 효력이 없고, 따라서 피고인들이 중국에서 중국의 방식에 따라 혼인식을 거행하였다고 하더라도 우리나라의 법에 비추어 그 효력이 없는 혼인의 신고를 한 이상 피고인들의 행위는 공정증서원본불실기재 및 동 행사죄의 죄책을 면할 수 없다(대판 1996.11.22. 96도2049).

④ 정답

[❷ ▸ O] 본법은 대한민국 영역 외에서 죄를 범한 내국인에게 적용한다(형법 제3조).

[❸ ▸ O] 공무원이 아닌 자는 형법 제228조의 경우를 제외하고는 허위공문서작성죄의 간접정범으로 처벌할 수 없으나, 공무원이 아닌 자가 공무원과 공동하여 허위공문서작성죄를 범한 때에는 공무원이 아닌 자도 형법 제33조, 제30조에 의하여 허위공문서작성죄의 공동정범이 된다(대판 2006.5.11. 2006도1663).

[❹ ▸ X] 어떤 예금계좌에 돈이 착오로 잘못 송금되어 입금된 경우에는 그 예금주와 송금인 사이에 신의칙상 보관관계가 성립한다고 할 것이므로, 피고인이 송금절차의 착오로 인하여 피고인 명의의 은행 계좌에 입금된 돈을 임의로 인출하여 소비한 행위는 횡령죄에 해당하고, 이는 송금인과 피고인 사이에 별다른 거래관계가 없다고 하더라도 마찬가지이다(대판 2010.12.9. 2010도891).

[❺ ▸ O] 형사소송법 제312조 제3항은 검사 이외의 수사기관이 작성한 당해 피고인에 대한 피의자신문조서를 유죄의 증거로 하는 경우뿐만 아니라 검사 이외의 수사기관이 작성한 당해 피고인과 공범관계에 있는 다른 피고인이나 피의자에 대한 피의자신문조서를 당해 피고인에 대한 유죄의 증거로 채택할 경우에도 적용된다. 따라서 당해 피고인과 공범관계가 있는 다른 피의자에 대하여 검사 이외의 수사기관이 작성한 피의자신문조서는, 그 피의자의 법정진술에 의하여 그 성립의 진정이 인정되는 등 형사소송법 제312조 제4항의 요건을 갖춘 경우라고 하더라도 당해 피고인이 공판기일에서 그 조서의 내용을 부인한 이상 이를 유죄 인정의 증거로 사용할 수 없다(대판 2009.7.9. 2009도2865).

2014년 변호사시험 문 7. ☑ 확인Check! O △ X

다음 중 공문서부정행사죄가 성립하는 것을 모두 고른 것은?(다툼이 있는 경우에는 판례에 의함)

ㄱ. 신분을 확인하려는 경찰관에게 자신의 인적사항을 속이기 위하여 미리 소지하고 있던 타인의 운전면허증을 제시하는 경우
ㄴ. 타인의 주민등록표등본을 그와 아무런 관련이 없는 사람이 마치 자신의 것인 것처럼 행사한 경우
ㄷ. 허위로 선박사고신고를 하면서 그 선박의 국적증명서와 선박검사증서를 함께 제출한 경우
ㄹ. 기왕에 습득한 타인의 주민등록증을 자신의 가족의 것이라고 제시하면서 그 주민등록증상의 명의로 이동전화 가입신청을 한 경우

① ㄱ ② ㄱ, ㄴ ③ ㄱ, ㄹ
④ ㄷ, ㄹ ⑤ ㄱ, ㄴ, ㄷ

[ㄱ ▸ O] 우리 사회에서 운전면허증을 발급받을 수 있는 연령의 사람들 중 절반 이상이 운전면허증을 가지고 있고, 특히 경제활동에 종사하는 사람들의 경우에는 그 비율이 훨씬 더 이를 앞지르고 있으며, 금융기관과의 거래에 있어서도 운전면허증에 의한 실명 확인이 인정되고 있는 등 현실적으로 운전면허증은 주민등록증과 대등한 신분증명서로 널리 사용되고 있다. 따라서 제3자로부터 신분 확인을 위하여 신분증명서의 제시를 요구받고 다른 사람의 운전면허증을 제시한 행위는 그 사용목적에 따른 행사로서 공문서부정행사죄에 해당한다고 보는 것이 옳다(대판 2001.4.19. 2000도1985[전합]).

[ㄴ ▸ X] 주민등록표등본은 시장·군수 또는 구청장이 주민의 성명, 주소, 성별, 생년월일, 세대주와의 관계 등 주민등록법 소정의 주민등록사항이 기재된 개인별·세대별 주민등록표의 기재내용 그대로를 인증하여 사본·교부하는 문서로서 그 사용권한자가 특정되어 있다고 할 수 없고, 또 용도도 다양하며, 반드시 본인이나 세대원만이 사용할 수 있는 것이 아니므로, 타인의 주민등록표등본을 그와 아무런 관련 없는 사람이 마치 자신의 것인 것처럼 행사하였다고 하더라도 공문서부정행사죄가 성립되지 아니한다(대판 1999.5.14. 99도206).

정답 ①

[ㄷ ▸ ×] 어떤 선박이 사고를 낸 것처럼 허위로 사고신고를 하면서 그 선박의 선박국적증서와 선박검사증서를 함께 제출하였다고 하더라도, 선박국적증서와 선박검사증서는 위 선박의 국적과 항행할 수 있는 자격을 증명하기 위한 용도로 사용된 것일 뿐 그 본래의 용도를 벗어나 행사된 것으로 보기는 어려우므로, 이와 같은 행위는 공문서부정행사죄에 해당하지 않는다(대판 2009.2.26. 2008도10851).

[ㄹ ▸ ×] 피고인이 기왕에 습득한 타인의 주민등록증을 피고인 가족의 것이라고 제시하면서 그 주민등록증상의 명의 또는 가명으로 이동전화 가입신청을 한 경우, 타인의 주민등록증을 본래의 사용용도인 신분확인용으로 사용한 것이라고 볼 수 없어 공문서부정행사죄가 성립하지 않는다(대판 2003.2.26. 2002도4935).

2014년 변호사시험 문 37.

☑ 확인 Check! ○ △ ×

甲은 A로부터 B 명의의 주민등록증을 만들어 달라는 의뢰를 받고 인터넷 포털사이트 포토샵 프로그램 등을 이용하여 발행인이 서울 X구청장으로 된 주민등록증 이미지파일을 만들어 A가 요청한 이메일에 첨부하여 전송하는 등 월 10회 이상 주민등록증 등 공문서를 위조해 오고 있다. 한편, 甲이 위와 같이 공문서를 위조한다는 제보를 듣고 수사를 개시한 경찰관 乙은 甲의 컴퓨터에 저장된 문서 위조와 관련된 증거를 입수하기 위하여 법원으로부터 압수·수색영장을 발부받아 영장유효기간 내에 영장을 집행하였다. 이에 관한 설명 중 옳지 않은 것은?(다툼이 있는 경우에는 판례에 의함)

① 컴퓨터 모니터 화면에 나타난 B 명의의 주민등록증 이미지는 계속적으로 화면에 고정된 것으로 볼 수 없어 문서에 관한 죄의 객체인 문서에 해당하지 않는다.
② 甲이 A에게 전송한 B 명의의 주민등록증 이미지파일은 시각적 방법에 의하여 이해할 수 있는 것이 아니므로 문서에 관한 죄의 객체인 문서에 해당하지 않는다.
③ 만일 甲이 C의 의뢰로 미리 주워 가지고 있던 D의 공무원신분증에 E의 사진을 정교하게 붙이는 방법으로 일반인이 공무원신분증이라고 믿을 만한 외관을 갖춘 다음 이를 스캐너로 읽어 들여 이미지화하고 그 파일을 의뢰인 C에게 전송하여 C로 하여금 컴퓨터 화면상에서 그 이미지를 보게 하였다면 그 행위는 위조공문서행사죄에 해당하지 않는다.
④ 전자정보에 대한 압수·수색영장의 집행에 있어서는 원칙적으로 영장 발부의 사유로 된 혐의사실과 관련된 부분만을 문서출력물로 수집하거나 수사기관이 휴대한 저장매체에 해당 파일을 복제하는 방식으로 이루어져야 한다.
⑤ 乙이 영장 집행 결과 甲의 컴퓨터 하드디스크에서 문서 위조 외에 관세법 위반에 관한 자료를 새로 발견하여 출력하고 이를 甲에게 제시하여 甲으로부터 자백을 받았다면 이 출력물과 자백은 위법하게 수집한 증거로서 증거능력이 없으므로 피고인이 법정에서 변호인의 조력을 받아 다른 증거관계를 고려하여 관세법 위반사실을 자백하더라도 이 역시 위법수집 증거로서 증거능력을 가질 수 없다.

[❶ ▸ ○] 자신의 이름과 나이를 속이는 용도로 사용할 목적으로 주민등록증의 이름·주민등록번호란에 글자를 오려 붙인 후 이를 컴퓨터 스캔장치를 이용하여 이미지파일로 만들어 컴퓨터 모니터로 출력하는 한편, 타인에게 이메일로 전송한 경우, 컴퓨터 모니터 화면에 나타나는 이미지는 이미지파일을 보기 위한 프로그램을 실행할 경우에 그때마다 전자적 반응을 일으켜 화면에 나타나는 것에 지나지 않아서 계속적으로 화면에 고정된 것으로는 볼 수 없으므로, 형법상 문서에 관한 죄에 있어서의 '문서'에는 해당되지 않는다고 할 것이다(대판 2007.11.29. 2007도7480).

[❷ ▸ ○] 피고인이 컴퓨터 스캔작업을 통하여 만들어 낸 공인중개사 자격증의 이미지파일은 전자기록으로서 전자기록장치에 전자적 형태로서 고정되어 계속성이 있다고 볼 수는 있으나, 그러한 형태는 그 자체로서 시각적 방법에 의해 이해할 수 있는 것이 아니어서 이를 형법상 문서에 관한 죄에 있어서의 '문서'로 보기 어렵다(대판 2008.4.10. 2008도1013).

[❸ ▸ ○] 위조문서행사죄에 있어서 행사는 위조된 문서를 진정한 것으로 사용함으로써 문서에 대한 공공의 신용을 해칠 우려가 있는 행위를 말하므로 그 행사의 상대방에는 아무런 제한이 없고, 다만 문서가 위조된 것임을 이미 알고 있는 공범자 등에게 행사하는 경우에는 위조문서행사죄가 성립할 수 없다(대판 2012.2.23. 2011도14441).

⑤ 정답

[❹ ▸ ○] 전자정보에 대한 압수·수색영장을 집행할 때에는 원칙적으로 영장 발부의 사유인 혐의사실과 관련된 부분만을 문서출력물로 수집하거나 수사기관이 휴대한 저장매체에 해당 파일을 복사하는 방식으로 이루어져야 하고, 집행현장 사정상 위와 같은 방식에 의한 집행이 불가능하거나 현저히 곤란한 부득이한 사정이 존재하더라도 저장매체 자체를 직접 혹은 하드카피나 이미징 등 형태로 수사기관 사무실 등 외부로 반출하여 해당 파일을 압수·수색할 수 있도록 영장에 기재되어 있고 실제 그와 같은 사정이 발생한 때에 한하여 위 방법이 예외적으로 허용될 수 있을 뿐이다. 나아가 이처럼 저장매체 자체를 수사기관 사무실 등으로 옮긴 후 영장에 기재된 범죄혐의 관련 전자정보를 탐색하여 해당 전자정보를 문서로 출력하거나 파일을 복사하는 과정 역시 전체적으로 압수·수색영장 집행의 일환에 포함된다고 보아야 한다(대결 2011.5.26. 2009모1190).

[❺ ▸ ×] 구체적인 사안에서 2차적 증거들의 증거능력 인정 여부는 제반사정을 전체적·종합적으로 고려하여 판단하여야 한다. 예컨대 진술거부권을 고지하지 않은 것이 단지 수사기관의 실수일 뿐 피의자의 자백을 이끌어 내기 위한 의도적이고 기술적인 증거 확보의 방법으로 이용되지 않았고, 그 이후 이루어진 신문에서는 진술거부권을 고지하여 잘못이 시정되는 등 수사절차가 적법하게 진행되었다는 사정, 최초 자백 이후 구금되었던 피고인이 석방되었다거나 변호인으로부터 충분한 조력을 받은 가운데 상당한 시간이 경과하였음에도 다시 자발적으로 계속하여 동일한 내용의 자백을 하였다는 사정, 최초 자백 외에도 다른 독립된 제3자의 행위나 자료 등도 물적 증거나 증인의 증언 등 2차적 증거 수집의 기초가 되었다는 사정, 증인이 그의 독립적인 판단에 의해 형사소송법이 정한 절차에 따라 소환을 받고 임의로 출석하여 증언하였다는 사정 등은 통상 2차적 증거의 증거능력을 인정할 만한 정황에 속한다(대판 2009.3.12. 2008도11437). 따라서 이와 같은 판례의 취지를 고려하면, 피고인이 법정에서 변호인의 조력을 받아 다른 증거관계를 고려하여 관세법 위반사실을 자백한 경우에는, 인과관계의 희석 또는 단절로 인하여 위 증거 역시 증거능력이 인정된다.

PART 02

형법각론

2019년 변호사시험 문 8. ☑ 확인 Check! ○ △ ×

甲의 죄책에 관한 설명 중 옳은 것(○)과 옳지 않은 것(×)을 올바르게 조합한 것은?(다툼이 있는 경우 판례에 의함)

ㄱ. 경찰공무원인 甲이 지명수배 중인 범인을 발견하고도 그를 체포하지 아니하고 오히려 범인을 도피하게 하는 행위를 한 경우에는 작위범인 범인도피죄 이외에 부작위범인 직무유기죄도 성립하고 양 죄는 상상적 경합범관계에 있다.

ㄴ. 甲이 A의 집에 침입하여 재물을 강취한 후 A를 살해할 목적으로 A의 집에 불을 놓아 A를 사망에 이르게 한 경우에는 강도살인죄와 현주건조물방화치사죄가 성립하고 양 죄는 상상적 경합범관계에 있다.

ㄷ. 유가증권을 위조한 甲이 그 위조유가증권을 다른 사람에게 행사하여 그 이익을 나누어 가질 것을 乙과 공모한 후 그에게 위 위조유가증권을 교부함에 그친 경우라면, 甲에게는 유가증권위조죄와 위조유가증권행사죄가 성립하고 양 죄는 실체적 경합범관계에 있다.

ㄹ. 타인 명의의 휴대전화 신규가입신청서를 위조한 甲이 이를 스캔한 이미지파일을 제3자에게 이메일로 전송하여 컴퓨터 화면상으로 보게 한 경우에는 사문서위조죄와 위조사문서행사죄가 성립하고 양 죄는 실체적 경합범관계에 있다.

ㅁ. 甲이 A를 살해함에 있어 나중에 사체의 발견이 불가능 또는 심히 곤란하게 하려는 의사로 인적이 드문 장소로 A를 유인하여 그곳에서 살해하고 사체를 그대로 방치한 채 도주한 경우에는 살인죄와 사체은닉죄가 성립하고 양 죄는 상상적 경합범관계에 있다.

① ㄱ(○), ㄴ(×), ㄷ(○), ㄹ(×), ㅁ(×)
② ㄱ(○), ㄴ(○), ㄷ(×), ㄹ(○), ㅁ(×)
③ ㄱ(×), ㄴ(○), ㄷ(×), ㄹ(○), ㅁ(×)
④ ㄱ(×), ㄴ(○), ㄷ(×), ㄹ(×), ㅁ(○)
⑤ ㄱ(×), ㄴ(×), ㄷ(○), ㄹ(○), ㅁ(○)

정답 ③

[ㄱ ▸ ×] 피고인이 검사로부터 범인을 검거하라는 지시를 받고서도 그 직무상의 의무에 따른 적절한 조치를 취하지 아니하고 오히려 범인에게 전화로 도피하라고 권유하여 그를 도피케 하였다는 범죄사실만으로는 직무위배의 위법상태가 범인도피행위 속에 포함되어 있는 것으로 보아야 할 것이므로, 이와 같은 경우에는 작위범인 범인도피죄만이 성립하고 부작위범인 직무유기죄는 따로 성립하지 아니한다(대판 1996.5.10. 96도51).

[ㄴ ▸ ○] 피고인들이 피해자들의 재물을 강취한 후 그들을 살해할 목적으로 현주건조물에 방화하여 사망에 이르게 한 경우, 피고인들의 행위는 강도살인죄와 현주건조물방화치사죄에 모두 해당하고 그 두 죄는 상상적 경합범관계에 있다(대판 1998.12.8. 98도3416).

[ㄷ ▸ ×] 위조유가증권의 교부자와 피교부자가 서로 유가증권위조를 공모하였거나 위조유가증권을 타에 행사하여 그 이익을 나누어 가질 것을 공모한 공범의 관계에 있다면, 그들 사이의 위조유가증권 교부행위는 그들 이외의 자에게 행사함으로써 범죄를 실현하기 위한 전단계의 행위에 불과한 것으로서 위조유가증권은 아직 범인들의 수중에 있다고 볼 것이지 행사되었다고 볼 수는 없다(대판 2010.12.9. 2010도12553).

[ㄹ ▸ ○] 위조문서행사죄에 있어서 행사라 함은 위조된 문서를 진정한 문서인 것처럼 그 문서의 효용방법에 따라 이를 사용하는 것을 말하고, 위조된 문서를 제시 또는 교부하거나 비치하여 열람할 수 있게 두거나 우편물로 발송하여 도달하게 하는 등 위조된 문서를 진정한 문서인 것처럼 사용하는 한 그 행사의 방법에 제한이 없다. 또한 위조된 문서 그 자체를 직접 상대방에게 제시하거나 이를 기계적인 방법으로 복사하여 그 복사본을 제시하는 경우는 물론, 이를 모사전송의 방법으로 제시하거나 컴퓨터에 연결된 스캐너(Scanner)로 읽어 들여 이미지화한 다음 이를 전송하여 컴퓨터 화면상에서 보게 하는 경우도 행사에 해당하여 위조문서행사죄가 성립한다(대판 2008.10.23. 2008도5200). 따라서 타인 명의의 휴대전화 신규가입 신청서를 위조한 甲에게는 사문서위조죄가 성립하고, 이를 스캔한 이미지파일을 제3자에게 이메일로 전송하여 컴퓨터 화면상으로 보게 하였으므로 위조사문서행사죄 또한 성립하며, 양 죄는 실체적 경합범관계에 있다.

[ㅁ ▸ ×] 형법 제161조의 사체 은닉이라 함은 사체의 발견을 불가능 또는 심히 곤란하게 하는 것을 구성요건으로 하고 있으나 살인, 강도살인등의 목적으로 사람을 살해한 자가 그 살해의 목적을 수행함에 있어 사후 사체의 발견이 불가능 또는 심히 곤란하게 하려는 의사로 인적이 드문 장소로 피해자를 유인하거나 실신한 피해자를 끌고 가서 그곳에서 살해하고 사체를 그대로 둔 채 도주한 경우에는 비록 결과적으로 사체의 발견이 현저하게 곤란을 받게 되는 사정이 있다 하더라도 별도로 사체은닉죄가 성립되지 아니한다(대판 1986.6.24. 86도891).

2012년 변호사시험 문 16. ☑ 확인Check! ○ △ ×

문서죄에 관한 설명 중 옳지 않은 것은?(다툼이 있는 경우에는 판례에 의함)

① 전자복사기를 사용하여 원본을 기계적 방법으로 복사한 사본도 문서에 해당한다.
② 행사할 목적으로 권한 없이 타인 명의의 휴대전화 신규가입신청서를 작성한 후 이를 스캔한 이미지파일을 제3자에게 이메일로 전송하여 컴퓨터 화면상으로 보게 한 경우, 사문서위조죄 및 위조사문서행사죄가 성립한다.
③ 문서위조죄가 성립하기 위해서는 공문서와 달리 사문서는 작성명의인이 실재하여야 한다.
④ 담뱃갑의 표면에 담배 제조회사와 담배의 종류를 구별·확인할 수 있는 특유의 도안이 표시되어 있는 경우, 담뱃갑은 문서 등 위조의 대상인 도화에 해당한다.
⑤ 타인 명의의 문서를 위조한 뒤 사후승낙을 받았다고 하더라도 위조에 해당한다.

[❶ ▸ ○] 전자복사기로 복사한 문서의 사본도 문서위조죄 및 동 행사죄의 객체인 문서에 해당하고, 위조된 문서 원본을 단순히 전자복사기로 복사하여 그 사본을 만드는 행위도 공공의 신용을 해할 우려가 있는 별개의 문서 사본을 창출하는 행위로서 문서위조행위에 해당한다(대판 1996.5.14. 96도785).

③ 정답

[❷ ▸ ○] 휴대전화 신규가입신청서를 위조한 후 이를 스캔한 이미지파일을 제3자에게 이메일로 전송한 경우, 이미지파일 자체는 문서에 관한 죄의 '문서'에 해당하지 않으나, 이를 전송하여 컴퓨터 화면상으로 보게 한 행위는 이미 위조한 가입신청서를 행사한 것에 해당하므로 위조사문서행사죄가 성립한다(대판 2008.10.23. 2008도5200). 따라서 타인 명의의 휴대전화 신규가입신청서를 위조한 경우에는 사문서위조죄가 성립하고, 이를 스캔한 이미지파일을 제3자에게 이메일로 전송하여 컴퓨터 화면상으로 보게 한 경우에는 위조사문서행사죄 또한 성립하며, 양 죄는 실체적 경합범관계에 있다.

[❸ ▸ ×] 문서위조죄는 문서의 진정에 대한 공공의 신용을 그 보호법익으로 하는 것이므로 행사할 목적으로 작성된 문서가 일반인으로 하여금 당해 명의인의 권한 내에서 작성된 문서라고 믿게 할 수 있는 정도의 형식과 외관을 갖추고 있으면 문서위조죄가 성립하는 것이고, 위와 같은 요건을 구비한 이상 그 명의인이 실재하지 않는 허무인이거나 또는 문서의 작성일자 전에 이미 사망하였다고 하더라도 그러한 문서 역시 공공의 신용을 해할 위험성이 있으므로 문서위조죄가 성립한다고 봄이 상당하며, 이는 공문서뿐만 아니라 사문서의 경우에도 마찬가지라고 보아야 한다(대판 2005.2.24. 2002도18[전합]).

[❹ ▸ ○] 담뱃갑의 표면에 그 담배의 제조회사와 담배의 종류를 구별·확인할 수 있는 특유의 도안이 표시되어 있는 경우에는 일반적으로 그 담뱃갑의 도안을 기초로 특정 제조회사가 제조한 특정한 종류의 담배인지 여부를 판단하게 된다는 점에 비추어서도 그 담뱃갑은 적어도 그 담뱃갑 안에 들어 있는 담배가 특정 제조회사가 제조한 특정한 종류의 담배라는 사실을 증명하는 기능을 하고 있으므로, 그러한 담뱃갑은 문서 등 위조의 대상인 도화에 해당한다(대판2010.7.29. 2010도2705).

[❺ ▸ ○] 사문서위조나 공정증서원본불실기재가 성립한 후, 사후에 피해자의 동의 또는 추인 등의 사정으로 문서에 기재된 대로 효과의 승인을 받거나 등기가 실체적 권리관계에 부합하게 되었다 하더라도 이미 성립한 범죄에는 아무런 영향이 없다(대판 2007.6.28. 2007도2714).

2016년 변호사시험 문 8. ☑ 확인Check! ○ △ ×

甲의 죄책에 관한 설명 중 옳은 것(○)과 옳지 않은 것(×)을 올바르게 조합한 것은?(다툼이 있는 경우 판례에 의함)

ㄱ. 甲이 사문서를 작성함에 있어 문서작성권한을 위임받았고 위임받은 권한의 범위 내에서 이를 남용하여 문서를 작성하였다면, 사문서위조죄가 성립하지 않는다.
ㄴ. 甲이 위조한 전문건설업등록증의 컴퓨터 이미지파일을 그 위조사실을 모르는 乙에게 이메일로 송부하여 프린터로 출력하게 하였다면, 甲에게 위조공문서행사죄가 성립하지 않는다.
ㄷ. 복사한 문서의 사본도 문서 원본과 동일한 의미를 가지는 문서로서 이를 다시 복사한 문서의 재사본도 문서위조죄의 객체인 문서에 해당한다.
ㄹ. 문서의 작성권한이 없는 甲이 문서에 타인의 서명을 기재한 경우, 일단 서명 등이 완성되었더라도 문서가 완성되지 않았다면 甲에게 서명 등의 위조죄는 성립하지 않는다.
ㅁ. 甲이 다른 서류에 찍혀 있던 乙의 직인을 칼로 오려 내어 풀로 붙인 후 이를 복사하여 수상후보자 추천서와 경력증명서 각 1통을 만들고 이를 수상자를 선정하는 협회에 발송한 경우, 동 서류 2통을 주의 깊게 관찰하지 아니하면 그 외관에 비정상적인 부분이 있음을 알아차리기가 어렵다면, 甲에게 사문서위조죄 및 위조사문서행사죄가 성립한다.

① ㄱ(×), ㄴ(○), ㄷ(×), ㄹ(○), ㅁ(×)
② ㄱ(×), ㄴ(×), ㄷ(○), ㄹ(○), ㅁ(○)
③ ㄱ(○), ㄴ(×), ㄷ(×), ㄹ(○), ㅁ(×)
④ ㄱ(○), ㄴ(×), ㄷ(○), ㄹ(×), ㅁ(○)
⑤ ㄱ(○), ㄴ(○), ㄷ(×), ㄹ(×), ㅁ(×)

PART 02 형법각론

정답 ④

[ㄱ▸O] 문서의 위조라고 하는 것은 작성권한 없는 자가 타인 명의를 모용하여 문서를 작성하는 것을 말하는 것이므로 사문서를 작성함에 있어 그 명의자의 명시적이거나 묵시적인 승낙 내지 위임이 있었다면 이는 사문서 위조에 해당한다고 할 수 없을 것이지만, 문서작성권한의 위임이 있는 경우라고 하더라도 그 위임을 받은 자가 그 위임받은 권한을 초월하여 문서를 작성한 경우는 사문서위조죄가 성립하고, 단지 위임받은 권한의 범위 내에서 이를 남용하여 문서를 작성한 것에 불과하다면 사문서위조죄가 성립하지 아니한다고 할 것이다(대판 2012.6.28. 2010도690).

[ㄴ▸X] 피고인은 위조한 전문건설업등록증 등의 컴퓨터 이미지파일을 공사 수주에 사용하기 위하여 발주자들에게 이메일로 송부한 사실, 발주자들은 피고인으로부터 이메일로 송부받은 컴퓨터 이미지파일을 프린터로 출력할 당시 그 이미지파일이 위조된 것임을 알지 못하였던 사실을 알 수 있으므로, 피고인의 위와 같은 행위는 형법 제229조의 위조·변조 공문서행사죄를 구성한다고 보아야 할 것이다(대판 2012.2.23. 2011도14441).

[ㄷ▸O] 형법 제237조의2에 따라 전자복사기, 모사전송기 기타 이와 유사한 기기를 사용하여 복사한 문서의 사본도 문서 원본과 동일한 의미를 가지는 문서로서 이를 다시 복사한 문서의 재사본도 문서위조죄 및 동 행사죄의 객체인 문서에 해당한다 할 것이고, 진정한 문서의 사본을 전자복사기를 이용하여 복사하면서 일부 조작을 가하여 그 사본 내용과 전혀 다르게 만드는 행위는 공공의 신용을 해할 우려가 있는 별개의 문서 사본을 창출하는 행위로서 문서위조행위에 해당한다(대판 2004.10.28. 2004도5183).

[ㄹ▸X] 어떤 문서에 권한 없는 자가 타인의 서명을 기재하는 경우에는 그 문서가 완성되기 전이라도 일반인으로서는 그 문서에 기재된 타인의 서명을 그 명의인의 진정한 서명으로 오신할 수도 있으므로, 일단 서명이 완성된 이상 문서가 완성되지 아니한 경우에도 서명의 위조죄는 성립할 수 있는 것이다(대판 2005.12.23. 2005도4478).

[ㅁ▸O] 피고인이 다른 서류에 찍혀 있던 甲의 직인을 칼로 오려 내어 풀로 붙인 후 이를 복사하는 방법으로 甲 명의의 추천서와 경력증명서를 위조하고 이를 행사하였다고 하여 기소된 경우, 위 문서는 피고인이 직인을 오려 붙인 흔적을 감추기 위하여 복사한 것으로서 일반적으로 문서가 갖추어야 할 형식을 다 구비하고 있고, 주의 깊게 관찰하지 아니하면 외관에 비정상적인 부분이 있음을 알아차리기가 어려울 정도이므로, 일반인이 명의자의 진정한 사문서로 오신하기에 충분한 정도의 형식과 외관을 갖추었다고 판단된다(대판 2011.2.10. 2010도8361). 따라서 甲에게 사문서위조죄 및 위조사문서행사죄가 성립한다.

2018년 변호사시험 문 4. 확인Check! O △ X

형법상 문서에 관한 죄에 관한 설명 중 옳은 것은?(다툼이 있는 경우 판례에 의함)

① 공무원인 의사가 공무소의 명의로 허위진단서를 작성한 경우에는 허위공문서작성죄와 허위진단서작성죄가 성립하고 두 죄는 상상적 경합관계에 있다.
② 컴퓨터 스캔작업을 통하여 만들어 낸 공인중개사 자격증의 이미지파일은 전자기록장치에 전자적 형태로서 고정되어 있어 계속성을 인정할 수 있으므로 형법상 문서에 관한 죄에 있어서의 문서로 보아야 한다.
③ 매수인으로부터 토지매매계약 체결에 관하여 포괄적 권한을 위임받은 자가 실제 매수가격보다 높은 가격을 매매대금으로 기재하여 매수인 명의의 매매계약서를 작성하였다 하더라도 그것은 작성권한 있는 자가 허위내용의 문서를 작성한 것에 불과하여 사문서위조죄가 성립할 수 없다.
④ 일정 한도액에 관하여 연대보증인이 될 것을 허락한 甲으로부터 그에 필요한 문서를 작성하는 데 쓰일 인감도장과 인감증명서를 교부받아 甲을 직접 차주로 하는 동액 상당의 차용금증서를 작성한 경우에는 본래의 정당한 권한범위를 벗어난 것이므로 사문서위조죄가 성립한다.
⑤ 사문서의 경우에는 그 명의인이 실재하지 않는 허무인이거나 문서의 작성일자 전에 이미 사망하였다 하더라도 문서위조죄가 성립하나, 공문서의 경우에는 문서위조죄가 성립하기 위하여 명의인이 실재함을 필요로 한다.

③ 정답

[❶ ▸ ×] 형법이 제225조 내지 제230조에서 공문서에 관한 범죄를 규정하고, 이어 제231조 내지 제236조에서 사문서에 관한 범죄를 규정하고 있는 점 등에 비추어 볼 때 형법 제233조 소정의 허위진단서작성죄의 대상은 공무원이 아닌 의사가 사문서로서 진단서를 작성한 경우에 한정되고, 공무원인 의사가 공무소의 명의로 허위진단서를 작성한 경우에는 허위공문서작성죄만이 성립하고 허위진단서작성죄는 별도로 성립하지 않는다(대판 2004.4.9. 2003도7762).

[❷ ▸ ×] 피고인이 컴퓨터 스캔작업을 통하여 만들어 낸 공인중개사 자격증의 이미지파일은 전자기록으로서 전자기록장치에 전자적 형태로서 고정되어 계속성이 있다고 볼 수는 있으나, 그러한 형태는 그 자체로서 시각적 방법에 의해 이해할 수 있는 것이 아니어서 이를 형법상 문서에 관한 죄에 있어서의 '문서'로 보기 어렵다(대판 2008.4.10. 2008도1013).

[❸ ▸ ○] 매수인으로부터 매도인과의 토지매매계약 체결에 관하여 포괄적 권한을 위임받은 자는 위임자 명의로 토지매매계약서를 작성할 적법한 권한이 있다 할 것이므로 매수인으로부터 그 권한을 위임받은 피고인이 실제 매수가격보다 높은 가격을 매매대금으로 기재하여 매수인 명의의 매매계약서를 작성하였다 하여도 그것은 작성권한 있는 자가 허위내용의 문서를 작성한 것일 뿐 사문서위조죄가 성립될 수는 없다(대판 1984.7.10. 84도1146).

[❹ ▸ ×] 타인의 채무에 관하여 보증인[연대보증인(註)]이 되겠다고 나서서 이에 필요한 문서를 작성하는 데 쓰일 인감도장과 인감증명서를 건네준 취지는 그로 하여금 그 인감도장과 인감증명서를 사용하여 그 타인과 더불어 채권자에 대하여 동액의 채무를 부담하겠다는 내용이 담긴 문서를 작성하도록 허용한 것이라고 할 것이므로 그와 같은 내용이 담긴 문서를 작성하였다면 그 문서는 정당한 권한에 기하여 작성된 것이라 할 것이다(대판 1983.6.28. 83도513). 따라서 지문의 경우에는 사문서위조죄가 성립하지 아니한다.

[❺ ▸ ×] 문서위조죄는 문서의 진정에 대한 공공의 신용을 그 보호법익으로 하는 것이므로 행사할 목적으로 작성된 문서가 일반인으로 하여금 당해 명의인의 권한 내에서 작성된 문서라고 믿게 할 수 있는 정도의 형식과 외관을 갖추고 있으면 문서위조죄가 성립하는 것이고, 위와 같은 요건을 구비한 이상 그 명의인이 실재하지 않는 허무인이거나 또는 문서의 작성일자 전에 이미 사망하였다고 하더라도 그러한 문서 역시 공공의 신용을 해할 위험성이 있으므로 문서위조죄가 성립한다고 봄이 상당하며, 이는 공문서뿐만 아니라 사문서의 경우에도 마찬가지라고 보아야 한다(대판 2005.2.24. 2002도18[전합]).

2015년 변호사시험 문 31. ☑ 확인Check! ○ △ ×

공무원인 甲은 화물자동차운송회사의 대표인 乙의 교사를 받고 허위의 사실을 기재한 화물자동차운송사업변경(증차)허가신청 검토보고서를 작성하여 그 사정을 모르는 최종결재자인 담당 과장의 결재를 받았다. 위 운송회사의 경리직원인 丙은 사법경찰관 A로부터 甲과 乙에 대한 위 피의사건의 참고인으로 조사를 받게 되자 그 사건에 관하여 허위내용의 사실확인서(증거1)를 작성하여 A에게 제출하고 참고인진술을 할 당시 위 확인서에 기재된 내용과 같이 허위진술을 하였고, A는 丙에 대한 진술조서를 작성하였다. 검사 P는 丙을 참고인으로 조사하면서 진술조서를 작성하고 그 전 과정을 영상녹화하였다. 그 후 丙은 이 사건에 관하여 제3자와 대화를 하면서 서로 허위로 진술하고 그 진술을 녹음하여 녹음파일(증거2)을 만들어 검사에게 제출하였다. 검사는 甲과 乙을 기소하였다. 이에 관한 설명 중 옳은 것은?(다툼이 있는 경우 판례에 의함)

① 甲에게는 허위공문서작성죄의 간접정범이 성립하지만, 乙에게는 허위공문서작성죄의 간접정범의 교사범이 성립하지 않는다.
② 丙에게는 증거1에 대한 증거위조죄가 성립하지 않지만, 증거2에 대한 증거위조죄가 성립한다.
③ 제1심에서 유죄를 선고받은 乙이 항소심재판 중 사망한 경우 법원은 乙에 대하여 형면제판결을 하여야 한다.
④ 형사소송법에서 A와 P가 작성한, 丙에 대한 참고인진술조서의 증거능력 인정요건은 동일하지 않다.
⑤ P가 丙의 진술을 녹화한 영상녹화물은 甲에 대한 공소사실을 직접 증명할 수 있는 독립적인 증거로 사용할 수 있다.

정답 ②

[❶ ▸ ×] 공문서의 작성권한이 있는 공무원의 직무를 보좌하는 자가 그 직위를 이용하여 행사할 목적으로 허위의 내용이 기재된 문서 초안을 그 정을 모르는 상사에게 제출하여 결재하도록 하는 등의 방법으로 작성권한이 있는 공무원으로 하여금 허위의 공문서를 작성하게 한 경우에는 간접정범이 성립되고 이와 공모한 자 역시 그 간접정범의 공범으로서의 죄책을 면할 수 없는 것이고, 여기서 말하는 공범은 반드시 공무원의 신분이 있는 자로 한정되는 것은 아니라고 할 것이다(대판 1992.1.17. 91도2837).

[❷ ▸ ○] 참고인이 타인의 형사사건 등에서 직접 진술 또는 증언하는 것을 대신하거나 그 진술 등에 앞서서 허위의 사실확인서나 진술서를 작성하여 수사기관 등에 제출하거나 또는 제3자에게 교부하여 제3자가 이를 제출한 것은, 증거위조죄를 구성하지 않는다고 할 것이다(대판 2011.7.28. 2010도2244). 다만, 참고인이 타인의 형사사건 등에 관하여 제3자와 대화를 하면서 허위로 진술하고 그 진술이 담긴 대화내용을 녹음한 녹음파일 또는 이를 녹취한 녹취록을 만들어 수사기관 등에 제출하는 행위는 증거위조죄를 구성한다(대판 2013.12.26. 2013도8085).

[❸ ▸ ×] 제1심에서 유죄를 선고받은 乙이 항소심재판 중 사망하였다면, 법원은 형사소송법 제328조 제2호에 의하여 공소기각결정을 하여야 한다.

[❹ ▸ ×] 형사소송법 제312조 제4항은 수사기관인 검사와 사법경찰관 작성의 참고인진술조서의 증거능력 인정요건을 동일하게 규정하고 있다.

[❺ ▸ ×] 2007.6.1. 법률 제8496호로 개정되기 전의 형사소송법에는 없던 수사기관에 의한 피의자 아닌 자(이하 '참고인') 진술의 영상녹화를 새로 정하면서 그 용도를 참고인에 대한 진술조서의 실질적 진정성립을 증명하거나 참고인의 기억을 환기시키기 위한 것으로 한정하고 있는 현행 형사소송법의 규정내용을 영상물에 수록된 성범죄피해자의 진술에 대하여 독립적인 증거능력을 인정하고 있는 성폭력범죄의 처벌 등에 관한 특례법 제30조 제6항 또는 아동·청소년의 성보호에 관한 법률 제26조 제6항의 규정과 대비하여 보면, 수사기관이 참고인을 조사하는 과정에서 형사소송법 제221조 제1항에 따라 작성한 영상녹화물은, 다른 법률에서 달리 규정하고 있는 등의 특별한 사정이 없는 한, 공소사실을 직접 증명할 수 있는 독립적인 증거로 사용될 수는 없다고 해석함이 타당하다(대판 2014.7.10. 2012도5041).

2017년 변호사시험 문 13. ☑ 확인Check! ○ △ ×

사문서위·변조죄에 관한 설명 중 옳은 것은?(다툼이 있는 경우 판례에 의함)

① 사문서를 변조할 당시 그 명의인의 명시적·묵시적 승낙이 없었더라도 변조된 문서가 그 명의인에게 유리하여 결과적으로 그 의사에 합치되는 때에는 사문서변조죄를 구성하지 않는다.
② 사문서에 2인 이상의 작성명의인이 있는 때에는 그 명의자 가운데 1인이 나머지 명의자와 합의 없이 행사할 목적으로 그 문서의 내용을 변경하더라도 사문서변조죄를 구성하지 않는다.
③ 주식회사의 지배인이 자신을 그 회사의 대표이사로 표시하여 연대보증채무를 부담하는 취지의 회사 명의의 차용증을 작성한 경우에 그 문서에 허위의 내용이 포함되어 있더라도 사문서위조죄를 구성하지 않는다.
④ 사문서의 작성명의자의 인장이 압날되지 않고 주민등록번호가 기재되지 않았다면 일반인이 그 작성명의자에 의해 작성된 사문서라고 믿을 만한 정도의 형식과 외관을 갖추었더라도 사문서위조죄의 객체가 되지 않는다.
⑤ 직접적인 법률관계에 단지 간접적으로 연관된 의사표시 내지 권리·의무의 변동에 사실상으로 영향을 줄 수 있는 의사표시를 내용으로 하는 문서는 사문서위조죄의 객체가 되지 않는다.

[❶ ▸ ×] 사문서 변조에 있어서 그 변조 당시 명의인의 명시적, 묵시적 승낙 없이 한 것이면 변조된 문서가 명의인에게 유리하여 결과적으로 그 의사에 합치한다 하더라도 사문서변조죄의 구성요건을 충족한다(대판 1985.1.22. 84도2422).

[❷ ▸ ×] 문서에 2인 이상의 작성명의인이 있는 때에 그 명의자의 한 사람이 타 명의자와 합의 없이 행사할 목적으로 그 문서의 내용을 변경하였을 때는 사문서변조죄가 성립된다(대판 1977.7.12. 77도1736).

③ 정답

[❸ ▸ O] [1] 원래 주식회사의 지배인은 회사의 영업에 관하여 재판상 또는 재판 외의 모든 행위를 할 권한이 있으므로, 지배인이 직접 주식회사 명의 문서를 작성하는 행위는 위조나 자격모용 사문서 작성에 해당하지 않는 것이 원칙이고, 이는 그 문서의 내용이 진실에 반하는 허위이거나 권한을 남용하여 자기 또는 제3자의 이익을 도모할 목적으로 작성된 경우에도 마찬가지이다.
[2] 주식회사의 지배인이 자신을 그 회사의 대표이사로 표시하여 연대보증채무를 부담하는 취지의 회사 명의의 차용증을 작성·교부한 경우, 그 문서에 일부 허위내용이 포함되거나 위 연대보증행위가 회사의 이익에 반하는 것이더라도 사문서 위조 및 위조사문서행사에 해당하지 않는다(대판 2010.5.13. 2010도1040).

[❹ ▸ ×] 사문서의 작성명의자의 인장이 압날되지 아니하고 주민등록번호가 기재되지 않았더라도, 일반인으로 하여금 그 작성명의자가 진정하게 작성한 사문서로 믿기에 충분할 정도의 형식과 외관을 갖추었으면 사문서위조죄 및 동 행사죄의 객체가 되는 사문서라고 보아야 한다(대판 1989.8.8. 88도2209).

[❺ ▸ ×] 거래상 중요한 사실을 증명하는 문서는, 법률관계의 발생·존속·변경·소멸의 전후과정을 증명하는 것이 주된 취지인 문서뿐만 아니라 직접적인 법률관계에 단지 간접적으로만 연관된 의사표시 내지 권리·의무의 변동에 사실상으로만 영향을 줄 수 있는 의사표시를 내용으로 하는 문서도 포함될 수 있다고 할 것인데, 이에 해당하는지 여부는 문서의 제목만을 고려할 것이 아니라 문서의 내용과 더불어 문서작성자의 의도, 그 문서가 작성된 개관적인 상황, 문서에 적시된 사항과 그 행사가 예정된 상대방과의 관계 등을 종합적으로 고려하여 판단하여야 한다(대판 2009.4.23. 2008도8527).

CHAPTER 08

국가의 기능에 관한 죄

형 법

각 문항별로 이해도를 체크해 보세요.

최근 5년간 회별 평균 2문

제1절 공무원의 직무에 관한 죄 ★★★★

2020년 변호사시험 문 21.

확인Check! ○ △ ×

직권남용권리행사방해죄에 관한 설명 중 옳지 않은 것은?(다툼이 있는 경우 판례에 의함)

① 직권남용권리행사방해죄에서 '권리'는 법률에 명기된 권리에 한하지 않고 법령상 보호되어야 할 이익이면 족하고 공법상 권리인지 사법상 권리인지를 묻지 않으며, '의무'는 법률상 의무를 가리키고 단순한 심리적 의무감 또는 도덕적 의무는 이에 해당하지 아니한다.

② 어떠한 직무가 공무원의 일반적 권한에 속하는 사항이라고 하기 위해서는 그에 관한 법령상의 근거가 필요하고, 법령상 명문의 근거가 없는 경우에는 직권남용권리행사방해죄가 성립하지 아니한다.

③ 공무원이 자신의 직무권한에 속하는 사항에 관하여 실무담당자로 하여금 그 직무집행을 보조하는 사실행위를 하도록 하더라도 이는 공무원 자신의 직무집행으로 귀결될 뿐이므로 원칙적으로 직권남용권리행사방해죄에서 말하는 의무 없는 일을 하게 한 때에 해당한다고 할 수 없다.

④ 공무원의 행위가 권리 행사를 방해함으로 인한 직권남용권리행사방해죄와 의무 없는 일을 하게 함으로 인한 직권남용권리행사방해죄 두 가지 행위태양에 모두 해당하는 것으로 기소된 경우, 권리 행사를 방해함으로 인한 직권남용권리행사방해죄만 성립하고 의무 없는 일을 하게 함으로 인한 직권남용권리행사방해죄는 따로 성립하지 아니한다.

⑤ 공무원의 직권남용행위가 있었다 할지라도 현실적으로 권리 행사의 방해라는 결과가 발생하지 아니하였다면 직권남용권리행사방해죄의 기수를 인정할 수 없다.

[❶ ▸ ○] 형법 제123조의 직권남용권리행사방해죄에서 말하는 '권리'는 법률에 명기된 권리에 한하지 않고 법령상 보호되어야 할 이익이면 족한 것으로서, 공법상의 권리인지 사법상의 권리인지를 묻지 않는다고 봄이 상당하고(대판 2010.1.28. 2008도7312), 직권남용죄에서 말하는 '의무'란 법률상 의무를 가리키고, 단순한 심리적 의무감 또는 도덕적 의무는 이에 해당하지 아니한다(대판 1991.12.27. 90도2800).

[❷ ▸ ×] 어떠한 직무가 공무원의 일반적 권한에 속하는 사항이라고 하기 위해서는 그에 관한 법령상의 근거가 필요하지만, 명문이 없는 경우라도 법・제도를 종합적, 실질적으로 관찰해서 그것이 해당 공무원의 직무권한에 속한다고 해석되고, 남용된 경우 상대방으로 하여금 사실상 의무 없는 일을 행하게 하거나 권리를 방해하기에 충분한 것이라고 인정되는 경우에는 직권남용죄에서 말하는 '일반적 권한'에 포함된다고 보아야 한다(대판 2011.7.28. 2011도1739).

[❸ ▸ ○] 공무원이 자신의 직무권한에 속하는 사항에 관하여 실무담당자로 하여금 그 직무집행을 보조하는 사실행위를 하도록 하더라도 이는 공무원 자신의 직무집행으로 귀결될 뿐이므로 원칙적으로 직권남용권리행사방해죄에서 말하는 '의무 없는 일을 하게 한 때'에 해당한다고 할 수 없으나, 직무집행의 기준과 절차가 법령에 구체적으로 명시되어 있고 실무담당자에게도 직무집행의 기준을 적용하고 절차에 관여할 고유한 권한과 역할이 부여되어 있다면 실무담당자로 하여금 그러한 기준과 절차에 위반하여 직무집행을 보조하게 한 경우에는 '의무 없는 일을 하게 한 때'에 해당한다(대판 2011.2.10. 2010도13766).

② 정답

[❹ ▸ O] 상급경찰관이 직권을 남용하여 부하경찰관들의 수사를 중단시키거나 사건을 다른 경찰관서로 이첩하게 한 경우, 일단 '부하경찰관들의 수사권 행사를 방해한 것'에 해당함과 아울러 '부하경찰관들로 하여금 수사를 중단하거나 사건을 다른 경찰관서로 이첩할 의무가 없음에도 불구하고 수사를 중단하게 하거나 사건을 이첩하게 한 것'에도 해당된다고 볼 여지가 있다. 그러나 이는 어디까지나 하나의 사실을 각기 다른 측면에서 해석한 것에 불과한 것으로서, '권리 행사를 방해함으로 인한 직권남용권리행사방해죄'와 '의무 없는 일을 하게 함으로 인한 직권남용권리행사방해죄'가 별개로 성립하는 것이라고 할 수는 없다. 따라서 위 두 가지 행위태양에 모두 해당하는 것으로 기소된 경우, '권리 행사를 방해함으로 인한 직권남용권리행사방해죄'만 성립하고 '의무 없는 일을 하게 함으로 인한 직권남용권리행사방해죄'는 따로 성립하지 아니하는 것으로 봄이 상당하다(대판 2010.1.28. 2008도7312).

[❺ ▸ O] 형법 제123조가 규정하는 직권남용권리행사방해죄에서 권리 행사를 방해한다 함은 법령상 행사할 수 있는 권리의 정당한 행사를 방해하는 것을 말한다고 할 것이므로 이에 해당하려면 구체화된 권리의 현실적인 행사가 방해된 경우라야 할 것이고, 또한 공무원의 직권남용행위가 있었다 할지라도 현실적으로 권리 행사의 방해라는 결과가 발생하지 아니하였다면 본죄의 기수를 인정할 수 없다(대판 2006.2.9. 2003도4599).

2020년 변호사시험 문 40. ☑ 확인Check! O △ X

유흥주점 단속업무를 담당하고 있는 공무원 甲과 乙은 뇌물을 수수하기로 공모하여 유흥주점을 운영하는 丙을 찾아가 단속을 무마해 달라는 취지의 뇌물 4,000만원을 수수하였다. 사무실로 돌아간 후 甲, 乙은 각자 2,000만원씩 나누어 가졌다. 乙은 그 돈을 바로 자신의 예금계좌에 입금하였다가 일주일 뒤 양심의 가책을 받아 丙에게 전액 반환하였다. 甲, 乙, 丙은 위와 같은 범죄사실로 공동피고인으로 재판 중이다. 이에 관한 설명 중 옳은 것은?(다툼이 있는 경우 판례에 의함)

① 甲과 乙은 뇌물로 받은 4,000만원을 각자 2,000만원씩 나누어 가졌으므로 특정범죄 가중처벌 등에 관한 법률의 적용대상 뇌물 가액인 3,000만원 이상에 해당하지 않아 각자 형법상의 뇌물죄 적용을 받는다.
② 뇌물수수죄의 추징은 공무원의 직무범죄에 대한 일종의 징벌적 성질의 처분이라 할 것이므로 甲과 乙에게는 각자 4,000만원씩을 추징해야 한다.
③ 乙은 丙에게 2,000만원을 반환하였기 때문에 이를 반환받은 丙으로부터 2,000만원을 추징하여야 한다.
④ 만약 乙이 丙으로부터 1,000만원권 자기앞수표 두 장을 뇌물로 받아 이를 생활비로 소비한 후 현금 2,000만원을 丙에게 반환하였다면 丙으로부터 2,000만원을 추징하여야 한다.
⑤ 공판과정에서 丙은 甲, 乙에게 준 돈의 명목을 대여금이라고 주장하면서 범행을 부인하고 있는데 乙에 대한 피고인신문 과정 중 이루어진 "甲과 함께 있는 자리에서 丙이 단속을 무마해 달라면서 우리에게 4,000만원을 줬다"는 乙의 진술은 丙에 대한 유죄의 증거로 사용될 수 있다.

[❶ ▸ X] 수인이 공동하여 뇌물수수죄를 범한 경우에 공범자는 자기의 수뢰액뿐만 아니라 다른 공범자의 수뢰액에 대하여도 그 죄책을 면할 수 없는 것이므로, 특정범죄 가중처벌 등에 관한 법률 제2조 제1항의 적용 여부를 가리는 수뢰액을 정함에 있어서는 그 공범자 전원의 수뢰액을 합한 금액을 기준으로 하여야 할 것이고, 각 공범자들이 실제로 취득한 금액이나 분배받기로 한 금액을 기준으로 할 것이 아니다(대판 1999.8.20. 99도1557).

[❷ ▸ X] 수인이 공동하여 수수한 뇌물을 분배한 경우에는 각자로부터 실제로 분배받은 금품만을 개별적으로 몰수하거나 그 가액을 추징하여야 한다(대판 1993.10.12. 93도2056).

[❸ ▸ X] 뇌물로 받은 돈을 은행에 예금한 경우 그 예금행위는 뇌물의 처분행위에 해당하므로 그 후 수뢰자가 같은 액수의 돈을 증뢰자에게 반환하였다 하더라도 이를 뇌물 그 자체의 반환으로 볼 수 없으니 이러한 경우에는 수뢰자로부터 그 가액을 추징하여야 한다(대판 1996.10.25. 96도2022).

정답 ⑤

[❹ ▸ ×] 수뢰자가 자기앞수표를 뇌물로 받아 이를 소비한 후 자기앞수표 상당액을 증뢰자에게 반환하였다 하더라도 뇌물 그 자체를 반환한 것은 아니므로 이를 몰수할 수 없고 수뢰자로부터 그 가액을 추징하여야 할 것이다(대판 1999.1.29. 98도3584).

[❺ ▸ ○] 형사소송법 제310조의 피고인의 자백에는 공범인 공동피고인의 진술은 포함되지 않으며, 이러한 공동피고인의 진술에 대하여는 피고인의 반대신문권이 보장되어 있어 독립한 증거능력이 있다(대판 1992.7.28. 92도917).

2016년 변호사시험 문 25. ☑ 확인Check! ○ △ ×

다음 사례에 관한 설명 중 옳지 않은 것은?(다툼이 있는 경우 판례에 의함)

甲은 유흥주점 허가를 받기 위해 구청 담당 과장 乙과 친하다는 丙을 찾아가 乙에게 전달하여 달라고 부탁하면서 2,500만원을 제공하였다. 丙은 乙에게 甲의 유흥주점 허가를 부탁하면서 2,000만원을 교부하고, 나머지 500만원은 자신이 사용하였다. 한편, 乙은 구의원 丁에게 丙으로부터 받은 2,000만원을 교부하면서, 구청장에게 부탁하여 구청 정기인사에서 자신이 좋은 평정을 받게 해 달라고 말하였다. 甲에게 유흥주점 허가가 난 후, 甲은 감사의 표시로 자신의 유흥주점에 乙을 초대하였고, 乙은 대학동창인 회사원 3명에게 자신이 술값을 낸다고 말하고 이들과 함께 甲의 유흥주점에 가서 400만원의 향응을 제공받았다.

① 甲과 乙은 공소시효의 정지에 관한 형사소송법 제253조 제2항에서 말하는 '공범'에 포함되지 않는다.
② 乙에게 추징할 수 있는 금액은 2,400만원이다.
③ 丙에게는 2,500만원에 대한 제3자뇌물취득죄와 2,000만원에 대한 뇌물공여죄가 성립한다.
④ 丁에게 알선수뢰죄가 성립하기 위해서는 단순히 공무원으로서의 신분이 있다는 것만으로는 부족하고, 적어도 다른 공무원이 취급하는 사무의 처리에 법률상이거나 사실상으로 영향을 줄 수 있는 관계 내지 지위를 이용하는 경우이어야 한다.
⑤ 수사기관에 피의자로 출석한 乙에게 진술거부권을 고지하지 않은 채 자술서를 작성토록 하였다면, 그 자술서는 증거능력이 없다.

[❶ ▸ ○] 뇌물공여죄와 뇌물수수죄 사이와 같은 이른바 대향범관계에 있는 자는 강학상으로는 필요적 공범이라고 불리고 있으나, 서로 대향된 행위의 존재를 필요로 할 뿐 각자 자신의 구성요건을 실현하고 별도의 형벌규정에 따라 처벌되는 것이어서, 2인 이상이 가공하여 공동의 구성요건을 실현하는 공범관계에 있는 자와는 본질적으로 다르며, 대향범관계에 있는 자 사이에서는 각자 상대방의 범행에 대하여 형법 총칙의 공범규정이 적용되지 아니한다. 이러한 점들에 비추어 보면, 형사소송법 제253조 제2항에서 말하는 '공범'에는 뇌물공여죄와 뇌물수수죄 사이와 같은 대향범관계에 있는 자는 포함되지 않는다(대판 2015.2.12. 2012도4842).

[❷ ▸ ○] 피고인이 증뢰자와 함께 향응을 하고 증뢰자가 이에 소요되는 금원을 지출한 경우 이에 관한 피고인의 수뢰액을 인정함에 있어서는 먼저 피고인의 접대에 요한 비용과 증뢰자가 소비한 비용을 가려내어 전자의 수액을 가지고 피고인의 수뢰액으로 하여야 하고 만일 각자에 요한 비용액이 불명일 때에는 이를 평등하게 분할한 액을 가지고 피고인의 수뢰액으로 인정하여야 할 것이고, 피고인이 향응을 제공받는 자리에 피고인 스스로 제3자를 초대하여 함께 접대를 받은 경우에는, 그 제3자가 피고인과는 별도의 지위에서 접대를 받는 공무원이라는 등의 특별한 사정이 없는 한 그 제3자의 접대에 요한 비용도 피고인의 접대에 요한 비용에 포함시켜 피고인의 수뢰액으로 보아야 한다(대판 2001.10.12. 99도5294). 따라서 이와 같은 판례의 취지를 고려하면, 乙에게 추징할 수 있는 금액은, 丙으로부터 받은 2,000만원과 자신의 대학동창인 회사원 3명과 함께 甲으로부터 받은 400만원의 향응이므로, 총 2,400만원이다.

③ 정답

[❸ ▸ ×] 형법 제133조 제2항은 증뢰자가 뇌물에 공할 목적으로 금품을 제3자에게 교부하거나 또는 그 정을 알면서 교부받는 증뢰물전달행위를 독립한 구성요건으로 하여 이를 같은 조 제1항의 뇌물공여죄와 같은 형으로 처벌하는 규정으로서, 제3자의 증뢰물전달죄는 제3자가 증뢰자로부터 교부받은 금품을 수뢰할 사람에게 전달하였는지 여부에 관계없이 제3자가 그 정을 알면서 금품을 교부받음으로써 성립하는 것이며, 나아가 제3자가 그 교부받은 금품을 수뢰할 사람에게 전달하였다고 하여 증뢰물전달죄 외에 별도로 뇌물공여죄가 성립하는 것은 아니다(대판 1997.9.5. 97도1572).

[❹ ▸ ○] 형법 제132조 소정의 알선수뢰죄에 있어서 '공무원이 그 지위를 이용하여'라고 함은 친구, 친족관계 등 사적인 관계를 이용하는 경우이거나 단순히 공무원으로서의 신분이 있다는 것만을 이용하는 경우에는 여기에 해당한다고 볼 수 없으나, 다른 공무원이 취급하는 업무처리에 법률상 또는 사실상으로 영향을 줄 수 있는 공무원이 그 지위를 이용하는 경우에는 여기에 해당하고 그 사이에 반드시 상하관계, 협동관계, 감독권한 등의 특수한 관계에 있거나 같은 부서에 근무할 것을 요하는 것은 아니다(대판 1994.10.21. 94도852).

[❺ ▸ ○] 피의자의 진술을 기재한 서류 또는 문서가 수사기관에서의 조사과정에서 작성된 것이라면, 그것이 '진술조서, 진술서, 자술서'라는 형식을 취하였다고 하더라도 피의자신문조서와 달리 볼 수 없고, 수사기관에 의한 진술거부권 고지의 대상이 되는 피의자의 지위는 수사기관이 범죄인지서를 작성하는 등의 형식적인 사건수리절차를 거치기 전이라도 조사대상자에 대하여 범죄의 혐의가 있다고 보아 실질적으로 수사를 개시하는 행위를 한 때에 인정된다. 특히 조사대상자의 진술내용이 단순히 제3자의 범죄에 관한 경우가 아니라 자신과 제3자에게 공동으로 관련된 범죄에 관한 것이거나 제3자의 피의사실뿐만 아니라 자신의 피의사실에 관한 것이기도 하여 실질이 피의자신문조서의 성격을 가지는 경우에 수사기관은 진술을 듣기 전에 미리 진술거부권을 고지하여야 한다(대판 2015.10.29. 2014도5939).

2018년 변호사시험 문 3. ☑ 확인 Check! ○ △ ×

뇌물죄에 관한 설명 중 옳은 것(○)과 옳지 않은 것(×)을 올바르게 조합한 것은?(다툼이 있는 경우 판례에 의함)

ㄱ. 수수된 금품의 뇌물성을 인정하기 위하여는 그 금품이 개개의 직무행위와 대가적 관계에 있음이 증명되어야 한다.
ㄴ. 임용될 당시 지방공무원법상 임용결격자임에도 공무원으로 임용되어 계속 근무하던 중 직무에 관하여 뇌물을 수수한 경우, 임용행위의 무효에도 불구하고 뇌물수수죄의 성립을 인정할 수 있다.
ㄷ. 뇌물공여죄가 성립하기 위하여는 반드시 상대방 측에서 뇌물수수죄가 성립하여야 하는 것은 아니다.
ㄹ. 뇌물을 수수한 자가 공동수수자가 아닌 교사범 또는 종범에게 뇌물 중 일부를 사례금 등의 명목으로 교부한 경우, 실제 수익은 뇌물에서 사례금을 공제한 금액이므로, 전체 뇌물액수에서 사례금 상당액을 공제한 금액을 뇌물수수자에게서 몰수·추징하여야 한다.
ㅁ. 공무원이 직접 뇌물을 받지 않고 증뢰자로 하여금 자신이 채무를 부담하고 있었던 제3자에게 뇌물을 공여하게 함으로써 자신의 지출을 면하였다면 형법 제130조의 제3자뇌물제공죄가 성립한다.

① ㄱ(○), ㄴ(×), ㄷ(×), ㄹ(×), ㅁ(○)
② ㄱ(○), ㄴ(×), ㄷ(×), ㄹ(○), ㅁ(○)
③ ㄱ(×), ㄴ(×), ㄷ(○), ㄹ(○), ㅁ(×)
④ ㄱ(×), ㄴ(○), ㄷ(○), ㄹ(×), ㅁ(○)
⑤ ㄱ(×), ㄴ(○), ㄷ(○), ㄹ(×), ㅁ(×)

[ㄱ ▸ ×] 뇌물죄는 직무집행의 공정과 이에 대한 사회의 신뢰에 기하여 직무수행의 불가매수성을 그 직접의 보호법익으로 하고 있으므로, 공무원의 직무와 금원의 수수가 전체적으로 대가관계에 있으면 뇌물수수죄가 성립하고, 특별히 청탁의 유무, 개개의 직무행위의 대가적 관계를 고려할 필요가 없으며, 또한 그 직무행위가 특정된 것일 필요도 없다 할 것이다(대판 1997.12.26. 97도2609).

정답 ⑤

[ㄴ ▸ O] 법령에 기한 임명권자에 의하여 임용되어 공무에 종사하여 온 사람이 나중에 그가 임용결격자이었음이 밝혀져 당초의 임용행위가 무효라고 하더라도, 그가 임용행위라는 외관을 갖추어 실제로 공무를 수행한 이상 공무수행의 공정과 그에 대한 사회의 신뢰 및 직무행위의 불가매수성은 여전히 보호되어야 한다. 따라서 이러한 사람은 형법 제129조에서 규정한 공무원으로 봄이 타당하고, 그가 그 직무에 관하여 뇌물을 수수한 때에는 수뢰죄로 처벌할 수 있다(대판 2014.3.27. 2013도11357).

[ㄷ ▸ O] 뇌물공여죄가 성립하기 위하여는 뇌물을 공여하는 행위와 상대방 측에서 금전적으로 가치가 있는 그 물품 등을 받아들이는 행위가 필요할 뿐 반드시 상대방 측에서 뇌물수수죄가 성립하여야 함을 뜻하는 것은 아니다(대판 2006.2.24. 2005도4737).

[ㄹ ▸ X] 여러 사람이 공동으로 뇌물을 수수한 경우 그 가액을 추징하려면 실제로 분배받은 금품만을 개별적으로 추징하여야 하고 수수금품을 개별적으로 알 수 없을 때에는 평등하게 추징하여야 하며 공동정범뿐 아니라 교사범 또는 종범도 뇌물의 공동수수자에 해당할 수 있으나, 공동정범이 아닌 교사범 또는 종범의 경우에는 정범과의 관계, 범행가담경위 및 정도, 뇌물 분배에 관한 사전약정의 존재 여부, 뇌물공여자의 의사, 종범 또는 교사범이 취득한 금품이 전체 뇌물수수액에서 차지하는 비중 등을 고려하여 공동수수자에 해당하는지를 판단하여야 한다. 그리고 뇌물을 수수한 자가 공동수수자가 아닌 교사범 또는 종범에게 뇌물 중 일부를 사례금 등의 명목으로 교부하였다면 이는 뇌물을 수수하는 데 따르는 부수적 비용의 지출 또는 뇌물의 소비행위에 지나지 아니하므로, 뇌물수수자에게서 수뢰액 전부를 추징하여야 한다(대판 2011.11.24. 2011도9585).

[ㅁ ▸ X] 공무원이 직접 뇌물을 받지 아니하고 증뢰자로 하여금 다른 사람에게 뇌물을 공여하도록 한 경우, 그 다른 사람이 공무원의 사자 또는 대리인으로서 뇌물을 받은 경우나 그 밖에 예컨대, 평소 공무원이 그 다른 사람의 생활비 등을 부담하고 있었다거나 혹은 그 다른 사람에 대하여 채무를 부담하고 있었다는 등의 사정이 있어서 그 다른 사람이 뇌물을 받음으로써 공무원은 그만큼 지출을 면하게 되는 경우 등 사회통념상 그 다른 사람이 뇌물을 받은 것을 공무원이 직접 받은 것과 같이 평가할 수 있는 관계가 있는 경우에는 형법 제130조의 제3자뇌물제공죄가 아니라, 형법 제129조 제1항의 뇌물수수죄가 성립한다(대판 2004.3.26. 2003도8077).

2018년 변호사시험 문 40. ☑ 확인 Check! ○ △ ×

A금융컨설팅 주식회사 대표이사 甲은 금융기관에 청탁하여 B주식회사가 20억원의 대출을 받을 수 있도록 알선행위를 하고 그 대가로서 컨설팅 용역계약 수수료 명목으로 1억원을 A주식회사의 계좌로 송금받았다. 위 1억원 중 1,000만원은 직원급여로 지급되었다. 검사는 甲을 특정경제범죄 가중처벌 등에 관한 법률 위반(알선수재)죄로 기소하였고 제1심법원은 甲의 유죄를 인정하고 징역 및 추징을 선고하였다. 이에 甲은 추징액이 잘못되었다고 주장하면서 추징 부분에 대하여만 항소를 제기하였다. 이에 관한 설명 중 옳지 않은 것을 모두 고른 것은?(다툼이 있는 경우 판례에 의함)

ㄱ. 대출알선행위의 대가로 받은 수수료에 대한 권리가 A회사에 귀속되므로 수수료로 받은 금원의 가액을 A회사로부터 추징하여야 한다.
ㄴ. 甲이 위 1억원 중 개인적으로 실제 사용한 금원이 있을 경우 그 금원에 한해 그 가액을 추징할 수 있다.
ㄷ. 위 사례에서 법원이 선고하여야 할 추징액수는 직원에게 지급된 급여를 제외한 9,000만원이다.
ㄹ. 甲이 추징에 관한 부분만을 불복대상으로 삼아 항소를 제기하였더라도 항소심의 심리범위는 본안에 관한 판단 부분에까지 미친다.

① ㄱ, ㄷ ② ㄴ, ㄹ ③ ㄱ, ㄴ, ㄷ
④ ㄱ, ㄷ, ㄹ ⑤ ㄴ, ㄷ, ㄹ

 ③ 정답

[ㄱ ▸ X] [ㄴ ▸ X] 甲 주식회사 대표이사인 피고인이 금융기관에 청탁하여 乙 주식회사가 대출을 받을 수 있도록 알선행위를 하고 그 대가로 용역대금 명목의 수수료를 甲 회사 계좌를 통해 송금받아 특정경제범죄 가중처벌 등에 관한 법률 위반(알선수재)죄가 인정된 경우, 피고인이 甲 회사의 대표이사로서 같은 법 제7조에 해당하는 행위를 하고 당해 행위로 인한 대가로 수수료를 받았다면, 수수료에 대한 권리가 甲 회사에 귀속된다 하더라도 행위자인 피고인으로부터 수수료로 받은 금품을 몰수 또는 그 가액을 추징할 수 있으므로, 피고인이 개인적으로 실제 사용한 금품이 없더라도 마찬가지이다(대판 2015.1.15. 2012도7571).

[ㄷ ▸ X] 甲이 컨설팅 용역계약 수수료 명목으로 송금받은 1억원 중 1,000만원을 직원급여로 지급하였더라도, 이는 수수한 금품을 소비하는 방법에 지나지 아니하므로, 1억원 전체에 대하여 甲으로부터 그 가액을 추징하여야 한다.

[ㄹ ▸ O] 마약류관리에 관한 법률 제67조는 이른바 필수적 몰수 또는 추징조항으로서 그 요건에 해당하는 한 법원은 반드시 몰수를 선고하거나 추징을 명하여야 한다. 위와 같은 몰수 또는 추징은 범죄행위로 인한 이득의 박탈을 목적으로 하는 것이 아니라 징벌적인 성질을 가지는 처분으로 부가형으로서의 성격을 띠고 있다. 이는 피고사건 본안에 관한 판단에 따른 주형 등에 부가하여 한 번에 선고되고 이와 일체를 이루어 동시에 확정되어야 하고 본안에 관한 주형 등과 분리되어 이심되어서는 아니 되는 것이 원칙이므로, 피고사건의 주위적 주문과 몰수 또는 추징에 관한 주문은 상호 불가분적 관계에 있어 상소불가분의 원칙이 적용되는 경우에 해당한다. 따라서 피고사건의 재판 가운데 몰수 또는 추징에 관한 부분만을 불복대상으로 삼아 상소가 제기되었다 하더라도, 상소심으로서는 이를 적법한 상소제기로 다루어야 하고, 그 부분에 대한 상소의 효력은 그 부분과 불가분의 관계에 있는 본안에 관한 판단 부분에까지 미쳐 그 전부가 상소심으로 이심된다(대판 2008.11.20. 2008도5596[전합]).

2017년 변호사시험 문 36. ☑ 확인 Check! O △ X

공무원인 甲은 건설회사 대표 乙에게 자신이 속한 부서가 관장하는 관급공사를 수주할 수 있게 해 주겠다고 약속하고, 그 대가로 乙로부터 2016.3.15. 1,000만원을, 2016.4.1. 1,500만원을 받았다. 그 후 甲은 乙에게 직무상 비밀인 관급공사의 예정가격을 알려 주어 乙이 공사를 수주하게 되었다. 검사는 甲이 변호인의 참여를 원한다는 의사를 명백하게 표시하였음에도, 정당한 사유 없이 변호인을 참여하게 하지 아니한 채 甲을 신문하여 피의자신문조서를 작성하였고, 추가조사를 거친 후에 甲과 乙에 대해 공소제기하였다. 이에 관한 설명 중 옳지 않은 것은?(다툼이 있는 경우 판례에 의함)

① 甲에 대한 임용결격사유가 밝혀져 당초의 임용행위가 무효가 되더라도, 甲은 뇌물수수죄에 규정된 공무원에 해당한다.
② 甲에게는 수뢰 후 부정처사죄 및 공무상 비밀누설죄가 성립하고, 양 죄는 상상적 경합관계에 있다.
③ 검사는 수사단계에서 甲에 대한 증거를 미리 보전하기 위하여 필요한 경우라도 甲과 乙은 필요적 공범이므로 판사에게 乙을 증인으로 신문할 것을 청구할 수 없다.
④ 검사가 작성한 피의자신문조서는 형사소송법 제312조 제1항에 정한 '적법한 절차와 방식'에 위반된 증거일 뿐만 아니라, 형사소송법 제308조의2에서 정한 '적법한 절차에 따르지 아니하고 수집한 증거'에 해당하므로 이를 증거로 할 수 없다.
⑤ 위 사건에서 심리 결과 1,500만원에 대한 부분만 무죄로 판단되는 경우에는 판결이유에만 기재하고 주문에서 따로 무죄를 선고할 것이 아님에도 불구하고 법원이 그 판결주문에 무죄를 표시하였더라도 이러한 잘못이 판결에 영향을 미친 위법사유가 되는 것은 아니다.

[❶ ▸ O] 법령에 기한 임명권자에 의하여 임용되어 공무에 종사하여 온 사람이 나중에 그가 임용결격자이었음이 밝혀져 당초의 임용행위가 무효라고 하더라도, 그가 임용행위라는 외관을 갖추어 실제로 공무를 수행한 이상 공무수행의 공정과 그에 대한 사회의 신뢰 및 직무행위의 불가매수성은 여전히 보호되어야 한다. 따라서 이러한 사람은 형법 제129조에서 규정한 공무원으로 봄이 타당하고, 그가 그 직무에 관하여 뇌물을 수수한 때에는 수뢰죄로 처벌할 수 있다(대판 2014.3.27. 2013도11357).

정답 ③

[❷ ▸ O] 피고인이 그 직무상 지득한 구술시험 문제 중에서 소론사항을 증뢰자에게 알린 것은 공무상 비밀의 누설인 동시에 형법 제131조 제1항의 부정한 행위를 한 때에 해당한다(대판 1970.6.30. 70도562). 따라서 수뢰 후 부정처사죄 및 공무상 비밀누설죄는 상상적 경합관계에 있다.

[❸ ▸ ×] 공동피고인과 피고인이 뇌물을 주고받은 사이로 필요적 공범관계에 있다고 하더라도 검사는 수사단계에서 피고인에 대한 증거를 미리 보전하기 위하여 필요한 경우에는 판사에게 공동피고인을 증인으로 신문할 것을 청구할 수 있다(대판 1988.11.8. 86도1646).

[❹ ▸ O] 헌법 제12조 제1항, 제4항 본문, 형사소송법 제243조의2 제1항 및 그 입법목적 등에 비추어 보면, 피의자가 변호인의 참여를 원한다는 의사를 명백하게 표시하였음에도 수사기관이 정당한 사유 없이 변호인을 참여하게 하지 아니한 채 피의자를 신문하여 작성한 피의자신문조서는 형사소송법 제312조에 정한 '적법한 절차와 방식'에 위반된 증거일 뿐만 아니라, 형사소송법 제308조의2에서 정한 '적법한 절차에 따르지 아니하고 수집한 증거'에 해당하므로 이를 증거로 할 수 없다(대판 2013.3.28. 2010도3359).

[❺ ▸ O] 포괄일죄의 관계에 있는 공소사실 중 일부가 무죄로 판단된다고 하더라도 주문에서 따로 무죄의 선고를 할 것이 아님에도 불구하고, 공소사실 일부에 대하여 무죄의 선고를 하고 이를 판결주문에 표시하였다고 하여 이러한 잘못이 판결에 영향을 미칠 위법사유가 되는 것은 아니다(대판 1995.3.24. 94도1112).

2014년 변호사시험 문 33. ☑ 확인Check! O △ X

공정거래위원회 소속 공무원 甲은 乙로부터 불공정거래행위 신고나 관련 처리업무를 할 경우 잘 봐 달라는 취지로 건네주는 액면금 100만원짜리 자기앞수표 3장을 교부받았다. 검사 丙은 이 사실을 수사한 후 甲을 뇌물수수죄로 기소하였다. 丙은 이 사건 공소제기 후 공판절차가 진행 중 수소법원이 아닌 영장전담판사 A로부터 압수·수색영장을 발부받아 그 집행을 통하여 확보한 위 자기앞수표 사본 3장과 이를 기초로 작성한 수사보고서를 증거로 제출하였다. 한편, 甲은 공판관여참여주사 丁에게 형량을 감경하여 달라는 청탁과 함께 현금100만원을 교부하였다. 이에 관한 설명 중 옳지 않은 것은?(다툼이 있는 경우에는 판례에 의함)

① 뇌물죄에서 말하는 '직무'에는 법령에 정하여진 직무뿐만 아니라 그와 관련 있는 직무, 과거에 담당하였거나 장래에 담당할 직무도 포함될 수 있다.
② 甲으로부터 현금 100만원을 수령한 법원주사 丁에게 뇌물수수죄가 성립한다.
③ 甲이 유죄로 인정되면 甲이 乙로부터 받은 자기앞수표를 소비한 후 현금 300만원을 乙에게 반환한 경우에 甲으로부터 그 가액을 추징해야 한다.
④ 甲이 유죄로 인정되면 甲이 乙로부터 받은 자기앞수표를 그대로 보관하고 있다가 乙에게 반환한 경우에 乙로부터 몰수 또는 추징을 해야 한다.
⑤ 丙이 영장전담판사로부터 발부받은 압수·수색영장에 의하여 압수한 자기앞수표 사본 3장과 위 수사보고서는 증거능력이 없다.

[❶ ▸ O] 뇌물죄는 직무집행의 공정과 이에 대한 사회의 신뢰에 기하여 직무행위의 불가매수성을 그 직접의 보호법익으로 하고 있으므로 뇌물성은 의무위반행위나 청탁의 유무 및 금품수수시기와 직무집행행위의 전후를 가리지 아니한다 할 것이고, 따라서 뇌물죄에서 말하는 '직무'에는 법령에 정하여진 직무뿐만 아니라 그와 관련 있는 직무, 과거에 담당하였거나 장래에 담당할 직무 외에 사무분장에 따라 현실적으로 담당하지 않는 직무라도 법령상 일반적인 직무권한에 속하는 직무 등 공무원이 그 직위에 따라 공무로 담당할 일체의 직무를 포함한다(대판 1999.11.9. 99도2530).

② 정답

[❷ ▸ ×] 법원의 참여주사가 공판에 참여하여 양형에 관한 사항의 심리내용을 공판조서에 기재한다고 하더라도 이를 가지고 형사사건의 양형이 참여주사의 직무와 밀접한 관계가 있는 사무라고는 할 수 없으므로 참여주사가 형량을 감경케 하여 달라는 청탁과 함께 금품을 수수하였다고 하더라도 뇌물수수죄의 주체가 될 수 없다(대판 1980.10.14. 80도1373).

[❸ ▸ ○] 수뢰자가 자기앞수표를 뇌물로 받아 이를 소비한 후 자기앞수표 상당액을 증뢰자에게 반환하였다 하더라도 뇌물 그 자체를 반환한 것은 아니므로 이를 몰수할 수 없고 수뢰자로부터 그 가액을 추징하여야 할 것이다(대판 1999.1.29. 98도3584).

[❹ ▸ ○] 수뢰자가 뇌물을 그대로 보관하였다가 증뢰자에게 반환한 때에는 증뢰자로부터 몰수·추징할 것이므로 수뢰자로부터 추징함은 위법하다(대판 1984.2.28. 83도2783).

[❺ ▸ ○] 형사소송법은 제215조에서 검사가 압수·수색영장을 청구할 수 있는 시기를 공소제기 전으로 명시적으로 한정하고 있지는 아니하나, 헌법상 보장된 적법절차의 원칙과 재판받을 권리, 공판중심주의·당사자주의·직접주의를 지향하는 현행 형사소송법의 소송구조, 관련 법규의 체계, 문언형식, 내용 등을 종합하여 보면, 일단 공소가 제기된 후에는 피고사건에 관하여 검사로서는 형사소송법 제215조에 의하여 압수·수색을 할 수 없다고 보아야 하며, 그럼에도 검사가 공소제기 후 형사소송법 제215조에 따라 수소법원 이외의 지방법원 판사에게 청구하여 발부받은 영장에 의하여 압수·수색을 하였다면, 그와 같이 수집된 증거는 기본적 인권 보장을 위해 마련된 적법한 절차에 따르지 않은 것으로서 원칙적으로 유죄의 증거로 삼을 수 없다(대판 2011.4.28. 2009도10412).

2012년 변호사시험 문 12. ☑ 확인Check! ○ △ ×

뇌물죄에 관한 설명 중 옳지 않은 것은?(다툼이 있는 경우에는 판례에 의함)

① 자기앞수표를 뇌물로 받아 모두 소비한 후 액면 상당의 현금을 증뢰자에게 반환한 경우에도 수뢰자로부터 그 가액을 추징하여야 한다.
② 공무원이 투기적 사업에 참여할 기회를 뇌물로 제공받아 실제 참여하였으나 경제사정의 변동 등으로 인하여 당초의 예상과는 달리 그 사업 참여로 인한 아무런 이득을 얻지 못한 경우에도 뇌물수수죄가 성립한다.
③ 공무원이 직접 뇌물을 받지 아니하고 증뢰자로 하여금 공무원 자신의 채권자에게 뇌물을 공여하도록 하여 공무원이 그만큼 지출을 면하게 되는 경우에는 뇌물수수죄가 아니라 제3자뇌물제공죄가 성립한다.
④ 증뢰물전달죄는 증뢰자나 수뢰자가 아닌 제3자가 증뢰자로부터 수뢰할 사람에게 전달될 금품이라는 정을 알면서 그 금품을 받으면 성립하고, 그 금품을 전달하였는지 여부는 증뢰물전달죄의 성립에 영향이 없다.
⑤ 뇌물공여죄가 성립되기 위해서는 반드시 상대방 측에서 뇌물수수죄가 성립되어야 할 필요는 없다.

[❶ ▸ ○] 수뢰자가 자기앞수표를 뇌물로 받아 이를 소비한 후 자기앞수표 상당액을 증뢰자에게 반환하였다 하더라도 뇌물 그 자체를 반환한 것은 아니므로 이를 몰수할 수 없고 수뢰자로부터 그 가액을 추징하여야 할 것이다(대판 1999.1.29. 98도3584).

[❷ ▸ ○] 공무원이 뇌물로 투기적 사업에 참여할 기회를 제공받은 경우, 뇌물수수죄의 기수시기는 투기적 사업에 참여하는 행위가 종료된 때로 보아야 하며, 그 행위가 종료된 후 경제사정의 변동 등으로 인하여 당초의 예상과는 달리 그 사업 참여로 아무런 이득을 얻지 못한 경우라도 뇌물수수죄의 성립에는 영향이 없다(대판 2002.11.26. 2002도3539).

정답 ③

[❸ ▸ ×] 공무원이 직접 뇌물을 받지 아니하고, 증뢰자로 하여금 다른 사람에게 뇌물을 공여하도록 하고 그 다른 사람으로 하여금 뇌물을 받도록 한 경우라 할지라도 그 다른 사람이 공무원의 사자 또는 대리인으로서 뇌물을 받은 경우나 그 밖에 예컨대 평소 공무원이 그 다른 사람의 생활비 등을 부담하고 있었다거나 혹은 그 다른 사람에 대하여 채무를 부담하고 있었다는 등의 사정이 있어서 그 다른 사람이 뇌물을 받음으로써 공무원은 그만큼 지출을 면하게 되는 경우 등 사회통념상 그 다른 사람이 뇌물을 받은 것을 공무원이 직접 받은 것과 같이 평가할 수 있는 관계가 있는 경우에는 형법 제129조 제1항의 단순수뢰죄가 성립한다(대판 1998.9.22. 98도1234).

[❹ ▸ ○] 형법 제133조 제2항은 증뢰자가 뇌물에 공할 목적으로 금품을 제3자에게 교부하거나 또는 그 정을 알면서 교부받는 증뢰물전달행위를 독립한 구성요건으로 하여 이를 같은 조 제1항의 뇌물공여죄와 같은 형으로 처벌하는 규정으로서, 제3자의 증뢰물전달죄는 제3자가 증뢰자로부터 교부받은 금품을 수뢰할 사람에게 전달하였는지 여부에 관계없이 제3자가 그 정을 알면서 금품을 교부받음으로써 성립하는 것이며, 나아가 제3자가 그 교부받은 금품을 수뢰할 사람에게 전달하였다고 하여 증뢰물전달죄 외에 별도로 뇌물공여죄가 성립하는 것은 아니다(대판 1997.9.5. 97도1572).

[❺ ▸ ○] 뇌물공여죄가 성립되기 위하여서는 뇌물을 공여하는 행위와 상대방 측에서 금전적으로 가치가 있는 그 물품 등을 받아들이는 행위(부작위 포함)가 필요할 뿐이지 반드시 상대방 측에서 뇌물수수죄가 성립되어야만 한다는 것을 뜻하는 것은 아니다(대판 1987.12.22. 87도1699).

제2절 공무 방해에 관한 죄

2013년 변호사시험 문 17. ☑ 확인 Check! ○ △ ×

사회적 법익 및 국가적 법익에 관한 설명 중 옳지 않은 것은?(다툼이 있는 경우에는 판례에 의함)

① 출원에 대한 심사업무를 담당하는 공무원이 출원인의 출원사유가 허위라는 사실을 알면서도 결재권자로 하여금 오인, 착각, 부지를 일으키게 하고 그 오인, 착각, 부지를 이용하여 인・허가처분에 대한 결재를 받아 낸 경우에는 위계에 의한 공무집행방해죄가 성립한다.

② 甲은 乙과 乙에게 피해를 당한 사람들 사이의 합의를 주선하기 위하여 甲도 피해자인 것처럼 행세하기 위한 방편으로 乙을 고소하기로 하고 이러한 취지를 乙에게도 미리 알린 후 乙의 승낙을 얻어 乙로부터 차용금피해를 당한 것처럼 허위사실을 기재하여 乙을 고소하였다. 그러나 甲은 바로 乙에게 합의서를 작성하여 교부해 주는 한편, 수사기관의 고소인 출석요구에 응하지 않았고 형사처벌이라는 결과 발생을 희망하지 않았으므로 무고죄가 성립하지 않는다.

③ 甲이 乙로부터 그 전에 미리 서명날인만을 받아 놓은 백지약속어음에 발행일, 금액, 수취인을 함부로 기재한 후, 乙을 상대로 제기한 약속어음금청구사건에서 그 청구를 대여금청구로 변경하면서 그 소 변경신청서에 위 약속어음을 복사한 사본을 첨부하여 제출하였다면 위조유가증권행사죄는 성립하지 않는다.

④ 공정증서원본불실기재죄가 성립한 후 사후에 피해자의 동의 또는 추인 등의 사정으로 문서에 기재된 대로 효과의 승인을 받거나, 등기가 사후에 실체적 권리관계에 부합하게 되었다 하더라도 이미 성립한 범죄에는 아무런 영향이 없다.

⑤ 인터넷도박게임 사이트 개설자가 영리를 목적으로 인터넷도박게임 사이트를 개설한 후, 사이트에 접속하여 도박게임을 하고 게임머니를 획득한 게임이용자들에게 환전을 해 줄 수 있는 상태에 있으면, 게임이용자들이 위 사이트에 접속하여 실제로 게임을 하였는지 여부와 관계없이 도박개장죄의 기수에 해당된다.

[❶ ▸ ○] 출원에 대한 심사업무를 담당하는 공무원이 출원인의 출원사유가 허위라는 사실을 알면서도 결재권자로 하여금 오인, 착각, 부지를 일으키게 하고 그 오인, 착각, 부지를 이용하여 인・허가처분에 대한 결재를 받아 낸 경우에는

② 정답

출원자가 허위의 출원사유나 허위의 소명자료를 제출한 경우와는 달리 더 이상 출원에 대한 적정한 심사업무를 기대할 수 없게 되었다고 할 것이어서 그와 같은 행위는 위계로써 결재권자의 직무집행을 방해한 것에 해당하므로 위계에 의한 공무집행방해죄가 성립한다(대판 1997.2.28. 96도2825).

[❷ ▸ ×] 무고죄는 국가의 형사사법권 또는 징계권의 적정한 행사를 주된 보호법익으로 하고 다만, 개인의 부당하게 처벌 또는 징계받지 아니할 이익을 부수적으로 보호하는 죄로서, 무고죄에 있어서 형사처분 또는 징계처분을 받게 할 목적은 허위신고를 함에 있어서 다른 사람이 그로 인하여 형사 또는 징계처분을 받게 될 것이라는 인식이 있으면 족하고 그 결과 발생을 희망하는 것까지를 요하는 것은 아니므로 고소인이 고소장을 수사기관에 제출한 이상 그러한 인식은 있었다고 보아야 한다(대판 2006.8.25. 2006도3631).

[❸ ▸ ○] 위조유가증권행사죄에 있어서의 유가증권이라 함은 위조된 유가증권의 원본을 말하는 것이지 전자복사기 등을 사용하여 기계적으로 복사한 사본은 이에 해당하지 않는다(대판 1998.2.13. 97도2922).

[❹ ▸ ○] 소유권보존등기나 소유권이전등기에 절차상 하자가 있거나 등기원인이 실제와 다르다 하더라도 그 등기가 실체적 권리관계에 부합하게 하기 위한 것이거나 실체적 권리관계에 부합하는 유효한 등기인 경우에는 공정증서원본불실기재 및 동 행사죄가 성립되지 않는다고 할 것이나, 이는 등기 경료 당시를 기준으로 그 등기가 실체권리관계에 부합하여 유효한 경우에 한정되는 것이고, 등기 경료 당시에는 실체권리관계에 부합하지 아니한 등기인 경우에는 사후에 이해관계인들의 동의 또는 추인 등의 사정으로 실체권리관계에 부합하게 된다 하더라도 공정증서원본불실기재 및 동 행사죄의 성립에는 아무런 영향이 없다(대판 2001.11.9. 2001도3959).

[❺ ▸ ○] 형법 제247조의 도박개장죄는 영리의 목적으로 도박을 개장하면 기수에 이르고, 현실로 도박이 행하여졌음은 묻지 않는다. 따라서 영리의 목적으로 속칭 포커나 바둑이, 고스톱 등의 인터넷도박게임 사이트를 개설하여 운영하는 경우, 현실적으로 게임이용자들로부터 돈을 받고 게임머니를 제공하고 게임이용자들이 위 도박게임 사이트에 접속하여 도박을 하여, 위 게임으로 획득한 게임머니를 현금으로 환전해 주는 방법 등으로 게임이용자들과 게임회사 사이에 있어서 재물이 오고 갈 수 있는 상태에 있으면, 게임이용자가 위 도박게임 사이트에 접속하여 실제 게임을 하였는지 여부와 관계없이 도박개장죄는 '기수'에 이른다(대판 2009.12.10. 2008도5282).

2014년 변호사시험 문 36. ☑ 확인 Check! ○ △ ×

甲은 乙 명의의 차용증을 위조한 후 乙 소유 부동산에 대한 가압류신청을 하여 법원으로부터 가압류결정을 받았다. 이에 대하여 乙의 고소로 개시된 수사절차에서 乙이 미국에 거주하는 A로부터 위 부동산을 1억5,000만원에 매수한 것인 양 신고하여 부동산등기부에 매매가액이 1억5,000만원으로 기재되게 하고 소유권이전등기를 마친 사실이 확인되었다. 미국에 있는 A와의 전화통화내용을 문답형식으로 기재하고 검찰주사만 기명날인한 수사보고서를 검사는 공소제기 후 증거로 제출하였다. 한편, 甲의 범행을 알고 있는 B가 법정에서 허위증언을 하자 검사가 B를 소환하여 추궁 끝에 법정증언을 번복하는 취지의 진술조서를 작성하여 이를 증거로 제출하였다. 이에 관한 설명 중 옳은 것은?(다툼이 있는 경우에는 판례에 의함)

① 甲이 허위주장을 하거나 허위증거를 제출하여 가압류결정을 받은 것은 법원의 구체적이고 현실적인 직무집행을 방해한 것이므로 위계에 의한 공무집행방해죄가 성립한다.
② 甲이 본안소송을 제기하지 아니한 채 가압류를 신청한 것만으로는 사기죄의 실행에 착수하였다고 할 수 없다.
③ 乙이 행정기관에 거래가액을 거짓으로 신고하여 신고필증을 받은 뒤 이를 기초로 사실과 다른 내용의 거래가액이 부동산등기부에 등재되도록 한 것은 공전자기록등불실기재죄 및 불실기재공전자기록등행사죄에 해당한다.
④ 위 수사보고서는 A가 외국거주로 인하여 공판기일에 진술할 수 없으므로 수사보고서를 작성한 검찰주사가 특히 신빙할 수 있는 상태하에서 작성한 것임을 증명하면 증거로 할 수 있다.
⑤ B가 다시 법정에 출석하여 위 진술조서의 진정성립을 인정하고 甲에게 반대신문의 기회가 부여되었다면 그 진술조서는 증거능력이 있다.

정답 ②

[❶ ▸ ×] 법원은 당사자의 허위주장 및 증거 제출에도 불구하고 진실을 밝혀야 하는 것이 그 직무이므로, 가처분신청 시 당사자가 허위의 주장을 하거나 허위의 증거를 제출하였다 하더라도 그것만으로 법원의 구체적이고 현실적인 어떤 직무집행이 방해되었다고 볼 수 없으므로 이로써 바로 위계에 의한 공무집행방해죄가 성립한다고 볼 수 없다(대판 2012.4.26. 2011도17125).

[❷ ▸ ○] 가압류는 강제집행의 보전방법에 불과하고 그 기초가 되는 허위의 채권에 의하여 실제로 청구의 의사표시를 한 것이라고 할 수 없으므로 소의 제기 없이 가압류신청을 한 것만으로는 사기죄의 실행에 착수한 것이라고 할 수 없다(대판 1982.10.26. 82도1529).

[❸ ▸ ×] 부동산등기법이 2005.12.29. 법률 제7764호로 개정되면서 매매를 원인으로 하는 소유권이전등기를 신청하는 경우에는 등기신청서에 거래신고필증에 기재된 거래가액을 기재하고, 신청서에 기재된 거래가액을 부동산등기부 갑구의 권리자 및 기타사항란에 기재하도록 하였는데, 그 개정취지는 부동산거래의 투명성을 확보하기 위한 데에 있을 뿐이므로, 부동산등기부에 기재되는 거래가액은 당해 부동산의 권리의무관계에 중요한 의미를 갖는 사항에 해당한다고 볼 수 없다. 따라서 부동산의 거래당사자가 거래가액을 시장 등에게 거짓으로 신고하여 신고필증을 받은 뒤 이를 기초로 사실과 다른 내용의 거래가액이 부동산등기부에 등재되도록 하였다면, '공인중개사의 업무 및 부동산 거래신고에 관한 법률'에 따른 과태료의 제재를 받게 됨은 별론으로 하고, 형법상의 공전자기록등불실기재죄 및 불실기재공전자기록등행사죄가 성립하지는 아니한다(대판 2013.1.24. 2012도12363).

[❹ ▸ ×] 외국에 거주하는 참고인과의 전화대화내용을 문답형식으로 기재한 검찰주사보 작성의 수사보고서는 전문증거로서 형사소송법 제310조의2에 의하여 제311조 내지 제316조에 규정된 것 이외에는 이를 증거로 삼을 수 없는 것인데, 위 수사보고서는 제311조, 제312조, 제315조, 제316조의 적용대상이 되지 아니함이 분명하므로, 결국 제313조의 진술을 기재한 서류에 해당하여야만 제314조의 적용 여부가 문제될 것인 바, 제313조가 적용되기 위하여는 그 진술을 기재한 서류에 그 진술자의 서명 또는 날인이 있어야 한다(대판 1999.2.26. 98도2742).

[❺ ▸ ×] 공판준비 또는 공판기일에서 이미 증언을 마친 증인을 검사가 소환한 후 피고인에게 유리한 그 증언내용을 추궁하여 이를 일방적으로 번복시키는 방식으로 작성한 진술조서를 유죄의 증거로 삼는 것은 당사자주의·공판중심주의·직접주의를 지향하는 현행 형사소송법의 소송구조에 어긋나는 것일 뿐만 아니라, 헌법 제27조가 보장하는 기본권, 즉 법관의 면전에서 모든 증거자료가 조사·진술되고 이에 대하여 피고인이 공격·방어할 수 있는 기회가 실질적으로 부여되는 재판을 받을 권리를 침해하는 것이므로, 이러한 진술조서는 피고인이 증거로 할 수 있음에 동의하지 아니하는 한 그 증거능력이 없다고 하여야 할 것이고, 그 후 원진술자인 종전 증인이 다시 법정에 출석하여 증언을 하면서 그 진술조서의 성립의 진정함을 인정하고 피고인 측에 반대신문의 기회가 부여되었다고 하더라도 그 증언 자체를 유죄의 증거로 할 수 있음은 별론으로 하고 위와 같은 진술조서의 증거능력이 없다는 결론은 달리할 것이 아니다(대판 2000.6.15. 99도1108[전합]).

2014년 변호사시험 문 6. ☑ 확인Check! ○ △ ×

甲의 행위에 대하여 ( ) 안의 범죄가 성립하는 것(○)과 성립하지 않는 것(×)을 올바르게 조합한 것은?(다툼이 있는 경우에는 판례에 의함)

ㄱ. 경찰서 교통계에 근무하는 경찰관 甲은 乙의 관내 도박장 개설 및 도박범행을 묵인하고 편의를 봐주는 대가로 금150만원을 교부받고 나아가 그 도박장 개설 및 도박범행사실을 잘 알면서도 이를 단속하지 아니하였다. (사전수뢰죄)

ㄴ. 기초지방자치단체장 甲은 파업에 참가한 소속 공무원들에 대하여 광역지방자치단체 인사위원회에 징계의결요구를 할 의무가 있음에도 불구하고 법률 검토 등을 거쳐 그 징계의결요구를 하지 아니하고 자체적으로 가담 정도의 경중을 가려 자체 인사위원회에 징계의결요구를 하거나 훈계처분을 하도록 지시하였다. (직무유기죄)

ㄷ. 甲은 개인택시운송사업면허 양도제한기간 경과 전에 허위진단서를 첨부하여 甲이 1년 이상의 치료를 요하는 질병에 걸려 직접 운전할 수 없음을 이유로 관할 구청에 개인택시운송사업에 대한 양도·양수신청을 하였고 담당 공무원은 그 진단서내용을 믿고 인가처분을 하였다. (위계에 의한 공무집행방해죄)

ㄹ. 甲은 타인의 형사사건과 관련하여 허위의 진술서를 작성하여 수사기관에 제출하였다. (증거위조죄)

ㅁ. 甲은 乙로부터 피해를 당한 사람들과 乙 사이의 합의를 주선하기 위하여 자신도 피해자인 것처럼 행세하기 위한 방편으로 乙의 승낙을 얻어 乙로부터 차용금피해를 당한 것처럼 허위사실을 기재하여 乙을 고소하였다. 그러나 甲은 바로 乙에게 합의서를 작성하여 교부해 주는 한편, 수사기관의 고소인 출석요구에 응하지 않았다. (무고죄)

① ㄱ(○), ㄴ(○), ㄷ(○), ㄹ(×), ㅁ(×)
② ㄱ(×), ㄴ(×), ㄷ(○), ㄹ(×), ㅁ(○)
③ ㄱ(○), ㄴ(×), ㄷ(○), ㄹ(×), ㅁ(○)
④ ㄱ(×), ㄴ(○), ㄷ(×), ㄹ(○), ㅁ(×)
⑤ ㄱ(×), ㄴ(×), ㄷ(○), ㄹ(○), ㅁ(○)

[ㄱ ▸ ×] 수뢰 후 부정처사죄에서 말하는 '부정한 행위'라 함은 직무에 위배되는 일체의 행위를 말하는 것으로 직무행위 자체는 물론 그것과 객관적으로 관련 있는 행위까지를 포함한다 할 것이다. 경찰관직무집행법 제2조 제1호는 경찰관이 행하는 직무 중의 하나로 '범죄의 예방·진압 및 수사'를 들고 있고, 이와 같이 범죄를 예방하거나, 진압하고, 수사하여야 할 일반적 직무권한을 가지는 피고인이 도박장 개설 및 도박범행을 묵인하고 편의를 봐주는 데 대한 사례비 명목으로 금품을 수수하고, 나아가 도박장 개설 및 도박범행사실을 잘 알면서도 이를 단속하지 아니하였다면, 이는 경찰관으로서 직무에 위배되는 부정한 행위를 한 것이라 할 것이고, 비록 피고인이 이 사건 범행 당시 원주경찰서 교통계에 근무하고 있어 도박범행의 수사 등에 관한 구체적인 사무를 담당하고 있지 아니하였다 하여도 달리 볼 것은 아니라고 할 것이다(대판 2003.6.13. 2003도1060).

[ㄴ ▸ ×] [1] 직무유기죄는 공무원이 법령·내규 등에 의한 추상적 충근의무를 태만히 하는 일체의 경우에 성립하는 것이 아니라, 직장의 무단이탈이나 직무의 의식적인 포기 등과 같이 국가의 기능을 저해하고 국민에게 피해를 야기시킬 구체적 위험성이 있고 불법과 책임비난의 정도가 높은 법익 침해의 경우에 한하여 성립하므로, 어떠한 형태로든 직무집행의 의사로 자신의 직무를 수행한 경우에는 그 직무집행의 내용이 위법한 것으로 평가된다는 점만으로 직무유기죄의 성립을 인정할 것은 아니다.
[2] 지방자치단체장이 전국공무원노동조합이 주도한 파업에 참가한 소속 공무원들에 대하여 관할 인사위원회에 징계의결요구를 하지 아니하고 가담 정도의 경중을 가려 자체 인사위원회에 징계의결요구를 하거나 훈계처분을 하도록 지시한 행위는 직무유기죄를 구성하지 않는다(대판 2007.7.12. 2006도1390).

[ㄷ ▸ ○] 피고인이 개인택시운송사업면허를 받은 지 5년이 경과되지 아니하여 원칙적으로 개인택시운송사업을 양도할 수 없는 사람 등과 사이에 마치 그들이 1년 이상의 치료를 요하는 질병으로 인하여 직접 운전할 수 없는 것처럼 가장하여 개인택시운송사업의 양도·양수인가를 받기로 공모한 후, 질병이 있는 노숙자들로 하여금 그들이 개인택시운송사업을

정답 ②

양도하려고 하는 사람인 것처럼 위장하여 의사의 진료를 받게 한 다음, 그 정을 모르는 의사로부터 환자가 개인택시운송사업의 양도인으로 된 허위의 진단서를 발급받아 행정관청에 개인택시운송사업의 양도・양수인가신청을 하면서 이를 소명자료로 제출하여 진단서의 기재내용을 신뢰한 행정관청으로부터 인가처분을 받은 경우, 위계에 의한 공무집행방해죄가 성립한다(대판 2002.9.4. 2002도2064).

[ㄹ ▸ X] 참고인이 타인의 형사사건 등에서 직접 진술 또는 증언하는 것을 대신하거나 그 진술 등에 앞서서 허위의 사실확인서나 진술서를 작성하여 수사기관 등에 제출하거나 또는 제3자에게 교부하여 제3자가 이를 제출한 것은 존재하지 않는 문서를 이전부터 존재하고 있는 것처럼 작출하는 등의 방법으로 새로운 증거를 창조한 것이 아닐 뿐더러, 참고인이 수사기관에서 허위의 진술을 하는 것과 차이가 없으므로, 증거위조죄를 구성하지 않는다고 할 것이다(대판 2011.7.28. 2010도2244).

[ㅁ ▸ O] 무고죄는 국가의 형사사법권 또는 징계권의 적정한 행사를 주된 보호법익으로 하고 다만, 개인의 부당하게 처벌 또는 징계받지 아니할 이익을 부수적으로 보호하는 죄로서, 무고죄에 있어서 형사처분 또는 징계처분을 받게 할 목적은 허위신고를 함에 있어서 다른 사람이 그로 인하여 형사 또는 징계처분을 받게 될 것이라는 인식이 있으면 족하고 그 결과 발생을 희망하는 것까지를 요하는 것은 아니므로 고소인이 고소장을 수사기관에 제출한 이상 그러한 인식은 있었다고 보아야 한다(대판 2006.8.25. 2006도3631).

제3절 도주와 범인 은닉에 관한 죄 ☆

2012년 변호사시험 문 39. ☑ 확인Check! O △ X

甲과 乙은 술에 취한 A가 모텔에서 혼자 투숙하고 있는 것을 알고 물건을 훔치기로 하여 甲은 밖에서 망을 보고 乙은 객실에 들어가 A의 가방을 뒤져 금목걸이를 가지고 왔다. 수차례의 절도전과가 있던 乙은 甲에게 "만약 경찰에 잡히면 나를 丙이라고 하라"라고 부탁하였다. 이에 관한 설명 중 옳지 않은 것은?(다툼이 있는 경우에는 판례에 의함)

① 甲과 乙이 공동피고인으로서 재판을 받더라도 변론을 분리하지 않는 한 서로에 대하여 증인적격이 없다.
② 만약 甲이 수사기관에서 乙의 이름에 대하여 丙이라고만 진술하고 적극적으로 구체적인 허위정보나 허위자료를 제출하지 않은 경우라면, 수사기관으로 하여금 乙의 체포를 곤란 내지 불가능하게 할 정도에 이르지 않은 것이어서 범인도피죄가 성립하지 않는다.
③ 만약 乙이 친동생인 丁에게 乙인 것처럼 수사기관에 자수하여 피의자로 조사를 받게 한 경우라면, 비록 丁이 친족으로 처벌받지 않더라도 乙은 범인도피교사죄에 해당한다.
④ 甲과 乙이 공동피고인으로서 함께 재판을 받으면서 甲은 범행사실을 자백하고 있지만 乙은 부인하고 있는 경우, 甲의 자백 외에는 다른 증거가 없다면 乙에게는 유죄의 선고를 할 수 없다.
⑤ 만약 검사가 乙의 상습성을 인정하여 형법상의 상습절도죄로 기소한 경우라면, 비록 구성요건이 동일하더라도 공소장 변경 없이는 형이 더 무거운 특정범죄 가중처벌 등에 관한 법률상의 상습절도죄로 처벌할 수 없다.

[❶ ▸ O] 공범인 공동피고인은 당해 소송절차에서는 피고인의 지위에 있으므로 다른 공동피고인에 대한 공소사실에 관하여 증인이 될 수 없으나, 소송절차가 분리되어 피고인의 지위에서 벗어나게 되면 다른 공동피고인에 대한 공소사실에 관하여 증인이 될 수 있다(대판 2008.6.26. 2008도3300).

[❷ ▸ O] 수사기관은 범죄사건을 수사함에 있어서 피의자나 참고인의 진술 여하에 불구하고, 피의자를 확정하고 그 피의사실을 인정할 만한 객관적인 제반증거를 수집・조사하여야 할 권리와 의무가 있으므로, 참고인이 수사기관에서 범인에 관하여 조사를 받으면서 그가 알고 있는 사실을 묵비하거나 허위로 진술하였다고 하더라도, 그것이 적극적으로 수사기관을

④ 정답

기만하여 착오에 빠지게 함으로써 범인의 발견 또는 체포를 곤란 내지 불가능하게 할 정도가 아닌 한 범인도피죄를 구성하지 않는 것이고, 이러한 법리는 피의자가 수사기관에서 공범에 관하여 묵비하거나 허위로 진술한 경우에도 그대로 적용된다(대판 2010.2.11. 2009도12164).

[❸ ▸ O] 범인이 자신을 위하여 타인으로 하여금 허위의 자백을 하게 하여 범인도피죄를 범하게 하는 행위는 방어권의 남용으로 범인도피교사죄에 해당하는바, 이 경우 그 타인이 형법 제151조 제2항에 의하여 처벌을 받지 아니하는 친족, 호주 또는 동거가족에 해당한다 하여 달리 볼 것은 아니다(대판 2006.12.7. 2005도3707).

[❹ ▸ ×] 형사소송법 제310조의 피고인의 자백에는 공범인 공동피고인의 진술은 포함되지 않으며, 이러한 공동피고인의 진술에 대하여는 피고인의 반대신문권이 보장되어 있어 독립한 증거능력이 있다(대판 1992.7.28. 92도917).

[❺ ▸ O] 일반법과 특별법이 동일한 구성요건을 가지고 있고 그 구성요건에 해당하는 어느 범죄사실에 대하여 검사가 그중 형이 가벼운 일반법의 법조를 적용하여 그 죄명으로 기소하였는데 그 일반법과 특별법을 적용한 때 형의 범위가 차이 나는 경우에는, 비록 그 공소사실에 변경이 없고 적용법조의 구성요건이 완전히 동일하다 하더라도, 그러한 적용법조의 변경이 피고인의 방어권 행사에 실질적인 불이익을 초래한다고 보아야 하며, 따라서 법원은 공소장 변경 없이는 형이 더 무거운 특별법의 법조를 적용하여 특별법 위반의 죄로 처단할 수 없다(대판 2007.12.27. 2007도4749).

제4절 위증과 증거 인멸에 관한 죄 ★★☆

2020년 변호사시험 문 39. ☑ 확인Check! O △ ×

甲은 동생인 乙과 공모하여 함께 丙을 상대로 토지거래허가에 필요한 서류라고 속여서 丙으로 하여금 근저당권설정계약서 등에 서명, 날인하게 하고 丙의 인감증명서를 교부받은 다음, 이를 이용하여 丙 소유의 토지에 관하여 甲을 채무자로 하는 채권최고액 3억원인 근저당권을 丁에게 설정하여 주고 丁으로부터 2억원을 차용하였다. 검사는 甲과 乙을 함께 공소제기하였다. 법정에서 甲은 변론분리 후 증인으로 증언하면서 자신의 단독범행이라고 허위의 진술을 하였다. 이에 검사는 甲을 위증혐의로 소환하여 乙과 공범이며 법정에서 위증하였음을 인정하는 취지의 피의자신문조서를 작성하여 증거로 제출하였다. 이에 관한 설명 중 옳은 것은?(다툼이 있는 경우 판례에 의함)

① 丙의 재산상 처분행위가 없으므로 甲에게 丙에 대한 사기죄가 성립하지 아니한다.
② 검사가 추가로 제출한 甲에 대한 위증혐의의 피의자신문조서는 원진술자인 甲이 다시 법정에서 증언하면서 위 조서의 진정성립을 인정하고 乙에게 반대신문의 기회가 부여되었다면 乙에 대한 유죄의 증거로 사용할 수 있다.
③ 증언거부사유가 있는 甲이 증언하는 과정에서 증언거부권을 고지받지 못하고 허위진술을 한 경우 항상 위증죄가 성립한다.
④ 만약 乙이 자신은 가담하지 않은 것으로 증언을 해 달라고 甲에게 부탁하여 甲이 허위의 증언을 하였다면, 비록 甲이 친족인 乙을 위하여 위증한 것일지라도 乙에게 위증교사죄가 성립한다.
⑤ 만약 甲이 위 사기범행을 인정하는 취지의 乙·丁 간의 대화내용을 몰래 녹음하였다면, 그 녹음파일은 乙에 대한 유죄의 증거로 사용할 수 있다.

[❶ ▸ ×] 피고인 등이 토지의 소유자이자 매도인인 피해자 갑 등에게 토지거래허가 등에 필요한 서류라고 속여 근저당권설정계약서 등에 서명·날인하게 하고 인감증명서를 교부받은 다음, 이를 이용하여 갑 등의 소유 토지에 피고인을 채무자로 한 근저당권을 을 등에게 설정하여 주고 돈을 차용하는 방법으로 재산상 이익을 취득하였다고 하여 특정경제범죄 가중처벌 등에 관한 법률 위반(사기) 및 사기로 기소된 경우, 갑 등의 행위는 사기죄에서 말하는 처분행위에 해당하고 갑 등의 처분의사가 인정된다(대판 2017.2.16. 2016도13362[전합]). 따라서 이와 같은 판례의 취지를 고려하면, 甲에게 丙에 대한 사기죄가 성립한다.

정답 ④

[❷ ▸ ×] 공판준비 또는 공판기일에서 이미 증언을 마친 증인을 검사가 소환한 후 피고인에게 유리한 증언내용을 추궁하여 이를 일방적으로 번복시키는 방식으로 작성한 진술조서는, 피고인이 증거로 할 수 있음에 동의하지 아니하는 한 증거능력이 없고, 그 후 원진술자인 종전 증인이 다시 법정에 출석하여 증언을 하면서 그 진술조서의 성립의 진정함을 인정하고 피고인 측에 반대신문의 기회가 부여되었다고 하더라도 그 증언 자체를 유죄의 증거로 할 수 있음은 별론으로 하고 위와 같은 진술조서의 증거능력이 없다는 결론은 달리할 것이 아니다. 이는 검사가 공판준비 또는 공판기일에서 이미 증언을 마친 증인에게 수사기관에 출석할 것을 요구하여 그 증인을 상대로 위증의 혐의를 조사한 내용을 담은 피의자신문조서의 경우도 마찬가지이다(대판 2013.8.14. 2012도13665).

[❸ ▸ ×] 재판장이 신문 전에 증인에게 증언거부권을 고지하지 않은 경우에도 당해 사건에서 증언 당시 증인이 처한 구체적인 상황, 증언거부사유의 내용, 증인이 증언거부사유 또는 증언거부권의 존재를 이미 알고 있었는지 여부, 증언거부권을 고지받았더라도 허위진술을 하였을 것이라고 볼 만한 정황이 있는지 등을 전체적·종합적으로 고려하여 증인이 침묵하지 아니하고 진술한 것이 자신의 진정한 의사에 의한 것인지 여부를 기준으로 위증죄의 성립 여부를 판단하여야 한다. 그러므로 헌법 제12조 제2항에 정한 불이익진술의 강요금지원칙을 구체화한 자기부죄거부특권에 관한 것이거나 기타 증언거부사유가 있음에도 증인이 증언거부권을 고지받지 못함으로 인하여 그 증언거부권을 행사하는 데 사실상 장애가 초래되었다고 볼 수 있는 경우에는 위증죄의 성립을 부정하여야 할 것이다(대판 2010.1.21. 2008도942[전합]).

[❹ ▸ ○] 피고인이 자기의 형사사건에 관하여 허위의 진술을 하는 행위는 피고인의 형사소송에 있어서의 방어권을 인정하는 취지에서 처벌의 대상이 되지 않으나, 법률에 의하여 선서한 증인이 타인의 형사사건에 관하여 위증을 하면 형법 제152조 제1항의 위증죄가 성립되므로 자기의 형사사건에 관하여 타인을 교사하여 위증죄를 범하게 하는 것은 이러한 방어권을 남용하는 것이라고 할 것이어서 교사범의 죄책을 부담케 함이 상당하다(대판 2004.1.27. 2003도5114).

[❺ ▸ ×] 통신비밀보호법은 누구든지 이 법과 형사소송법 또는 군사법원법의 규정에 의하지 아니하고는 우편물의 검열 또는 전기통신의 감청을 하거나 공개되지 아니한 타인 간의 대화를 녹음 또는 청취하지 못하고(제3조 본문), 이에 위반하여 불법검열에 의하여 취득한 우편물이나 그 내용 및 불법감청에 의하여 지득 또는 채록된 전기통신의 내용은 재판 또는 징계절차에서 증거로 사용할 수 없고(제4조), 누구든지 공개되지 아니한 타인 간의 대화를 녹음하거나 전자장치 또는 기계적 수단을 이용하여 청취할 수 없고(제14조 제1항), 이에 의한 녹음 또는 청취에 관하여 위 제4조의 규정을 적용한다(제14조 제2항)고 각 규정하고 있는바, 녹음테이프 검증조서의 기재 중 피고인과 공소외인 간의 대화를 녹음한 부분은 공개되지 아니한 타인 간의 대화를 녹음한 것이므로 위 법 제14조 제2항 및 제4조의 규정에 의하여 그 증거능력이 없고, 피고인들 간의 전화통화를 녹음한 부분은 피고인의 동의 없이 불법감청한 것이므로 위 법 제4조에 의하여 그 증거능력이 없다(대판 2001.10.9. 2001도3106).

2013년 변호사시험 문 4. ☑ 확인Check! ○ △ ×

위증죄에 관한 설명 중 옳지 않은 것은?(다툼이 있는 경우에는 판례에 의함)

① 허위의 진술이란 그 객관적 사실이 허위라는 것이 아니라 스스로 체험한 사실을 기억에 반하여 진술하는 것을 뜻한다.
② 경험한 사실에 대한 법률적 평가나 단순한 의견에 지나지 아니한 경우 다소의 오류가 있더라도 허위의 진술에 해당하지 아니한다.
③ 증인의 진술내용이 당해 사건의 요증사실에 관한 것인지, 판결에 영향을 미친 것인지 여부는 위증죄의 성립과 아무런 관계가 없다.
④ 하나의 사건에 관하여 한 번 선서한 증인이 수개의 사실에 관하여 허위의 진술을 한 경우 한 개의 위증죄가 성립한다.
⑤ 자기의 형사사건에 관하여 타인을 교사하여 위증을 하게 하는 것은 피고인의 형사사건의 방어권 행사와 동일한 의미이므로 위증교사의 책임을 지지 않는다.

⑤ 정답

[❶ ▸ O] 위증죄에서 말하는 허위의 진술이라는 것은 그 객관적 사실이 허위라는 것이 아니라 스스로 체험한 사실을 기억에 반하여 진술하는 것, 즉 기억에 반한다는 사실을 말한다(대판 1984.2.28. 84도114).

[❷ ▸ O] 위증죄는 법률에 의하여 선서한 증인이 사실에 관하여 기억에 반하는 진술을 한 때에 성립하고, 증인의 진술이 경험한 사실에 대한 법률적 평가이거나 단순한 의견에 지나지 아니하는 경우에는 위증죄에서 말하는 허위의 공술이라고 할 수 없으며, 경험한 객관적 사실에 대한 증인 나름의 법률적·주관적 평가나 의견을 부연한 부분에 다소의 오류나 모순이 있더라도 위증죄가 성립하는 것은 아니라고 할 것이다(대판 2001.3.23. 2001도213).

[❸ ▸ O] 위증죄는 선서한 증인이 고의로 자신의 기억에 반하는 증언을 함으로써 성립하고, 그 진술이 당해 사건의 요증사항인 여부 및 재판의 결과에 영향을 미친 여부는 위증죄의 성립에 아무 관계가 없다(대판 1981.8.25. 80도2783).

[❹ ▸ O] 하나의 사건에 관하여 증인으로 한 번 선서한 사람이 같은 기일에서 여러 가지 사실에 관하여 기억에 반하는 허위의 공술을 한 경우라도, 하나의 범죄의사로 계속하여 허위의 공술을 한 것으로서 포괄하여 1개의 위증죄를 구성하는 것으로 보아야 하고 각 진술마다 각기 수개의 위증죄를 구성하는 것으로 볼 것은 아니다(대판 1990.2.23. 89도1212).

[❺ ▸ X] 피고인이 자기의 형사사건에 관하여 허위의 진술을 하는 행위는 피고인의 형사소송에 있어서의 방어권을 인정하는 취지에서 처벌의 대상이 되지 않으나, 법률에 의하여 선서한 증인이 타인의 형사사건에 관하여 위증을 하면 형법 제152조 제1항의 위증죄가 성립되므로 자기의 형사사건에 관하여 타인을 교사하여 위증죄를 범하게 하는 것은 이러한 방어권을 남용하는 것이라고 할 것이어서 교사범의 죄책을 부담케 함이 상당하다(대판 2004.1.27. 2003도5114).

2019년 변호사시험 문 35. ☑ 확인 Check! O △ X

甲이 乙을 조수석에 태우고 자동차를 운전하고 가다가 부주의로 사람을 치고 나서 몹시 당황하자, 乙은 걱정 말라고 甲을 달랜 후 자동차를 정비소에 맡겨 사고의 흔적을 없애는 한편, 자신이 운전을 하다 사고를 낸 것이라고 경찰에 허위로 자수하였고 乙은 해당 범죄로 기소되었다. 이에 관한 설명 중 옳은 것은?(다툼이 있는 경우 판례에 의함)

① 乙이 자동차를 정비소에 맡겨 사고의 흔적을 없앤 것은 수사절차가 개시되기 전이므로 증거인멸죄가 성립하지 않는다.
② 乙이 적극적으로 허위의 증거를 조작하여 제출하는 등의 행위에 나아가지 않았다고 하더라도, 허위로 자수한 이상 위계공무집행방해죄가 성립한다.
③ 만약 甲과 乙이 사실혼관계에 있다면, 범인도피죄에서 친족 간의 특례규정이 적용된다.
④ 만약 甲과 乙이 법률상 부부였다가 이혼하였더라도 甲은 친족관계에 있었던 자로 증언거부권이 있다.
⑤ 만약 乙이 유죄판결 확정 후 변심하여 숨겨 두었던 사고 당시 甲이 운전하는 모습을 촬영한 사진을 증거로 제출하였다면, 재심사유로서 '증거가 새로 발견된 때'에 해당한다.

[❶ ▸ X] [❸ ▸ X] 증거인멸죄에 있어서 타인의 형사사건 또는 징계사건이란 인멸행위 시에 아직 수사 또는 징계절차가 개시되기 전이라도 장차 형사 또는 징계사건이 될 수 있는 것까지를 포함한다(대판 2013.11.28. 2011도5329). 다만, 사실혼관계에 있는 자는 민법 소정의 친족이라 할 수 없어 범인도피죄의 친족에 해당하지 않는다(대판 2003.12.12. 2003도4533).

[❷ ▸ X] 형사 피의자와 수사기관이 대립적 위치에서 서로 공격·방어를 할 수 있는 취지의 형사소송법의 규정과 법률에 의한 선서를 한 증인이 허위로 진술을 한 경우에 한하여 위증죄가 성립된다는 형법의 규정취지에 비추어 수사기관이 범죄사건을 수사함에 있어서는 피의자나 피의자로 자처하는 자 또는 참고인의 진술 여하에 불구하고 피의자를 확정하고 그 피의사실을 인정할 만한 객관적인 제반증거를 수집·조사하여야 할 권리와 의무가 있는 것이라고 할 것이므로 피의자나 참고인이 아닌 자가 자발적이고 계획적으로 피의자를 가장하여 수사기관에 대하여 허위사실을 진술하였다 하여 바로 이를 위계에 의한 공무집행방해죄가 성립된다고 할 수 없다(대판 1977.2.8. 76도3685).

정답 ④

[❹ ▸ ○] 전 남편에 대한 도로교통법 위반(음주운전)사건의 증인으로 법정에 출석한 전처(前妻)가 증언거부권을 고지받지 않은 채 공소사실을 부인하는 전 남편의 변명에 부합하는 내용을 적극적으로 허위진술한 경우, 증인으로 출석하여 증언한 경위와 그 증언내용, 증언거부권을 고지받았더라도 그와 같이 증언을 하였을 것이라는 취지의 진술내용 등을 전체적·종합적으로 고려할 때 선서 전에 재판장으로부터 증언거부권을 고지받지 아니하였다 하더라도 이로 인하여 증언거부권이 사실상 침해당한 것으로 평가할 수는 없으므로, 위증죄가 성립한다(대판 2010.2.25, 2007도6273).

[❺ ▸ ×] 형사소송법 제420조 제5호에 정한 무죄 등을 인정할 '증거가 새로 발견된 때'란 재심대상이 되는 확정판결의 소송절차에서 발견되지 못하였거나 또는 발견되었다 하더라도 제출할 수 없었던 증거를 새로 발견하였거나 비로소 제출할 수 있게 된 때를 말한다. 따라서 피고인이 재심을 청구한 경우 재심대상이 되는 확정판결의 소송절차 중에 그러한 증거를 제출하지 못한 데 과실이 있는 경우에는 그 증거는 위 조항에서의 '증거가 새로 발견된 때'에서 제외된다고 해석함이 상당하다(대결 2009.7.16, 2005모472[전합]).

2019년 변호사시험 문 17. ☑ 확인Check! ○ △ ×

위증죄에 관한 설명 중 옳지 않은 것은?(다툼이 있는 경우 판례에 의함)

① 위증죄와 모해위증죄의 관계에서 '모해할 목적'을 가지고 있었는가 아니면 그러한 목적이 없었는가 하는 범인의 특수한 상태는 형법 제33조 단서 소정의 '신분관계'에 해당된다.
② 甲이 자신의 강도상해범행을 일관되게 부인하였으나 유죄판결이 확정된 후, 별건으로 기소된 공범의 형사사건에서 자신의 강도상해범행사실을 부인하는 위증을 한 경우, 甲에게 위증죄가 성립한다.
③ 하나의 사건에 관하여 한 번 선서한 증인 甲이 같은 기일에 여러 가지 사실에 관하여 기억에 반하는 허위의 진술을 하는 경우에는 포괄하여 1개의 위증죄를 구성한다.
④ 甲이 자기의 형사사건에서 허위의 진술을 하는 경우 위증죄로 처벌되지 않으나, 자기의 형사사건에 관하여 타인을 교사하여 위증죄를 범하게 하는 경우에는 위증교사범의 죄책을 부담한다.
⑤ 甲이 제9회 공판기일에 증인으로 출석하여 선서한 후 기억에 반하는 허위진술한 것을 철회·시정한 바 없이 증인신문절차가 그대로 종료되었지만, 그 후 다시 증인으로 신청된 甲이 위 사건의 제21회 공판기일에 다시 출석하여 선서한 후 종전의 제9회 기일에서 한 진술이 허위진술임을 시인하고 이를 철회하는 취지의 진술을 하였다면 甲에게 위증죄가 성립하지 않는다.

[❶ ▸ ○] 형법 제152조 제1항과 제2항은 위증을 한 범인이 형사사건의 피고인 등을 '모해할 목적'을 가지고 있었는가 아니면 그러한 목적이 없었는가 하는 범인의 특수한 상태의 차이에 따라 범인에게 과할 형의 경중을 구별하고 있으므로, 이는 바로 형법 제33조 단서 소정의 '신분관계로 인하여 형의 경중이 있는 경우'에 해당한다고 봄이 상당하다(대판 1994.12.23, 93도1002).

[❷ ▸ ○] 이미 유죄의 확정판결을 받은 피고인은 공범의 형사사건에서 그 범행에 대한 증언을 거부할 수 없을 뿐만 아니라 나아가 사실대로 증언하여야 하고, 설사 피고인이 자신의 형사사건에서 시종일관 그 범행을 부인하였다 하더라도 이러한 사정은 위증죄에 관한 양형참작사유로 볼 수 있음은 별론으로 하고 이를 이유로 피고인에게 사실대로 진술할 것을 기대할 가능성이 없다고 볼 수는 없다(대판 2008.10.23, 2005도10101).

[❸ ▸ ○] 하나의 사건에 관하여 증인으로 한 번 선서한 사람이 같은 기일에서 여러 가지 사실에 관하여 기억에 반하는 허위의 공술을 한 경우라도, 하나의 범죄의사로 계속하여 허위의 공술을 한 것으로서 포괄하여 1개의 위증죄를 구성하는 것으로 보아야 하고 각 진술마다 각기 수개의 위증죄를 구성하는 것으로 볼 것은 아니다(대판 1990.2.23, 89도1212).

⑤ 정답

[❹ ▸ ○] 피고인이 자기의 형사사건에 관하여 허위의 진술을 하는 행위는 피고인의 형사소송에 있어서의 방어권을 인정하는 취지에서 처벌의 대상이 되지 않으나, 법률에 의하여 선서한 증인이 타인의 형사사건에 관하여 위증을 하면 형법 제152조 제1항의 위증죄가 성립되므로 자기의 형사사건에 관하여 타인을 교사하여 위증죄를 범하게 하는 것은 이러한 방어권을 남용하는 것이라고 할 것이어서 교사범의 죄책을 부담케 함이 상당하다(대판 2004.1.27. 2003도5114).

[❺ ▸ ×] 증인의 증언은 그 전부를 일체로 관찰·판단하는 것이므로 선서한 증인이 일단 기억에 반하는 허위의 진술을 하였더라도 그 신문이 끝나기 전에 그 진술을 철회·시정한 경우 위증이 되지 아니한다고 할 것이나, 증인이 1회 또는 수회의 기일에 걸쳐 이루어진 1개의 증인신문절차에서 허위의 진술을 하고 그 진술이 철회·시정된 바 없이 그대로 증인신문절차가 종료된 경우 그로써 위증죄는 기수에 달하고, 그 후 별도의 증인 신청 및 채택절차를 거쳐 그 증인이 다시 신문을 받는 과정에서 종전 신문절차에서의 진술을 철회·시정한다 하더라도 그러한 사정은 형법 제153조가 정한 형의 감면사유에 해당할 수 있을 뿐, 이미 종결된 종전 증인신문절차에서 행한 위증죄의 성립에 어떤 영향을 주는 것은 아니다. 위와 같은 법리는 증인이 별도의 증인신문절차에서 새로이 선서를 한 경우뿐만 아니라 종전 증인신문절차에서 한 선서의 효력이 유지됨을 고지받고 진술한 경우에도 마찬가지로 적용된다(대판 2010.9.30. 2010도7525).

2015년 변호사시험 문 19. ☑ 확인Check! ○ △ ×

증거인멸죄 등에 관한 설명 중 옳지 않은 것은?(다툼이 있는 경우 판례에 의함)

① 증거위조죄에서 '위조'란 문서에 관한 죄에서의 위조 개념과는 달리 새로운 증거의 창조를 의미하는 것이므로 존재하지 아니한 증거를 이전부터 존재하고 있는 것처럼 만들어 내는 행위도 위조에 해당하며, 증거가 문서의 형식을 갖는 경우 증거위조죄의 증거에 해당하는지는 그 작성권한 유무나 내용의 진실성에 좌우되지 않는다.

② 경찰서 방범과장이 부하직원으로부터 게임산업진흥에 관한 법률 위반혐의로 오락실을 단속하여 증거물로 오락기의 변조된 기판을 압수하여 사무실에 보관 중임을 보고받아 알고 있었음에도 그 직무상의 의무에 따라 적절한 조치를 취하지 않고, 오히려 부하직원에게 위와 같이 압수한 변조된 기판을 돌려주라고 지시하여 오락실 업주에게 돌려준 경우 증거인멸죄가 성립한다.

③ 자기의 형사사건에 관한 증거를 인멸하기 위하여 타인을 교사하여 증거인멸죄를 범하게 한 자에 대하여는 증거인멸교사죄가 성립한다.

④ 자신이 직접 형사처분이나 징계처분을 받게 될 것을 두려워 한 나머지 자기의 이익을 위하여 그 증거가 될 자료를 인멸하였다 하더라도, 그 행위가 동시에 다른 공범자의 형사사건이나 징계사건에 관한 증거를 인멸한 결과가 되는 경우 증거인멸죄가 성립한다.

⑤ 증거위조죄에서 '타인의 형사사건'이란 증거위조행위 시에 아직 수사절차가 개시되기 전이라도 장차 형사사건이 될 수 있는 것까지 포함하고 그 형사사건이 기소되지 아니하거나 무죄가 선고되더라도 증거위조죄의 성립에는 영향이 없다.

[❶ ▸ ○] [❺ ▸ ○] 형법 제155조 제1항의 증거위조죄에서 타인의 형사사건이란 증거위조행위 시에 아직 수사절차가 개시되기 전이라도 장차 형사사건이 될 수 있는 것까지 포함하고, 그 형사사건이 기소되지 아니하거나 무죄가 선고되더라도 증거위조죄의 성립에 영향이 없다. 여기에서의 '위조'란 문서에 관한 죄에 있어서의 위조 개념과는 달리 새로운 증거의 창조를 의미하는 것이므로 존재하지 아니한 증거를 이전부터 존재하고 있는 것처럼 작출하는 행위도 증거 위조에 해당하며, 증거가 문서의 형식을 갖는 경우 증거위조죄에 있어서의 증거에 해당하는지 여부가 그 작성권한의 유무나 내용의 진실성에 좌우되는 것은 아니다. 또한 자기의 형사사건에 관한 증거를 위조하기 위하여 타인을 교사하여 죄를 범하게 한 자에 대하여는 증거위조교사죄가 성립한다(대판 2011.2.10. 2010도15986).

정답 ④

[❷ ▸ O] 경찰서 방범과장이 부하직원으로부터 음반・비디오물 및 게임물에 관한 법률 위반 혐의로 오락실을 단속하여 증거물로 오락기의 변조기판을 압수하여 사무실에 보관 중임을 보고받아 알고 있었음에도 그 직무상의 의무에 따라 위 압수물을 수사계에 인계하고 검찰에 송치하여 범죄혐의의 입증에 사용하도록 하는 등의 적절한 조치를 취하지 않고, 오히려 부하직원에게 위와 같이 압수한 변조기판을 돌려주라고 지시하여 오락실 업주에게 이를 돌려준 경우, 작위범인 증거인멸죄만이 성립하고 부작위범인 직무유기(거부)죄는 따로 성립하지 아니한다(대판 2006.10.19. 2005도3909[전합]).

[❸ ▸ O] 본법 제155조 제1항의 증거인멸죄는 국가형벌권의 행사를 저해하는 일체의 행위를 처벌의 대상으로 하고 있으나 범인 자신이 한 증거 인멸의 행위는 피고인의 형사소송에 있어서의 방어권을 인정하는 취지와 상충하므로 처벌의 대상이 되지 아니한다. 그러나 타인이 타인의 형사사건에 관한 증거를 그 이익을 위하여 인멸하는 행위를 하면 본법 제155조 제1항의 증거인멸죄가 성립되므로 자기의 형사사건에 관한 증거를 인멸하기 위하여 타인을 교사하여 죄를 범하게 한 자에 대하여도 교사범의 죄책을 부담케 함이 상당할 것이다(대판 1965.12.10. 65도826[전합]).

[❹ ▸ ×] 증거인멸죄는 타인의 형사사건 또는 징계사건에 관한 증거를 인멸하는 경우에 성립하는 것으로서, 피고인 자신이 직접 형사처분이나 징계처분을 받게 될 것을 두려워한 나머지 자기의 이익을 위하여 그 증거가 될 자료를 인멸하였다면, 그 행위가 동시에 다른 공범자의 형사사건이나 징계사건에 관한 증거를 인멸한 결과가 된다고 하더라도 이를 증거인멸죄로 다스릴 수 없고, 이러한 법리는 그 행위가 피고인의 공범자가 아닌 자의 형사사건이나 징계사건에 관한 증거를 인멸한 결과가 된다고 하더라도 마찬가지이다(대판 1995.9.29. 94도2608).

제5절 무고의 죄

2020년 변호사시험 문 16. ☑ 확인Check! ○ △ ×

무고죄에 관한 설명 중 옳지 않은 것을 모두 고른 것은?(다툼이 있는 경우 판례에 의함)

ㄱ. 甲의 교사・방조하에 乙이 甲에 대한 허위의 사실을 신고한 경우, 乙의 행위는 무고죄를 구성하고 乙을 교사・방조한 甲도 무고죄의 교사・방조범으로 처벌된다.

ㄴ. 甲이 자기 자신을 무고하기로 乙과 공모하고 이에 따라 무고행위에 가담한 경우, 甲과 乙은 무고죄의 공동정범으로 처벌된다.

ㄷ. 타인으로 하여금 형사처분을 받게 할 목적으로 공무소에 대하여 허위의 사실을 신고하였다고 하더라도 그 사실이 친고죄로서 그에 대한 고소기간이 경과하여 공소를 제기할 수 없음이 그 신고내용 자체에 의하여 분명한 경우에는 무고죄가 성립하지 아니한다.

ㄹ. 타인으로 하여금 형사처분을 받게 할 목적으로 공무소에 대하여 허위의 사실을 고소하면서 객관적으로 그 고소사실에 대한 공소시효가 완성되었음에도 마치 공소시효가 완성되지 아니한 것처럼 고소하였다면 형사소추의 실익이 없어 무고죄가 성립하지 아니한다.

ㅁ. 타인으로 하여금 형사처분을 받게 할 목적으로 공무소 또는 공무원에 대하여 허위로 신고한 사실이 무고행위 당시 형사처분의 대상이 될 수 있었던 경우에는 무고죄가 기수에 이르고, 이후 그 사실이 형사범죄가 되지 않는 것으로 판례가 변경되었더라도 특별한 사정이 없는 한 이미 성립한 무고죄에는 영향을 미치지 않는다.

① ㄴ, ㄹ ② ㄷ, ㅁ ③ ㄱ, ㄴ, ㅁ
④ ㄱ, ㄷ, ㄹ ⑤ ㄴ, ㄹ, ㅁ

① 정답

[ㄱ ▸ O] 형법 제156조의 무고죄는 국가의 형사사법권 또는 징계권의 적정한 행사를 주된 보호법익으로 하는 죄이나, 스스로 본인을 무고하는 자기무고는 무고죄의 구성요건에 해당하지 아니하여 무고죄를 구성하지 않는다. 그러나 피무고자의 교사·방조하에 제3자가 피무고자에 대한 허위의 사실을 신고한 경우에는 제3자의 행위는 무고죄의 구성요건에 해당하여 무고죄를 구성하므로, 제3자를 교사·방조한 피무고자도 교사·방조범으로서의 죄책을 부담한다(대판 2008.10.23. 2008도4852).

[ㄴ ▸ X] 형법 제156조에서 정한 무고죄는 타인으로 하여금 형사처분 또는 징계처분을 받게 할 목적으로 허위의 사실을 신고하는 것을 구성요건으로 하는 범죄이다. 자기 자신으로 하여금 형사처분 또는 징계처분을 받게 할 목적으로 허위의 사실을 신고하는 행위, 즉 자기 자신을 무고하는 행위는 무고죄의 구성요건에 해당하지 않아 무고죄가 성립하지 않는다. 따라서 자기 자신을 무고하기로 제3자와 공모하고 이에 따라 무고행위에 가담하였더라도 이는 자기 자신에게는 무고죄의 구성요건에 해당하지 않아 범죄가 성립할 수 없는 행위를 실현하고자 한 것에 지나지 않아 무고죄의 공동정범으로 처벌할 수 없다(대판 2017.4.26. 2013도12592).

[ㄷ ▸ O] 타인으로 하여금 형사처분을 받게 할 목적으로 공무소에 대하여 허위의 사실을 신고하였다고 하더라도, 그 사실이 친고죄로서 그에 대한 고소기간이 경과하여 공소를 제기할 수 없음이 그 신고내용 자체에 의하여 분명한 때에는 당해 국가기관의 직무를 그르치게 할 위험이 없으므로 이러한 경우에는 무고죄는 성립하지 아니한다(대판 1998.4.14. 98도150).

[ㄹ ▸ X] 객관적으로 고소사실에 대한 공소시효가 완성되었더라도 고소를 제기하면서 마치 공소시효가 완성되지 아니한 것처럼 고소한 경우에는 국가기관의 직무를 그르칠 염려가 있으므로 무고죄를 구성한다(대판 1995.12.5. 95도1908).

[ㅁ ▸ O] 허위로 신고한 사실이 무고행위 당시 형사처분의 대상이 될 수 있었던 경우에는 국가의 형사사법권의 적정한 행사를 그르치게 할 위험과 부당하게 처벌받지 않을 개인의 법적 안정성이 침해될 위험이 이미 발생하였으므로 무고죄는 기수에 이르고, 이후 그러한 사실이 형사범죄가 되지 않는 것으로 판례가 변경되었더라도 특별한 사정이 없는 한 이미 성립한 무고죄에는 영향을 미치지 않는다(대판 2017.5.30. 2015도15398).

PART 02 형법각론

2015년 변호사시험 문 36. 확인Check! O △ X

甲은 도박현장에서, 100억대 자산을 가진 건실한 사업가 乙에게 도박자금으로 1,200만원을 빌려주었다가 乙의 부도로 인하여 빌려준 돈을 돌려받지 못하게 되자, 위 돈을 돌려받을 목적으로 乙을 사기죄로 고소하면서, 위 돈을 도박자금으로 빌려주었다는 사실을 감추고, 乙이 "사고가 나서 급히 필요하니 1,200만원을 빌려주면, 내일 아침에 카드로 현금서비스를 받아 갚아 주겠다"고 거짓말하여 이에 속아 乙에게 돈을 빌려주었다고 금전대여경위를 허위로 기재한 고소장을 경찰관에게 제출하였다. 이에 관한 설명 중 옳지 않은 것은?(다툼이 있는 경우 판례에 의함)

① 甲의 고소는 수사기관이 사기죄의 기망행위와 편취범의를 조사하여 형사처분을 할 것인지 여부를 결정하는 데 직접적인 영향을 줄 정도에 이르는 내용에 관하여 허위의 사실을 고소한 것이므로 무고죄의 허위의 사실 신고에 해당한다.
② 甲이 고소한 사건의 재판이 확정되기 전에 자백 또는 자수했다면 형을 감경 또는 면제한다.
③ 甲의 무고사건에서 甲의 고소장에 대한 증거조사는 낭독 또는 내용의 고지방법으로 하여야 하고, 제시가 필요한 것은 아니다.
④ 만일 甲의 고소장이 허위라면 이를 경찰관에게 제출하였다가 반환받았더라도, 경찰관에게 제출하였을 때 이미 무고죄의 기수에 이른다.
⑤ 만일 甲이 위 고소장에 乙에 대한 다른 사기피해 사실도 포함시켜 고소한 경우, 그중 일부 사실은 진실이나 다른 사실은 허위인 때에는 그 허위사실 부분만이 독립하여 무고죄를 구성한다.

정답 ③

[❶ ▸ O] 피고인이 공소외 1에게 도박자금으로 대여하였음에도 불구하고 단순히 그 대여금의 용도를 묵비한 것을 넘어서 실제와는 다른 장소에서 공소외 1에게 사고처리비용조로 금전을 대여하였고 공소외 1이 그 다음 날 바로 변제하겠다고 약속하였다는 내용으로 고소하여 그 대여한 금전의 용도에 대하여 허위로 진술한 것은, 수사기관이 피고인의 고소내용을 근거로 피고소인의 범행방법을 특정하여 수사권을 발동하고, 이를 기초로 하여 당해 행위에 있어 사기죄의 기망행위와 편취범의를 조사하여 형사처분을 할 것인지와 어떠한 내용의 형사처분을 할 것인지를 결정하는 데에 직접적인 영향을 줄 정도에 이르는 내용에 관하여 허위의 사실을 고소한 것이다(대판 2004.1.16. 2003도7178).

[❷ ▸ O] 무고죄를 범한 자가 그 허위사실을 신고한 사건의 재판 또는 징계처분이 확정되기 전에 자백 또는 자수한 때에는 그 형을 감경 또는 면제한다(형법 제157조, 제153조).

[❸ ▸ ×] 甲의 乙에 대한 무고죄의 성부와 관련하여, 甲의 고소장은 기재내용뿐만 아니라 그 존재가 증거물인 서면에 해당하므로, 그 고소장에 대한 증거조사는 원칙적으로 증거신청인으로 하여금 그 서면을 제시하면서 낭독하게 하거나, 이에 갈음하여 그 내용을 고지 또는 열람하도록 하여야 한다. 판례 또한 국가보안법 위반사건에서의 증거조사에 대하여 이와 같은 취지로 판시한 바 있다(대판 2013.7.26. 2013도2511).

[❹ ▸ O] 피고인이 최초에 작성한 허위내용의 고소장을 경찰관에게 제출하였을 때 이미 허위사실의 신고가 수사기관에 도달되어 무고죄의 기수에 이른 것이라 할 것이므로 그 후에 그 고소장을 되돌려 받았다 하더라도 이는 무고죄의 성립에 아무런 영향이 없다(대판 1985.2.8. 84도2215).

[❺ ▸ O] 피고인의 무고사실 중 일부가 혐의 없음이 밝혀졌다 하더라도 나머지 무고사실이 인정되는 이상 피고인은 무고죄의 죄책을 벗어날 수 없음이 명백하므로 이 사건 공소사실을 유죄로 판단한 원심의 조처는 정당하다(대판 1983.6.28. 81도2546).

2015년 변호사시험 문 8. ☑ 확인Check! ○ △ ×

다음 설명 중 옳은 것(○)과 옳지 않은 것(×)을 올바르게 조합한 것은?(다툼이 있는 경우 판례에 의함)

ㄱ. 상대방의 범행에 공범으로 가담한 자가 자신의 범죄 가담사실을 숨기고 상대방인 다른 공범자만을 고소하였다면 무고죄가 성립한다.
ㄴ. 타인에게 형사처벌을 받게 할 목적으로 허위의 사실을 신고하였다 하더라도 그 사실 자체가 범죄가 되지 않는다면 무고죄는 성립하지 않는다.
ㄷ. 스스로 본인을 무고하는 자기무고는 무고죄의 구성요건에 해당하지 아니하여 무고죄가 성립하지 않는다.
ㄹ. 공소시효가 완성된 범죄사실을 마치 공소시효가 완성되지 않은 것처럼 고소하였다 하더라도 객관적으로 고소된 범죄사실에 대한 공소시효가 완성되었으므로, 무고죄가 성립하지 않는다.

① ㄱ(×), ㄴ(×), ㄷ(○), ㄹ(×)
② ㄱ(○), ㄴ(○), ㄷ(○), ㄹ(×)
③ ㄱ(○), ㄴ(×), ㄷ(×), ㄹ(○)
④ ㄱ(×), ㄴ(×), ㄷ(×), ㄹ(○)
⑤ ㄱ(×), ㄴ(○), ㄷ(○), ㄹ(×)

[ㄱ ▸ ×] 피고인 자신이 상대방의 범행에 공범으로 가담하였음에도 자신의 가담사실을 숨기고 상대방만을 고소한 경우, 피고인의 고소내용이 상대방의 범행 부분에 관한 한 진실에 부합하므로 이를 허위의 사실로 볼 수 없고, 상대방의 범행에 피고인이 공범으로 가담한 사실을 숨겼다고 하여도 그것이 상대방에 대한 관계에서 독립하여 형사처분 등의 대상이 되지 아니할 뿐더러 전체적으로 보아 상대방의 범죄사실의 성립 여부에 직접 영향을 줄 정도에 이르지 아니하는 내용에 관계되는 것이므로 무고죄가 성립하지 않는다(대판 2008.8.21. 2008도3754).

⑤ 정답

[ㄴ ▸ O] 타인에게 형사처분을 받게 할 목적으로 허위의 사실을 신고한 행위가 무고죄를 구성하기 위하여는 신고된 사실 자체가 형사처분의 원인이 될 수 있어야 할 것이어서, 가령 허위의 사실을 신고하였다 하더라도 그 사실 자체가 형사범죄로 구성되지 아니한다면 무고죄는 성립하지 아니한다(대판 2013.9.26. 2013도6862).

[ㄷ ▸ O] 형법 제156조에서 정한 무고죄는 타인으로 하여금 형사처분 또는 징계처분을 받게 할 목적으로 허위의 사실을 신고하는 것을 구성요건으로 하는 범죄이다. 자기 자신으로 하여금 형사처분 또는 징계처분을 받게 할 목적으로 허위의 사실을 신고하는 행위, 즉 자기 자신을 무고하는 행위는 무고죄의 구성요건에 해당하지 않아 무고죄가 성립하지 않는다(대판 2017.4.26. 2013도12592).

[ㄹ ▸ X] 객관적으로 고소사실에 대한 공소시효가 완성되었더라도 고소를 제기하면서 마치 공소시효가 완성되지 아니한 것처럼 고소한 경우에는 국가기관의 직무를 그르칠 염려가 있으므로 무고죄를 구성한다(대판 1995.12.5. 95도1908).

형사소송법

PART 01 소송주체와 소송행위

PART 02 수사와 공소

PART 03 공 판

PART 04 상소 · 비상구제절차 · 특별형사절차

최근 5개년 출제경향

구분	2020	2019	2018	2017	2016	계	출제 비율	회별 출제
PART 01 소송주체와 소송행위								
CHAPTER 01 소송주체	1	1	–	–	1	3	1.5%	0.6
CHAPTER 02 소송행위	–	–	–	1	–	1	0.5%	0.2
PART 02 수사와 공소								
CHAPTER 01 수 사	–	1	1	2	–	4	2%	0.8
CHAPTER 02 강제처분과 강제수사	3	3	5	2	5	18	9%	3.6
CHAPTER 03 공소의 제기	–	1	1	–	–	2	1%	0.4
PART 03 공 판								
CHAPTER 01 공판절차	2	–	2	2	2	8	4%	1.6
CHAPTER 02 증 거	7	6	8	6	4	31	15.5%	6.2
CHAPTER 03 재 판	1	–	–	1	2	4	2%	0.8
PART 04 상소 · 비상구제절차 · 특별형사절차								
CHAPTER 01 상 소	–	4	2	1	1	8	4%	1.6
CHAPTER 02 비상구제절차	1	–	1	–	–	2	1%	0.4
CHAPTER 03 특별형사절차	–	–	–	1	–	1	0.5%	0.2

PART 01

소송주체와 소송행위

CHAPTER 01

소송주체

형사소송법

각 문항별로 이해도를 체크해 보세요.

최근 5년간 회별 평균 0.6문

제1절 피고인

★

2012년 변호사시험 문 30.

☑ 확인Check! ○ △ ✕ 

진술거부권에 관한 설명 중 옳지 않은 것은?(다툼이 있는 경우에는 판례에 의함)

① 검사가 피의자를 신문할 때 피의자의 진술에 임의성이 인정된다면 미처 진술거부권을 고지하지는 않았더라도 그 조서는 원칙적으로 증거능력이 인정된다.

② 재판장은 공판준비기일에 출석한 피고인에게 진술을 거부할 수 있음을 알려 주어야 한다.

③ 주취운전의 혐의를 받고 있는 운전자에게 호흡측정기에 의한 주취 여부의 측정에 응할 것을 요구하는 것은 진술거부권을 침해한 것이 아니다.

④ 재판장은 피고인에 대하여 통상 인정신문 이전에 진술거부권에 대하여 1회 고지하면 되지만, 공판절차를 갱신하는 때에는 다시 고지하여야 한다.

⑤ 피고인 또는 피의자는 자신에게 불이익한 사실뿐만 아니라 이익되는 사실에 대하여도 진술을 거부할 수 있다.

[❶ ▸ ×] 형사소송법 제200조 제2항은 검사 또는 사법경찰관이 출석한 피의자의 진술을 들을 때에는 미리 피의자에 대하여 진술을 거부할 수 있음을 알려야 한다고 규정하고 있는바, 이러한 피의자의 진술거부권은 헌법이 보장하는 형사상 자기에 불리한 진술을 강요당하지 않는 자기부죄거부의 권리에 터 잡은 것이므로 수사기관이 피의자를 신문함에 있어서 피의자에게 미리 진술거부권을 고지하지 않은 때에는 그 피의자의 진술은 위법하게 수집된 증거로서 진술의 임의성이 인정되는 경우라도 증거능력이 부인되어야 한다(대판 1992.6.23, 92도682).

[❷ ▸ ○] 재판장은 출석한 피고인에게 진술을 거부할 수 있음을 알려 주어야 한다(형소법 제266조의8 제6항).

[❸ ▸ ○] 헌법 제12조 제2항은 "모든 국민은 고문을 받지 아니하며, 형사상 자기에게 불리한 진술을 강요당하지 아니한다"고 규정하여 형사책임에 관하여 자신에게 불이익한 진술을 강요당하지 아니할 것을 국민의 기본권으로 보장하고 있고, 여기서 '진술'이라 함은 생각이나 지식, 경험사실을 정신작용의 일환인 언어를 통하여 표출하는 것을 의미하는 데 반해, 도로교통법 제44조 제2항에 규정된 음주측정은 호흡측정기에 입을 대고 호흡을 불어 넣음으로써 신체의 물리적, 사실적 상태를 그대로 드러내는 행위에 불과하므로 이를 두고 '진술'이라 할 수 없으며, 따라서 주취운전의 혐의자에게 호흡측정기에 의한 주취 여부의 측정에 응할 것을 요구하고 이에 불응할 경우에는 같은 법 제150조 제2호에 따라 처벌한다고 하여도 이를 형사상 불리한 '진술'을 비인간적으로 강요하는 것에 해당한다고 볼 수는 없으므로, 도로교통법의 위 조항들이 자기부죄금지의 원칙을 규정한 헌법 제12조 제2항에 위반된다고 할 수 없다(대판 2009.9.24, 2009도7924).

[❹ ▸ ○] 재판장은 형사소송법 제284조에 따른 인정신문을 하기 전에 피고인에게 진술을 하지 아니하거나 개개의 질문에 대하여 진술을 거부할 수 있고, 이익되는 사실을 진술할 수 있음을 알려 주어야 한다(형소규칙 제127조). 형사소송법 제301조, 조세특례제한법 제301조의2 또는 제143조에 따른 공판절차를 갱신하는 경우, 재판장은 제127조의 규정에 따라 피고인에게 진술거부권 등을 고지한 후 형사소송법 제284조에 따른 인정신문을 하여 피고인임에 틀림없음을 확인하여야 한다(동규칙 제144조 제1항 제1호).

① 정답

[❺ ▸ O] 헌법의 경우에는 불리한 진술의 강요를 금지하고 있으나, 형소법의 경우에는 그에 대한 제한이 없으므로, 불이익한 사실뿐만 아니라 이익되는 사실에 대하여도 진술을 거부할 수 있다.

2014년 변호사시험 문 22. ☑ 확인Check! O △ X

진술거부권에 관한 설명 중 옳지 않은 것은?(다툼이 있는 경우에는 판례에 의함)

① 피고인 또는 피의자는 진술거부권을 포기하고 피고사건 또는 피의사건에 관하여 진술할 수 있으며 더 나아가 피고인의 경우에는 진술거부권을 포기하고 증인적격을 취득할 수 있다.

② 변호인이 적극적으로 피고인 또는 피의자로 하여금 허위진술을 하도록 하는 것이 아니라 단순히 헌법상 권리인 진술거부권이 있음을 알려 주고 그 행사를 권고하는 것은 허용된다.

③ 수사기관이 피의자를 신문함에 있어서 피의자에게 미리 진술거부권을 고지하지 않은 경우 그 피의자의 진술은 위법하게 수집된 증거로서 진술의 임의성이 인정되는 경우라도 증거능력이 부정된다.

④ 피의자의 지위는 수사기관이 조사대상자에 대한 범죄혐의를 인정하여 수사를 개시하는 행위를 한 때 인정되므로 이러한 피의자 지위에 이르지 아니한 자에 대하여는 수사기관이 진술거부권을 고지하지 아니하였더라도 진술의 증거능력이 부정되지 아니한다.

⑤ 검사가 피의자에게 진술거부권을 고지하였으나 검사 작성의 피의자신문조서에 진술거부권 행사 여부에 대한 피의자의 답변이 자필로 기재되어 있지 아니하거나 그 답변 부분에 피의자의 기명날인 또는 서명이 되어 있지 아니하였다면 그 피의자신문조서는 '적법한 절차와 방식'에 따라 작성된 것이라고 할 수 없다.

[❶ ▸ X] 진술거부권은 헌법상 기본권이므로(헌법 제12조 제2항), 피고인 또는 피의자는 개개의 신문에 대하여 언제나 그 진술을 거부할 수 있다. 따라서 진술거부권의 포기는 부정함이 타당하다고 판단된다.

[❷ ▸ O] 변호사인 변호인에게는 변호사법이 정하는 바에 따라서 이른바 진실의무가 인정되는 것이지만, 변호인이 신체구속을 당한 사람에게 법률적 조언을 하는 것은 그 권리이자 의무이므로 변호인이 적극적으로 피고인 또는 피의자로 하여금 허위진술을 하도록 하는 것이 아니라 단순히 헌법상 권리인 진술거부권이 있음을 알려 주고 그 행사를 권고하는 것을 가리켜 변호사로서의 진실의무에 위배되는 것이라고는 할 수 없다(대결 2007.1.31. 2006모656).

[❸ ▸ O] 형사소송법 제200조 제2항은 검사 또는 사법경찰관이 출석한 피의자의 진술을 들을 때에는 미리 피의자에 대하여 진술을 거부할 수 있음을 알려야 한다고 규정하고 있는바, 이러한 피의자의 진술거부권은 헌법이 보장하는 형사상 자기에 불리한 진술을 강요당하지 않는 자기부죄거부의 권리에 터 잡은 것이므로 수사기관이 피의자를 신문함에 있어서 피의자에게 미리 진술거부권을 고지하지 않은 때에는 그 피의자의 진술은 위법하게 수집된 증거로서 진술의 임의성이 인정되는 경우라도 증거능력이 부인되어야 한다(대판 1992.6.23. 92도682).

[❹ ▸ O] 피의자에 대한 진술거부권 고지는 피의자의 진술거부권을 실효적으로 보장하여 진술이 강요되는 것을 막기 위해 인정되는 것인데, 이러한 진술거부권 고지에 관한 형사소송법 규정내용 및 진술거부권 고지가 갖는 실질적인 의미를 고려하면 수사기관에 의한 진술거부권 고지대상이 되는 피의자 지위는 수사기관이 조사대상자에 대한 범죄혐의를 인정하여 수사를 개시하는 행위를 한 때 인정되는 것으로 보아야 한다. 따라서 이러한 피의자 지위에 있지 아니한 자에 대하여는 진술거부권이 고지되지 아니하였더라도 진술의 증거능력을 부정할 것은 아니다(대판 2011.11.10. 2011도8125).

[❺ ▸ O] 헌법 제12조 제2항, 형사소송법 제244조의3 제1항, 제2항, 제312조 제3항에 비추어 보면, 비록 사법경찰관이 피의자에게 진술거부권을 행사할 수 있음을 알려 주고 그 행사 여부를 질문하였다 하더라도, 형사소송법 제244조의3 제2항에 규정한 방식에 위반하여 진술거부권 행사 여부에 대한 피의자의 답변이 자필로 기재되어 있지 아니하거나 그 답변 부분에 피의자의 기명날인 또는 서명이 되어 있지 아니한 사법경찰관 작성의 피의자신문조서는 특별한 사정이 없는 한 형사소송법 제312조 제3항에서 정한 '적법한 절차와 방식'에 따라 작성된 조서라 할 수 없으므로 그 증거능력을 인정할 수 없다(대판 2013.3.28. 2010도3359).

정답 ①

제2절 법 원 ★☆

2014년 변호사시험 문 24. ☑ 확인Check! ○ △ ×

법원의 관할에 관한 설명 중 옳은 것(○)과 옳지 않은 것(×)을 올바르게 조합한 것은?(다툼이 있는 경우에는 판례에 의함)

ㄱ. 피고인 甲의 A사건은 지방법원 본원 항소부에 甲의 B사건은 고등법원에 각각 계속되어 있는 경우 甲은 대법원의 결정에 의하여 고등법원에서 병합심리를 받을 수 있다.
ㄴ. 피고인이 국민참여재판을 원하는 의사를 표시한 경우 지방법원 지원 합의부가 배제결정을 하지 아니하는 경우에는 지방법원 지원 합의부는 국민참여재판절차회부결정을 하여 사건을 지방법원 본원 합의부로 이송하여야 한다.
ㄷ. 법원은 소년에 대한 피고사건을 심리한 결과 보호처분에 해당할 사유가 있다고 인정하면 결정으로써 사건을 관할 소년부에 송치하여야 한다.
ㄹ. 단독판사의 관할 사건이 공소장 변경에 의하여 합의부관할 사건으로 변경된 경우에는 단독판사는 관할 위반의 판결을 선고하고 사건을 관할권이 있는 합의부에 이송해야 한다.
ㅁ. 관할이전의 사유가 존재하는 경우 검사는 직근상급법원에 관할의 이전을 신청할 의무가 있지만 피고인은 관할의 이전을 신청할 권리만 있다.

① ㄱ(×) ㄴ(○) ㄷ(○) ㄹ(×) ㅁ(○)
② ㄱ(×) ㄴ(×) ㄷ(○) ㄹ(×) ㅁ(○)
③ ㄱ(○) ㄴ(×) ㄷ(×) ㄹ(×) ㅁ(○)
④ ㄱ(×) ㄴ(○) ㄷ(×) ㄹ(○) ㅁ(×)
⑤ ㄱ(○) ㄴ(×) ㄷ(×) ㄹ(○) ㅁ(○)

[ㄱ ▸ ×] 사물관할을 달리하는 수개의 관련 항소사건이 각각 고등법원과 지방법원 본원 합의부에 계속된 때에는 고등법원은 결정으로 지방법원 본원 합의부에 계속한 사건을 병합하여 심리할 수 있다. 수개의 관련 항소사건이 토지관할을 달리하는 경우에도 같다(형소규칙 제4조의2 제1항).

[ㄴ ▸ ○] 제8조에 따라 피고인이 국민참여재판을 원하는 의사를 표시한 경우 지방법원 지원 합의부가 제9조 제1항의 배제결정을 하지 아니하는 경우에는 국민참여재판절차회부결정을 하여 사건을 지방법원 본원 합의부로 이송하여야 한다(국민참여재판법 제10조 제1항).

[ㄷ ▸ ○] 법원은 소년에 대한 피고사건을 심리한 결과 보호처분에 해당할 사유가 있다고 인정하면 결정으로써 사건을 관할 소년부에 송치하여야 한다(소년법 제50조).

[ㄹ ▸ ×] 단독판사의 관할 사건이 공소장 변경에 의하여 합의부관할 사건으로 변경된 경우에 법원은 결정으로 관할권이 있는 법원에 이송한다(형소법 제8조 제2항).

[ㅁ ▸ ○] 검사는 ㉠ 관할 법원이 법률상의 이유 또는 특별한 사정으로 재판권을 행할 수 없는 때, ㉡ 범죄의 성질, 지방의 민심, 소송의 상황 기타 사정으로 재판의 공평을 유지하기 어려운 염려가 있는 때에는 직근상급법원에 관할이전을 신청하여야 한다. 피고인도 이 신청을 할 수 있다(형소법 제15조).

① 정답

2020년 변호사시험 문 24. ☑ 확인 Check! ○ △ ×

다음 설명 중 옳은 것을 모두 고른 것은?(다툼이 있는 경우 판례에 의함)

ㄱ. 사물관할이 같고 토지관할을 달리하는 수개의 제1심법원들에 관련 사건이 계속된 경우에 그 소속 고등법원이 같은 경우에는 그 고등법원이, 그 소속 고등법원이 다른 경우에는 대법원이, 위 제1심법원들의 '공통되는 직근상급법원'에 해당한다.
ㄴ. 약식명령을 한 판사가 그 정식재판절차의 항소심판결에 관여함은 제척의 원인이 된다.
ㄷ. 친고죄에 대한 수사가 장차 고소가 있을 가능성이 없는 상태하에서 행하여졌다는 등의 특단의 사정이 없는 한, 고소가 있기 전에 수사를 하였다는 이유만으로 그 수사가 위법한 것은 아니다.
ㄹ. 범의를 유발케 하여 범죄인을 검거하는 함정수사에 기하여 공소를 제기한 경우 법원은 무죄판결을 하여야 한다.
ㅁ. 모든 국민은 형사상 자기에게 불리한 진술을 강요당하지 아니할 권리가 보장되어 있으므로, 법원이 피고인의 진술거부권 행사를 가중적 양형의 조건으로 삼는 것은 어떠한 경우에도 허용될 수 없다.

① ㄱ, ㄷ ② ㄹ, ㅁ ③ ㄱ, ㄴ, ㄷ
④ ㄱ, ㄷ, ㅁ ⑤ ㄴ, ㄹ, ㅁ

[ㄱ ▸ O] 사물관할은 같지만 토지관할을 달리하는 수개의 제1심법원(지원을 포함한다)들에 관련 사건이 계속된 경우에 있어서, 형사소송법 제6조에서 말하는 '공통되는 직근상급법원'은 그 성질상 형사사건의 토지관할구역을 정해 놓은 '각급 법원의 설치와 관할구역에 관한 법률' 제4조에 기한 [별표 3]의 관할구역구분을 기준으로 정하여야 할 것인 바, 형사사건의 제1심법원은 각각 일정한 토지관할구역을 나누어 가지는 대등한 관계에 있으므로 그 상급법원은 위 표에서 정한 제1심법원들의 토지관할구역을 포괄하여 관할하는 고등법원이 된다. 따라서 토지관할을 달리하는 수개의 제1심법원들에 관련 사건이 계속된 경우에 그 소속 고등법원이 같은 경우에는 그 고등법원이, 그 소속 고등법원이 다른 경우에는 대법원이 위 제1심법원들의 공통되는 직근상급법원으로서 위 조항에 의한 토지관할병합심리신청사건의 관할법원이 된다(대결 2006.12.5. 2006초기335[전합]).

[ㄴ ▸ O] 약식명령을 한 판사가 그 정식재판절차의 항소심판결에 관여함은 형사소송법 제17조 제7호 소정의 '법관이 사건에 관하여 전심재판 또는 그 기초되는 조사, 심리에 관여한 때'에 해당하여 제척의 원인이 된다(대판 2011.4.28. 2011도17).

[ㄷ ▸ O] 친고죄나 세무공무원 등의 고발이 있어야 논할 수 있는 죄에 있어서 고소 또는 고발은 이른바 소추조건에 불과하고 당해 범죄의 성립요건이나 수사의 조건은 아니므로, 위와 같은 범죄에 관하여 고소나 고발이 있기 전에 수사를 하였다고 하더라도, 그 수사가 장차 고소나 고발이 있을 가능성이 없는 상태하에서 행해졌다는 등의 특단의 사정이 없는 한, 고소나 고발이 있기 전에 수사를 하였다는 이유만으로 그 수사가 위법하다고 볼 수는 없다(대판 1995.2.24. 94도252).

[ㄹ ▸ X] 범의를 가진 자에 대하여 단순히 범행의 기회를 제공하거나 범행을 용이하게 하는 것에 불과한 수사방법이 경우에 따라 허용될 수 있음은 별론으로 하고, 본래 범의를 가지지 아니한 자에 대하여 수사기관이 사술이나 계략 등을 써서 범의를 유발케 하여 범죄인을 검거하는 함정수사는 위법함을 면할 수 없고, 이러한 함정수사에 기한 공소제기는 그 절차가 법률의 규정에 위반하여 무효인 때에 해당한다고 볼 것이다(대판 2007.7.13. 2007도3672).

[ㅁ ▸ X] 형사소송절차에서 피고인은 방어권에 기하여 범죄사실에 대하여 진술을 거부하거나 거짓진술을 할 수 있고, 이 경우 범죄사실을 단순히 부인하고 있는 것이 죄를 반성하거나 후회하고 있지 않다는 인격적 비난요소로 보아 가중적 양형의 조건으로 삼는 것은 결과적으로 피고인에게 자백을 강요하는 것이 되어 허용될 수 없다고 할 것이나, 그러한 태도나 행위가 피고인에게 보장된 방어권 행사의 범위를 넘어 객관적이고 명백한 증거가 있음에도 진실의 발견을 적극적으로 숨기거나 법원을 오도하려는 시도에 기인한 경우에는 가중적 양형의 조건으로 참작될 수 있다(대판 2001.3.9. 2001도192).

정답 ③

2016년 변호사시험 문 21. ☑ 확인Check! ○ △ ×

형사소송법상 제척·기피·회피에 관한 설명 중 옳지 않은 것은?(다툼이 있는 경우 판례에 의함)

① 파기환송 전의 원심재판에 관여한 법관이 환송 후의 재판에 관여한 경우에는 제척사유에 해당한다.
② 법관이 당사자의 증거신청을 채택하지 아니하거나 이미 한 증거결정을 취소하더라도 그 사유만으로는 '불공평한 재판을 할 염려가 있는 때'에 해당한다고 보기 어렵다.
③ 법관이 스스로 기피의 원인이 있다고 판단한 때에는 소속 법원에 서면으로 회피를 신청하여야 한다.
④ 구속적부심에 관여한 법관이 그 사건에 대한 제1심재판에 관여한 경우 제척사유에 해당하지 않는다.
⑤ 기피신청을 기각한 결정에 대하여는 즉시항고를 할 수 있다.

[❶ ▸ ×] 환송판결 전의 원심에 관여한 재판관이 환송 후의 원심재판관으로 관여하였다 하여 군법회의법 제48조나 형사소송법 제17조에 위배된다고 볼 수 없다(대판 1979.2.27. 78도3204).

[❷ ▸ ○] 재판부가 당사자의 증거신청을 채택하지 아니하거나 이미 한 증거결정을 취소하였다 하더라도 그러한 사유만으로는 재판의 공평을 기대하기 어려운 객관적인 사정이 있다고 할 수 없고, 또 형사소송법 제299조 규정상 재판장이 피고인의 증인신문권의 본질적인 부분을 침해하였다고 볼 만한 아무런 소명자료가 없다면, 재판장이 피고인의 증인에 대한 신문을 제지한 사실이 있다는 것만으로는 법관과 사건과의 관계상 불공평한 재판을 할 것이라는 의혹을 갖는 것이 합리적이라고 인정할 만한 객관적인 사정이 있는 경우에 해당한다고 볼 수 없다(대결 1995.4.3. 95모10).

[❸ ▸ ○] 법관이 기피의 원인에 해당하는 사유가 있다고 사료한 때에는 소속 법원에 서면으로 신청하여 회피하여야 한다(형소법 제24조).

[❹ ▸ ○] 형사소송법 제17조 제7호의 전심재판의 기초되는 조사심리란 전심재판의 내용 형성에 영향을 미친 경우를 말하며, 공소제기의 전후를 불문한다. 따라서 구속적부심사에 관여한 법관은 여기에 해당하지 아니한다(대판 1960.7.13. 4293형상166).

[❺ ▸ ○] 기피신청을 기각한 결정에 대하여는 즉시항고를 할 수 있다(형소법 제23조 제1항).

① 정답

제3절 변호인 ★★

2012년 변호사시험 문 20. ☑ 확인Check! ○ △ ×

필요적 변호사건에 관한 설명 중 옳지 않은 것은?(다툼이 있는 경우에는 판례에 의함)

① 판결만을 선고할 경우에는 필요적 변호사건이라도 변호인 없이 개정할 수 있다.
② 필요적 변호사건에서 제1심의 공판절차가 변호인 없이 이루어진 경우 항소심은 위법한 제1심판결을 파기하고 항소심에서의 심리 결과에 기하여 다시 판결하여야 한다.
③ 피고인이 미성년자 또는 70세 이상인 경우에는 필요적 변호사건에 해당된다.
④ 필요적 변호사건에서 변호인 출석 없이 실체적 심리가 이루어진 경우 그 심리절차는 무효이지만, 그 이외의 절차에서 적법하게 이루어진 소송행위까지 모두 무효라고 볼 수는 없다.
⑤ 구속영장이 청구되어 심문을 하는 피의자에게 변호인이 없는 경우 지방법원 판사는 직권으로 변호인을 선정하여야 하고, 영장의 청구가 기각되더라도 선정의 효력은 제1심까지 지속된다.

[❶ ▸ ○] [❸ ▸ ○] 형사소송법 제33조 제1항의 ㉠ 피고인이 구속된 때, ㉡ 미성년자인 때, ㉢ 70세 이상인 때, ㉣ 농아자인 때, ㉤ 심신장애의 의심이 있는 때, ㉥ 사형, 무기 또는 단기 3년 이상의 징역이나 금고에 해당하는 사건으로 기소된 때에 해당하는 사건 및 같은 조 제2항·제3항의 규정에 따라 변호인이 선정된 사건에 관하여는 변호인 없이 개정하지 못한다. 단, 판결만을 선고할 경우에는 예외로 한다(형소법 제282조).

[❷ ▸ ○] 형사소송법 제282조에 규정된 필요적 변호사건에 해당하는 사건에서 제1심의 공판절차가 변호인 없이 이루어져 증거조사와 피고인신문 등 심리가 이루어졌다면, 그와 같은 위법한 공판절차에서 이루어진 증거조사와 피고인신문 등 일체의 소송행위는 모두 무효이므로, 이러한 경우 항소심으로서는 변호인이 있는 상태에서 소송행위를 새로이 한 후 위법한 제1심판결을 파기하고, 항소심에서의 증거조사 및 진술 등 심리 결과에 기하여 다시 판결하여야 한다(대판 2011.9.8. 2011도6325).

[❹ ▸ ○] 필요적 변호사건의 공판절차가 사선변호인과 국선변호인이 모두 불출석한 채 개정되어 국선변호인선정취소결정이 고지된 후 변호인 없이 피해자에 대한 증인신문 등 심리가 이루어진 경우, 그와 같은 위법한 공판절차에서 이루어진 피해자에 대한 증인신문 등 일체의 소송행위는 모두 무효라고 할 것이고, 다만 필요적 변호사건에서 변호인이 없거나 출석하지 아니한 채 공판절차가 진행되었기 때문에 그 공판절차가 위법한 것이라 하더라도 그 절차에서의 소송행위 외에 다른 절차에서 적법하게 이루어진 소송행위까지 모두 무효로 된다고 볼 수는 없다(대판 1999.4.23. 99도915).

[❺ ▸ ×] 심문할 피의자에게 변호인이 없는 때에는 지방법원 판사는 직권으로 변호인을 선정하여야 한다. 이 경우 변호인의 선정은 피의자에 대한 구속영장청구가 기각되어 효력이 소멸한 경우를 제외하고는 제1심까지 효력이 있다(형소법 제201조의2 제8항).

정답 ⑤

2013년 변호사시험 문 22. ☑ 확인 Check! ○ △ ×

증거개시제도에 관한 설명 중 옳은 것(○)과 옳지 않은 것(×)을 올바르게 조합한 것은?(다툼이 있는 경우에는 판례에 의함)

ㄱ. 검사는 피고인 또는 변호인이 공판기일 또는 공판준비절차에서 현장부재·심신상실 또는 심신미약 등 법률상·사실상의 주장을 한 때에는 피고인 또는 변호인에게 그 주장과 관련된 서류 등의 열람·등사 또는 서면의 교부를 요구할 수 있다.

ㄴ. 피고인에게 변호인이 있는 경우에도 피고인은 검사에게 공소제기된 사건에 관한 서류 또는 물건의 목록과 공소사실의 인정 또는 양형에 영향을 미칠 수 있는 서류 등의 열람·등사 또는 서면의 교부를 신청할 수 있다.

ㄷ. 피고인 또는 변호인이 검사에게 열람·등사 또는 교부를 신청할 수 있는 서류 등에는 공소사실의 인정 또는 양형에 영향을 미칠 수 있는 서류 또는 물건만 해당되고, 녹음테이프와 비디오테이프 등 특수매체는 사생활 침해 및 전파가능성이 높기 때문에 포함되지 않는다.

ㄹ. 형사소송법상 검사가 수사서류의 열람·등사에 관한 법원의 허용결정을 지체 없이 이행하지 아니하는 때에는 해당 증인 및 서류 등에 대한 증거신청을 할 수 없도록 규정되어 있으므로, 검사는 그와 같은 불이익을 감수하면 법원의 열람·등사의 결정을 따르지 않아도 위법하지 아니하다.

ㅁ. 검사는 피고인 또는 변호인의 신청이 있는 경우 서류 등의 목록에 대하여는 열람 또는 등사를 거부할 수 없다.

① ㄱ(×) ㄴ(○) ㄷ(×) ㄹ(○) ㅁ(○)
② ㄱ(○) ㄴ(×) ㄷ(×) ㄹ(×) ㅁ(○)
③ ㄱ(○) ㄴ(×) ㄷ(○) ㄹ(○) ㅁ(○)
④ ㄱ(×) ㄴ(×) ㄷ(○) ㄹ(○) ㅁ(×)
⑤ ㄱ(○) ㄴ(○) ㄷ(×) ㄹ(×) ㅁ(×)

[ㄱ ▸ ○] 검사는 피고인 또는 변호인이 공판기일 또는 공판준비절차에서 현장부재·심신상실 또는 심신미약 등 법률상·사실상의 주장을 한 때에는 피고인 또는 변호인에게 서류등의 열람·등사 또는 서면의 교부를 요구할 수 있다(형소법 제266조의11 제1항).

[ㄴ ▸ ×] [ㄷ ▸ ×] 피고인 또는 변호인은 검사에게 공소제기된 사건에 관한 서류 또는 물건(이하 "서류등")의 목록과 공소사실의 인정 또는 양형에 영향을 미칠 수 있는 서류등의 열람·등사 또는 서면의 교부를 신청할 수 있다. 다만, 피고인에게 변호인이 있는 경우에는 피고인은 열람만을 신청할 수 있다(형소법 제266조의3 제1항). 제1항의 서류등은 도면·사진·녹음테이프·비디오테이프·컴퓨터용 디스크, 그 밖에 정보를 담기 위하여 만들어진 물건으로서 문서가 아닌 특수매체를 포함한다. 이 경우 특수매체에 대한 등사는 필요 최소한의 범위에 한한다(동조 제6항).

[ㄹ ▸ ×] 형사소송법 제266조의4 제5항은 검사가 수사서류의 열람·등사에 관한 법원의 허용결정을 지체 없이 이행하지 아니하는 때에는 해당 증인 및 서류 등에 대한 증거신청을 할 수 없도록 규정하고 있다. 그런데 이는 검사가 그와 같은 불이익을 감수하기만 하면 법원의 열람·등사결정을 따르지 않을 수도 있다는 의미가 아니라, 피고인의 열람·등사권을 보장하기 위하여 검사로 하여금 법원의 열람·등사에 관한 결정을 신속히 이행하도록 강제하는 한편, 이를 이행하지 아니하는 경우에는 증거신청상의 불이익도 감수하여야 한다는 의미로 해석하여야 할 것이므로, 법원이 검사의 열람·등사거부처분에 정당한 사유가 없다고 판단하고 그러한 거부처분이 피고인의 헌법상 기본권을 침해한다는 취지에서 수사서류의 열람·등사를 허용하도록 명한 이상, 법치국가와 권력분립의 원칙상 검사로서는 당연히 법원의 그러한 결정에 지체 없이 따라야 할 것이다. 그러므로 법원의 열람·등사허용결정에도 불구하고 검사가 이를 신속하게 이행하지 아니하는 경우에는 해당 증인 및 서류 등을 증거로 신청할 수 없는 불이익을 받는 것에 그치는 것이 아니라, 그러한 검사의 거부행위는 피고인의 열람·등사권을 침해하고, 나아가 피고인의 신속·공정한 재판을 받을 권리 및 변호인의 조력을 받을 권리까지 침해하게 되는 것이다(헌재 2010.6.24. 2009헌마257 : 위헌확인).

② 정답

[ㅁ ▸ O] 검사는 국가안보, 증인 보호의 필요성, 증거 인멸의 염려, 관련 사건의 수사에 장애를 가져올 것으로 예상되는 구체적인 사유 등 열람・등사 또는 서면의 교부를 허용하지 아니할 상당한 이유가 있다고 인정하는 때에는 열람・등사 또는 서면의 교부를 거부하거나 그 범위를 제한할 수 있다(형소법 제266조의3 제2항). 검사는 제2항에도 불구하고 서류등의 목록에 대하여는 열람 또는 등사를 거부할 수 없다(동조 제5항).

2019년 변호사시험 문 26. ☑ 확인 Check! O △ X

국선변호인에 관한 설명 중 옳지 않은 것은?(다툼이 있는 경우 판례에 의함)

① 헌법상 보장되는 '변호인의 조력을 받을 권리'는 변호인의 충분한 조력을 받을 권리를 의미하므로, 피고인에게 국선변호인의 조력을 받을 권리를 보장하여야 할 국가의 의무에는 피고인이 국선변호인의 실질적 조력을 받을 수 있도록 할 의무가 포함된다.

② 형사소송법 제33조 제1항 제1호 소정의 '피고인이 구속된 때'라고 함은 피고인이 당해 형사사건에서 이미 구속되어 재판을 받고 있는 경우를 의미하는 것이므로, 변호인 없는 불구속피고인에 대하여 국선변호인을 선정하지 않은 채 판결을 선고한 다음 법정구속을 하더라도 구속되기 이전까지는 위 규정이 적용된다고 볼 수 없다.

③ 이해가 상반된 피고인들 중 어느 피고인이 법무법인을 변호인으로 선임하고, 법무법인이 담당 변호사들을 지정하였을 때, 법원이 그 담당 변호사들 중 1인 또는 수인을 다른 피고인을 위한 국선변호인으로 선정한다면, 다른 피고인은 국선변호인의 실질적 조력을 받을 수 없게 되고, 이러한 국선변호인 선정은 국선변호인의 조력을 받을 피고인의 권리를 침해하는 것이다.

④ 필요적 변호사건의 항소심에서 피고인 본인의 항소이유서 제출기간 경과 후 국선변호인을 선정하고 그에게 소송기록접수통지를 하였으나 국선변호인이 법정기간 내에 항소이유서를 제출하지 아니한 경우, 국선변호인이 항소이유서를 제출하지 아니한 데 대하여 피고인에게 책임을 돌릴 만한 사유가 특별히 밝혀지지 아니한 이상, 항소심법원은 국선변호인의 선정을 취소하고 새로운 국선변호인을 선정하여 그에게 소송기록접수통지를 함으로써 새로운 국선변호인이 항소이유서를 제출하도록 하는 조치를 취하여야 한다.

⑤ 피고인에 대하여 제1심법원이 집행유예를 선고하였으나 검사만이 양형부당을 이유로 항소한 경우, 항소심이 변호인이 선임되지 않은 피고인에 대하여 검사의 양형부당 항소를 받아들여 형을 선고하는 경우에는 판결 선고 후 피고인을 법정구속한 뒤에 국선변호인을 선정하는 것이 바람직하다.

[❶ ▸ O] [❸ ▸ O] [1] 헌법상 보장되는 '변호인의 조력을 받을 권리'는 변호인의 '충분한 조력'을 받을 권리를 의미하므로, 피고인에게 국선변호인의 조력을 받을 권리를 보장하여야 할 국가의 의무에는 피고인이 국선변호인의 실질적 조력을 받을 수 있도록 할 의무가 포함된다.

[2] 공소사실 기재 자체로 보아 어느 피고인에 대한 유리한 변론이 다른 피고인에게는 불리한 결과를 초래하는 경우 공동피고인들 사이에 이해가 상반된다. 이해가 상반된 피고인들 중 어느 피고인이 법무법인을 변호인으로 선임하고, 법무법인이 담당 변호사를 지정하였을 때, 법원이 담당 변호사 중 1인 또는 수인을 다른 피고인을 위한 국선변호인으로 선정한다면, 국선변호인으로 선정된 변호사는 이해가 상반된 피고인들 모두에게 유리한 변론을 하기 어렵다. 결국 이로 인하여 다른 피고인은 국선변호인의 실질적 조력을 받을 수 없게 되고, 따라서 국선변호인 선정은 국선변호인의 조력을 받을 피고인의 권리를 침해하는 것이다(대판 2015.12.23. 2015도9951).

[❷ ▸ O] 형사소송법 제33조 제1항 제1호 소정의 '피고인이 구속된 때'라고 함은 피고인이 당해 형사사건에서 이미 구속되어 재판을 받고 있는 경우를 의미하는 것이므로, 불구속피고인에 대하여 판결을 선고한 다음 법정구속을 하더라도 구속되기 이전까지는 위 규정이 적용된다고 볼 수 없다(대판 2011.3.10. 2010도17353).

[❹ ▸ O] 피고인을 위하여 선정된 국선변호인이 법정기간 내에 항소이유서를 제출하지 아니하면 이는 피고인을 위하여 요구되는 충분한 조력을 제공하지 아니한 것으로 보아야 하고, 이런 경우에 피고인에게 책임을 돌릴 만한 아무런 사유가 없는데도 항소법원이 형사소송법 제361조의4 제1항 본문에 따라 피고인의 항소를 기각한다면, 이는 피고인에게 국선변호인으로부터 충분한 조력을 받을 권리를 보장하고 이를 위한 국가의 의무를 규정하고 있는 헌법의 취지에 반하는 조치이다.

정답 ⑤

따라서 피고인과 국선변호인이 모두 법정기간 내에 항소이유서를 제출하지 아니하였더라도, 국선변호인이 항소이유서를 제출하지 아니한 데 대하여 피고인에게 귀책사유가 있음이 특별히 밝혀지지 않는 한, 항소법원은 종전 국선변호인의 선정을 취소하고 새로운 국선변호인을 선정하여 다시 소송기록접수통지를 함으로써 새로운 국선변호인으로 하여금 그 통지를 받은 때로부터 형사소송법 제361조의3 제1항의 기간 내에 피고인을 위하여 항소이유서를 제출하도록 하여야 한다(대결 2012.2.16. 2009모1044[전합]).

[❺ ▸ ×] 헌법상 변호인의 조력을 받을 권리와 형사소송법의 여러 규정, 특히 형사소송법 제70조 제1항, 제201조 제1항에 의하면 구속사유는 피고인의 구속과 피의자의 구속에 공통되고, 피고인의 경우에도 구속사유에 관하여 변호인의 조력을 받을 필요가 있는 점 및 국선변호인제도의 취지 등에 비추어 보면, 피고인에 대하여 제1심법원이 집행유예를 선고하였으나 검사만이 양형부당을 이유로 항소한 사안에서 항소심이 변호인이 선임되지 않은 피고인에 대하여 검사의 양형부당 항소를 받아들여 형을 선고하는 경우에는 판결 선고 후 피고인을 법정구속한 뒤에 비로소 국선변호인을 선정하는 것보다는, 피고인의 권리 보호를 위해 판결 선고 전 공판심리단계에서부터 형사소송법 제33조 제3항에 따라 피고인의 명시적 의사에 반하지 아니하는 범위 안에서 국선변호인을 선정해 주는 것이 바람직하다(대판 2016.11.10. 2016도7622).

2015년 변호사시험 문 23. ☑ 확인Check! ○ △ ×

변호인 선임에 관한 설명 중 옳지 않은 것은?(다툼이 있는 경우 판례에 의함)

① 변호인이 될 자가 변호인선임서를 제출하지 아니한 채 항소이유서를 제출하고, 이유서 제출기간 경과 후에 선임서를 제출한 경우 위 항소이유서 제출은 적법·유효하다고 할 수 없다.
② 공소사실의 동일성이 인정되어 공소장이 변경된 경우, 변호인 선임의 효력은 변경된 공소사실에도 미친다.
③ 구속 전 피의자심문에서 피의자에게 변호인이 없는 때에는 지방법원 판사는 직권으로 변호인을 선정하여야 하며, 이 경우 변호인의 선정은 구속영장청구가 기각되어도 제1심까지 효력이 있다.
④ 공소제기 전의 변호인 선임은 제1심에도 그 효력이 있다.
⑤ 원심법원에서의 변호인 선임은 파기환송 또는 파기이송이 있은 후에도 효력이 있다.

[❶ ▸ ○] 변호인이 될 자가 변호인선임서를 제출하지 아니한 채 항소이유서를 제출하고, 이유서 제출기간 경과 후에 선임서를 제출한 경우 위 항소이유서 제출은 적법·유효하다고 할 수 없다(대결 1969.10.4. 69모68).

[❷ ▸ ○] 변호인 선임의 효력은 공소사실의 동일성이 인정되는 사건 전체에 대하여 미치므로, 공소장이 변경된 경우에는 변경된 공소사실에 대하여도 변호인 선임의 효력이 미친다.

[❸ ▸ ×] 심문할 피의자에게 변호인이 없는 때에는 지방법원 판사는 직권으로 변호인을 선정하여야 한다. 이 경우 변호인의 선정은 피의자에 대한 구속영장청구가 기각되어 효력이 소멸한 경우를 제외하고는 제1심까지 효력이 있다(형소법 제201조의2 제8항).

[❹ ▸ ○] 공소제기 전의 변호인 선임은 제1심에도 그 효력이 있다(형소법 제32조 제2항).

[❺ ▸ ○] 원심법원에서의 변호인 선임은 형사소송법 제366조 또는 동법 제367조의 규정에 의한 환송 또는 이송이 있은 후에도 효력이 있다(형소규칙 제158조).

③ 정답

소송행위

형사소송법

각 문항별로 이해도를 체크해 보세요.

최근 5년간 회별 평균 0.2문

제1절 소송행위

2017년 변호사시험 문 37.

채권자인 甲과 그의 아내 乙은 빚을 갚지 못하고 있는 채무자 A를 찾아가 함께 심한 욕설을 하였다. 이에 관한 설명 중 옳은 것(○)과 옳지 않은 것(×)을 올바르게 조합한 것은?(다툼이 있는 경우 판례에 의함)

ㄱ. 위 사건현장에 甲, 乙, A만 있었다면 모욕죄는 성립하지 않는다.
ㄴ. 위 사건현장에 있던 A의 아들 B(5세)가 사건을 목격하였고 당시 상황을 이해하고 답변할 수 있다고 하더라도, B는 16세 미만의 선서무능력자이므로 그의 증언은 증거로 할 수 없다.
ㄷ. 검사가 甲과 乙을 모욕죄로 공소제기한 이후라도 A가 제1심법원에 고소장을 제출하여 고소가 추완된 경우에는 제1심법원은 공소기각의 판결이 아니라 실체재판을 하여야 한다.
ㄹ. A가 경찰청 인터넷 홈페이지에 '甲과 乙을 철저히 조사해 달라'는 취지의 민원을 접수하는 형태로 甲과 乙에 대한 조사를 촉구하는 의사표시를 하였더라도 형사소송법에 따른 적법한 고소를 한 것으로 볼 수 없다.
ㅁ. 만일 甲과 乙이 심한 욕설과 함께 A의 사무실 유리탁자 등 집기를 손괴하면서 당장 빚을 갚지 않으면 조직폭력배를 동원하여 A의 가족에게 해를 가하겠다고 말하였더라도 甲과 乙은 채권자로서 권리를 행사한 것이므로 공갈죄는 성립할 수 없다.

① ㄱ(○) ㄴ(×) ㄷ(×) ㄹ(○) ㅁ(×)
② ㄱ(○) ㄴ(×) ㄷ(×) ㄹ(×) ㅁ(×)
③ ㄱ(×) ㄴ(×) ㄷ(○) ㄹ(×) ㅁ(○)
④ ㄱ(○) ㄴ(×) ㄷ(○) ㄹ(○) ㅁ(○)
⑤ ㄱ(×) ㄴ(○) ㄷ(×) ㄹ(○) ㅁ(×)

[ㄱ ▸ ○] 피고인인 채권자 甲, 乙과 피해자인 채무자 A만이 사건현장에 있었으므로, 공연성이 인정되지 아니하여 모욕죄(형법 제311조)는 성립하지 아니한다.

[ㄴ ▸ ×] 사고 당시는 만 3년 3월 남짓, 증언 당시는 만 3년 6월 남짓된 강간치상죄의 피해자인 여아가 피해상황에 관하여 비록 구체적이지는 못하지만 개괄적으로 물어본 검사의 질문에 이를 이해하고 고개를 끄덕이는 형식으로 답변함에 대하여 증언능력이 있다(대판 1991.5.10. 91도579). 따라서 이와 같은 판례의 취지를 고려하면, B가 선서무능력자라고 하더라도, 사건을 목격하였고 당시 상황을 이해하고 답변할 수 있다면 그의 증언은 증거능력이 인정된다.

[ㄷ ▸ ×] 강간죄는 친고죄로서 피해자의 고소가 있어야 죄를 논할 수 있고 기소 이후의 고소의 추완은 허용되지 아니한다 할 것이며 이는 비친고죄인 강간치사죄로 기소되었다가 친고죄인 강간죄로 공소장이 변경되는 경우에도 동일하다 할 것이다(대판 1982.9.14. 82도1504). 따라서 이와 같은 판례의 취지를 고려하면, 고소의 추완은 인정되지 아니하므로 법원은 형소법 제327조 제2호에 의하여 공소기각의 판결을 하여야 한다.

정답 ①

[ㄹ ▸ O] 출판사 대표인 피고인이 도서의 저작권자인 피해자와 전자도서(e-book)에 대하여 별도의 출판계약 등을 체결하지 않고 전자도서를 제작하여 인터넷서점 등을 통해 판매하였다고 하여 구 저작권법 위반으로 기소된 사안에서, 피해자가 경찰청 인터넷 홈페이지에 '피고인을 철저히 조사해 달라'는 취지의 민원을 접수하는 형태로 피고인에 대한 조사를 촉구하는 의사표시를 한 것은 형사소송법에 따른 적법한 고소로 보기 어렵다(대판 2012.2.23. 2010도9524).

[ㅁ ▸ X] 정당한 권리가 있다 하더라도 그 권리 행사에 빙자하여 사회통념상 허용되는 범위를 넘어 협박을 수단으로 상대방을 외포시켜 재물의 교부 또는 재산상의 이익을 받는 경우와 같이 그 행위가 정당한 권리 행사라고 인정되지 아니하는 경우에는 공갈죄가 성립된다고 할 것이다(대판 1991.12.13. 91도2127).

PART
02 수사와 공소

CHAPTER 01

수 사

형사소송법

각 문항별로 이해도를 체크해 보세요.

최근 5년간 회별 평균 0.8문

제1절 수사의 개관

2017년 변호사시험 문 38.

확인 Check! ○ △ ×

다음 설명 중 옳은 것을 모두 고른 것은?(다툼이 있는 경우 판례에 의함)

ㄱ. 전자우편이 송신되어 수신인이 이를 확인하는 등으로 이미 수신이 완료된 전기통신에 관하여 남아 있는 기록이나 내용을 열어 보는 등의 행위는 통신비밀보호법에서 규정하는 '전기통신의 감청'에 포함되지 않는다.

ㄴ. 통신비밀보호법 제3조 제1항은 "공개되지 아니한 타인 간의 대화를 녹음 또는 청취하지 못한다"라고 규정하고 있는데, 3인 간의 대화에서 그중 한 사람이 그 대화를 녹음 또는 청취하는 경우에 다른 두 사람의 발언은 그 녹음자 또는 청취자에 대한 관계에서 위 규정에서 말하는 '타인 간의 대화'라고 할 수 없다.

ㄷ. 수사기관이 구속수감되어 있던 甲으로부터 피고인의 마약류 관리에 관한 법률 위반(향정)범행에 대한 진술을 듣고 추가적인 증거를 확보할 목적으로, 甲에게 그의 압수된 휴대전화를 제공하여 피고인과 통화하고 위 범행에 관한 통화내용을 녹음하게 한 경우, 甲이 통화당사자가 되므로 그 녹음을 증거로 사용할 수 있다.

ㄹ. 경찰관이 노래방의 도우미 알선영업 단속실적을 올리기 위하여 그에 대한 제보나 첩보가 없는데도 손님을 가장하고 들어가 도우미를 불러 줄 것을 요구하였으나 한 차례 거절당한 후에 다시 찾아가 도우미를 불러 줄 것을 요구하여 도우미가 오자 단속하였다면 이는 위법한 함정수사에 해당한다.

ㅁ. 위법한 함정수사에 기하여 공소를 제기한 피고사건은 범죄로 되지 아니하므로 형사소송법 제325조의 규정에 따라 법원은 판결로써 무죄를 선고하여야 한다.

① ㄱ, ㄴ, ㄷ　② ㄱ, ㄴ, ㄹ　③ ㄱ, ㄷ, ㅁ
④ ㄴ, ㄹ, ㅁ　⑤ ㄷ, ㄹ, ㅁ

[ㄱ ▸ O] 통신비밀보호법 제2조 제3호 및 제7호의 문언이 송신하거나 수신하는 전기통신행위를 감청의 대상으로 규정하고 있을 뿐 송·수신이 완료되어 보관 중인 전기통신내용은 대상으로 규정하지 않은 점, 일반적으로 감청은 다른 사람의 대화나 통신내용을 몰래 엿듣는 행위를 의미하는 점 등을 고려하여 보면, 통신비밀보호법상 '감청'이란 대상이 되는 전기통신의 송·수신과 동시에 이루어지는 경우만을 의미하고, 이미 수신이 완료된 전기통신의 내용을 지득하는 등의 행위는 포함되지 않는다(대판 2012.10.25. 2012도4644).

[ㄴ ▸ O] 통신비밀보호법 제3조 제1항이 "공개되지 아니한 타인 간의 대화를 녹음 또는 청취하지 못한다"라고 정한 것은, 대화에 원래부터 참여하지 않는 제3자가 그 대화를 하는 타인들 간의 발언을 녹음해서는 아니 된다는 취지이다. 3인 간의 대화에 있어서 그중 한 사람이 그 대화를 녹음하는 경우에 다른 두 사람의 발언은 그 녹음자에 대한 관계에서 '타인 간의 대화'라고 할 수 없으므로, 이와 같은 녹음행위가 통신비밀보호법 제3조 제1항에 위배된다고 볼 수는 없다(대판 2006.10.12. 2006도4981).

② 정답

[ㄷ ▸ ×] 수사기관이 甲으로부터 피고인의 마약류 관리에 관한 법률 위반(향정)범행에 대한 진술을 듣고 추가적인 증거를 확보할 목적으로, 구속수감되어 있던 甲에게 그의 압수된 휴대전화를 제공하여 피고인과 통화하고 위 범행에 관한 통화내용을 녹음하게 한 행위는 불법감청에 해당하므로, 그 녹음 자체는 물론 이를 근거로 작성된 녹취록 첨부 수사보고는 피고인의 증거동의에 상관없이 그 증거능력이 없다(대판 2010.10.14. 2010도9016).

[ㄹ ▸ ○] 경찰관이 노래방의 도우미 알선영업 단속실적을 올리기 위하여 그에 대한 제보나 첩보가 없는데도 손님을 가장하고 들어가 도우미를 불러낸 경우, 위법한 함정수사로서 공소제기는 무효이다(대판 2008.10.23. 2008도7362).

[ㅁ ▸ ×] 범의를 가진 자에 대하여 단순히 범행의 기회를 제공하거나 범행을 용이하게 하는 것에 불과한 수사방법이 경우에 따라 허용될 수 있음은 별론으로 하고, 본래 범의를 가지지 아니한 자에 대하여 수사기관이 사술이나 계략 등을 써서 범의를 유발케 하여 범죄인을 검거하는 함정수사는 위법함을 면할 수 없고, 이러한 함정수사에 기한 공소제기는 그 절차가 법률의 규정에 위반하여 무효인 때에 해당한다(대판 2005.10.28. 2005도1247).

2012년 변호사시험 문 35. ☑ 확인 Check! ○ △ ×

마약수사관 甲은 자신의 정보원으로 일했던 乙에게 "우리 정보원 A가 또 다른 정보원의 배신으로 구속되게 되었다. A의 공적(다른 마약범죄에 대한 정보를 제공하여 수사기관의 수사를 도운 공적)을 만들어 A를 빼내려 한다. 그렇게 하기 위하여는 수사에 사용할 필로폰이 필요하니 좀 구해 달라. 구입하여 오면 수사기관에서 관련자의 안전을 보장한다"라고 하면서, 구입자금까지 교부하며 집요하게 부탁하였다. 이에 乙은 甲을 돕기로 마음먹고 丙에게 이러한 사정을 이야기하면서 필로폰의 매입을 의뢰하였고, 丙도 비로소 필로폰을 매입하여 乙에게 교부하기로 마음먹고 乙에게서 받은 대금으로 B로부터 필로폰을 매수하여 乙을 통하여 甲에게 교부하였다. 이 사례에 관한 설명 중 옳은 것은?(다툼이 있는 경우에는 판례에 의함)

① 乙과 丙이 마약류 관리에 관한 법률에 위반한 죄로 기소되었다면 乙과 丙에 대하여 법원은 결정으로 공소를 기각하여야 한다.
② 丙이 더 많은 필로폰을 가지고 있을 것으로 판단한 수사관이 이를 대상으로 하는 압수수색영장을 발부받아 丙의 집에서 이 영장을 제시하고 필로폰을 수색하던 중 컬러복사기로 제작 중이던 위조지폐를 발견하고 이를 압수한 경우, 이 위조지폐는 사후에 압수수색영장을 발부받지 않았더라도 통화위조죄의 증거로 사용할 수 있다.
③ 乙이 체포된 후 자신은 수사기관을 도우려 한 것이므로 체포는 부당하다며 체포적부심을 청구하였다면, 이 경우 법원은 보증금 납입을 조건으로 乙을 석방할 수 있다.
④ 丙은 구속된 후 수사기관을 도우려 한 자신을 구속하는 것은 부당하다며 구속적부심을 청구하였는데, 검찰이 법원의 석방결정을 우려하여 석방결정 전 丙을 기소하였더라도 법원의 그 석방결정의 효력은 丙에게 미친다.
⑤ 乙과 丙은 수사기관의 사술에 의해 행위한 것에 불과하므로 범의가 인정될 수 없어 공범종속성설에 따라 甲에게 교사가 인정되지 않는다.

[❶ ▸ ×] 범의를 가진 자에 대하여 단순히 범행의 기회를 제공하거나 범행을 용이하게 하는 것에 불과한 수사방법이 경우에 따라 허용될 수 있음은 별론으로 하고, 본래 범의를 가지지 아니한 자에 대하여 수사기관이 사술이나 계략 등을 써서 범의를 유발케 하여 범죄인을 검거하는 함정수사는 위법함을 면할 수 없고, 이러한 함정수사에 기한 공소제기는 그 절차가 법률의 규정에 위반하여 무효인 때에 해당한다(대판 2005.10.28. 2005도1247). 따라서 법원은 형사소송법 제327조 제2호에 의하여 공소기각판결을 선고하여야 한다.

[❷ ▸ ×] 마약수사관 甲이 丙의 집에서 위조지폐를 발견하고 이를 압수한 경우에는, 형소법 제216조 제3항에 의하여 사후에 지체 없이 압수·수색영장을 발부받아야 하고, 발부받지 못하였다면 그 위조지폐는 위법하게 수집된 증거가 되므로, 통화위조죄의 증거로 사용할 수 없다.

정답 ④

[❸ ▸ ×] 형사소송법은 수사단계에서의 체포와 구속을 명백히 구별하고 있고 이에 따라 체포와 구속의 적부심사를 규정한 같은 법 제214조의2에서 체포와 구속을 서로 구별되는 개념으로 사용하고 있는바, 같은 조 제4항에 기소 전 보증금 납입을 조건으로 한 석방의 대상자가 '구속된 피의자'라고 명시되어 있고, 같은 법 제214조의3 제2항의 취지를 체포된 피의자에 대하여도 보증금 납입을 조건으로 한 석방이 허용되어야 한다는 근거로 보기는 어렵다 할 것이어서 현행법상 체포된 피의자에 대하여는 보증금 납입을 조건으로 한 석방이 허용되지 않는다(대결 1997.8.27. 97모21).

[❹ ▸ ○] 체포 또는 구속적부심사의 청구를 받은 법원은 청구서가 접수된 때부터 48시간 이내에 체포 또는 구속된 피의자를 심문하고 수사관계서류와 증거물을 조사하여 그 청구가 이유 없다고 인정한 때에는 결정으로 이를 기각하고, 이유 있다고 인정한 때에는 결정으로 체포 또는 구속된 피의자의 석방을 명하여야 한다. 심사청구 후 피의자에 대하여 공소제기가 있는 경우에도 또한 같다(형소법 제214조의2 제4항).

[❺ ▸ ×] 乙과 丙에게 마약류 관리에 관한 법률 위반죄가 성립하는 것은 분명하다. 다만, 乙과 丙에 대하여 사술이나 계략 등을 써서 범의를 유발케 한 마약수사관 甲에게, 마약류 관리에 관한 법률 위반죄의 교사범 성립과 관련하여 기수의 고의를 인정할 수 있는지가 문제되는데, 乙에게 필로폰구입자금까지 교부하면서 필로폰 구입을 집요하게 부탁하였고, 결국 丙이 B로부터 매수한 필로폰을 乙을 통하여 교부받은 甲에게 기수의 고의가 인정되므로, 공범종속성설에 따라 甲의 행위는 마약류 관리에 관한 법률 위반죄의 교사범을 구성한다고 보는 것이 타당하다고 판단된다.

제2절 수사의 개시 ★★☆

2012년 변호사시험 문 38. ☑ 확인Check! ○ △ ×

甲의 주도하에 甲, 乙, 丙은 절도를 공모하고 2010.7.8. 23:00경 乙은 A의 집에 들어가 A 소유의 다이아몬드 반지 1개를 가지고 나오고, 丙은 A의 집 문 앞에서 망을 보았다는 공소사실로 기소되었다. 법원의 심리 결과 공소사실은 모두 사실로 밝혀졌고, 다만 甲은 자신의 집에서 전화로 지시를 하였을 뿐 30km 떨어져 있는 A의 집에는 가지 않았음이 확인되었다. 甲의 누나로서, 결혼하여 따로 살고 있는 A는 경찰에 도난신고를 할 당시에는 범인이 누구인지를 알지 못하고 무조건 범인 모두를 처벌해 달라고 고소하였는데, 나중에 친동생 甲이 처벌되는 것을 원하지 않아 제1심 공판 중 甲에 대한 고소만을 취소하였다. 이에 관한 설명 중 옳은 것을 모두 고른 것은?(다툼이 있는 경우에는 판례에 의함)

가. 乙에 대해서는 야간주거침입절도죄가 성립하고, 丙에 대해서는 야간주거침입절도죄의 방조범이 성립한다.
나. 甲에 대해서는 특수절도죄의 공동정범이 성립한다.
다. 만약 A가 마음을 바꾸어 고소하고자 하더라도 甲을 다시 고소하지 못한다.
라. 고소의 주관적 불가분원칙에 의하여 법원은 甲, 乙, 丙 모두에 대하여 공소기각의 판결을 하여야 한다.
마. A의 고소는 범인을 특정하지 않은 것이므로 부적법하다.

① 가, 라 ② 가, 마 ③ 나, 다
④ 나, 라 ⑤ 다, 마

[가 ▸ ×] 甲의 주도하에 甲, 乙, 丙이 절도를 공모하고, 乙이 A의 집에 들어가 다이아몬드 반지 1개를 가지고 나오는 동안 丙이 망을 본 경우, 시간적·장소적 협동관계가 인정되므로, 乙과 丙에게 형법 제331조 제2항의 특수절도죄가 성립한다.

③ 정답

[나 ▸ O] 3인 이상의 범인이 합동절도의 범행을 공모한 후 적어도 2인 이상의 범인이 범행현장에서 시간적, 장소적으로 협동관계를 이루어 절도의 실행행위를 분담하여 절도범행을 한 경우에는 공동정범의 일반이론에 비추어 그 공모에는 참여하였으나 현장에서 절도의 실행행위를 직접 분담하지 아니한 다른 범인에 대하여도 그가 현장에서 절도범행을 실행한 위 2인 이상의 범인의 행위를 자기 의사의 수단으로 하여 합동절도의 범행을 하였다고 평가할 수 있는 정범성의 표지를 갖추고 있다고 보여지는 한 그 다른 범인에 대하여 합동절도의 공동정범의 성립을 부정할 이유가 없다고 할 것이다(대판 1998.5.21. 98도321[전합]).

[다 ▸ O] 고소를 취소한 자는 다시 고소하지 못한다(형소법 제232조 제2항).

[라 ▸ ×] 상대적 친고죄의 경우, 공범자 전원이 피해자와 신분관계가 있으면 제한 없이 이 원칙이 적용되나, 공범자 중 일부가 비신분자라면 비신분자에 대한 고소의 효력은 신분자에게 미치지 아니하고, 신분자에 대한 고소취소는 비신분자에게 효력이 없다. 따라서 A가 甲에 대한 고소만을 취소한 경우, 친족상도례가 적용되는 甲의 범죄는 상대적 친고죄이므로 공소기각판결을 하여야 하나, 乙과 丙의 범죄는 상대적 친고죄가 아니므로 실체판결을 하여야 한다.

[마 ▸ ×] 고소는 범죄의 피해자 또는 그와 일정한 관계가 있는 고소권자가 수사기관에 대하여 범죄사실을 신고하여 범인의 처벌을 구하는 의사표시이므로, 고소인은 범죄사실을 특정하여 신고하면 족하고 범인이 누구인지 나아가 범인 중 처벌을 구하는 자가 누구인지를 적시할 필요도 없다(대판 1996.3.12. 94도2423).

2013년 변호사시험 문 33. ☑ 확인Check! O △ X

반의사불벌죄에 대한 다음 설명 중 옳지 않은 것은?(다툼이 있는 경우에는 판례에 의함)

① 폭행죄의 피해자가 의사능력 있는 미성년자인 경우, 그 미성년자가 가해자에 대한 처벌을 원하지 않는다는 의사표시를 명백히 하면 공소를 제기할 수 없다.
② 의사능력 있는 미성년자가 폭행죄의 피해자인 경우 그 미성년자가 처벌을 원하는 의사표시를 철회할 때에는 법정대리인의 동의가 있어야 한다.
③ 친고죄에 있어서 고소불가분의 원칙을 규정한 형사소송법 제233조의 규정은 반의사불벌죄에 준용되지 않는다.
④ 반의사불벌죄에서 '처벌불원의 의사표시' 또는 '처벌희망 의사표시 철회'의 유무나 그 효력에 관한 사실은 엄격한 증명의 대상이 되지 않는다.
⑤ 2인 이상이 공동으로 폭행죄를 범하여 폭력행위 등 처벌에 관한 법률 위반(공동폭행)죄로 처벌되는 경우 피해자의 명시한 의사에 반하여 공소를 제기할 수 없다는 형법 제260조 제3항은 적용되지 않는다.

[❶ ▸ O] [❷ ▸ ×] 형사소송법상 소송능력이라 함은 소송당사자가 유효하게 소송행위를 할 수 있는 능력, 즉 피고인 또는 피의자가 자기의 소송상의 지위와 이해관계를 이해하고 이에 따라 방어행위를 할 수 있는 의사능력을 의미한다. 의사능력이 있으면 소송능력이 있다는 원칙은 피해자 등 제3자가 소송행위를 하는 경우에도 마찬가지라고 보아야 한다. 따라서 반의사불벌죄에 있어서 피해자의 피고인 또는 피의자에 대한 처벌을 희망하지 않는다는 의사표시 또는 처벌을 희망하는 의사표시의 철회는, 위와 같은 형사소송절차에 있어서의 소송능력에 관한 일반원칙에 따라, 의사능력이 있는 피해자가 단독으로 이를 할 수 있고, 거기에 법정대리인의 동의가 있어야 한다거나 법정대리인에 의해 대리되어야만 한다고 볼 것은 아니다. 나아가 청소년의 성보호에 관한 법률이 형사소송법과 다른 특별한 규정을 두고 있지 않는 한, 위와 같은 반의사불벌죄에 관한 해석론은 청소년의 성보호에 관한 법률의 경우에도 그대로 적용되어야 한다. 그러므로 청소년의 성보호에 관한 법률 제16조에 규정된 반의사불벌죄라고 하더라도, 피해자인 청소년에게 의사능력이 있는 이상, 단독으로 피고인 또는 피의자의 처벌을 희망하지 않는다는 의사표시 또는 처벌희망 의사표시의 철회를 할 수 있고, 거기에 법정대리인의 동의가 있어야 하는 것으로 볼 것은 아니다(대판 2009.11.19. 2009도6058[전합]).

정답 ②

[❸ ▸ O] 형사소송법이 고소와 고소취소에 관한 규정을 하면서 제232조 제1항, 제2항에서 고소취소의 시한과 재고소의 금지를 규정하고 제3항에서는 반의사불벌죄에 제1항, 제2항의 규정을 준용하는 규정을 두면서도, 제233조에서 고소와 고소취소의 불가분에 관한 규정을 함에 있어서는 반의사불벌죄에 이를 준용하는 규정을 두지 아니한 것은 처벌을 희망하지 아니하는 의사표시나 처벌을 희망하는 의사표시의 철회에 관하여 친고죄와는 달리 공범자 간에 불가분의 원칙을 적용하지 아니하고자 함에 있다고 볼 것이지, 입법의 불비로 볼 것은 아니다(대판 1994.4.26. 93도1689).

[❹ ▸ O] 반의사불벌죄에서 피고인 또는 피의자의 처벌을 희망하지 않는다는 의사표시 또는 처벌희망 의사표시 철회의 유무나 그 효력 여부에 관한 사실은 엄격한 증명의 대상이 아니라 증거능력이 없는 증거나 법률이 규정한 증거조사방법을 거치지 아니한 증거에 의한 증명, 이른바 자유로운 증명의 대상이다(대판 2010.10.14. 2010도5610).

[❺ ▸ O] 2명 이상이 공동하여 다음 각 호의 죄를 범한 사람은 형법 각 해당 조항에서 정한 형의 2분의 1까지 가중한다(폭처법 제2조 제2항). 제2항과 제3항의 경우에는 형법 제260조 제3항 및 제283조 제3항[반의사불벌죄(註)]을 적용하지 아니한다(동조 제4항).

2019년 변호사시험 문 29. ☑ 확인 Check! O △ X

다음 설명 중 옳은 것은?(다툼이 있는 경우 판례에 의함)

① 불심검문하는 사람이 경찰관이고 검문하는 이유가 자신의 범죄행위에 관한 것임을 피고인이 충분히 알고 있었다고 보이더라도, 경찰관이 신분증을 제시하지 않았다면, 그 불심검문은 위법하다.
② 벌금형에 따르는 노역장 유치의 집행을 위하여 형집행장을 발부하여 구인하는 경우에도 구속이유의 고지에 관한 형사소송법 제72조가 준용된다.
③ 피고인이 증거서류의 진정성립을 묻는 검사의 질문에 대하여 진술거부권을 행사하여 진술을 거부한다면 이는 형사소송법 제314조의 '그 밖에 이에 준하는 사유로 인하여 진술할 수 없는 때'에 해당한다.
④ 구속영장 발부에 의하여 적법하게 구금된 피의자가 피의자신문을 위한 수사기관 조사실 출석을 거부하는 경우 수사기관은 구속영장의 효력에 의하여 피의자를 조사실로 구인할 수 있다.
⑤ 우편물 통관검사절차에서 이루어지는 검사는 행정조사에 해당하지만 압수·수색영장 없이 우편물을 개봉하는 것은 위법하다.

[❶ ▸ X] 경찰관직무집행법(이하 '법') 제3조 제4항은 경찰관이 불심검문을 하고자 할 때에는 자신의 신분을 표시하는 증표를 제시하여야 한다고 규정하고, 경찰관직무집행법 시행령 제5조는 위 법에서 규정한 신분을 표시하는 증표는 경찰관의 공무원증이라고 규정하고 있는데, 불심검문을 하게 된 경위, 불심검문 당시의 현장상황과 검문을 하는 경찰관들의 복장, 피고인이 공무원증 제시나 신분 확인을 요구하였는지 여부 등을 종합적으로 고려하여, 검문하는 사람이 경찰관이고 검문하는 이유가 범죄행위에 관한 것임을 피고인이 충분히 알고 있었다고 보이는 경우에는 신분증을 제시하지 않았다고 하여 그 불심검문이 위법한 공무집행이라고 할 수 없다(대판 2014.12.11. 2014도7976).

[❷ ▸ X] 벌금형에 따르는 노역장 유치는 실질적으로 자유형과 동일한 것으로서 그 집행에 대하여는 자유형의 집행에 관한 규정이 준용된다(형사소송법 제492조). 구금되지 아니한 당사자에 대하여 형의 집행기관인 검사는 그 형의 집행을 위하여 당사자를 소환할 수 있고, 당사자가 소환에 응하지 아니한 때에는 형집행장을 발부하여 구인할 수 있다(형사소송법 제473조). 형사소송법 제475조는 이 경우 형집행장의 집행에 관하여 형사소송법 제1편 제9장에서 정하는 피고인의 구속에 관한 규정을 준용한다고 규정하고 있고, 여기서 '피고인의 구속에 관한 규정'은 '피고인의 구속영장의 집행에 관한 규정'을 의미한다고 할 것이므로, 형집행장의 집행에 관하여는 구속의 사유에 관한 형사소송법 제70조나 구속이유의 고지에 관한 형사소송법 제72조가 준용되지 아니한다(대판 2013.9.12. 2012도2349).

④ 정답

[❸ ▸ ×] 형사소송법 제314조는 "제312조 또는 제313조의 경우에 공판준비 또는 공판기일에 진술을 요하는 자가 사망·질병·외국거주·소재불명, 그 밖에 이에 준하는 사유로 인하여 진술할 수 없는 때에는 그 조서 및 그 밖의 서류를 증거로 할 수 있다. 다만, 그 진술 또는 작성이 특히 신빙할 수 있는 상태하에서 행하여졌음이 증명된 때에 한한다"라고 정함으로써, 원진술자 등의 진술에 의하여 진정성립이 증명되지 아니하는 전문증거에 대하여 예외적으로 증거능력이 인정될 수 있는 사유로 '사망·질병·외국거주·소재불명, 그 밖에 이에 준하는 사유로 인하여 진술할 수 없는 때'를 들고 있다. 현행 형사소송법 제314조의 문언과 개정취지, 진술거부권 관련 규정의 내용 등에 비추어 보면, 피고인이 증거서류의 진정성립을 묻는 검사의 질문에 대하여 진술거부권을 행사하여 진술을 거부한 경우는 형사소송법 제314조의 '그 밖에 이에 준하는 사유로 인하여 진술할 수 없는 때'에 해당하지 아니한다(대판 2013.6.13. 2012도16001).

[❹ ▸ ○] 수사기관이 관할 지방법원 판사가 발부한 구속영장에 의하여 피의자를 구속하는 경우, 그 구속영장은 기본적으로 장차 공판정에의 출석이나 형의 집행을 담보하기 위한 것이지만, 이와 함께 법 제202조, 제203조에서 정하는 구속기간의 범위 내에서 수사기관이 법 제200조, 제241조 내지 제244조의5에 규정된 피의자신문의 방식으로 구속된 피의자를 조사하는 등 적정한 방법으로 범죄를 수사하는 것도 예정하고 있다고 할 것이다. 따라서 구속영장 발부에 의하여 적법하게 구금된 피의자가 피의자신문을 위한 출석요구에 응하지 아니하면서 수사기관 조사실에 출석을 거부한다면 수사기관은 그 구속영장의 효력에 의하여 피의자를 조사실로 구인할 수 있다고 보아야 한다(대결 2013.7.1. 2013모160).

[❺ ▸ ×] 우편물 통관검사절차에서 이루어지는 우편물의 개봉, 시료 채취, 성분 분석 등의 검사는 수출입물품에 대한 적정한 통관 등을 목적으로 한 행정조사의 성격을 가지는 것으로서 수사기관의 강제처분이라고 할 수 없으므로, 압수·수색영장 없이 우편물의 개봉, 시료 채취, 성분 분석 등 검사가 진행되었다 하더라도 특별한 사정이 없는 한 위법하다고 볼 수 없다(대판 2013.9.26. 2013도7718).

2014년 변호사시험 문 25. ☑ 확인 Check! ○ △ ×

다음 설명 중 옳은 것은?(다툼이 있는 경우에는 판례에 의함)

① 친고죄의 공범인 甲, 乙 중 甲에 대하여 제1심판결이 선고되었더라도 제1심판결 선고 전의 乙에 대하여는 고소를 취소할 수 있고 그 효력은 제1심판결 선고 전의 乙에게만 미친다.
② 고소의 주관적 불가분의 원칙은 조세범처벌법 위반죄에서 소추조건으로 되어 있는 세무공무원의 고발에도 적용된다.
③ 세무공무원 등의 고발이 있어야 공소를 제기할 수 있는 조세범처벌법 위반죄에 대하여 고발을 받아 수사한 검사가 불기소처분을 하였다가 나중에 공소를 제기하는 경우에는 세무공무원 등의 새로운 고발이 있어야 하는 것은 아니다.
④ 반의사불벌죄에서 의사능력 있는 미성년자인 피해자가 처벌희망 여부에 관한 의사표시를 함에는 법정대리인의 동의가 필요하다.
⑤ 비친고죄에 해당하는 죄로 기소되어 항소심에서 친고죄에 해당하는 죄로 공소장이 변경된 후 공소제기 전에 행하여진 고소가 취소되었다면 항소심법원은 공소기각의 판결을 선고하여야 한다.

[❶ ▸ ×] 친고죄의 공범 중 그 일부에 대하여 제1심판결이 선고된 후에는 제1심판결 선고 전의 다른 공범자에 대하여는 그 고소를 취소할 수 없고 그 고소의 취소가 있다 하더라도 그 효력을 발생할 수 없으며, 이러한 법리는 필요적 공범이나 임의적 공범이나를 구별함이 없이 모두 적용된다(대판 1985.11.12. 85도1940).

[❷ ▸ ×] 조세범처벌법 제6조는 조세에 관한 범칙행위에 대하여는 원칙적으로 국세청장 등의 고발을 기다려 논하도록 규정하고 있는바, 같은 법에 의하여 하는 고발에 있어서는 이른바 고소·고발불가분의 원칙이 적용되지 아니하므로, 고발의 구비 여부는 양벌규정에 의하여 처벌받는 자연인인 행위자와 법인에 대하여 개별적으로 논하여야 한다(대판 2004.9.24. 2004도4066).

정답 ③

[❸ ▸ O] 검사의 불기소처분에는 확정재판에 있어서의 확정력과 같은 효력이 없어 일단 불기소처분을 한 후에도 공소시효가 완성되기 전이면 언제라도 공소를 제기할 수 있으므로, 세무공무원 등의 고발이 있어야 공소를 제기할 수 있는 조세범처벌법 위반죄에 관하여 일단 불기소처분이 있었더라도 세무공무원 등이 종전에 한 고발은 여전히 유효하다. 따라서 나중에 공소를 제기함에 있어 세무공무원 등의 새로운 고발이 있어야 하는 것은 아니다(대판 2009.10.29. 2009도6614).

[❹ ▸ ×] 청소년의 성보호에 관한 법률 제16조에 규정된 반의사불벌죄라고 하더라도, 피해자인 청소년에게 의사능력이 있는 이상, 단독으로 피고인 또는 피의자의 처벌을 희망하지 않는다는 의사표시 또는 처벌희망 의사표시의 철회를 할 수 있고, 거기에 법정대리인의 동의가 있어야 하는 것으로 볼 것은 아니다(대판 2009.11.19. 2009도6058[전합]).

[❺ ▸ ×] 원래 고소의 대상이 된 피고소인의 행위가 친고죄에 해당할 경우 소송요건인 그 친고죄의 고소를 취소할 수 있는 시기를 언제까지로 한정하는가는 형사소송절차운영에 관한 입법정책상의 문제이기에 형사소송법의 그 규정은 국가형벌권의 행사가 피해자의 의사에 의하여 좌우되는 현상을 장기간 방치하지 않으려는 목적에서 고소취소의 시한을 획일적으로 제1심판결 선고 시까지로 한정한 것이다. 따라서 그 규정을 현실적 심판의 대상이 된 공소사실이 친고죄로 된 당해 심급의 판결 선고 시까지 고소인이 고소를 취소할 수 있다는 의미로 볼 수는 없다 할 것이어서, 항소심에서 공소장의 변경에 의하여 또는 공소장변경절차를 거치지 아니하고 법원 직권에 의하여 친고죄가 아닌 범죄를 친고죄로 인정하였더라도 항소심을 제1심이라 할 수는 없는 것이므로, 항소심에 이르러 비로소 고소인이 고소를 취소하였다면 이는 친고죄에 대한 고소취소로서의 효력은 없다고 할 것이다(대판 1999.4.15. 96도1922[전합]).

2018년 변호사시험 문 26. ☑ 확인 Check! O △ X

친고죄와 반의사불벌죄에 관한 설명 중 옳지 않은 것은?(다툼이 있는 경우 판례에 의함)

① 친고죄에서 고소권자의 고소가 유효함에도 고소의 효력이 없다는 이유로 공소를 기각한 제1심판결에 대하여 항소심절차가 진행되던 중 고소인이 고소를 취소하였는데 항소심이 제1심의 공소기각 부분이 위법하다는 이유로 사건을 파기환송한 경우, 환송 후의 제1심법원은 고소취소를 이유로 공소기각판결을 선고할 수 없다.
② 피해자가 반의사불벌죄의 공범 중 그 1인에 대하여 처벌을 희망하는 의사를 철회한 경우, 다른 공범자에 대하여도 처벌희망의사가 철회된 것으로 볼 수 없다.
③ 친고죄로 고소를 제기하였다가 공소제기 전 고소를 취소한 후 고소기간 내에 다시 동일한 친고죄로 고소하여 공소제기된 경우, 수소법원은 형사소송법 제327조 제2호의 '공소제기의 절차가 법률의 규정에 위반하여 무효인 때'에 해당함을 이유로 판결로써 공소기각의 선고를 하여야 한다.
④ 고소권자로부터 고소권한을 위임받은 대리인이 친고죄에 대하여 고소를 한 경우, 고소기간은 대리인이 아니라 고소권자가 범인을 알게 된 날부터 기산한다.
⑤ 친고죄의 공범 중 일부에 대하여 제1심판결이 선고된 후에는 제1심판결 선고 전의 다른 공범자에 대하여 고소를 취소할 수 없고, 고소의 취소가 있다 하더라도 그 효력이 발생하지 않는다.

[❶ ▸ ×] 피고인의 간통 공소사실에 대한 배우자의 고소가 효력이 없다는 이유로 공소를 기각한 제1심판결에 대하여 항소심절차가 진행되던 중 고소인이 고소를 취소하였는데, 항소심이 공소기각 부분이 위법하다는 이유로 사건을 파기·환송하였고 환송 후의 제1심 및 원심이 간통을 유죄로 인정한 경우, 고소취소가 항소심에서 종전 제1심 공소기각판결이 파기되고 사건이 제1심법원에 환송된 후 진행된 환송 후 제1심판결이 선고되기 전에 이루어진 것으로서 적법하므로, 형사소송법 제327조 제5호에 의하여 판결로써 공소를 기각하였어야 한다(대판 2011.8.25. 2009도9112).

[❷ ▸ O] 형사소송법이 고소와 고소취소에 관한 규정을 하면서 제232조 제1항, 제2항에서 고소취소의 시한과 재고소의 금지를 규정하고 제3항에서는 반의사불벌죄에 제1항, 제2항의 규정을 준용하는 규정을 두면서도, 제233조에서 고소와 고소취소의 불가분에 관한 규정을 함에 있어서는 반의사불벌죄에 이를 준용하는 규정을 두지 아니한 것은 처벌을 희망하지

① 정답

아니하는 의사표시나 처벌을 희망하는 의사표시의 철회에 관하여 친고죄와는 달리 공범자 간에 불가분의 원칙을 적용하지 아니하고자 함에 있다고 볼 것이지, 입법의 불비로 볼 것은 아니다(대판 1994.4.26. 93도1689).

[❸ ▸ O] 고소취소는 범인의 처벌을 구하는 의사를 철회하는 수사기관 또는 법원에 대한 고소권자의 의사표시로서 형사소송법 제239조, 제237조에 의하여 서면 또는 구술로써 하면 족한 것이므로, 고소권자가 서면 또는 구술로써 수사기관 또는 법원에 고소를 취소하는 의사표시를 하였다고 보여지는 이상 그 고소는 적법하게 취소되었다고 할 것이고, 그 후 고소취소를 철회하는 의사표시를 다시 하였다고 하여도 그것은 효력이 없다 할 것이다. 위 의사표시로서 저작권법 위반의 점에 대한 고소인의 고소는 적법하게 취소되었다고 할 것이어서 이 사건 공소제기 전에 저작권법 위반의 공소사실에 대한 고소취소가 있었다고 보아 공소를 기각한 제1심의 판단은 정당하다(대판 2007.4.13. 2007도425).

[❹ ▸ O] 형사소송법 제236조의 대리인에 의한 고소의 경우, 대리권이 정당한 고소권자에 의하여 수여되었음이 실질적으로 증명되면 충분하고, 그 방식에 특별한 제한은 없으므로, 고소를 할 때 반드시 위임장을 제출한다거나 '대리'라는 표시를 하여야 하는 것은 아니고, 또 고소기간은 대리고소인이 아니라 정당한 고소권자를 기준으로 고소권자가 범인을 알게 된 날부터 기산한다(대판 2001.9.4. 2001도3081).

[❺ ▸ O] 친고죄의 공범 중 그 일부에 대하여 제1심판결이 선고된 후에는 제1심판결 선고 전의 다른 공범자에 대하여는 그 고소를 취소할 수 없고 그 고소의 취소가 있다 하더라도 그 효력을 발생할 수 없으며, 이러한 법리는 필요적 공범이나 임의적 공범이나를 구별함이 없이 모두 적용된다(대판 1985.11.12. 85도1940).

제3절 수사의 방법

2017년 변호사시험 문 39. ☑ 확인 Check! ○ △ ×

참고인조사에 관한 설명 중 옳지 않은 것은?(다툼이 있는 경우 판례에 의함)

① 참고인이 수사과정에서 진술서를 작성하였지만 수사기관이 그에 대한 조사과정을 기록하지 아니한 경우에는, 특별한 사정이 없는 한 '적법한 절차와 방식'에 따라 수사과정에서 진술서가 작성되었다 할 수 없으므로 증거능력을 인정할 수 없다.

② 진술거부권 고지의 대상이 되는 피의자의 지위는 수사기관이 범죄인지서를 작성하는 등의 형식적인 사건수리절차를 거치기 전이라도 조사대상자에 대하여 범죄의 혐의가 있다고 보아 실질적으로 수사를 개시하는 행위를 한 때에 인정되므로, 진술조서의 형식을 취하더라도 실질이 피의자신문조서의 성격을 가지는 경우에는 수사기관은 진술을 듣기 전에 조사대상자에게 미리 진술거부권을 고지하여야 한다.

③ 검사가 작성한 참고인진술조서에 대하여 피고인이 증거로 함에 부동의한 경우, 원진술자가 법정에서 검사나 재판장의 신문에 대하여 수사기관에서 사실대로 진술하였다는 취지로 증언하더라도, 원진술자가 그 진술기재의 내용을 열람하거나 고지받지 못한 채로 그와 같이 증언한 것이라면 그 진술조서는 증거능력이 없다.

④ 검사가 공판기일에서 이미 증언을 마친 증인을 소환하여 피고인에게 유리한 증언내용을 추궁한 다음 그로 하여금 본인의 증언내용을 번복하는 내용의 진술서를 작성하도록 하여 법원에 제출한 경우, 이러한 진술서는 피고인이 증거로 할 수 있음에 동의하여도 증거능력이 없다.

⑤ 19세 미만의 성폭력범죄의 피해자의 진술내용과 조사과정을 촬영한 영상물에 수록된 피해자의 진술은 그 피해자가 공판기일에 출석하지 아니하더라도 조사과정에 동석하였던 신뢰관계인의 공판기일에서의 진술에 의하여 그 성립의 진정함이 인정되었다면 증거로 사용할 수 있다.

정답 ④

[❶ ▸ ○] 형사소송법 제221조 제1항, 제244조의4 제1항, 제3항, 제312조 제4항, 제5항 및 그 입법목적 등을 종합하여 보면, 피고인이 아닌 자가 수사과정에서 진술서를 작성하였지만 수사기관이 그에 대한 조사과정을 기록하지 아니하여 형사소송법 제244조의4 제3항, 제1항에서 정한 절차를 위반한 경우에는, 특별한 사정이 없는 한 '적법한 절차와 방식'에 따라 수사과정에서 진술서가 작성되었다 할 수 없으므로 증거능력을 인정할 수 없다(대판 2015.4.23. 2013도3790).

[❷ ▸ ○] 피의자의 진술을 기재한 서류 또는 문서가 수사기관에서의 조사과정에서 작성된 것이라면, 그것이 '진술조서, 진술서, 자술서'라는 형식을 취하였다고 하더라도 피의자신문조서와 달리 볼 수 없고, 수사기관에 의한 진술거부권 고지의 대상이 되는 피의자의 지위는 수사기관이 범죄인지서를 작성하는 등의 형식적인 사건수리절차를 거치기 전이라도 조사대상자에 대하여 범죄의 혐의가 있다고 보아 실질적으로 수사를 개시하는 행위를 한 때에 인정된다. 특히 조사대상자의 진술내용이 단순히 제3자의 범죄에 관한 경우가 아니라 자신과 제3자에게 공동으로 관련된 범죄에 관한 것이거나 제3자의 피의사실뿐만 아니라 자신의 피의사실에 관한 것이기도 하여 실질이 피의자신문조서의 성격을 가지는 경우에 수사기관은 진술을 듣기 전에 미리 진술거부권을 고지하여야 한다(대판 2015.10.29. 2014도5939).

[❸ ▸ ○] 피고인이 사법경찰리 작성의 공소외인에 대한 피의자신문조서, 진술조서 및 검사 작성의 피고인에 대한 피의자신문조서 중 위 공소외인의 진술기재 부분을 증거로 함에 부동의하였고, 원진술자인 위 공소외인이 제1심 및 항소심에서 증인으로 나와 그 진술기재의 내용을 열람하거나 고지받지 못한 채 단지 검사나 재판장의 신문에 대하여 수사기관에서 사실대로 진술하였다는 취지의 증언만을 하고 있을 뿐이라면, 그 피의자신문조서와 진술조서는 증거능력이 없어 이를 유죄의 증거로 삼을 수 없다(대판 1994.11.11. 94도343).

[❹ ▸ ×] 공판준비 또는 공판기일에서 이미 증언을 마친 증인을 검사가 소환한 후 피고인에게 유리한 증언내용을 추궁하여 이를 일방적으로 번복시키는 방식으로 작성한 진술조서를 유죄의 증거로 삼는 것은 당사자주의·공판중심주의·직접주의를 지향하는 현행 형사소송법의 소송구조에 어긋나는 것일 뿐만 아니라, 헌법 제27조가 보장하는 기본권, 즉 법관의 면전에서 모든 증거자료가 조사·진술되고 이에 대하여 피고인이 공격·방어할 수 있는 기회가 실질적으로 부여되는 재판을 받을 권리를 침해하는 것이므로, 이러한 진술조서는 피고인이 증거로 할 수 있음에 동의하지 아니하는 한 증거능력이 없다고 할 것이고, 이러한 법리는 검사가 공판준비기일 또는 공판기일에서 이미 증언을 마친 증인을 소환하여 피고인에게 유리한 증언내용을 추궁한 다음 진술조서를 작성하는 대신 그로 하여금 본인의 증언내용을 번복하는 내용의 진술서를 작성하도록 하여 법원에 제출한 경우에도 마찬가지로 적용된다(대판 2012.6.14. 2012도534).

[❺ ▸ ○] 성폭력범죄의 피해자가 19세 미만이거나 신체적인 또는 정신적인 장애로 사물을 변별하거나 의사를 결정할 능력이 미약한 경우에는 피해자의 진술내용과 조사과정을 비디오녹화기 등 영상물녹화장치로 촬영·보존하여야 한다(성폭력처벌법 제30조 제1항). 제1항에 따라 촬영한 영상물에 수록된 피해자의 진술은 공판준비기일 또는 공판기일에 피해자나 조사과정에 동석하였던 신뢰관계에 있는 사람 또는 진술조력인의 진술에 의하여 그 성립의 진정함이 인정된 경우에 증거로 할 수 있다(동법 제30조 제6항).

2015년 변호사시험 문 22. ☑ 확인Check! ○ △ ×

다음 사례에 관한 설명 중 옳지 않은 것은?(다툼이 있는 경우 판례에 의함)

사법경찰관 甲은 乙이 반국가단체의 활동에 동조하였다는 제보를 받고 국가보안법 위반의 범죄혐의가 있다고 생각하여, 2014.12.18. 06:00경 乙의 집으로 가서 다짜고짜 "경찰서로 잠깐 가서 조사할 것이 있다"고 말하였다. 乙은 가기 싫었으나 겁이 나서 따라나섰고, 甲은 乙을 순찰차에 태워 경찰서로 이동하였다. 甲은 乙에게 혐의사실을 추궁하였으나 乙은 범행을 부인하였다. 甲은 乙이 조사 도중 화장실에 갈 때에도 따라가 감시하였고, 乙이 집에 가서 챙겨 올 것이 있다고 할 때에도 혐의사실을 인정할 때까지는 집에 가지 못한다며 제지하였다. 계속되는 조사에 지친 乙은 결국 같은 날 23:00경 혐의사실을 인정하였고, 이에 甲은 피의사실의 요지, 체포이유 등을 乙에게 고지하는 등 절차를 밟아 乙을 긴급체포하였다.

① 乙이 조사할 것이 있다는 甲의 말을 듣고 따라나섰다고 하더라도 乙에 대한 임의동행은 적법하지 않다.
② 乙이 집에 가서 챙겨 올 것이 있다고 하였음에도, 甲이 乙의 귀가를 막은 것은 적법하지 않다.
③ 甲이 사후적으로 위와 같이 긴급체포절차를 밟았더라도 이와 같은 긴급체포는 위법하다.
④ 만일 甲이 乙에게 피내사자 신분으로 동행을 요구하였더라도, 乙의 변호인 접견교통권은 인정되어야 한다.
⑤ 만일 甲이 잠깐 경찰서 내의 다른 사무실에 간 사이 乙이 도주하였다면 도주죄로 처벌된다.

[❶ ▸ ○] [❷ ▸ ○] 사법경찰관 甲은 乙에게 동행을 거부할 수 있음을 알려 주지 아니하였고, 乙에게 혐의사실을 인정할 때까지는 집에 가지 못한다며 제지하였다는 점을 고려할 때, 동행장소로부터 퇴거할 수 있었음도 인정되지 아니하므로, 사법경찰관 甲이 행한 乙에 대한 임의동행과 乙의 귀가를 막은 것은 위법하다고 판단된다.

판례

수사관이 수사과정에서 당사자의 동의를 받는 형식으로 피의자를 수사관서 등에 동행하는 것은, 수사관이 동행에 앞서 피의자에게 동행을 거부할 수 있음을 알려 주었거나 동행한 피의자가 언제든지 자유로이 동행과정에서 이탈 또는 동행장소로부터 퇴거할 수 있었음이 인정되는 등 오로지 피의자의 자발적인 의사에 의하여 수사관서 등에의 동행이 이루어졌음이 객관적인 사정에 의하여 명백하게 입증된 경우에 한하여, 그 적법성이 인정되는 것으로 봄이 상당하다(대판 2006.7.6. 2005도6810).

[❸ ▸ ○] [❺ ▸ ×] 비록 사법경찰관이 피고인을 동행할 당시에 물리력을 행사한 바가 없고, 피고인이 명시적으로 거부의사를 표명한 적이 없다고 하더라도, 사법경찰관이 피고인을 수사관서까지 동행한 것은 위에서 본 적법요건이 갖추어지지 아니한 채 사법경찰관의 동행요구를 거절할 수 없는 심리적 압박 아래 행하여진 사실상의 강제연행, 즉 불법체포에 해당한다고 보아야 할 것이고, 사법경찰관이 그로부터 6시간 상당이 경과한 이후에 비로소 피고인에 대하여 긴급체포의 절차를 밟았다고 하더라도 이는 동행의 형식 아래 행해진 불법체포에 기하여 사후적으로 취해진 것에 불과하므로, 그와 같은 긴급체포 또한 위법하다고 아니할 수 없다. 따라서 피고인은 불법체포된 자로서 형법 제145조 제1항 소정의 '법률에 의하여 체포 또는 구금된 자'가 아니어서 도주죄의 주체가 될 수 없다(대판 2006.7.6. 2005도6810).

[❹ ▸ ○] 변호인의 조력을 받을 권리를 실질적으로 보장하기 위하여는 변호인과의 접견교통권의 인정이 당연한 전제가 되므로, 임의동행의 형식으로 수사기관에 연행된 피의자에게도 변호인 또는 변호인이 되려는 자와의 접견교통권은 당연히 인정된다고 보아야 하고, 임의동행의 형식으로 연행된 피내사자의 경우에도 이는 마찬가지이다(대결 1996.6.3. 96모18).

정답 ⑤

2015년 변호사시험 문 20. ☑ 확인 Check! ○ △ ×

수사기관에 의한 피의자신문에 관한 설명 중 옳지 않은 것은?(다툼이 있는 경우 판례에 의함)

① 구속영장 발부에 의하여 적법하게 구금된 피의자가 피의자신문을 위한 출석요구에 응하지 아니하면서 수사기관 조사실에 출석하기를 거부한다면, 수사기관은 그 구속영장의 효력에 의하여 피의자를 조사실로 구인할 수 있다.
② 검사가 검찰사건사무규칙에 따른 범죄인지절차를 밟지 않은 상태에서 행한 피의자신문은 위법한 수사에 해당하며, 당해 피의자신문조서는 증거능력이 없다.
③ 피의자신문에 참여한 변호인은 신문 후 의견을 진술할 수 있는 것이 원칙이나, 신문 중이라도 부당한 신문방법에 대하여 이의를 제기할 수 있고, 검사 또는 사법경찰관의 승인을 얻어 의견을 진술할 수 있다.
④ 수사기관이 변호인의 피의자신문 참여를 부당하게 제한하거나 중단시킨 경우에는 준항고를 통해 다툴 수 있다.
⑤ 수사기관은 피의자를 신문하기 전에 변호인의 조력을 받을 수 있다는 것을 알려 주어야 한다.

[❶ ▸ ○] 수사기관이 관할 지방법원 판사가 발부한 구속영장에 의하여 피의자를 구속하는 경우, 그 구속영장은 기본적으로 장차 공판정에의 출석이나 형의 집행을 담보하기 위한 것이지만, 이와 함께 법 제202조, 제203조에서 정하는 구속기간의 범위 내에서 수사기관이 법 제200조, 제241조 내지 제244조의5에 규정된 피의자신문의 방식으로 구속된 피의자를 조사하는 등 적정한 방법으로 범죄를 수사하는 것도 예정하고 있다고 할 것이다. 따라서 구속영장 발부에 의하여 적법하게 구금된 피의자가 피의자신문을 위한 출석요구에 응하지 아니하면서 수사기관 조사실에 출석을 거부한다면 수사기관은 그 구속영장의 효력에 의하여 피의자를 조사실로 구인할 수 있다고 보아야 한다(대결 2013.7.1. 2013모160).

[❷ ▸ ×] 검찰사건사무규칙 제2조 내지 제4조에 의하면, 검사가 범죄를 인지하는 경우에는 범죄인지서를 작성하여 사건을 수리하는 절차를 거치도록 되어 있으므로, 특별한 사정이 없는 한 수사기관이 그와 같은 절차를 거친 때에 범죄인지가 된 것으로 볼 것이나, 범죄의 인지는 실질적인 개념이고, 이 규칙의 규정은 검찰행정의 편의를 위한 사무처리절차 규정이므로, 검사가 그와 같은 절차를 거치기 전에 범죄의 혐의가 있다고 보아 수사를 개시하는 행위를 한 때에는 이때에 범죄를 인지한 것으로 보아야 하고, 그 뒤 범죄인지서를 작성하여 사건수리절차를 밟은 때에 비로소 범죄를 인지하였다고 볼 것이 아니며, 이러한 인지절차를 밟기 전에 수사를 하였다고 하더라도, 그 수사가 장차 인지의 가능성이 전혀 없는 상태하에서 행해졌다는 등의 특별한 사정이 없는 한, 인지절차가 이루어지기 전에 수사를 하였다는 이유만으로 그 수사가 위법하다고 볼 수는 없고, 따라서 그 수사과정에서 작성된 피의자신문조서나 진술조서 등의 증거능력도 이를 부인할 수 없다(대판 2001.10.26. 2000도2968).

[❸ ▸ ○] 신문에 참여한 변호인은 신문 후 의견을 진술할 수 있다. 다만, 신문 중이라도 부당한 신문방법에 대하여 이의를 제기할 수 있고, 검사 또는 사법경찰관의 승인을 얻어 의견을 진술할 수 있다(형소법 제243조의2 제3항).

[❹ ▸ ○] 검사 또는 사법경찰관의 구금, 압수 또는 압수물의 환부에 관한 처분과 제243조의2에 따른 변호인의 참여 등에 관한 처분에 대하여 불복이 있으면 그 직무집행지의 관할 법원 또는 검사의 소속 검찰청에 대응한 법원에 그 처분의 취소 또는 변경을 청구할 수 있다(형소법 제417조).

[❺ ▸ ○] 검사 또는 사법경찰관은 피의자를 신문하기 전에 신문을 받을 때에는 변호인을 참여하게 하는 등 변호인의 조력을 받을 수 있다는 것을 알려 주어야 한다(형소법 제244조의3 제1항 제4호).

② 정답

CHAPTER 02

강제처분과 강제수사

형사소송법

각 문항별로 이해도를 체크해 보세요.

최근 5년간 회별 평균 3.6문

제1절 대인적 강제수사 ★★★★★★★☆

2020년 변호사시험 문 31.

확인 Check! ○ △ ×

다음 설명 중 옳은 것(○)과 옳지 않은 것(×)을 올바르게 조합한 것은?

ㄱ. 긴급체포되었다가 구속영장을 청구하지 아니하거나 발부받지 못하여 석방된 자는 영장 없이는 동일한 범죄사실에 관하여 체포하지 못한다.
ㄴ. 구속되었다가 석방된 자는 다른 중요한 증거를 발견한 경우를 제외하고는 동일한 범죄사실에 관하여 재차 구속하지 못한다.
ㄷ. 체포·구속적부심사결정에 의하여 석방된 피의자가 도망하거나 죄증을 인멸하는 경우를 제외하고는 동일한 범죄사실에 관하여 재차 체포 또는 구속하지 못한다.
ㄹ. 공소취소에 의한 공소기각의 결정이 확정된 때에는 공소취소 후 그 범죄사실에 대한 다른 중요한 증거를 발견한 경우에 한하여 다시 공소를 제기할 수 있다.
ㅁ. 재정신청을 기각한 법원의 결정이 확정된 사건에 대하여는 다른 중요한 증거를 발견한 경우를 제외하고는 소추할 수 없다.

① ㄱ(○) ㄴ(○) ㄷ(○) ㄹ(○) ㅁ(○)
② ㄱ(×) ㄴ(○) ㄷ(○) ㄹ(○) ㅁ(×)
③ ㄱ(○) ㄴ(○) ㄷ(×) ㄹ(×) ㅁ(○)
④ ㄱ(○) ㄴ(×) ㄷ(○) ㄹ(×) ㅁ(○)
⑤ ㄱ(×) ㄴ(×) ㄷ(×) ㄹ(○) ㅁ(×)

[ㄱ ▸ ○] 긴급체포되었다가 석방된 자는 영장 없이는 동일한 범죄사실에 관하여 체포하지 못한다.

법령 긴급체포와 영장청구기간(형소법 제200조의4)

① 검사 또는 사법경찰관이 제200조의3의 규정에 의하여 피의자를 체포한 경우 피의자를 구속하고자 할 때에는 지체 없이 검사는 관할 지방법원 판사에게 구속영장을 청구하여야 하고, 사법경찰관은 검사에게 신청하여 검사의 청구로 관할 지방법원 판사에게 구속영장을 청구하여야 한다. 이 경우 구속영장은 피의자를 체포한 때부터 48시간 이내에 청구하여야 하며, 제200조의3 제3항에 따른 긴급체포서를 첨부하여야 한다.
② 제1항의 규정에 의하여 구속영장을 청구하지 아니하거나 발부받지 못한 때에는 피의자를 즉시 석방하여야 한다.
③ 제2항의 규정에 의하여 석방된 자는 영장 없이는 동일한 범죄사실에 관하여 체포하지 못한다.

PART 02 수사와 공소

정답 ①

[ㄴ ▸ O] 검사 또는 사법경찰관에 의하여 구속되었다가 석방된 자는 다른 중요한 증거를 발견한 경우를 제외하고는 동일한 범죄사실에 관하여 재차 구속하지 못한다(형소법 제208조 제1항).

[ㄷ ▸ O] 제214조의2 제4항의 규정에 의한 체포 또는 구속적부심사결정에 의하여 석방된 피의자가 도망하거나 죄증을 인멸하는 경우를 제외하고는 동일한 범죄사실에 관하여 재차 체포 또는 구속하지 못한다(형소법 제214조의3 제1항).

[ㄹ ▸ O] 공소취소에 의한 공소기각의 결정이 확정된 때에는 공소취소 후 그 범죄사실에 대한 다른 중요한 증거를 발견한 경우에 한하여 다시 공소를 제기할 수 있다(형소법 제329조).

[ㅁ ▸ O] 재정신청의 기각결정이 확정된 사건에 대하여는 다른 중요한 증거를 발견한 경우를 제외하고는 소추할 수 없다.

법령

심리와 결정(형소법 제262조)

② 법원은 재정신청서를 송부받은 날부터 3개월 이내에 항고의 절차에 준하여 다음 각 호의 구분에 따라 결정한다. 이 경우 필요한 때에는 증거를 조사할 수 있다.

1. 신청이 법률상의 방식에 위배되거나 이유 없는 때에는 신청을 기각한다.
2. 신청이 이유 있는 때에는 사건에 대한 공소제기를 결정한다.

④ 제2항 제1호의 결정에 대하여는 제415조에 따른 즉시항고를 할 수 있고, 제2항 제2호의 결정에 대하여는 불복할 수 없다. 제2항 제1호의 결정이 확정된 사건에 대하여는 다른 중요한 증거를 발견한 경우를 제외하고는 소추할 수 없다.

2020년 변호사시험 문 26. ☑ 확인 Check! ○ △ ✕

체포에 관한 설명 중 옳은 것을 모두 고른 것은?(다툼이 있는 경우 판례에 의함)

ㄱ. 순찰 중이던 경찰관이, 교통사고를 낸 차량이 도주하였다는 무전연락을 받고 주변을 수색하다가 범퍼 등의 파손상태로 보아 사고차량으로 인정되는 차량에서 내리는 사람을 발견한 경우, 준현행범인으로 영장 없이 체포할 수 있다.

ㄴ. 현행범인으로 규정된 '범죄의 실행의 즉후인 자'라고 함은 범죄의 실행행위를 종료한 직후의 범인이라는 것이 체포를 당하는 자의 입장에서 볼 때 명백한 경우를 일컫는 것이다.

ㄷ. 검사 또는 사법경찰관리 아닌 자가 현행범인을 체포한 때에는 즉시 검사 등에게 인도하여야 하는데, 여기서 '즉시'라고 함은 반드시 체포시점과 시간적으로 밀착된 시점이어야 하는 것은 아니고, '정당한 이유 없이 인도를 지연하거나 체포를 계속하는 등으로 불필요한 지체를 함이 없이'라는 뜻이다.

ㄹ. 사법경찰관이 피의자를 긴급체포하기 위하여 달아나는 피의자를 쫓아가 붙들거나 폭력으로 대항하는 피의자를 실력으로 제압하는 경우에도, 피의사실의 요지, 체포의 이유와 변호인을 선임할 수 있음을 반드시 긴급체포를 위한 실력 행사에 들어가기 이전에 미리 고지하여야 한다.

ㅁ. 검사가 긴급체포한 피의자를 구속하기 위하여 관할 지방법원 판사에게 구속영장을 청구하였으나 구속영장을 발부받지 못한 때에는 피의자를 즉시 석방하여야 한다.

① ㄱ, ㄷ, ㅁ ② ㄱ, ㄹ, ㅁ ③ ㄴ, ㄷ, ㄹ
④ ㄴ, ㄷ, ㅁ ⑤ ㄱ, ㄴ, ㄹ, ㅁ

① 정답

[ㄱ ▸ O] 순찰 중이던 경찰관이 교통사고를 낸 차량이 도주하였다는 무전연락을 받고 주변을 수색하다가 범퍼 등의 파손상태로 보아 사고차량으로 인정되는 차량에서 내리는 사람을 발견한 경우, 형사소송법 제211조 제2항 제2호 소정의 '장물이나 범죄에 사용되었다고 인정함에 충분한 흉기 기타의 물건을 소지하고 있는 때'에 해당하므로 준현행범으로서 영장 없이 체포할 수 있다(대판 2000.7.4. 99도4341).

[ㄴ ▸ X] 형사소송법 제211조가 현행범인으로 규정한 '범죄의 실행의 즉후인 자'라고 함은, 범죄의 실행행위를 종료한 직후의 범인이라는 것이 체포하는 자의 입장에서 볼 때 명백한 경우를 일컫는 것으로서, 위 법조가 제1항에서 본래의 의미의 현행범인에 관하여 규정하면서 '범죄의 실행의 즉후인 자'를 '범죄의 실행 중인 자'와 마찬가지로 현행범인으로 보고 있고, 제2항에서는 현행범인으로 간주되는 준현행범인에 관하여 별도로 규정하고 있는 점 등으로 미루어 볼 때, '범죄의 실행행위를 종료한 직후'라고 함은, 범죄행위를 실행하여 끝마친 순간 또는 이에 아주 접착된 시간적 단계를 의미하는 것으로 해석되므로, 시간적으로나 장소적으로 보아 체포를 당하는 자가 방금 범죄를 실행한 범인이라는 점에 관한 죄증이 명백히 존재하는 것으로 인정되는 경우에만 현행범인으로 볼 수 있다(대판 2002.5.10. 2001도300).

[ㄷ ▸ O] 현행범인은 누구든지 영장 없이 체포할 수 있고(형사소송법 제212조), 검사 또는 사법경찰관리(이하 '검사 등') 아닌 이가 현행범인을 체포한 때에는 즉시 검사 등에게 인도하여야 한다(형사소송법 제213조 제1항). 여기서 '즉시'라고 함은 반드시 체포시점과 시간적으로 밀착된 시점이어야 하는 것은 아니고, '정당한 이유 없이 인도를 지연하거나 체포를 계속하는 등으로 불필요한 지체를 함이 없이'라는 뜻으로 볼 것이다(대판 2011.12.22. 2011도12927).

[ㄹ ▸ X] 검사 또는 사법경찰관이 형사소송법 제200조의3의 규정에 의하여 피의자를 긴급체포하는 경우에는 반드시 피의사실의 요지, 체포의 이유와 변호인을 선임할 수 있음을 말하고, 변명할 기회를 주어야 한다. 이와 같은 고지는 긴급체포를 위한 실력 행사에 들어가기 이전에 미리 하여야 하는 것이 원칙이나, 달아나는 피의자를 쫓아가 붙들거나 폭력으로 대항하는 피의자를 실력으로 제압하는 경우에는 붙들거나 제압하는 과정에서 하거나, 그것이 여의치 않은 경우에는 일단 붙들거나 제압한 후에 지체 없이 하여야 한다(대판 2008.7.24. 2008도2794).

[ㅁ ▸ O] 검사 또는 사법경찰관이 제200조의3의 규정에 의하여 피의자를 체포한 경우 피의자를 구속하고자 할 때에는 지체 없이 검사는 관할 지방법원 판사에게 구속영장을 청구하여야 하고, 사법경찰관은 검사에게 신청하여 검사의 청구로 관할 지방법원 판사에게 구속영장을 청구하여야 한다. 이 경우 구속영장은 피의자를 체포한 때부터 48시간 이내에 청구하여야 하며, 제200조의3 제3항에 따른 긴급체포서를 첨부하여야 한다(형소법 제200조의4 제1항). 제1항의 규정에 의하여 구속영장을 청구하지 아니하거나 발부받지 못한 때에는 피의자를 즉시 석방하여야 한다(동조 제2항).

2019년 변호사시험 문 25.

☑ 확인Check! ○ △ ×

강제처분에 관한 설명 중 옳지 않은 것은?(다툼이 있는 경우 판례에 의함)

① 형사소송법 제217조 제1항은 수사기관이 피의자를 긴급체포한 상황에서 피의자가 체포되었다는 사실이 공범이나 관련자들에게 알려짐으로써 관련자들이 증거를 파괴하거나 은닉하는 것을 방지하고, 범죄사실과 관련된 증거물을 신속히 확보할 수 있도록 하기 위한 것이므로, 긴급체포된 자가 체포현장이 아닌 장소에서 소유·소지 또는 보관하는 물건을 압수할 수는 없다.

② 체포영장의 제시나 고지 등은 체포를 위한 실력 행사에 들어가기 이전에 미리 하여야 하는 것이 원칙이나, 달아나는 피의자를 쫓아가 붙들거나 폭력으로 대항하는 피의자를 실력으로 제압하는 경우에는 붙들거나 제압하는 과정에서 하거나, 그것이 여의치 않은 경우에는 일단 붙들거나 제압한 후에 지체 없이 하여야 한다.

③ 현행범 체포현장이나 범죄장소에서 소지자 등이 임의로 제출하는 물건은 영장 없이 압수할 수 있고, 이 경우에는 검사나 사법경찰관이 사후에 영장을 받을 필요가 없다.

④ 피고인이 수사 당시 긴급체포되었다가 수사기관의 조치로 석방된 후 법원이 발부한 구속영장에 의하여 구속이 이루어진 경우 형사소송법 제200조의4 제3항, 제208조에 규정된 재체포 또는 재구속 제한에 위배되는 위법한 구속이라고 볼 수 없다.

⑤ A가 필로폰을 투약한다는 제보를 받은 경찰관이 A의 주거지를 방문하였다가, 그곳에서 A를 발견하고 A의 전화번호로 전화를 하여 나오라고 하였으나 응하지 않자 A의 집 문을 강제로 열고 들어가 긴급체포한 경우, 경찰관이 A의 신원과 주거지 및 전화번호 등을 모두 파악하고 있었고, 당시 마약 투약의 범죄증거가 급속하게 소멸될 상황도 아니었다면, 위법한 체포이다.

[❶ ▸ ×] 형사소송법 제217조 제1항은 수사기관이 피의자를 긴급체포한 상황에서 피의자가 체포되었다는 사실이 공범이나 관련자들에게 알려짐으로써 관련자들이 증거를 파괴하거나 은닉하는 것을 방지하고, 범죄사실과 관련된 증거물을 신속히 확보할 수 있도록 하기 위한 것이다. 이 규정에 따른 압수·수색 또는 검증은 체포현장에서의 압수·수색 또는 검증을 규정하고 있는 형사소송법 제216조 제1항 제2호와 달리, 체포현장이 아닌 장소에서도 긴급체포된 자가 소유·소지 또는 보관하는 물건을 대상으로 할 수 있다(대판 2017.9.12. 2017도10309).

[❷ ▸ ○] 사법경찰관 등이 체포영장을 소지하고 피의자를 체포하기 위하여는 체포 당시에 피의자에게 체포영장을 제시하고 피의자에 대한 범죄사실의 요지, 구속의 이유와 변호인을 선임할 수 있음을 말하고 변명할 기회를 주어야 하는데 형사소송법 제200조의5, 제72조, 제85조 제1항, 이와 같은 체포영장의 제시나 고지 등은 체포를 위한 실력 행사에 들어가기 이전에 미리 하여야 하는 것이 원칙이나, 달아나는 피의자를 쫓아가 붙들거나 폭력으로 대항하는 피의자를 실력으로 제압하는 경우에는 붙들거나 제압하는 과정에서 하거나, 그것이 여의치 않은 경우에라도 일단 붙들거나 제압한 후에 지체 없이 행하여야 한다(대판 2008.2.14. 2007도10006).

[❸ ▸ ○] 검사 또는 사법경찰관이 범행 중 또는 범행 직후의 범죄장소에서 긴급을 요하여 판사의 영장을 받을 수 없는 때에는 영장 없이 압수·수색 또는 검증을 할 수 있으나, 이 경우에는 사후에 지체 없이 영장을 받아야 한다(제216조 제3항). 다만, 형사소송법 제218조에 의하면 검사 또는 사법경찰관은 피의자 등이 유류한 물건이나 소유자·소지자 또는 보관자가 임의로 제출한 물건은 영장 없이 압수할 수 있으므로, 현행범 체포현장이나 범죄장소에서도 소지자 등이 임의로 제출하는 물건은 위 조항에 의하여 영장 없이 압수할 수 있고, 이 경우에는 검사나 사법경찰관이 사후에 영장을 받을 필요가 없다(대판 2016.2.18. 2015도13726).

[❹ ▸ ○] 형사소송법 제200조의4 제3항은 영장 없이는 긴급체포 후 석방된 피의자를 동일한 범죄사실에 관하여 체포하지 못한다는 규정으로, 위와 같이 석방된 피의자라도 법원으로부터 구속영장을 발부받아 구속할 수 있음은 물론이고, 같은 법 제208조 소정의 '구속되었다가 석방된 자'라 함은 구속영장에 의하여 구속되었다가 석방된 경우를 말하는 것이지, 긴급체포나 현행범으로 체포되었다가 사후영장 발부 전에 석방된 경우는 포함되지 않는다 할 것이므로, 피고인이 수사

① 정답

당시 긴급체포되었다가 수사기관의 조치로 석방된 후 법원이 발부한 구속영장에 의하여 구속이 이루어진 경우 앞서 본 법조에 위배되는 위법한 구속이라고 볼 수 없다(대판 2001.9.28. 2001도4291).

[❺ ▸ O] 피고인이 필로폰을 투약한다는 제보를 받은 경찰관이 제보된 주거지에 피고인이 살고 있는지 등 제보의 정확성을 사전에 확인한 후에 제보자를 불러 조사하기 위하여 피고인의 주거지를 방문하였다가, 현관에서 담배를 피우고 있는 피고인을 발견하고 사진을 찍어 제보자에게 전송하여 사진에 있는 사람이 제보한 대상자가 맞다는 확인을 한 후, 가지고 있던 피고인의 전화번호로 전화를 하여 차량 접촉사고가 났으니 나오라고 하였으나 나오지 않고, 또한 경찰관임을 밝히고 만나자고 하는데도 현재 집에 있지 않다는 취지로 거짓말을 하자 피고인의 집 문을 강제로 열고 들어가 피고인을 긴급체포한 경우, 피고인이 마약에 관한 죄를 범하였다고 의심할 만한 상당한 이유가 있었더라도, 경찰관이 이미 피고인의 신원과 주거지 및 전화번호 등을 모두 파악하고 있었고, 당시 마약 투약의 범죄증거가 급속하게 소멸될 상황도 아니었던 점 등의 사정을 감안하면, 긴급체포는 미리 체포영장을 받을 시간적 여유가 없었던 경우에 해당하지 않아 위법하다(대판 2016.10.13. 2016도5814).

2014년 변호사시험 문 23. ☑ 확인 Check! O △ X

사법경찰관 A는 피의자 甲을 절도혐의로 긴급체포한 후 조사하였으나 甲의 혐의를 입증할 증거가 부족하다고 판단하여 석방하였다. A는 이후 이 절도사건에 관한 증거를 찾던 중 절도현장을 목격한 X의 진술을 확보하게 되었다. 이에 관한 설명 중 옳지 않은 것은?(다툼이 있는 경우에는 판례에 의함)

① A가 목격자 X의 진술을 확보하였다고 하더라도 더 이상 위 절도혐의로 甲을 긴급체포할 수 없다.
② A는 甲의 위 절도범행과 다른 별개의 범죄인 모욕죄혐의에 관하여는 甲을 긴급체포할 수 없다.
③ A가 甲의 위 절도범행과 다른 별개의 범죄인 강간치상혐의에 관하여 甲을 긴급체포한 경우에는 즉시 검사의 승인을 얻어야 한다.
④ 수사기관이 위 절도혐의에 관한 X의 진술조서 등 소명자료를 갖추더라도 법원으로부터 체포영장을 발부받을 수 없다.
⑤ 수사기관이 甲의 위 절도혐의에 관한 X의 진술조서 등 소명자료를 갖춘 다음 법원으로부터 사전구속영장을 발부받으면 위 절도혐의로 甲을 구속할 수 있다.

[❶ ▸ O] [❹ ▸ X] 긴급체포된 자에 대하여 구속영장을 청구하지 아니하거나 발부받지 못한 때에는 피의자를 즉시 석방하여야 하고, 이에 따라 석방된 자는 영장 없이는 동일한 범죄사실에 관하여 체포하지 못한다(형소법 제200조의4 제2항·제3항). 따라서 소명자료를 갖추어 체포영장을 발부받은 경우에는 다시 긴급체포할 수 있음은 물론이다.

[❷ ▸ O] [❸ ▸ O] 모욕죄의 법정형은 1년 이하의 징역이나 금고 또는 200만원 이하의 벌금이고(형법 제311조), 강간치상죄의 법정형은 무기 또는 5년 이상의 징역이므로(형법 제301조), 긴급체포 시 모욕죄의 혐의로는 불가하나, 강간치상죄의 혐의로는 가능하다. 또한 피의자를 긴급체포한 경우에는 형사소송법 제200조의3 제2항에 따라 즉시 검사의 승인을 얻어야 한다.

[❺ ▸ O] 형사소송법상 구속은 체포를 전제로 하지 아니하여 체포되지 아니한 피의자에 대한 구속도 인정하고 있으므로, 수사기관이 법원으로부터 사전구속영장을 발부받으면 위 절도혐의로 甲을 구속할 수 있다.

정답 ④

2018년 변호사시험 문 36. ☑ 확인Check! ○ △ ✕

외국인 해적들인 甲, 乙, 丙, 丁은 선박을 강취하여 선원들을 인질로 삼아 석방대가를 요구하기로 공모하고, 공해상에서 운항 중인 한국인 선원이 승선한 선박 OO호를 강취하였다. 이에 대한민국 해군이 선원의 구조를 위해 OO호에 접근하자, 甲, 乙, 丙, 丁은 총기를 소지한 채 해군을 살해하여서라도 저지하기로 공모하고, 甲, 乙, 丙은 해군의 보트를 향해서 일제히 조준사격을 하여 해군 3인이 총상을 입었다. 이때 소총을 소지한 丁은 역할분담에 따라 통신실에서 통신장비를 감시하고 있었기 때문에 외부의 총격전에는 가담하지 않았다. 해군의 공격에 더 이상 버티기 힘든 상황이 되자, 두목 甲은 같이 있던 乙, 丙에게 총기를 조타실 밖으로 버리고 선실로 내려가 피신하라고 명령하였다. 乙, 丙은 명령을 따랐고, 실질적으로 해적들의 저항은 종료되었다. 이후 甲은 조타실에서 한국인 선장 A를 살해하려고 총격을 가하여 복부관통상을 가하였으나 A는 사망에 이르지 아니하였다. 해군은 甲 등을 총격 종료 직후 현장에서 체포하여 비행기로 부산 김해공항으로 이송하였고, 공항에서 사법경찰관에게 신병을 인도하였다. 이에 관한 설명 중 옳지 않은 것은?(다툼이 있는 경우 판례에 의함)

① 해군이 甲 등을 체포한 것은 수사기관이 아닌 이에 의한 현행범인 체포이다.
② 현행범인 체포 시 구속영장청구는 체포한 때로부터 48시간 이내에 이루어져야 한다. 사례의 경우 그 기산점은 해군에 의한 체포 시이다.
③ 토지관할은 범죄지, 피고인의 주소, 거소 또는 현재지가 기준이 되는데, 적법한 강제에 의한 현재지도 이에 해당한다.
④ 해군 3인에게 총상을 입힌 행위에 대하여 丁은 해상강도살인미수죄의 공동정범이 인정된다.
⑤ 선장 A를 살해하려는 행위에 대하여 乙, 丙은 해상강도살인미수죄의 공동정범이 인정되지 않는다.

[❶ ▸ O] 소말리아 해적인 피고인들 등이 아라비아해 인근 공해상에서 대한민국 해운회사가 운항 중인 선박을 납치하여 대한민국 국민인 선원 등에게 해상강도 등 범행을 저질렀다는 내용으로 국군 청해부대에 의해 체포·이송되어 국내 수사기관에 인도된 후 구속·기소된 경우, 청해부대 소속 군인들이 피고인들을 현행범인으로 체포한 것은 검사 등이 아닌 이에 의한 현행범인 체포에 해당한다(대판 2011.12.22. 2011도12927).

[❷ ▸ ✕] 검사 등이 현행범인을 체포하거나 현행범인을 인도받은 후 현행범인을 구속하고자 하는 경우 48시간 이내에 구속영장을 청구하여야 하고 그 기간 내에 구속영장을 청구하지 아니하는 때에는 즉시 석방하여야 한다(형사소송법 제213조의2, 제200조의2 제5항). 위와 같이 체포된 현행범인에 대하여 일정 시간 내에 구속영장청구 여부를 결정하도록 하고 그 기간 내에 구속영장을 청구하지 아니하는 때에는 즉시 석방하도록 한 것은 영장에 의하지 아니한 체포상태가 부당하게 장기화되어서는 안 된다는 인권 보호의 요청과 함께 수사기관에서 구속영장청구 여부를 결정하기 위한 합리적이고 충분한 시간을 보장해 주려는 데에도 그 입법취지가 있다고 할 것이다. 따라서 검사 등이 아닌 이에 의하여 현행범인이 체포된 후 불필요한 지체 없이 검사 등에게 인도된 경우 위 48시간의 기산점은 체포 시가 아니라 검사 등이 현행범인을 인도받은 때라고 할 것이다(대판 2011.12.22. 2011도12927).

[❸ ▸ O] 형사소송법 제4조 제1항은 "토지관할은 범죄지, 피고인의 주소, 거소 또는 현재지로 한다"라고 정하고, 여기서 '현재지'라고 함은 공소제기 당시 피고인이 현재한 장소로서 임의에 의한 현재지뿐만 아니라 적법한 강제에 의한 현재지도 이에 해당한다(대판 2011.12.22. 2011도12927).

[❹ ▸ O] 피고인 3은 이 사건 해적들 내부의 업무분담에 따라 조타실 내에서 통신장비를 감시하는 역할을 하는 한편, 소총을 소지한 채 외부 경계활동에도 가담하였음을 알 수 있고, 위와 같은 이 사건 전체 범행의 경위 및 공모내용, 이 사건 해적행위에 가담한 사람들의 전체적인 역할분담내용을 종합하여 보면, 위 피고인이 이 부분 범행에 관한 실행행위를 직접 분담하지 아니하였다고 하더라도 이에 대한 본질적 기여를 통하여 위 해상강도살인행위에 대하여 기능적 행위지배를 한 공모자라고 보아야 할 것이므로, 피고인도 이 부분 범행에 대하여 공동정범의 죄책을 부담한다(대판 2011.12.22. 2011도12927).

② 정답

[❺ ▸ ○] 피고인 甲을 제외한 나머지 해적들은 두목의 지시에 따라 무기를 조타실 밖으로 버리고 조타실 내에서 몸을 숙여 총알을 피하거나 선실로 내려가 피신함으로써 저항을 포기하였고, 이로써 해적행위에 관한 공모관계는 실질적으로 종료하였으므로, 그 이후 자신의 생존을 위하여 피신하여 있던 나머지 피고인들로서는 피고인 甲이 乙에게 총격을 가하여 살해하려고 할 것이라는 점까지 예상할 수는 없었다고 하여야 한다(대판 2011.12.22. 2011도12927).

2018년 변호사시험 문 23.

☑ 확인Check! ○ △ ×

외국 국적자인 甲은 주간에 A가 운영하는 휴대폰 판매가게에서 A가 잠시 자리를 비운 틈을 타 중고휴대폰 여러 대를 훔친 후 자신의 집에 숨겨 두었다. 며칠 뒤 사법경찰관이 노래방에서 나오는 甲을 긴급체포하였다. 검사는 검찰수사관과 통역인을 참여시킨 상태에서 甲을 신문하여 피의자신문조서를 작성하였고 영상녹화는 하지 않았다. 이에 관한 설명 중 옳은 것을 모두 고른 것은?(다툼이 있는 경우 판례에 의함)

ㄱ. 사법경찰관은 甲이 보관하고 있는 중고휴대폰을 긴급히 압수할 필요가 있는 경우에 甲을 체포한 때부터 24시간 이내에 한하여 영장 없이 압수·수색할 수 있고, 압수한 중고 휴대폰을 계속 압수할 필요가 있는 경우에는 압수한 때부터 48시간 이내에 압수·수색영장을 청구하여야 한다.
ㄴ. 甲에 대한 공소제기 전 체포 및 구속기간은 제1심법원의 구속기간에 산입하지 아니하고, 공판과정에서 구속을 계속할 필요가 있는 때에는 제1심법원은 결정으로 2개월 단위로 2차에 한하여 구속기간을 갱신할 수 있다.
ㄷ. 검사가 甲에 대하여 구속영장을 청구한 경우 구속영장을 청구받은 판사는 甲을 심문하여야 하고, 심문할 甲에게 변호인이 없는 경우에는 필요적 변호사건이 아니기 때문에 지방법원 판사는 甲의 청구가 있는 경우에 한하여 변호인을 선정할 수 있다.
ㄹ. 甲이 공판과정에서 검사가 작성한 피의자신문조서의 실질적 진정성립을 부정하면서 증거로 함에 부동의하는 경우, 피의자신문에 참여하였던 통역인이 공판정에 증인으로 출석하여 甲이 진술한 대로 기재되어 있다고 증언한 것만으로는 피의자신문조서의 실질적 진정성립을 인정할 수 없다.
ㅁ. 만일 검사가 피의자 신문 시 甲의 진술을 영상녹화하려면 영상녹화에 대한 甲의 동의를 얻어야 한다.

① ㄱ, ㄷ ② ㄱ, ㄹ ③ ㄴ, ㄹ
④ ㄴ, ㅁ ⑤ ㄷ, ㅁ

[ㄱ ▸ ×] 검사 또는 사법경찰관은 제200조의3에 따라 체포된 자가 소유·소지 또는 보관하는 물건에 대하여 긴급히 압수할 필요가 있는 경우에는 체포한 때부터 24시간 이내에 한하여 영장 없이 압수·수색 또는 검증을 할 수 있다(형소법 제217조 제1항). 검사 또는 사법경찰관은 제1항 또는 제216조 제1항 제2호에 따라 압수한 물건을 계속 압수할 필요가 있는 경우에는 지체 없이 압수수색영장을 청구하여야 한다. 이 경우 압수수색영장의 청구는 체포한 때부터 48시간 이내에 하여야 한다(동조 제2항).

[ㄴ ▸ ○] 특히 구속을 계속할 필요가 있는 경우에는 심급마다 2개월 단위로 2차에 한하여 결정으로 갱신할 수 있다. 다만, 상소심은 피고인 또는 변호인이 신청한 증거의 조사, 상소이유를 보충하는 서면의 제출 등으로 추가심리가 필요한 부득이한 경우에는 3차에 한하여 갱신할 수 있다(형소법 제92조 제2항). 제22조, 제298조 제4항, 제306조 제1항 및 제2항의 규정에 의하여 공판절차가 정지된 기간 및 공소제기 전의 체포·구인·구금기간은 제1항 및 제2항의 기간에 산입하지 아니한다(동조 제3항).

[ㄷ ▸ ×] 심문할 피의자에게 변호인이 없는 때에는 지방법원 판사는 직권으로 변호인을 선정하여야 한다. 이 경우 변호인의 선정은 피의자에 대한 구속영장청구가 기각되어 효력이 소멸한 경우를 제외하고는 제1심까지 효력이 있다(형소법 제201조의2 제8항).

정답 ③

[ㄹ ▸ O] 검사 작성의 피의자신문조서에 대한 실질적 진정성립을 증명할 수 있는 수단으로서 형사소송법 제312조 제2항에 규정된 '영상녹화물이나 그 밖의 객관적인 방법'이란 형사소송법 및 형사소송규칙에 규정된 방식과 절차에 따라 제작된 영상녹화물 또는 그러한 영상녹화물에 준할 정도로 피고인의 진술을 과학적·기계적·객관적으로 재현해 낼 수 있는 방법만을 의미하고, 그 외에 조사관 또는 조사과정에 참여한 통역인 등의 증언은 이에 해당한다고 볼 수 없다(대판 2016.2.18. 2015도16586).

[ㅁ ▸ ×] 피의자의 진술을 영상녹화하려는 경우에는, 형사소송법 제244조의2 제1항에 따라 피의자에게 미리 영상녹화사실을 알려 주어야 할 뿐, 피의자의 동의를 얻을 필요는 없다.

2018년 변호사시험 문 21.

☑ 확인 Check! O △ ×

체포와 구속의 적부심사에 관한 설명 중 옳은 것(O)과 옳지 않은 것(×)을 올바르게 조합한 것은?

ㄱ. 공범 또는 공동피의자의 구속적부심사순차청구가 수사방해의 목적임이 명백하다고 하더라도 법원은 피의자에 대한 심문 없이 그 청구를 기각할 수는 없다.
ㄴ. 구속적부심사청구 후 검사가 피의자를 기소한 경우, 법원은 심문 없이 결정으로 청구를 기각하여야 하며 피고인은 수소법원에 보석을 청구할 수 있다.
ㄷ. 구속적부심사를 청구한 피의자에게 변호인이 없는 때에는 형사소송법 제33조의 규정에 따라 법원은 직권으로 변호인을 선정하여야 한다.
ㄹ. 체포적부심사청구를 받은 법원이 그 청구가 이유 있다고 인정한 때에는 결정으로 체포된 피의자의 석방을 명하여야 하며, 검사는 이 결정에 대하여 항고하지 못한다.
ㅁ. 체포적부심사결정에 의하여 석방된 피의자가 도망하거나 죄증을 인멸하는 경우, 동일한 범죄사실에 관하여 재차 체포할 수 있다.

① ㄱ(O) ㄴ(×) ㄷ(O) ㄹ(×) ㅁ(O)
② ㄱ(O) ㄴ(O) ㄷ(×) ㄹ(×) ㅁ(×)
③ ㄱ(×) ㄴ(O) ㄷ(×) ㄹ(O) ㅁ(O)
④ ㄱ(×) ㄴ(O) ㄷ(O) ㄹ(O) ㅁ(×)
⑤ ㄱ(×) ㄴ(×) ㄷ(O) ㄹ(O) ㅁ(O)

[ㄱ ▸ ×] 법원은 체포 또는 구속의 적부심사의 청구가 ㉠ 청구권자 아닌 자가 청구하거나 동일한 체포영장 또는 구속영장의 발부에 대하여 재청구한 때, ㉡ 공범 또는 공동피의자의 순차청구가 수사방해의 목적임이 명백한 때에는 심문 없이 결정으로 청구를 기각할 수 있다(형소법 제214조의2 제3항).

[ㄴ ▸ ×] [ㄹ ▸ O] 체포 또는 구속적부심사의 청구를 받은 법원은 청구서가 접수된 때부터 48시간 이내에 체포 또는 구속된 피의자를 심문하고 수사관계서류와 증거물을 조사하여 그 청구가 이유 없다고 인정한 때에는 결정으로 이를 기각하고, 이유 있다고 인정한 때에는 결정으로 체포 또는 구속된 피의자의 석방을 명하여야 한다. 심사청구 후 피의자에 대하여 공소제기가 있는 경우에도 또한 같다(형소법 제214조의2 제4항). 제3항과 제4항의 결정에 대하여는 항고하지 못한다(동조 제8항).

[ㄷ ▸ O] 체포 또는 구속된 피의자에게 변호인이 없는 때에는 제33조의 규정을 준용한다(형소법 제214조의2 제10항).

[ㅁ ▸ O] 제214조의2 제4항의 규정에 의한 체포 또는 구속적부심사결정에 의하여 석방된 피의자가 도망하거나 죄증을 인멸하는 경우를 제외하고는 동일한 범죄사실에 관하여 재차 체포 또는 구속하지 못한다(형소법 제214조의3 제1항).

⑤ 정답

2016년 변호사시험 문 23.

☑ 확인 Check! ○ △ ×

甲은 경찰관 A로부터 불심검문을 받고 운전면허증을 교부하였는데 A가 이를 곧바로 돌려주지 않고 신분조회를 위해 순찰차로 가는 것을 보자 화가 나 인근 주민 여러 명이 있는 가운데 A에게 큰 소리로 욕설을 하였다. 이에 A는 형사소송법 제200조의5에 따라 피의사실의 요지, 체포의 이유, 변호인선임권 등을 고지한 후 甲을 모욕죄의 현행범으로 체포하였고, 그 과정에서 甲은 A에게 반항하면서 몸싸움을 하다가 얼굴 부위에 찰과상 등을 가하였다. 이에 관한 설명 중 옳지 않은 것은?(다툼이 있는 경우 판례에 의함)

① A가 甲을 체포할 당시 甲은 모욕범행을 실행 중이거나 실행행위를 종료한 즉후인 자에 해당하므로 현행범인이다.
② 甲이 불심검문에 응하여 이미 운전면허증을 교부한 상태이고, 인근 주민도 甲의 욕설을 들었으므로 甲이 도망하거나 증거를 인멸할 염려가 있다고 보기 어렵다.
③ 甲의 모욕범행은 불심검문에 항의하는 과정에서 저지른 일시적, 우발적인 행위로서 사안 자체가 경미할 뿐 아니라 피해자인 경찰관이 범행현장에서 즉시 범인을 체포할 급박한 사정이 있다고 보기 어렵다.
④ 甲에 대한 체포는 현행범인 체포의 요건을 갖추지 못하여 위법한 체포에 해당한다.
⑤ 甲이 공무집행방해죄와 상해죄로 기소된 경우 법원은 甲의 행위가 위법한 공무집행에 대한 항의과정에서 발생한 것이므로 두 죄 모두 정당방위를 이유로 무죄를 선고하여야 한다.

甲이 경찰관 A를 상해한 행위는 정당방위에 해당하여 위법성이 조각되나, 경찰관 A의 甲에 대한 현행범인 체포가 체포의 요건을 갖추지 못한 위법한 체포이고, 적법한 공무집행이라고 할 수 없으므로, 甲이 경찰관 A의 공무집행을 방해한 행위는 구성요건 해당성 자체가 조각됨을 유의하여야 한다.

판례 피고인이 경찰관의 불심검문을 받아 운전면허증을 교부한 후 경찰관에게 큰 소리로 욕설을 하였는데, 경찰관이 모욕죄의 현행범으로 체포하겠다고 고지한 후 피고인의 오른쪽 어깨를 붙잡자 반항하면서 경찰관에게 상해를 가한 경우, 경찰관이 피고인을 현행범인으로 체포할 당시 피고인이 이 사건 모욕범행을 실행 중이거나 실행행위를 종료한 직후에 있었다고 하더라도, 피고인은 경찰관의 불심검문에 응하여 이미 운전면허증을 교부한 상태이고, 경찰관뿐 아니라 인근 주민도 욕설을 직접 들었으므로, 피고인이 도망하거나 증거를 인멸할 염려가 있다고 보기는 어렵고, 피고인의 모욕범행은 불심검문에 항의하는 과정에서 저지른 일시적, 우발적인 행위로서 사안 자체가 경미할 뿐 아니라, 피해자인 경찰관이 범행현장에서 즉시 범인을 체포할 급박한 사정이 있다고 보기도 어려우므로, 경찰관이 피고인을 체포한 행위는 적법한 공무집행이라고 볼 수 없고, 피고인이 체포를 면하려고 반항하는 과정에서 상해를 가한 것은 불법체포로 인한 신체에 대한 현재의 부당한 침해에서 벗어나기 위한 행위로서 정당방위에 해당하므로, 피고인에 대한 상해 및 공무집행방해죄는 성립하지 아니한다 (대판 2011.5.26. 2011도3682).

정답 ⑤

2016년 변호사시험 문 16. ☑ 확인Check! ○ △ ×

외국인근로자 甲은 외국인인 A의 운전면허증(서울지방경찰청장 발행)을 훔쳐 소지함을 기화로 이동통신 대리점에서 A로 행세하면서 A 명의로 이동전화가입신청서를 작성하여 A의 운전면허증과 함께 제출한 뒤 휴대전화기를 교부받으려다 A가 아님을 알아차린 업주에게 현행범으로 체포되어 경찰에 인계되어 조사받은 후 석방되었다. 甲은 검사 작성의 피의자신문조서에 이의 없음을 진술하고도 간인, 날인 및 서명을 거부하여 검사는 조서에 그러한 취지를 기재하고 기소하였고, 담당 재판부는 甲이 공판기일에 수회 불출석하여 구속영장을 발부하였다. 공판기일에 A의 사실혼 배우자 B가 증인으로 출석하여 운전면허증을 도난당한 상황을 증언한 후 이어서 A의 증언을 통역하였다. 이에 관한 설명 중 옳지 않은 것은?(다툼이 있는 경우 판례에 의함)

① 운전면허증은 자격 증명의 기능뿐만 아니라 동일인 증명의 기능도 있으므로, 甲이 이동통신 대리점에서 A의 행세를 하면서 A의 운전면허증을 업주에게 제출한 행위는 공문서부정행사죄에 해당한다.

② 업주가 甲을 체포할 때 피의사실의 요지, 체포의 이유와 변호인을 선임할 수 있음을 말하고 변명할 기회를 주어야 할 의무는 없고, 甲을 인도받은 사법경찰관이 인도받을 때 위 절차를 밟으면 된다.

③ 피의자의 날인 또는 서명이 누락된 피의자신문조서는 증거능력이 없으나, 피의자가 이의 없이 조사를 받은 후 타당한 이유 없이 날인 또는 서명을 거부하였다는 취지가 조서 말미에 기재되었다면 그 조서의 증거능력이 있다.

④ 甲에 대한 구속영장 발부는 “검사나 사법경찰관에 의하여 구속되었다가 석방된 자는 다른 중요한 증거를 발견한 경우를 제외하고는 동일한 범죄사실에 관하여 재차 구속하지 못한다”는 형사소송법 제208조 제1항에 위배되는 위법한 구속이라고 볼 수 없다.

⑤ 통역인이 사실혼 배우자인 경우는 제척사유에 해당하지 않으나 통역인이 사건에 관하여 증인으로 증언한 때에는 직무집행에서 제척되므로 B가 통역한 A에 대한 증인신문조서는 유죄 인정의 증거로 사용할 수 없다.

[❶ ▸ ○] 우리 사회에서 운전면허증을 발급받을 수 있는 연령의 사람들 중 절반 이상이 운전면허증을 가지고 있고, 특히 경제활동에 종사하는 사람들의 경우에는 그 비율이 훨씬 더 이를 앞지르고 있으며, 금융기관과의 거래에 있어서도 운전면허증에 의한 실명 확인이 인정되고 있는 등 현실적으로 운전면허증은 주민등록증과 대등한 신분증명서로 널리 사용되고 있다. 따라서 제3자로부터 신분 확인을 위하여 신분증명서의 제시를 요구받고 다른 사람의 운전면허증을 제시한 행위는 그 사용목적에 따른 행사로서 공문서부정행사죄에 해당한다고 보는 것이 옳다(대판 2001.4.19. 2000도1985[전합]).

[❷ ▸ ○] 체포절차에서의 고지의무는 이동통신 대리점 업주가 아닌, 외국인근로자 甲을 인도받은 경찰이 부담한다.

법령

준용규정(형소법 제213조의2)
제87조, 제89조, 제90조, 제200조의2 제5항 및 제200조의5의 규정은 검사 또는 사법경찰관리가 현행범인을 체포하거나 현행범인을 인도받은 경우에 이를 준용한다.

체포와 피의사실 등의 고지(형소법 제200조의5)
검사 또는 사법경찰관은 피의자를 체포하는 경우에는 피의사실의 요지, 체포의 이유와 변호인을 선임할 수 있음을 말하고 변명할 기회를 주어야 한다.

[❸ ▸ ×] 조서 말미에 피고인의 서명만이 있고, 그 날인(무인 포함)이나 간인이 없는 검사 작성의 피고인에 대한 피의자신문조서는 증거능력이 없다고 할 것이고, 그 날인이나 간인이 없는 것이 피고인이 그 날인이나 간인을 거부하였기 때문이어서 그러한 취지가 조서 말미에 기재되었다거나, 피고인이 법정에서 그 피의자신문조서의 임의성을 인정하였다고 하여 달리 볼 것은 아니다(대판 1999.4.13. 99도237).

③ 정답

[❹ ▸ O] 형사소송법 제200조의4 제3항은 영장 없이는 긴급체포 후 석방된 피의자를 동일한 범죄사실에 관하여 체포하지 못한다는 규정으로, 위와 같이 석방된 피의자라도 법원으로부터 구속영장을 발부받아 구속할 수 있음은 물론이고, 같은 법 제208조 소정의 '구속되었다가 석방된 자'라 함은 구속영장에 의하여 구속되었다가 석방된 경우를 말하는 것이지, 긴급체포나 현행범으로 체포되었다가 사후영장 발부 전에 석방된 경우는 포함되지 않는다 할 것이므로, 피고인이 수사 당시 긴급체포되었다가 수사기관의 조치로 석방된 후 법원이 발부한 구속영장에 의하여 구속이 이루어진 경우 앞서 본 법조에 위배되는 위법한 구속이라고 볼 수 없다(대판 2001.9.28. 2001도4291).

[❺ ▸ O] [1] 형사소송법 제17조 제4호는 "법관이 사건에 관하여 증인, 감정인, 피해자의 대리인으로 된 때에는 직무집행에서 제척된다"고 규정하고 있고, 위 규정은 같은 법 제25조 제1항에 의하여 통역인에게 준용되므로, 통역인이 사건에 관하여 증인으로 증언한 때에는 직무집행에서 제척되고, 제척사유가 있는 통역인이 통역한 증인의 증인신문조서는 유죄 인정의 증거로 사용할 수 없다.
[2] 형사소송법 제17조 제2호는 "법관이 피고인 또는 피해자의 친족 또는 친족관계가 있었던 자인 때에는 직무집행에서 제척된다"고 규정하고 있고, 위 규정은 형사소송법 제25조 제1항에 의하여 통역인에게 준용되나, 사실혼관계에 있는 사람은 민법에서 정한 친족이라고 할 수 없어 형사소송법 제17조 제2호에서 말하는 친족에 해당하지 않으므로, 통역인이 피해자의 사실혼 배우자라고 하여도 통역인에게 형사소송법 제25조 제1항, 제17조 제2호에서 정한 제척사유가 있다고 할 수 없다(대판 2011.4.14. 2010도13583).

2016년 변호사시험 문 32. ☑ 확인Check! O △ X

체포 · 구속에 관한 설명 중 옳지 않은 것을 모두 고른 것은?(다툼이 있는 경우 판례에 의함)

ㄱ. 체포영장에 의하여 체포한 피의자를 구속하고자 할 때에는 검사는 체포한 때로부터 48시간 이내에 관할 지방법원 판사로부터 구속영장을 발부받아야 한다.
ㄴ. 체포적부심사절차에서 보증금 납입을 조건으로 체포된 피의자를 석방할 수 있다.
ㄷ. 보석을 허가하거나 구속을 취소하는 법원의 결정에 대하여 검사는 즉시항고를 할 수 있다.
ㄹ. 보석보증금몰수결정은 반드시 보석취소결정과 동시에 하여야만 하는 것이 아니라 보석취소결정 후에 별도로 할 수도 있다.

① ㄱ, ㄴ ② ㄴ, ㄹ ③ ㄱ, ㄴ, ㄷ
④ ㄱ, ㄷ, ㄹ ⑤ ㄴ, ㄷ, ㄹ

[ㄱ ▸ X] 체포영장에 의하여 체포한 피의자를 구속하고자 할 때에는 체포한 때부터 48시간 이내에 제201조의 규정에 의하여 구속영장을 청구하여야 하고, 그 기간 내에 구속영장을 청구하지 아니하는 때에는 피의자를 즉시 석방하여야 한다(형소법 제200조의2 제5항).

[ㄴ ▸ X] 형사소송법은 수사단계에서의 체포와 구속을 명백히 구별하고 있고 이에 따라 체포와 구속의 적부심사를 규정한 같은 법 제214조의2에서 체포와 구속을 서로 구별되는 개념으로 사용하고 있는바, 같은 조 제4항에 기소 전 보증금 납입을 조건으로 한 석방의 대상자가 '구속된 피의자'라고 명시되어 있고, 같은 법 제214조의3 제2항의 취지를 체포된 피의자에 대하여도 보증금 납입을 조건으로 한 석방이 허용되어야 한다는 근거로 보기는 어렵다 할 것이어서 현행법상 체포된 피의자에 대하여는 보증금 납입을 조건으로 한 석방이 허용되지 않는다(대결 1997.8.27. 97모21).

[ㄷ ▸ X] 검사는 법원의 보석허가결정에 대하여는 보통항고를 할 수 있고, 구속취소결정에 대하여는 즉시항고를 할 수 있다.

정답 ③

법령 **판결 전의 결정에 대한 항고(형소법 제403조)**

① 법원의 관할 또는 판결 전의 소송절차에 관한 결정에 대하여는 특히 즉시항고를 할 수 있는 경우 외에는 항고하지 못한다.

② 전항의 규정은 구금, 보석, 압수나 압수물의 환부에 관한 결정 또는 감정하기 위한 피고인의 유치에 관한 결정에 적용하지 아니한다.

보석, 구속의 취소와 검사의 의견(형소법 제97조)

④ 구속을 취소하는 결정에 대하여는 검사는 즉시항고를 할 수 있다.

[ㄹ ▸ O] 형사소송법 제102조 제2항은 "보석을 취소할 때에는 결정으로 보증금의 전부 또는 일부를 몰수할 수 있다"라고 규정하고 있는바, 이는 보석취소사유가 있어 보석취소결정을 할 경우에는 보석보증금의 전부 또는 일부를 몰수하는 것도 가능하다는 의미로 해석될 뿐, 문언상 보석보증금의 몰수는 반드시 보석 취소와 동시에 결정하여야 한다는 취지라고 단정하기는 어려운 점, 같은 법 제103조에서 보석된 자가 유죄판결 확정 후의 집행을 위한 소환에 불응하거나 도망한 경우 보증금을 몰수하도록 규정하고 있어 보석보증금은 형벌의 집행단계에서의 신체 확보까지 담보하고 있으므로, 보석보증금의 기능은 유죄의 판결이 확정될 때까지의 신체 확보도 담보하는 취지로 봄이 상당한 점, 보석취소결정은 그 성질상 신속을 요하는 경우가 대부분임에 반하여, 보증금몰수결정에 있어서는 그 몰수의 요부(보석조건 위반 등 귀책사유의 유무) 및 몰수금액의 범위 등에 관하여 신중히 검토하여야 할 필요성도 있는 점 등을 아울러 고려하여 보면, 보석보증금을 몰수하려면 반드시 보석 취소와 동시에 하여야만 가능한 것이 아니라 보석 취소 후에 별도로 보증금몰수결정을 할 수도 있다. 그리고 형사소송법 제104조가 구속 또는 보석을 취소하거나 구속영장의 효력이 소멸된 때에는 몰수하지 아니한 보증금을 청구한 날로부터 7일 이내에 환부하도록 규정되어 있다고 하여도, 이 규정의 해석상 보석 취소 후에 보증금 몰수를 하는 것이 불가능하게 되는 것도 아니다(대결 2001.5.29. 2000모22[전합]).

2012년 변호사시험 문 24. ☑ 확인 Check! ○ △ ×

형사소송법상의 체포 또는 구속제도에 관한 설명 중 옳지 않은 것은?

① 법원이 구속피고인에 대하여 집행유예의 판결을 선고하는 경우 구속영장의 효력이 소멸하므로 판결의 확정 전이라도 피고인을 석방하여야 한다.

② 법원은 체포와 구속의 적부심사에서 체포 또는 구속된 피의자에게 변호인이 없는 때에는 국선변호인을 선정하여야 하고, 심문 없이 기각결정을 하는 경우에도 국선변호인을 선정하여야 한다.

③ 피고인에 대한 구속기간에는 공소제기 전의 체포기간도 산입한다.

④ 긴급체포되었지만 구속영장을 청구하지 아니하여 석방된 자는 영장 없이는 동일한 범죄사실에 관하여 다시 체포하지 못한다.

⑤ 피의자가 죄를 범하였다고 의심할 만한 상당한 이유가 있고 정당한 이유 없이 출석요구에 응하지 아니하거나 아니할 우려가 있는 때라고 하더라도 명백히 체포의 필요가 인정되지 아니하는 경우에는 지방법원 판사는 체포영장의 청구를 기각하여야 한다.

[❶ ▸ O] 무죄, 면소, 형의 면제, 형의 선고유예, 형의 집행유예, 공소기각 또는 벌금이나 과료를 과하는 판결이 선고된 때에는 구속영장은 효력을 잃는다(형소법 제331조).

[❷ ▸ O] 체포・구속적부심사를 청구한 피의자에게 변호인이 없는 때뿐만 아니라, 심문 없이 적부심사청구에 대하여 기각결정을 하는 경우에도, 마찬가지로 국선변호인을 선정하여야 한다.

③ 정답

[❸ ▸ X] 공소제기 전의 체포·구인·구금기간은 그 기간에 산입하지 아니한다(형소법 제92조 제3항).

[❹ ▸ O] 긴급체포된 자에 대하여 구속영장을 청구하지 아니하거나 발부받지 못한 때에는 피의자를 즉시 석방하여야 하고, 이에 따라 석방된 자는 영장 없이는 동일한 범죄사실에 관하여 체포하지 못한다(형소법 제200조의4 제2항·제3항).

[❺ ▸ O] 체포영장의 청구를 받은 판사는 체포의 사유가 있다고 인정되는 경우에도 피의자의 연령과 경력, 가족관계나 교우관계, 범죄의 경중 및 태양 기타 제반사정에 비추어 피의자가 도망할 염려가 없고 증거를 인멸할 염려가 없는 등 명백히 체포의 필요가 없다고 인정되는 때에는 체포영장의 청구를 기각하여야 한다(형소규칙 제96조의2).

2013년 변호사시험 문 20. ☑ 확인Check! ○ △ ×

구속제도에 대한 다음 설명 중 옳은 것을 모두 고른 것은?(다툼이 있는 경우에는 판례에 의함)

ㄱ. 구속영장에 의해 구치소에 구금된 피의자가 검사의 소환에 불응하고 출석하지 않는 경우 검사가 그 피의자를 강제로 출석시킬 수 있도록 법원은 구금된 사람의 구인을 위한 영장을 발부할 수 있다.
ㄴ. 구속영장을 청구받은 지방법원 판사는 체포된 피의자에 대하여 지체 없이 피의자를 심문하여야 하나, 체포되지 않은 피의자에 대하여는 직권으로 심문 여부를 결정한다.
ㄷ. 지방법원 판사의 영장기각결정에 대해서는 검사의 준항고가 허용되지 않는다.
ㄹ. 이미 구속된 피고인에 대한 구속기간이 만료될 무렵 종전의 구속영장에 기재된 범죄사실과 다른 사실로 피고인을 구속하였다는 사정만으로는 위법하다고 할 수 없다.
ㅁ. 구속되었다가 석방된 피의자 또는 피고인은 다른 중요한 증거가 발견된 경우가 아니면 동일한 범죄사실에 관하여 재차 구속하지 못한다.

① ㄱ, ㄴ ② ㄱ, ㄷ ③ ㄷ, ㄹ
④ ㄷ, ㅁ ⑤ ㄹ, ㅁ

[ㄱ ▸ X] 수사기관이 관할 지방법원 판사가 발부한 구속영장에 의하여 피의자를 구속하는 경우, 그 구속영장은 기본적으로 장차 공판정에의 출석이나 형의 집행을 담보하기 위한 것이지만, 이와 함께 법 제202조, 제203조에서 정하는 구속기간의 범위 내에서 수사기관이 법 제200조, 제241조 내지 제244조의5에 규정된 피의자신문의 방식으로 구속된 피의자를 조사하는 등 적정한 방법으로 범죄를 수사하는 것도 예정하고 있다고 할 것이다. 따라서 구속영장 발부에 의하여 적법하게 구금된 피의자가 피의자신문을 위한 출석요구에 응하지 아니하면서 수사기관 조사실에 출석을 거부한다면 수사기관은 그 구속영장의 효력에 의하여 피의자를 조사실로 구인할 수 있다고 보아야 한다(대결 2013.7.1. 2013모160).

[ㄴ ▸ X] 구속 전 피의자 심문은 피의자의 체포 여부를 불문하고 거쳐야 할 필요적 절차임을 유의하여야 한다.

구속영장 청구와 피의자 심문(형소법 제201조의2)

① 제200조의2·제200조의3 또는 제212조에 따라 체포된 피의자에 대하여 구속영장을 청구받은 판사는 지체 없이 피의자를 심문하여야 한다. 이 경우 특별한 사정이 없는 한 구속영장이 청구된 날의 다음 날까지 심문하여야 한다.

② 제1항 외의 피의자에 대하여 구속영장을 청구받은 판사는 피의자가 죄를 범하였다고 의심할 만한 이유가 있는 경우에 구인을 위한 구속영장을 발부하여 피의자를 구인한 후 심문하여야 한다. 다만, 피의자가 도망하는 등의 사유로 심문할 수 없는 경우에는 그러하지 아니하다.

정답 ③

[ㄷ ▸ O] 검사의 체포영장 또는 구속영장청구에 대한 지방법원 판사의 재판은 형사소송법 제402조의 규정에 의하여 항고의 대상이 되는 '법원의 결정'에 해당하지 아니하고, 제416조 제1항의 규정에 의하여 준항고의 대상이 되는 '재판장 또는 수명법관의 구금 등에 관한 재판'에도 해당하지 아니한다(대결 2006.12.18. 2006모646).

[ㄹ ▸ O] 형사소송법 제75조 제1항은, "구속영장에는 피고인의 성명, 주거, 죄명, 공소사실의 요지, 인치·구금할 장소, 발부 연월일, 그 유효기간과 그 기간을 경과하면 집행에 착수하지 못하며 영장을 반환하여야 할 취지를 기재하고 재판장 또는 수명법관이 서명날인하여야 한다"고 규정하고 있는바, 구속의 효력은 원칙적으로 위 방식에 따라 작성된 구속영장에 기재된 범죄사실에만 미치는 것이므로, 구속기간이 만료될 무렵에 종전 구속영장에 기재된 범죄사실과 다른 범죄사실로 피고인을 구속하였다는 사정만으로는 피고인에 대한 구속이 위법하다고 할 수 없다(대결 2000.11.10. 2000모134).

[ㅁ ▸ X] 항소법원은 항소피고사건의 심리 중 또는 판결 선고 후 상고 제기 또는 판결 확정에 이르기까지 수소법원으로서 형사소송법 제70조 제1항 각 호의 사유 있는 불구속피고인을 구속할 수 있고 또 수소법원의 구속에 관하여는 검사 또는 사법경찰관이 피의자를 구속함을 규율하는 형사소송법 제208조의 규정은 적용되지 아니하므로 구속기간의 만료로 피고인에 대한 구속의 효력이 상실된 후 항소법원이 피고인에 대한 판결을 선고하면서 피고인을 구속하였다 하여 위 법 제208조의 규정에 위배되는 재구속 또는 이중구속이라 할 수 없다(대결 1985.7.23. 85모12).

2013년 변호사시험 문 21. ☑ 확인 Check! O △ X

접견교통권에 대한 다음 설명 중 옳지 않은 것은?(다툼이 있는 경우에는 판례에 의함)

① 접견교통권의 주체는 체포·구속을 당한 피의자이고, 신체구속상태에 있지 않은 피의자는 포함되지 않는다.
② 미결수용자의 변호인 접견권은 국가안전 보장·질서 유지 또는 공공복리를 위해 필요한 경우 법률로써 제한될 수 있다.
③ 신체구속을 당한 피고인 또는 피의자에 대한 변호인의 접견교통권은 수사기관의 처분 등에 의해 이를 제한할 수 없고, 다만 법령에 의하여서는 제한이 가능하다.
④ 신체구속을 당한 사람이 그 변호인을 자신의 범죄행위에 공범으로 가담시키려고 하였다는 사정만으로 신체구속을 당한 사람과 그 변호인의 접견교통권을 금지하는 것은 정당화될 수 없다.
⑤ 수사기관이 구금장소를 임의적으로 변경하여 접견교통을 어렵게 한 것은 접견교통권의 행사에 중대한 장애를 초래하는 것이므로 위법하다.

[❶ ▸ X] 헌법 제12조 제4항 본문은 "누구든지 체포 또는 구속을 당한 때에는 즉시 변호인의 조력을 받을 권리를 가진다"고 규정하고 있는바, 우리 헌법상의 법치국가원리, 적법절차원칙 등에 비추어 이러한 변호인의 조력을 받을 권리는 구속피의자·피고인뿐만 아니라 불구속피의자·피고인에게도 당연히 인정되는 것이다(대결 2012.2.16. 2009모1044[전합]).

[❷ ▸ O] 헌법재판소가 91헌마111 결정에서 미결수용자와 변호인과의 접견에 대해 어떠한 명분으로도 제한할 수 없다고 한 것은 구속된 자와 변호인 간의 접견이 실제로 이루어지는 경우에 있어서의 '자유로운 접견', 즉 '대화내용에 대하여 비밀이 완전히 보장되고 어떠한 제한, 영향, 압력 또는 부당한 간섭 없이 자유롭게 대화할 수 있는 접견'을 제한할 수 없다는 것이지, 변호인과의 접견 자체에 대해 아무런 제한도 가할 수 없다는 것을 의미하는 것이 아니므로 미결수용자의 변호인접견권 역시 국가안전 보장·질서 유지 또는 공공복리를 위해 필요한 경우에는 법률로써 제한될 수 있음은 당연하다(헌재 2011.5.26. 2009헌마341).

[❸ ▸ O] 변호인의 구속된 피고인 또는 피의자와의 접견교통권은 피고인 또는 피의자 자신이 가지는 변호인과의 접견교통권과는 성질을 달리하는 것으로서 헌법상 보장된 권리라고는 할 수 없고, 형사소송법 제34조에 의하여 비로소 보장되는 권리이지만, 신체구속을 당한 피고인 또는 피의자의 인권 보장과 방어 준비를 위하여 필수불가결한 권리이므로, 수사기관의 처분 등에 의하여 이를 제한할 수 없고, 다만 법령에 의하여서만 제한이 가능하다(대결 2002.5.6. 2000모112).

① 정답

[❹ ▸ ○] 신체 구속을 당한 피의자 또는 피고인이 범한 것으로 의심받고 있는 범죄행위에 해당 변호인이 관련되어 있다는 등의 사유에 기하여 그 변호인의 변호활동을 광범위하게 규제하는 변호인의 제척(除斥)과 같은 제도를 두고 있지 아니한 우리 법제 아래에서는, 변호인의 접견교통의 상대방인 신체 구속을 당한 사람이 그 변호인을 자신의 범죄행위에 공범으로 가담시키려고 하였다는 등의 사정만으로 그 변호인의 신체 구속을 당한 사람과의 접견교통을 금지하는 것이 정당화될 수는 없다(대결 2007.1.31. 2006모656).

[❺ ▸ ○] 구속영장에는 청구인을 구금할 수 있는 장소로 특정 경찰서 유치장으로 기재되어 있었는데, 청구인에 대하여 위 구속영장에 의하여 1995.11.30. 07:50경 위 경찰서 유치장에 구속이 집행되었다가 같은 날 08:00에 그 신병이 조사차 국가안전기획부 직원에게 인도된 후 위 경찰서 유치장에 인도된 바 없이 계속하여 국가안전기획부 청사에 사실상 구금되어 있다면, 청구인에 대한 이러한 사실상의 구금장소의 임의적 변경은 청구인의 방어권이나 접견교통권의 행사에 중대한 장애를 초래하는 것이므로 위법하다(대결 1996.5.15. 95모94).

2012년 변호사시험 문 19. ☑ 확인 Check! ○ △ ×

다음의 사실관계에 관한 설명 중 옳은 것은?(다툼이 있는 경우에는 판례에 의함)

> 검사 甲은 2010.12.8. 16:40경 위증교사혐의가 있는 변호사 丙의 사무장인 乙에게 참고인 조사를 위하여 검사실로 출석하여 달라고 요구하였고, 같은 날 17:30경 자진출석한 乙에 대하여 참고인으로 조사하지 않고 바로 위증교사혐의로 피의자신문조서를 작성하기 시작하였다. 이에 乙은 인적사항만을 진술한 후 丙에게 전화하여 "데리고 나가 달라"고 요청하였다. 더 이상의 신문이 이루어지지 못하는 사이 丙이 검사실로 찾아와서 乙에게 나가라고 지시하였다. 乙이 일어서서 검사실을 나서려 하자 검사 甲은 乙에게 "지금부터 긴급체포한다"고 하면서 피의사실의 요지나 체포이유 등을 전혀 고지하지 않은 채 乙을 긴급체포하였고, 같은 달 11일 구속영장을 발부받을 때까지 乙을 유치하면서 같은 달 9일과 10일에 각 피의자신문조서를 작성하였다. 乙은 위증교사혐의로 기소되었으며 긴급체포되어 구속영장이 발부될 때까지 작성된 乙에 대한 피의자신문조서들이 乙에 대한 유죄의 증거로 제출되었다.

① 乙에 대한 긴급체포가 요건을 갖추었는지 여부는 사후에 밝혀진 사정을 기초로 판단하여야 한다.
② 甲은 검사로서 乙을 긴급체포하였으므로 긴급체포서를 작성할 필요가 없다.
③ 수사기관에 자진출석한 참고인에 대한 긴급체포는 언제나 위법하므로 乙에 대한 긴급체포도 위법하다.
④ 甲이 乙을 검사실에서 긴급체포하는 경우에는 피의사실의 요지, 체포이유 등을 고지할 필요가 없다.
⑤ 乙에 대한 긴급체포에 의한 유치 중에 작성된 乙에 대한 甲 작성의 피의자신문조서는 위법하게 수집된 증거로서 특별한 사정이 없는 한 유죄의 증거로 할 수 없다.

[❶ ▸ ×] [❺ ▸ ○] 긴급체포는 영장주의원칙에 대한 예외인 만큼 형사소송법 제200조의3 제1항의 요건을 모두 갖춘 경우에 한하여 예외적으로 허용되어야 하고, 요건을 갖추지 못한 긴급체포는 법적 근거에 의하지 아니한 영장 없는 체포로서 위법한 체포에 해당하는 것이고, 여기서 긴급체포의 요건을 갖추었는지 여부는 사후에 밝혀진 사정을 기초로 판단하는 것이 아니라 체포 당시의 상황을 기초로 판단하여야 하고, 이에 관한 검사나 사법경찰관 등 수사주체의 판단에는 상당한 재량의 여지가 있다고 할 것이나, 긴급체포 당시의 상황으로 보아서도 그 요건의 충족 여부에 관한 검사나 사법경찰관의 판단이 경험칙에 비추어 현저히 합리성을 잃은 경우에는 그 체포는 위법한 체포라 할 것이고, 이러한 위법은 영장주의에 위배되는 중대한 것이니 그 체포에 의한 유치 중에 작성된 피의자신문조서는 위법하게 수집된 증거로서 특별한 사정이 없는 한 이를 유죄의 증거로 할 수 없다(대판 2002.6.11. 2000도5701).

[❷ ▸ ×] 검사 또는 사법경찰관은 피의자를 긴급체포한 경우에는 즉시 긴급체포서를 작성하여야 한다(형소법 제200조의3 제3항).

정답 ⑤

[❸ ▸ ×] 판례는 수사기관에 자진출석한 참고인에 대한 긴급체포의 적법성에 대하여, 구체적 사안에 따라 개별적으로 판단하는 태도를 취하고 있다.

1. 긴급체포의 위법성을 인정한 사례
피고인 2는 참고인 조사를 받는 줄 알고 검찰청에 자진출석하였는데 예상과는 달리 갑자기 피의자로 조사한다고 하므로 임의수사에 의한 협조를 거부하면서 그에 대한 위증 및 위증교사혐의에 대하여 조사를 시작하기도 전에 귀가를 요구한 것이므로, 공소외 1 검사가 피고인 2를 긴급체포하려고 할 당시 피고인 2가 위증 및 위증교사의 범행을 범하였다고 의심할 만한 상당한 이유가 있었다고 볼 수 없고, 기록에 나타난 피고인 2의 소환경위, 피고인 2의 직업 및 혐의사실의 정도, 피고인 1의 위증교사죄에 대한 무죄선고, 피고인 1의 위증교사사건과 관련한 피고인 2의 종전 진술 등에 비추어 보면 피고인 2가 임의수사에 대한 협조를 거부하고 자신의 혐의사실에 대한 조사가 이루어지기 전에 퇴거를 요구하면서 검사의 제지에도 불구하고, 퇴거하였다고 하여 도망할 우려가 있다거나 증거를 인멸할 우려가 있다고 보기도 어려우므로, 위와 같이 긴급체포를 하려고 한 것은 그 당시 상황에 비추어 보아 형사소송법 제200조의3 제1항의 요건을 갖추지 못한 것으로 쉽게 보여져 이를 실행한 검사 등의 판단이 현저히 합리성을 잃었다고 할 것이다. 따라서 검사가 위와 같이 검찰청에 자진출석한 피고인 2를 체포하려고 한 행위를 적법한 공무집행이라고 할 수 없다(대판 2006.9.8. 2006도148).

2. 긴급체포의 적법성을 인정한 사례
피고인이 고소한 피의사건에 대하여 고소인 자격으로 피고소인과 대질조사를 받고 나서 조서에 무인하기를 거부하자 수사검사가 무고혐의가 인정된다면서 무고죄로 인지하여 조사를 하겠다고 하였고, 이에 피고인이 조사를 받지 않겠다고 하면서 가방을 들고 일어나 집으로 돌아가려고 하자 검사는 범죄사실의 요지, 체포의 이유와 변호인선임권, 변명할 기회를 준 후에 피고인을 긴급체포한 경우, 검사의 행위는 긴급체포의 요건을 갖춘 정당한 공무집행에 해당한다(대판 1998.7.6. 98도785).

[❹ ▸ ×] 검사 또는 사법경찰관은 피의자를 체포하는 경우에는 피의사실의 요지, 체포의 이유와 변호인을 선임할 수 있음을 말하고 변명할 기회를 주어야 한다(형소법 제200조의5).

2013년 변호사시험 문 19. ☑ 확인 Check! ○ △ ×

아래 설명 중 옳은 것(○)과 옳지 않은 것(×)을 올바르게 조합한 것은?(다툼이 있는 경우에는 판례에 의함)

ㄱ. 체포적부심사를 청구한 피의자에게 변호인이 없는 때에는 지체 없이 국선변호인을 선정해야 하나, 심문 없이 적부심사청구에 대해 기각결정을 하는 경우에는 그러하지 아니하다.
ㄴ. 체포영장을 집행함에 있어서 필요한 때에는 영장 없이 타인의 주거에서 피의자를 수사하거나 체포현장에서 압수, 수색, 검증을 할 수 있다. 다만, 피의자 수사는 미리 수색영장을 발부받기 어려운 긴급한 사정이 있는 때에 한정한다.
ㄷ. 영장에 의해 피의자를 체포한 경우 체포한 때부터 48시간 이내에 구속영장을 발부받지 못하면 즉시 석방하여야 한다.
ㄹ. 보석은 유효한 구속영장을 전제로 구속의 집행을 정지시키는 것에 불과하다.
ㅁ. 현행범 체포에 있어서 체포의 목적을 달성하기 위하여 필요한 범위 내에서 사인이라도 강제력을 행사할 수 있다.

① ㄱ(×) ㄴ(○) ㄷ(×) ㄹ(○) ㅁ(○)
② ㄱ(×) ㄴ(×) ㄷ(○) ㄹ(○) ㅁ(○)
③ ㄱ(○) ㄴ(×) ㄷ(×) ㄹ(○) ㅁ(○)
④ ㄱ(○) ㄴ(○) ㄷ(○) ㄹ(×) ㅁ(×)
⑤ ㄱ(×) ㄴ(×) ㄷ(○) ㄹ(×) ㅁ(×)

[ㄱ ▸ ×] 체포·구속적부심사를 청구한 피의자에게 변호인이 없는 때뿐만 아니라, 심문 없이 적부심사청구에 대하여 기각결정을 하는 경우에도, 마찬가지로 국선변호인을 선정하여야 한다.

[ㄴ ▸ ○] 헌법재판소가 2015헌바370 결정에서 형사소송법 제216조 제1항 제1호에 대하여, 영장을 발부받기 어려운 긴급한 사정이 인정되지 않는 경우에도 영장 없이 피의자 수색을 할 수 있음은 영장주의에 위반된다고 하여 헌법불합치결정을 하자, 2019.12.31. 형사소송법 제216조 제1항 제1호가 아래와 같이 개정되었다.

법령 영장에 의하지 아니한 강제처분(형소법 제216조)

① 검사 또는 사법경찰관은 제200조의2·제200조의3·제201조 또는 제212조의 규정에 의하여 피의자를 체포 또는 구속하는 경우에 필요한 때에는 영장 없이 다음 처분을 할 수 있다.
1. 타인의 주거나 타인이 간수하는 가옥, 건조물, 항공기, 선차 내에서의 피의자 수색. 다만, 제200조의2 또는 제201조에 따라 피의자를 체포 또는 구속하는 경우의 피의자 수색은 미리 수색영장을 발부받기 어려운 긴급한 사정이 있는 때에 한정한다.

[ㄷ ▸ ×] 체포영장에 의하여 체포한 피의자를 구속하고자 할 때에는 체포한 때부터 48시간 이내에 제201조의 규정에 의하여 구속영장을 청구하여야 하고, 그 기간 내에 구속영장을 청구하지 아니하는 때에는 피의자를 즉시 석방하여야 한다(형소법 제200조의2 제5항).

[ㄹ ▸ ○] 보석은 유효한 구속영장을 전제로 구속의 집행을 정지시키는 제도임을 유의하여야 한다.

[ㅁ ▸ ○] 사인이 현행범인을 체포하는 경우에도, 체포의 목적을 달성하기 위하여 필요한 범위 내에서 실력을 행사하는 것이 허용된다고 하여야 한다.

PART 02 수사와 공소

정답 ①

제2절 대물적 강제수사 ★★★★★☆

2020년 변호사시험 문 29. ☑ 확인Check! ○ △ ×

압수·수색에 관한 설명 중 옳지 않은 것은?(다툼이 있는 경우 판례에 의함)

① 수사기관이 피의자의 동의 없이 피의자의 소변을 채취하는 것은 법원으로부터 감정처분허가장을 받아 '감정에 필요한 처분'으로 할 수 있지만, 압수수색영장을 받아 집행할 수도 있다.

② 검사 또는 사법경찰관은 체포현장에서 영장 없이 압수한 물건을 계속 압수할 필요가 있는 경우에는 지체 없이 압수수색영장을 청구하여야 하는데, 이 경우 압수수색영장의 청구는 압수한 때부터 48시간 이내에 하여야 한다.

③ 소유자, 소지자 또는 보관자 아닌 자로부터 임의로 제출받은 물건을 영장 없이 압수한 경우 그 압수물 및 압수물을 찍은 사진은 이를 유죄의 증거로 사용할 수 없다.

④ 범행 중 또는 범행 직후의 범죄장소에서 긴급을 요하여 법원 판사의 영장을 받을 수 없는 때에는 영장 없이 압수, 수색 또는 검증을 할 수 있고, 이 경우에는 사후에 지체 없이 영장을 받아야 한다.

⑤ 전자정보에 대한 압수수색영장을 집행할 때에는 원칙적으로 영장 발부의 사유인 혐의사실과 관련된 부분만을 문서출력물로 수집하거나 수사기관이 휴대한 저장매체에 해당 파일을 복사하는 방식으로 이루어져야 하지만, 집행현장 사정상 이러한 방식에 의한 집행이 불가능하거나 현저히 곤란한 부득이한 사정이 존재하는 경우, 압수수색영장에 저장매체 자체를 직접 혹은 하드 카피나 이미징 등 형태로 수사기관 사무실 등 외부로 반출하여 해당 파일을 압수·수색할 수 있도록 기재되어 있고 실제 그와 같은 사정이 발생한 때에 한하여 위 방법이 예외적으로 허용될 수 있을 뿐이다.

[❶ ▸ ○] 수사기관이 범죄증거를 수집할 목적으로 피의자의 동의 없이 피의자의 소변을 채취하는 것은 법원으로부터 감정허가장을 받아 형사소송법 제221조의4 제1항, 제173조 제1항에서 정한 '감정에 필요한 처분'으로 할 수 있지만(피의자를 병원 등에 유치할 필요가 있는 경우에는 형사소송법 제221조의3에 따라 법원으로부터 감정유치장을 받아야 한다), 형사소송법 제219조, 제106조 제1항, 제109조에 따른 압수·수색의 방법으로도 할 수 있다. 이러한 압수·수색의 경우에도 수사기관은 원칙적으로 형사소송법 제215조에 따라 판사로부터 압수·수색영장을 적법하게 발부받아 집행해야 한다(대판 2018.7.12. 2018도6219).

[❷ ▸ ×] 검사 또는 사법경찰관은 제1항 또는 제216조 제1항 제2호에 따라 압수한 물건을 계속 압수할 필요가 있는 경우에는 지체 없이 압수수색영장을 청구하여야 한다. 이 경우 압수수색영장의 청구는 체포한 때부터 48시간 이내에 하여야 한다(형소법 제217조 제2항).

[❸ ▸ ○] 형사소송법 제218조는 "사법경찰관은 소유자, 소지자 또는 보관자가 임의로 제출한 물건을 영장 없이 압수할 수 있다"고 규정하고 있는바, 위 규정을 위반하여 소유자, 소지자 또는 보관자가 아닌 자로부터 제출받은 물건을 영장 없이 압수한 경우 그 '압수물' 및 '압수물을 찍은 사진'은 이를 유죄 인정의 증거로 사용할 수 없는 것이고, 헌법과 형사소송법이 선언한 영장주의의 중요성에 비추어 볼 때 피고인이나 변호인이 이를 증거로 함에 동의하였다고 하더라도 달리 볼 것은 아니다(대판 2010.1.28. 2009도10092).

[❹ ▸ ○] 범행 중 또는 범행 직후의 범죄장소에서 긴급을 요하여 법원 판사의 영장을 받을 수 없는 때에는 영장 없이 압수, 수색 또는 검증을 할 수 있다. 이 경우에는 사후에 지체 없이 영장을 받아야 한다(형소법 제216조 제3항).

[❺ ▸ ○] 전자정보에 대한 압수·수색영장을 집행할 때에는 원칙적으로 영장 발부의 사유인 혐의사실과 관련된 부분만을 문서출력물로 수집하거나 수사기관이 휴대한 저장매체에 해당 파일을 복사하는 방식으로 이루어져야 하고, 집행현장 사정상 위와 같은 방식에 의한 집행이 불가능하거나 현저히 곤란한 부득이한 사정이 존재하더라도 저장매체 자체를 직접 혹은 하드 카피나 이미징 등 형태로 수사기관 사무실 등 외부로 반출하여 해당 파일을 압수·수색할 수 있도록 영장에 기재되어 있고 실제 그와 같은 사정이 발생한 때에 한하여 위 방법이 예외적으로 허용될 수 있을 뿐이다(대결 2011.5.26. 2009모1190).

② 정답

2016년 변호사시험 문 31. ☑ 확인Check! ○ △ ×

사법경찰관 P는 'X 제약회사 대표 甲과 직원 乙이 공모하여 의사 丙에게 리베이트를 제공한 범죄사실'의 압수·수색영장[제1영장]에 근거하여 X회사를 압수·수색하였다. P는 압수·수색 시 위 영장을 甲에게 제시하였으나, 현장에 없는 乙에게는 영장을 제시하지 아니한 채 甲과 乙의 컴퓨터에 저장된 전자정보 전부를 이미징하는 방법으로 외장하드에 복제하여 경찰서로 가져갔다. 그 후 P는 甲이 참여하지 않은 상태에서 이미징한 전자정보를 탐색·분석하던 중, 우연히 甲이 공무원에게 뇌물을 공여한 내역을 발견하고 이를 문서로 출력하여 소명자료로 제출하면서 법원으로부터 다시 압수·수색영장[제2영장]을 발부받았다. P는 [제2영장]을 근거로 甲의 참여가 없는 상태에서 위 외장하드에서 정보를 탐색하면서 뇌물공여내역을 출력하는 방식으로 압수·수색을 하였고, 그 압수 후 5개월 뒤에 甲의 요청에 따라 압수물목록을 교부하였다. 한편, P는 [제1영장]에 의한 압수·수색과정에서 사무실에 보관 중이던 A변호사 작성의 리베이트 관련 법률의견서도 압수하였다. 이에 관한 설명 중 옳지 않은 것을 모두 고른 것은?(다툼이 있는 경우 판례에 의함)

ㄱ. 압수물목록은 즉시 교부하여야 하는 것은 아니므로, 위 압수물목록 교부는 적법하다.
ㄴ. 위 법률의견서는 변호사가 업무상 위탁을 받은 관계로 알게 된 타인의 비밀에 관한 것이지만, 적법한 압수·수색영장에 근거하여 압수한 것으로 위법수집증거라고 할 수 없다.
ㄷ. 乙에 대하여 영장을 제시하지 아니한 채 압수·수색을 하였다는 이유만으로도 당해 압수물의 증거능력은 인정될 수 없다.
ㄹ. [제1영장]에 근거하여 출력한 뇌물공여내역서는 증거능력이 없지만, [제2영장]에 기하여 다시 압수한 뇌물공여내역서 등 뇌물 공여에 대한 증거는 증거능력이 있다.
ㅁ. 수사기관의 참고인 조사과정에서 乙은 甲의 증뢰사실에 관하여 진술서를 작성하여 제출하였는데, 수사기관이 그에 대한 조사과정을 기록하지 아니하였다면 특별한 사정이 없는 한 그 진술서는 증거능력이 부정된다.

① ㄱ, ㄴ, ㄷ ② ㄱ, ㄷ, ㄹ ③ ㄱ, ㄹ, ㅁ
④ ㄴ, ㄷ, ㄹ ⑤ ㄷ, ㄹ, ㅁ

[ㄱ ▸ ×] 공무원인 수사기관이 작성하여 피압수자 등에게 교부해야 하는 압수물목록에는 작성 연월일을 기재하고, 그 내용은 사실에 부합하여야 한다. 압수물목록은 피압수자 등이 압수물에 대한 환부·가환부신청을 하거나 압수처분에 대한 준항고를 하는 등 권리행사절차를 밟는 가장 기초적인 자료가 되므로, 이러한 권리 행사에 지장이 없도록 압수 직후 현장에서 바로 작성하여 교부해야 하는 것이 원칙이다(대판 2009.3.12. 2008도763).

[ㄴ ▸ ○] A변호사 작성의 리베이트 관련 법률의견서는 변호사가 업무상 위탁을 받은 관계로 알게 된 타인의 비밀에 관한 것이지만, X제약회사가 소유, 소지 또는 보관하고 있었고, 압수가 제한되는 물건이라고 할 수 없어 그 압수는 적법하다 할 것이므로, 위법수집증거라고 할 수 없다.

[ㄷ ▸ ×] 형사소송법 제219조가 준용하는 제118조는 "압수·수색영장은 처분을 받는 자에게 반드시 제시하여야 한다"고 규정하고 있으나, 이는 영장 제시가 현실적으로 가능한 상황을 전제로 한 규정으로 보아야 하고, 피처분자가 현장에 없거나 현장에서 그를 발견할 수 없는 경우 등 영장 제시가 현실적으로 불가능한 경우에는 영장을 제시하지 아니한 채 압수·수색을 하더라도 위법하다고 볼 수 없다(대판 2015.1.22. 2014도10978[전합]).

[ㄹ ▸ ×] [제1영장]의 집행 시 甲의 참여권이 보장되지 아니하였고, 대표 甲과 직원 乙이 공모하여 의사 丙에게 리베이트를 제공한 범죄사실과는 관련 없는 甲의 뇌물공여내역서를 출력하였다는 점에서, 그 내역서는 위법수집증거가 되어 증거능력이 부정된다 할 것이고, [제2영장]의 청구 당시 압수할 물건으로 삼은 정보는 그 자체가 위법한 압수물로서 별건 정보에 대한 영장청구요건을 충족하지 못하였고, 집행 시 甲의 참여권이 보장되지 아니하였으므로, 그 내역서는 역시 증거능력이 부정된다 할 것이다.

정답 ②

판례

검사가 압수·수색영장(제1영장)을 발부받아 갑 주식회사 빌딩 내 을의 사무실을 압수·수색하였는데, 저장매체에 범죄혐의와 관련된 정보(유관정보)와 범죄혐의와 무관한 정보(무관정보)가 혼재된 것으로 판단하여 갑 회사의 동의를 받아 저장매체를 수사기관 사무실로 반출한 다음 을 측의 참여하에 저장매체에 저장된 전자정보 파일 전부를 '이미징'의 방법으로 다른 저장매체로 복제하고, 을 측의 참여 없이 이미징한 복제본을 외장하드디스크에 재복제하였으며, 을 측의 참여 없이 하드디스크에서 유관정보를 탐색하던 중 우연히 을 등의 별건 범죄혐의와 관련된 전자정보(별건 정보)를 발견하고 문서로 출력하였고, 그 후 을 측에 참여권 등을 보장하지 않은 채 다른 검사가 별건 정보를 소명자료로 제출하면서 압수·수색영장(제2영장)을 발부받아 외장하드디스크에서 별건 정보를 탐색·출력한 경우, 제2영장 청구 당시 압수할 물건으로 삼은 정보는 그 자체가 위법한 압수물이어서 별건 정보에 대한 영장청구요건을 충족하지 못하였고, 제2영장에 기한 압수·수색 당시 을 측에 압수·수색과정에 참여할 기회를 보장하지 않았으므로, 제2영장에 기한 압수·수색은 전체적으로 위법하다(대결 2015.7.16. 2011모1839[전합]).

[ㅁ ▸ O] 형사소송법 제221조 제1항, 제244조의4 제1항, 제3항, 제312조 제4항, 제5항 및 그 입법목적 등을 종합하여 보면, 피고인이 아닌 자가 수사과정에서 진술서를 작성하였지만 수사기관이 그에 대한 조사과정을 기록하지 아니하여 형사소송법 제244조의4 제3항, 제1항에서 정한 절차를 위반한 경우에는, 특별한 사정이 없는 한 '적법한 절차와 방식'에 따라 수사과정에서 진술서가 작성되었다 할 수 없으므로 증거능력을 인정할 수 없다(대판 2015.4.23. 2013도3790).

2019년 변호사시험 문 15. ☑ 확인Check! O △ X

甲은 2018.3.경 6개월 전부터 스마트폰 채팅애플리케이션을 통하여 알게 된 피해자 A(15세, 여)로부터 A의 은밀한 신체 부위가 드러난 사진을 전송받고, A의 개인정보와 A 지인의 인적사항을 알게 되자, A에게 시키는 대로 하지 않으면 기존에 전송받았던 신체 사진과 개인정보 등을 유포하겠다고 협박하였다. 甲은 이에 겁을 먹은 A로 하여금 A 자신의 가슴을 만지는 동영상 등을 촬영하도록 하여 그 동영상을 전송받았고 이를 자신의 컴퓨터 하드디스크에 저장한 후 인터넷 그룹채팅방에 업로드하였다. 이에 관한 설명 중 옳지 않은 것을 모두 고른 것은?(다툼이 있는 경우 판례에 의함)

ㄱ. A로 하여금 A 자신의 가슴을 만지도록 한 甲에게는 아동·청소년의 성보호에 관한 법률 위반(강제추행)죄의 간접정범이 성립할 여지가 없다.
ㄴ. 만약 甲이 성폭력범죄의 처벌 등에 관한 특례법 위반(통신매체이용음란)죄에 대하여만 100만원의 벌금형을 선고받고 확정된 경우라면, 甲은 성폭력범죄의 처벌 등에 관한 특례법 제42조 제1항에 따른 신상정보 등록대상자가 된다.
ㄷ. 사법경찰관이 甲의 주거지에서 甲의 스마트폰에 대한 압수·수색영장을 집행할 경우, 甲이 현장에 없거나 현장에서 甲을 발견할 수 없어 영장 제시가 현실적으로 불가능하다면 영장을 제시하지 아니한 채 압수·수색을 하더라도 위법한 압수·수색이 아니다.
ㄹ. 사법경찰관이 압수·수색대상인 甲의 컴퓨터 하드디스크를 수사기관의 사무실로 적법하게 반출하여 그 하드디스크 자체를 탐색하여 혐의사실과 관련된 전자정보를 문서로 출력하거나 파일로 복제하는 일련의 과정은 전체적으로 하나의 영장에 기한 압수·수색의 일환에 해당한다.

① ㄱ, ㄴ ② ㄴ, ㄹ ③ ㄱ, ㄴ, ㄷ
④ ㄱ, ㄷ, ㄹ ⑤ ㄴ, ㄷ, ㄹ

① 정답

[ㄱ ▸ ×] 강제추행죄는 사람의 성적 자유 내지 성적 자기결정의 자유를 보호하기 위한 죄로서 정범 자신이 직접 범죄를 실행하여야 성립하는 자수범이라고 볼 수 없으므로, 처벌되지 아니하는 타인을 도구로 삼아 피해자를 강제로 추행하는 간접정범의 형태로도 범할 수 있다. 여기서 강제추행에 관한 간접정범의 의사를 실현하는 도구로서의 타인에는 피해자도 포함될 수 있으므로, 피해자를 도구로 삼아 피해자의 신체를 이용하여 추행행위를 한 경우에도 강제추행죄의 간접정범에 해당할 수 있다(대판 2018.2.8. 2016도17733).

[ㄴ ▸ ×] 甲이 성폭력처벌법 위반(통신매체이용음란)죄에 대하여 벌금형을 선고받고 확정된 경우에는, 동법 제42조 제1항에 따른 신상정보 등록대상자에서 제외된다.

법령

신상정보 등록대상자(성폭력처벌법 제42조)

① 제2조 제1항 제3호·제4호, 같은 조 제2항(제1항 제3호·제4호에 한정한다), 제3조부터 제15조까지의 범죄 및 아동·청소년의 성보호에 관한 법률 제2조 제2호 가목·라목의 범죄(이하 "등록대상 성범죄")로 유죄판결이나 약식명령이 확정된 자 또는 같은 법 제49조 제1항 제4호에 따라 공개명령이 확정된 자는 신상정보 등록대상자(이하 "등록대상자")가 된다. 다만, 제12조·제13조의 범죄 및 아동·청소년의 성보호에 관한 법률 제11조 제3항 및 제5항의 범죄로 벌금형을 선고받은 자는 제외한다.

통신매체를 이용한 음란행위(성폭력처벌법 제13조)

자기 또는 다른 사람의 성적 욕망을 유발하거나 만족시킬 목적으로 전화, 우편, 컴퓨터, 그 밖의 통신매체를 통하여 성적 수치심이나 혐오감을 일으키는 말, 음향, 글, 그림, 영상 또는 물건을 상대방에게 도달하게 한 사람은 2년 이하의 징역 또는 2천만원 이하의 벌금에 처한다.

[ㄷ ▸ ○] 형사소송법 제219조가 준용하는 제118조는 "압수·수색영장은 처분을 받는 자에게 반드시 제시하여야 한다"고 규정하고 있으나, 이는 영장 제시가 현실적으로 가능한 상황을 전제로 한 규정으로 보아야 하고, 피처분자가 현장에 없거나 현장에서 그를 발견할 수 없는 경우 등 영장 제시가 현실적으로 불가능한 경우에는 영장을 제시하지 아니한 채 압수·수색을 하더라도 위법하다고 볼 수 없다(대판 2015.1.22. 2014도10978[전합]).

[ㄹ ▸ ○] 수사기관의 전자정보에 대한 압수·수색은 원칙적으로 영장 발부의 사유로 된 범죄혐의사실과 관련된 부분만을 문서출력물로 수집하거나 수사기관이 휴대한 저장매체에 해당 파일을 복제하는 방식으로 이루어져야 한다. 다만, 예외적으로 저장매체 자체를 직접 반출하거나 그 저장매체에 들어 있는 전자파일 전부를 하드 카피나 이미징(Imaging) 등의 형태(이하 '복제본')로 수사기관 사무실 등 외부로 반출하는 방식으로 압수·수색하는 것이 허용될 수 있다. 가령 현장의 사정이나 전자정보의 대량성으로 말미암아 관련 정보 획득에 긴 시간이 들거나 전문인력에 의한 기술적 조치가 필요한 경우 등과 같이 범위를 정하여 출력하거나 복제하는 방법이 불가능하거나 압수의 목적을 달성하기에 현저히 곤란하다고 인정되는 때에 한하여 저장매체 자체 또는 복제본을 외부에 반출하는 방식으로 압수·수색을 할 수 있다고 보아야 한다. 저장매체 자체 또는 적법하게 획득한 복제본을 탐색하여 혐의사실과 관련된 전자정보를 문서로 출력하거나 파일로 복제하는 일련의 과정은 전체적으로 하나의 영장에 따른 압수·수색이라고 볼 수 있다. 문서 출력 또는 파일 복제의 대상은 저장매체 소재지에서 하는 압수·수색과 마찬가지로 혐의사실과 관련된 부분에 한정되어야 한다. 이러한 결론이 위에서 본 헌법과 형사소송법에서 정하고 있는 적법절차와 영장주의원칙이나 비례의 원칙에 부합한다. 따라서 수사기관 사무실 등으로 반출된 저장매체 또는 복제본에서 혐의사실 관련성에 대한 구분 없이 임의로 저장된 전자정보를 문서로 출력하거나 파일로 복제하는 행위는 원칙적으로 영장주의원칙에 반하는 위법한 압수가 된다(대판 2017.11.14. 2017도3449).

2017년 변호사시험 문 34. ☑ 확인 Check! ○ △ ×

대물적 강제수사에 관한 설명 중 옳은 것(○)과 옳지 않은 것(×)을 올바르게 조합한 것은?(다툼이 있는 경우 판례에 의함)

ㄱ. 수사기관이 압수·수색에 착수하면서 그 장소의 관리책임자에게 영장을 제시하였다고 하더라도, 물건을 소지하고 있는 다른 사람으로부터 이를 압수하고자 하는 때에는 그 사람에게 따로 영장을 제시하여야 한다.

ㄴ. 압수·수색영장의 피처분자가 현장에 없거나 현장에서 그를 발견할 수 없는 등 영장 제시가 현실적으로 불가능한 경우라도 영장을 제시하지 아니한 채 압수·수색을 하면 위법하다.

ㄷ. 압수·수색영장을 한 번 집행하였다면, 아직 그 영장의 유효기간이 남아 있더라도 동일한 장소 또는 목적물에 대하여 압수·수색을 하기 위하여는 다시 새로운 압수·수색영장을 발부받아야 한다.

ㄹ. 교도관이 재소자가 맡긴 비망록을 수사기관에 임의로 제출한 경우, 그 비망록의 증거 사용에 대하여 재소자의 사생활의 비밀 기타 인격적 법익이 침해되는 등의 특별한 사정이 없는 한 반드시 그 재소자의 동의를 받아야 하는 것은 아니다.

ㅁ. 피압수자인 피의자가 압수물에 대하여 소유권을 포기하였다 하더라도 환부사유가 생기고 피압수자가 환부를 청구하면 검사는 이를 환부하여야 한다.

① ㄱ(×) ㄴ(○) ㄷ(×) ㄹ(○) ㅁ(×)
② ㄱ(○) ㄴ(×) ㄷ(○) ㄹ(○) ㅁ(○)
③ ㄱ(×) ㄴ(×) ㄷ(○) ㄹ(×) ㅁ(○)
④ ㄱ(○) ㄴ(×) ㄷ(○) ㄹ(×) ㅁ(×)
⑤ ㄱ(○) ㄴ(○) ㄷ(×) ㄹ(○) ㅁ(○)

[ㄱ ▸ ○] 압수·수색영장은 처분을 받는 자에게 반드시 제시하여야 하는바, 현장에서 압수·수색을 당하는 사람이 여러 명일 경우에는 그 사람들 모두에게 개별적으로 영장을 제시해야 하는 것이 원칙이다. 수사기관이 압수·수색에 착수하면서 그 장소의 관리책임자에게 영장을 제시하였다고 하더라도, 물건을 소지하고 있는 다른 사람으로부터 이를 압수하고자 하는 때에는 그 사람에게 따로 영장을 제시하여야 한다(대판 2009.3.12. 2008도763).

[ㄴ ▸ ×] 형사소송법 제219조가 준용하는 제118조는 "압수·수색영장은 처분을 받는 자에게 반드시 제시하여야 한다"고 규정하고 있으나, 이는 영장 제시가 현실적으로 가능한 상황을 전제로 한 규정으로 보아야 하고, 피처분자가 현장에 없거나 현장에서 그를 발견할 수 없는 경우 등 영장 제시가 현실적으로 불가능한 경우에는 영장을 제시하지 아니한 채 압수·수색을 하더라도 위법하다고 볼 수 없다(대판 2015.1.22. 2014도10978[전합]).

[ㄷ ▸ ○] 형사소송법 제215조에 의한 압수·수색영장은 수사기관의 압수·수색에 대한 허가장으로서 거기에 기재되는 유효기간은 집행에 착수할 수 있는 종기(終期)를 의미하는 것일 뿐이므로, 수사기관이 압수·수색영장을 제시하고 집행에 착수하여 압수·수색을 실시하고 그 집행을 종료하였다면 이미 그 영장은 목적을 달성하여 효력이 상실되는 것이고, 동일한 장소 또는 목적물에 대하여 다시 압수·수색할 필요가 있는 경우라면 그 필요성을 소명하여 법원으로부터 새로운 압수·수색영장을 발부받아야 하는 것이지, 앞서 발부받은 압수·수색영장의 유효기간이 남아 있다고 하여 이를 제시하고 다시 압수·수색을 할 수는 없다(대결 1999.12.1. 99모161).

[ㄹ ▸ ○] 형사소송법 및 기타 법령상 교도관이 그 직무상 위탁을 받아 소지 또는 보관하는 물건으로서 재소자가 작성한 비망록을 수사기관이 수사목적으로 압수하는 절차에 관하여 특별한 절차적 제한을 두고 있지 않으므로, 교도관이 재소자가 맡긴 비망록을 수사기관에 임의로 제출하였다면 그 비망록의 증거 사용에 대하여도 재소자의 사생활의 비밀 기타 인격적 법익이 침해되는 등의 특별한 사정이 없는 한 반드시 그 재소자의 동의를 받아야 하는 것은 아니다. 따라서 검사가 교도관으로부터 그가 보관하고 있던 피고인의 비망록을 뇌물 수수 등의 증거자료로 임의로 제출받아 이를 압수한 경우, 그 압수절차가 피고인의 승낙 및 영장 없이 행하여졌다고 하더라도 이에 적법절차를 위반한 위법이 있다고 할 수 없다(대판 2008.5.15. 2008도1097).

② 정답

[ㅁ ▸ O] 피압수자 등 환부를 받을 자가 압수 후 그 소유권을 포기하는 등에 의하여 실체법상의 권리를 상실하더라도 그 때문에 압수물을 환부하여야 하는 수사기관의 의무에 어떠한 영향을 미칠 수 없고, 또한 수사기관에 대하여 형사소송법상의 환부청구권을 포기한다는 의사표시를 하더라도 그 효력이 없어 그에 의하여 수사기관의 필요적 환부의무가 면제된다고 볼 수는 없으므로, 압수물의 소유권이나 그 환부청구권을 포기하는 의사표시로 인하여 위 환부의무에 대응하는 압수물에 대한 환부청구권이 소멸하는 것은 아니다(대결 1996.8.16. 94모51[전합]).

2016년 변호사시험 문 24. ☑ 확인 Check! O △ X

형사소송법 제216조 내지 제217조의 규정에 따른 영장에 의하지 아니한 압수·수색에 관한 설명 중 옳은 것은?(다툼이 있는 경우 판례에 의함)

① 무면허운전으로 현행범 체포된 피의자에 대하여 절도범행이 의심되는 상황에서 사법경찰관은 경찰서 주차장에 세워 둔 피의자 차량의 문을 열고 내부를 수색하여 절도범행의 증거물인 현금, 수표 등을 영장 없이 압수할 수 있다.
② 사법경찰관이 특수절도혐의로 지명수배되어 도피 중인 피의자의 숙소에 대하여 제보를 받고 급습하였는데 피의자가 숙소에 없는 경우 그곳에 있는 특수절도범행의 증거물인 통장, 카드 등을 영장 없이 압수할 수 있다.
③ 사법경찰관은 속칭 '대포통장' 거래혐의로 체포영장이 발부된 피의자를 공원에서 체포한 후 피의자를 주거지에 데리고 가 범행증거물인 통장을 영장 없이 압수할 수 있다.
④ 음주운전혐의가 있는 피의자가 교통사고를 야기한 후 의식불명의 상태로 병원 응급실에 후송되었고 피의자의 신체와 의복에서 술 냄새 등이 현저하더라도 병원 응급실을 범죄장소에 준한다고 볼 수 없으므로 영장 없이 채혈할 수 없다.
⑤ 사법경찰관은 속칭 '전화사기' 피의자를 주거지에서 긴급체포하면서 그 주거지에 보관하던 타인의 주민등록증, 운전면허증이 든 지갑 등을 영장 없이 압수할 수 있다.

[❶ ▸ ×] 형소법 제219조, 제106조 제1항은, 수사기관은 필요한 때에는 피고사건과 관계가 있다고 인정할 수 있는 것에 한정하여 증거물 또는 몰수할 것으로 사료하는 물건을 압수할 수 있다고 규정하고 있는바, 무면허운전 피의사실과 관련이 없는 절도범행의 증거물은 압수할 수 없고, 그 증거물은 피의자로부터 임의로 제출받거나 영장을 발부받아 압수하여야 한다.

[❷ ▸ ×] [❸ ▸ ×] 지문 ②는 체포현장의 의미에 관한 어떠한 견해에 의하더라도 체포와 압수 사이의 시간적 접착성이 인정되지 아니하고, 지문 ③은 장소적 접착성이 인정되지 아니하므로, 틀린 지문이라고 판단된다.

[❹ ▸ ×] 음주운전 중 교통사고를 야기한 후 피의자가 의식불명상태에 빠져 있는 등으로 도로교통법이 음주운전의 제1차적 수사방법으로 규정한 호흡조사에 의한 음주 측정이 불가능하고 혈액 채취에 대한 동의를 받을 수도 없을 뿐만 아니라 법원으로부터 혈액 채취에 대한 감정처분허가장이나 사전압수영장을 발부받을 시간적 여유도 없는 긴급한 상황이 생길 수 있다. 이러한 경우 피의자의 신체 내지 의복류에 주취로 인한 냄새가 강하게 나는 등 형사소송법 제211조 제2항 제3호가 정하는 범죄의 증적이 현저한 준현행범인으로서의 요건이 갖추어져 있고 교통사고 발생시각으로부터 사회통념상 범행 직후라고 볼 수 있는 시간 내라면, 피의자의 생명·신체를 구조하기 위하여 사고현장으로부터 곧바로 후송된 병원 응급실 등의 장소는 형사소송법 제216조 제3항의 범죄장소에 준한다 할 것이므로, 검사 또는 사법경찰관은 피의자의 혈중알코올농도 등 증거의 수집을 위하여 의료법상 의료인의 자격이 있는 자로 하여금 의료용 기구로 의학적인 방법에 따라 필요 최소한의 한도 내에서 피의자의 혈액을 채취하게 한 후 그 혈액을 영장 없이 압수할 수 있다고 할 것이다. 다만, 이 경우에도 형사소송법 제216조 제3항 단서, 형사소송규칙 제58조, 제107조 제1항 제3호에 따라 사후에 지체 없이 강제채혈에 의한 압수의 사유 등을 기재한 영장청구서에 의하여 법원으로부터 압수영장을 받아야 함은 물론이다(대판 2012.11.15. 2011도15258).

정답 ⑤

[❺ ▸ ○] [1] 구 형사소송법 제217조 제1항 등에 의하면 검사 또는 사법경찰관은 피의자를 긴급체포한 경우 체포한 때부터 48시간 이내에 한하여 영장 없이, 긴급체포의 사유가 된 범죄사실 수사에 필요한 최소한의 범위 내에서 당해 범죄사실과 관련된 증거물 또는 몰수할 것으로 판단되는 피의자의 소유, 소지 또는 보관하는 물건을 압수할 수 있다. 이때 어떤 물건이 긴급체포의 사유가 된 범죄사실 수사에 필요한 최소한의 범위 내의 것으로서 압수의 대상이 되는 것인지는 당해 범죄사실의 구체적인 내용과 성질, 압수하고자 하는 물건의 형상·성질, 당해 범죄사실과의 관련 정도와 증거가치, 인멸의 우려는 물론 압수로 인하여 발생하는 불이익의 정도 등 압수 당시의 여러 사정을 종합적으로 고려하여 객관적으로 판단하여야 한다.
[2] 경찰관이 이른바 전화사기죄 범행의 혐의자를 긴급체포하면서 그가 보관하고 있던 다른 사람의 주민등록증, 운전면허증 등을 압수한 경우, 이는 구 형사소송법 제217조 제1항에서 규정한 해당 범죄사실의 수사에 필요한 범위 내의 압수로서 적법하므로, 이를 위 혐의자의 점유이탈물횡령죄 범행에 대한 증거로 인정할 수 있다(대판 2008.7.10. 2008도2245).

2018년 변호사시험 문 2. ☑ 확인Check! ○ △ ×

甲(17세)은 친구들과 술을 마셔 혀가 꼬부라진 발음을 하며 걸음을 제대로 걷지 못한 채 비틀거리는 등 만취한 상태에서 00:45경 자동차를 운전하다가 행인 A를 뒤늦게 발견하고 미처 피하지 못하여 A에게 전치 4주의 상해를 입히고 B 소유의 상점 출입문을 들이받아 파손한 후 의식을 잃고 곧바로 사고현장 인근 병원 응급실로 후송되었다. 병원 응급실로 출동한 경찰관 P는 甲에게서 술 냄새가 강하게 나는 등 음주운전의 가능성이 현저하자 같은 날 01:50경 甲의 아버지의 동의를 받고 그 병원 의료인에게 의학적인 방법에 따라 필요 최소한의 한도 내에서 甲의 혈액을 채취하게 한 후 그 혈액을 영장 없이 압수하였다. 그 후 P는 그 혈액을 국립과학수사연구원에 감정의뢰하였고 甲의 혈중알코올농도는 0.15%로 회신되었다. 이에 관한 설명 중 옳지 않은 것은?(다툼이 있는 경우 판례에 의함)

① 甲이 A에게 상해를 입힌 점은 교통사고처리 특례법 위반(치상)죄와 특정범죄 가중처벌 등에 관한 법률 위반(위험운전치상)죄를 구성하고 양자는 상상적 경합관계에 있다.
② 甲이 B 소유의 상점 출입문을 파손한 점은 도로교통법 위반죄를 구성하지만, B가 甲을 처벌하지 말아 달라는 의사표시를 한 경우 검사는 甲을 도로교통법 위반죄로 기소할 수 없다.
③ 甲의 동의를 기대할 수 없었던 상황이었다고 하더라도 甲의 법정대리인인 아버지의 동의만으로는 혈액 채취에 관한 유효한 동의가 있었다고 볼 수 없다.
④ 甲이 후송된 병원 응급실은 형사소송법 제216조 제3항의 범죄장소에 준한다.
⑤ P가 혈액을 압수한 후 지체 없이 압수·수색영장을 발부받지 않았다면 국립과학수사연구원이 작성한 감정의뢰회보는 증거능력이 없다.

[❶ ▸ ×] 음주로 인한 특정범죄 가중처벌 등에 관한 법률 위반(위험운전치사상)죄는 그 입법취지와 문언에 비추어 볼 때, 주취상태의 자동차 운전으로 인한 교통사고가 빈발하고 그로 인한 피해자의 생명·신체에 대한 피해가 중대할 뿐만 아니라, 사고 발생 전 상태로의 회복이 불가능하거나 쉽지 않은 점 등의 사정을 고려하여, 형법 제268조에서 규정하고 있는 업무상 과실치사상죄의 특례를 규정하여 가중처벌함으로써 피해자의 생명·신체의 안전이라는 개인적 법익을 보호하기 위한 것이다. 따라서 그 죄가 성립하는 때에는 차의 운전자가 형법 제268조의 죄를 범한 것을 내용으로 하는 교통사고처리 특례법 위반죄는 그 죄에 흡수되어 별죄를 구성하지 아니한다(대판 2008.12.11. 2008도9182).

[❷ ▸ ○] 교통사고처리 특례법 제3조 제2항은 도로교통법 제151조에 규정된 죄를 반의사불벌죄로 규정하고 있다.

① 정답

법령 벌칙(도로교통법 제151조)

차 또는 노면전차의 운전자가 업무상 필요한 주의를 게을리하거나 중대한 과실로 다른 사람의 건조물이나 그 밖의 재물을 손괴한 경우에는 2년 이하의 금고나 500만원 이하의 벌금에 처한다.

처벌의 특례(교통사고처리 특례법 제3조)

① 차의 운전자가 교통사고로 인하여 형법 제268조의 죄를 범한 경우에는 5년 이하의 금고 또는 2천만원 이하의 벌금에 처한다.

② 차의 교통으로 제1항의 죄 중 업무상 과실치상죄 또는 중과실치상죄와 도로교통법 제151조의 죄를 범한 운전자에 대하여는 피해자의 명시적인 의사에 반하여 공소를 제기할 수 없다. 다만, 차의 운전자가 제1항의 죄 중 업무상 과실치상죄 또는 중과실치상죄를 범하고도 피해자를 구호(救護)하는 등 도로교통법 제54조 제1항에 따른 조치를 하지 아니하고 도주하거나 피해자를 사고장소로부터 옮겨 유기하고 도주한 경우, 같은 죄를 범하고 도로교통법 제44조 제2항을 위반하여 음주측정요구에 따르지 아니한 경우(운전자가 채혈 측정을 요청하거나 동의한 경우는 제외한다)와 다음 각 호의 어느 하나에 해당하는 행위로 인하여 같은 죄를 범한 경우에는 그러하지 아니하다.

[❸ ▸ O] 형사소송법상 소송능력이란 소송당사자가 유효하게 소송행위를 할 수 있는 능력, 즉 피고인 또는 피의자가 자기의 소송상의 지위와 이해관계를 이해하고 이에 따라 방어행위를 할 수 있는 의사능력을 의미하는데, 피의자에게 의사능력이 있으면 직접 소송행위를 하는 것이 원칙이고, 피의자에게 의사능력이 없는 경우에는 형법 제9조 내지 제11조의 규정의 적용을 받지 아니하는 범죄사건에 한하여 예외적으로 법정대리인이 소송행위를 대리할 수 있다(형사소송법 제26조). 따라서 음주운전과 관련한 도로교통법 위반죄의 범죄수사를 위하여 미성년자인 피의자의 혈액 채취가 필요한 경우에도 피의자에게 의사능력이 있다면 피의자 본인만이 혈액 채취에 관한 유효한 동의를 할 수 있고, 피의자에게 의사능력이 없는 경우에도 명문의 규정이 없는 이상 법정대리인이 피의자를 대리하여 동의할 수는 없다(대판 2014.11.13. 2013도1228).

[❹ ▸ O] [❺ ▸ O] [1] 수사기관이 법원으로부터 영장 또는 감정처분허가장을 발부받지 아니한 채 피의자의 동의 없이 피의자의 신체로부터 혈액을 채취하고 사후에도 지체 없이 영장을 발부받지 아니한 채 그 혈액 중 알코올농도에 관한 감정을 의뢰하였다면, 이러한 과정을 거쳐 얻은 감정의뢰회보 등은 형사소송법상 영장주의원칙을 위반하여 수집하거나 그에 기초하여 획득한 증거로서, 원칙적으로 그 절차위반행위가 적법절차의 실질적인 내용을 침해하여 피고인이나 변호인의 동의가 있더라도 유죄의 증거로 사용할 수 없다고 할 것이다.

[2] 음주운전 중 교통사고를 야기한 후 피의자가 의식불명상태에 빠져 있는 등으로 도로교통법이 음주운전의 제1차적 수사방법으로 규정한 호흡조사에 의한 음주 측정이 불가능하고 혈액 채취에 대한 동의를 받을 수도 없을 뿐만 아니라 법원으로부터 혈액 채취에 대한 감정처분허가장이나 사전압수영장을 발부받을 시간적 여유도 없는 긴급한 상황이 생길 수 있다. 이러한 경우 피의자의 신체 내지 의복류에 주취로 인한 냄새가 강하게 나는 등 형사소송법 제211조 제2항 제3호가 정하는 범죄의 증적이 현저한 준현행범인으로서의 요건이 갖추어져 있고 교통사고 발생시각으로부터 사회통념상 범행 직후라고 볼 수 있는 시간 내라면, 피의자의 생명·신체를 구조하기 위하여 사고현장으로부터 곧바로 후송된 병원 응급실 등의 장소는 형사소송법 제216조 제3항의 범죄장소에 준한다 할 것이므로, 검사 또는 사법경찰관은 피의자의 혈중알코올농도 등 증거의 수집을 위하여 의료법상 의료인의 자격이 있는 자로 하여금 의료용 기구로 의학적인 방법에 따라 필요 최소한의 한도 내에서 피의자의 혈액을 채취하게 한 후 그 혈액을 영장 없이 압수할 수 있다고 할 것이다. 다만, 이 경우에도 형사소송법 제216조 제3항 단서, 형사소송규칙 제58조, 제107조 제1항 제3호에 따라 사후에 지체 없이 강제채혈에 의한 압수의 사유 등을 기재한 영장청구서에 의하여 법원으로부터 압수영장을 받아야 함은 물론이다(대판 2012.11.15. 2011도15258).

2019년 변호사시험 문 27. ☑ 확인 Check! ○ △ ×

압수·수색에 관한 설명 중 옳지 않은 것은?(다툼이 있는 경우 판례에 의함)

① 압수·수색영장은 피압수자로 하여금 법관이 발부한 영장에 의한 압수·수색이라는 사실을 확인함과 동시에 압수·수색영장에 필요적으로 기재하도록 정한 사항이나 그와 일체를 이루는 사항을 충분히 알 수 있도록 제시하여야 한다.

② 정보통신서비스회사에서 보관 중인 이메일에 대하여 압수·수색영장을 집행하면서 팩스로 영장 사본을 송신하였다면, 집행 시에 그 영장의 원본을 제시하지 않더라도 위법하지 않다.

③ 수사기관이 압수·수색을 실시하여 그 집행을 종료하였다면 영장의 유효기간이 남아 있다고 하더라도 그 영장의 효력은 상실된다.

④ 전자정보에 대한 압수·수색영장에 기하여 저장매체 자체를 반출한 후 유관정보를 탐색하는 과정에서 당해 영장의 범죄혐의와는 다른 별도의 범죄혐의와 관련된 증거를 발견하게 되어 이를 압수하려는 경우에는 더 이상의 집행을 중단하고 법원으로부터 별도의 범죄혐의에 대한 압수·수색영장을 발부받아야 한다.

⑤ 피의자의 이메일계정에 대한 접근권한에 갈음하여 발부받은 압수·수색영장의 집행에 필요한 처분은 원격지 서버에 있는 피의자의 이메일 등 관련 전자정보를 수색장소의 정보처리장치로 내려받거나 그 화면에 현출시키는 행위와 같이 집행의 목적을 달성하기 위한 필요 최소한도의 범위 내에서 그 수단과 목적에 비추어 사회통념상 상당하다고 인정되는 행위이어야 한다.

[❶ ▸ ○] 형사소송법이 압수·수색영장을 집행하는 경우에 피압수자에게 반드시 압수·수색영장을 제시하도록 규정한 것은 법관이 발부한 영장 없이 압수·수색을 하는 것을 방지하여 영장주의원칙을 절차적으로 보장하고, 압수·수색영장에 기재된 물건, 장소, 신체에 대해서만 압수·수색을 하도록 하여 개인의 사생활과 재산권의 침해를 최소화하는 한편, 준항고 등 피압수자의 불복신청의 기회를 실질적으로 보장하기 위한 것이다. 위와 같은 관련 규정과 영장제시제도의 입법취지 등을 종합하여 보면, 압수·수색영장을 집행하는 수사기관은 피압수자로 하여금 법관이 발부한 영장에 의한 압수·수색이라는 사실을 확인함과 동시에 형사소송법이 압수·수색영장에 필요적으로 기재하도록 정한 사항이나 그와 일체를 이루는 사항을 충분히 알 수 있도록 압수·수색영장을 제시하여야 한다(대판 2017.9.21, 2015도12400).

[❷ ▸ ×] 수사기관이 공소외 1 주식회사에서 압수수색영장을 집행하여 피고인이 공소외 2에게 발송한 이메일을 압수한 후 이를 증거로 제출하였으나, 수사기관은 위 압수수색영장을 집행할 당시 공소외 1 주식회사에 팩스로 영장 사본을 송신한 사실은 있으나 영장 원본을 제시하지 않았고 또한 압수조서와 압수물목록을 작성하여 이를 피압수·수색당사자에게 교부하였다고 볼 수도 없으므로, 위와 같은 방법으로 압수된 위 각 이메일은 헌법과 형사소송법 제219조, 제118조, 제129조가 정한 절차를 위반하여 수집한 위법수집증거로 원칙적으로 유죄의 증거로 삼을 수 없고, 이러한 절차 위반은 헌법과 형사소송법이 보장하는 적법절차원칙의 실질적인 내용을 침해하는 경우에 해당하고 위법수집증거의 증거능력을 인정할 수 있는 예외적인 경우에 해당한다고 볼 수도 없어 증거능력이 없다(대판 2017.9.7, 2015도10648).

[❸ ▸ ○] 형사소송법 제215조에 의한 압수·수색영장은 수사기관의 압수·수색에 대한 허가장으로서 거기에 기재되는 유효기간은 집행에 착수할 수 있는 종기(終期)를 의미하는 것일 뿐이므로, 수사기관이 압수·수색영장을 제시하고 집행에 착수하여 압수·수색을 실시하고 그 집행을 종료하였다면 이미 그 영장은 목적을 달성하여 효력이 상실되는 것이고, 동일한 장소 또는 목적물에 대하여 다시 압수·수색할 필요가 있는 경우라면 그 필요성을 소명하여 법원으로부터 새로운 압수·수색영장을 발부받아야 하는 것이지, 앞서 발부받은 압수·수색영장의 유효기간이 남아 있다고 하여 이를 제시하고 다시 압수·수색을 할 수는 없다(대결 1999.12.1, 99모161).

[❹ ▸ ○] 전자정보에 대한 압수·수색에 있어 저장매체 자체를 외부로 반출하거나 하드 카피·이미징 등의 형태로 복제본을 만들어 외부에서 저장매체나 복제본에 대하여 압수·수색이 허용되는 예외적인 경우에도 혐의사실과 관련된 전자정보 이외에 이와 무관한 전자정보를 탐색·복제·출력하는 것은 원칙적으로 위법한 압수·수색에 해당하므로 허용될 수 없다. 그러나 전자정보에 대한 압수·수색이 종료되기 전에 혐의사실과 관련된 전자정보를 적법하게 탐색하는 과정에서 별도의

② 정답

범죄혐의와 관련된 전자정보를 우연히 발견한 경우라면, 수사기관은 더 이상의 추가탐색을 중단하고 법원에서 별도의 범죄혐의에 대한 압수·수색영장을 발부받은 경우에 한하여 그러한 정보에 대하여도 적법하게 압수·수색을 할 수 있다(대결 2015.7.16. 2011모1839[전합]).

[⑤ ▸ O] 피의자의 이메일계정에 대한 접근권한에 갈음하여 발부받은 압수·수색영장에 따라 원격지의 저장매체에 적법하게 접속하여 내려받거나 현출된 전자정보를 대상으로 하여 범죄 혐의사실과 관련된 부분에 대하여 압수·수색하는 것은, 압수·수색영장의 집행을 원활하고 적정하게 행하기 위하여 필요한 최소한도의 범위 내에서 이루어지며 그 수단과 목적에 비추어 사회통념상 타당하다고 인정되는 대물적 강제처분행위로서 허용되며, 형사소송법 제120조 제1항에서 정한 압수·수색영장의 집행에 필요한 처분에 해당한다. 그리고 이러한 법리는 원격지의 저장매체가 국외에 있는 경우라 하더라도 그 사정만으로 달리 볼 것은 아니다(대판 2017.11.29. 2017도9747).

2015년 변호사시험 문 28. ☑ 확인 Check! O △ X

전자정보의 압수·수색 및 증거능력에 관한 설명 중 옳지 않은 것은?(다툼이 있는 경우 판례에 의함)

① 전자정보에 대한 압수·수색영장을 집행할 때에는 원칙적으로 혐의사실과 관련된 부분만을 문서출력물로 수집하거나 수사기관이 휴대한 저장매체에 해당 파일을 복사하는 방식으로 이루어져야 한다.

② 압수·수색영장에 저장매체 자체를 직접 또는 하드 카피나 이미징 등 형태로 수사기관 사무실 등 외부로 반출하여 해당 파일을 압수·수색할 수 있도록 기재되어 있지 않더라도, 수사기관이 전자정보의 복사 또는 출력이 불가능하거나 현저히 곤란한 부득이한 사정이 있을 때에는 압수목적물인 저장매체 자체를 수사관서로 반출할 수 있다.

③ 압수된 정보저장매체로부터 출력한 문건을 진술증거로 사용하는 경우, 그 기재내용의 진실성에 관하여는 전문법칙이 적용되므로 형사소송법 제313조 제1항에 따라 증거능력이 결정된다.

④ 검사가 영장을 집행하면서 영장 기재 압수·수색의 장소에서 압수할 전자정보를 용이하게 하드 카피·이미징 또는 문서로 출력할 수 있음에도 저장매체 자체를 반출하여 가지고 간 경우, 직무집행지의 관할 법원에 수사기관의 압수처분에 대하여 취소 또는 변경을 청구할 수 있다.

⑤ 수사기관이 피의자 甲의 공직선거법 위반범행을 영장 기재 범죄사실로 하여 발부받은 압수·수색영장의 집행과정에서, 乙과 丙의 대화가 녹음된 녹음파일을 압수하면서 甲의 범행과 무관한 乙과 丙의 공직선거법 위반혐의사실을 발견하였다면, 별도의 압수·수색영장 없이 압수한 위 녹음파일은 乙과 丙의 혐의사실에 대하여는 증거능력이 없다.

[❶ ▸ O] [❷ ▸ X] 전자정보에 대한 압수·수색영장을 집행할 때에는 원칙적으로 영장 발부의 사유인 혐의사실과 관련된 부분만을 문서출력물로 수집하거나 수사기관이 휴대한 저장매체에 해당 파일을 복사하는 방식으로 이루어져야 하고, 집행현장 사정상 위와 같은 방식에 의한 집행이 불가능하거나 현저히 곤란한 부득이한 사정이 존재하더라도 저장매체 자체를 직접 혹은 하드 카피나 이미징 등 형태로 수사기관 사무실 등 외부로 반출하여 해당 파일을 압수·수색할 수 있도록 영장에 기재되어 있고 실제 그와 같은 사정이 발생한 때에 한하여 위 방법이 예외적으로 허용될 수 있을 뿐이다(대결 2011.5.26. 2009모1190).

[❸ ▸ O] 피고인 또는 피고인 아닌 사람이 컴퓨터용 디스크 그 밖에 이와 비슷한 정보저장매체에 입력하여 기억된 문자정보 또는 그 출력물을 증거로 사용하는 경우, 이는 실질에 있어서 피고인 또는 피고인 아닌 사람이 작성한 진술서나 그 진술을 기재한 서류와 크게 다를 바 없고, 압수 후의 보관 및 출력과정에 조작의 가능성이 있으며, 기본적으로 반대신문의 기회가 보장되지 않는 점 등에 비추어 그 내용의 진실성에 관하여는 전문법칙이 적용되고, 따라서 원칙적으로 형사소송법 제313조 제1항에 의하여 작성자 또는 진술자의 진술에 의하여 성립의 진정함이 증명된 때에 한하여 이를 증거로 사용할 수 있다. 다만, 정보저장매체에 기억된 문자정보의 내용의 진실성이 아닌 그와 같은 내용의 문자정보의 존재 자체가 직접증거로 되는 경우에는 전문법칙이 적용되지 아니한다(대판 2013.2.15. 2010도3504).

정답 ②

[④ ▸ O] 검사 또는 사법경찰관의 구금, 압수 또는 압수물의 환부에 관한 처분과 제243조의2에 따른 변호인의 참여 등에 관한 처분에 대하여 불복이 있으면 그 직무집행지의 관할 법원 또는 검사의 소속 검찰청에 대응한 법원에 그 처분의 취소 또는 변경을 청구할 수 있다(형소법 제417조).

판례

수사기관이 전국교직원노동조합 본부 사무실에 대한 압수·수색영장을 집행하면서 방대한 전자정보가 담긴 저장매체 자체를 영장 기재 집행장소에서 수사기관 사무실로 가져가 그곳에서 저장매체 내 전자정보파일을 다른 저장매체로 복사하자, 이에 대하여 위 조합 등이 준항고를 제기한 경우, 수사기관이 저장매체 자체를 수사기관 사무실로 옮긴 것은 영장이 예외적으로 허용한 부득이한 사유의 발생에 따른 것으로 볼 수 있고, 나아가 당사자 측의 참여권 보장 등 압수·수색 대상물건의 훼손이나 임의적 열람 등을 막기 위해 법령상 요구되는 상당한 조치가 이루어진 것으로 볼 수 있으므로 이 점에서 절차상 위법이 있다고는 할 수 없으나, 다만 영장의 명시적 근거 없이 수사기관이 임의로 정한 시점 이후의 접근파일 일체를 복사하는 방식으로 8,000여 개나 되는 파일을 복사한 영장집행은 원칙적으로 압수·수색영장이 허용한 범위를 벗어난 것으로서 위법하다고 볼 여지가 있는데, 위 압수·수색 전 과정에 비추어 볼 때, 수사기관이 영장에 기재된 혐의사실 일시로부터 소급하여 일정 시점 이후의 파일들만 복사한 것은 나름대로 대상을 제한하려고 노력한 것으로 보이고, 당사자 측도 그 적합성에 대하여 묵시적으로 동의한 것으로 보는 것이 타당하므로, 위 영장집행이 위법하다고 볼 수는 없다는 이유로, 같은 취지에서 준항고를 기각한 원심의 조치는 정당하다(대결 2011.5.26. 2009모1190).

[⑤ ▸ O] 수사기관이 피의자 甲의 공직선거법 위반범행을 영장 범죄사실로 하여 발부받은 압수·수색영장의 집행과정에서 乙, 丙 사이의 대화가 녹음된 녹음파일(이하 '녹음파일')을 압수하여 乙, 丙의 공직선거법 위반혐의사실을 발견한 경우, 압수·수색영장에 기재된 '피의자'인 甲이 녹음파일에 의하여 의심되는 혐의사실과 무관한 이상, 수사기관이 별도의 압수·수색영장을 발부받지 아니한 채 압수한 녹음파일은 형사소송법 제219조에 의하여 수사기관의 압수에 준용되는 형사소송법 제106조 제1항이 규정하는 '피고사건' 내지 같은 법 제215조 제1항이 규정하는 '해당 사건'과 '관계가 있다고 인정할 수 있는 것'에 해당하지 않으며, 이와 같은 압수에는 헌법 제12조 제1항 후문, 제3항 본문이 규정하는 영장주의를 위반한 절차적 위법이 있으므로, 녹음파일은 형사소송법 제308조의2에서 정한 '적법한 절차에 따르지 아니하고 수집한 증거'로서 증거로 쓸 수 없고, 그 절차적 위법은 헌법상 영장주의 내지 적법절차의 실질적 내용을 침해하는 중대한 위법에 해당하여 예외적으로 증거능력을 인정할 수도 없다(대판 2014.1.16. 2013도7101).

2014년 변호사시험 문 21. ☑ 확인 Check! O △ X

사법경찰관 甲은 검사의 지휘를 받아 정보통신망 이용촉진 및 정보보호 등에 관한 법률 위반(음란물유포)의 범죄혐의를 이유로 발부받은 압수·수색영장에 기하여 피의자 A의 주거지를 수색하는 과정에서 대마가 발견되자 A를 체포하지 않으면 도망하거나 증거를 인멸할 염려가 있어 A를 대마 소지로 인한 마약류 관리에 관한 법률 위반(대마)죄의 현행범인으로 체포하면서 이 대마를 압수하였다. 그러나 다음 날 甲은 체포된 A에 대하여 검사에게 구속영장을 신청하지 않고 A를 석방하였고 대마의 압수에 대하여는 사후압수·수색영장을 받지 아니하였다. 이에 관한 설명 중 옳지 않은 것은?(다툼이 있는 경우에는 판례에 의함)

① 음란물 유포혐의로 발부받은 압수·수색영장에 의하여 압수·수색을 할 때에는 A에게 영장을 제시하여야 한다.
② A를 체포하는 과정에 甲은 피의사실의 요지와 체포의 이유 그리고 변호인을 선임할 수 있음을 말하고 변명할 기회를 주어야 한다.
③ 甲이 대마를 압수한 것은 사전영장 없이 압수할 수 있는 경우에 해당한다.
④ 甲이 A를 체포영장 없이 체포한 행위는 적법하다.
⑤ 압수한 대마와 그 압수조서의 기재는 위법하게 수집한 증거가 아니므로 대마 소지의 점에 관하여 증거로 할 수 있다.

⑤ 정답

[❶ ▸ O] 사법경찰관 甲은 형소법 제219조, 제118조에 따라 음란물 유포혐의로 발부받은 압수·수색영장을 피의자 A에게 반드시 제시하여야 한다.

[❷ ▸ O] 검사 또는 사법경찰관리는 현행범인을 체포하거나 일반인이 체포한 현행범인을 인도받는 경우 형사소송법 제213조의2에 의하여 준용되는 제200조의5에 따라 피의자에 대하여 피의사실의 요지, 체포의 이유와 변호인을 선임할 수 있음을 말하고 변명할 기회를 주어야 하고, 이와 같은 고지는 체포를 위한 실력 행사에 들어가기 전에 미리 하여야 하는 것이 원칙이지만, 달아나는 피의자를 쫓아가 붙들거나 폭력으로 대항하는 피의자를 실력으로 제압하는 경우에는 붙들거나 제압하는 과정에서 하거나 그것이 여의치 않은 경우에는 일단 붙들거나 제압한 후에 지체 없이 하면 된다(대판 2012.2.9. 2011도7193).

[❸ ▸ O] 사법경찰관 甲의 압수는 형사소송법 제216조 제1항 제2호에 따른 체포현장에서의 압수에 해당하고, 체포현장의 의미에 관한 어떠한 견해에 의하더라도 체포와 압수 사이의 시간적 접착성이 인정되므로, 사전영장 없이 압수할 수 있는 경우에 해당한다.

[❹ ▸ O] 사법경찰관 甲은 피의자 A의 주거지에서 대마를 발견하였고, A에게 도망과 증거 인멸의 염려가 인정된다는 점에서 체포의 필요성도 충족되었으므로, 甲은 현행범인인 A를 영장 없이 체포할 수 있다.

[❺ ▸ X] 구 정보통신망 이용촉진 및 정보보호 등에 관한 법률상 음란물 유포의 범죄혐의를 이유로 압수·수색영장을 발부받은 사법경찰리가 피고인의 주거지를 수색하는 과정에서 대마를 발견하자, 피고인을 마약류 관리에 관한 법률 위반죄의 현행범으로 체포하면서 대마를 압수하였으나, 그 다음 날 피고인을 석방하였음에도 사후압수·수색영장을 발부받지 않은 경우, 위 압수물과 압수조서는 형사소송법상 영장주의를 위반하여 수집한 증거로서 증거능력이 부정된다(대판 2009.5.14. 2008도10914).

2014년 변호사시험 문 28. ☑ 확인Check! O △ X

다음 설명 중 옳은 것(O)과 옳지 않은 것(X)을 올바르게 조합한 것은?(다툼이 있는 경우에는 판례에 의함)

ㄱ. 교도관이 재소자가 맡긴 비망록을 수사기관에 임의로 제출한 경우 그 비망록의 증거 사용에 대하여 재소자의 사생활의 비밀 기타 인격적 법익이 침해되는 등의 특별한 사정이 없는 한 반드시 그 재소자의 동의를 받아야 하는 것은 아니다.
ㄴ. 음주운전 중 교통사고를 야기한 직후 병원응급실로 후송된 의식불명 피의자에 대하여 수사기관이 그의 혈액을 채취하여 이를 취득하기 위해서는 반드시 사전영장 또는 감정처분허가장을 발부받아야 한다.
ㄷ. 위법한 강제연행상태에서 호흡측정방법에 의한 음주 측정을 한 직후 피의자가 호흡측정결과에 대한 탄핵을 하기 위하여 스스로 혈액채취방법에 의한 측정을 요구하여 혈액 채취가 이루어졌다면 특별한 사정이 없는 한 그러한 혈액 채취에 의한 측정결과는 유죄의 증거로 쓸 수 있다.
ㄹ. 유인자가 수사기관과 직접적인 관련을 맺지 아니한 상태에서 피유인자를 상대로 단순히 수차례 반복적으로 범행을 부탁하였을 뿐 수사기관이 사술이나 계략 등을 사용하였다고 볼 수 없는 경우에는 그로 인하여 피유인자의 범의가 유발되었고 유인자의 제보로 수사가 개시되었더라도 이는 위법한 함정수사에 해당하지 아니한다.

① ㄱ(X) ㄴ(O) ㄷ(O) ㄹ(O)
② ㄱ(O) ㄴ(X) ㄷ(X) ㄹ(O)
③ ㄱ(X) ㄴ(X) ㄷ(X) ㄹ(O)
④ ㄱ(O) ㄴ(X) ㄷ(O) ㄹ(X)
⑤ ㄱ(O) ㄴ(X) ㄷ(O) ㄹ(O)

정답 ②

[ㄱ ▸ O] 형사소송법 및 기타 법령상 교도관이 그 직무상 위탁을 받아 소지 또는 보관하는 물건으로서 재소자가 작성한 비망록을 수사기관이 수사목적으로 압수하는 절차에 관하여 특별한 절차적 제한을 두고 있지 않으므로, 교도관이 재소자가 맡긴 비망록을 수사기관에 임의로 제출하였다면 그 비망록의 증거 사용에 대하여도 재소자의 사생활의 비밀 기타 인격적 법익이 침해되는 등의 특별한 사정이 없는 한 반드시 그 재소자의 동의를 받아야 하는 것은 아니다. 따라서 검사가 교도관으로부터 그가 보관하고 있던 피고인의 비망록을 뇌물 수수 등의 증거자료로 임의로 제출받아 이를 압수한 경우, 그 압수절차가 피고인의 승낙 및 영장 없이 행하여졌다고 하더라도 이에 적법절차를 위반한 위법이 있다고 할 수 없다(대판 2008.5.15. 2008도1097).

[ㄴ ▸ X] 음주운전 중 교통사고를 야기한 후 피의자가 의식불명상태에 빠져 있는 등으로 도로교통법이 음주운전의 제1차적 수사방법으로 규정한 호흡조사에 의한 음주 측정이 불가능하고 혈액 채취에 대한 동의를 받을 수도 없을 뿐만 아니라 법원으로부터 혈액 채취에 대한 감정처분허가장이나 사전압수영장을 발부받을 시간적 여유도 없는 긴급한 상황이 생길 수 있다. 이러한 경우 피의자의 신체 내지 의복류에 주취로 인한 냄새가 강하게 나는 등 형사소송법 제211조 제2항 제3호가 정하는 범죄의 증적이 현저한 준현행범인으로서의 요건이 갖추어져 있고 교통사고 발생시각으로부터 사회통념상 범행 직후라고 볼 수 있는 시간 내라면, 피의자의 생명·신체를 구조하기 위하여 사고현장으로부터 곧바로 후송된 병원 응급실 등의 장소는 형사소송법 제216조 제3항의 범죄장소에 준한다 할 것이므로, 검사 또는 사법경찰관은 피의자의 혈중알코올농도 등 증거의 수집을 위하여 의료법상 의료인의 자격이 있는 자로 하여금 의료용 기구로 의학적인 방법에 따라 필요 최소한의 한도 내에서 피의자의 혈액을 채취하게 한 후 그 혈액을 영장 없이 압수할 수 있다고 할 것이다. 다만, 이 경우에도 형사소송법 제216조 제3항 단서, 형사소송규칙 제58조, 제107조 제1항 제3호에 따라 사후에 지체 없이 강제채혈에 의한 압수의 사유 등을 기재한 영장청구서에 의하여 법원으로부터 압수영장을 받아야 함은 물론이다(대판 2012.11.15. 2011도15258).

[ㄷ ▸ X] 위법한 강제연행상태에서 호흡측정방법에 의한 음주 측정을 한 다음 강제연행상태로부터 시간적·장소적으로 단절되었다고 볼 수도 없고 피의자의 심적 상태 또한 강제연행상태로부터 완전히 벗어났다고 볼 수 없는 상황에서 피의자가 호흡측정결과에 대한 탄핵을 하기 위하여 스스로 혈액채취방법에 의한 측정을 할 것을 요구하여 혈액 채취가 이루어졌다고 하더라도 그 사이에 위법한 체포상태에 의한 영향이 완전하게 배제되고 피의자의 의사결정의 자유가 확실하게 보장되었다고 볼 만한 다른 사정이 개입되지 않은 이상 불법체포와 증거 수집 사이의 인과관계가 단절된 것으로 볼 수는 없다. 따라서 그러한 혈액 채취에 의한 측정결과 역시 유죄 인정의 증거로 쓸 수 없다고 보아야 한다. 그리고 이는 수사기관이 위법한 체포상태를 이용하여 증거를 수집하는 등의 행위를 효과적으로 억지하기 위한 것이므로, 피고인이나 변호인이 이를 증거로 함에 동의하였다고 하여도 달리 볼 것은 아니다(대판 2013.3.14. 2010도2094).

[ㄹ ▸ O] 수사기관과 직접 관련이 있는 유인자가 피유인자와의 개인적인 친밀관계를 이용하여 피유인자의 동정심이나 감정에 호소하거나, 금전적·심리적 압박이나 위협 등을 가하거나, 거절하기 힘든 유혹을 하거나, 또는 범행방법을 구체적으로 제시하고 범행에 사용할 금전까지 제공하는 등으로 과도하게 개입함으로써 피유인자로 하여금 범의를 일으키게 하는 것은 위법한 함정수사에 해당하여 허용되지 아니하지만, 유인자가 수사기관과 직접적인 관련을 맺지 아니한 상태에서 피유인자를 상대로 단순히 수차례 반복적으로 범행을 부탁하였을 뿐 수사기관이 사술이나 계략 등을 사용하였다고 볼 수 없는 경우는, 설령 그로 인하여 피유인자의 범의가 유발되었다 하더라도 위법한 함정수사에 해당하지 아니한다(대판 2007.7.12. 2006도2339).

2012년 변호사시험 문 36. ☑ 확인Check! ○ △ ×

甲과 乙은 A모텔 906호실에는 몰래카메라를, 맞은편 B모텔 707호실에는 모니터를 설치하여 사기도박을 하기로 공모하고, 공모사실을 모르는 피해자들을 A모텔 906호실로 오게 하였다. 乙은 B모텔 707호실 모니터 화면에서 피해자들의 화투패를 인식하고, 甲은 피해자들과 속칭 '섰다'라는 도박을 정상적으로 하다가 어느 정도 시간이 지난 후에 리시버를 통해서 乙이 알려 주는 피해자들의 화투패를 듣고 도박의 승패를 지배하는 방법으로 피해자들로부터 금원을 교부받았다. 이에 관한 설명 중 옳지 않은 것은?(다툼이 있는 경우에는 판례에 의함)

① 甲, 乙이 사기도박에 필요한 준비를 갖추고 그러한 의도로 피해자들에게 도박에 참가하도록 권유한 때 또는 늦어도 그 정을 알지 못하는 피해자들이 도박에 참가한 때 이미 사기죄의 실행의 착수가 인정된다.
② 甲, 乙이 사기도박을 숨기기 위하여 얼마간 정상적인 도박을 한 부분은 피해자들에 대한 사기죄 외에 도박죄가 따로 성립한다.
③ 사기도박과 같이 도박당사자의 일방이 사기의 수단으로써 승패를 지배하는 경우에는 도박에서의 우연성이 결여되어 사기죄만 성립하고 도박죄는 성립하지 아니한다.
④ 사법경찰관이 甲, 乙을 범행현장에서 체포하면서 필요한 때에는 위 카메라, 모니터, 도박 판돈을 영장 없이 압수할 수 있다.
⑤ 만약 피의자 甲, 乙에 대한 적법한 압수수색영장을 발부받아 甲, 乙로부터 위 카메라, 모니터를 압수하였는데 법원에서 심리한 결과 위 압수물은 도망하여 기소되지 아니한 제3의 공범 丙의 소유물인 것이 밝혀졌다고 하더라도, 법원은 피고인 甲, 乙로부터 위 카메라 및 모니터를 몰수할 수 있다.

[❶ ▸ ○] [❷ ▸ ×] [❸ ▸ ○] [1] 도박이란 2인 이상의 자가 상호 간에 재물을 도(賭)하여 우연한 승패에 의하여 그 재물의 득실을 결정하는 것이므로, 이른바 사기도박과 같이 도박당사자의 일방이 사기의 수단으로써 승패의 수를 지배하는 경우에는 도박에서의 우연성이 결여되어 사기죄만 성립하고 도박죄는 성립하지 아니한다.
[2] 피고인 등이 사기도박에 필요한 준비를 갖추고 그러한 의도로 피해자들에게 도박에 참가하도록 권유한 때 또는 늦어도 그 정을 알지 못하는 피해자들이 도박에 참가한 때에는 이미 사기죄의 실행에 착수하였다고 할 것이므로, 피고인 등이 그 후에 사기도박을 숨기기 위하여 얼마간 정상적인 도박을 하였더라도 이는 사기죄의 실행행위에 포함되는 것이어서 피고인에 대하여는 피해자들에 대한 사기죄만이 성립하고 도박죄는 따로 성립하지 아니한다(대판 2011.1.13. 2010도9330).

[❹ ▸ ○] 사법경찰관은 체포현장에서 甲과 乙을 사기죄의 현행범으로 체포하면서 필요한 경우, 형소법 제216조 제1항 제2호에 따라 범행에 사용된 카메라, 모니터, 도박 판돈을 영장 없이 압수할 수 있다.

[❺ ▸ ○] [1] 형법 제48조 제1항의 '범인'에는 공범자도 포함되므로 피고인의 소유물은 물론 공범자의 소유물도 그 공범자의 소추 여부를 불문하고 몰수할 수 있고, 여기에서의 공범자에는 공동정범, 교사범, 방조범에 해당하는 자는 물론 필요적 공범관계에 있는 자도 포함된다.
[2] 형법 제48조 제1항의 '범인'에 해당하는 공범자는 반드시 유죄의 죄책을 지는 자에 국한된다고 볼 수 없고 공범에 해당하는 행위를 한 자이면 족하므로 이러한 자의 소유물도 형법 제48조 제1항의 '범인 이외의 자의 소유에 속하지 아니하는 물건'으로서 이를 피고인으로부터 몰수할 수 있다(대판 2006.11.23. 2006도5586).

정답 ②

제3절 수사상의 증거 보전 ☆

2018년 변호사시험 문 29. ☑ 확인Check! ○ △ ×

공무원인 甲과 민간사업자인 乙은 뇌물을 주고받았다는 범죄사실로 수사를 받고 있고, A는 범죄의 수사에 없어서는 아니 될 사실을 안다고 명백히 인정되는데도 검사의 출석요구를 거부하고 있다. 한편, 甲에 대한 무혐의를 입증해 줄 수 있는 B는 외국지사로 발령이 나 외국으로 출국하려고 한다. 이에 관한 설명 중 옳은 것은?(다툼이 있는 경우 판례에 의함)

① 검사는 공소제기 전이라도 형사소송법 제221조의2에 의하여 판사에게 A에 대한 증인신문을 청구할 수 있으며, 청구를 기각한 결정에 대하여는 즉시항고를 할 수 있다.

② 위 ①의 청구에 따라 판사가 증인신문기일을 정한 때에도 특별히 수사에 지장이 있다고 인정되는 경우, 판사는 甲 또는 변호인에게 그 기일과 장소 및 증인신문에 참여할 수 있다는 취지를 통지하지 않고 증인신문을 할 수 있다.

③ 甲과 乙은 필요적 공범관계에 있기 때문에 수사단계에서 甲에 대한 증거를 미리 보전하기 위하여 필요한 경우라도 검사는 형사소송법 제184조에 따라 판사에게 乙을 증인으로 신문할 것을 청구할 수 없다.

④ 검사가 甲을 수뢰죄로 기소한 경우, 甲이 미리 증거를 보전하지 아니하면 그 증거를 사용하기 곤란한 사정이 있는 때에는 제1회 공판기일 전이라도 형사소송법 제184조에 의하여 판사에게 B에 대한 증인신문을 청구할 수 있으며, 청구를 기각하는 결정에 대하여는 3일 이내에 항고할 수 있다.

⑤ 위 ④에 의하여 작성된 증인신문조서는 공판기일 전에 작성되었더라도 당연히 증거능력이 있는 서류를 규정하고 있는 형사소송법 제315조 제3호의 '특히 신용할 만한 정황에 의하여 작성된 문서'로서 증거능력이 인정된다.

[❶ ▸ ×] 참고인 A에 대한 검사의 증인신문청구가 기각된 경우에는, 형사소송법 제184조의 증거보전과는 달리 불복할 수 없다.

[❷ ▸ ×] 판사는 증인신문청구에 따라 증인신문기일을 정한 때에는 피고인·피의자 또는 변호인에게 이를 통지하여 증인신문에 참여할 수 있도록 하여야 하는데(형소법 제221조의2 제5항), 수사에 지장이 있다고 인정되는 경우에도 참여권을 제한할 수 없다.

[❸ ▸ ×] 공동피고인과 피고인이 뇌물을 주고받은 사이로 필요적 공범관계에 있다고 하더라도 검사는 수사단계에서 피고인에 대한 증거를 미리 보전하기 위하여 필요한 경우에는 판사에게 공동피고인을 증인으로 신문할 것을 청구할 수 있다(대판 1988.11.8. 86도1646).

[❹ ▸ ○] 검사, 피고인, 피의자 또는 변호인은 미리 증거를 보전하지 아니하면 그 증거를 사용하기 곤란한 사정이 있는 때에는 제1회 공판기일 전이라도 판사에게 압수, 수색, 검증, 증인신문 또는 감정을 청구할 수 있다(형소법 제184조 제1항). 제1항의 청구를 기각하는 결정에 대하여는 3일 이내에 항고할 수 있다(동조 제4항).

[❺ ▸ ×] 공판준비 또는 공판기일에 피고인이나 피고인 아닌 자의 진술을 기재한 조서와 법원 또는 법관의 검증의 결과를 기재한 조서는 증거로 할 수 있다. 제184조 및 제221조의2의 규정에 의하여 작성한 조서도 또한 같다(형소법 제311조). 따라서 증인신문절차에서 작성된 증인신문조서는 법관의 면전조서로서 당연히 증거능력이 인정된다.

④ 정답

제4절 수사의 종결 ☆

2017년 변호사시험 문 30. ☑ 확인Check! O △ X

검사의 불기소처분에 관한 설명 중 옳지 않은 것을 모두 고른 것은?(다툼이 있는 경우 판례에 의함)

ㄱ. 검사는 피의사실이 범죄구성요건에는 해당하지만 위법성조각사유나 책임조각사유 등 법률상 범죄의 성립을 조각하는 사유가 있는 경우에는 혐의없음처분을 한다.
ㄴ. 검사는 피의사실이 인정되는 경우에 반드시 공소를 제기하여야 하는 것이 아니라 피의자의 연령, 피해자에 대한 관계, 범행의 동기 및 수단과 결과 등을 참작하여 소추를 필요로 하지 아니하는 경우에는 기소유예처분을 할 수 있다.
ㄷ. 고소권자인 고소인이 검사의 불기소처분에 불복하여 재정신청을 하려면 검찰청법 제10조에 따른 항고를 반드시 거친 후, 그 검사 소속의 지방검찰청 소재지를 관할하는 고등법원에 재정신청서를 제출하여야 한다.
ㄹ. 고등법원의 재정신청기각결정이 확정된 사건에 대하여는 다른 중요한 증거를 발견한 경우를 제외하고는 소추할 수 없는데, 이 경우 재정신청기각결정이 확정된 사건이라 함은 재정신청사건을 담당하는 법원에서 공소제기의 가능성과 필요성 등에 관한 심리와 판단이 현실적으로 이루어져 재정신청기각결정의 대상이 된 사건만을 의미한다.
ㅁ. 고등법원이 재정신청에 대하여 공소제기의 결정을 한 경우, 관련 절차에 따라 담당 검사로 지정된 검사는 공소를 제기하여야 하고, 공소를 취소할 수도 없다.

① ㄱ, ㄷ ② ㄴ, ㄹ ③ ㄱ, ㄷ, ㅁ
④ ㄱ, ㄹ, ㅁ ⑤ ㄷ, ㄹ, ㅁ

[ㄱ ▸ X] 피의사실이 범죄구성요건에 해당하나 법률상 범죄의 성립을 조각하는 사유가 있어 범죄를 구성하지 아니하는 경우에는 '죄가안됨'처분을 한다(검찰사건사무규칙 제69조 제3항 제3호).

[ㄴ ▸ O] 피의사실이 인정되나 ㉠ 범인의 연령, 성행, 지능과 환경, ㉡ 피해자에 대한 관계, ㉢ 범행의 동기, 수단과 결과, ㉣ 범행 후의 정황을 참작하여 소추를 필요로 하지 아니하는 경우에는 '기소유예'처분을 한다(검찰사건사무규칙 제69조 제3항 제1호).

[ㄷ ▸ X] 고소권자로서 고소를 한 자가 재정신청을 하려면 검찰청법 제10조에 따른 항고를 거쳐야 하나, 형사소송법 제260조 제2항 각 호에 의한 예외가 인정된다.

법령

재정신청(형소법 제260조)

① 고소권자로서 고소를 한 자(형법 제123조부터 제126조까지의 죄에 대하여는 고발을 한 자를 포함한다)는 검사로부터 공소를 제기하지 아니한다는 통지를 받은 때에는 그 검사 소속의 지방검찰청 소재지를 관할하는 고등법원(이하 "관할 고등법원")에 그 당부에 관한 재정을 신청할 수 있다. 다만, 형법 제126조의 죄에 대하여는 피공표자의 명시한 의사에 반하여 재정을 신청할 수 없다.
② 제1항에 따른 재정신청을 하려면 검찰청법 제10조에 따른 항고를 거쳐야 한다. 다만, 다음 각 호의 어느 하나에 해당하는 경우에는 그러하지 아니하다.
1. 항고 이후 재기수사가 이루어진 다음에 다시 공소를 제기하지 아니한다는 통지를 받은 경우
2. 항고신청 후 항고에 대한 처분이 행하여지지 아니하고 3개월이 경과한 경우
3. 검사가 공소시효 만료일 30일 전까지 공소를 제기하지 아니하는 경우

정답 ①

[ㄹ ▸ O] 형사소송법 제262조 제2항, 제4항과 형사소송법 제262조 제4항 후문의 입법취지 등에 비추어 보면, 형사소송법 제262조 제4항 후문에서 말하는 '제2항 제1호의 결정이 확정된 사건'은 재정신청사건을 담당하는 법원에서 공소제기의 가능성과 필요성 등에 관한 심리와 판단이 현실적으로 이루어져 재정신청기각결정의 대상이 된 사건만을 의미한다. 따라서 재정신청기각결정의 대상이 되지 않은 사건은 형사소송법 제262조 제4항 후문에서 말하는 '제2항 제1호의 결정이 확정된 사건'이라고 할 수 없고, 재정신청기각결정의 대상이 되지 않은 사건이 고소인의 고소내용에 포함되어 있었다 하더라도 이와 달리 볼 수 없다(대판 2015.9.10. 2012도14755).

[ㅁ ▸ O] 법원의 공소제기결정에 따른 재정결정서를 송부받은 관할 지방검찰청 검사장 또는 지청장은 지체 없이 담당 검사를 지정하고 지정받은 검사는 공소를 제기하여야 한다(형소법 제262조 제6항). 검사는 법원의 공소제기결정에 따라 공소를 제기한 때에는 이를 취소할 수 없다(동법 제264조의2).

CHAPTER 03

공소의 제기

형사소송법

각 문항별로 이해도를 체크해 보세요.

최근 5년간 회별 평균 0.4문

제1절 공소제기의 기본원칙

★

2018년 변호사시험 문 38.

甲은 A 소유의 부동산을 매수하면서 A와 매매계약을 한 후 소유권이전등기는 명의신탁약정을 맺은 乙 앞으로 경료하였다. 乙은 등기가 자신 명의로 되어 있음을 기화로 친구인 丙과 공모하여 甲의 승낙 없이 이 부동산을 丙에게 헐값으로 처분하였다. 이 사실을 안 甲이 乙과 丙에게 폭언을 퍼붓자, 乙과 丙은 서로 짜고 B를 포함한 여러 사람들에게 甲을 모욕하는 말을 떠들고 다녔다. 이에 甲은 乙과 丙을 횡령과 모욕의 범죄사실로 고소하였다. 이후 甲은 도로상에서 만난 丙이 "왜 나를 고소했느냐?"라고 따지면서 대들자 마침 그곳을 지나가는 동생 丁에게 "강도인 저 사람이 칼을 갖고 형을 협박하니 좀 때려라"라고 하면서 상해의 고의로 옆에 있던 위험한 물건인 몽둥이를 건네주었고, 甲의 말만 믿은 丁은 甲을 방위할 의사로 丙에게 약 3주간의 치료를 요하는 상해를 가하였다. 이에 관한 설명 중 옳지 않은 것은?(다툼이 있는 경우 판례에 의함)

① 甲은 신탁부동산의 소유권을 가지지 아니하고, 甲과 乙 사이에 위탁신임관계를 인정할 수도 없어 乙을 甲의 부동산을 보관하는 자라고 할 수 없으므로, 乙이 신탁받은 부동산을 임의로 처분하여도 甲에 대한 관계에서 횡령죄가 성립하지 아니한다.
② 丁이 丙을 강도로 오인한 데 대하여 정당한 이유가 인정되지 않는 경우, 엄격책임설에 의하면 甲은 특수상해죄의 교사범이 성립한다.
③ 乙과 丙이 모욕죄의 공범으로 기소되어 제1심 공판심리 중 甲이 乙에 대한 고소를 취소하면 수소법원은 乙과 丙 모두에 대하여 공소기각의 판결을 선고해야 한다.
④ 乙과 丙의 모욕죄에 대한 공판심리 중 피해자인 甲은 B를 증인으로 신문해 줄 것을 수소법원에 신청할 수 있다.
⑤ 만일 검사로부터 丙을 모욕죄로 공소를 제기하지 아니한다는 통지를 받은 甲이 관할 고등법원에 재정신청을 하였다면 재정결정이 확정될 때까지 공소시효의 진행은 정지되며, 법원의 공소제기결정에 대하여 검사는 즉시항고 등의 방법으로 불복할 수 없다.

[❶ ▸ ○] 명의신탁자가 매수한 부동산에 관하여 부동산실명법을 위반하여 명의수탁자와 맺은 명의신탁약정에 따라 매도인에게서 바로 명의수탁자 명의로 소유권이전등기를 마친 이른바 중간생략등기형 명의신탁을 한 경우, 명의신탁자는 신탁부동산의 소유권을 가지지 아니하고, 명의신탁자와 명의수탁자 사이에 위탁신임관계를 인정할 수도 없다. 따라서 명의수탁자가 명의신탁자의 재물을 보관하는 자라고 할 수 없으므로, 명의수탁자가 신탁받은 부동산을 임의로 처분하여도 명의신탁자에 대한 관계에서 횡령죄가 성립하지 아니한다(대판 2016.5.19. 2014도6992[전합]).

[❷ ▸ ○] 엄격책임설은 위법성조각사유의 전제사실에 대한 착오를 금지착오로 이해하는데, 착오에 정당한 이유가 없으면 고의범이 성립하고, 정당한 이유가 있으면 책임이 조각된다. 이에 의하면, 甲의 말만을 믿은 丁의 착오에 정당한 이유가 없어 보이므로 丁에게는 특수상해죄(형법 제258조의2)의 고의범이 성립하고, 공범종속성의 원칙에 따라 甲에게는 특수상해죄의 교사범이 성립한다 할 것이다.

PART 02 수사와 공소

정답 ④

[❸ ▸ ○] 고소의 주관적 불가분의 원칙(형소법 제233조)은 절대적 친고죄에 제한 없이 적용되므로, 甲의 乙에 대한 고소취소는 丙에게도 그 효력을 미친다. 따라서 수소법원은 乙과 丙 모두에 대하여 형소법 제327조 제5호에 의한 공소기각의 판결을 선고하여야 한다.

[❹ ▸ ×] 법원은 범죄로 인한 피해자등의 신청이 있는 때에는 그 피해자등을 증인으로 신문하여야 하나(형소법 제294조의2 제1항), 피해자등이 타인을 증인으로 신청할 권리는 없다.

[❺ ▸ ○] 재정신청이 있으면 재정결정이 확정될 때까지 공소시효의 진행은 정지되고, 법원의 공소제기결정에 대하여는 불복할 수 없다.

법령

심리와 결정(형소법 제262조)

② 법원은 재정신청서를 송부받은 날부터 3개월 이내에 항고의 절차에 준하여 다음 각 호의 구분에 따라 결정한다. 이 경우 필요한 때에는 증거를 조사할 수 있다.

1. 신청이 법률상의 방식에 위배되거나 이유 없는 때에는 신청을 기각한다.
2. 신청이 이유 있는 때에는 사건에 대한 공소제기를 결정한다.

④ 제2항 제1호의 결정에 대하여는 제415조에 따른 즉시항고를 할 수 있고, 제2항 제2호의 결정에 대하여는 불복할 수 없다. 제2항 제1호의 결정이 확정된 사건에 대하여는 다른 중요한 증거를 발견한 경우를 제외하고는 소추할 수 없다.

공소시효의 정지 등(형소법 제262조의4)

① 제260조에 따른 재정신청이 있으면 제262조에 따른 재정결정이 확정될 때까지 공소시효의 진행이 정지된다.

2015년 변호사시험 문 18. ☑ 확인Check! ○ △ ×

재정신청에 관한 설명 중 옳은 것을 모두 고른 것은?(다툼이 있는 경우 판례에 의함)

ㄱ. 검사의 불기소처분에 대하여 고소권자의 경우 재정신청을 할 수 있는 대상 범죄에 제한이 없으며, 기소유예처분에 대해서도 재정신청을 할 수 있다.
ㄴ. 공소취소에 대해서는 재정신청을 할 수 없다.
ㄷ. 공동신청권자 중 1인의 재정신청은 그 전원을 위하여 효력을 발생하고, 그 취소의 경우에도 마찬가지이다.
ㄹ. 재정신청을 취소한 자는 다시 재정신청을 할 수 없다.
ㅁ. 헌법재판소결정에 의하면 재정신청에 관한 법원의 기각결정에 대해서는 재항고로 불복할 수 있다.

① ㄱ, ㄴ, ㄷ ② ㄱ, ㄷ, ㄹ ③ ㄱ, ㄴ, ㄷ, ㄹ
④ ㄱ, ㄴ, ㄹ, ㅁ ⑤ ㄴ, ㄷ, ㄹ, ㅁ

[ㄱ ▸ ○] [ㄴ ▸ ○] 재정신청의 대상에는 협의의 불기소처분 이외에 기소중지, 참고인중지 및 기소유예 등이 포함된다. 그러나 공소취소는 검사에 의하여 이미 제기된 공소의 철회를 의미하므로, 재정신청의 대상에 포함되지 아니한다.

④ 정답

[ㄷ▸×] [ㄹ▸○] 공동신청권자 중 1인의 신청은 그 전원을 위하여 효력을 발생하나, 그 취소는 다른 공동신청권자에게 효력을 미치지 아니하고, 재정신청은 재정신청의 기각 또는 공소제기결정이 있을 때까지 취소할 수 있으나, 취소한 자는 다시 재정신청을 할 수 없다(형소법 제264조).

[ㅁ▸○] 재정신청기각결정에 대하여 형사소송법 제415조의 재항고를 금지하는 것은 대법원에 명령・규칙 또는 처분의 위헌・위법심사권한을 부여하여 법령 해석의 통일성을 기하고자 하는 헌법 제107조 제2항의 취지에 반할 뿐 아니라, 헌법재판소법에 의하여 법원의 재판이 헌법소원의 대상에서 제외되어 있는 상황에서 재정신청인의 재판청구권을 지나치게 제약하는 것이 된다. 그리고 법 제415조는 법 제402조와 달리 아무런 예외를 두지 않은 채 이른바 법령 위반을 이유로 즉시항고할 수 있다고 규정하고 있고, 소액사건심판법 제3조 제1호, '상고심절차에 관한 특례법' 제4조 제1항에서 처분이나 원심판결의 헌법 위반이나 법률 위반 여부가 문제되는 경우 대법원의 판단을 받도록 규정하고 있는 것과 비교할 때, 처분(불기소처분)의 헌법 위반 여부나 위법・부당 여부에 관한 법원의 결정인 재정신청기각결정에 대하여 이른바 법령 위반을 이유로 한 재항고를 허용하지 아니하는 것은 재정신청기각결정의 법적 성격에도 부합하지 않으며, 민사소송법은 재항고(제442조)뿐만 아니라 불복할 수 없는 결정이나 명령에 대하여 이른바 법령 위반을 이유로 대법원에 특별항고를 할 수 있도록 하고 있다(제449조). 이러한 사정들을 고려할 때, 법 제262조 제4항의 "불복할 수 없다"는 부분은, 재정신청기각결정에 대한 '불복'에 법 제415조의 '재항고'가 포함되는 것으로 해석하는 한, 재정신청인인 청구인들의 재판청구권을 침해하고, 또 법 제415조의 재항고가 허용되는 고등법원의 여타 결정을 받은 사람에 비하여 합리적 이유 없이 재정신청인을 차별취급함으로써 청구인들의 평등권을 침해한다(헌재 2011.11.24. 2008헌마578).

제2절 공소제기의 방식 ★☆

2012년 변호사시험 문 21. ☑ 확인Check! ○ △ ×

다음 설명에 대하여 옳은 것(○)과 옳지 않은 것(×)을 올바르게 조합한 것은?(다툼이 있는 경우에는 판례에 의함)

가. 재정신청에 대하여 법원의 공소제기결정이 있게 되면 공소제기가 의제되므로 이는 불고불리의 원칙의 예외라고 할 수 있다.
나. 행위자에게 유죄의 재판을 하지 아니하면서 몰수를 선고하기 위하여서는 몰수의 요건이 공소가 제기된 공소사실과 관련되어 있어야 하고, 공소가 제기되지 아니한 별개의 범죄사실을 인정하여 몰수만을 선고하는 것은 허용되지 아니한다.
다. 피고인이 정식재판을 청구한 사건에 대하여는 약식명령의 형보다 중한 종류의 형을 선고하지 못한다.
라. 공범 중 1인으로 기소된 자가 범죄의 증명이 없다는 이유로 무죄의 판결을 선고받아 그 판결이 확정되었더라도, 무죄로 확정된 그 피고사건에서 공범으로 지적된 진범인에 대하여 공소시효 정지의 효력이 생긴다.
마. 검사가 공소제기 후에 그 피고사건에 관하여 수소법원이 아닌 지방법원 판사에게 청구하여 발부받은 영장에 의하여 압수・수색을 하여 수집된 증거는 원칙적으로 유죄의 증거로 삼을 수 없다.

① 가(×) 나(○) 다(○) 라(×) 마(×)
② 가(×) 나(○) 다(○) 라(○) 마(○)
③ 가(○) 나(×) 다(×) 라(○) 마(×)
④ 가(×) 나(○) 다(○) 라(×) 마(○)
⑤ 가(○) 나(×) 다(×) 라(×) 마(○)

정답 ④

[가 ▸ ×] 법원의 공소제기결정에 따른 재정결정서를 송부받은 관할 지방검찰청 검사장 또는 지청장은 지체 없이 담당 검사를 지정하고 지정받은 검사는 공소를 제기하여야 하므로(형소법 제262조 제6항), 공소제기가 의제된다고 할 수 없다.

[나 ▸ ○] 형법 제49조 단서는 행위자에게 유죄의 재판을 하지 아니할 때에도 몰수의 요건이 있는 때에는 몰수만을 선고할 수 있다고 규정하고 있으므로 몰수뿐만 아니라 몰수에 갈음하는 추징도 위 규정에 근거하여 선고할 수 있다고 할 것이나, 우리 법제상 공소의 제기 없이 별도로 몰수나 추징만을 선고할 수 있는 제도가 마련되어 있지 아니하므로 위 규정에 근거하여 몰수나 추징을 선고하기 위하여서는 몰수나 추징의 요건이 공소가 제기된 공소사실과 관련되어 있어야 하고, 공소가 제기되지 아니한 별개의 범죄사실을 법원이 인정하여 그에 관하여 몰수나 추징을 선고하는 것은 불고불리의 원칙에 위반되어 허용되지 아니한다(대판 2010.5.13. 2009도11732).

[다 ▸ ○] 피고인이 정식재판을 청구한 사건에 대하여는 약식명령의 형보다 중한 종류의 형을 선고하지 못한다(형소법 제457조의2 제1항).

[라 ▸ ×] 형사소송법 제253조 제1항, 제2항에 의하면 공소시효는 공소의 제기로 진행이 정지되고, 공범의 1인에 대한 공소시효의 정지는 다른 공범자에 대하여 효력이 미치고 당해 사건의 재판이 확정된 때로부터 진행한다고 규정하고 있는바, 위 제2항 소정의 공범관계의 존부는 현재 시효가 문제되어 있는 사건을 심판하는 법원이 판단하는 것으로서 법원조직법 제8조의 경우를 제외하고는 다른 법원의 판단에 구속되는 것은 아니라고 할 것이고, 위 형사소송법 제253조 제2항 소정의 재판이라 함은 종국재판이면 그 종류를 묻지 않는다고 할 것이나, 공범의 1인으로 기소된 자가 구성요건에 해당하는 위법행위를 공동으로 하였다고 인정되기는 하나 책임조각을 이유로 무죄로 되는 경우와는 달리 범죄의 증명이 없다는 이유로 공범 중 1인이 무죄의 확정판결을 선고받은 경우에는 그를 공범이라고 할 수 없어 그에 대하여 제기된 공소로써는 진범에 대한 공소시효 정지의 효력이 없다(대판 1999.3.9. 98도4621).

[마 ▸ ○] 형사소송법은 제215조에서 검사가 압수・수색영장을 청구할 수 있는 시기를 공소제기 전으로 명시적으로 한정하고 있지는 아니하나, 헌법상 보장된 적법절차의 원칙과 재판받을 권리, 공판중심주의・당사자주의・직접주의를 지향하는 현행 형사소송법의 소송구조, 관련 법규의 체계, 문언형식, 내용 등을 종합하여 보면, 일단 공소가 제기된 후에는 피고사건에 관하여 검사로서는 형사소송법 제215조에 의하여 압수・수색을 할 수 없다고 보아야 하며, 그럼에도 검사가 공소제기 후 형사소송법 제215조에 따라 수소법원 이외의 지방법원 판사에게 청구하여 발부받은 영장에 의하여 압수・수색을 하였다면, 그와 같이 수집된 증거는 기본적 인권 보장을 위해 마련된 적법한 절차에 따르지 않은 것으로서 원칙적으로 유죄의 증거로 삼을 수 없다(대판 2011.4.28. 2009도10412).

2014년 변호사시험 문 26. ☑ 확인 Check! ○ △ ×

공소사실의 특정에 관한 설명 중 옳지 않은 것은?(다툼이 있는 경우에는 판례에 의함)

① 포괄일죄에 있어서는 그 일죄의 일부를 구성하는 개개의 행위에 대하여 구체적으로 특정하지 않더라도 전체 범행의 시기와 종기, 범행방법, 피해자나 상대방, 범행횟수, 피해액의 합계 등을 명시하면 공소사실이 특정된 것으로 본다.

② 교사범이나 방조범의 경우 교사나 방조의 사실뿐만 아니라 정범의 범죄사실도 특정하여야 한다.

③ 간통죄의 공소사실을 "피고인들이 2011.5. 중순경부터 2012.4.3.경까지 사이에 부산시 동구 수정동 984 및 그들의 셋방 등지에서 횟수 불상 간음하여 간통하였다"라고 기재한 경우 공소사실이 특정되었다고 볼 수 있다.

④ 유가증권변조사건의 공소사실이 범행일자를 '2005.1. 말경에서 같은 해 2.4. 사이'로 범행장소를 '서울 불상지'로 범행방법을 '불상의 방법으로 수취인의 기재를 삭제'로 되어 있는 경우 변조된 유가증권이 압수되어 현존하고 있는 이상 공소사실이 특정되었다고 볼 수 있다.

⑤ 공소장의 기재사실 중 일부가 명확하지 아니한 경우 법원이 검사에게 석명을 구하지 않고 곧바로 공소기각판결을 하면 심리미진의 위법이 될 수 있다.

[❶ ▸ ○] 공소사실의 기재에 있어서 범죄의 일시, 장소, 방법을 명시하여 공소사실을 특정하도록 한 법의 취지는 법원에 대하여 심판의 대상을 한정하고 피고인에게 방어의 범위를 특정하여 그 방어권 행사를 쉽게 해 주기 위한 데에 있는 것이므로, 공소사실은 이러한 요소를 종합하여 구성요건 해당사실을 다른 사실과 구별할 수 있을 정도로 기재하면 족하고, 공소장에 범죄의 일시, 장소, 방법 등이 구체적으로 적시되지 않았더라도 위와 같이 공소사실을 특정하도록 한 법의 취지에 반하지 아니하고, 공소범죄의 성격에 비추어 그 개괄적 표시가 부득이한 경우에는, 그 공소내용이 특정되지 않아 공소제기가 위법하다고 할 수 없으며, 특히 포괄일죄에 있어서는 그 일죄의 일부를 구성하는 개개의 행위에 대하여 구체적으로 특정되지 아니하더라도 그 전체 범행의 시기와 종기, 범행방법, 피해자나 상대방, 범행횟수나 피해액의 합계 등을 명시하면 이로써 그 범죄사실은 특정되는 것이라고 할 것이다(대판 1999.11.12. 99도2934).

[❷ ▸ ○] 공소사실이란 범죄의 특별구성요건을 충족하는 구체적 사실을 말하며, 공소장에는 공소사실의 기재에 있어서 공소의 원인된 사실을 다른 사실과 구별할 수 있을 정도로 특정하도록 형사소송법이 요구하고 있으며, 방조범의 공소사실을 기재함에 있어서는 그 전제요건이 되는 정범의 범죄구성요건을 충족하는 구체적 사실을 기재하여야 공소사실의 기재가 있다고 볼 것이다(대판 1982.2.23. 81도822).

[❸ ▸ ×] 간통죄는 각 성행위마다 1개의 간통죄가 성립되는 것이므로 공소장에 "피고인은 1978.5. 말경부터 같은 해 9. 말경까지 사이에 상 피고인과 수회 간음하여 각 간통하였다" 라는 기재는 추상적인 범죄구성요건의 문구만이 적시되어 있을 뿐 구체적 범죄사실의 기재가 없어 공소제기로서는 유효요건을 갖추지 못한 것이다(대판 1980.7.22. 79도2246).

[❹ ▸ ○] 이 사건 유가증권 변조의 공소사실이 범행일자를 "2005.1. 말경에서 같은 해 2.4. 사이"로, 범행장소를 "서울 불상지"로, 범행방법을 "불상의 방법으로 수취인의 기재를 삭제"한 것으로 되어 있다 하더라도, 유가증권 변조 여부가 문제로 된 이 사건에서 그 변조된 유가증권이 압수되어 현존하고 있는 이상, 위 범죄의 일시와 장소 및 방법의 기재는 범죄의 동일성 인정과 이중기소 방지, 시효 저촉 여부, 토지관할을 가름할 수 있는 범위 내에서 그 유가증권변조사실을 뒷받침한다고 보기에 충분하여 그 구성요건 해당사실이 다른 범죄사실과 판별할 수 있는 정도로 기재되어 있고 이 부분 공소범죄의 성격에 비추어 그 개괄적 표시가 부득이하며 그에 대한 피고인의 방어권 행사에 지장이 없다고 보이므로, 공소사실이 특정되지 아니하여 공소제기가 위법하다고 볼 수 없다(대판 2008.3.27. 2007도11000).

[❺ ▸ ○] 공소장의 기재가 불명확한 경우 법원은 형사소송규칙 제141조의 규정에 의하여 검사에게 석명을 구한 다음, 그래도 검사가 이를 명확하게 하지 않은 때에야 공소사실의 불특정을 이유로 공소를 기각함이 상당하다고 할 것이므로, 검사에게 공소사실 특정에 관한 석명에 이르지 아니한 채 곧바로 위와 같이 공소사실의 불특정을 이유로 공소기각의 판결을 한 데에는, 공소사실의 특정에 관한 법리를 오해하였거나 심리를 미진한 위법이 있다고 할 것이다(대판 2006.5.11. 2004도5972).

정답 ③

2019년 변호사시험 문 24.

☑ 확인 Check! ○ △ ×

공소장 기재사항 및 공소사실의 특정에 관한 설명 중 옳은 것을 모두 고른 것은?(다툼이 있는 경우 판례에 의함)

ㄱ. 포괄일죄에 대한 공소장을 작성하는 경우에는 그 일죄의 일부를 구성하는 개개의 행위에 대하여 구체적으로 특정되지 아니하더라도 그 전체 범행의 시기와 종기, 범행방법, 피해자나 상대방, 범행횟수나 피해액의 합계 등을 명시하면 이로써 그 범죄사실은 특정된 것이라고 할 수 있다.
ㄴ. 공소장의 기재가 불명확할 경우 비록 공소사실의 보완이 가능하더라도 법원이 검사에게 공소사실 특정에 대한 석명에 이르지 아니하고 공소사실의 불특정을 이유로 공소기각의 판결을 하여도 적법하다.
ㄷ. 교사범이나 방조범의 경우에는 정범의 범죄구성을 충족하는 구체적 사실을 특정할 필요가 없다.
ㄹ. 필요 이상 엄격하게 공소사실의 특정을 요구하는 것도 공소의 제기와 유지에 장애를 초래할 수 있으므로, 범죄의 일시는 이중기소나 시효에 저촉되지 않을 정도로, 장소는 토지관할을 가늠할 수 있을 정도로, 그리고 방법에 있어서는 범죄구성요건을 밝히는 정도로 기재하면 족하다.
ㅁ. 공소사실의 기재는 다른 공소사실과 구별할 수 있는 정도로 특정하면 족하고 그 일부가 다소 불명확하게 적시되어 있더라도 그와 함께 적시된 다른 사항들에 의하여 그 공소사실을 특정할 수 있고 피고인의 방어권 행사에 지장이 없다면, 그 공소제기의 효력에는 영향이 없다.

① ㄱ, ㄴ, ㄷ ② ㄱ, ㄷ, ㄹ ③ ㄱ, ㄹ, ㅁ
④ ㄴ, ㄹ, ㅁ ⑤ ㄴ, ㄷ, ㄹ, ㅁ

[ㄱ ▸ O] 공소사실의 기재에 있어서 범죄의 일시, 장소, 방법을 명시하여 공소사실을 특정하도록 한 법의 취지는 법원에 대하여 심판의 대상을 한정하고 피고인에게 방어의 범위를 특정하여 그 방어권 행사를 쉽게 해 주기 위한 데에 있는 것이므로, 공소사실은 이러한 요소를 종합하여 구성요건 해당사실을 다른 사실과 구별할 수 있을 정도로 기재하면 족하고, 공소장에 범죄의 일시, 장소, 방법 등이 구체적으로 적시되지 않았더라도 위와 같이 공소사실을 특정하도록 한 법의 취지에 반하지 아니하고, 공소범죄의 성격에 비추어 그 개괄적 표시가 부득이한 경우에는, 그 공소내용이 특정되지 않아 공소제기가 위법하다고 할 수 없으며, 특히 포괄일죄에 있어서는 그 일죄의 일부를 구성하는 개개의 행위에 대하여 구체적으로 특정되지 아니하더라도 그 전체 범행의 시기와 종기, 범행방법, 피해자나 상대방, 범행횟수나 피해액의 합계 등을 명시하면 이로써 그 범죄사실은 특정되는 것이라고 할 것이다(대판 1999.11.12, 99도2934).

[ㄴ ▸ X] 공소장의 기재가 불명확한 경우 법원은 형사소송규칙 제141조의 규정에 의하여 검사에게 석명을 구한 다음, 그래도 검사가 이를 명확하게 하지 않은 때에야 공소사실의 불특정을 이유로 공소를 기각함이 상당하다고 할 것이므로, 검사에게 공소사실 특정에 관한 석명에 이르지 아니한 채 곧바로 위와 같이 공소사실의 불특정을 이유로 공소기각의 판결을 한 데에는, 공소사실의 특정에 관한 법리를 오해하였거나 심리를 미진한 위법이 있다고 할 것이다(대판 2006.5.11, 2004도5972).

[ㄷ ▸ X] 공소사실이란 범죄의 특별구성요건을 충족하는 구체적 사실을 말하며, 공소장에는 공소사실의 기재에 있어서 공소의 원인된 사실을 다른 사실과 구별할 수 있을 정도로 특정하도록 형사소송법이 요구하고 있으며, 방조범의 공소사실을 기재함에 있어서는 그 전제요건이 되는 정범의 범죄구성요건을 충족하는 구체적 사실을 기재하여야 공소사실의 기재가 있다고 볼 것이다(대판 1982.2.23, 81도822).

[ㄹ ▸ O] 공소장에의 공소사실 기재는 법원에 대하여 심판의 대상을 한정하고 피고인에게 방어의 범위를 특정하여 그 방어권 행사를 용이하게 하기 위하여 요구되는 것이므로 범죄의 일시, 장소, 방법 등 소인을 명시하여 사실을 가능한 한 명확하게 특정할 수 있도록 하는 것이 바람직하나, 그렇다고 해서 필요 이상 엄격하게 특정을 요구하는 것도 공소의 제기와 유지에 장애를 초래할 수 있으므로, 범죄의 일시는 이중기소나 시효에 저촉되지 않을 정도로, 장소는 토지관할을 가늠할 수 있을 정도로, 그리고 방법에 있어서는 범죄구성요건을 밝히는 정도로 기재하면 족하다(대판 1992.9.14, 92도1532).

③ 정답

[ㅁ ▸ O] 공소사실의 특정은 공소제기된 범죄의 성격에 비추어 그 공소의 원인이 된 사실을 다른 공소사실과 구별할 수 있을 정도로 그 일시, 장소, 방법, 목적 등을 적시하여 특정하면 족하고, 그 일부가 다소 불명확하더라도 그와 함께 적시된 다른 사항들에 의하여 그 공소사실을 특정할 수 있고, 그리하여 피고인의 방어권 행사에 지장이 없다면, 공소제기의 효력에는 영향이 없다(대판 1999.4.23. 99도82).

제3절 공소시효

PART 03 공 판

공판절차

각 문항별로 이해도를 체크해 보세요.

최근 5년간 회별 평균 **1.6문**

제1절 공판심리의 범위 ★★★☆

2015년 변호사시험 문 21.

공소장 변경에 관한 설명 중 옳지 않은 것은?(다툼이 있는 경우 판례에 의함)

① 피해자가 제1심에서 처벌불원의사를 표시한 후에도 검사가 항소하여 계속된 항소심에서 공소사실을 폭행에서 상해로 변경하는 공소장 변경을 할 수 있고, 이 경우 항소심이 변경된 공소사실인 상해의 점에 대해 심리·판단하여 유죄로 인정한 것은 정당하다.

② 관세포탈미수로 인한 특정범죄 가중처벌 등에 관한 법률 위반(관세)죄로 공소제기된 경우에는 공소장 변경 없이 관세포탈예비로 인한 특정범죄 가중처벌 등에 관한 법률 위반(관세)죄로 인정할 수 없다.

③ 피고인의 방어권 행사에 실질적인 불이익을 초래할 염려가 없는 경우에는 공소사실과 기본적 사실이 동일한 범위 내에서 법원이 공소장변경절차를 거치지 아니하고 다르게 사실을 인정하였다고 할지라도 불고불리의 원칙에 위배되지 아니한다.

④ 간접정범으로 공소가 제기된 경우, 공소장의 변경 없이 방조범 성립 여부를 심리하여 판단하는 것은 피고인의 방어권 행사에 실질적 불이익을 초래할 염려가 있으므로 위법하다.

⑤ 공소장변경허가에 관한 법원의 결정은 판결 전의 소송절차에 관한 결정이므로 그 결정에 대하여 독립하여 항고할 수 없으나, 공소장변경허가에 관한 결정의 위법이 판결에 영향을 미친 경우에 한하여 그 판결에 대하여 상소를 제기할 수 있다.

[❶ ▸ O] [1] 친고죄에서 피해자의 고소가 없거나 고소가 취소되었음에도 친고죄로 기소되었다가 그 후 당초에 기소된 공소사실과 동일성이 인정되는 비친고죄로 공소장 변경이 허용된 경우 그 공소제기의 흠은 치유되고, 친고죄로 기소된 후에 피해자의 고소가 취소되더라도 제1심이나 항소심에서 당초에 기소된 공소사실과 동일성이 인정되는 범위 내에서 다른 공소사실로 공소장을 변경할 수 있으며 이러한 경우 변경된 공소사실에 대하여 심리·판단하여야 하는데, 이는 반의사불벌죄에서 피해자의 '처벌을 희망하지 아니하는 의사표시' 또는 '처벌을 희망하는 의사표시의 철회'가 있는 경우에도 마찬가지로 보아야 한다.

[2] 이 사건 공소사실 중 피해자 공소외인에 대한 상해의 점은 당초에 공소장에 죄명은 상해로, 적용법조는 형법 제257조 제1항으로 기재되어 있었으나 공소사실은 폭행으로 기재되어 있었던 사실, 위 피해자가 제1심에 피고인의 처벌을 희망하지 아니하는 의사표시를 하였으나 제1심은 공소장에 기재된 적용법조와 공소사실을 그대로 원용하여 유죄판결을 선고한 사실, 그 후 피고인의 항소로 진행된 원심에서 검사가 위 공소사실을 상해로 변경하는 내용의 공소장변경허가신청을 하여 원심이 이를 허가한 후 위 변경된 공소사실에 관하여 심리·판단한 사실을 알 수 있다. 피해자가 1심에서 처벌을 희망하지 아니하는 의사표시를 하였음에도 원심이 변경된 공소사실인 상해의 점에 대하여 심리·판단하여 이를 유죄로 인정한 것은 앞서 본 법리에 따른 것으로서 정당하고, 거기에 형사소송법 제327조 제6호에 관한 법리오해 등의 위법은 없다(대판 2011.5.13. 2011도2233).

④ 정답

[❷ ▸ ○] 세관직원에게 부탁하여 사위의 방법으로 밀수입하려고 외국에서 구입한 손목시계 등 물품을 가지고 왔다가 통관시켜 줄 세관직원을 찾지 못하여 이를 보세창고에 예치시킨 행위에 대하여 관세포탈미수로 인한 특정범죄 가중처벌 등에 관한 법률 위반죄로 공소제기된 경우에는 위 소위가 관세포탈예비로 인한 특정범죄 가중처벌 등에 관한 법률 위반죄를 구성한다고 하더라도 검사가 공소장 변경을 하지 아니한 이상 법원은 이에 관하여 심판할 수 없다(대판 1983.4.12. 82도2939).

[❸ ▸ ○] 피고인의 방어권 행사에 실질적인 불이익을 초래할 염려가 없는 경우에는 공소사실과 기본적 사실이 동일한 범위 내에서 법원이 공소장변경절차를 거치지 않고 다르게 인정하였다 할지라도 불고불리의 원칙에 위반되지 않는다(대판 2000.7.28. 98도4558).

[❹ ▸ ×] 부동산 명의수탁자를 처벌하는 규정인 부동산 실권리자명의 등기에 관한 법률 제7조 제2항 위반죄의 간접정범으로 공소가 제기된 경우, 공소장의 변경 없이 부동산 명의신탁행위의 방조범을 처벌하는 규정인 위 법률 제7조 제3항 위반죄가 성립되는지 여부를 심리하여 판단하는 것은 피고인의 방어권 행사에 실질적 불이익을 초래할 염려가 없다고 보기 어려울 뿐만 아니라, 이를 심리하여 처벌하지 아니하는 것이 현저히 정의와 형평에 반하여 위법하다고 볼 수도 없다(대판 2007.10.25. 2007도4663).

[❺ ▸ ○] 판결 전의 소송절차에 관한 결정에 대하여는 특히 즉시항고를 할 수 있는 경우 외에는 항고를 하지 못하는 것인 바, 소송사실 또는 적용법조의 추가, 철회 또는 변경의 허가에 관한 결정은 판결 전의 소송절차에 관한 결정이라 할 것이므로, 그 결정을 함에 있어서 저지른 위법이 판결에 영향을 미친 경우에 한하여 그 판결에 대하여 상소를 하여 다툼으로써 불복하는 외에는 당사자가 이에 대하여 독립하여 상소할 수 없다(대판 1987.3.28. 87모17).

2018년 변호사시험 문 24. ☑ 확인Check! ○ △ ×

공소장변경제도에 관한 설명 중 옳지 않은 것은?(다툼이 있는 경우 판례에 의함)

① 항소심의 구조가 사후심으로서의 성격만을 가지는 것은 아니므로, 피고인의 상고에 의하여 상고심에서 원심판결을 파기하고 사건을 항소심에 환송한 경우에도 공소사실의 동일성이 인정되면 항소심법원은 공소장 변경을 허가하여 변경된 공소사실을 심판대상으로 삼을 수 있다.

② 검사가 구두로 공소장변경허가신청을 하면서 변경하려는 공소사실의 일부만 진술하고 나머지는 전자적 형태의 문서로 저장한 저장매체를 제출한 경우, 저장매체에 저장된 전자적 형태의 문서로 제출된 부분은 공소장변경허가신청이 된 것이라고 할 수 없으므로 법원이 그 부분에 대해서까지 공소장변경허가를 하였더라도 적법하게 공소장 변경이 된 것으로 볼 수 없다.

③ 형사소송규칙은 "공소장변경허가신청서가 제출된 경우 법원은 그 부본을 피고인 또는 변호인에게 즉시 송달하여야 한다"라고 규정하고 있는데, 이는 피고인과 변호인 모두에게 부본을 송달하여야 한다는 취지가 아니므로 공소장변경신청서 부본을 피고인과 변호인 중 어느 한 쪽에 대해서만 송달하였다고 하여 절차상 잘못이 있다고 할 수 없다.

④ 공소장변경절차에 의하여 공소사실이 변경됨에 따라 그 법정형에 차이가 있는 경우, 변경된 공소사실에 대한 법정형이 공소시효기간의 판단기준이 된다.

⑤ 제1심에서 합의부 관할사건에 관하여 단독판사 관할사건으로 죄명과 적용법조를 변경하는 공소장변경허가신청서가 제출된 경우, 사건을 배당받은 합의부가 공소장 변경을 허가하는 결정을 하였다면 합의부는 결정으로 관할권이 있는 단독판사에게 사건을 이송하여야 한다.

[❶ ▸ ○] 현행법상 형사항소심의 구조가 사후심으로서의 성격만을 가지는 것은 아니므로, 피고인의 상고에 의하여 상고심에서 원심판결을 파기하고 사건을 항소심에 환송한 경우에도 공소사실의 동일성이 인정되면 공소장 변경을 허용하여 이를 심판대상으로 삼을 수 있는바, 환송 후 원심이 검사의 공소장변경신청을 허가하고 공소장 변경을 이유로 직권으로 제1심판결을 파기한 후 다시 판결한 조치는 옳고, 거기에 환송 후 항소심의 구조와 공소장변경허가에 관한 법리를 오해한 위법이 있다고 할 수 없다(대판 2004.7.22. 2003도8153).

정답 ⑤

[❷ ▸ ○] 검사가 공소장을 변경하고자 하는 때에는 그 취지를 기재한 공소장변경허가신청서를 법원에 제출하여야 하고, 다만 피고인이 재정하는 공판정에서 피고인에게 이익이 되거나 피고인이 동의하는 예외적인 경우에 한하여 법원은 구술에 의한 공소장 변경을 허가할 수 있다(형사소송규칙 제142조 제1항, 제5항). 따라서 검사가 구술에 의한 공소장변경허가신청을 하는 경우에도 변경하고자 하는 공소사실의 내용은 서면에 의하여 신청을 할 때와 마찬가지로 구체적으로 특정하여 진술하여야 하므로, 검사가 구술로 공소장변경허가신청을 하면서 변경하려는 공소사실의 일부만 진술하고 나머지는 전자적 형태의 문서로 저장한 저장매체를 제출하였다면, 공소사실의 내용을 구체적으로 진술한 부분에 한하여 공소장변경허가신청이 된 것으로 볼 수 있을 뿐이다. 그 경우 저장매체에 저장된 전자적 형태의 문서는 공소장변경허가신청이 된 것이라고 할 수 없고, 법원이 그 부분에 대해서까지 공소장변경허가를 하였더라도 적법하게 공소장 변경이 된 것으로 볼 수 없다(대판 2016.12.29. 2016도11138).

[❸ ▸ ○] 형사소송규칙 제142조 제3항은 공소장변경허가신청서가 제출된 경우에 법원은 그 부본을 피고인 또는 변호인에게 즉시 송달하여야 한다고 규정하고 있는데, 피고인과 변호인 모두에게 부본을 송달하여야 하는 취지가 아님은 문언상 명백하므로, 공소장변경신청서 부본을 피고인과 변호인 중 어느 한 쪽에 대해서만 송달하였다고 하여 절차상 잘못이 있다고 할 수 없다(대판 2015.2.16. 2014도14843).

[❹ ▸ ○] 공소장변경절차에 의하여 공소사실이 변경됨에 따라 그 법정형에 차이가 있는 경우에는 변경된 공소사실에 대한 법정형이 공소시효기간의 기준이 된다고 보아야 하므로 공소제기 당시의 공소사실에 대한 법정형을 기준으로 하면 공소제기 당시 아직 공소시효가 완성되지 않았으나 변경된 공소사실에 대한 법정형을 기준으로 하면 공소제기 당시 이미 공소시효가 완성된 경우에는 공소시효의 완성을 이유로 면소판결을 선고하여야 한다. 이러한 법리는 법원이 공소장을 변경하지 않고도 인정할 수 있는 사실에 대한 법정형을 기준으로 하면 공소제기 당시 이미 공소시효가 완성된 경우에도 마찬가지로 적용된다(대판 2013.7.26. 2013도6182).

[❺ ▸ ×] 제1심에서 합의부 관할사건에 관하여 단독판사 관할사건으로 죄명, 적용법조를 변경하는 공소장변경허가신청서가 제출되자, 합의부가 공소장 변경을 허가하는 결정을 하지 않은 채 착오배당을 이유로 사건을 단독판사에게 재배당한 경우, 형사소송법은 제8조 제2항에서 단독판사의 관할사건이 공소장 변경에 의하여 합의부 관할사건으로 변경된 경우 합의부로 이송하도록 규정하고 있을 뿐 그 반대의 경우에 관하여는 규정하고 있지 아니하며, '법관 등의 사무분담 및 사건배당에 관한 예규'에서도 이러한 경우를 재배당사유로 규정하고 있지 아니하므로, 사건을 배당받은 합의부는 공소장변경허가결정을 하였는지에 관계없이 사건의 실체에 들어가 심판하였어야 하고 사건을 단독판사에게 재배당할 수 없다(대판 2013.4.25. 2013도1658).

2017년 변호사시험 문 24. ☑ 확인Check! ○ △ ✕

공소장 변경에 관한 설명 중 옳은 것을 모두 고른 것은?(다툼이 있는 경우 판례에 의함)

ㄱ. 공소사실의 동일성이 인정되는 경우라 하더라도 법원은 허위사실적시 출판물에 의한 명예훼손의 공소사실에 대하여 공소장 변경 없이 사실적시 출판물에 의한 명예훼손으로 처벌할 수 없다.
ㄴ. 피고인의 상고에 의하여 상고심에서 원심판결을 파기하고 사건을 항소심에 환송한 경우에 그 항소심에서 공소장 변경은 허용된다.
ㄷ. 약식명령에 대하여 피고인만 정식재판을 청구한 사건에서 법정형에 유기징역형만 있는 범죄로 공소장을 변경하는 것도 허용된다.
ㄹ. 법원의 공소장변경허가결정은 판결 전의 소송절차에 관한 결정이므로 그 결정에 대하여 독립하여 항고할 수 있다.
ㅁ. 법원이 예비적으로 추가된 공소사실에 대하여 공소장변경허가결정을 한 경우, 원래의 공소사실과 예비적으로 추가된 공소사실 사이에 동일성이 인정되지 않더라도 공소장변경허가를 한 법원이 스스로 이를 취소할 수는 없다.

① ㄱ, ㄷ ② ㄱ, ㄹ ③ ㄴ, ㄷ
④ ㄴ, ㄷ, ㅁ ⑤ ㄴ, ㄹ, ㅁ

[ㄱ ▸ ×] 형법 제307조 제2항의 허위사실적시에 의한 명예훼손의 공소사실 중에는 같은 조 제1항의 사실적시에 의한 명예훼손의 공소사실이 포함되어 있으므로, 위 허위사실적시에 의한 명예훼손으로 기소된 경우, 적시한 사실이 허위임에 대한 입증이 없다면 법원은 공소장변경절차 없이도 직권으로 위 사실적시에 의한 명예훼손죄를 인정할 수 있다. 다만, 법원이 공소사실의 동일성이 인정되는 범위 내에서 공소가 제기된 범죄사실에 포함된 이보다 가벼운 범죄사실을 공소장 변경 없이 직권으로 인정할 수 있는 경우라고 하더라도, 공소가 제기된 범죄사실과 대비하여 볼 때 실제로 인정되는 범죄사실의 사안이 중대하여 공소장이 변경되지 않았다는 이유로 이를 처벌하지 않는다면 적정절차에 의한 신속한 실체적 진실의 발견이라는 형사소송의 목적에 비추어 현저히 정의와 형평에 반하는 것으로 인정되는 경우가 아닌 한, 법원이 직권으로 그 범죄사실을 인정하지 아니하였다고 하여 위법한 것은 아니다(대판 2008.10.9. 2007도1220).

[ㄴ ▸ ○] 현행법상 형사항소심의 구조가 사후심으로서의 성격만을 가지는 것은 아니므로, 피고인의 상고에 의하여 상고심에서 원심판결을 파기하고 사건을 항소심에 환송한 경우에도 공소사실의 동일성이 인정되면 공소장 변경을 허용하여 이를 심판대상으로 삼을 수 있다(대판 2004.7.22. 2003도8153).

[ㄷ ▸ ○] 약식명령에 대하여 피고인만이 정식재판을 청구하였는데, 검사가 당초 사문서위조 및 위조사문서행사의 공소사실로 공소제기하였다가 제1심에서 사서명위조 및 위조사서명행사의 공소사실을 예비적으로 추가하는 내용의 공소장 변경을 신청한 경우, 두 공소사실은 기초가 되는 사회적 사실관계가 범행의 일시와 장소, 상대방, 행위태양, 수단과 방법 등 기본적인 점에서 동일할 뿐만 아니라, 주위적 공소사실이 유죄로 되면 예비적 공소사실은 주위적 공소사실에 흡수되고 주위적 공소사실이 무죄로 될 경우에만 예비적 공소사실의 범죄가 성립할 수 있는 관계에 있어 규범적으로 보아 공소사실의 동일성이 있다고 보이고, 나아가 피고인에 대하여 사서명위조와 위조사서명행사의 범죄사실이 인정되는 경우에는 비록 사서명위조죄와 위조사서명행사죄의 법정형에 유기징역형만 있다 하더라도 형사소송법 제457조의2에서 규정한 불이익변경금지원칙이 적용되어 벌금형을 선고할 수 있으므로, 위와 같은 불이익변경금지원칙 등을 이유로 공소장 변경을 불허할 것은 아니다(대판 2013.2.28. 2011도14986).

[ㄹ ▸ ×] 판결 전의 소송절차에 관한 결정에 대하여는 특히 즉시항고를 할 수 있는 경우 외에는 항고를 하지 못하는 것인 바, 소송사실 또는 적용법조의 추가, 철회 또는 변경의 허가에 관한 결정은 판결 전의 소송절차에 관한 결정이라 할 것이므로, 그 결정을 함에 있어서 저지른 위법이 판결에 영향을 미친 경우에 한하여 그 판결에 대하여 상소를 하여 다툼으로써 불복하는 외에는 당사자가 이에 대하여 독립하여 상소할 수 없다(대판 1987.3.28. 87모17).

PART 03 공판

정답 ③

[ㅁ ▸ ×] 공소사실의 동일성이 인정되지 않는 등의 사유로 공소장변경허가결정에 위법사유가 있는 경우에는 공소장변경허가를 한 법원이 스스로 이를 취소할 수 있다(대판 2001.3.27. 2001도116).

2013년 변호사시험 문 23. ☑ 확인Check! ○ △ ×

공소장 변경에 관한 다음 설명 중 옳은 것은?(다툼이 있는 경우에는 판례에 의함)

① 비록 사실 인정에 변화가 없고 그 사실에 대한 법률적 평가만을 달리하는 경우라도, 배임죄로 기소된 공소사실에 대하여 법원이 공소장 변경 없이 횡령죄로 인정하는 것은 구성요건을 달리하는 것이어서 허용되지 않는다.

② 공소사실의 동일성이 인정되더라도 법원은 허위사실적시 출판물에 의한 명예훼손의 공소사실에 대하여 공소장 변경 없이 사실적시 출판물에 의한 명예훼손죄로 처벌할 수 없다.

③ 일반법과 특별법의 동일한 구성요건에 모두 해당하는 범죄사실에 대하여 검사가 형이 가벼운 일반법을 적용하여 기소한 경우 법원이 공소장 변경 없이 형이 더 무거운 특별법 위반의 죄로 처단할 수 없다.

④ 동일한 범죄사실에 대하여 포괄일죄로 기소된 것을 법원이 공소장 변경 없이 실체적 경합으로 인정하는 것은 허용되지 아니한다.

⑤ 공소장 변경은 서면에 의하여야 하므로, 피고인이 공판정에 재정하여 그 동의하에 검사가 공판정에서 구술로 공소장변경허가신청을 한 경우에는 법원이 이를 허가하였더라도 효력이 없다.

[❶ ▸ ×] 횡령죄와 배임죄는 다 같이 신임관계를 기본으로 하고 있는 같은 죄질의 재산범죄로서 그 형벌에 있어서도 경중의 차이가 없고 동일한 범죄사실에 대하여 단지 법률 적용만을 달리하는 경우에 해당하므로 법원은 배임죄로 기소된 공소사실에 대하여 공소장 변경 없이도 횡령죄를 적용하여 처벌할 수 있다(대판 1999.11.26. 99도2651).

[❷ ▸ ×] 형법 제307조 제2항의 허위사실적시에 의한 명예훼손의 공소사실 중에는 같은 조 제1항의 사실적시에 의한 명예훼손의 공소사실이 포함되어 있으므로, 위 허위사실적시에 의한 명예훼손으로 기소된 경우, 적시한 사실이 허위임에 대한 입증이 없다면 법원은 공소장변경절차 없이도 직권으로 위 사실적시에 의한 명예훼손죄를 인정할 수 있다. 다만, 법원이 공소사실의 동일성이 인정되는 범위 내에서 공소가 제기된 범죄사실에 포함된 이보다 가벼운 범죄사실을 공소장변경 없이 직권으로 인정할 수 있는 경우라고 하더라도, 공소가 제기된 범죄사실과 대비하여 볼 때 실제로 인정되는 범죄사실의 사안이 중대하여 공소장이 변경되지 않았다는 이유로 이를 처벌하지 않는다면 적정절차에 의한 신속한 실체적 진실의 발견이라는 형사소송의 목적에 비추어 현저히 정의와 형평에 반하는 것으로 인정되는 경우가 아닌 한, 법원이 직권으로 그 범죄사실을 인정하지 아니하였다고 하여 위법한 것은 아니다(대판 2008.10.9. 2007도1220).

[❸ ▸ ○] 일반법과 특별법이 동일한 구성요건을 가지고 있고 그 구성요건에 해당하는 어느 범죄사실에 대하여 검사가 그중 형이 가벼운 일반법의 법조를 적용하여 그 죄명으로 기소하였는데 그 일반법과 특별법을 적용한 때 형의 범위가 차이 나는 경우에는, 비록 그 공소사실에 변경이 없고 적용법조의 구성요건이 완전히 동일하다 하더라도, 그러한 적용법조의 변경이 피고인의 방어권 행사에 실질적인 불이익을 초래한다고 보아야 하며, 따라서 법원은 공소장 변경 없이는 형이 더 무거운 특별법의 법조를 적용하여 특별법 위반의 죄로 처단할 수 없다(대판 2007.12.27. 2007도4749).

[❹ ▸ ×] 법원이 동일한 범죄사실을 가지고 포괄일죄로 보지 아니하고 실체적 경합관계에 있는 수죄로 인정하였다고 하더라도 이는 다만 죄수에 관한 법률적 평가를 달리한 것에 불과할 뿐이지 소추대상인 공소사실과 다른 사실을 인정한 것도 아니고 또 피고인의 방어권 행사에 실질적으로 불이익을 초래할 우려도 없으므로 불고불리의 원칙에 위반되는 것이 아니다(대판 1987.5.26. 87도527).

[❺ ▸ ×] 법원은 피고인이 재정하는 공판정에서는 피고인에게 이익이 되거나 피고인이 동의하는 경우 구술에 의한 공소장 변경을 허가할 수 있다(형소규칙 제142조 제5항).

③ 정답

2017년 변호사시험 문 20. ☑ 확인Check! ○ △ ×

유흥업소를 운영하는 甲은 경찰관 乙에게 단속정보를 제공해 주는 대가로 2009.5.20. 200만원의 뇌물을 공여하였다는 혐의로 조사를 받았다. 하지만 甲은 "돈을 가져오지 않으면 구속수사하겠다는 乙의 협박 때문에 200만원을 주었을 뿐이고, 乙로부터 단속정보를 제공받은 사실이 없으며, 그 대가로 준 것도 아니다"라고 강하게 부인하였다. 그 후 甲이 잠적해 버리자, 고민을 거듭하던 검사는 甲의 부인 A로부터 "구속수사를 피하기 위해 乙에게 200만원을 주었다는 얘기를 甲으로부터 들었다"라는 진술을 확보하여 2016.5.21. 乙을 공갈죄로 기소하였다. 乙의 공판이 진행되던 2016.7.10. 검찰에 자진 출석한 甲은 "乙로부터 경찰의 단속정보를 제공받는 대가로 200만원을 제공한 것이 맞다"라고 진술하였다. 이에 관한 설명 중 옳은 것은?(다툼이 있는 경우 판례에 의함)

① 乙이 직무집행의 의사 없이 甲을 공갈하여 200만원을 수수한 경우, 乙에게는 공갈죄와 뇌물수수죄의 상상적 경합이 인정된다.

② 乙이 직무처리와 대가적 관계없이 甲을 공갈하여 200만원을 甲으로부터 교부받은 경우, 甲에게는 뇌물공여죄가 성립한다.

③ 공소장 변경을 통해 乙에 대한 공소사실이 공갈에서 뇌물 수수로 변경될 경우, 乙에 대해 적용될 공소시효의 기간은 공갈죄를 기준으로 한다.

④ 乙에게 뇌물수수죄가 인정되고 甲에게 뇌물공여죄가 인정될 경우, 乙에 대해 공소가 제기되더라도 甲의 뇌물공여죄에 관한 공소시효가 정지되지 않는다.

⑤ "乙에게 200만원을 뇌물로 주었다"라는 甲의 진술이 유일한 증거인 경우, "甲으로부터 그런 얘기를 들었다"라는 A의 법정증언을 보강증거로 하여 甲의 뇌물 공여를 유죄로 인정할 수 있다.

[❶ ▸ ×] [❷ ▸ ×] 공무원이 직무집행의 의사 없이 또는 직무처리와 대가적 관계없이 타인을 공갈하여 재물을 교부하게 한 경우에는 공갈죄만이 성립하고, 이러한 경우 재물의 교부자가 공무원의 해악의 고지로 인하여 외포의 결과 금품을 제공한 것이라면 그는 공갈죄의 피해자가 될 것이고 뇌물공여죄는 성립될 수 없다고 하여야 할 것이다(대판 1994.12.22. 94도2528).

[❸ ▸ ×] 공소장변경절차에 의하여 공소사실이 변경됨에 따라 그 법정형에 차이가 있는 경우에는 변경된 공소사실에 대한 법정형이 공소시효기간의 기준이 된다(대판 2002.10.11. 2002도2939).

[❹ ▸ ○] 뇌물공여죄와 뇌물수수죄 사이와 같은 이른바 대향범관계에 있는 자는 강학상으로는 필요적 공범이라고 불리고 있으나, 서로 대향된 행위의 존재를 필요로 할 뿐 각자 자신의 구성요건을 실현하고 별도의 형벌규정에 따라 처벌되는 것이어서, 2인 이상이 가공하여 공동의 구성요건을 실현하는 공범관계에 있는 자와는 본질적으로 다르며, 대향범관계에 있는 자 사이에서는 각자 상대방의 범행에 대하여 형법 총칙의 공범규정이 적용되지 아니한다. 이러한 점들에 비추어 보면, 형사소송법 제253조 제2항에서 말하는 '공범'에는 뇌물공여죄와 뇌물수수죄 사이와 같은 대향범관계에 있는 자는 포함되지 않는다(대판 2015.2.12. 2012도4842).

[❺ ▸ ×] 피고인의 자백을 내용으로 하고 있는 이와 같은 진술 기재내용을 피고인의 자백의 보강증거로 삼는다면 결국 피고인의 자백을 피고인의 자백으로서 보강하는 결과가 되어 아무런 보강도 하는바 없는 것이니 보강증거가 되지 못하고, 오히려 보강증거를 필요로 하는 피고인의 자백과 동일하게 보아야 할 성질의 것이라고 할 것이므로 피고인의 자백의 보강증거로 될 수 없다(대판 2008.2.14. 2007도10937).

정답 ④

2015년 변호사시험 문 32. ☑ 확인Check! ○ △ ×

甲은 乙로부터 명의신탁을 받아 관리하던 시가 2억원 상당의 토지를 명의신탁자 乙의 승낙 없이, 2014.3.2. 丙으로부터 8,000만원을 빌리면서 채권최고액 1억원의 근저당권설정등기를 경료하여 주었다. 이에 관한 설명 중 옳지 않은 것은?(다툼이 있는 경우 판례에 의함)

① 甲이 乙의 승낙 없이 丙에게 근저당권설정등기를 경료하여 준 행위는 횡령죄의 구성요건에 해당한다.
② 만일 검사가, 甲이 근저당권설정등기를 경료하여 준 행위를 배임죄로 기소하였고, 법원은 甲의 행위가 배임죄가 아니고 횡령죄라고 판단할 경우, 법원은 공소장 변경 없이 직권으로 횡령죄를 인정할 수 있다.
③ 이 건 범행으로 인한 甲의 이득액은 2억원이다.
④ 만일 甲의 丙에 대한 근저당권설정행위가 횡령죄를 구성한다고 볼 경우, 甲이 그 후 乙의 승낙 없이 제3자인 丁에게 매도하였다면, 그 행위는 별개의 횡령죄를 구성한다.
⑤ 만일 甲과 乙이 부동산 실권리자명의 등기에 관한 법률에 따라 효력이 부정되는 이른바 계약명의신탁약정을 맺었고, 그에 따라 甲이, 위 약정사실을 알고 있는 매도인 戊로부터 위 토지에 대한 소유권이전등기를 경료받은 경우, 그 후 甲이 임의로 위 토지를 처분하였더라도 戊에 대하여 배임죄를 구성하지 않는다.

[❶ ▸ ○] [❹ ▸ ○] 타인의 부동산을 보관 중인 자가 불법영득의사를 가지고 그 부동산에 근저당권설정등기를 경료함으로써 일단 횡령행위가 기수에 이르렀다 하더라도 그 후 같은 부동산에 별개의 근저당권을 설정하여 새로운 법익 침해의 위험을 추가함으로써 법익 침해의 위험을 증가시키거나 해당 부동산을 매각함으로써 기존의 근저당권과 관계없이 법익 침해의 결과를 발생시켰다면, 이는 당초의 근저당권 실행을 위한 임의경매에 의한 매각 등 그 근저당권으로 인해 당연히 예상될 수 있는 범위를 넘어 새로운 법익 침해의 위험을 추가시키거나 법익 침해의 결과를 발생시킨 것이므로 특별한 사정이 없는 한 불가벌적 사후행위로 볼 수 없고, 별도로 횡령죄를 구성한다(대판 2013.2.21. 2010도10500[전합]).

[❷ ▸ ○] 횡령죄와 배임죄는 다 같이 신임관계를 기본으로 하고 있는 같은 죄질의 재산범죄로서 그 형벌에 있어서도 경중의 차이가 없고 동일한 범죄사실에 대하여 단지 법률 적용만을 달리하는 경우에 해당하므로 법원은 배임죄로 기소된 공소사실에 대하여 공소장 변경 없이도 횡령죄를 적용하여 처벌할 수 있다(대판 1999.11.26. 99도2651).

[❸ ▸ ×] 피고인이 피해자 甲으로부터 명의신탁을 받아 보관 중인 토지 9필지와 건물 1채에 甲의 승낙 없이 임의로 채권최고액 266,000,000원의 근저당권을 설정하였는데, 당시 위 각 부동산 중 토지 7필지의 시가는 합계 724,379,000원, 나머지 2필지와 건물 1채의 시가는 미상인 반면 위 각 부동산에는 그 이전에 채권최고액 434,000,000원의 근저당권설정등기가 마쳐져 있고, 이에 대하여 甲은 220,000,000원의 피담보채무를 부담하고 있는 경우, 피고인이 근저당권설정등기를 마치는 방법으로 위 각 부동산을 횡령하여 취득한 구체적인 이득액은 위 각 부동산의 시가 상당액에서 위 범행 전에 설정된 피담보채무액을 공제한 잔액이 아니라 위 각 부동산을 담보로 제공한 피담보채무액 내지 그 채권최고액이라고 보아야 하고, 이 경우 피고인의 이득액은 5억원 미만이므로 구 특정경제범죄 가중처벌 등에 관한 법률 제3조 제1항을 적용할 수 없다(대판 2013.5.9. 2013도2857). 따라서 이와 같은 판례의 취지를 고려하면, 甲의 이득액은 1억원이라고 보는 것이 타당하다.

[❺ ▸ ○] 명의신탁자와 명의수탁자가 이른바 계약명의신탁약정을 맺고 명의수탁자가 당사자가 되어 명의신탁약정이 있다는 사실을 알고 있는 소유자와 부동산에 관한 매매계약을 체결한 후 매매계약에 따라 부동산의 소유권이전등기를 명의수탁자 명의로 마친 경우에는 부동산 실권리자명의 등기에 관한 법률(이하 '부동산실명법') 제4조 제2항 본문에 의하여 수탁자 명의의 소유권이전등기는 무효이고 부동산의 소유권은 매도인이 그대로 보유하게 되므로, 명의수탁자는 부동산 취득을 위한 계약의 당사자도 아닌 명의신탁자에 대한 관계에서 횡령죄에서 '타인의 재물을 보관하는 자'의 지위에 있다고 볼 수 없고, 또한 명의수탁자가 명의신탁자에 대하여 매매대금 등을 부당이득으로 반환할 의무를 부담한다고 하더라도 이를 두고 배임죄에서 '타인의 사무를 처리하는 자'의 지위에 있다고 보기도 어렵다(대판 2012.11.29. 2011도7361).

③ 정답

2012년 변호사시험 문 29. ☑ 확인Check! ○ △ ×

공소사실의 동일성이 인정되는 경우 공소장 변경의 절차 없이도 법원이 직권으로 유죄를 인정할 수 있는 것을 모두 고른 것은?(다툼이 있는 경우에는 판례에 의함)

가. 배임죄로 기소된 공소사실에 대하여 횡령죄를 인정한 경우
나. 피해자의 적법한 고소가 있어 강간죄로 기소된 공소사실에 대하여 폭행죄만을 인정한 경우
다. 동일한 범죄사실을 가지고 포괄일죄로 기소된 공소사실에 대하여 실체적 경합관계에 있는 수죄를 인정한 경우
라. 살인죄로 기소된 공소사실에 대하여 폭행치사죄를 인정한 경우
마. 미성년자 약취 후 재물을 요구하였으나 취득하지는 못한 자에 대하여 '미성년자 약취 후 재물취득 미수'에 의한 특정범죄 가중처벌 등에 관한 법률 위반죄로 기소된 공소사실에 대하여 '미성년자 약취 후 재물요구 기수'에 의한 같은 법 위반죄를 인정한 경우

① 가, 나, 다 ② 가, 나, 마 ③ 나, 다, 라
④ 나, 라, 마 ⑤ 다, 라, 마

[가 ▸ O] 횡령죄와 배임죄는 다 같이 신임관계를 기본으로 하고 있는 같은 죄질의 재산범죄로서 그 형벌에 있어서도 경중의 차이가 없고 동일한 범죄사실에 대하여 단지 법률 적용만을 달리하는 경우에 해당하므로 법원은 배임죄로 기소된 공소사실에 대하여 공소장 변경 없이도 횡령죄를 적용하여 처벌할 수 있다(대판 1999.11.26. 99도2651).

[나 ▸ O] 원심이 유죄로 인정한 2009.4.22.자 폭행은 위 강간의 공소사실에 포함되어 있고, 충분한 심리가 이루어졌음을 알 수 있으므로, 원심이 적법한 고소가 존재하는 위 강간의 공소사실에 대하여 강간범행이 인정되지 않고, 다만 그 강간범행의 수단인 폭행만이 인정된다는 이유로 공소장변경절차 없이 폭행죄를 인정한 조치는 피고인의 방어권 행사에 실질적 불이익을 초래할 염려가 없다(대판 2010.11.11. 2010도10512).

[다 ▸ O] 법원이 동일한 범죄사실을 가지고 포괄일죄로 보지 아니하고 실체적 경합관계에 있는 수죄로 인정하였다고 하더라도 이는 다만 죄수에 관한 법률적 평가를 달리한 것에 불과할 뿐이지 소추대상인 공소사실과 다른 사실을 인정한 것도 아니고 또 피고인의 방어권 행사에 실질적으로 불이익을 초래할 우려도 없으므로 불고불리의 원칙에 위반되는 것이 아니다(대판 1987.5.26. 87도527).

[라 ▸ ×] 공소가 제기된 살인죄의 범죄사실에 대하여는 그 증명이 없으나 폭행치사죄의 증명이 있는 경우에도 살인죄의 구성요건이 반드시 폭행치사사실을 포함한다고 할 수 없고, 따라서 공소장의 변경 없이 폭행치사죄를 인정함은 결국 폭행치사죄에 대한 피고인의 방어권 행사에 불이익을 주는 것이므로, 법원은 위와 같은 경우에 검사의 공소장 변경 없이는 이를 폭행치사죄로 처단할 수는 없다(대판 2001.6.29. 2001도1091).

[마 ▸ ×] 미성년자 약취 후 재물을 요구하였으나 취득하지는 못한 범인을 '미성년자 약취 후 재물취득 미수'에 의한 특정범죄 가중처벌 등에 관한 법률 위반죄로 공소제기하였는데, 법원이 공소장 변경 없이 '미성년자 약취 후 재물요구 기수'에 의한 같은 법 위반죄로 인정하여 미수감경을 배제하는 것은 피고인의 방어권 행사에 실질적인 불이익을 초래한다(대판 2008.7.10. 2008도3747).

정답 ①

제2절 공판준비절차

제3절 공판정의 심리

제4절 증거조사와 강제처분

2020년 변호사시험 문 17. ☑ 확인Check! ○ △ ×

공판기일에서의 증인신문에 관한 설명 중 옳지 않은 것은?

① 공무원뿐만 아니라 공무원이었던 자도 그 직무에 관하여 알게 된 사실에 관하여 본인 또는 당해 공무소가 직무상 비밀에 속한 사항임을 신고한 때에는 그 소속 공무소 또는 감독관공서의 승낙 없이는 증인으로 신문하지 못한다.
② 증인이 16세 미만일 경우 선서하게 하지 아니하고 신문하여야 한다.
③ 증인신문은 각 증인에 대하여 신문하여야 하고, 신문하지 아니한 증인이 재정한 때에는 퇴정을 명하여야 한다.
④ 주신문에서는 유도신문이 원칙적으로 허용되나 반대신문에서는 유도신문이 허용되지 않는다.
⑤ 법원은 13세 미만의 피해자를 증인으로 신문하는 경우, 재판에 지장을 초래할 우려가 있는 등 부득이한 경우가 아닌 한 피해자와 신뢰관계에 있는 자를 동석하게 하여야 한다.

[❶ ▸ ○] 공무원 또는 공무원이었던 자가 그 직무에 관하여 알게 된 사실에 관하여 본인 또는 당해 공무소가 직무상 비밀에 속한 사항임을 신고한 때에는 그 소속 공무소 또는 감독관공서의 승낙 없이는 증인으로 신문하지 못한다(형소법 제147조 제1항).

[❷ ▸ ○] 증인이 ㉠ 16세 미만의 자, ㉡ 선서의 취지를 이해하지 못하는 자에 해당한 때에는 선서하게 하지 아니하고 신문하여야 한다(형소법 제159조).

[❸ ▸ ○] 증인신문은 각 증인에 대하여 신문하여야 한다(형소법 제162조 제1항). 신문하지 아니한 증인이 재정한 때에는 퇴정을 명하여야 한다(동조 제2항).

[❹ ▸ ×] 주신문에 있어서는 유도신문을 하여서는 아니 된다(형소규칙 제75조 제2항 본문). 반대신문에 있어서 필요할 때에는 유도신문을 할 수 있다(동규칙 제76조 제2항).

[❺ ▸ ○] 법원은 범죄로 인한 피해자가 13세 미만이거나 신체적 또는 정신적 장애로 사물을 변별하거나 의사를 결정할 능력이 미약한 경우에 재판에 지장을 초래할 우려가 있는 등 부득이한 경우가 아닌 한 피해자와 신뢰관계에 있는 자를 동석하게 하여야 한다(형소법 제163조의2 제2항).

④ 정답

2016년 변호사시험 문 30.

☑ 확인 Check! ○ △ ×

증인신문에 관한 설명 중 옳은 것(○)과 옳지 않은 것(×)을 올바르게 조합한 것은?(다툼이 있는 경우 판례에 의함)

ㄱ. 변호인에게 증인적격을 인정하더라도 변호사인 변호인은 피고인에게 불리한 사실에 대해서는 증언거부권을 행사할 수 있다.
ㄴ. 자신에 대한 유죄판결이 확정된 증인에게는 공범에 대한 피고사건에서 증언거부권이 인정되지 않는다.
ㄷ. 소송절차가 분리된 공범인 공동피고인이 증언거부권을 고지받은 상태에서 자기의 범죄사실에 대하여 허위로 증언한 경우에는 위증죄가 성립한다.
ㄹ. 4세의 선서무능력자가 선서 후 한 증언은 증언능력 유무와 관계없이 증언 자체의 효력이 부정된다.

① ㄱ(○) ㄴ(○) ㄷ(○) ㄹ(×)
② ㄱ(○) ㄴ(○) ㄷ(×) ㄹ(○)
③ ㄱ(○) ㄴ(×) ㄷ(○) ㄹ(×)
④ ㄱ(×) ㄴ(○) ㄷ(×) ㄹ(×)
⑤ ㄱ(×) ㄴ(×) ㄷ(○) ㄹ(○)

[ㄱ ▸ ○] 변호사, 변리사, 공증인, 공인회계사, 세무사, 대서업자, 의사, 한의사, 치과의사, 약사, 약종상, 조산사, 간호사, 종교의 직에 있는 자 또는 이러한 직에 있던 자가 그 업무상 위탁을 받은 관계로 알게 된 사실로서 타인의 비밀에 관한 것은 증언을 거부할 수 있다. 단, 본인의 승낙이 있거나 중대한 공익상 필요 있는 때에는 예외로 한다(형소법 제149조).

[ㄴ ▸ ○] 자신에 대한 유죄판결이 확정된 증인이 재심을 청구한다 하더라도, 이미 유죄의 확정판결이 있는 사실에 대해서는 일사부재리의 원칙에 의하여 거듭 처벌받지 않는다는 점에 변함이 없고, 형사소송법상 피고인의 불이익을 위한 재심청구는 허용되지 아니하며(형사소송법 제420조), 재심사건에는 불이익변경금지원칙이 적용되어 원판결의 형보다 중한 형을 선고하지 못하므로(형사소송법 제439조), 자신의 유죄확정판결에 대하여 재심을 청구한 증인에게 증언의무를 부과하는 것이 형사소추 또는 공소제기를 당하거나 유죄판결을 받을 사실이 발로(發露)될 염려 있는 증언을 강제하는 것이라고 볼 수는 없다. 따라서 자신에 대한 유죄판결이 확정된 증인이 공범에 대한 피고사건에서 증언할 당시 앞으로 재심을 청구할 예정이라고 하여도, 이를 이유로 증인에게 형사소송법 제148조에 의한 증언거부권이 인정되지는 않는다(대판 2011.11.24. 2011도11994).

[ㄷ ▸ ○] 형사소송법 제148조는 피고인의 자기부죄거부특권을 보장하기 위하여 자기가 유죄판결을 받을 사실이 발로될 염려 있는 증언을 거부할 수 있는 권리를 인정하고 있고, 그와 같은 증언거부권 보장을 위하여 형사소송법 제160조는 재판장이 신문 전에 증언거부권을 고지하여야 한다고 규정하고 있으므로, 소송절차가 분리된 공범인 공동피고인에 대하여 증인적격을 인정하고 그 자신의 범죄사실에 대하여 신문한다 하더라도 피고인으로서의 진술거부권 내지 자기부죄거부특권을 침해한다고 할 수 없다. 따라서 증인신문절차에서 형사소송법 제160조에 정해진 증언거부권이 고지되었음에도 불구하고 위 피고인이 자기의 범죄사실에 대하여 증언거부권을 행사하지 아니한 채 허위로 진술하였다면 위증죄가 성립된다고 할 것이다(대판 2012.10.11. 2012도6848).

[ㄹ ▸ ×] 사고 당시는 만 3년 3월 남짓, 증언 당시는 만 3년 6월 남짓된 강간치상죄의 피해자인 여아가 피해상황에 관하여 비록 구체적이지는 못하지만 개괄적으로 물어본 검사의 질문에 이를 이해하고 고개를 끄덕이는 형식으로 답변함에 대하여 증언능력이 있다(대판 1991.5.10. 91도579). 따라서 이와 같은 판례의 취지를 고려하면, 4세의 선서무능력자가 선서 후 증언을 한 경우에는 그 선서가 무효가 될 뿐, 증언 자체의 효력은 부정되지 아니한다.

정답 ①

제5절 공판절차의 특칙 ★★☆

2020년 변호사시험 문 25. ☑ 확인Check! ○ △ ×

국민참여재판에 관한 설명 중 옳지 않은 것은?(다툼이 있는 경우 판례에 의함)

① 법원은 공소사실의 일부 철회 또는 변경으로 인하여 국민참여재판의 대상 사건에 해당하지 아니하게 된 경우에도 국민참여재판을 계속 진행함이 원칙이다.

② 국민참여재판에 관하여 변호인이 없는 때에는 형사소송법 제33조 제1항 각 호(구속, 미성년자, 70세 이상 등)의 어느 하나에 해당하는 경우가 아니더라도 법원은 직권으로 변호인을 선정하여야 한다.

③ 국민참여재판에서 배심원은 사실의 인정, 법령의 적용 및 형의 양정에 관한 의견을 제시할 권한은 있으나, 법원의 증거능력에 관한 심리에 관여할 수는 없다.

④ 제1심법원이 국민참여재판대상 사건의 피고인에게 국민참여재판을 원하는지 확인하지 아니한 채 통상의 공판절차에 따라 재판을 진행하였더라도, 항소심 제1회 공판기일에 이에 대하여 이의가 없다는 피고인과 변호인의 진술만으로도 제1심의 공판절차상 하자가 치유되므로, 같은 날 변론을 종결한 후 다음 공판기일에 피고인의 항소를 기각하는 판결을 선고하더라도 이는 적법하다.

⑤ 공소장 부본을 송달받은 날부터 7일 이내에 의사확인서를 제출하지 아니한 피고인도 제1회 공판기일이 열리기 전까지는 국민참여재판신청을 할 수 있고, 법원은 그 의사를 확인하여 국민참여재판으로 진행할 수 있다.

[❶ ▸ O] 법원은 공소사실의 일부 철회 또는 변경으로 인하여 대상 사건에 해당하지 아니하게 된 경우에도 이 법에 따른 재판을 계속 진행한다. 다만, 법원은 심리의 상황이나 그 밖의 사정을 고려하여 국민참여재판으로 진행하는 것이 적당하지 아니하다고 인정하는 때에는 결정으로 당해 사건을 지방법원 본원 합의부가 국민참여재판에 의하지 아니하고 심판하게 할 수 있다(국민참여재판법 제6조 제1항).

[❷ ▸ O] 이 법에 따른 국민참여재판에 관하여 변호인이 없는 때에는 법원은 직권으로 변호인을 선정하여야 한다(국민참여재판법 제7조).

[❸ ▸ O] 배심원은 국민참여재판을 하는 사건에 관하여 사실의 인정, 법령의 적용 및 형의 양정에 관한 의견을 제시할 권한이 있다(국민참여재판법 제12조 제1항). 배심원 또는 예비배심원은 법원의 증거능력에 관한 심리에 관여할 수 없다(동법 제44조).

[❹ ▸ ×] 국민참여재판을 시행하는 이유나 '국민의 형사재판 참여에 관한 법률'의 여러 규정에 비추어 볼 때, 위 법에서 정하는 대상 사건에 해당하는 한 피고인은 원칙적으로 국민참여재판으로 재판을 받을 권리를 가지는 것이므로, 피고인이 법원에 국민참여재판을 신청하였는데도 법원이 이에 대한 배제결정도 하지 않은 채 통상의 공판절차로 재판을 진행하는 것은 피고인의 국민참여재판을 받을 권리 및 법원의 배제결정에 대한 항고권 등 중대한 절차적 권리를 침해한 것으로서 위법하고, 국민참여재판제도의 도입취지나 위 법에서 배제결정에 대한 즉시항고권을 보장한 취지 등에 비추어 이와 같이 위법한 공판절차에서 이루어진 소송행위는 무효라고 보아야 한다(대판 2011.9.8. 2011도7106).

[❺ ▸ O] 국민의 형사재판 참여에 관한 법률 제8조는 피고인이 공소장 부본을 송달받은 날부터 7일 이내에 국민참여재판을 원하는지 여부에 관한 의사가 기재된 서면(이하 '의사확인서')을 제출하도록 하고, 피고인이 그 기간 내에 의사확인서를 제출하지 아니한 때에는 국민참여재판을 원하지 아니하는 것으로 보며, 공판준비기일이 종결되거나 제1회 공판기일이 열린 이후 등에는 종전의 의사를 바꿀 수 없도록 규정하고 있다. 위 규정의 취지를 위 기한이 지나면 피고인이 국민참여재판신청을 할 수 없도록 하려는 것으로는 보기 어려운 점 등에 비추어 볼 때, 공소장 부본을 송달받은 날부터 7일 이내에 의사확인서를 제출하지 아니한 피고인도 제1회 공판기일이 열리기 전까지는 국민참여재판신청을 할 수 있고, 법원은 그 의사를 확인하여 국민참여재판으로 진행할 수 있다고 봄이 상당하다(대결 2009.10.23. 2009모1032).

④ 정답

2016년 변호사시험 문 33. ☑ 확인 Check! ○ △ ×

甲은 A에 대한 강도상해죄로 기소되었다. 범행을 목격한 甲의 사촌동생 乙은 甲의 강도상해사건의 증인으로 출석하여 선서한 후, 허위의 진술을 하였다. 한편, 甲은 공소장 부본을 송달받은 다음 날 국민참여재판을 신청하였다. 이에 관한 설명 중 옳지 않은 것은?(다툼이 있는 경우 판례에 의함)

① 乙이 증언거부권을 고지받지 못함으로 인하여 그 증언거부권을 행사하는 데 사실상 장애가 초래되었다고 볼 수 있는 경우에는 위증죄의 성립이 부정된다.

② 만약 甲과 A 사이의 민사소송절차에서 乙이 증언거부권을 고지받지 않은 상태에서 선서와 허위의 진술을 한 경우, 乙에게는 위증죄가 성립한다.

③ 乙에게 위증죄가 성립하는 경우, 乙이 위 강도상해사건의 재판이 확정되기 전에 자백 또는 자수한 때에는 그 형을 감경 또는 면제한다.

④ 국민참여재판으로 진행하는 것은 상당하지 않다는 검사의 이의가 있어 공판준비기일에서 甲과 검사의 의견을 다시 들은 후 국민참여재판으로 진행하기로 결정하였는데, 이에 대해 검사가 항고한 경우, 법원은 항고기각결정을 해야 한다.

⑤ 법원이 甲의 국민참여재판신청에 대해 배제결정 없이 통상의 공판절차로 재판을 진행하는 것은 위법하지만, 이러한 공판절차에서 이루어진 소송행위는 유효하다.

[❶ ▸ ○] 재판장이 신문 전에 증인에게 증언거부권을 고지하지 않은 경우에도 당해 사건에서 증언 당시 증인이 처한 구체적인 상황, 증언거부사유의 내용, 증인이 증언거부사유 또는 증언거부권의 존재를 이미 알고 있었는지 여부, 증언거부권을 고지받았더라도 허위진술을 하였을 것이라고 볼 만한 정황이 있는지 등을 전체적·종합적으로 고려하여 증인이 침묵하지 아니하고 진술한 것이 자신의 진정한 의사에 의한 것인지 여부를 기준으로 위증죄의 성립 여부를 판단하여야 한다. 그러므로 헌법 제12조 제2항에 정한 불이익진술의 강요금지원칙을 구체화한 자기부죄거부특권에 관한 것이거나 기타 증언거부사유가 있음에도 증인이 증언거부권을 고지받지 못함으로 인하여 그 증언거부권을 행사하는 데 사실상 장애가 초래되었다고 볼 수 있는 경우에는 위증죄의 성립을 부정하여야 할 것이다(대판 2010.1.21. 2008도942[전합]).

[❷ ▸ ○] 1960.4.4. 민사소송법을 제정할 때 증언거부권제도를 두면서도 그 고지규정을 두지 아니하였고, 2002.1.26. 민사소송법을 전부 개정하면서도 같은 입장을 유지하였다. 이러한 입법경위 및 규정내용에 비추어 볼 때, 이는 양 절차에 존재하는 목적·적용원리 등의 차이를 염두에 둔 입법적 선택으로 보인다. 더구나 민사소송법은 형사소송법과 달리, '선서거부권제도'(제324조), '선서면제제도'(제323조) 등 증인으로 하여금 위증죄의 위험에서 벗어날 수 있도록 하는 이중의 장치를 마련하고 있어 증언거부권 고지규정을 두지 아니한 것이 입법의 불비라거나 증언거부권 있는 증인의 침묵할 수 있는 권리를 부당하게 침해하는 입법이라고 볼 수도 없다. 그렇다면 민사소송절차에서 재판장이 증인에게 증언거부권을 고지하지 아니하였다 하여 절차 위반의 위법이 있다고 할 수 없고, 따라서 적법한 선서절차를 마쳤는데도 허위진술을 한 증인에 대해서는 달리 특별한 사정이 없는 한 위증죄가 성립한다고 보아야 한다(대판 2011.7.28. 2009도14928).

[❸ ▸ ○] 위증죄를 범한 자가 그 공술한 사건의 재판 또는 징계처분이 확정되기 전에 자백 또는 자수한 때에는 그 형을 감경 또는 면제한다(형법 제153조).

[❹ ▸ ○] 국민의 형사재판 참여에 관한 법률에 의하면 제1심법원이 국민참여재판대상 사건을 피고인의 의사에 따라 국민참여재판으로 진행함에 있어 별도의 국민참여재판개시결정을 할 필요는 없고, 그에 관한 이의가 있어 제1심법원이 국민참여재판으로 진행하기로 하는 결정에 이른 경우 이는 판결 전의 소송절차에 관한 결정에 해당하며, 그에 대하여 특별히 즉시항고를 허용하는 규정이 없으므로 위 결정에 대하여는 항고할 수 없다. 따라서 국민참여재판으로 진행하기로 하는 제1심법원의 결정에 대한 항고는 항고의 제기가 법률상의 방식을 위반한 때에 해당하여 위 결정을 한 법원이 항고를 기각하여야 하고, 위 결정을 한 법원이 항고기각의 결정을 하지 아니한 때에는 항고법원은 결정으로 항고를 기각하여야 한다(대결 2009.10.23. 2009모1032).

정답 ⑤

[❺ ▸ ×] 국민참여재판을 시행하는 이유나 '국민의 형사재판 참여에 관한 법률'의 여러 규정에 비추어 볼 때, 위 법에서 정하는 대상 사건에 해당하는 한 피고인은 원칙적으로 국민참여재판으로 재판을 받을 권리를 가지는 것이므로, 피고인이 법원에 국민참여재판을 신청하였는데도 법원이 이에 대한 배제결정도 하지 않은 채 통상의 공판절차로 재판을 진행하는 것은 피고인의 국민참여재판을 받을 권리 및 법원의 배제결정에 대한 항고권 등 중대한 절차적 권리를 침해한 것으로서 위법하고, 국민참여재판제도의 도입취지나 위 법에서 배제결정에 대한 즉시항고권을 보장한 취지 등에 비추어 이와 같이 위법한 공판절차에서 이루어진 소송행위는 무효라고 보아야 한다(대판 2011.9.8. 2011도7106).

2018년 변호사시험 문 22. ☑ 확인 Check! ○ △ ×

국민참여재판에 관한 설명 중 옳지 않은 것은?(다툼이 있는 경우 판례에 의함)

① 피고인이 법원에 국민참여재판을 신청하였는데도 법원이 이에 대한 배제결정도 하지 않은 채 통상의 공판절차로 재판을 진행하였다면, 이러한 공판절차에서 이루어진 소송행위는 무효라고 보아야 한다.
② 제1심법원이 피고인의 의사에 따라 국민참여재판으로 진행함에 있어 별도의 국민참여재판개시결정을 할 필요는 없으나 그에 관한 이의가 있어 국민참여재판으로 진행하기로 결정한 경우, 검사는 그 결정에 대하여 즉시항고를 할 수 있다.
③ 국민참여재판에서 공판준비기일은 원칙적으로 공개하여야 하나, 배심원은 공판준비기일에는 참여하지 아니한다.
④ 국민참여재판은 간이공판절차에 의한 증거능력과 증거조사의 특칙을 적용하기에 부적합한 재판이기 때문에 간이공판절차에 관한 규정을 적용하지 아니한다.
⑤ 국민참여재판에 관하여 변호인이 없는 때에는 법원은 직권으로 변호인을 선정하여야 한다.

[❶ ▸ ○] 국민참여재판을 시행하는 이유나 '국민의 형사재판 참여에 관한 법률'의 여러 규정에 비추어 볼 때, 위 법에서 정하는 대상 사건에 해당하는 한 피고인은 원칙적으로 국민참여재판으로 재판을 받을 권리를 가지는 것이므로, 피고인이 법원에 국민참여재판을 신청하였는데도 법원이 이에 대한 배제결정도 하지 않은 채 통상의 공판절차로 재판을 진행하는 것은 피고인의 국민참여재판을 받을 권리 및 법원의 배제결정에 대한 항고권 등 중대한 절차적 권리를 침해한 것으로서 위법하고, 국민참여재판제도의 도입취지나 위 법에서 배제결정에 대한 즉시항고권을 보장한 취지 등에 비추어 이와 같이 위법한 공판절차에서 이루어진 소송행위는 무효라고 보아야 한다(대판 2011.9.8. 2011도7106).

[❷ ▸ ×] 국민의 형사재판 참여에 관한 법률에 의하면 제1심법원이 국민참여재판대상 사건을 피고인의 의사에 따라 국민참여재판으로 진행함에 있어 별도의 국민참여재판개시결정을 할 필요는 없고, 그에 관한 이의가 있어 제1심법원이 국민참여재판으로 진행하기로 하는 결정에 이른 경우 이는 판결 전의 소송절차에 관한 결정에 해당하며, 그에 대하여 특별히 즉시항고를 허용하는 규정이 없으므로 위 결정에 대하여는 항고할 수 없다. 따라서 국민참여재판으로 진행하기로 하는 제1심법원의 결정에 대한 항고는 항고의 제기가 법률상의 방식을 위반한 때에 해당하여 위 결정을 한 법원이 항고를 기각하여야 하고, 위 결정을 한 법원이 항고기각의 결정을 하지 아니한 때에는 항고법원은 결정으로 항고를 기각하여야 한다(대결 2009.10.23. 2009모1032).

[❸ ▸ ○] 공판준비기일은 공개한다. 다만, 법원은 공개함으로써 절차의 진행이 방해될 우려가 있는 때에는 공판준비기일을 공개하지 아니할 수 있다(국민참여재판법 제37조 제3항). 공판준비기일에는 배심원이 참여하지 아니한다(동조 제4항).

[❹ ▸ ○] 국민참여재판에는 형소법 제286조의2(간이공판절차의 결정)를 적용하지 아니한다(국민참여재판법 제43조).

[❺ ▸ ○] 이 법에 따른 국민참여재판에 관하여 변호인이 없는 때에는 법원은 직권으로 변호인을 선정하여야 한다(국민참여재판법 제7조).

② 정답

2013년 변호사시험 문 24. ☑ 확인 Check! ○ △ ×

피고인 甲은 성폭력범죄의 처벌 등에 관한 특례법 위반(특수강도강간등)죄로 기소되었다. 피고인이 모두진술에서 공소사실을 전부 인정함에 따라 제1심법원은 간이공판절차에 의하여 심판할 것을 결정하였다. 공판절차에 검사가 작성한 수사기록과 사법경찰관 작성의 참고인진술조서 등의 증거가 제출되었고, 이에 제1심법원은 상당하다고 인정되는 방법으로 증거조사하였다. 피고인 甲은 1심에서 유죄를 선고받고 항소하였다. 이 경우 다음 설명 중 옳지 않은 것을 모두 고른 것은?(다툼이 있는 경우에는 판례에 의함)

ㄱ. 피고인 甲의 진술이 자백이 되려면 공판정에서 공소장 기재사실을 인정하고 나아가 위법성이나 책임의 조각사유가 되는 사실을 진술하지 않는 것으로 충분하지 않고, 명시적으로 유죄를 자인하는 진술까지 하여야 한다.
ㄴ. 甲은 간이공판절차개시결정에 대하여 항고할 수 없다.
ㄷ. 위 간이공판절차에서 법원은 증거조사결과에 대하여 반드시 피고인 甲의 의견을 물어야 한다.
ㄹ. 사법경찰관 작성 참고인진술조서는 검사, 피고인 甲 또는 변호인이 이의를 하지 아니하는 한 증거에 대하여 동의가 있는 것으로 간주된다.
ㅁ. 항소심에서 피고인 甲이 범행을 부인하는 경우 제1심법원이 증거로 할 수 있었던 증거는 새로이 증거조사를 거쳐야만 항소심에서도 증거로 할 수 있다.

① ㄱ, ㅁ ② ㄷ, ㅁ ③ ㄱ, ㄴ, ㄹ
④ ㄱ, ㄷ, ㅁ ⑤ ㄴ, ㄷ, ㄹ

[ㄱ ▸ ×] 형사소송법 제286조의2가 규정하는 간이공판절차의 결정의 요건인 공소사실의 자백이라 함은 공소장 기재사실을 인정하고 나아가 위법성이나 책임조각사유가 되는 사실을 진술하지 아니하는 것으로 충분하고 명시적으로 유죄를 자인하는 진술이 있어야 하는 것은 아니다(대판 1987.8.18. 87도1269).

[ㄴ ▸ ○] 간이공판절차개시결정은 판결 전 소송절차에 대한 결정이므로, 형소법 제403조 제1항에 따라 항고할 수 없다. 다만, 종국재판에 대한 상소로 불복할 수는 있다.

[ㄷ ▸ ×] 간이공판절차의 경우에는, 재판장이 피고인에게 각 증거조사의 결과에 대한 의견을 묻는 절차규정이 적용되지 아니한다(형소법 제297조의2, 제293조).

[ㄹ ▸ ○] 간이공판절차의 결정이 있는 사건의 증거에 관하여는 전문법칙에 의하여 증거능력이 부정되는 증거에 대하여 제318조 제1항의 동의가 있는 것으로 간주한다. 단, 검사, 피고인 또는 변호인이 증거로 함에 이의가 있는 때에는 그러하지 아니하다(형소법 제318조의3).

[ㅁ ▸ ×] 피고인이 제1심법원에서 공소사실에 대하여 자백하여 제1심법원이 이에 대하여 간이공판절차에 의하여 심판할 것을 결정하고, 이에 따라 제1심법원이 제1심판결 명시의 증거들을 증거로 함에 피고인 또는 변호인의 이의가 없어 형사소송법 제318조의3의 규정에 따라 증거능력이 있다고 보고, 상당하다고 인정하는 방법으로 증거조사를 한 이상, 가사 항소심에 이르러 범행을 부인하였다고 하더라도 제1심법원에서 증거로 할 수 있었던 증거는 항소법원에서도 증거로 할 수 있는 것이므로 제1심법원에서 이미 증거능력이 있었던 증거는 항소심에서도 증거능력이 그대로 유지되어 심판의 기초가 될 수 있고 다시 증거조사를 할 필요가 없다(대판 1998.2.27. 97도3421).

정답 ④

2012년 변호사시험 문 25. ☑ 확인 Check! ○ △ ×

국민참여재판에 관한 설명 중 옳지 않은 것은?

① 법원은 국민참여재판대상 사건에 대하여 반드시 피고인에게 국민참여재판을 원하는지 여부를 확인하여야 한다.
② 배심원은 만 20세 이상의 대한민국 국민 중에서 국민의 형사재판 참여에 관한 법률로 정하는 바에 따라 선정된다.
③ 국민참여재판을 진행하던 중 공소사실의 변경으로 대상 사건에 해당하지 않게 된 경우에는 국민참여재판으로 진행할 수 없다.
④ 법원은 공범관계에 있는 피고인들 중 일부가 국민참여재판을 원하지 않아 국민참여재판을 진행하는 데 어려움이 있다고 판단한 경우 국민참여재판을 하지 않는 결정을 할 수 있다.
⑤ 법원은 피고인의 질병으로 공판절차가 장기간 정지되어 국민참여재판을 계속 진행하는 것이 부적절하다고 인정하는 경우 사건을 지방법원 본원 합의부가 국민참여재판에 의하지 않고 심판하게 할 수 있다.

[❶ ▸ O] 법원은 대상 사건의 피고인에 대하여 국민참여재판을 원하는지 여부에 관한 의사를 서면 등의 방법으로 반드시 확인하여야 한다. 이 경우 피고인 의사의 구체적인 확인방법은 대법원규칙으로 정하되, 피고인의 국민참여재판을 받을 권리가 최대한 보장되도록 하여야 한다(국민참여재판법 제8조 제1항).

[❷ ▸ O] 배심원은 만 20세 이상의 대한민국 국민 중에서 이 법으로 정하는 바에 따라 선정된다(국민참여재판법 제16조).

[❸ ▸ ×] 법원은 공소사실의 일부 철회 또는 변경으로 인하여 대상 사건에 해당하지 아니하게 된 경우에도 이 법에 따른 재판을 계속 진행한다. 다만, 법원은 심리의 상황이나 그 밖의 사정을 고려하여 국민참여재판으로 진행하는 것이 적당하지 아니하다고 인정하는 때에는 결정으로 당해 사건을 지방법원 본원 합의부가 국민참여재판에 의하지 아니하고 심판하게 할 수 있다(국민참여재판법 제6조 제1항).

[❹ ▸ O] 법원은 공소제기 후부터 공판준비기일이 종결된 다음 날까지 공범관계에 있는 피고인들 중 일부가 국민참여재판을 원하지 아니하여 국민참여재판의 진행에 어려움이 있다고 인정되는 경우 국민참여재판을 하지 아니하기로 하는 결정을 할 수 있다(국민참여재판법 제9조 제1항 제2호).

[❺ ▸ O] 법원은 피고인의 질병 등으로 공판절차가 장기간 정지되거나 피고인에 대한 구속기간의 만료, 성폭력범죄 피해자의 보호, 그 밖에 심리의 제반사정에 비추어 국민참여재판을 계속 진행하는 것이 부적절하다고 인정하는 경우에는 직권 또는 검사·피고인·변호인이나 성폭력범죄 피해자 또는 법정대리인의 신청에 따라 결정으로 사건을 지방법원 본원 합의부가 국민참여재판에 의하지 아니하고 심판하게 할 수 있다(국민참여재판법 제11조 제1항).

③ 정답

CHAPTER 02

증 거

형사소송법

각 문항별로 이해도를 체크해 보세요.

최근 5년간 회별 평균 6.2문

제1절 증명의 기본원칙 ★

2017년 변호사시험 문 21.

확인 Check! O △ X

형사소송법 제308조에 규정된 자유심증주의에 관한 설명 중 옳지 않은 것은?(다툼이 있는 경우 판례에 의함)

① 증거의 증명력을 법관의 자유판단에 의하도록 하는 것은 그것이 실체적 진실 발견에 적합하기 때문이지 법관의 자의적인 판단을 인용한다는 것은 아니다.

② 형사재판에 있어서 유죄로 인정하기 위한 심증 형성의 정도는 합리적인 의심을 할 여지가 없을 정도이어야 하고, 여기서 합리적 의심이란 논리와 경험칙에 기하여 요증사실과 양립할 수 없는 사실의 개연성에 대한 합리성 있는 의문을 의미한다.

③ 형사재판에 있어서 관련된 다른 형사사건의 확정판결에서 인정된 사실은 특별한 사정이 없는 한 유력한 증거자료가 되기 때문에 당해 형사재판에서 제출된 다른 증거내용에 비추어 관련 형사사건 확정판결의 사실 판단을 그대로 채택하기 어렵다고 인정될 경우라도 이를 배척할 수 없다.

④ 사실심법원은 주장과 증거에 대하여 신중하고 충실한 심리를 하여야 하고, 그에 이르지 못하여 필요한 심리를 다하지 아니하는 등으로 판결결과에 영향을 미친 때에는 사실 인정을 사실심법원의 전권으로 인정한 전제가 충족되지 아니하므로 이는 당연히 상고심의 심판대상에 해당한다.

⑤ 호흡측정기에 의한 음주측정치와 혈액검사에 의한 음주측정치가 다른 경우에 혈액 채취에 의한 검사결과를 믿지 못할 특별한 사정이 없는 한, 혈액검사에 의한 음주측정치가 호흡측정기에 의한 측정치보다 측정 당시의 혈중알코올농도에 더 근접한 음주측정치라고 보는 것이 경험칙에 부합한다.

[❶ ▸ O] 자유심증주의를 규정한 형사소송법 제308조가 증거의 증명력을 법관의 자유판단에 의하도록 한 것은 그것이 실체적 진실 발견에 적합하기 때문이지 법관의 자의적인 판단을 인용한다는 것은 아니므로, 증거판단에 관한 전권을 가지고 있는 사실심법관은 사실 인정에 있어 공판절차에서 획득된 인식과 조사된 증거를 남김없이 고려하여야 한다. 그리고 증거의 증명력은 법관의 자유판단에 맡겨져 있으나 그 판단은 논리와 경험법칙에 합치하여야 하고, 형사재판에 있어서 유죄로 인정하기 위한 심증 형성의 정도는 합리적인 의심을 할 여지가 없을 정도여야 한다(대판 2007.5.10. 2007도1950).

[❷ ▸ O] 증거의 증명력에 대한 법관의 판단은 논리와 경험칙에 합치하여야 하고, 형사재판에서 유죄로 인정하기 위한 심증 형성의 정도는 합리적인 의심을 할 여지가 없을 정도여야 하나, 이는 모든 가능한 의심을 배제할 정도에 이를 것까지 요구하는 것은 아니며, 증명력이 있는 것으로 인정되는 증거를 합리적인 근거가 없는 의심을 일으켜 배척하는 것은 자유심증주의의 한계를 벗어나는 것으로 허용될 수 없다. 여기에서 말하는 합리적 의심이란 모든 의문, 불신을 포함하는 것이 아니라 논리와 경험칙에 기하여 요증사실과 양립할 수 없는 사실의 개연성에 대한 합리성 있는 의문을 의미하는 것으로서, 단순히 관념적인 의심이나 추상적인 가능성에 기초한 의심은 합리적 의심에 포함된다고 할 수 없다(대판 2011.1.27. 2010도12728).

[❸ ▸ X] 형사재판에서 이와 관련된 다른 형사사건의 확정판결에서 인정된 사실은 특별한 사정이 없는 한 유력한 증거자료가 되는 것이나, 당해 형사재판에서 제출된 다른 증거내용에 비추어 관련 형사사건 확정판결의 사실 판단을 그대로 채택하기 어렵다고 인정될 경우에는 이를 배척할 수 있다(대판 2012.6.14. 2011도15653).

정답 ③

[❹ ▸ O] 사실심법원으로서는, 형사소송법이 사실의 오인을 항소이유로는 하면서도 상고이유로 삼을 수 있는 사유로는 규정하지 아니한 데에 담긴 의미가 올바르게 실현될 수 있도록 주장과 증거에 대하여 신중하고 충실한 심리를 하여야 하고, 그에 이르지 못하여 자유심증주의의 한계를 벗어나거나 필요한 심리를 다하지 아니하는 등으로 판결결과에 영향을 미친 때에는, 사실 인정을 사실심법원의 전권으로 인정한 전제가 충족되지 아니하므로 당연히 상고심의 심판대상에 해당한다(대판 2016.10.13. 2015도17869).

[❺ ▸ O] 도로교통법 제41조 제2항에서 말하는 '측정'이란, 측정결과에 불복하는 운전자에 대하여 그의 동의를 얻어 혈액 채취 등의 방법으로 다시 측정할 수 있음을 규정하고 있는 같은 조 제3항과의 체계적 해석상, 호흡을 채취하여 그로부터 주취의 정도를 객관적으로 환산하는 측정방법, 즉 호흡측정기에 의한 측정이라고 이해하여야 할 것이고, 호흡측정기에 의한 음주측정치와 혈액검사에 의한 음주측정치가 다른 경우에 어느 음주측정치를 신뢰할 것인지는 법관의 자유심증에 의한 증거취사선택의 문제라고 할 것이나, 호흡측정기에 의한 측정의 경우 그 측정기의 상태, 측정방법, 상대방의 협조정도 등에 의하여 그 측정결과의 정확성과 신뢰성에 문제가 있을 수 있다는 사정을 고려하면, 혈액의 채취 또는 검사과정에서 인위적인 조작이나 관계자의 잘못이 개입되는 등 혈액 채취에 의한 검사결과를 믿지 못할 특별한 사정이 없는 한, 혈액검사에 의한 음주측정치가 호흡측정기에 의한 음주측정치보다 측정 당시의 혈중알코올농도에 더 근접한 음주측정치라고 보는 것이 경험칙에 부합한다(대판 2004.2.13. 2003도6905).

2017년 변호사시험 문 31. ☑ 확인 Check! O △ X

정치자금법상 금품수수혐의로 공소제기된 피고인 甲이 법정에서 금품수수사실을 부인하였고, 제1심법원에 증인으로 출석한 乙은 甲에게 금품을 제공하였다고 증언하였지만 제1심법원은 乙의 증언에 신빙성이 없고 범죄의 증명이 부족하다는 이유로 무죄를 선고하였다. 이에 관한 설명 중 옳지 않은 것은?(다툼이 있는 경우 판례에 의함)

① 甲의 혐의를 뒷받침할 금융자료 등 객관적 물증이 없는 경우, 제1심법원이 금품수수사실을 부인하는 甲에 대해 乙의 진술만으로 유죄를 인정하기 위해서는 乙의 진술이 증거능력이 있어야 함은 물론 합리적인 의심을 배제할 만한 신빙성이 있어야 한다.

② 항소심법원이 乙을 증인으로 다시 신문한 결과 제1심이 들고 있는 의심과 일부 어긋날 수 있는 사실의 개연성이 드러나 제1심의 판단에 의문이 생긴 경우, 제1심이 일으킨 합리적인 의심을 충분히 해소할 수 있을 정도에까지 이르지 아니하더라도 乙의 진술의 신빙성이 부족하다는 제1심의 판단에 사실오인의 위법이 있다고 인정하여 공소사실을 유죄로 인정할 수 있다.

③ 만일 乙이 검찰에서는 자금을 조성하여 甲에게 정치자금으로 제공하였다고 진술하였다가 제1심법정에서는 정치자금으로 제공한 사실을 부인하면서 자금의 사용처를 달리 증언하였다고 하더라도, 제1심법원은 乙의 검찰진술의 신빙성을 인정하여 甲에게 유죄를 선고할 수 있다.

④ 乙이 증인신문에 앞서 법원에 甲뿐만 아니라 변호인에 대해서까지 차폐시설의 설치를 요구한다면, 그러한 방식으로 증인신문이 이루어지는 경우 반대신문권이 제한될 수 있으므로, 법원은 특별한 사정이 있는 경우에만 예외적으로 변호인에 대한 차폐시설의 설치를 허용할 수 있다.

⑤ 항소심법원이 공개금지사유가 없음에도 비공개로 乙에 대한 증인신문절차를 진행한 경우 乙의 증언은 증거능력이 인정되지 않는다.

[❶ ▸ O] 금품 수수 여부가 쟁점이 된 사건에서 금품수수자로 지목된 피고인이 수수사실을 부인하고 있고 이를 뒷받침할 금융자료 등 객관적 물증이 없는 경우 금품을 제공하였다는 사람의 진술만으로 유죄를 인정하기 위해서는 그 진술이 증거능력이 있어야 하는 것은 물론 합리적인 의심을 배제할 만한 신빙성이 있어야 하고, 신빙성이 있는지 여부를 판단할 때에는 진술내용 자체의 합리성, 객관적 상당성, 전후의 일관성뿐만 아니라 그의 인간됨, 그 진술로 얻게 되는 이해관계 유무, 특히 그에게 어떤 범죄의 혐의가 있고 그 혐의에 대하여 수사가 개시될 가능성이 있거나 수사가 진행 중인 경우에는 이를

② 정답

이용한 협박이나 회유 등의 의심이 있어 그 진술의 증거능력이 부정되는 정도에까지 이르지 않는 경우에도 그로 인한 궁박한 처지에서 벗어나려는 노력이 진술에 영향을 미칠 수 있는지 여부 등도 아울러 살펴보아야 한다(대판 2011.4.28. 2010도14487).

[❷ ▸ ×] 금품 수수 여부가 쟁점이 된 사건에서 금품을 제공하였다는 사람의 진술에 대하여 제1심이 증인신문절차 등을 거친 후에 합리적인 의심을 배제할 만한 신빙성이 없다고 보아 공소사실을 무죄로 판단한 경우에, 항소심이 제1심증인 등을 다시 신문하는 등의 추가증거조사를 거쳐 신빙성을 심사하여 본 결과 제1심이 들고 있는 의심과 일부 어긋날 수 있는 사실의 개연성이 드러남으로써 제1심의 판단에 의문이 생기더라도, 제1심이 제기한 의심이 금품 제공과 양립할 수 없거나 진술의 신빙성 인정에 장애가 되는 사실의 개연성에 대한 합리성 있는 근거에 기초하고 있고 제1심의 증거조사 결과와 항소심의 추가증거조사 결과에 의하여도 제1심이 일으킨 합리적인 의심을 충분히 해소할 수 있을 정도에까지 이르지 아니한다면, 일부 반대되는 사실에 관한 개연성 또는 의문만으로 진술의 신빙성 및 범죄의 증명이 부족하다는 제1심의 판단에 사실오인의 위법이 있다고 단정하여 공소사실을 유죄로 인정하여서는 아니 된다. 특히 항소심에서도 진술 중의 일부에 대하여 신빙성을 부정함으로써 그에 관한 제1심의 판단을 수긍하는 경우라면, 나머지 진술 부분에 대하여 신빙성을 부정한 제1심의 판단이 위법하다고 인정하기 위해서는 그 부분 진술만은 신뢰할 수 있는 확실한 근거가 제시되는 등의 특별한 사정이 있는지에 관하여 더욱 신중히 판단하여야 한다(대판 2016.2.18. 2015도11428).

[❸ ▸ ○] 국회의원인 피고인이 갑 주식회사 대표이사 을에게서 3차례에 걸쳐 불법정치자금을 수수하였다는 내용으로 기소되었는데, 을이 검찰의 소환조사에서는 자금을 조성하여 피고인에게 정치자금으로 제공하였다고 진술하였다가, 제1심 법정에서는 이를 번복하여 자금조성사실은 시인하면서도 피고인에게 정치자금으로 제공한 사실을 부인하고 자금의 사용처를 달리 진술한 경우, 자금사용처에 관한 을의 검찰진술의 신빙성이 인정되므로, 乙의 검찰진술 등을 종합하여 공소사실을 모두 유죄로 인정한 원심판단에 자유심증주의의 한계를 벗어나는 등의 잘못이 없다(대판 2015.8.20. 2013도11650[전합]).

[❹ ▸ ○] 증인이 변호인을 대면하여 진술함에 있어 심리적인 부담으로 정신의 평온을 현저하게 잃을 우려가 있다고 인정되는 경우는 일반적으로 쉽게 상정할 수 없고, 피고인뿐만 아니라 변호인에 대해서까지 차폐시설을 설치하는 방식으로 증인신문이 이루어지는 경우 피고인과 변호인 모두 증인이 증언하는 모습이나 태도 등을 관찰할 수 없게 되어 그 한도에서 반대신문권이 제한될 수 있으므로, 변호인에 대한 차폐시설의 설치는, 특정범죄신고자 등 보호법 제7조에 따라 범죄신고자 등이나 친족 등이 보복을 당할 우려가 있다고 인정되어 조서 등에 인적사항을 기재하지 아니한 범죄신고자 등을 증인으로 신문하는 경우와 같이, 이미 인적사항에 관하여 비밀조치가 취해진 증인이 변호인을 대면하여 진술함으로써 자신의 신분이 노출되는 것에 대하여 심한 심리적인 부담을 느끼는 등의 특별한 사정이 있는 경우에 예외적으로 허용될 수 있을 뿐이다(대판 2015.5.28. 2014도18006).

[❺ ▸ ○] 헌법 제27조 제3항 후문, 제109조와 법원조직법 제57조 제1항, 제2항의 취지에 비추어 보면, 헌법 제109조, 법원조직법 제57조 제1항에서 정한 공개금지사유가 없음에도 불구하고 재판의 심리에 관한 공개를 금지하기로 결정하였다면 그러한 공개금지결정은 피고인의 공개재판을 받을 권리를 침해한 것으로서 그 절차에 의하여 이루어진 증인의 증언은 증거능력이 없고, 변호인의 반대신문권이 보장되었더라도 달리 볼 수 없으며, 이러한 법리는 공개금지결정의 선고가 없는 등으로 공개금지결정의 사유를 알 수 없는 경우에도 마찬가지이다(대판 2013.7.26. 2013도2511).

제2절 위법수집증거배제법칙 ★★

2013년 변호사시험 문 27. ☑ 확인Check! ○ △ ×

다음 〈사례〉에 관하여 옳은 설명을 한 학생만을 모두 고른 것은?(다툼이 있는 경우에는 판례에 의함)

〈사례〉

사법경찰관 甲은 강도죄의 혐의로 乙을 긴급체포하면서 긴급히 압수할 필요가 있다고 판단하여 乙이 소지하고 있는 칼(이하 "증거물 A"라 함)을 영장 없이 압수하였으나 압수·수색영장을 발부받지 아니하고도 즉시 乙에게 반환하지 아니하였다.

이틀 후 甲은 乙의 집에서 10m 떨어진 범행현장인 피해자 丙이 운영하는 주점 내부를 丙의 동의를 받고 조사하다가 丙 소유의 물컵에서 乙의 지문 2점(이하 "증거물 B"라 함)을 채취한 다음 영장 없이 그 물컵(이하 "증거물 C"라 함)을 수거해 갔다.

한편, 추가적인 증거물을 수집하려고 乙의 집을 조사하던 甲은 乙이 거주하는 집 마당에서 乙 소유의 쇠파이프(이하 "증거물 D"라 함)를 발견한 후 丙에게서 임의로 제출받는 형식으로 쇠파이프를 압수하였고, 그 후 증거물 D를 쇠파이프를 찍은 사진(이하 "증거물 E"라 함)과 함께 검사에게 송부하였다.

그리고 甲은 乙의 여죄가 더 있을 것으로 생각하고 이를 수사하면서 압수·수색영장(압수장소 : 乙이 임차하여 거주하는 丁 소유의 집, 압수대상물 : 위 장소에 보관 중인 물건)을 발부받아 丁에게 압수·수색영장을 제시한 후 乙이 거주하던 집을 수색하던 중 마침 乙을 찾아온 乙의 친구인 戊가 들고 있던 야구방망이(이하 "증거물 F"라 함)를 압수하였다.

철수 : 공판과정에서 乙이 증거물 A를 증거로 함에 동의하면 이를 유죄 인정의 증거로 사용할 수 있다.
영희 : 설사 증거물 C가 위법하게 압수된 것이라 하더라도 증거물 B는 그로부터 획득한 2차적 증거에 해당하지 않는다.
민준 : 증거물 D는 위법수집증거로 증거능력이 없으나 증거물 E는 최우량증거에 해당하므로 乙이 이를 증거로 함에 동의하면 이를 유죄 인정의 증거로 사용할 수 있다.
유선 : 甲이 압수·수색에 착수하면서 그 장소의 관리책임자인 丁에게 압수·수색영장을 제시한 이후에 戊가 야구방망이를 들고 압수·수색장소에 출현하였으므로 乙이 증거물 F를 증거로 함에 부동의하더라도 증거물 F는 증거능력이 있다.

① 영희 ② 민준 ③ 철수, 민준
④ 영희, 유선 ⑤ 철수, 영희, 유선

[철수 ▸ ×] 형사소송법 제216조 제1항 제2호, 제217조 제2항, 제3항은 사법경찰관은 형사소송법 제200조의3(긴급체포)의 규정에 의하여 피의자를 체포하는 경우에 필요한 때에는 영장 없이 체포현장에서 압수·수색을 할 수 있고, 압수한 물건을 계속 압수할 필요가 있는 경우에는 지체 없이 압수수색영장을 청구하여야 하며, 청구한 압수수색영장을 발부받지 못한 때에는 압수한 물건을 즉시 반환하여야 한다고 규정하고 있는바, 형사소송법 제217조 제2항, 제3항에 위반하여 압수수색영장을 청구하여 이를 발부받지 아니하고도 즉시 반환하지 아니한 압수물은 이를 유죄 인정의 증거로 사용할 수 없는 것이고, 헌법과 형사소송법이 선언한 영장주의의 중요성에 비추어 볼 때 피고인이나 변호인이 이를 증거로 함에 동의하였다고 하더라도 달리 볼 것은 아니다(대판 2009.12.24, 2009도11401).

① 정답

[영희 ▸ O] 범행현장에서 지문채취대상물에 대한 지문 채취가 먼저 이루어진 이상, 수사기관이 그 이후에 지문채취대상물을 적법한 절차에 의하지 아니한 채 압수하였다고 하더라도(한편, 이 사건 지문채취대상물인 맥주컵, 물컵, 맥주병 등은 피해자 공소외 1이 운영하는 주점 내에 있던 피해자 공소외 1의 소유로서 이를 수거한 행위가 피해자 공소외 1의 의사에 반한 것이라고 볼 수 없으므로, 이를 가리켜 위법한 압수라고 보기도 어렵다), 위와 같이 채취된 지문은 위법하게 압수한 지문채취대상물로부터 획득한 2차적 증거에 해당하지 아니함이 분명하여, 이를 가리켜 위법수집증거라고 할 수 없다(대판 2008.10.23, 2008도7471).

[민준 ▸ ×] 형사소송법 제218조는 "사법경찰관은 소유자, 소지자 또는 보관자가 임의로 제출한 물건을 영장 없이 압수할 수 있다"고 규정하고 있는바, 위 규정을 위반하여 소유자, 소지자 또는 보관자가 아닌 자로부터 제출받은 물건을 영장 없이 압수한 경우 그 '압수물' 및 '압수물을 찍은 사진'은 이를 유죄 인정의 증거로 사용할 수 없는 것이고, 헌법과 형사소송법이 선언한 영장주의의 중요성에 비추어 볼 때 피고인이나 변호인이 이를 증거로 함에 동의하였다고 하더라도 달리 볼 것은 아니다(대판 2010.1.28, 2009도10092).

[유선 ▸ ×] 압수·수색영장은 처분을 받는 자에게 반드시 제시하여야 하는바, 현장에서 압수·수색을 당하는 사람이 여러 명일 경우에는 그 사람들 모두에게 개별적으로 영장을 제시해야 하는 것이 원칙이다. 수사기관이 압수·수색에 착수하면서 그 장소의 관리책임자에게 영장을 제시하였다고 하더라도, 물건을 소지하고 있는 다른 사람으로부터 이를 압수하고자 하는 때에는 그 사람에게 따로 영장을 제시하여야 한다(대판 2009.3.12, 2008도763).

2015년 변호사시험 문 26. ☑ 확인Check! O △ ×

위법수집증거배제법칙에 관한 설명 중 옳지 않은 것은?(다툼이 있는 경우 판례에 의함)

① 범행현장에서 지문채취대상물에 대한 지문 채취가 먼저 이루어지고 수사기관이 그 이후에 지문채취대상물을 적법한 절차에 의하지 아니한 채 압수한 경우, 압수 이전에 채취된 지문은 위법하게 압수한 지문채취대상물로부터 획득한 2차적 증거에 해당하므로 위법수집증거이다.

② 우편물통관검사절차에서 이루어지는 우편물의 개봉, 시료 채취, 성분 분석 등의 검사는 수출입물품에 대한 적정한 통관 등을 목적으로 한 행정조사의 성격을 가지는 것으로서 수사기관의 강제처분이라고 할 수 없으므로, 압수·수색영장 없이 우편물의 개봉, 시료 채취, 성분 분석 등 검사가 진행되었다고 하더라도 특별한 사정이 없는 한 위법하다고 볼 수 없다.

③ 수사기관이 법관의 영장에 의하지 아니하고 신용카드 매출전표의 거래명의자에 관한 정보를 획득한 경우, 이에 터 잡아 수집한 2차적 증거들의 증거능력을 판단할 때, 수사기관이 의도적으로 영장주의의 정신을 회피하는 방법으로 증거를 확보한 것이 아니라고 볼 만한 사정, 체포되었던 피의자가 석방된 후 상당한 시간이 경과하였음에도 다시 동일한 내용의 자백을 하였다거나 그 범행의 피해품을 수사기관에 임의로 제출하였다는 사정 등은 통상 2차적 증거의 증거능력을 인정할 만한 정황에 속한다.

④ 위법한 강제연행상태에서 호흡측정방법에 의한 음주 측정을 한 다음, 강제연행상태로부터 시간적·장소적으로 단절되었다고 볼 수 없는 상황에서 피의자가 호흡측정결과를 탄핵하기 위하여 스스로 혈액채취방법에 의한 측정을 할 것을 요구하여 혈액 채취가 이루어진 경우 그러한 혈액 채취에 의한 측정결과를 유죄 인정의 증거로 쓸 수는 없다.

⑤ 마약투약혐의를 받고 있던 피고인을 경찰관들이 영장 없이 강제로 연행한 상태에서 마약 투약 여부의 확인을 위한 1차 채뇨절차가 이루어졌다고 하더라도, 그 후 피고인이 법관이 발부한 영장에 의하여 적법하게 구금되고, 압수·수색영장에 의하여 2차 채뇨 및 채모절차가 적법하게 이루어진 이상, 이와 같은 사정은 체포과정에서의 절차적 위법과 2차적 증거 수집 사이의 인과관계를 희석하게 할 만한 정황에 속한다.

정답 ①

[❶ ▸ ×] 범행현장에서 지문채취대상물에 대한 지문 채취가 먼저 이루어진 이상, 수사기관이 그 이후에 지문채취대상물을 적법한 절차에 의하지 아니한 채 압수하였다고 하더라도(한편, 이 사건 지문채취대상물인 맥주컵, 물컵, 맥주병 등은 피해자 공소외 1이 운영하는 주점 내에 있던 피해자 공소외 1의 소유로서 이를 수거한 행위가 피해자 공소외 1의 의사에 반한 것이라고 볼 수 없으므로, 이를 가리켜 위법한 압수라고 보기도 어렵다), 위와 같이 채취된 지문은 위법하게 압수한 지문채취대상물로부터 획득한 2차적 증거에 해당하지 아니함이 분명하여, 이를 가리켜 위법수집증거라고 할 수 없다(대판 2008.10.23, 2008도7471).

[❷ ▸ ○] 우편물 통관검사절차에서 이루어지는 우편물의 개봉, 시료 채취, 성분 분석 등의 검사는 수출입물품에 대한 적정한 통관 등을 목적으로 한 행정조사의 성격을 가지는 것으로서 수사기관의 강제처분이라고 할 수 없으므로, 압수·수색영장 없이 우편물의 개봉, 시료 채취, 성분 분석 등 검사가 진행되었다 하더라도 특별한 사정이 없는 한 위법하다고 볼 수 없다(대판 2013.9.26, 2013도7718).

[❸ ▸ ○] 수사기관이 법관의 영장에 의하지 아니하고 매출전표의 거래명의자에 관한 정보를 획득한 경우, 이에 터 잡아 수집한 2차적 증거들, 예컨대 피의자의 자백이나 범죄피해에 대한 제3자의 진술 등이 유죄 인정의 증거로 사용될 수 있는지를 판단할 때, 수사기관이 의도적으로 영장주의의 정신을 회피하는 방법으로 증거를 확보한 것이 아니라고 볼 만한 사정, 위와 같은 정보에 기초하여 범인으로 특정되어 체포되었던 피의자가 석방된 후 상당한 시간이 경과하였음에도 다시 동일한 내용의 자백을 하였다거나 그 범행의 피해품을 수사기관에 임의로 제출하였다는 사정, 2차적 증거 수집이 체포상태에서 이루어진 자백 등으로부터 독립된 제3자의 진술에 의하여 이루어진 사정 등은 통상 2차적 증거의 증거능력을 인정할 만한 정황에 속한다고 볼 수 있다(대판 2013.3.28, 2012도13607).

[❹ ▸ ○] 위법한 강제연행상태에서 호흡측정방법에 의한 음주 측정을 한 다음 강제연행상태로부터 시간적·장소적으로 단절되었다고 볼 수도 없고 피의자의 심적 상태 또한 강제연행상태로부터 완전히 벗어났다고 볼 수 없는 상황에서 피의자가 호흡측정결과에 대한 탄핵을 하기 위하여 스스로 혈액채취방법에 의한 측정을 할 것을 요구하여 혈액 채취가 이루어졌다고 하더라도 그 사이에 위법한 체포상태에 의한 영향이 완전하게 배제되고 피의자의 의사결정의 자유가 확실하게 보장되었다고 볼 만한 다른 사정이 개입되지 않은 이상 불법체포와 증거 수집 사이의 인과관계가 단절된 것으로 볼 수는 없다. 따라서 그러한 혈액 채취에 의한 측정결과 역시 유죄 인정의 증거로 쓸 수 없다고 보아야 한다. 그리고 이는 수사기관이 위법한 체포상태를 이용하여 증거를 수집하는 등의 행위를 효과적으로 억지하기 위한 것이므로, 피고인이나 변호인이 이를 증거로 함에 동의하였다고 하여도 달리 볼 것은 아니다(대판 2013.3.14, 2010도2094).

[❺ ▸ ○] 마약투약혐의를 받고 있던 피고인이 임의동행을 거부하겠다는 의사를 표시하였는데도 경찰관들이 피고인을 영장 없이 강제로 연행한 상태에서 마약 투약 여부의 확인을 위한 1차 채뇨절차가 이루어졌는데, 그 후 피고인의 소변 등 채취에 관한 압수영장에 기하여 2차 채뇨절차가 이루어지고 그 결과를 분석한 소변감정서 등이 증거로 제출된 경우, 피고인을 강제로 연행한 조치는 위법한 체포에 해당하고, 위법한 체포상태에서 이루어진 채뇨요구 또한 위법하므로 그에 의하여 수집된 '소변검사시인서'는 유죄 인정의 증거로 삼을 수 없으나, 한편 연행 당시 피고인이 마약을 투약한 것이거나 자살할지도 모른다는 취지의 구체적 제보가 있었던 데다가, 피고인이 경찰관 앞에서 바지와 팬티를 내리는 등 비상식적인 행동을 하였던 사정 등에 비추어 피고인에 대한 긴급한 구호의 필요성이 전혀 없었다고 볼 수 없는 점, 경찰관들은 임의동행 시점으로부터 얼마 지나지 아니하여 체포의 이유와 변호인선임권 등을 고지하면서 피고인에 대한 긴급체포의 절차를 밟는 등 절차의 잘못을 시정하려고 한 바 있어, 경찰관들의 위와 같은 임의동행조치는 단지 수사의 순서를 잘못 선택한 것이라고 할 수 있지만 관련 법규정으로부터의 실질적 일탈 정도가 헌법에 규정된 영장주의원칙을 현저히 침해할 정도에 이르렀다고 보기 어려운 점 등에 비추어 볼 때, 위와 같은 2차적 증거 수집이 위법한 체포·구금절차에 의하여 형성된 상태를 직접 이용하여 행하여진 것으로는 쉽사리 평가할 수 없으므로, 이와 같은 사정은 체포과정에서의 절차적 위법과 2차적 증거 수집 사이의 인과관계를 희석하게 할 만한 정황에 속하고, 메스암페타민투약범행의 중대성도 아울러 참작될 필요가 있는 점 등 제반사정을 고려할 때 2차적 증거인 소변감정서 등은 증거능력이 인정된다(대판 2013.3.14, 2012도13611).

2020년 변호사시험 문 28. ☑ 확인 Check! ○ △ ×

위법수집증거배제법칙에 관한 설명 중 옳지 않은 것을 모두 고른 것은?(다툼이 있는 경우 판례에 의함)

ㄱ. 호텔 투숙객 甲이 마약을 투약하였다는 신고를 받고 출동한 경찰관이 임의동행을 거부하는 甲을 강제로 경찰서로 데리고 가서 채뇨요구를 하자 이에 甲이 응하여 소변검사가 이루어진 경우, 그 결과물인 소변검사시인서는 증거능력이 없다.

ㄴ. 음주운전 피의자에 대해 위법한 강제연행상태에서 호흡측정방법에 의한 음주 측정을 한 다음, 즉시 그 자리에서 피의자가 자신의 호흡측정결과에 대한 탄핵을 하기 위하여 스스로 혈액채취방법에 의한 측정을 할 것을 요구하여 혈액 채취가 이루어진 경우, 호흡 측정에 의한 측정결과는 물론 혈액 채취에 의한 측정결과도 증거능력이 없다.

ㄷ. 수사기관이 甲의 뇌물수수범행을 범죄사실로 하여 발부받은 압수수색영장을 집행하는 과정에, 乙과 丙 사이의 甲과 무관한 별개의 뇌물 수수에 관한 대화가 녹음된 녹음파일을 발견한 경우, 별도의 압수수색영장을 발부받지 않더라도 위 녹음파일을 乙과 丙에 대한 뇌물수수죄의 증거로 사용할 수 있다.

ㄹ. 검사가 甲을 긴급체포하여 조사 중, 甲의 친구인 변호사 A가 甲의 변호인이 되기 위하여 검사에게 접견신청을 하였으나, 검사가 변호인선임신고서의 제출을 요구하면서 변호인 접견을 못 하게 한 상태에서 검사가 작성한 甲에 대한 피의자신문조서는 甲에 대한 유죄의 증거로 사용할 수 없다.

ㅁ. 피고인의 뇌물수수범행에 대한 추가적인 증거를 확보할 목적으로, 수사기관이 구속수감되어 있던 A에게 휴대전화를 제공하여 피고인과 통화하게 하고 그 통화내용을 녹음하게 한 경우, 이를 근거로 작성된 녹취록은 피고인이 증거로 함에 동의하면 증거능력이 있다.

① ㄱ, ㄷ ② ㄷ, ㅁ ③ ㄱ, ㄴ, ㄹ
④ ㄱ, ㄴ, ㄹ, ㅁ ⑤ ㄴ, ㄷ, ㄹ, ㅁ

PART 03 공판

[ㄱ ▸ O] [1] 피의자가 동행을 거부하는 의사를 표시하였음에도 불구하고 경찰관들이 영장에 의하지 아니하고 피의자를 강제로 연행한 행위는 수사상의 강제처분에 관한 형사소송법상의 절차를 무시한 채 이루어진 것으로 위법한 체포에 해당하고, 이와 같이 위법한 체포상태에서 마약투약혐의를 확인하기 위한 채뇨요구가 이루어진 경우, 채뇨요구를 위한 위법한 체포와 그에 이은 채뇨요구는 마약 투약이라는 범죄행위에 대한 증거 수집을 위하여 연속하여 이루어진 것으로서 개별적으로 그 적법 여부를 평가하는 것은 적절하지 아니하므로 그 일련의 과정을 전체적으로 보아 위법한 채뇨요구가 있었던 것으로 볼 수밖에 없다.

[2] 마약투약혐의를 받고 있던 피고인이 임의동행을 거부하겠다는 의사를 표시하였는데도 경찰관들이 피고인을 영장 없이 강제로 연행한 상태에서 마약 투약 여부의 확인을 위한 1차 채뇨절차가 이루어졌는데, 그 후 피고인의 소변 등 채취에 관한 압수영장에 기하여 2차 채뇨절차가 이루어지고 그 결과를 분석한 소변감정서 등이 증거로 제출된 경우, 피고인을 강제로 연행한 조치는 위법한 체포에 해당하고, 위법한 체포상태에서 이루어진 채뇨요구 또한 위법하므로 그에 의하여 수집된 '소변검사시인서'는 유죄 인정의 증거로 삼을 수 없다(대판 2013.3.14. 2012도13611).

[ㄴ ▸ O] 위법한 강제연행상태에서 호흡측정방법에 의한 음주 측정을 한 다음 강제연행상태로부터 시간적·장소적으로 단절되었다고 볼 수도 없고 피의자의 심적 상태 또한 강제연행상태로부터 완전히 벗어났다고 볼 수 없는 상황에서 피의자가 호흡측정결과에 대한 탄핵을 하기 위하여 스스로 혈액채취방법에 의한 측정을 할 것을 요구하여 혈액 채취가 이루어졌다고 하더라도 그 사이에 위법한 체포상태에 의한 영향이 완전하게 배제되고 피의자의 의사결정의 자유가 확실하게 보장되었다고 볼 만한 다른 사정이 개입되지 않은 이상 불법체포와 증거 수집 사이의 인과관계가 단절된 것으로 볼 수는 없다. 따라서 그러한 혈액 채취에 의한 측정결과 역시 유죄 인정의 증거로 쓸 수 없다고 보아야 한다. 그리고 이는 수사기관이 위법한 체포상태를 이용하여 증거를 수집하는 등의 행위를 효과적으로 억지하기 위한 것이므로, 피고인이나 변호인이 이를 증거로 함에 동의하였다고 하여도 달리 볼 것은 아니다(대판 2013.3.14. 2010도2094).

정답 ②

[ㄷ ▸ X] 수사기관이 피의자 甲의 공직선거법 위반범행을 영장 범죄사실로 하여 발부받은 압수·수색영장의 집행과정에서 乙, 丙 사이의 대화가 녹음된 녹음파일(이하 '녹음파일')을 압수하여 乙, 丙의 공직선거법 위반혐의사실을 발견한 경우, 압수·수색영장에 기재된 '피의자'인 甲이 녹음파일에 의하여 의심되는 혐의사실과 무관한 이상, 수사기관이 별도의 압수·수색영장을 발부받지 아니한 채 압수한 녹음파일은 형사소송법 제219조에 의하여 수사기관의 압수에 준용되는 형사소송법 제106조 제1항이 규정하는 '피고사건' 내지 같은 법 제215조 제1항이 규정하는 '해당 사건'과 '관계가 있다고 인정할 수 있는 것'에 해당하지 않으며, 이와 같은 압수에는 헌법 제12조 제1항 후문, 제3항 본문이 규정하는 영장주의를 위반한 절차적 위법이 있으므로, 녹음파일은 형사소송법 제308조의2에서 정한 '적법한 절차에 따르지 아니하고 수집한 증거'로서 증거로 쓸 수 없고, 그 절차적 위법은 헌법상 영장주의 내지 적법절차의 실질적 내용을 침해하는 중대한 위법에 해당하여 예외적으로 증거능력을 인정할 수도 없다(대판 2014.1.16. 2013도7101).

[ㄹ ▸ O] 헌법상 보장된 변호인과의 접견교통권이 위법하게 제한된 상태에서 얻어진 피의자의 자백은 그 증거능력을 부인하는 유죄의 증거에서 실질적이고 완전하게 배제하여야 하는 것인 바, 피고인이 구속되어 국가안전기획부에서 조사를 받다가 변호인의 접견신청이 불허되어 이에 대한 준항고를 제기 중에 검찰로 송치되어 검사가 피고인을 신문하여 제1회 피의자신문조서를 작성한 후 준항고절차에서 위 접견불허처분이 취소되어 접견이 허용된 경우에는 검사의 피고인에 대한 위 제1회 피의자신문은 변호인의 접견교통을 금지한 위법상태가 계속된 상황에서 시행된 것으로 보아야 할 것이므로 그 피의자신문조서는 증거능력이 없다(대판 1990.9.25. 90도1586).

[ㅁ ▸ X] 수사기관이 甲으로부터 피고인의 마약류 관리에 관한 법률 위반(향정)범행에 대한 진술을 듣고 추가적인 증거를 확보할 목적으로, 구속수감되어 있던 甲에게 그의 압수된 휴대전화를 제공하여 피고인과 통화하고 위 범행에 관한 통화내용을 녹음하게 한 행위는 불법감청에 해당하므로, 그 녹음 자체는 물론 이를 근거로 작성된 녹취록 첨부 수사보고는 피고인의 증거동의에 상관없이 그 증거능력이 없다(대판 2010.10.14. 2010도9016).

2013년 변호사시험 문 32. ☑ 확인 Check! ○ △ ×

甲은 만취하여 정상적인 운전이 곤란한 상태로 도로에서 자동차를 운전하다가 과실로 보행자를 들이받아 그를 사망케 하고 자신은 그 충격으로 기절하였다. 의식을 잃은 甲이 병원 응급실로 호송되자, 출동한 경찰관은 법원으로부터 압수·수색 또는 검증영장을 발부받지 아니한 채 甲의 아들의 채혈동의를 받고 의사로 하여금 甲으로부터 채혈하도록 한 다음 이를 감정의뢰하였으나, 사후적으로도 지체 없이 이에 대한 법원의 영장을 발부받지 않았다. 위 사례에 대한 설명 중 옳지 않은 것은?(다툼이 있는 경우에는 판례에 의함)

① 甲은 특정범죄 가중처벌 등에 관한 법률 위반(위험운전치사상)죄와 도로교통법 위반(음주운전)죄의 실체적 경합범에 해당한다.
② 위 채혈로 수집한 甲에 대한 혈액의 감정에 따라 甲이 도로교통법상 음주운전에 해당하더라도 그 혈액을 이용한 혈중알코올농도에 관한 감정서에 대하여는 증거능력이 부정된다.
③ 만약 만취한 甲이 관리인이 있는 공영주차장 내에서 운전하였다 해도 도로교통법상 음주운전에 해당한다.
④ 만약 경찰관이 간호사로부터 진료목적으로 이미 채혈되어 있는 혈액 중 일부를 음주운전 여부에 대한 감정목적으로 임의로 제출받은 경우였다면, 그 압수절차가 피고인 또는 피고인 가족의 동의 및 영장 없이 행하여졌다고 하더라도 이에 적법절차를 위반한 위법이 있다고 할 수 없다.
⑤ 만약 위 사례에서 甲이 다른 자동차를 충격하여 그 운전자를 사망케 함과 동시에 그 자동차를 손괴하였다면, 특정범죄 가중처벌 등에 관한 법률 위반(위험운전치사상)죄, 도로교통법 위반(음주운전)죄, 업무상 과실재물손괴로 인한 도로교통법 위반죄의 실체적 경합범에 해당한다.

⑤ 정답

[❶ ▸ O] 음주로 인한 특정범죄 가중처벌 등에 관한 법률 위반(위험운전치사상)죄와 도로교통법 위반(음주운전)죄는 입법취지와 보호법익 및 적용영역을 달리하는 별개의 범죄이므로, 양 죄가 모두 성립하는 경우 두 죄는 실체적 경합관계에 있다(대판 2008.11.13. 2008도7143).

[❷ ▸ O] 형사소송법 제215조 제2항, 제216조 제3항, 제221조, 제221조의4, 제173조 제1항의 규정을 위반하여 수사기관이 법원으로부터 영장 또는 감정처분허가장을 발부받지 아니한 채 피의자의 동의 없이 피의자의 신체로부터 혈액을 채취하고 사후적으로도 지체 없이 이에 대한 영장을 발부받지도 아니한 채 강제채혈한 피의자의 혈액 중 알코올농도에 관한 감정이 이루어졌다면, 이러한 감정결과보고서 등은 형사소송법상 영장주의원칙을 위반하여 수집되거나 그에 기초한 증거로서 그 절차위반행위가 적법절차의 실질적인 내용을 침해하는 정도에 해당하고, 이러한 증거는 피고인이나 변호인의 증거동의가 있다고 하더라도 유죄의 증거로 사용할 수 없다(대판 2011.4.28. 2009도2109).

[❸ ▸ O] 지역 일대의 주차난 해소 등의 공익적 목적을 가지고 설치된 공영주차장은 불특정 다수의 사람 또는 차량의 통행을 위하여 공개된 장소로서 도로교통법 제2조 제1호에서 말하는 도로에 해당한다(대판 2005.9.15. 2005도3781).

[❹ ▸ O] 경찰관이 간호사로부터 진료목적으로 이미 채혈되어 있던 피고인의 혈액 중 일부를 주취운전 여부에 대한 감정을 목적으로 임의로 제출받아 이를 압수한 경우, 당시 간호사가 위 혈액의 소지자 겸 보관자인 병원 또는 담당 의사를 대리하여 혈액을 경찰관에게 임의로 제출할 수 있는 권한이 없었다고 볼 특별한 사정이 없는 이상, 그 압수절차가 피고인 또는 피고인의 가족의 동의 및 영장 없이 행하여졌다고 하더라도 이에 적법절차를 위반한 위법이 있다고 할 수 없다(대판 1999.9.3. 98도968).

[❺ ▸ ×] [1] 음주 또는 약물의 영향으로 정상적인 운전이 곤란한 상태에서 자동차를 운전하여 사람을 상해에 이르게 함과 동시에 다른 사람의 재물을 손괴한 때에는 특정범죄 가중처벌 등에 관한 법률 위반(위험운전치사상)죄 외에 업무상 과실재물손괴로 인한 도로교통법 위반죄가 성립하고, 위 두 죄는 1개의 운전행위로 인한 것으로서 상상적 경합관계에 있다.

[2] 자동차운전면허 없이 술에 취하여 정상적인 운전이 곤란한 상태에서 차량을 운전하던 중 전방에 신호대기로 정차해 있던 화물차의 뒷부분을 들이받아 그 화물차가 밀리면서 그 앞에 정차해 있던 다른 화물차를 들이받도록 함으로써, 피해자에게 상해를 입게 함과 동시에 위 각 화물차를 손괴하였다는 공소사실에 대하여, 유죄로 인정되는 각 범죄 중 도로교통법 위반(음주운전)죄와 도로교통법 위반(무면허운전)죄 상호 간만 상상적 경합관계에 있고 특정범죄 가중처벌 등에 관한 법률 위반(위험운전치사상)죄와 각 업무상 과실재물손괴로 인한 도로교통법 위반죄는 실체적 경합관계라고 본 원심판결은 죄수관계에 관한 법리를 오해한 위법이 있다(대판 2010.1.14. 2009도10845).

제3절 자백배제법칙 ☆

2015년 변호사시험 문 27.　☑ 확인Check! ○ △ ×

형사소송법상 자백배제법칙에 관한 설명 중 옳지 않은 것을 모두 고른 것은?(다툼이 있는 경우 판례에 의함)

ㄱ. 임의성이 인정되지 아니하여 증거능력이 없는 진술증거라도 피고인이 증거로 함에 동의하면 증거로 쓸 수 있다.
ㄴ. 피고인이 수사기관에서 가혹행위 등으로 인하여 임의성 없는 자백을 하고, 그 후 법정에서도 임의성 없는 심리상태가 계속되어 동일한 내용의 자백을 하였다면 법정에서의 자백도 임의성 없는 자백이라고 보아야 한다.
ㄷ. 피고인의 자백이, 신문에 참여한 검찰수사관이 절도피의사실을 모두 자백하면 피의사실 부분은 가볍게 처리하고 특정범죄 가중처벌 등에 관한 법률 위반(절도)죄 대신 형법상 절도죄를 적용하겠다는 각서를 작성하여 주면서 자백을 유도한 것에 기인한 것이라 하여 위 자백이 기망에 의하여 임의로 진술한 것이 아니라고 의심할 만한 이유가 있는 때에 해당한다고 볼 수 없다.
ㄹ. 일정한 증거가 발견되면 피의자가 자백하겠다고 한 약속이 검사의 강요나 위계에 의하여 이루어졌다든가 또는 불기소나 경한 죄의 소추 등 이익과 교환조건으로 된 것으로 인정되지 않는다면 이러한 약속하에 한 자백이라 하여 곧 임의성 없는 자백이라 단정할 수 없다.
ㅁ. 검사가 피의자에 대한 변호인의 접견을 부당하게 제한하고 있는 동안에 검사가 작성한 피의자신문조서는 증거능력이 없다.

① ㄱ, ㄷ　② ㄱ, ㄹ　③ ㄴ, ㄹ
④ ㄴ, ㅁ　⑤ ㄷ, ㅁ

[ㄱ ▸ ×] 기록상 진술증거의 임의성에 관하여 의심할 만한 사정이 나타나 있는 경우에는 법원은 직권으로 그 임의성 여부에 관하여 조사를 하여야 하고, 임의성이 인정되지 아니하여 증거능력이 없는 진술증거는 피고인이 증거로 함에 동의하더라도 증거로 삼을 수 없다(대판 2006.11.23. 2004도7900).

[ㄴ ▸ O] 피고인이 수사기관에서 가혹행위 등으로 인하여 임의성 없는 자백을 하고 그 후 법정에서도 임의성 없는 심리상태가 계속되어 동일한 내용의 자백을 하였다면 법정에서의 자백도 임의성 없는 자백이라고 보아야 한다(대판 2012.11.29. 2010도3029).

[ㄷ ▸ ×] 피고인이 처음 검찰조사 시에 범행을 부인하다가 뒤에 자백을 하는 과정에서 금 200만원을 뇌물로 받은 것으로 하면 특정범죄 가중처벌 등에 관한 법률 위반으로 중형을 받게 되니 금 200만원 중 금 30만원을 술값을 갚은 것으로 조서를 허위작성한 것이라면 이는 단순수뢰죄의 가벼운 형으로 처벌되도록 하겠다고 약속하고 자백을 유도한 것으로 위와 같은 상황하에서 한 자백은 그 임의성에 의심이 가고 따라서 진실성이 없다는 취지에서 이를 배척하였다 하여 자유심증주의의 한계를 벗어난 위법이 있다고는 할 수 없다(대판 1984.5.9. 83도2782).

[ㄹ ▸ O] 일정한 증거가 발견되면 피의자가 자백하겠다고 한 약속이 검사의 강요나 위계에 의하여 이루어졌다던가 또는 불기소나 경한 죄의 소추 등 이익과 교환조건으로 된 것으로 인정되지 않는다면 위와 같은 자백의 약속하에 된 자백이라 하여 곧 임의성 없는 자백이라고 단정할 수는 없다(대판 1983.9.13. 83도712).

[ㅁ ▸ O] 헌법상 보장된 변호인과의 접견교통권이 위법하게 제한된 상태에서 얻어진 피의자의 자백은 그 증거능력을 부인하는 유죄의 증거에서 실질적이고 완전하게 배제하여야 하는 것인 바, 피고인이 구속되어 국가안전기획부에서 조사를 받다가 변호인의 접견신청이 불허되어 이에 대한 준항고를 제기 중에 검찰로 송치되어 검사가 피고인을 신문하여 제1회 피의자신문조서를 작성한 후 준항고절차에서 위 접견불허처분이 취소되어 접견이 허용된 경우에는 검사의 피고인에 대한

① 정답

위 제1회 피의자신문은 변호인의 접견교통을 금지한 위법상태가 계속된 상황에서 시행된 것으로 보아야 할 것이므로 그 피의자신문조서는 증거능력이 없다(대판 1990.9.25. 90도1586).

제4절 전문법칙 ★★★★★★★★★★★★★★★

2019년 변호사시험 문 37. ☑ 확인 Check! ○ △ ×

시골마을에 사는 할머니 甲은 경작지의 농수문제로 시비가 붙어 인근에 사는 A 할머니를 둔기로 때려 살해하였다는 혐의로 검사 S에 의해 기소되었다. 甲의 주거지 근처에서 피가 묻은 둔기는 발견되었으나, A의 사체는 발견되지 않았다. 이에 관한 설명 중 옳지 않은 것은?(다툼이 있는 경우 판례에 의함)

① 甲의 살인죄는 간접증거에 의해 인정될 수도 있다.
② 만약 甲이 경찰서에 자진출석해서 범죄사실을 자백하여 자수가 성립한 경우, 형을 감경하지 않아도 위법하지 않다.
③ 만약 甲이 A의 사체에 돌을 매달아 저수지에 버렸다면, 별개의 사체유기죄가 성립한다.
④ 살인죄의 구성요건은 폭행치사사실을 포함하므로, 법원은 살인죄가 인정되지 않더라도 공소장 변경 없이 폭행치사죄를 인정할 수 있다.
⑤ 만약 주민 B가 "甲이 나에게 '망할 놈의 할망구, 내가 A를 없애 버렸다'고 말한 적이 있다"라고 증언하였다면, 甲의 진술이 특히 신빙할 수 있는 상태하에서 행하여졌음이 증명된 때에 한하여 B의 진술을 증거로 할 수 있다.

[❶ ▸ ○] 살인죄와 같이 법정형이 무거운 범죄도 직접증거 없이 간접증거로만 유죄를 인정할 수 있으나, 이러한 방식에 의한 유죄 인정을 위해서는 공소사실과 관련이 깊은 간접증거에 대하여 신중한 판단이 필요하므로, 간접증거에 의하여 주요사실의 전제가 되는 간접사실을 인정할 때에는 그 증명이 합리적인 의심을 허용하지 않을 정도에 이르러야 하며, 간접사실 하나하나 사이에 모순, 저촉이 없어야 함은 물론 간접사실이 논리와 경험의 법칙, 과학법칙으로 뒷받침되어야 한다(대판 2013.9.12. 2013도4381).

[❷ ▸ ○] 피고인이 자수하였다 하더라도 자수한 자에 대하여는 법원이 임의로 감경할 수 있음에 불과한 것으로서 자수감경을 하지 아니하였다 하여 위법하다고 할 수 없다(대판 1992.8.14. 92도962).

[❸ ▸ ○] 사람을 살해한 다음 그 범죄의 흔적을 은폐하기 위하여 그 시체를 다른 장소로 옮겨 유기하였을 때에는 살인죄와 사체유기죄의 경합범이 성립하고 사체 유기를 불가벌적 사후행위라 할 수 없다(대판 1984.11.27. 84도2263).

[❹ ▸ ×] 공소가 제기된 살인죄의 범죄사실에 대하여는 그 증명이 없으나 폭행치사의 증명이 있는 경우에도 검사의 공소장 변경 없이는 이를 폭행치사죄로 처단할 수 없으므로 폭행치사죄로 처단한 제1심 판결을 파기하고 무죄를 선고한 원심의 조처는 정당하다(대판 1981.7.28. 81도1489).

[❺ ▸ ○] B의 증언은 피고인 아닌 자의 공판기일에서의 진술이 피고인의 진술을 그 내용으로 하는 경우이므로, 형사소송법 제316조 제1항에 의하여 甲의 진술이 특히 신빙할 수 있는 상태하에서 행하여졌음이 증명된 때에 한하여 B의 진술을 증거로 할 수 있다.

정답 ④

2020년 변호사시험 문 38. ☑ 확인Check! ○ △ ×

甲과 乙은 공모하여 A의 자전거를 편취한 사기죄의 공범으로, 丙은 甲·乙이 편취한 정을 알고도 위 자전거를 매수한 장물취득죄로 함께 기소된 공동피고인이다. 甲은 공소사실을 부인하고 있는 반면, 乙과 丙은 공소사실을 자백하고 있다. 이에 관한 설명 중 옳지 않은 것은?(다툼이 있는 경우 판례에 의함)

① 乙의 법정진술은 이에 대한 甲의 반대신문권이 보장되어 있어 증인으로 신문한 경우와 다를 바 없으므로 甲에 대한 유죄의 증거로 사용할 수 있다.

② 甲을 조사하였던 사법경찰관 P가 법정에서 "甲이 수사과정에서 범행을 자백하였다"라고 진술하였을 경우, 甲의 진술이 특히 신빙할 수 있는 상태하에서 행하여졌음이 증명되면, P의 법정진술을 甲에 대한 유죄의 증거로 사용할 수 있다.

③ 乙에 대한 검사 작성의 피의자신문조서는 적법한 절차와 방식에 따라 작성된 것으로서 乙이 법정에서 실질적 진정성립을 인정하고 임의성과 특신상태가 인정되며 甲에게 반대신문의 기회가 부여된 경우에는 甲이 이를 증거로 함에 부동의 하였더라도 甲에 대한 유죄의 증거로 사용할 수 있다.

④ 乙에 대한 사법경찰관 작성의 피의자신문조서를 甲이 내용 부인의 취지로 증거로 함에 부동의하는 경우에는 乙이 성립의 진정과 내용을 인정하는지 여부와 상관없이 그 피의자신문조서를 甲에 대한 유죄의 증거로 사용할 수 없다.

⑤ 만약 乙만 사기죄로 먼저 공소제기되어 재판을 받았고, 이후에 甲, 丙이 따로 공소제기되었다면, 乙에 대한 피고사건에서 작성된 공판조서는 형사소송법 제311조(법원 또는 법관의 조서)에 해당하므로 甲에 대한 유죄의 증거로 사용할 수 있다.

[❶ ▸ ○] 공동피고인의 자백은 이에 대한 피고인의 반대신문권이 보장되어 있어 증인으로 신문한 경우와 다를 바 없으므로 독립한 증거능력이 있다(대판 1987.7.7. 87도973).

[❷ ▸ ○] 피고인이 아닌 자(공소제기 전에 피고인을 피의자로 조사하였거나 그 조사에 참여하였던 자를 포함한다)의 공판준비 또는 공판기일에서의 진술이 피고인의 진술을 그 내용으로 하는 것인 때에는 그 진술이 특히 신빙할 수 있는 상태하에서 행하여졌음이 증명된 때에 한하여 이를 증거로 할 수 있다(형소법 제316조 제1항).

[❸ ▸ ○] 공범인 공동피고인에 대한 검사 작성의 피의자신문조서의 증거능력과 관련하여, 개정 전 형사소송법에 따른 판례는 형소법 제312조 제1항설의 입장이다. 다만, 이는 현행 형사소송법과 배치된다는 문제점이 있고, 형소법 제312조 제1항의 피고인은 당해 피고인만을 의미한다 할 것이므로, 형소법 제312조 제4항설이 타당하다고 판단된다. 따라서 乙에 대한 검사 작성의 피의자신문조서는, 형소법 제312조 제4항의 요건을 충족하면 甲에 대한 유죄의 증거로 사용할 수 있다.

[❹ ▸ ○] 공범인 공동피고인에 대한 사법경찰관 작성의 피의자신문조서의 증거능력과 관련하여, 판례는 원칙적으로 형소법 제312조 제3항설의 입장으로, 당해 피고인이 공판절차에서 그 조서의 내용을 부인하면 증거능력이 부인된다고 하여, 피고인내용인정설을 취하고 있다. 따라서 乙에 대한 사법경찰관 작성의 피의자신문조서는, 甲이 그 내용을 부인하면 甲에 대한 유죄의 증거로 사용할 수 없다.

[❺ ▸ ×] 판례에 따르면, 다른 피고인에 대한 형사사건의 공판조서는 형사소송법 제311조에 정한 공판준비 또는 공판기일에 피고인 아닌 자의 진술을 기재한 조서가 아닌, 형사소송법 제315조 제3호에 정한 서류에 해당한다(대판 2005.4.28. 2004도4428). 따라서 乙에 대한 피고사건에서 작성된 공판조서는, 다른 피고인에 대한 형사사건의 공판조서로서 甲에 대한 유죄의 증거로 사용할 수 없다.

⑤ 정답

2020년 변호사시험 문 36. ☑ 확인Check! ○ △ ×

전문증거의 증거능력에 관한 설명 중 옳지 않은 것은?(다툼이 있는 경우 판례에 의함)

① 정보통신망을 통하여 공포심이나 불안감을 유발하는 글을 반복적으로 상대방에게 도달하게 하는 행위를 하였다는 공소사실에 대하여 휴대전화기에 저장된 문자정보가 그 증거가 되는 경우, 그 문자정보는 범행의 직접적인 수단이고 경험자의 진술에 갈음하는 대체물에 해당하지 않으므로 전문법칙이 적용되지 않는다.

② 성폭력 피해아동이 어머니에게 진술한 내용을 어머니가 상담원에게 전한 후, 상담원이 그 내용을 검사 면전에서 진술하여 작성된 진술조서는 이른바 '재전문진술을 기재한 조서'로서, 피고인이 동의하지 않는 한 증거능력이 인정되지 아니한다.

③ A가 특정범죄 가중처벌 등에 관한 법률 위반(알선수재)죄로 기소된 피고인으로부터 건축허가를 받으려면 담당 공무원에게 사례비를 주어야 한다는 말을 들었다는 취지의 법정진술을 한 경우, 원진술의 존재 자체가 알선수재죄에서의 요증사실이므로 A의 진술은 전문증거가 아니라 본래증거에 해당한다.

④ 수사기관이 참고인을 조사하는 과정에서 촬영한 영상녹화물은, 다른 법률에서 달리 규정하고 있는 등의 특별한 사정이 없는 한, 공소사실을 직접 증명할 수 있는 독립적인 증거로 사용할 수 없다.

⑤ 보험사기사건에서 건강보험심사평가원이 수사기관의 의뢰에 따라 그 보내온 자료를 토대로 입원진료의 적정성에 대한 의견을 제시하는 내용의 '건강보험심사평가원의 입원진료 적정성 여부 등 검토의뢰에 대한 회신'은 형사소송법 제315조 제3호의 '기타 특히 신용할 만한 정황에 의하여 작성된 문서'에 해당한다.

[❶ ▸ O] 형사소송법 제310조의2는 사실을 직접 경험한 사람의 진술이 법정에 직접 제출되어야 하고 이에 갈음하는 대체물인 진술 또는 서류가 제출되어서는 안 된다는 이른바 전문법칙을 선언한 것이다. 그런데 정보통신망을 통하여 공포심이나 불안감을 유발하는 글을 반복적으로 상대방에게 도달하게 하는 행위를 하였다는 공소사실에 대하여 휴대전화기에 저장된 문자정보가 그 증거가 되는 경우, 그 문자정보는 범행의 직접적인 수단이고 경험자의 진술에 갈음하는 대체물에 해당하지 않으므로, 형사소송법 제310조의2에서 정한 전문법칙이 적용되지 않는다(대판 2008.11.13. 2006도2556).

[❷ ▸ O] 형사소송법은 전문진술에 대하여 제316조에서 실질상 단순한 전문의 형태를 취하는 경우에 한하여 예외적으로 그 증거능력을 인정하는 규정을 두고 있을 뿐, 재전문진술이나 재전문진술을 기재한 조서에 대하여는 달리 그 증거능력을 인정하는 규정을 두고 있지 아니하고 있으므로, 피고인이 증거로 하는 데 동의하지 아니하는 한 형사소송법 제310조의2의 규정에 의하여 이를 증거로 할 수 없다(대판 2000.3.10. 2000도159).

[❸ ▸ O] 공소외 2는 전화를 통하여 피고인으로부터 2005.8.경 건축허가 담당 공무원이 외국연수를 가므로 사례비를 주어야 한다는 말과 2006.2.경 건축허가 담당 공무원이 4,000만원을 요구하는데 사례비로 2,000만원을 주어야 한다는 말을 들었다는 취지로 수사기관, 제1심 및 원심법정에서 진술하였음을 알 수 있는데, 피고인의 위와 같은 원진술의 존재 자체가 이 사건 알선수재죄에 있어서의 요증사실이므로, 이를 직접 경험한 공소외 2가 피고인으로부터 위와 같은 말들을 들었다고 하는 진술들은 전문증거가 아니라 본래증거에 해당된다(대판 2008.11.13. 2008도8007).

[❹ ▸ O] 구 형사소송법에는 없던 수사기관에 의한 피의자 아닌 자(이하 '참고인') 진술의 영상녹화를 새로 정하면서 그 용도를 참고인에 대한 진술조서의 실질적 진정성립을 증명하거나 참고인의 기억을 환기시키기 위한 것으로 한정하고 있는 현행 형사소송법의 규정내용을 영상물에 수록된 성범죄피해자의 진술에 대하여 독립적인 증거능력을 인정하고 있는 성폭력범죄의 처벌 등에 관한 특례법 제30조 제6항 또는 아동·청소년의 성보호에 관한 법률 제26조 제6항의 규정과 대비하여 보면, 수사기관이 참고인을 조사하는 과정에서 형사소송법 제221조 제1항에 따라 작성한 영상녹화물은, 다른 법률에서 달리 규정하고 있는 등의 특별한 사정이 없는 한, 공소사실을 직접 증명할 수 있는 독립적인 증거로 사용될 수는 없다고 해석함이 타당하다(대판 2014.7.10. 2012도5041).

정답 ⑤

[❺ ▸ ×] 사무처리내역을 계속적, 기계적으로 기재한 문서가 아니라 범죄사실의 인정 여부와 관련 있는 어떠한 의견을 제시하는 내용을 담고 있는 문서는 형사소송법 제315조 제3호에서 규정하는 당연히 증거능력이 있는 서류에 해당한다고 볼 수 없으므로, 이른바 보험사기사건에서 건강보험심사평가원이 수사기관의 의뢰에 따라 그 보내온 자료를 토대로 입원진료의 적정성에 대한 의견을 제시하는 내용의 '건강보험심사평가원의 입원진료 적정성 여부 등 검토의뢰에 대한 회신'은 형사소송법 제315조 제3호의 '기타 특히 신용할 만한 정황에 의하여 작성된 문서'에 해당하지 않는다(대판 2017.12.5, 2017도12671).

2020년 변호사시험 문 35. ☑ 확인Check! ○ △ ×

상습도박자인 甲은 도박의 습벽 없는 乙을 도박에 가담하도록 교사하였고, 이를 승낙한 乙은 丙을 포함한 4명이 참여하고 있는 도박에 가담하였다. 이웃주민의 신고로 도박현장에 출동한 사법경찰관 P1이 도박을 하고 있던 丙을 현행범으로 체포하려고 하자 丙은 휴대하고 있던 등산용 칼을 휘둘러 P1에게 전치 4주의 상해를 가하였다. 사법경찰관 P2는 甲과 乙에 대한 피의자신문조서를 작성하였는데, 乙에 대한 피의자신문조서에는 甲의 교사에 의해 도박에 가담하게 되었다는 자백취지의 진술이 기재되어 있다. 한편, 甲이 수사과정에서 L을 변호인으로 선임하여 상습도박혐의를 빠져나갈 수 있는 방법에 대해 자문을 구하자 L은 이에 대한 자문의견서를 甲에게 이메일로 송부하였는데, P2는 적법하게 그 자문의견서를 압수하였다. 기소된 甲과 乙이 병합심리를 받던 중 乙은 외국으로 이민을 떠났다. 이에 관한 설명 중 옳은 것을 모두 고른 것은?(다툼이 있는 경우 판례에 의함)

ㄱ. 甲에게는 상습도박죄의 교사범이, 乙에게는 단순도박죄의 정범이 성립한다.
ㄴ. 丙에게는 특수공무집행방해치상죄(3년 이상의 유기징역)와 특수상해죄(1년 이상 10년 이하의 징역)의 상상적 경합범이 성립한다.
ㄷ. 만약 P2로부터 출석요구를 받은 乙이 사촌동생 丁을 시켜 乙이 아닌 丁이 도박을 한 것처럼 거짓으로 자수하도록 하였다면 乙에게는 범인도피교사죄가 성립한다.
ㄹ. 검사가 甲에 대한 유죄의 증거로 자문의견서를 제출하자 甲이 증거로 함에 부동의하였고, 증인으로 소환된 L이 증언거부권이 있음을 이유로 증언을 거부한 경우, 그 자문의견서는 증거능력이 인정된다.
ㅁ. 검사가 甲에 대한 유죄의 증거로 P2가 작성한 乙에 대한 피의자신문조서를 제출하자 甲이 그 조서의 내용을 부인하면서 증거로 함에 부동의한 경우, 원진술자인 乙이 외국에 거주 중이므로 증거능력이 인정된다.

① ㄱ, ㄷ　② ㄱ, ㄹ　③ ㄴ, ㄷ, ㅁ
④ ㄱ, ㄴ, ㄹ, ㅁ　⑤ ㄴ, ㄷ, ㄹ, ㅁ

[ㄱ ▸ ○] 도박의 상습성은 부진정신분에 해당하고, 가감적 신분자가 비신분자에게 가공한 경우에도 형법 제33조 단서가 적용된다는 것이 판례의 입장이므로, 乙에게는 형법 제246조 제1항에 따른 단순도박죄의 정범이 성립하고, 甲에게는 형법 제33조 단서에 따른 상습도박죄의 교사범이 성립한다.

판례

형법 제31조 제1항은 협의의 공범의 일종인 교사범이 그 성립과 처벌에 있어서 정범에 종속한다는 일반적인 원칙을 선언한 것에 불과하고, 신분관계로 인하여 형의 경중이 있는 경우에 신분이 있는 자가 신분이 없는 자를 교사하여 죄를 범하게 한 때에는 형법 제33조 단서가 형법 제31조 제1항에 우선하여 적용됨으로써 신분이 있는 교사범이 신분이 없는 정범보다 중하게 처벌된다(대판 1994.12.23, 93도1002).

[ㄴ ▸ ×] 丙에게는 형법 제144조 제2항의 특수공무집행방해치상죄만이 성립한다.

판례 기본범죄를 통하여 고의로 중한 결과를 발생하게 한 경우에 가중처벌하는 부진정결과적 가중범에서, 고의로 중한 결과를 발생하게 한 행위가 별도의 구성요건에 해당하고 그 고의범에 대하여 결과적 가중범에 정한 형보다 더 무겁게 처벌하는 규정이 있는 경우에는 그 고의범과 결과적 가중범이 상상적 경합관계에 있지만, 위와 같이 고의범에 대하여 더 무겁게 처벌하는 규정이 없는 경우에는 결과적 가중범이 고의범에 대하여 특별관계에 있으므로 결과적 가중범만 성립하고 이와 법조경합의 관계에 있는 고의범에 대하여는 별도로 죄를 구성하지 않는다(대판 2008.11.27. 2008도7311).

[ㄷ ▸ O] 범인이 자신을 위하여 타인으로 하여금 허위의 자백을 하게 하여 범인도피죄를 범하게 하는 행위는 방어권의 남용으로 범인도피교사죄에 해당하는바, 이 경우 그 타인이 형법 제151조 제2항에 의하여 처벌을 받지 아니하는 친족, 호주 또는 동거가족에 해당한다 하여 달리 볼 것은 아니다(대판 2006.12.7. 2005도3707).

[ㄹ ▸ ×] L이 작성한 자문의견서는 형소법 제313조 제1항에 규정된 '피고인 아닌 자가 작성한 진술서나 그 진술을 기재한 서류'에 해당하므로, L이 증언을 거부한 경우에는 형소법 제313조 제1항에 의하여 증거능력이 부정된다. 다만, 형소법 제314조에 의하여 그 증거능력을 인정할 수 있는지가 문제되나, 판례는 증인의 증언 거부가 정당한지 여부와 관계없이, 형소법 제314조의 '그 밖에 이에 준하는 사유로 인하여 진술할 수 없는 때'에 해당하지 아니한다고 하여 그 증거능력을 부정하고 있으므로, 결국 L이 작성한 자문의견서의 증거능력은 부정된다.

[ㅁ ▸ ×] 형사소송법 제312조 제3항은 검사 이외의 수사기관이 작성한 당해 피고인에 대한 피의자신문조서를 유죄의 증거로 하는 경우뿐만 아니라 검사 이외의 수사기관이 작성한 당해 피고인과 공범관계에 있는 다른 피고인이나 피의자에 대한 피의자신문조서 또는 공동피의자에 대한 피의자신문조서를 당해 피고인에 대한 유죄의 증거로 채택할 경우에도 적용되는바, 당해 피고인과 공범관계가 있는 다른 피의자에 대한 검사 이외의 수사기관 작성의 피의자신문조서는 그 피의자의 법정진술에 의하여 그 성립의 진정이 인정되더라도 당해 피고인이 공판기일에서 그 조서의 내용을 부인하면 증거능력이 부정되므로, 그 당연한 결과로 그 피의자신문조서에 대하여는 사망 등 사유로 인하여 법정에서 진술할 수 없는 때에 예외적으로 증거능력을 인정하는 규정인 형사소송법 제314조가 적용되지 않는다(대판 2009.11.26. 2009도6602).

PART 03 형 법

2019년 변호사시험 문 31. ☑ 확인Check! O △ X

뇌물수수자 甲과 뇌물공여자 乙에 대한 뇌물사건을 수사하던 검사는 乙의 동창생 丙을 참고인으로 불러 "乙이 '甲에게 뇌물을 주었다'고 내게 말했다"라는 취지의 진술을 확보하고 甲과 乙을 공동피고인으로 기소하였다. 그러나 공판정에 증인으로 출석한 丙은 일체의 증언을 거부하였고, 오히려 그동안 일관되게 범행을 부인하던 乙이 심경의 변화를 일으켜 뇌물공여혐의를 모두 시인하였다. 이에 관한 설명 중 옳은 것은?(다툼이 있는 경우 판례에 의함)

① 丙이 정당하게 증언거부권을 행사했다면, 丙에 대한 진술조서는 증거능력이 인정된다.
② 丙에 대한 진술조서 중 '甲에게 뇌물을 주었다'는 부분은 甲의 혐의에 대해서는 증거능력이 인정된다.
③ 乙이 공판정에서 한 자백은 丙에 대한 진술조서로 보강할 수 있다.
④ 乙이 공판정에서 한 자백은 甲의 혐의에 대해서는 유죄 인정의 증거가 될 수 없다.
⑤ 소송절차가 분리되면 乙은 甲에 대한 공소사실에 관하여 증인이 될 수 있다.

정답 ⑤

[❶ ▸ ×] 丙의 진술조서는 丙이 공판정에서 일체의 증언을 거부하였으므로, 형소법 제312조 제4항에 의하여 증거능력을 인정할 수 없다. 다만, 형소법 제314조에 의하여 그 증거능력을 인정할 수 있는지가 문제되나, 판례는 정당하게 증언거부권을 행사하여 증언을 거부한 경우에는, 형소법 제314조의 '그 밖에 이에 준하는 사유로 인하여 진술할 수 없는 때'에 해당하지 아니한다고 하였으므로, 결국 丙의 진술조서의 증거능력은 인정되지 아니한다.

형사소송법은 누구든지 자기 또는 친족 등이 형사소추 또는 공소제기를 당하거나 유죄판결을 받을 사실이 발로될 염려가 있는 증언을 거부할 수 있도록 하고(제148조), 또한 변호사, 변리사, 공증인, 공인회계사, 세무사, 대서업자, 의사, 한의사, 치과의사, 약사, 약종상, 조산사, 간호사, 종교의 직에 있는 자 또는 이러한 직에 있던 사람은 그 업무상 위탁을 받은 관계로 알게 된 사실로서 타인의 비밀에 관한 것은 증언을 거부할 수 있도록 규정하여(제149조 본문), 증인에게 일정한 사유가 있는 경우 증언을 거부할 수 있는 권리를 보장하고 있다. 위와 같은 현행 형사소송법 제314조의 문언과 개정취지, 증언거부권 관련 규정의 내용 등에 비추어 보면, 법정에 출석한 증인이 형사소송법 제148조, 제149조 등에서 정한 바에 따라 정당하게 증언거부권을 행사하여 증언을 거부한 경우는 형사소송법 제314조의 '그 밖에 이에 준하는 사유로 인하여 진술할 수 없는 때'에 해당하지 아니한다(대판 2012.5.17. 2009도6788[전합]).

[❷ ▸ ×] 丙에 대한 진술조서 중 '甲에게 뇌물을 주었다'는 부분은 전문진술이 기재된 조서에 해당하므로, 형소법 제312조 제4항과 제316조 제2항의 요건을 충족하여야 증거능력이 인정되나, 그러한 사정이 보이지 아니하므로 그 증거능력은 인정되지 아니한다.

전문진술이나 재전문진술을 기재한 조서는 형사소송법 제310조의2의 규정에 의하여 원칙적으로 증거능력이 없는 것인데, 다만 전문진술은 형사소송법 제316조 제2항의 규정에 따라 원진술자가 사망, 질병, 외국거주 기타 사유로 인하여 진술할 수 없고 그 진술이 특히 신빙할 수 있는 상태하에서 행하여진 때에 한하여 예외적으로 증거능력이 있다고 할 것이고, 전문진술이 기재된 조서는 형사소송법 제312조 또는 제314조의 규정에 의하여 각 그 증거능력이 인정될 수 있는 경우에 해당하여야 함은 물론 나아가 형사소송법 제316조 제2항의 규정에 따른 위와 같은 요건을 갖추어야 예외적으로 증거능력이 있다고 할 것인 바, 여기서 '그 진술이 특히 신빙할 수 있는 상태하에서 행하여진 때'라 함은 그 진술을 하였다는 것에 허위 개입의 여지가 거의 없고, 그 진술내용의 신빙성이나 임의성을 담보할 구체적이고 외부적인 정황이 있는 경우를 가리킨다(대판 2000.3.10. 2000도159).

[❸ ▸ ×] 피고인이 범행을 자인하는 것을 들었다는 피고인 아닌 자의 진술내용은 형사소송법 제310조의 피고인의 자백에는 포함되지 아니하나 이는 피고인의 자백의 보강증거로 될 수 없다(대판 2008.2.14. 2007도10937).

[❹ ▸ ×] 형사소송법 제310조의 피고인의 자백에는 공범인 공동피고인의 진술은 포함되지 않으며, 이러한 공동피고인의 진술에 대하여는 피고인의 반대신문권이 보장되어 있어 독립한 증거능력이 있다(대판 1992.7.28. 92도917).

[❺ ▸ ○] 공범인 공동피고인은 당해 소송절차에서는 피고인의 지위에 있으므로 다른 공동피고인에 대한 공소사실에 관하여 증인이 될 수 없으나, 소송절차가 분리되어 피고인의 지위에서 벗어나게 되면 다른 공동피고인에 대한 공소사실에 관하여 증인이 될 수 있다(대판 2008.6.26. 2008도3300).

2019년 변호사시험 문 33. ☑ 확인Check! ○ △ ×

다음 중 전문증거에 해당하는 것을 모두 고른 것은?(다툼이 있는 경우 판례에 의함)

ㄱ. 건축허가를 둘러싼 A의 알선수재사건에서 "건축허가 담당 공무원에게 내(B)가 사례비 2,000만원을 주기로 A와 상의하였다"라는 B의 증언

ㄴ. 휴대전화기에 공포심이나 불안감을 유발하는 글을 반복적으로 상대방에게 도달하게 하는 행위를 하였다는 C에 대한 공소사실의 유죄증거로 C의 휴대전화기에 저장된 위와 같은 내용의 문자정보

ㄷ. 횡령죄로 기소된 D의 의뢰를 받은 변호사가 작성하여 D에게 이메일로 전송한 '법률의견서'를 출력한 사본

ㄹ. 반국가단체로부터 지령을 받고 국가기밀을 탐지·수집하였다는 공소사실로 기소된 E의 컴퓨터에 저장된 국가기밀 문건

ㅁ. F가 한 진술의 내용인 사실이 요증사실인 경우, F의 진술을 내용으로 하는 G의 진술

① ㄱ, ㄷ ② ㄴ, ㄹ ③ ㄷ, ㅁ
④ ㄱ, ㄴ, ㄷ ⑤ ㄱ, ㄴ, ㄹ, ㅁ

[ㄱ ▸ ×] 공소외 2(B)는 전화를 통하여 피고인으로부터 2005.8.경 건축허가 담당 공무원이 외국연수를 가므로 사례비를 주어야 한다는 말과 2006.2.경 건축허가 담당 공무원이 4,000만원을 요구하는데 사례비로 2,000만원을 주어야 한다는 말을 들었다는 취지로 수사기관, 제1심 및 원심법정에서 진술하였음을 알 수 있는데, 피고인(A)의 위와 같은 원진술의 존재 자체가 이 사건 알선수재죄에 있어서의 요증사실이므로, 이를 직접 경험한 공소외 2(B)가 피고인(A)으로부터 위와 같은 말들을 들었다고 하는 진술들은 전문증거가 아니라 본래증거에 해당된다(대판 2008.11.13. 2008도8007).

[ㄴ ▸ ×] 형사소송법 제310조의2는 사실을 직접 경험한 사람의 진술이 법정에 직접 제출되어야 하고 이에 갈음하는 대체물인 진술 또는 서류가 제출되어서는 안 된다는 이른바 전문법칙을 선언한 것이다. 그런데 정보통신망을 통하여 공포심이나 불안감을 유발하는 글을 반복적으로 상대방에게 도달하게 하는 행위를 하였다는 공소사실에 대하여 휴대전화기에 저장된 문자정보가 그 증거가 되는 경우, 그 문자정보는 범행의 직접적인 수단이고 경험자의 진술에 갈음하는 대체물에 해당하지 않으므로, 형사소송법 제310조의2에서 정한 전문법칙이 적용되지 않는다(대판 2008.11.13. 2006도2556).

[ㄷ ▸ ○] 甲 주식회사 및 그 직원인 피고인들이 정비사업전문관리업자의 임원에게 甲 회사가 주택재개발사업 시공사로 선정되게 해 달라는 청탁을 하면서 금원을 제공하였다고 하여 구 건설산업기본법 위반으로 기소되었는데, 변호사가 법률자문과정에 작성하여 甲 회사 측에 전송한 전자문서를 출력한 '법률의견서'에 대하여 피고인들이 증거로 함에 동의하지 아니하고, 변호사가 원심 공판기일에 증인으로 출석하였으나 증언할 내용이 甲 회사로부터 업무상 위탁을 받은 관계로 알게 된 타인의 비밀에 관한 것임을 소명한 후 증언을 거부한 경우, 위 법률의견서는 압수된 디지털저장매체로부터 출력한 문건으로서 실질에 있어서 형사소송법 제313조 제1항에 규정된 '피고인 아닌 자가 작성한 진술서나 그 진술을 기재한 서류'에 해당하는데, 공판준비 또는 공판기일에서 작성자 또는 진술자인 변호사의 진술에 의하여 성립의 진정함이 증명되지 아니하였으므로 위 규정에 의하여 증거능력을 인정할 수 없고, 나아가 원심 공판기일에 출석한 변호사가 그 진정성립 등에 관하여 진술하지 아니한 것은 형사소송법 제149조에서 정한 바에 따라 정당하게 증언거부권을 행사한 경우에 해당하므로 형사소송법 제314조에 의하여 증거능력을 인정할 수도 없다(대판 2012.5.17. 2009도6788[전합]).

[ㄹ ▸ ×] 피고인 또는 피고인 아닌 사람이 컴퓨터용 디스크 그 밖에 이와 비슷한 정보저장매체에 입력하여 기억된 문자정보 또는 그 출력물을 증거로 사용하는 경우, 이는 실질에 있어서 피고인 또는 피고인 아닌 사람이 작성한 진술서나 그 진술을 기재한 서류와 크게 다를 바 없고, 압수 후의 보관 및 출력과정에 조작의 가능성이 있으며, 기본적으로 반대신문의 기회가 보장되지 않는 점 등에 비추어 그 내용의 진실성에 관하여는 전문법칙이 적용되고, 따라서 원칙적으로 형사소송법 제313조 제1항에 의하여 작성자 또는 진술자의 진술에 의하여 성립의 진정함이 증명된 때에 한하여 이를 증거로 사용할

정답 ③

수 있다. 다만, 정보저장매체에 기억된 문자정보의 내용의 진실성이 아닌 그와 같은 내용의 문자정보의 존재 자체가 직접증거로 되는 경우에는 전문법칙이 적용되지 아니한다(대판 2013.2.15. 2010도3504).

[ㅁ ▸ O] 타인의 진술을 내용으로 하는 진술이 전문증거인지 여부는 요증사실과의 관계에서 정하여지는바, 원진술의 내용인 사실이 요증사실인 경우에는 전문증거라는 것이 판례의 입장이므로, F가 한 진술의 내용인 사실이 요증사실인 경우, F의 진술을 내용으로 하는 G의 진술은 전문증거라고 할 것이다.

2020년 변호사시험 문 23. ☑ 확인Check! O △ X

시청 건설국장인 甲은 건설업자인 乙이 건축허가를 신청하자 "해당 토지가 자연녹지라서 건축허가를 내 줄 수 없다. 돈을 주면 어떻게든 건축허가를 내 주겠다"라고 거짓말하여 乙로부터 500만원을 받았다. 乙은 동업자 A에게 "내가 甲에게 500만원을 줬으니 건축허가는 잘 해결될 것이다"라고 알려 주었다. 이에 관한 설명 중 옳지 않은 것은?(다툼이 있는 경우 판례에 의함)

① 甲의 행위는 사기죄의 구성요건에도 해당하며 사기죄는 뇌물수수죄와 상상적 경합관계이다.
② 만약 甲이 직무집행의 의사 없이 乙의 건설업면허를 박탈하겠다고 공갈하여 500만원을 교부하게 한 경우라면 공갈죄는 성립하나 뇌물수수죄는 성립하지 않는다.
③ 만약 甲은 뇌물수수죄로, 乙은 뇌물공여죄로 기소되어 공동피고인으로 출석하고 있는 법정에서 A가 乙로부터 들은 대로 증언한 경우라면, A의 증언은 甲에 대하여 증거능력이 없다.
④ 만약 甲은 뇌물수수죄로, 乙은 뇌물공여죄로 기소되어 병합심리되었는데, 甲은 부인하고 乙은 자백한 경우라면 다른 증거가 없더라도 법원은 甲에 대하여 유죄선고를 할 수 있다.
⑤ 만약 甲만 먼저 뇌물수수죄로 기소되었다면, 乙의 뇌물공여죄에 대한 공소시효는 甲에 대한 공소가 제기된 때부터 당해 사건의 재판이 확정될 때까지의 기간 동안 정지된다.

[❶ ▸ O] 원래 1개의 행위가 뇌물죄와 사기죄의 각 구성요건에 해당될 수 있는 바이므로, 이런 경우에는 형법 40조에 의하여 상상적 경합으로 처단하여야 할 것이다(대판 1977.6.7. 77도1069).

[❷ ▸ O] 공무원이 직무집행의 의사 없이 또는 직무처리와 대가적 관계없이 타인을 공갈하여 재물을 교부하게 한 경우에는 공갈죄만이 성립하고, 이러한 경우 재물의 교부자가 공무원의 해악의 고지로 인하여 외포의 결과 금품을 제공한 것이라면 그는 공갈죄의 피해자가 될 것이고 뇌물공여죄는 성립될 수 없다고 하여야 할 것이다(대판 1994.12.22. 94도2528).

[❸ ▸ O] A의 증언은 피고인 아닌 자의 공판기일에서의 진술이 피고인 아닌 타인의 진술을 내용으로 하는 경우이므로, 형소법 제316조 제2항에 의하여 필요성과 특신상태가 인정되어야 증거로 할 수 있다. 지문의 경우에는, 당해 피고인인 甲이 법정에 출석한 상태이어서 필요성이 인정되지 아니하므로, 형소법 제316조 제2항에 의하여 증거능력을 인정할 수 없다.

[❹ ▸ O] 형사소송법 제310조 소정의 "피고인의 자백"에 공범인 공동피고인의 진술은 포함되지 아니하므로 공범인 공동피고인의 진술은 다른 공동피고인에 대한 범죄사실을 인정하는 증거로 할 수 있는 것일 뿐만 아니라 공범인 공동피고인들의 각 진술은 상호 간에 서로 보강증거가 될 수 있다(대판 1990.10.30. 90도1939).

[❺ ▸ X] 뇌물공여죄와 뇌물수수죄 사이와 같은 이른바 대향범관계에 있는 자는 강학상으로는 필요적 공범이라고 불리고 있으나, 서로 대향된 행위의 존재를 필요로 할 뿐 각자 자신의 구성요건을 실현하고 별도의 형벌규정에 따라 처벌되는 것이어서, 2인 이상이 가공하여 공동의 구성요건을 실현하는 공범관계에 있는 자와는 본질적으로 다르며, 대향범관계에 있는 자 사이에서는 각자 상대방의 범행에 대하여 형법 총칙의 공범규정이 적용되지 아니한다. 이러한 점들에 비추어 보면, 형사소송법 제253조 제2항에서 말하는 '공범'에는 뇌물공여죄와 뇌물수수죄 사이와 같은 대향범관계에 있는 자는 포함되지 않는다(대판 2015.2.12. 2012도4842).

⑤ 정답

2019년 변호사시험 문 30.

☑ 확인Check! ○ △ ×

피의자신문조서에 관한 설명 중 옳은 것(○)과 옳지 않은 것(×)을 올바르게 조합한 것은?(다툼이 있는 경우 판례에 의함)

ㄱ. 피고인과 공범관계에 있는 공동피고인에 대해 검사 이외의 수사기관이 작성한 피의자신문조서는 그 공동피고인이 피의자신문조서에 기재된 것과 같은 내용으로 진술하였다는 취지로 증언하였더라도 당해 피고인이 공판기일에서 그 조서의 내용을 부인하면 증거능력이 부정된다.

ㄴ. 공동피고인이 아닌 공범에 관한 검사 작성의 피의자신문조서가 증거능력을 인정받기 위해서는 피고인이 위 공범에 대한 피의자신문조서를 증거로 함에 동의하지 않는 이상, 그 공범이 현재의 사건에 증인으로 출석하여 그 서류의 성립의 진정을 인정하여야 한다.

ㄷ. 피고인과 공범관계가 있는 다른 피의자에 대한 검사 이외의 수사기관 작성의 피의자신문조서에 대하여는 사망 등 사유로 인하여 법정에서 진술할 수 없는 때에 예외적으로 증거능력을 인정하는 규정인 형사소송법 제314조가 적용되지 않는다.

ㄹ. 절도범과 장물범이 공동피고인으로 기소된 경우, 피고인이 증거로 함에 동의한 바 없는 검사 작성의 공동피고인에 대한 피의자신문조서가 증거능력을 인정받기 위해서는 공동피고인의 증언에 의하여 그 성립의 진정이 인정되어야 한다.

ㅁ. 피고인이 검사 작성의 피고인에 대한 피의자신문조서의 성립이 진정함을 인정하는 진술을 하고, 그 피의자신문조서에 대하여 증거조사가 완료되었다면, 절차적 안정성을 위해 진술의 취소는 허용될 수 없다.

① ㄱ(○) ㄴ(○) ㄷ(○) ㄹ(○) ㅁ(×)
② ㄱ(○) ㄴ(○) ㄷ(○) ㄹ(×) ㅁ(○)
③ ㄱ(○) ㄴ(×) ㄷ(○) ㄹ(○) ㅁ(○)
④ ㄱ(×) ㄴ(○) ㄷ(○) ㄹ(○) ㅁ(×)
⑤ ㄱ(×) ㄴ(○) ㄷ(×) ㄹ(×) ㅁ(○)

[ㄱ ▸ ○] 형사소송법 제312조 제3항은 검사 이외의 수사기관이 작성한 당해 피고인에 대한 피의자신문조서를 유죄의 증거로 하는 경우뿐만 아니라, 검사 이외의 수사기관이 작성한 당해 피고인과 공범관계에 있는 다른 피고인이나 피의자에 대한 피의자신문조서를 당해 피고인에 대한 유죄의 증거로 채택할 경우에도 적용된다. 따라서 당해 피고인과 공범관계에 있는 공동피고인에 대해 검사 이외의 수사기관이 작성한 피의자신문조서는 그 공동피고인의 법정진술에 의하여 성립의 진정이 인정되더라도 당해 피고인이 공판기일에서 그 조서의 내용을 부인하면 증거능력이 부정된다(대판 2009.10.15. 2009도1889).

[ㄴ ▸ ○] 공범이나 제3자에 대한 검사 작성의 피의자신문조서등본이 증거로 제출된 경우 피고인이 위 공범 등에 대한 피의자신문조서를 증거로 함에 동의하지 않는 이상, 원진술자인 공범이나 제3자가 각기 자신에 대한 공판절차나 다른 공범에 대한 형사공판의 증인신문절차에서 위 수사서류의 진정성립을 인정해 놓은 것만으로는 증거능력을 부여할 수 없고, 반드시 공범이나 제3자가 현재의 사건에 증인으로 출석하여 그 서류의 성립의 진정을 인정하여야 증거능력이 인정된다(대판 1999.10.8. 99도3063).

[ㄷ ▸ ○] 형사소송법 제312조 제2항은 검사 이외의 수사기관이 작성한 당해 피고인에 대한 피의자신문조서를 유죄의 증거로 하는 경우뿐만 아니라 검사 이외의 수사기관이 작성한 당해 피고인과 공범관계에 있는 다른 피고인이나 피의자에 대한 피의자신문조서를 당해 피고인에 대한 유죄의 증거로 채택할 경우에도 적용되는바, 당해 피고인과 공범관계가 있는 다른 피의자에 대한 검사 이외의 수사기관 작성의 피의자신문조서는 그 피의자의 법정진술에 의하여 그 성립의 진정이 인정되더라도 당해 피고인이 공판기일에서 그 조서의 내용을 부인하면 증거능력이 부정되므로 그 당연한 결과로 그 피의자신문조서에 대하여는 사망 등 사유로 인하여 법정에서 진술할 수 없는 때에 예외적으로 증거능력을 인정하는 규정인 형사소송법 제314조가 적용되지 아니한다(대판 2004.7.15. 2003도7185[전합]).

정답 ①

[ㄹ ▸ O] 공동피고인인 절도범과 그 장물범은 서로 다른 공동피고인의 범죄사실에 관하여는 증인의 지위에 있다 할 것이므로, 피고인이 증거로 함에 동의한 바 없는 공동피고인에 대한 피의자신문조서는 공동피고인의 증언에 의하여 그 성립의 진정이 인정되지 아니하는 한 피고인의 공소범죄사실을 인정하는 증거로 할 수 없다(대판 2006.1.12. 2005도7601).

[ㅁ ▸ X] 피고인이나 그 변호인이 검사 작성의 당해 피고인에 대한 피의자신문조서의 성립의 진정함을 인정하는 진술을 하였다 하더라도, 그 피의자신문조서에 대하여 구 형사소송법 제292조에서 정한 증거조사가 완료되기 전에는 최초의 진술을 번복함으로써 그 피의자신문조서를 유죄 인정의 자료로 사용할 수 없도록 할 수 있으나, 그 피의자신문조서에 대하여 위의 증거조사가 완료된 뒤에는 그와 같은 번복의 의사표시에 의하여 이미 인정된 조서의 증거능력이 당연히 상실되는 것은 아니다. 다만, 적법절차 보장의 정신에 비추어 성립의 진정함을 인정한 최초의 진술에 그 효력을 그대로 유지하기 어려운 중대한 하자가 있고 그에 관하여 진술인에게 귀책사유가 없는 경우에 한하여 예외적으로 증거조사절차가 완료된 뒤에도 그 진술을 취소할 수 있고, 그 취소주장이 이유 있는 것으로 받아들여지게 되면 법원은 구 형사소송규칙 제139조 제4항의 증거배제결정을 통하여 그 조서를 유죄 인정의 자료에서 제외하여야 한다(대판 2008.7.10. 2007도7760).

2018년 변호사시험 문 34. ☑ 확인 Check! ○ △ ×

甲과 乙은 식당에서 큰소리로 대화를 하던 중 옆 테이블에서 혼자 식사 중인 丙이 甲, 乙에게 "식당 전세 냈냐, 조용히 좀 합시다"라고 말하자, 甲, 乙은 丙에게 다가가 甲은 "식당에서 말도 못하냐?"라고 소리치며 丙을 밀어 넘어뜨리고, 乙은 이에 가세하여 발로 丙의 몸을 찼다. 이로 인하여 丙은 약 3주간의 치료를 요하는 상해를 입었는데 甲, 乙 중 누구의 행위에 의하여 상해가 발생하였는지는 불분명하다. 한편, 丙은 이에 대항하여 甲의 얼굴을 주먹으로 때려 약 2주간의 치료를 요하는 상해를 가하였는데 수사기관에서 자신의 범행을 부인하였다. 검사는 甲, 乙, 丙을 하나의 사건으로 기소하였고 甲, 乙, 丙은 제1심소송 계속 중이다. 이에 관한 설명 중 옳지 않은 것을 모두 고른 것은?(다툼이 있는 경우 판례에 의함)

ㄱ. 甲, 乙 중 누구의 행위에 의하여 상해의 결과가 발생되었는가를 불문하고 甲, 乙은 상해의 결과에 대하여 책임을 진다.
ㄴ. 만일 乙이 甲과 상해에 대해 공모한 사실이 없고 발로 丙의 몸을 찬 사실, 즉 丙에게 폭행을 가한 사실 자체도 분명하지 않은 경우, 형법 제263조 동시범의 특례규정이 적용되지 아니하여 乙은 상해죄의 죄책을 지지 아니한다.
ㄷ. 乙이 자신에 대한 사법경찰관 작성 피의자신문조서의 내용을 인정하였다면 그 피의자신문조서는 甲이 부동의하더라도 甲의 공소사실에 대하여 증거능력이 있다.
ㄹ. 甲이 선서 없이 피고인으로서 한 공판정에서의 진술도 丙에게 반대신문권이 보장되어 있으므로 丙의 동의 여부와 관계없이 丙에 대한 유죄의 증거로 사용할 수 있다.
ㅁ. 甲, 乙의 공소사실에 대하여 丙을 증인으로 신문하는 과정에서 丙에게 증언거부권이 고지되지 않고 증인신문절차가 진행된 경우, 丙이 자신의 기억에 반하여 甲의 얼굴을 주먹으로 때리지 않았다고 허위로 증언하였더라도, 丙이 증언거부권을 행사하는 데 사실상 장애가 초래되었다고 볼 수 있는 경우에는 위증죄가 성립하지 않는다.

① ㄱ, ㄷ ② ㄴ, ㄷ ③ ㄷ, ㄹ
④ ㄷ, ㅁ ⑤ ㄹ, ㅁ

[ㄱ ▸ O] 독립행위가 경합하여 상해의 결과를 발생하게 한 경우에 있어서 원인된 행위가 판명되지 아니한 때에는 공동정범의 예에 의한다(형법 제263조).

[ㄴ ▸ O] 동시범의 특례가 적용되려면 2인 이상의 실행행위가 있어야 하는데, 지문에서와 같이 폭행을 가한 사실 자체가 분명하지 않은 경우에는 특례가 적용될 여지가 없으므로, 형법 제263조가 적용되지 아니하는 乙은 상해죄의 죄책을 지지 아니한다.

③ 정답

[ㄷ ▸ X] 형사소송법 제312조 제3항은 검사 이외의 수사기관이 작성한 당해 피고인에 대한 피의자신문조서를 유죄의 증거로 하는 경우뿐만 아니라, 검사 이외의 수사기관이 작성한 당해 피고인과 공범관계에 있는 다른 피고인이나 피의자에 대한 피의자신문조서를 당해 피고인에 대한 유죄의 증거로 채택할 경우에도 적용된다. 따라서 당해 피고인과 공범관계에 있는 공동피고인에 대해 검사 이외의 수사기관이 작성한 피의자신문조서는 그 공동피고인의 법정진술에 의하여 성립의 진정이 인정되더라도 당해 피고인이 공판기일에서 그 조서의 내용을 부인하면 증거능력이 부정된다. 그리고 이러한 경우 그 공동피고인이 법정에서 경찰수사 도중 피의자신문조서에 기재된 것과 같은 내용으로 진술하였다는 취지로 증언하였다고 하더라도, 이러한 증언은 원진술자인 공동피고인이 그 자신에 대한 경찰 작성의 피의자신문조서의 진정성립을 인정하는 취지에 불과하여 위 조서와 분리하여 독자적인 증거가치를 인정할 것은 아니므로, 앞서 본 바와 같은 이유로 위 조서의 증거능력이 부정되는 이상 위와 같은 증언 역시 이를 유죄 인정의 증거로 쓸 수 없다(대판 2009.10.15. 2009도1889).

[ㄹ ▸ X] 피고인과 별개의 범죄사실로 기소되어 병합심리되고 있던 공동피고인은 피고인에 대한 관계에서는 증인의 지위에 있음에 불과하므로 선서 없이 한 그 공동피고인의 법정 및 검찰진술은 피고인에 대한 공소범죄사실을 인정하는 증거로 할 수 없다(대판 1982.6.22. 82도898).

[ㅁ ▸ O] 증언거부권제도는 증인에게 증언의무의 이행을 거절할 수 있는 권리를 부여한 것이고, 형사소송법상 증언거부권의 고지제도는 증인에게 그러한 권리의 존재를 확인시켜 침묵할 것인지 아니면 진술할 것인지에 관하여 심사숙고할 기회를 충분히 부여함으로써 침묵할 수 있는 권리를 보장하기 위한 것임을 감안할 때, 재판장이 신문 전에 증인에게 증언거부권을 고지하지 않은 경우에도 당해 사건에서 증언 당시 증인이 처한 구체적인 상황, 증언거부사유의 내용, 증인이 증언거부사유 또는 증언거부권의 존재를 이미 알고 있었는지 여부, 증언거부권을 고지받았더라도 허위진술을 하였을 것이라고 볼 만한 정황이 있는지 등을 전체적·종합적으로 고려하여 증인이 침묵하지 아니하고 진술한 것이 자신의 진정한 의사에 의한 것인지 여부를 기준으로 위증죄의 성립 여부를 판단하여야 한다. 그러므로 헌법 제12조 제2항에 정한 불이익진술의 강요금지원칙을 구체화한 자기부죄거부특권에 관한 것이거나 기타 증언거부사유가 있음에도 증인이 증언거부권을 고지받지 못함으로 인하여 그 증언거부권을 행사하는 데 사실상 장애가 초래되었다고 볼 수 있는 경우에는 위증죄의 성립을 부정하여야 할 것이다(대판 2010.1.21. 2008도942[전합]).

PART 03 공판

2018년 변호사시험 문 37.

☑ 확인Check! O △ X

甲이 공무원 乙에게 뇌물 4,000만원을 제공하였다는 범죄사실로 甲과 乙이 함께 공소제기되어 공동피고인으로 재판을 받으면서 甲은 자백하나, 乙은 뇌물을 받은 사실이 없다고 주장하며 다투고 있다. 이에 관한 설명 중 옳지 않은 것은?(다툼이 있는 경우 판례에 의함)

① 위 뇌물수수사실이 인정되는 경우 甲, 乙은 특정범죄 가중처벌 등에 관한 법률에 따라 가중처벌된다.
② 乙이 그 직무의 대상이 되는 사람으로부터 금품 기타 이익을 받은 때에는 특별한 사정이 없는 한 직무와의 관련성이 없다고 할 수 없고, 비록 사교적 의례의 형식을 빌어 금품을 주고받았다고 하더라도 그것이 乙의 직무와 관련된 이상 그 수수한 금품은 뇌물이 된다.
③ 甲은 소송절차가 분리되지 않는 한 乙에 대한 공소사실에 관하여 증인이 될 수 없다.
④ 변론분리 후 甲이 증언하는 과정에서 "뇌물을 제공받은 乙이 저에게 '국가와 민족을 위해 잘 쓰겠습니다'라고 말했습니다"라고 진술한 경우, 乙의 위 진술내용은 특신상태가 증명된 때에 한하여 증거로 할 수 있다.
⑤ 형법 제134조는 뇌물 또는 뇌물에 공할 금품을 필요적으로 몰수하고 이를 몰수하기 불가능한 때에는 그 가액을 추징하도록 규정하고 있는바, 몰수는 특정된 물건에 대한 것이고 추징은 본래 몰수할 수 있었음을 전제로 하는 것임에 비추어 뇌물 또는 뇌물에 공할 금품이 특정되지 않았던 것은 몰수할 수 없고 그 가액을 추징할 수도 없다.

[❶ ▸ X] 증뢰자인 甲은 특가법에 따라 가중처벌되지 아니한다.

정답 ①

법령 **뇌물죄의 가중처벌(특가법 제2조)**

① 형법 제129조·제130조 또는 제132조에 규정된 죄를 범한 사람은 그 수수(收受)·요구 또는 약속한 뇌물의 가액(이하 "수뢰액")에 따라 다음 각 호와 같이 가중처벌한다.

1. 수뢰액이 1억원 이상인 경우에는 무기 또는 10년 이상의 징역에 처한다.
2. 수뢰액이 5천만원 이상 1억원 미만인 경우에는 7년 이상의 유기징역에 처한다.
3. 수뢰액이 3천만원 이상 5천만원 미만인 경우에는 5년 이상의 유기징역에 처한다.

[❷ ▸ ○] 뇌물죄는 공무원의 직무집행의 공정과 이에 대한 사회의 신뢰 및 직무행위의 불가매수성을 그 보호법익으로 하고 있고, 직무에 관한 청탁이나 부정한 행위를 필요로 하는 것은 아니기 때문에 수수된 금품의 뇌물성을 인정하는 데 특별한 청탁이 있어야만 하는 것은 아니며, 또한 금품이 직무에 관하여 수수된 것으로 족하고 개개의 직무행위와 대가적 관계에 있을 필요는 없고, 공무원이 그 직무의 대상이 되는 사람으로부터 금품 기타 이익을 받은 때에는 사회상규에 비추어 볼 때에 의례상의 대가에 불과한 것이라고 여겨지거나, 개인적인 친분관계가 있어서 교분상의 필요에 의한 것이라고 명백하게 인정할 수 있는 경우 등 특별한 사정이 없는 한 직무와의 관련성이 없는 것으로 볼 수 없으며, 공무원이 직무와 관련하여 금품을 수수하였다면 비록 사교적 의례의 형식을 빌어 금품을 주고받았다 하더라도 그 수수한 금품은 뇌물이 된다(대판 2001.10.12. 2001도3579).

[❸ ▸ ○] 피고인의 지위에 있는 공동피고인은 다른 공동피고인에 대한 공소사실에 관하여 증인이 될 수 없으나, 소송절차가 분리되어 피고인의 지위에서 벗어나게 되면 다른 공동피고인에 대한 공소사실에 관하여 증인이 될 수 있고, 이는 대향범인 공동피고인의 경우에도 다르지 않다(대판 2012.3.29. 2009도11249).

[❹ ▸ ○] 피고인 아닌 자의 공판기일에서의 진술이 피고인의 진술을 그 내용으로 하는 것인 때에는 형사소송법 제316조 제1항의 규정에 따라 그 진술이 특히 신빙할 수 있는 상태하에서 행하여진 때에는 이를 증거로 할 수 있고, 여기서 '그 진술이 특히 신빙할 수 있는 상태하에서 행하여진 때'라 함은 그 진술을 하였다는 것에 허위 개입의 여지가 거의 없고, 그 진술내용의 신빙성이나 임의성을 담보할 구체적이고 외부적인 정황이 있는 경우를 가리킨다(대판 2010.11.25. 2010도8735).

[❺ ▸ ○] 형법 제134조는 뇌물에 공할 금품을 필요적으로 몰수하고 이를 몰수하기 불가능한 때에는 그 가액을 추징하도록 규정하고 있는바, 몰수는 특정된 물건에 대한 것이고 추징은 본래 몰수할 수 있었음을 전제로 하는 것임에 비추어 뇌물에 공할 금품이 특정되지 않았던 것은 몰수할 수 없고 그 가액을 추징할 수도 없다(대판 1996.5.8. 96도221).

2018년 변호사시험 문 28. ☑ 확인Check! ○ △ ×

전문증거에 관한 설명 중 옳은 것은?(다툼이 있는 경우 판례에 의함)

① 검사의 피고인에 대한 당해 공소사실에 관한 진술조서가 기소된 후에 작성된 것이라는 이유만으로도 당사자주의, 공판중심주의에 비추어 그 증거능력은 부정되어야 한다.
② A가 진술 당시 술에 취하여 횡설수설하였다는 것을 확인하기 위하여 제출된 A의 진술이 녹음된 녹음테이프는 전문증거에 해당한다.
③ 검찰에 송치되기 전에 검사가 작성한 구속피의자에 대한 피의자신문조서도 작성주체에 따라 전문법칙의 예외를 인정하는 형사소송법의 규정체계에 따르는 한 적법한 검사 작성의 피의자신문조서로 볼 수밖에 없다.
④ 피고인이 조서의 진정성립을 인정한 경우 증거조사가 완료된 후에는 절차 유지의 원칙상 일절 번복이 허용되지 않는다.
⑤ 수사기관이 작성한 조서의 내용이 원진술자가 진술한 대로 기재된 것이라 함은 조서 작성 당시 원진술자의 진술대로 기재되었는지의 여부만을 의미하는 것으로, 이와 같이 진술하게 된 연유나 그 진술의 신빙성 여부는 고려할 것이 아니다.

⑤ 정답

[❶ ▸ ×] [1] 검사가 작성한 피의자신문조서는 그 피의자였던 피고인이 공판정에서 그 서명날인을 시인하여 진정성립을 인정하는 경우에는 검찰에서의 진술이 특히 임의로 되지 아니하여 신빙할 수 없는 상태하에서 된 것이라고 의심할 만한 사유가 없으면 증거능력이 있다.
[2] 검사의 피고인에 대한 진술조서(당해 공소사실에 관한 것임)가 기소 후에 작성된 것이라는 이유만으로 곧 그 증거능력이 없는 것이라고 할 수 없다(대판 1982.6.8. 82도754).

[❷ ▸ ×] [1] 녹음테이프에 대한 검증의 내용이 그 진술 당시 진술자의 상태 등을 확인하기 위한 것인 경우에는, 녹음테이프에 대한 검증조서의 기재 중 진술내용을 증거로 사용하는 경우에 관한 위 법리는 적용되지 아니하고, 따라서 위 검증조서는 법원의 검증의 결과를 기재한 조서로서 형사소송법 제311조에 의하여 당연히 증거로 할 수 있다.
[2] 원심법원은 (1) 위 녹취록의 내용이 피해자 공소외 1이 제1심법원에 제출한 녹음테이프의 내용과 일치하는지 여부 및 (2) 녹음 당시 공소외 2가 술에 취한 상태에서 횡설수설 이야기한 것인지 여부 등을 확인하기 위하여 위 녹음테이프에 대한 검증을 실시하고 그 결과(녹음 당시 공소외 2의 발음이 전체적으로는 뚜렷하였고 목소리 자체가 횡설수설하는 것 같지는 않았다)를 증거로 채택하여 공소외 2가 술에 취한 상태에서 다른 부동산 매도건과 착각하여 말한 것으로는 보이지 않는다고 판단하고, 나아가 공소외 2가 위 전화통화에서 답한 내용이 이 사건 부동산에 관한 매도건과 관련하여 진술한 것으로서 신빙성이 높고, 그 이후에 공소외 2가 진술을 번복하여 이 사건 부동산을 2억원가량에 매도하였다는 진술은 그대로 믿기 어렵다고 판단한 것임을 알 수 있는바, 앞서 본 법리에 비추어 보면 원심의 위와 같은 판단은 정당한 것으로 수긍할 수 있고, 거기에 증거능력에 관한 법리오해 등의 위법이 없다(대판 2008.7.10. 2007도10755).

[❸ ▸ ×] 검찰에 송치되기 전에 구속피의자로부터 받은 검사 작성의 피의자신문조서는 극히 이례에 속하는 것으로, 그와 같은 상태에서 작성된 피의자신문조서는 내용만 부인하면 증거능력을 상실하게 되는 사법경찰관 작성의 피의자신문조서상의 자백 등을 부당하게 유지하려는 수단으로 악용될 가능성이 있어, 그렇게 했어야 할 특별한 사정이 보이지 않는 한 송치 후에 작성된 피의자신문조서와 마찬가지로 취급하기는 어렵다(대판 1994.8.9. 94도1228).

[❹ ▸ ×] 피고인이나 그 변호인이 검사 작성의 당해 피고인에 대한 피의자신문조서의 성립의 진정함을 인정하는 진술을 하였다 하더라도, 그 피의자신문조서에 대하여 구 형사소송법 제292조에서 정한 증거조사가 완료되기 전에는 최초의 진술을 번복함으로써 그 피의자신문조서를 유죄 인정의 자료로 사용할 수 없도록 할 수 있으나, 그 피의자신문조서에 대하여 위의 증거조사가 완료된 뒤에는 그와 같은 번복의 의사표시에 의하여 이미 인정된 조서의 증거능력이 당연히 상실되는 것은 아니다. 다만, 적법절차 보장의 정신에 비추어 성립의 진정함을 인정한 최초의 진술에 그 효력을 그대로 유지하기 어려운 중대한 하자가 있고 그에 관하여 진술인에게 귀책사유가 없는 경우에 한하여 예외적으로 증거조사절차가 완료된 뒤에도 그 진술을 취소할 수 있고, 그 취소주장이 이유 있는 것으로 받아들여지게 되면 법원은 구 형사소송규칙 제139조 제4항의 증거배제결정을 통하여 그 조서를 유죄 인정의 자료에서 제외하여야 한다(대판 2008.7.10. 2007도7760).

[❺ ▸ ○] 수사기관이 작성한 조서의 내용이 원진술자가 진술한 대로 기재된 것이라 함은 조서 작성 당시 원진술자의 진술대로 기재되었는지의 여부만을 의미하는 것으로, 그와 같이 진술하게 된 연유나 그 진술의 신빙성 여부는 고려할 것이 아니며, 한편 검사가 피의자나 피의자 아닌 자의 진술을 기재한 조서 중 일부에 관하여만 원진술자가 공판준비 또는 공판기일에서 실질적 진정성립을 인정하는 경우에는 법원은 당해 조서 중 어느 부분이 원진술자가 진술한 대로 기재되어 있고 어느 부분이 달리 기재되어 있는지 여부를 구체적으로 심리한 다음 진술한 대로 기재되어 있다고 하는 부분에 한하여 증거능력을 인정하여야 하고, 그 밖에 실질적 진정성립이 부정되는 부분에 대해서는 증거능력을 부정하여야 한다(대판 2005.6.10. 2005도1849).

2018년 변호사시험 문 31. ☑ 확인 Check! ○ △ ×

다음 사례에 관한 설명 중 옳지 않은 것을 모두 고른 것은?(다툼이 있는 경우 판례에 의함)

ⓐ 甲과 乙은 날치기범행을 공모한 후 혼자 걸어가는 여성 A를 발견하고 乙은 A를 뒤쫓아 가고 甲은 차량을 운전하여 뒤따라가면서 망을 보았다. 乙은 A의 뒤쪽에서 접근한 후 A의 왼팔에 끼고 있던 손가방의 끈을 잡아당겼으나 A가 가방을 놓지 않으려고 버티다가 바닥에 넘어졌다. 넘어진 A가 손가방의 끈을 놓지 않은 채 버티자 乙은 계속하여 손가방 끈을 잡아당겨 A를 5미터가량 끌고 갔고 A는 힘이 빠져 손가방을 놓치게 되었다. 乙은 손가방을 빼앗은 후 甲이 운전하는 차량에 올라타 도망갔다. A는 약 3주간의 치료를 요하는 상해를 입었다.

ⓑ A는 경찰수사과정에서 피해사실에 관한 진술서를 작성하였으나 사법경찰관은 특별한 사정이 없음에도 조사과정을 기록하지 아니하였다.

ⓒ 사법경찰관은 위 사건을 목격한 B에 대하여 진술조서를 작성하였고 사법경찰관은 그 조사과정을 기록하였다.

ⓓ 사법경찰관은 甲, 乙의 범행과정을 재연한 검증조서를 작성하면서 범행재연사진을 검증조서에 첨부하였다.

ㄱ. ⓐ사실과 관련하여 강제력의 행사가 점유탈취과정에서 우연히 가해진 경우로서 甲, 乙은 특수절도죄 및 폭력행위 등 처벌에 관한 법률 위반(공동상해)죄의 죄책을 진다.

ㄴ. ⓑ사실과 관련하여 검사가 증거로 신청한 A의 진술서를 甲, 乙이 부동의한 경우에도, A가 증인으로 출석하여 실질적 진정성립을 인정하고 특신상태가 인정되며 甲, 乙의 A에 대한 반대신문권이 보장된 경우에는 진술서의 증거능력이 인정된다.

ㄷ. ⓒ사실과 관련하여 검사가 증거로 신청한 B에 대한 진술조서를 甲, 乙이 부동의하여 검사가 B를 증인으로 신청하였으나 증인소환장이 송달되지 않은 경우, 추가적인 조치가 없더라도 위 진술조서는 형사소송법 제314조에 따라 증거능력이 인정된다.

ㄹ. ⓓ사실과 관련하여 甲, 乙이 검증조서에 첨부되어 있는 범행재연사진에 대하여 부동의하는 경우, 범행재연사진은 증거능력이 없다.

① ㄱ, ㄴ ② ㄷ, ㄹ ③ ㄱ, ㄴ, ㄷ
④ ㄱ, ㄴ, ㄹ ⑤ ㄴ, ㄷ, ㄹ

[ㄱ ▸ ×] [1] 소위 '날치기'와 같이 강제력을 사용하여 재물을 절취하는 행위가 때로는 피해자를 넘어뜨리거나 상해를 입게 하는 경우가 있고, 그러한 결과가 피해자의 반항 억압을 목적으로 함이 없이 점유탈취의 과정에서 우연히 가해진 경우라면 이는 강도가 아니라 절도에 불과하지만, 그 강제력의 행사가 사회통념상 객관적으로 상대방의 반항을 억압하거나 항거 불능케 할 정도의 것이라면 이는 강도죄의 폭행에 해당한다. 그러므로 날치기수법의 점유탈취과정에서 이를 알아채고 재물을 뺏기지 않으려는 상대방의 반항에 부딪혔음에도 계속하여 피해자를 끌고 가면서 억지로 재물을 빼앗은 행위는 피해자의 반항을 억압한 후 재물을 강취한 것으로서 강도에 해당한다.
[2] 날치기수법으로 피해자가 들고 있던 가방을 탈취하면서 가방을 놓지 않고 버티는 피해자를 5m가량 끌고 감으로써 피해자의 무릎 등에 상해를 입힌 경우, 반항을 억압하기 위한 목적으로 가해진 강제력으로서 그 반항을 억압할 정도에 해당한다고 보아 강도치상죄가 성립한다(대판 2007.12.13. 2007도7601).

[ㄴ ▸ ×] 형사소송법 제221조 제1항, 제244조의4 제1항, 제3항, 제312조 제4항, 제5항 및 그 입법목적 등을 종합하여 보면, 피고인이 아닌 자가 수사과정에서 진술서를 작성하였지만 수사기관이 그에 대한 조사과정을 기록하지 아니하여 형사소송법 제244조의4 제3항, 제1항에서 정한 절차를 위반한 경우에는, 특별한 사정이 없는 한 '적법한 절차와 방식'에 따라 수사과정에서 진술서가 작성되었다 할 수 없으므로 증거능력을 인정할 수 없다(대판 2015.4.23. 2013도3790).

 ③ 정답

[ㄷ ▸ ×] 제1심법원이 증인 甲의 주소지에 송달한 증인소환장이 송달되지 아니하자 甲에 대한 소재 탐지를 촉탁하여 소재탐지불능보고서를 제출받은 다음 甲이 '소재불명'인 경우에 해당한다고 보아 甲에 대한 경찰 및 검찰진술조서를 증거로 채택한 경우, 검사가 제출한 증인신청서에 휴대전화번호가 기재되어 있고, 수사기록 중 甲에 대한 경찰진술조서에는 집 전화번호도 기재되어 있으며, 그 이후 작성된 검찰진술조서에는 위 휴대전화번호와 다른 휴대전화번호가 기재되어 있는데도, 검사가 직접 또는 경찰을 통하여 위 각 전화번호로 甲에게 연락하여 법정출석의사가 있는지 확인하는 등의 방법으로 甲의 법정 출석을 위하여 상당한 노력을 기울였다는 자료가 보이지 않는 사정에 비추어, 甲의 법정 출석을 위한 가능하고도 충분한 노력을 다하였음에도 부득이 甲의 법정 출석이 불가능하게 되었다는 사정이 증명된 경우라고 볼 수 없어 형사소송법 제314조의 '소재불명 그 밖에 이에 준하는 사유로 인하여 진술할 수 없는 때'에 해당한다고 인정할 수 없다(대판 2013.4.11. 2013도1435).

[ㄹ ▸ O] '사법경찰관이 작성한 검증조서 중 피고인의 진술 부분을 제외한 기재 및 사진의 각 영상'에는 이 사건 범행에 부합되는 피의자이었던 피고인이 범행을 재연하는 사진이 첨부되어 있으나, 기록에 의하면 행위자인 피고인이 위 검증조서에 대하여 증거로 함에 부동의하였고 공판정에서 검증조서 중 범행을 재연한 부분에 대하여 그 성립의 진정 및 내용을 인정한 흔적을 찾아볼 수 없고 오히려 이를 부인하고 있으므로 그 증거능력을 인정할 수 없는바, 원심으로서는 위 검증조서 중 피고인의 진술 부분뿐만 아니라 범행을 재연한 부분까지도 제외한 나머지 부분만을 증거로 채용하여야 함에도 이를 구분하지 아니한 채 피고인의 진술 부분을 제외한 나머지를 유죄의 증거로 인용한 조치는 위법하다고 할 것이다(대판 2007.4.26. 2007도1794).

2017년 변호사시험 문 22. ☑ 확인Check! ○ △ ×

甲은 A의 집에 들어가 금품을 절취하려다 A에게 발각되자 A를 강간한 후에 도주하였다. 甲은 양심에 가책을 느꼈지만 처벌이 두려워 자수하지 못하고 친구인 乙에게 자신의 범행을 이야기하였는데, 乙은 다시 이 사실을 여자친구 丙에게 이야기하였다. 이에 관한 설명 중 옳지 않은 것을 모두 고른 것은?(다툼이 있는 경우 판례에 의함)

ㄱ. 甲이 자필로 작성한 범행을 인정하는 내용의 메모지가 甲의 집에서 발견되어 증거로 제출된 경우, 甲이 공판기일에서 그 성립의 진정을 부인하면 필적감정에 의하여 성립의 진정함이 증명되더라도 증거로 사용할 수 없다.
ㄴ. 乙이 甲과의 대화를 녹음한 녹음테이프의 원본이 증거로 제출된 경우, 공판기일에서 甲이 녹음내용을 부인하여도 乙의 진술에 의하여 녹음테이프에 녹음된 甲의 진술내용이 甲이 진술한 대로 녹음된 것이 증명되고 그 진술이 특히 신빙할 수 있는 상태하에서 행하여진 것이 인정되는 때에는 증거로 사용할 수 있다.
ㄷ. 丙이 乙로부터 들은 甲의 진술내용을 사법경찰관에게 진술하였고 그러한 진술이 기재된 진술조서가 증거로 제출된 경우, 해당 진술조서 중 甲의 진술 기재 부분은 형사소송법 제316조 제1항 및 제312조 제4항의 규정에 따른 요건을 갖춘 때에 한하여 증거로 사용할 수 있다.
ㄹ. 피해자 A는 피해내용을 아버지 B에게 문자메시지로 보냈고 B가 그 문자메시지를 촬영한 사진이 증거로 제출된 경우, A와 B가 법정에 출석하여 A는 사진 속 문자메시지의 내용이 자신이 작성해 보낸 것과 동일함을 확인하고, B는 A가 보낸 문자메시지를 촬영한 사진이 맞다고 확인한 때에는 증거로 사용할 수 있다.

① ㄱ, ㄴ　② ㄱ, ㄷ　③ ㄴ, ㄹ
④ ㄷ, ㄹ　⑤ ㄱ, ㄷ, ㄹ

[ㄱ ▸ ×] 진술서의 작성자가 공판준비나 공판기일에서 그 성립의 진정을 부인하는 경우에는 과학적 분석결과에 기초한 디지털포렌식 자료, 감정 등 객관적 방법으로 성립의 진정함이 증명되는 때에는 증거로 할 수 있다. 다만, 피고인 아닌 자가 작성한 진술서는 피고인 또는 변호인이 공판준비 또는 공판기일에 그 기재내용에 관하여 작성자를 신문할 수 있었을 것을 요한다(형소법 제313조 제2항).

정답 ②

[ㄴ ▸ O] 녹음테이프 검증조서의 기재 중 고소인이 피고인과의 대화를 녹음한 부분은 타인 간의 대화를 녹음한 것이 아니므로 통신비밀보호법 제14조의 적용을 받지는 않지만, 그 녹음테이프에 대하여 실시한 검증의 내용은 녹음테이프에 녹음된 대화의 내용이 검증조서에 첨부된 녹취서에 기재된 내용과 같다는 것에 불과하여 증거자료가 되는 것은 여전히 녹음테이프에 녹음된 대화의 내용이라 할 것인 바, 그중 피고인의 진술내용은 실질적으로 형사소송법 제311조, 제312조 규정 이외에 피고인의 진술을 기재한 서류와 다를 바 없으므로, 피고인이 그 녹음테이프를 증거로 할 수 있음에 동의하지 않은 이상 그 녹음테이프 검증조서의 기재 중 피고인의 진술내용을 증거로 사용하기 위해서는 형사소송법 제313조 제1항 단서에 따라 공판준비 또는 공판기일에서 그 작성자인 고소인의 진술에 의하여 녹음테이프에 녹음된 피고인의 진술내용이 피고인이 진술한 대로 녹음된 것이라는 점이 증명되고 그 진술이 특히 신빙할 수 있는 상태하에서 행하여진 것으로 인정되어야 한다(대판 2001.10.9. 2001도3106).

[ㄷ ▸ X] 丙이 乙로부터 들은 甲의 진술내용을 진술한 내용이 기재된 조서는 재전문진술을 기재한 조서로, 예외적으로 증거능력을 인정하는 판례의 법리가 적용되지 아니하고, 甲이 증거동의하였다는 사정 또한 보이지 아니하므로, 그 증거능력이 인정되지 아니한다.

전문진술이나 재전문진술을 기재한 조서는 형사소송법 제310조의2의 규정에 의하여 원칙적으로 증거능력이 없는 것인데, 다만 전문진술은 형사소송법 제316조 제2항의 규정에 따라 원진술자가 사망, 질병, 외국거주 기타 사유로 인하여 진술할 수 없고 그 진술이 특히 신빙할 수 있는 상태하에서 행하여진 때에 한하여 예외적으로 증거능력이 있다고 할 것이고, 전문진술이 기재된 조서는 형사소송법 제312조 또는 제314조의 규정에 의하여 각 그 증거능력이 인정될 수 있는 경우에 해당하여야 함은 물론 나아가 형사소송법 제316조 제2항의 규정에 따른 위와 같은 요건을 갖추어야 예외적으로 증거능력이 있다고 할 것이며, 형사소송법은 전문진술에 대하여 제316조에서 실질상 단순한 전문의 형태를 취하는 경우에 한하여 예외적으로 그 증거능력을 인정하는 규정을 두고 있을 뿐, 재전문진술이나 재전문진술을 기재한 조서에 대하여는 달리 그 증거능력을 인정하는 규정을 두고 있지 아니하고 있으므로, 피고인이 증거로 하는 데 동의하지 아니하는 한 형사소송법 제310조의2의 규정에 의하여 이를 증거로 할 수 없다(대판 2004.3.11. 2003도171).

[ㄹ ▸ O] 이 사건 문자메시지는 피해자가 피고인으로부터 풀려난 당일에 남동생에게 도움을 요청하면서 피고인이 협박한 말을 포함하여 공갈 등 피고인으로부터 피해를 입은 내용을 문자메시지로 보낸 것이므로, 이 사건 문자메시지의 내용을 촬영한 사진은 증거서류 중 피해자의 진술서에 준하는 것으로 취급함이 상당할 것인 바, 진술서에 관한 형사소송법 제313조에 따라 이 사건 문자메시지의 작성자인 피해자 공소외 1이 제1심법정에 출석하여 자신이 이 사건 문자메시지를 작성하여 동생에게 보낸 것과 같음을 확인하고, 동생인 공소외 3도 제1심법정에 출석하여 피해자 공소외 1이 보낸 이 사건 문자메시지를 촬영한 사진이 맞다고 확인한 이상, 이 사건 문자메시지를 촬영한 사진은 그 성립의 진정함이 증명되었다고 볼 수 있으므로 이를 증거로 할 수 있다(대판 2010.11.25. 2010도8735).

2018년 변호사시험 문 8. ☑ 확인 Check! ○ △ ×

검사는 특수(합동)절도(㉠)를 범한 甲과 乙에 대하여 공소를 제기하였다. 그러면서 甲에 대하여는 甲이 단독으로 범한 절도(㉡)도 경합범으로 함께 기소하였다. 검사는 제1회 공판기일에 기소요지를 진술하면서 증거목록을 제출하였는데, 甲은 증거목록상의 증거들을 부동의하면서 자신은 사건 당시 집에 있었으므로 공동피고인 乙과 합동한 사실이 없고 단독으로 절도를 범한 사실도 없다고 하면서 범행을 부인하고 있다. 한편, 乙은 자신의 범행을 자백하였고, 乙의 진술 중 甲의 진술과 배치되는 부분에 대하여는 甲의 변호인이 乙에 대하여 반대신문을 실시하였다. 이에 관한 설명 중 옳지 않은 것은?(다툼이 있는 경우 판례에 의함)

① 甲의 ㉠범죄사실에 대하여 제출된 乙에 대한 사법경찰관 작성의 피의자신문조서에 "甲과 함께 절도를 하였습니다"라는 내용이 기재되어 있는 경우, 이 조서는 증거능력이 없다.

② 甲의 ㉠범죄사실에 대하여 제출된 乙에 대한 검사 작성의 피의자신문조서에 "甲은 망을 보고, 제가 절도를 하였습니다"라는 내용이 기재되어 있고 乙이 법정에서 이 조서에 자신이 말한 대로 기재되어 있다고 말할 뿐 아니라 조서가 적법한 절차와 방식에 따라 작성되었고 임의성 및 특신상태도 증명되었다면 이 조서는 증거능력이 있다.

③ 甲의 변호인이 "합동범이 성립하기 위하여는 주관적 요건으로서의 공모와 객관적 요건으로서의 실행행위의 분담이 있어야 하고, 그 실행행위에 있어서는 시간적으로나 장소적으로 협동관계가 있음을 요한다"라고 주장하는 경우, 이 주장은 판례의 입장과 부합한다.

④ 甲의 ㉡범죄사실과 관련하여 乙이 피고인신문과정에서 "甲이 절도를 하는 것을 보았습니다"라고 진술한 경우, 이 진술은 ㉡범죄사실에 대한 증거능력이 있다.

⑤ 甲의 ㉡범죄사실에 대하여 제출된 乙에 대한 검사 작성의 피의자신문조서에 "丙으로부터 甲이 절도를 하였다는 말을 들었습니다"라는 내용이 기재되어 있는 경우, 丙이 이 사건 법정에 증인으로 출석하여 "甲이 절도를 하는 것을 보았고, 이 이야기를 乙에게 하였습니다"라는 내용으로 증언하였더라도 이 조서는 증거능력이 없다.

PART 03 공판

[❶ ▸ ○] 형사소송법 제312조 제3항은 검사 이외의 수사기관이 작성한 당해 피고인에 대한 피의자신문조서를 유죄의 증거로 하는 경우뿐만 아니라, 검사 이외의 수사기관이 작성한 당해 피고인과 공범관계에 있는 다른 피고인이나 피의자에 대한 피의자신문조서를 당해 피고인에 대한 유죄의 증거로 채택할 경우에도 적용된다. 따라서 당해 피고인과 공범관계에 있는 공동피고인에 대해 검사 이외의 수사기관이 작성한 피의자신문조서는 그 공동피고인의 법정진술에 의하여 성립의 진정이 인정되더라도 당해 피고인이 공판기일에서 그 조서의 내용을 부인하면 증거능력이 부정된다. 그리고 이러한 경우 그 공동피고인이 법정에서 경찰수사 도중 피의자신문조서에 기재된 것과 같은 내용으로 진술하였다는 취지로 증언하였다고 하더라도, 이러한 증언은 원진술자인 공동피고인이 그 자신에 대한 경찰 작성의 피의자신문조서의 진정성립을 인정하는 취지에 불과하여 위 조서와 분리하여 독자적인 증거가치를 인정할 것은 아니므로, 앞서 본 바와 같은 이유로 위 조서의 증거능력이 부정되는 이상 위와 같은 증언 역시 이를 유죄 인정의 증거로 쓸 수 없다(대판 2009.10.15. 2009도1889).

[❷ ▸ ○] 형소법 제312조 제1항의 피고인은 당해 피고인만을 의미한다 할 것이므로, 공범인 공동피고인에 대한 검사 작성의 피의자신문조서는 형소법 제312조 제4항의 요건을 갖추면 증거능력이 있다고 할 것이다.

[❸ ▸ ○] 3인 이상의 범인이 합동절도의 범행을 공모한 후 적어도 2인 이상의 범인이 범행현장에서 시간적, 장소적으로 협동관계를 이루어 절도의 실행행위를 분담하여 절도범행을 한 경우에는 공동정범의 일반이론에 비추어 그 공모에는 참여하였으나 현장에서 절도의 실행행위를 직접 분담하지 아니한 다른 범인에 대하여도 그가 현장에서 절도범행을 실행한 위 2인 이상의 범인의 행위를 자기 의사의 수단으로 하여 합동절도의 범행을 하였다고 평가할 수 있는 정범성의 표지를 갖추고 있다고 보여지는 한 그 다른 범인에 대하여 합동절도의 공동정범의 성립을 부정할 이유가 없다고 할 것이다(대판 1998.5.21. 98도321[전합]).

[❹ ▸ ×] 甲의 ㉡범죄사실과 관련하여, 乙은 공범 아닌 공동피고인이므로 증인에 해당한다. 따라서 증인신문절차에 따라 증인으로 신문하였어야 할 乙을 피고인으로 신문하는 과정에서, 乙이 "甲이 절도를 하는 것을 보았습니다"라고 진술한 경우, 이 진술은 ㉡범죄사실에 대한 증거능력이 없다고 할 것이다.

정답 ④

[⑤ ▸ O] "丙으로부터 甲이 절도를 하였다는 말을 들었습니다"라는 내용이 기재된 乙에 대한 검사 작성의 피의자신문조서는 乙의 전문진술이 기재된 조서에 해당하므로, 형소법 제312조 제1항과 제316조 제2항의 요건을 갖추면 증거능력이 인정되나, 지문의 경우에는 원진술자인 丙이 법정에 출석한 상태이므로, 제316조 제2항의 필요성이 인정되지 아니하여 증거능력이 없다고 할 것이다.

2017년 변호사시험 문 25. ☑ 확인Check! O △ X

공동피고인의 진술에 관한 설명 중 옳은 것을 모두 고른 것은? (다툼이 있는 경우 판례에 의함)

ㄱ. 피고인과 별개의 범죄사실로 기소되어 병합심리 중인 공동피고인은 피고인의 범죄사실에 관하여는 증인의 지위에 있다 할 것이므로 선서 없이 한 공동피고인의 법정진술은 피고인의 범죄사실을 인정하는 증거로 할 수 없다.
ㄴ. 피고인 甲이 공판정에서 공범인 공동피고인 乙에 대한 사법경찰관 작성의 피의자신문조서의 내용을 부인하면 乙이 법정에서 그 조서의 내용을 인정하여도 그 조서를 甲의 범죄사실에 대한 증거로 사용할 수 없다.
ㄷ. 甲과 乙이 공모하여 타인의 재물을 편취한 범죄사실로 기소된 사건에서, 甲은 법정에서 범행을 부인하고 乙은 경찰수사단계에서 범행을 자백하는 자술서를 작성·제출한 이후 사망하였다면, 공판준비 또는 공판기일에 진술을 요하는 자가 사망하여 진술할 수 없는 때에 해당하므로 乙의 자술서는 그 작성이 특히 신빙할 수 있는 상태하에서 행하여졌음이 증명되었다면 甲에 대한 유죄 인정의 증거로 할 수 있다.
ㄹ. 공범인 공동피고인의 법정자백은 이에 대한 피고인의 반대신문권이 보장되어 있어 증인으로 신문한 경우와 다를 바 없으므로 독립한 증거능력이 있다.
ㅁ. 甲, 乙, 丙이 공모하여 타인의 재물을 편취한 범죄사실로 기소된 사건에서, 피고인 甲과 공동피고인 乙이 범죄사실을 자백하고 공동피고인 丙은 범죄사실을 부인하는 경우, 乙의 자백을 甲의 자백에 대한 보강증거로 사용할 수 없다.

① ㄱ, ㄴ, ㄷ ② ㄱ, ㄴ, ㄹ ③ ㄱ, ㄹ, ㅁ
④ ㄴ, ㄷ, ㅁ ⑤ ㄷ, ㄹ, ㅁ

[ㄱ ▸ O] 피고인과 별개의 범죄사실로 기소되어 병합심리 중인 공동피고인은 피고인의 범죄사실에 관하여는 증인의 지위에 있다 할 것이므로 선서 없이 한 공동피고인의 법정진술이나 피고인이 증거로 함에 동의한 바 없는 공동피고인에 대한 피의자신문조서는 피고인의 공소범죄사실을 인정하는 증거로 할 수 없다(대판 1982.9.14. 82도1000).

[ㄴ ▸ O] 형사소송법 제312조 제3항은 검사 이외의 수사기관이 작성한 당해 피고인에 대한 피의자신문조서를 유죄의 증거로 하는 경우뿐만 아니라 검사 이외의 수사기관이 작성한 당해 피고인과 공범관계에 있는 다른 피고인이나 피의자에 대한 피의자신문조서를 당해 피고인에 대한 유죄의 증거로 채택할 경우에도 적용된다. 따라서 당해 피고인과 공범관계가 있는 다른 피의자에 대하여 검사 이외의 수사기관이 작성한 피의자신문조서는, 그 피의자의 법정진술에 의하여 그 성립의 진정이 인정되는 등 형사소송법 제312조 제4항의 요건을 갖춘 경우라고 하더라도 당해 피고인이 공판기일에서 그 조서의 내용을 부인한 이상 이를 유죄 인정의 증거로 사용할 수 없다(대판 2009.7.9. 2009도2865).

[ㄷ ▸ X] 형사소송법 제312조 제3항은 검사 이외의 수사기관이 작성한 당해 피고인에 대한 피의자신문조서를 유죄의 증거로 하는 경우뿐만 아니라 검사 이외의 수사기관이 작성한 당해 피고인과 공범관계에 있는 다른 피고인이나 피의자에 대한 피의자신문조서 또는 공동피의자에 대한 피의자신문조서를 당해 피고인에 대한 유죄의 증거로 채택할 경우에도 적용되는바, 당해 피고인과 공범관계가 있는 다른 피의자에 대한 검사 이외의 수사기관 작성의 피의자신문조서는 그 피의자의 법정진술에 의하여 그 성립의 진정이 인정되더라도 당해 피고인이 공판기일에서 그 조서의 내용을 부인하면 증거능력이 부정되므로, 그 당연한 결과로 그 피의자신문조서에 대하여는 사망 등 사유로 인하여 법정에서 진술할 수 없는 때에 예외적으로 증거능력을 인정하는 규정인 형사소송법 제314조가 적용되지 않는다(대판 2009.11.26. 2009도6602).

② 정답

[ㄹ ▸ O] 형사소송법 제310조의 피고인의 자백에는 공범인 공동피고인의 진술은 포함되지 않으며, 이러한 공동피고인의 진술에 대하여는 피고인의 반대신문권이 보장되어 있어 독립한 증거능력이 있다(대판 1992.7.28. 92도917).

[ㅁ ▸ X] 형사소송법 제310조 소정의 "피고인의 자백"에 공범인 공동피고인의 진술은 포함되지 아니하므로 공범인 공동피고인의 진술은 다른 공동피고인에 대한 범죄사실을 인정하는 증거로 할 수 있는 것일 뿐만 아니라 공범인 공동피고인들의 각 진술은 상호 간에 서로 보강증거가 될 수 있다(대판 1990.10.30. 90도1939).

2017년 변호사시험 문 16. ☑ 확인Check! O △ X

다음 〈사례〉에 관한 설명 중 옳은 것을 모두 고른 것은?(다툼이 있는 경우 판례에 의함)

〈사례〉
甲과 乙은 야간에 A의 집에 있는 다이아몬드를 훔쳐서 유흥비를 마련하기로 모의하면서, 범행이 발각되는 경우 어떤 수단을 사용해서라도 체포되어서는 아니 된다고 약속하였다. 밤 12시경 甲이 집 밖에서 망을 보고 있는 사이 乙은 A의 집에 들어가서 다이아몬드를 들고나오다가 이를 본 A가 "도둑이야!"라고 소리치자 집 밖으로 도망쳤다.

ⓐ A가 乙을 체포하기 위해 집 밖으로 나오는 순간 집 밖에서 기다리고 있던 甲은 체포를 면탈할 목적으로 A를 넘어뜨려 A는 상해를 입었고, A는 더 이상 추적을 할 수 없었다.
ⓑ 이에 A는 경찰서에 신고를 하였고, 출동한 경찰관 B는 乙을 추격하여 체포하려고 하자, 乙은 B를 밀쳐서 B는 상해를 입었다.
ⓒ 甲과 乙은 모두 체포되어 공동정범으로 기소되어 재판을 받고 있다. 甲은 법정에서 범행을 자백하면서 乙과 함께 다이아몬드를 훔칠 것을 모의하였다고 진술하였다. 그러나 乙은 모의한 사실이 없고 지나가다가 甲의 범행에 도움을 준 것이라고 주장하면서 범행을 부인하였다.
ⓓ 한편, 경찰관 C는 증거 확보를 위해 A의 상해 부위를 사진촬영하였고, 검사는 그 사진을 법원에 증거로 신청하였다.

ㄱ. ⓐ사실과 관련하여 甲에게는 강도상해죄 또는 강도치상죄가 성립한다.
ㄴ. ⓐ사실과 관련하여 乙에게는 강도상해죄 또는 강도치상죄가 성립한다.
ㄷ. ⓑ사실과 관련하여 乙에게는 공무집행방해치상죄가 성립한다.
ㄹ. ⓒ사실과 관련하여 변론의 분리 없이도 甲은 乙의 범죄사실에 대한 증인적격이 인정된다.
ㅁ. ⓓ사실과 관련하여 상해 부위 촬영사진에 대해서는 전문법칙이 적용되지 않는다.

① ㄹ, ㅁ ② ㄱ, ㄴ, ㄹ ③ ㄱ, ㄴ, ㅁ
④ ㄱ, ㄷ, ㅁ ⑤ ㄱ, ㄴ, ㄷ, ㅁ

[ㄱ ▸ O] [ㄴ ▸ O] 준강도가 성립하려면 절도가 절도행위의 실행 중 또는 실행 직후에 체포를 면탈할 목적으로 폭행, 협박을 한 때에 성립하고 이로써 상해를 가하였을 때에는 강도상해죄가 성립되는 것이고, 공모합동하여 절도를 한 경우 범인 중의 하나가 체포를 면탈할 목적으로 폭행을 하여 상해를 가한 때에는 나머지 범인도 이를 예기하지 못한 것으로 볼 수 없다면 강도상해죄의 죄책을 면할 수 없다(대판 1984.2.28. 83도3321).

[ㄷ ▸ X] 형법 제144조 제2항의 특수공무방해치사상죄와는 달리, 공무집행방해죄는 결과적 가중범을 처벌하는 규정이 없음을 유의하여야 한다.

[ㄹ ▸ X] 공범인 공동피고인은 당해 소송절차에서는 피고인의 지위에 있으므로 다른 공동피고인에 대한 공소사실에 관하여 증인이 될 수 없으나, 소송절차가 분리되어 피고인의 지위에서 벗어나게 되면 다른 공동피고인에 대한 공소사실에 관하여 증인이 될 수 있다(대판 2008.6.26. 2008도3300).

정답 ③

[ㅁ ▸ O] '공소외인의 상해 부위를 촬영한 사진'은 비진술증거로서 전문법칙이 적용되지 않는다(대판 2007.7.26. 2007도3906).

2016년 변호사시험 문 27. ☑ 확인Check! ○ △ ×

甲은 편의점에서 점원 A를 협박한 후 현금을 강취하여 강도죄로 기소되었는데, 甲은 공판과정에서 일체의 증거에 동의하지 않고 있다.

㉠ A는 "甲이 '돈을 내놓지 않으면 죽인다'고 말하며 현금을 빼앗아 갔다"라고 공판정에서 증언하였다.
㉡ 甲은 그날 저녁 친구 乙을 만나 저녁을 먹으면서 "오늘 어떤 놈을 협박해서 돈을 쉽게 벌었다"라고 하며 자랑하였는데, 乙은 甲 몰래 그 내용을 휴대폰으로 녹음한 후, 그 녹음파일을 수사기관에 임의제출하였다.
㉢ 상점 안에서 이 광경을 목격한 B로부터 "甲이 편의점에서 돈을 빼앗는 것을 보았다"라는 말을 들은 C에 대하여 검사가 참고인조사를 한 후, 그 진술조서를 증거로 제출하였다.
㉣ C가 B로부터 들은 위 내용을 친구 D에게 다시 말하였고 D가 공판정에서 그 내용을 증언하였다.

다음 설명 중 옳은 것은?(다툼이 있는 경우 판례에 의함)

① A의 증언은 전문진술에 관한 형사소송법 제316조 제1항의 요건을 충족할 경우에만 증거로 사용할 수 있다.
② 乙이 제출한 녹음파일은 위법하게 수집된 증거이므로 증거능력이 없다.
③ C에 대한 검사 작성의 참고인진술조서 중 B의 진술 기재 부분은 형사소송법 제312조 제4항의 규정에 의하여 증거능력이 인정될 수 있는 경우에 해당하여야 함은 물론, 형사소송법 제316조 제2항의 규정에 따른 요건을 갖춘 때에 한하여 예외적으로 증거능력이 인정된다.
④ D의 증언은 피고인 아닌 자의 진술을 그 내용으로 하는 전문진술에 관한 형사소송법 제316조 제2항의 요건이 갖추어진 때에는 이를 증거로 할 수 있다.
⑤ 만약 C가 공판정에 나와 참고인진술조서에 기재된 내용과 모순되는 진술을 하면서 그 조서의 진정성립을 부인하는 경우 그 참고인진술조서는 C의 위 법정진술에 대한 탄핵증거로 사용될 수 없다.

[❶ ▸ ×] A의 증언은 전문증거가 아닌, 甲의 강도죄의 공소사실에 대한 본래증거이므로, 증거능력이 인정된다.

[❷ ▸ ×] 녹음테이프 검증조서의 기재 중 고소인이 피고인과의 대화를 녹음한 부분은 타인 간의 대화를 녹음한 것이 아니므로 통신비밀보호법 제14조의 적용을 받지는 않지만, 그 녹음테이프에 대하여 실시한 검증의 내용은 녹음테이프에 녹음된 대화의 내용이 검증조서에 첨부된 녹취서에 기재된 내용과 같다는 것에 불과하여 증거자료가 되는 것은 여전히 녹음테이프에 녹음된 대화의 내용이라 할 것인 바, 그중 피고인의 진술내용은 실질적으로 형사소송법 제311조, 제312조 규정 이외에 피고인의 진술을 기재한 서류와 다를 바 없으므로, 피고인이 그 녹음테이프를 증거로 할 수 있음에 동의하지 않은 이상 그 녹음테이프 검증조서의 기재 중 피고인의 진술내용을 증거로 사용하기 위해서는 형사소송법 제313조 제1항 단서에 따라 공판준비 또는 공판기일에서 그 작성자인 고소인의 진술에 의하여 녹음테이프에 녹음된 피고인의 진술내용이 피고인이 진술한 대로 녹음된 것이라는 점이 증명되고 그 진술이 특히 신빙할 수 있는 상태하에서 행하여진 것으로 인정되어야 한다(대판 2001.10.9. 2001도3106).

[❸ ▸ O] C에 대한 검사 작성의 참고인진술조서 중 B의 진술 기재 부분은 전문진술이 기재된 조서에 해당하므로, 판례의 법리에 따라 형소법 제312조 제4항과 제316조 제2항의 요건을 충족하면 예외적으로 증거능력이 인정된다.

[❹ ▸ ×] D의 증언은 재전문진술이므로, 피고인 甲이 증거로 하는 데 동의하지 아니하면 증거능력이 인정되지 아니한다.

③ 정답

판례 형사소송법은 전문진술에 대하여 제316조에서 실질상 단순한 전문의 형태를 취하는 경우에 한하여 예외적으로 그 증거능력을 인정하는 규정을 두고 있을 뿐, 재전문진술이나 재전문진술을 기재한 조서에 대하여는 달리 그 증거능력을 인정하는 규정을 두고 있지 아니하고 있으므로, 피고인이 증거로 하는 데 동의하지 아니하는 한 형사소송법 제310조의2의 규정에 의하여 이를 증거로 할 수 없다(대판 2004.3.11. 2003도171).

[⑤ ▸ ×] 증거능력이 없는 C에 대한 검사 작성의 참고인진술조서라도, C가 공판정에 나와 한 자기모순의 진술을 탄핵하기 위한 탄핵증거로 사용될 수 있다.

2015년 변호사시험 문 37. ☑ 확인 Check! ○ △ ×

시청 건축인·허가 담당 공무원 甲은 건축업자 乙로부터 뇌물로 1억원을 받은 혐의로 사법경찰관 A의 신문을 받게 되자 "어떠한 명목으로도 乙로부터 돈을 받은 사실이 없다"고 부인하였으나, 乙은 甲에게 뇌물로 1억원을 주었다고 자백하였다. 검찰 송치 후, 검사 B가 甲과 乙을 대질신문하자 甲은 진술을 변경하여 뇌물로 1억원을 받은 사실이 있다고 자백하였고, 乙은 종전 진술을 유지하였다. 이후 乙은 갑작스런 사고로 사망하였고, 甲은 특정범죄 가중처벌 등에 관한 법률 위반(뇌물)죄로 기소되었다. 그런데 甲은 제1회 공판기일에 출석하여, "乙로부터 1억원을 받은 사실은 있으나 이는 빌린 돈이다"라고 진술하였다. 이에 공판검사는 아래와 같이 증거목록을 제출하는 방법으로 증거신청을 하였다. 이에 관한 설명 중 옳은 것은?(다툼이 있는 경우 판례에 의함)

증 거 목 록 (증거서류 등)

[사건번호 생략]

[형제번호 생략] 신청인 : 검사

순번	증거방법					참조사항 등	신청기일	증거의견		증거결정		증거조사기일	비고
	작성	쪽수(수)	쪽수(증)	증거명칭	성명			기일	내용	기일	내용		
1	검사			피의자신문조서	甲,乙	[생략]							
2	사경			피의자신문조서	甲	[생략]							
3	〃			피의자신문조서	乙	[생략]							
[이하 생략]													

① 만일 공무원 甲의 공판기일 진술과 같이 甲이 乙로부터 1억원을 차용하였다고 하더라도, 직무관련성이 있고 이자와 변제기의 약정이 없었다면, 위 돈의 금융이익 상당의 뇌물을 수수한 것으로 볼 수 있으므로, 이러한 경우 몰수 또는 추징금액은 건축업계의 금리체계에 따른 이율과 금품수수일로부터 공소제기일까지의 기간을 기준으로 산정하여야 한다.

② 검사 B가 작성한 피의자신문조서 중 甲의 진술 부분에 대하여 甲이 진정성립을 부인할 경우, 이 부분의 증거능력을 인정받을 방법은 없다.

③ 검사 B가 작성한 피의자신문조서 중 甲의 진술 부분과 乙의 진술 부분에 대하여 甲이 각각 다른 증거의견을 밝히는 것도 가능하나, 어느 한 부분이라도 증거능력이 인정되지 않을 경우 조서 전체의 증거능력이 인정되지 않는다.

④ 사법경찰관 A가 작성한 乙에 대한 피의자신문조서는 甲이 부동의하더라도, 적법절차 위반 등 다른 특별한 사정이 없는 한 형사소송법 제314조의 요건을 충족하면 증거능력이 인정된다.

⑤ 검사 B가 작성한 피의자신문조서 중 乙의 진술 부분은 甲이 부동의하더라도, 적법절차 위반 등 다른 특별한 사정이 없는 한 형사소송법 제314조의 요건을 충족하면 증거능력이 인정된다.

정답 ⑤

[❶ ▸ ×] 형법 제134조의 규정에 의한 필요적 몰수 또는 추징은 같은 법 제129조 내지 133조를 위반한 자에게 제공되거나 공여될 금품 기타 재산상 이익을 박탈하여 그들로 하여금 부정한 이익을 보유하지 못하게 함에 그 목적이 있다. 금품의 무상대여를 통하여 위법한 재산상 이익을 취득한 경우 범인이 받은 부정한 이익은 그로 인한 금융이익 상당액이라 할 것이므로 추징의 대상이 되는 것은 무상으로 대여받은 금품 그 자체가 아니라 위 금융이익 상당액이라고 봄이 상당하다. 한편, 여기에서 추징의 대상이 되는 금융이익 상당액은 객관적으로 산정되어야 할 것인데, 범인이 금융기관으로부터 대출받는 등 통상적인 방법으로 자금을 차용하였을 경우 부담하게 될 대출이율을 기준으로 하거나 그 대출이율을 알 수 없는 경우에는 금품을 제공받은 피고인의 지위에 따라 민법 또는 상법에서 규정하고 있는 법정이율을 기준으로 하여, 변제기나 지연손해금에 관한 약정이 가장되어 무효라고 볼 만한 사정이 없는 한 금품수수일로부터 약정된 변제기까지 금품을 무이자로 차용하여 얻은 금융이익의 수액을 산정한 뒤 이를 추징하여야 한다. 나아가 그와 같이 약정된 변제기가 없는 경우에는, 판결선고일 전에 실제로 차용금을 변제하였다거나 대여자의 변제 요구에 의하여 변제기가 도래하였다는 등의 특별한 사정이 없는 한, 금품수수일로부터 판결 선고 시까지 금품을 무이자로 차용하여 얻은 금융이익의 수액을 산정한 뒤 이를 추징하여야 할 것이다(대판 2014.5.16. 2014도1547).

[❷ ▸ ×] 피고인이 검사 작성 피의자신문조서의 성립의 진정을 부인하는 경우에는 그 조서에 기재된 진술이 피고인이 진술한 내용과 동일하게 기재되어 있음이 영상녹화물이나 그 밖의 객관적인 방법에 의하여 증명되고, 그 조서에 기재된 진술이 특히 신빙할 수 있는 상태하에서 행하여졌음이 증명된 때에 한하여 증거로 할 수 있다(형소법 제312조 제2항).

[❸ ▸ ×] 수사기관이 작성한 조서의 내용이 원진술자가 진술한 대로 기재된 것이라 함은 조서 작성 당시 원진술자의 진술대로 기재되었는지의 여부만을 의미하는 것으로, 그와 같이 진술하게 된 연유나 그 진술의 신빙성 여부는 고려할 것이 아니며, 한편 검사가 피의자나 피의자 아닌 자의 진술을 기재한 조서 중 일부에 관하여만 원진술자가 공판준비 또는 공판기일에서 실질적 진정성립을 인정하는 경우에는 법원은 당해 조서 중 어느 부분이 원진술자가 진술한 대로 기재되어 있고 어느 부분이 달리 기재되어 있는지 여부를 구체적으로 심리한 다음 진술한 대로 기재되어 있다고 하는 부분에 한하여 증거능력을 인정하여야 하고, 그 밖에 실질적 진정성립이 부정되는 부분에 대해서는 증거능력을 부정하여야 한다(대판 2005.6.10. 2005도1849).

[❹ ▸ ×] 형사소송법 제312조 제3항은 검사 이외의 수사기관이 작성한 당해 피고인에 대한 피의자신문조서를 유죄의 증거로 하는 경우뿐만 아니라 검사 이외의 수사기관이 작성한 당해 피고인과 공범관계에 있는 다른 피고인이나 피의자에 대한 피의자신문조서 또는 공동피의자에 대한 피의자신문조서를 당해 피고인에 대한 유죄의 증거로 채택할 경우에도 적용되는바, 당해 피고인과 공범관계가 있는 다른 피의자에 대한 검사 이외의 수사기관 작성의 피의자신문조서는 그 피의자의 법정진술에 의하여 그 성립의 진정이 인정되더라도 당해 피고인이 공판기일에서 그 조서의 내용을 부인하면 증거능력이 부정되므로, 그 당연한 결과로 그 피의자신문조서에 대하여는 사망 등 사유로 인하여 법정에서 진술할 수 없는 때에 예외적으로 증거능력을 인정하는 규정인 형사소송법 제314조가 적용되지 않는다(대판 2009.11.26. 2009도6602).

[❺ ▸ ○] 甲이 증거로 하는 데 부동의한 검사 B 작성의 피의자신문조서 중 乙의 진술 부분은, 형소법 제312조 제4항의 요건을 갖추면 증거능력이 인정된다. 또한 乙이 사망하였으므로, 제314조에 의하여 증거능력이 인정될 수 있다.

2016년 변호사시험 문 38. ☑ 확인Check! ○ △ ×

다음 사례에 관한 설명 중 옳은 것은?(다툼이 있는 경우 판례에 의함)

㉠ 재무구조가 매우 열악한 회사의 실질적 1인 주주인 대표이사 甲은 자신이 다니는 교회에 회사자산으로 거액을 기부하였다.
㉡ 乙의 사기죄에 대한 항소심 공판에서 검사는 별개사건으로 기소되어 확정된 공범 丙에 대한 공판조서와 乙과 A의 통화내용을 담은 녹음테이프를 증거로 제출하였다.
㉢ 피고인 丁의 기피신청이 있어 형사소송법 제22조에 따라 소송 진행을 정지하여야 함에도, 기피신청을 받은 법관이 본안의 소송절차를 정지하지 않고 그대로 증거조사를 실시하였다.
㉣ 피고인의 변호인 戊는 피고인에 대한 고발장을 증거로 함에 부동의하였고, 같은 고발장을 첨부문서로 포함하고 있는 검찰주사보 작성의 수사보고서에 대하여는 증거동의하였다.

① 사안 ㉠에서 甲의 행위는 업무상 횡령죄에 해당하지 않는다.
② 사안 ㉡에서 丙에 대한 공판조서는 형사소송법 제311조가 아니라 제315조 제3호에 따라 당연히 증거능력이 인정된다.
③ 사안 ㉡에서 녹음테이프에 대한 법관의 검증조서에 기재된 통화내용은 형사소송법 제311조에 따라 당연히 증거능력이 인정된다.
④ 사안 ㉢에서 기피신청을 받은 법관이 한 증거조사는 효력이 없지만, 그 후 그 기피신청에 대한 기각결정이 확정된 경우 법원은 그 증거조사에서 인정된 증거를 사용할 수 있다.
⑤ 사안 ㉣에서 수사보고서에 대한 증거동의의 효력은 첨부문서인 고발장에도 당연히 미치므로, 고발장을 유죄의 증거로 삼을 수 있다.

[❶ ▸ ×] 주식회사의 주식이 사실상 1인의 주주에 귀속하는 1인 회사에 있어서도 회사와 주주는 분명히 별개의 인격이어서 1인 회사의 재산이 곧바로 그 1인 주주의 소유라고 볼 수 없으므로, 회사의 사실상 1인 주주라고 하더라도 회사의 금원을 업무상 보관 중 이를 임의로 처분한 소위는 업무상 횡령죄를 구성한다(대판 1995.3.14. 95도59).

[❷ ▸ ○] 다른 피고인에 대한 형사사건의 공판조서는 형사소송법 제315조 제3호에 정한 서류로서 당연히 증거능력이 있는바, 공판조서 중 일부인 증인신문조서 역시 형사소송법 제315조 제3호에 정한 서류로서 당연히 증거능력이 있다고 보아야 할 것이다(대판 2005.4.28. 2004도4428).

[❸ ▸ ×] 녹음테이프 검증조서의 기재 중 고소인이 피고인과의 대화를 녹음한 부분은 타인 간의 대화를 녹음한 것이 아니므로 통신비밀보호법 제14조의 적용을 받지는 않지만, 그 녹음테이프에 대하여 실시한 검증의 내용은 녹음테이프에 녹음된 대화의 내용이 검증조서에 첨부된 녹취서에 기재된 내용과 같다는 것에 불과하여 증거자료가 되는 것은 여전히 녹음테이프에 녹음된 대화의 내용이라 할 것인 바, 그중 피고인의 진술내용은 실질적으로 형사소송법 제311조, 제312조 규정 이외에 피고인의 진술을 기재한 서류와 다를 바 없으므로, 피고인이 그 녹음테이프를 증거로 할 수 있음에 동의하지 않은 이상 그 녹음테이프 검증조서의 기재 중 피고인의 진술내용을 증거로 사용하기 위해서는 형사소송법 제313조 제1항 단서에 따라 공판준비 또는 공판기일에서 그 작성자인 고소인의 진술에 의하여 녹음테이프에 녹음된 피고인의 진술내용이 피고인이 진술한 대로 녹음된 것이라는 점이 증명되고 그 진술이 특히 신빙할 수 있는 상태하에서 행하여진 것으로 인정되어야 한다(대판 2001.10.9. 2001도3106).

[❹ ▸ ×] 기피신청을 받은 법관이 형사소송법 제22조에 위반하여 본안의 소송절차를 정지하지 않은 채 그대로 소송을 진행하여서 한 소송행위는 그 효력이 없고, 이는 그 후 그 기피신청에 대한 기각결정이 확정되었다고 하더라도 마찬가지이다(대판 2012.10.11. 2012도8544).

정답 ②

[❺ ▸ ×] 검찰관이 공판기일에 제출한 증거 중 뇌물공여자 甲이 작성한 고발장에 대하여 피고인의 변호인이 증거부동의 의견을 밝히고, 같은 고발장을 첨부문서로 포함하고 있는 검찰주사보 작성의 수사보고에 대하여는 증거에 동의하여 증거조사가 행하여졌는데, 원심법원이 수사보고에 대한 증거동의의 효력이 첨부된 고발장에도 당연히 미친다고 보아 이를 유죄의 증거로 삼은 경우, 수사기관이 수사과정에서 수집한 자료를 기록에 현출시키는 방법으로 자료의 의미, 성격, 혐의사실과의 관련성 등을 수사보고의 형태로 요약 · 설명하고 해당 자료를 수사보고에 첨부하는 경우, 수사보고에 기재된 내용은 수사기관이 첨부한 자료를 통하여 얻은 인식 · 판단 · 추론이거나 자료의 단순한 요약에 불과하여 원자료로부터 독립하여 공소사실에 대한 증명력을 가질 수 없고, 피고인이나 변호인도 수사보고의 증명력을 위와 같은 취지로 이해하여 공소사실을 부인하면서도 수사보고의 증거능력을 다투지 않은 것으로 보이는 등의 제반사정에 비추어, 위 고발장은 군사법원법에 따른 적법한 증거신청 · 증거결정 · 증거조사절차를 거쳤다고 볼 수 없거나 공소사실을 뒷받침하는 증명력을 가진 증거가 아니므로 이를 유죄의 증거로 삼을 수 없다(대판 2011.7.14. 2011도3809).

2015년 변호사시험 문 25. ☑ 확인 Check! ○ △ ×

형사절차상 영상녹화에 관한 설명 중 옳지 않은 것은?(다툼이 있는 경우 판례에 의함)

① 피고인 또는 피고인이 아닌 자의 진술을 내용으로 하는 영상녹화물은 공판준비 또는 공판기일에 피고인 또는 피고인이 아닌 자가 진술함에 있어서 기억이 명백하지 아니한 사항에 관하여 기억을 환기시켜야 할 필요가 있다고 인정되는 경우에 피고인 또는 피고인이 아닌 자에게 재생하여 시청하게 할 수 있다.

② 영상녹화물은 조사가 행해지는 동안 조사실 전체를 확인할 수 있도록 녹화된 것으로 진술자의 얼굴을 식별할 수 있는 것이어야 하고, 재생화면에는 녹화 당시의 날짜와 시간이 실시간으로 표시되어야 한다.

③ 아동 · 청소년대상 성범죄피해자의 진술내용과 조사과정에 대한 영상물녹화는 피해자 또는 법정대리인이 이를 원하지 아니하는 의사를 표시한 때에는 촬영을 하여서는 안 된다. 다만, 가해자가 친족일 경우는 그러하지 아니하다.

④ 19세 미만의 피해자 등에 대하여 성폭력범죄의 처벌 등에 관한 특례법에 규정된 절차에 따라 촬영한 영상물에 수록된 피해자의 진술은 공판준비 또는 공판기일에 피해자나 조사과정에 동석하였던 신뢰관계에 있는 사람 또는 진술조력인의 진술에 의하여 그 성립의 진정함이 인정된 경우에 증거로 할 수 있다.

⑤ 피고인이 된 피의자의 진술을 영상녹화할 경우에는 진술거부권, 변호인의 참여를 요청할 수 있다는 점 등의 고지가 포함되어야 한다.

[❶ ▸ ○] 피고인 또는 피고인이 아닌 자의 진술을 내용으로 하는 영상녹화물은 공판준비 또는 공판기일에 피고인 또는 피고인이 아닌 자가 진술함에 있어서 기억이 명백하지 아니한 사항에 관하여 기억을 환기시켜야 할 필요가 있다고 인정되는 때에 한하여 피고인 또는 피고인이 아닌 자에게 재생하여 시청하게 할 수 있다(형소법 제318조의2 제2항).

[❷ ▸ ○] 영상녹화물은 조사가 행해지는 동안 조사실 전체를 확인할 수 있도록 녹화된 것으로 진술자의 얼굴을 식별할 수 있는 것이어야 한다(형소규칙 제134조의2 제4항). 영상녹화물의 재생화면에는 녹화 당시의 날짜와 시간이 실시간으로 표시되어야 한다(동조 제5항).

[❸ ▸ ×] 아동 · 청소년대상 성범죄피해자의 진술내용과 조사과정은 비디오녹화기 등 영상물녹화장치로 촬영 · 보존하여야 한다(청소년성보호법 제26조 제1항). 영상물녹화는 피해자 또는 법정대리인이 이를 원하지 아니하는 의사를 표시한 때에는 촬영을 하여서는 아니 된다. 다만, 가해자가 친권자 중 일방인 경우는 그러하지 아니하다(동조 제2항).

[❹ ▸ ○] 성폭력범죄의 피해자가 19세 미만이거나 신체적인 또는 정신적인 장애로 사물을 변별하거나 의사를 결정할 능력이 미약한 경우에는 피해자의 진술 내용과 조사 과정을 비디오녹화기 등 영상물 녹화장치로 촬영 · 보존하여야 한다(성폭력처벌법 제30조 제1항). 제1항에 따라 촬영한 영상물에 수록된 피해자의 진술은 공판준비기일 또는 공판기일에 피해자나 조사과정에 동석하였던 신뢰관계에 있는 사람 또는 진술조력인의 진술에 의하여 그 성립의 진정함이 인정된 경우에 증거로 할 수 있다(동조 제6항).

③ 정답

[❺ ▸ O] 영상녹화물은 조사가 개시된 시점부터 조사가 종료되어 피의자가 조서에 기명날인 또는 서명을 마치는 시점까지 전 과정이 영상녹화된 것으로, 진술거부권·변호인의 참여를 요청할 수 있다는 점 등의 고지의 내용을 포함하는 것이어야 한다(형소규칙 제134조의2 제3항 제4호).

2015년 변호사시험 문 24. ☑ 확인Check! O △ X

검사 작성 피의자신문조서의 증거능력에 대해 규정한 형사소송법 제312조 제1항에 관한 설명 중 옳은 것은?(다툼이 있는 경우 판례에 의함)

① 검찰에 송치되기 전에 검사가 구속피의자를 상대로 작성한 피의자신문조서라도 송치 후에 작성된 검사 작성의 피의자신문조서와 마찬가지로 취급된다.
② 피의자의 진술을 기재한 서류 또는 문서가 검사의 수사과정에서 작성된 것이라면 '진술조서, 진술서, 자술서'의 어떤 형식을 취하였더라도 피의자신문조서와 마찬가지로 취급된다.
③ 형사소송법상의 조서작성방법에 따라야 하지만 조서 말미에 피고인의 기명만 있거나 날인만 있더라도 그 하자가 경미한 이상 증거능력이 인정된다.
④ 검사가 작성한 피의자신문조서의 일부에 대하여만 피고인이 성립의 진정을 인정하는 것은 허용되지 않는다.
⑤ '특히 신빙할 수 있는 상태'란 그 진술내용이나 조서의 작성에 허위 개입의 여지가 거의 없고, 그 진술내용의 신용성이나 임의성을 담보할 구체적이고 외부적인 정황이 있는 경우를 말하며 검사가 엄격한 증명을 통해 증명하여야 한다.

[❶ ▸ ×] 검찰에 송치되기 전에 구속피의자로부터 받은 검사 작성의 피의자신문조서는 극히 이례에 속하는 것으로, 그와 같은 상태에서 작성된 피의자신문조서는 내용만 부인하면 증거능력을 상실하게 되는 사법경찰관 작성의 피의자신문조서상의 자백 등을 부당하게 유지하려는 수단으로 악용될 가능성이 있어, 그렇게 했어야 할 특별한 사정이 보이지 않는 한 송치 후에 작성된 피의자신문조서와 마찬가지로 취급하기는 어렵다(대판 1994.8.9. 94도1228).

[❷ ▸ O] 피의자의 진술을 녹취 내지 기재한 서류 또는 문서가 수사기관에서의 조사과정에서 작성된 것이라면, 그것이 '진술조서, 진술서, 자술서'라는 형식을 취하였다고 하더라도 피의자신문조서와 달리 볼 수 없다(대판 2009.8.20. 2008도8213).

[❸ ▸ ×] 검사 작성의 피고인에 대한 제1차 피의자신문조서 말미에 피고인의 기명만이 있고 그 날인이나 무인이 되어 있지 않으며, 이 피의자신문조서가 원심이 유지한 제1심판결에 의하여 피고인에 대한 판시사실을 증명하는 증거로 채용되어 있음이 명백한 바, 이 피의자신문조서는 그 증거능력이 부인되어 이를 증거로 하였음은 위법임을 면할 수 없다(대판 1981.10.27. 81도1370).

[❹ ▸ ×] 수사기관이 작성한 조서의 내용이 원진술자가 진술한 대로 기재된 것이라 함은 조서 작성 당시 원진술자의 진술대로 기재되었는지의 여부만을 의미하는 것으로, 그와 같이 진술하게 된 연유나 그 진술의 신빙성 여부는 고려할 것이 아니며, 한편 검사가 피의자나 피의자 아닌 자의 진술을 기재한 조서 중 일부에 관하여만 원진술자가 공판준비 또는 공판기일에서 실질적 진정성립을 인정하는 경우에는 법원은 당해 조서 중 어느 부분이 원진술자가 진술한 대로 기재되어 있고 어느 부분이 달리 기재되어 있는지 여부를 구체적으로 심리한 다음 진술한 대로 기재되어 있다고 하는 부분에 한하여 증거능력을 인정하여야 하고, 그 밖에 실질적 진정성립이 부정되는 부분에 대해서는 증거능력을 부정하여야 한다(대판 2005.6.10. 2005도1849).

[❺ ▸ ×] 형사소송법 제312조 제4항에서 '특히 신빙할 수 있는 상태'란 진술내용이나 조서 작성에 허위 개입의 여지가 거의 없고, 진술내용의 신빙성이나 임의성을 담보할 구체적이고 외부적인 정황이 있는 것을 말한다. 그리고 이러한 '특히 신빙할 수 있는 상태'는 증거능력의 요건에 해당하므로 검사가 그 존재에 대하여 구체적으로 주장·증명하여야 하지만, 이는 소송상의 사실에 관한 것이므로 엄격한 증명을 요하지 아니하고 자유로운 증명으로 족하다(대판 2012.7.26. 2012도2937).

정답 ②

2014년 변호사시험 문 30. ☑ 확인Check! ○ △ ×

전문법칙에 관한 설명 중 옳은 것을 모두 고른 것은?(다툼이 있는 경우에는 판례에 의함)

ㄱ. "甲이 乙을 살해하는 것을 목격했다"라는 丙의 말을 들은 丁이 丙의 진술내용을 증언하는 경우 甲의 살인사건에 대하여는 전문증거이지만 丙의 명예훼손사건에 대하여는 전문증거가 아니다.

ㄴ. 사인(私人)이 피고인 아닌 자의 진술을 녹음한 녹음테이프에 대하여 법원이 실시한 검증의 내용이 녹음테이프에 녹음된 대화내용이 검증조서에 첨부된 녹취서에 기재된 내용과 같다는 것에 불과한 경우 그 검증조서는 형사소송법 제311조의 '법원의 검증의 결과를 기재한 조서'에 해당하여 그 조서 중 위 진술내용은 위 제311조에 의하여 증거능력이 인정된다.

ㄷ. 증거보전절차에서 이루어진 甲에 대한 증인신문조서 중 당시 피의자였던 피고인 乙이 당사자로 참여하여 자신의 범행사실을 시인하는 전제하에 甲에게 반대신문을 하는 과정에서 乙이 행한 진술 기재 부분은 형사소송법 제311조에 의하여 증거능력이 인정된다.

ㄹ. 공범자가 당해 피고인과 별개의 공판절차에서 피고인으로서 공동범행에 관하여 한 진술이 기재된 공판조서가 당해 피고인의 공판에서 증거로 제출된 경우 이는 형사소송법 제311조에서 규정한 '법원 또는 법관의 조서'에 해당되지는 않지만 특히 신용할 만한 정황에 의하여 작성된 문서이므로 그 증거능력이 인정된다.

ㅁ. 감정인이 법원의 명에 의하여 감정을 하고 그 감정결과를 기재한 감정서는 직무상 증명할 수 있는 사항에 관하여 작성한 문서이므로 피고인이 증거로 함에 부동의하더라도 당연히 증거능력이 있다.

① ㄱ ② ㄱ, ㄹ ③ ㄴ, ㄷ
④ ㄱ, ㄷ, ㄹ ⑤ ㄱ, ㄹ, ㅁ

[ㄱ ▸ O] 원진술의 존재 자체가 요증사실인 경우에는, 전문증거가 아니라 본래증거라는 것이 판례의 입장이므로, 丙의 명예훼손사건과 관련하여 "甲이 乙을 살해하는 것을 목격했다"라는 丙의 말을 들은 丁이 丙의 진술내용을 증언하였다면, 이는 전문증거가 아닌 본래증거에 해당하여 전문법칙이 적용되지 아니한다.

[ㄴ ▸ X] 수사기관이 아닌 사인(私人)이 피고인 아닌 자와의 전화대화를 녹음한 녹음테이프에 대하여 법원이 실시한 검증의 내용이 녹음테이프에 녹음된 전화대화의 내용이 검증조서에 첨부된 녹취서에 기재된 내용과 같다는 것에 불과한 경우에는 증거자료가 되는 것은 여전히 녹음테이프에 녹음된 대화내용이므로, 그중 피고인 아닌 자와의 대화의 내용은 실질적으로 형사소송법 제311조, 제312조 규정 이외의 피고인 아닌 자의 진술을 기재한 서류와 다를 바 없어서, 피고인이 그 녹음테이프를 증거로 할 수 있음에 동의하지 않은 이상 그 녹음테이프 검증조서의 기재 중 피고인 아닌 자의 진술내용을 증거로 사용하기 위해서는 형사소송법 제313조 제1항에 따라 공판준비나 공판기일에서 원진술자의 진술에 의하여 그 녹음테이프에 녹음된 진술내용이 자신이 진술한 대로 녹음된 것이라는 점이 인정되어야 하는 것이지만, 이와는 달리 녹음테이프에 대한 검증의 내용이 그 진술 당시 진술자의 상태 등을 확인하기 위한 것인 경우에는, 녹음테이프에 대한 검증조서의 기재 중 진술내용을 증거로 사용하는 경우에 관한 위 법리는 적용되지 아니하고, 따라서 위 검증조서는 법원의 검증의 결과를 기재한 조서로서 형사소송법 제311조에 의하여 당연히 증거로 할 수 있다(대판 2008.7.10. 2007도10755).

[ㄷ ▸ X] 증인신문조서가 증거보전절차에서 피고인이 증인으로서 증언한 내용을 기재한 것이 아니라 증인(갑)의 증언내용을 기재한 것이고, 다만 피의자였던 피고인이 당사자로 참여하여 자신의 범행사실을 시인하는 전제하에 위 증인에게 반대신문한 내용이 기재되어 있을 뿐이라면, 위 조서는 공판준비 또는 공판기일에 피고인 등의 진술을 기재한 조서도 아니고, 반대신문과정에서 피의자가 한 진술에 관한 한 형사소송법 제184조에 의한 증인신문조서도 아니므로 위 조서 중 피의자의 진술 기재 부분에 대하여는 형사소송법 제311조에 의한 증거능력을 인정할 수 없다(대판 1984.5.15. 84도508).

② 정답

[ㄹ ▸ O] 다른 피고인에 대한 형사사건의 공판조서는 형사소송법 제315조 제3호에 정한 서류로서 당연히 증거능력이 있는바, 공판조서 중 일부인 증인신문조서 역시 형사소송법 제315조 제3호에 정한 서류로서 당연히 증거능력이 있다고 보아야 할 것이다(대판 2005.4.28. 2004도4428).

[ㅁ ▸ X] 법원의 감정명령에 의한 감정서는 감정절차에 소송관계인의 참여가 보장되고, 감정인의 선서와 허위감정에 대한 형법상의 제재를 통하여 신용성이 담보되므로, 피고인이 아닌 자가 작성한 진술서와 같은 요건(형소법 제313조 제3항)하에서 증거능력이 인정된다.

2012년 변호사시험 문 23. ☑ 확인Check! ○ △ ×

다음 〈사례〉에 관한 설명 중 옳지 않은 것은?(다툼이 있는 경우에는 판례에 의함)

〈사례〉

ⓐ 甲은 피해자 乙(만 17세)을 강간하였다.
ⓑ 乙은 丙(乙의 母)에게 강간피해사실을 알렸다.
ⓒ 丙은 丁(성폭력상담소장)에게 乙의 강간피해사실을 말하고, 丁의 조언에 따라 甲을 강간죄로 고소하였다.
ⓓ 戊(乙의 父)는 丙에게 이 사실을 전해 듣고 甲을 찾아가 따지자 甲은 강간사실을 인정하고 사죄하였다.
ⓔ 검사는 乙에 대한 진술조서, 丙에 대해서는 乙로부터 사건에 관해 들었다는 취지의 진술조서, 戊에 대해서는 甲이 강간사실을 시인하였다는 취지의 진술조서를 작성하였다.
ⓕ 검사는 甲을 소환하여 조사하였으나 甲은 혐의를 부인하였고, 甲은 기소된 후 공판정에서도 공소사실을 부인하였다.
ⓖ 검사는 乙과 戊를 증인으로 신청했지만, 乙은 정상적인 진술이 전혀 불가능한 정도의 심각한 정신병으로 출석할 수 없었고, 戊는 甲에 대한 공소제기 전에 사망하였음이 확인되었다.
ⓗ 검사는 丙과 丁을 증인으로 신청하였고, 乙, 丙, 戊에 대한 각 검사 작성 진술조서를 증거로 제출하였으며, 丙은 공판정에서 자신에 대한 진술조서의 진정성립을 인정하였다(조서작성방식과 절차는 적법하였고, 증인신문절차에서의 반대신문의 기회는 보장되었음).

① 丙이 "乙이 甲으로부터 강간당했다"는 취지의 증언을 한 경우, 乙이 丙에게 한 진술이 특히 신빙할 수 있는 상태에서 행하여졌다면 丙의 위 증언은 증거능력이 있다.
② 丁이 "乙이 甲으로부터 강간당했다"는 취지의 증언을 한 경우, 乙이 丙에게 한, 丙이 丁에게 한 각 진술이 특히 신빙할 수 있는 상태에서 행하여졌다면 丁의 위 증언은 증거능력이 있다.
③ 乙에 대한 검사 작성의 진술조서는 乙의 진술이 특히 신빙할 수 있는 상태에서 행하여졌다면 증거능력이 있다.
④ 丙에 대한 검사 작성의 진술조서 중 "乙이 甲으로부터 강간당했다"는 취지의 부분은 乙이 丙에게 한 진술 및 丙의 검찰진술이 특히 신빙할 수 있는 상태에서 행하여졌다면 증거능력이 있다.
⑤ 戊에 대한 검사 작성의 진술조서 중 "甲이 乙에 대한 강간범행을 시인하였다"는 부분은 甲이 戊에게 한 진술 및 戊의 검찰진술이 특히 신빙할 수 있는 상태에서 행하여졌다면 증거능력이 있다.

[❶ ▸ O] 丙의 "乙이 甲으로부터 강간당했다"는 취지의 증언은, 피고인 아닌 자의 공판기일에서의 진술이 피고인 아닌 타인의 진술을 내용으로 하는 전문진술에 해당하므로, 형소법 제316조 제2항에 의하여 필요성과 특신상태가 인정되어야 증거능력이 있다. 지문의 경우에는, 원진술자인 乙이 정상적인 진술이 전혀 불가능한 정도의 심각한 정신병으로 출석할 수 없기에 필요성이 인정되므로, 乙이 丙에게 한 진술이 특히 신빙할 수 있는 상태하에서 행하여져 특신상태가 인정된다면, 丙의 증언은 증거능력이 있다.

[❷ ▸ X] 丁의 '乙이 甲으로부터 강간당했다'는 취지의 증언은 재전문진술에 해당하므로, 피고인 甲의 증거동의가 없는 한 증거능력이 없다.

정답 ②

판례 형사소송법은 전문진술에 대하여 제316조에서 실질상 단순한 전문의 형태를 취하는 경우에 한하여 예외적으로 그 증거능력을 인정하는 규정을 두고 있을 뿐, 재전문진술이나 재전문진술을 기재한 조서에 대하여는 달리 그 증거능력을 인정하는 규정을 두고 있지 아니하고 있으므로, 피고인이 증거로 하는 데 동의하지 아니하는 한 형사소송법 제310조의2의 규정에 의하여 이를 증거로 할 수 없다(대판 2000.3.10, 2000도159).

[❸ ▸ O] 乙에 대한 검사 작성의 진술조서는 형소법 제312조 제4항의 요건을 갖추었다 할 것이어서 증거능력이 인정되나, 乙이 정상적인 진술이 전혀 불가능한 정도의 심각한 정신병으로 출석하지 못하여 공판기일에서 진술할 수 없으므로, 형소법 제314조에 의하여 증거능력 인정 여부를 판단하여야 한다. 즉, 乙의 검찰진술이 특히 신빙할 수 있는 상태하에서 행하여졌다면, 형소법 제314조에서 규정한 필요성과 특신상태가 모두 인정되므로, 乙에 대한 진술조서는 증거능력이 있다.

[❹ ▸ O] 丙에 대한 검사 작성의 진술조서 중 "乙이 甲으로부터 강간당했다"는 취지의 부분은 전문진술이 기재된 조서에 해당하므로, 형소법 제312조 제4항과 제316조 제2항의 요건을 충족하면 증거능력이 인정된다. 따라서 제312조 제4항에 의하여 丙의 검찰진술이 특히 신빙할 수 있는 상태에서 행하여졌고, 제316조 제2항에 의하여 乙이 정신병으로 공판기일에서 진술할 수 없어 필요성도 인정되므로, 乙이 丙에게 한 진술이 특히 신빙할 수 있는 상태에서 행하여졌다면 동 해당 부분은 증거능력이 있다.

[❺ ▸ O] 戊에 대한 검사 작성의 진술조서 중 "甲이 乙에 대한 강간범행을 시인하였다"는 부분은 전문진술이 기재된 조서에 해당하므로, 형소법 제312조 제4항과 제316조 제1항의 요건을 충족하면 증거능력이 인정된다. 그러나 戊가 이미 사망한 상태이므로 제314조에 의하여 증거능력 인정 여부를 판단하건대, 형소법 제312조 제4항에 의하여 戊의 검찰진술이 특히 신빙할 수 있는 상태에서 행하여졌고, 제316조 제1항에 의하여 甲이 戊에게 한 진술이 그러하다면, 증거능력이 있다.

2013년 변호사시험 문 26. 확인Check! ○ △ ×

甲은 로망카페 대표, 乙은 위 카페 월급사장인 바, 甲과 乙은 카페 여자종업원들과 손님들의 성매매를 알선하고 위 종업원들로부터 돈의 일부를 알선료로 받아 분배하기로 공모하고 이를 실행하였다. 제보를 받은 경찰은 먼저 乙로부터 甲과 공모하여 성매매를 알선하였다고 인정하는 진술서를 받은 다음 乙에 대한 참고인진술조서를 작성하였다. 그 후 甲과 乙은 경찰에서 피의자신문을 받았는데 둘 다 성매매 알선의 점을 자백하였고, 그 내용의 피의자신문조서가 작성되었다. 검찰에 송치된 이후 甲은 성매매 알선의 점을 부인하였으나 乙은 자백하였고, 검사는 그러한 내용의 피의자신문조서를 작성한 후 甲과 乙을 성매매알선혐의로 기소하였다. 이 경우 다음 설명 중 옳지 않은 것은?(다툼이 있는 경우에는 판례에 의함)

① 乙 작성의 진술서는 甲이 내용을 부인하면 甲에 대하여 증거능력이 없다.
② 사법경찰관 작성의 乙에 대한 참고인진술조서는 사법경찰관이 진술거부권을 고지하지 않았거나 乙이 내용을 부인하면 乙에 대하여 증거능력이 없다.
③ 사법경찰관 작성의 甲에 대한 피의자신문조서는 乙이 내용을 부인하면 乙에 대하여 증거능력이 없다.
④ 사법경찰관 작성의 乙에 대한 피의자신문조서는 甲이 내용을 부인하면 甲에 대하여 증거능력이 없지만, 변론분리 후 乙이 법정에서 '경찰수사 도중 피의자신문조서에 기재된 것과 같은 내용으로 진술하였다'는 취지로 증언한 경우에는 위 피의자신문조서는 甲에 대하여 증거능력이 인정된다.
⑤ 만일 이 경우 乙이 함께 기소되지 않았다면 乙에 대한 검사 작성의 피의자신문조서는 甲이 증거로 함에 동의하지 않는 이상 검사 작성의 참고인진술조서의 경우와 동일한 요건을 갖추어야 甲에 대하여 증거능력이 인정된다.

[❶ ▸ O] [❸ ▸ O] 甲과 乙은 공범인 공동피고인의 관계이므로, 그 실질에 있어서 피의자신문조서에 해당하는 乙 작성의 진술서는 형소법 제312조 제3항에 따라, 甲이 내용을 부인하면 甲에 대한 증거능력이 인정되지 아니하고, 마찬가지로 사법경찰관 작성의 甲에 대한 피의자신문조서 역시 乙이 내용을 부인하면 乙에 대한 증거능력이 인정되지 아니한다.

 ④ 정답

[❷ ▸ ○] 사법경찰관 작성의 乙에 대한 참고인진술조서는 그 실질에 있어서 피의자신문조서에 해당하므로, 사법경찰관이 진술거부권을 고지하지 않았거나 乙이 내용을 부인하면, 乙에 대한 증거능력이 부정된다.

판례 검사는 2009.9.9. 외국인투자 촉진법 위반으로 처벌받은 공소외 3으로부터, 허위로 D-8(기업투자)로 체류자격을 변경한 공소외 4 등에 대한 인적사항을 제출받고, 인천 출입국관리사무소로부터 공소외 4의 등록외국인기록표 및 기업투자체류자격 변경신청서류를 제출받았으며, 2009.9.16. 공소외 4에 대한 외국인투자기업 등록증명서를 발급해 준 우리은행 외국인투자지원팀 담당자와 전화통화를 통하여 허위의 외국인투자로 의심된다는 진술을 듣는 등의 조사를 거친 사실, 검사는 2009.9.17. 공소외 4를 참고인으로 소환하여 기업투자비자를 발급받기 위해 허위서류를 제출한 것에 관하여 신문하면서 진술조서를 작성한 사실, 검사는 2009.10.27. 피고인에 대한 이 사건 공소를 제기하면서 공소사실에 "피고인은 공소외 4와 공모하여 외국인투자 촉진법에 의한 신고와 관련하여 허위의 서류를 제출하였다"라고 기재한 사실을 알 수 있고, 여기에 공소외 4는 외국인투자 촉진법에 의한 신고와 관련하여 허위의 서류를 제출하였다는 구성요건의 직접적인 주체로서 정범에 해당하는 점을 보태어 보면, 검사가 공소외 4를 소환하여 조사한 것은 이미 사전조사를 거쳐 공소외 4의 범죄혐의가 있다고 보아 수사를 개시하는 행위를 한 것으로 보아야 한다. 그렇다면, 조사 당시 피의자의 지위에 있었다고 볼 공소외 4의 진술을 기재한 서류가 비록 진술조서라는 형식을 취하였다고 하더라도 피의자신문조서와 달리 볼 수 없고, 그런데도 기록상 검사가 위 진술조서 작성 당시 공소외 4에게 진술거부권이 있음을 고지한 사실을 인정할 아무런 자료가 없으므로, 위 진술조서는 진술의 임의성이 인정되는 경우라도 위법하게 수집된 증거로서 증거능력이 없어 피고인에 대한 유죄의 증거로 쓸 수 없다(대판 2011.11.10. 2010도8294).

[❹ ▸ ×] 형사소송법 제312조 제3항은 검사 이외의 수사기관이 작성한 당해 피고인에 대한 피의자신문조서를 유죄의 증거로 하는 경우뿐만 아니라, 검사 이외의 수사기관이 작성한 당해 피고인과 공범관계에 있는 다른 피고인이나 피의자에 대한 피의자신문조서를 당해 피고인에 대한 유죄의 증거로 채택할 경우에도 적용된다. 따라서 당해 피고인과 공범관계에 있는 공동피고인에 대해 검사 이외의 수사기관이 작성한 피의자신문조서는 그 공동피고인의 법정진술에 의하여 성립의 진정이 인정되더라도 당해 피고인이 공판기일에서 그 조서의 내용을 부인하면 증거능력이 부정된다. 그리고 이러한 경우 그 공동피고인이 법정에서 경찰수사 도중 피의자신문조서에 기재된 것과 같은 내용으로 진술하였다는 취지로 증언하였다고 하더라도, 이러한 증언은 원진술자인 공동피고인이 그 자신에 대한 경찰 작성의 피의자신문조서의 진정성립을 인정하는 취지에 불과하여 위 조서와 분리하여 독자적인 증거가치를 인정할 것은 아니므로, 앞서 본 바와 같은 이유로 위 조서의 증거능력이 부정되는 이상 위와 같은 증언 역시 이를 유죄 인정의 증거로 쓸 수 없다(대판 2009.10.15. 2009도1889).

[❺ ▸ ○] 甲의 공범인 乙이 공동피고인이 아니더라도, 乙에 대한 검사 작성의 피의자신문조서는 乙에 대한 검사 작성의 참고인진술조서와 마찬가지로, 형소법 제312조 제4항의 요건을 갖추어야 증거능력이 인정된다.

2014년 변호사시험 문 27. ☑ 확인Check! ○ △ ×

피고인 甲은 피고인 乙로부터 뇌물을 수수하였다는 공소사실로 피고인 乙은 피고인 甲에게 뇌물을 공여하였다는 공소사실로 기소되어 공동피고인으로 재판을 받고 있다. 법정에서 甲은 공소사실을 부인하였으나 乙은 공소사실을 자백하였다. 이에 관한 설명 중 옳지 않은 것은?(다만, 조서는 모두 적법한 절차와 방식에 따라 작성되었고 임의성과 특신상태가 인정됨을 전제로 하며 다툼이 있는 경우에는 판례에 의함)

① 甲이 사법경찰관 작성의 乙에 대한 피의자신문조서에 대하여 내용을 부인하면 乙이 법정에서 그 조서에 대하여 진정성립을 인정하고 甲이 乙을 반대신문하였더라도 그 피의자신문조서는 甲의 공소사실에 대한 증거로 사용할 수 없다.
② 검사 작성의 乙에 대한 피의자신문조서는 乙이 법정에서 그 조서에 대하여 진정성립을 인정하고 甲이 乙을 반대신문하였다면 甲이 증거로 함에 부동의하였더라도 甲의 공소사실에 대한 증거로 사용할 수 있다.
③ 乙이 피고인신문에서 甲에게 뇌물공여사실을 자백한 진술은 甲의 乙에 대한 반대신문권이 보장되어 있어 甲의 공소사실에 대한 증거로 쓸 수 있지만 乙이 기억에 반하는 허위의 진술을 하더라도 위증죄가 성립하지 않는다.
④ 乙이 자신의 사업과 관련하여 그때그때의 수입과 지출을 기재해 놓은 금전출납부가 적법하게 입수되어 증거로 제출된 경우 그 금전출납부에 甲에 대한 뇌물 공여로 지출된 금액의 기재가 있는 경우에 이는 乙의 자백에 대한 보강증거가 될 수 있다.
⑤ 甲이 법정에서 乙로부터 뇌물을 수수한 사실을 부인하면서 공소사실 기재 일시경에 乙을 만났던 사실과 공무에 관한 청탁을 받은 사실만을 시인하였다면 이것만으로는 乙의 자백에 대한 보강증거가 될 수 없다.

[❶ ▸ ○] 공범인 공동피고인에 대한 사법경찰관 작성의 피의자신문조서의 증거능력 여부는, 형소법 제312조 제3항에 따라 결정하는 것이 판례의 입장이므로, 공범인 공동피고인인 乙에 대한 사법경찰관 작성의 피의자신문조서는 甲이 그 내용을 부인하면 증거능력이 인정되지 아니한다.

[❷ ▸ ○] 형소법 제312조 제1항의 피고인은 당해 피고인만을 의미한다 할 것이므로, 공범인 공동피고인에 대한 검사 작성의 피의자신문조서는 형소법 제312조 제4항의 요건을 갖추면 증거능력이 인정된다.

[❸ ▸ ○] 공범인 공동피고인 乙의 자백진술이 甲의 공소사실에 대한 유죄의 증거가 될 수 있음은 별론으로 하고, 공범인 공동피고인 乙은 증인적격이 인정되지 아니하므로 위증죄의 주체가 될 수 없다.

판례 공동피고인의 자백은 이에 대한 피고인의 반대신문권이 보장되어 있어 증인으로 신문한 경우와 다를 바 없으므로 독립한 증거능력이 있다(대판 1987.7.7. 87도973).

[❹ ▸ ○] 피고인이 뇌물공여혐의를 받기 전에 이와는 관계없이 준설공사에 필요한 각종 인·허가 등의 업무를 위임받아 이를 추진하는 과정에서 그 업무수행에 필요한 자금을 지출하면서, 스스로 그 지출한 자금내역을 자료로 남겨 두기 위하여 뇌물자금과 기타 자금을 구별하지 아니하고 그 지출일시, 금액, 상대방 등 내역을 그때그때 계속적, 기계적으로 기입한 수첩의 기재내용은, 피고인이 자신의 범죄사실을 시인하는 자백이라고 볼 수 없으므로, 증거능력이 있는 한 피고인의 금전 출납을 증명할 수 있는 별개의 증거라고 할 것인즉, 피고인의 검찰에서의 자백에 대한 보강증거가 될 수 있다(대판 1996.10.17. 94도2865[전합]).

[❺ ▸ ×] [1] 자백에 대한 보강증거는 피고인의 자백이 가공적인 것이 아닌 진실한 것임을 인정할 수 있는 정도만 되면 족할 뿐만 아니라 직접증거가 아닌 간접증거나 정황증거도 보강증거가 될 수 있다.
[2] 뇌물 공여의 상대방인 공무원이 뇌물을 수수한 사실을 부인하면서도 그 일시경에 뇌물공여자를 만났던 사실 및 공무에 관한 청탁을 받기도 한 사실 자체는 시인하였다면, 이는 뇌물을 공여하였다는 뇌물공여자의 자백에 대한 보강증거가 될 수 있다(대판 1995.6.30. 94도993).

 ⑤ 정답

2013년 변호사시험 문 37. ☑ 확인 Check! ○ △ ×

甲과 乙은 쌍방 폭행사건으로 기소되어 공동피고인으로 재판을 받고 있으면서, 공판기일에 甲은 자신은 결코 乙을 때린 적이 없으며, 오히려 자신이 폭행의 피해자라고 주장하였다. 그러던 중 乙을 피고인으로 하는 폭행사건이 변론분리되었고, 그 재판에서 법원은 甲을 증인으로 채택하였다. 甲은 증인으로 선서한 후 乙에 대한 폭행 여부에 대하여 신문을 받았는데, 乙에 대한 폭행을 시인하면 자신의 유죄를 인정하는 것이 되기 때문에 증언 거부를 할 수 있었고, 乙에 대한 폭행을 부인하면 위증죄로 처벌받을 수도 있는 상황이었다. 이와 같이 甲에게 증언거부사유가 발생하였음에도 재판장은 증언거부권을 고지하지 아니하고 증인신문절차를 진행하였다. 甲은 결코 乙을 때리지 않았으며, 오히려 자신이 피해자라는 종전의 주장을 되풀이하였으나 이후 甲의 증언이 허위임이 밝혀졌다. 이 경우 다음 설명 중 옳은 것은?(다툼이 있는 경우에는 판례에 의함)

① 변론분리 전 甲과 乙은 공범 아닌 공동피고인의 관계에 있으므로 甲은 乙의 피고사건에 대하여 증인적격이 없고, 따라서 甲은 위증죄의 주체가 될 수 없다.
② 증인 甲에게 증언거부사유가 존재함에도 불구하고 증언거부권을 고지받지 않은 채 허위진술을 한 경우 위증죄가 성립하지 않는 것이 원칙이지만, 증언거부권을 고지받았더라도 증언거부권을 포기하고 허위진술을 하였을 것이라는 점이 인정되는 등 그 진술이 자신의 진정한 의사에 의한 것이라고 볼 수 있는 경우에는 위증죄가 성립한다.
③ 재판장으로부터 증언거부권을 고지받지 않고 행한 甲의 증언은 효력이 없다.
④ 甲이 피고인의 자격에서 행한 법정진술은 乙의 피고사실에 대한 증거로 이를 사용할 수 있다.
⑤ 甲과 乙은 공범인 공동피고인이므로 변론을 분리하면 甲은 피고인의 지위에서 벗어나게 되어 증인적격을 인정할 수 있다.

[❶ ▸ ×] [❺ ▸ ×] 甲과 乙은 공범 아닌 공동피고인의 관계이므로, 변론으로 분리하지 아니하더라도 乙의 피고사건에 대한 甲의 증인적격은 인정된다. 따라서 甲이 위증한 경우에는 위증죄가 성립한다.

[❷ ▸ ○] 형사소송법상 증언거부권의 고지제도는 증인에게 그러한 권리의 존재를 확인시켜 침묵할 것인지 아니면 진술할 것인지에 관하여 심사숙고할 기회를 충분히 부여함으로써 침묵할 수 있는 권리를 보장하기 위한 것임을 감안할 때, 재판장이 신문 전에 증인에게 증언거부권을 고지하지 않은 경우에도 당해 사건에서 증언 당시 증인이 처한 구체적인 상황, 증언거부사유의 내용, 증인이 증언거부사유 또는 증언거부권의 존재를 이미 알고 있었는지 여부, 증언거부권을 고지받았더라도 허위진술을 하였을 것이라고 볼 만한 정황이 있는지 등을 전체적·종합적으로 고려하여 증인이 침묵하지 아니하고 진술한 것이 자신의 진정한 의사에 의한 것인지 여부를 기준으로 위증죄의 성립 여부를 판단하여야 한다(대판 2010.2.25. 2007도6273).

[❸ ▸ ×] 증인신문에 당하야 증언거부권 있음을 설명하지 아니한 경우라 할지라도 증인이 선서하고 증언한 이상 그 증언의 효력에 관하여는 역시 영향이 없고 유효하다고 해석함이 타당하다(대판 1957.3.8. 4290형상23).

[❹ ▸ ×] 피고인과 별개의 범죄사실로 기소되어 병합심리되고 있던 공동피고인은 피고인에 대한 관계에서는 증인의 지위에 있음에 불과하므로 선서 없이 한 그 공동피고인의 법정 및 검찰진술은 피고인에 대한 공소범죄사실을 인정하는 증거로 할 수 없다(대판 1982.6.22. 82도898).

정답 ②

2013년 변호사시험 문 38. ☑ 확인Check! ○ △ ×

다음 사안에 대한 설명 중 옳은 것은?(다툼이 있는 경우에는 판례에 의함)

甲은 A에게 공공장소에서 "㉠ 너는 사기전과가 5개나 되잖아. ㉡ 이 사기꾼 같은 놈아, 너 같은 사기꾼은 총 맞아 뒈져야 해"라고 말하여 A의 명예를 훼손하였다는 사실로 기소되었다.
검사가 제출한 증거는 아래와 같다.
㉮ A가 작성한 고소장(㉡을 말하였으므로 처벌해 달라는 취지)
㉯ 사법경찰관이 작성한 A에 대한 진술조서(㉡의 말을 하였다는 취지)
㉰ 사법경찰관이 작성한 甲에 대한 피의자신문조서(㉠, ㉡의 말을 하였다는 취지)
㉱ 검사가 작성한 甲에 대한 피의자신문조서(㉠, ㉡의 말을 하였다는 취지)
제1심에서 甲은 ㉡사실은 자백하였으나 ㉠은 말한 사실이 없다고 진술하면서, ㉮, ㉯에 대하여 「동의」, ㉰, ㉱에 대하여 「성립 및 임의성 인정, 내용 부인」의 증거의견을 제출하였다.
제1심은 무죄를 선고하였다. 검사는 항소하였고 항소심에서 모욕죄로 공소장이 변경되었다. 그 후 A는 고소를 취소하였다.

① ㉠사실에 해당하는 범죄는 공연성을 구성요건으로 하지만, ㉡사실에 해당하는 범죄는 공연성을 구성요건으로 하지 않는다.
② ㉰, ㉱는 내용을 부인하였으므로 증거능력이 없고, ㉮, ㉯ 및 법정진술은 ㉡만을 인정할 수 있는 증거이므로 제1심판결은 옳다.
③ 만약 甲이 ㉯에 대하여 공판정에서 증거로 사용함에 동의하지 않더라도 원진술자의 진술, 영상녹화물 등에 의하여 진정성립만 인정되면 증거로 사용할 수 있다.
④ 만약 甲이 공판정에서 ㉠사실에 대하여 자백을 하였다면 ㉱를 자백의 보강증거로 사용할 수 있다.
⑤ 친고죄인 모욕죄의 피해자 A가 고소를 취소하였음에도 불구하고 항소심은 유죄선고를 할 수 있다.

[❶ ▸ ×] 형법 제307조의 명예훼손죄와 형법 제311조의 모욕죄는, 모두 공연성을 구성요건으로 한다.

[❷ ▸ ×] 피고인 甲이 ㉰, ㉱에 대하여 성립 및 임의성 인정, 내용 부인의 증거의견을 제출한 경우에는, 사법경찰관이 작성한 甲에 대한 피의자신문조서는 증거능력이 없고, 검사가 작성한 甲에 대한 피의자신문조서는 특신상태가 인정된다면 증거능력이 있다고 할 것이다.

[❸ ▸ ×] 사법경찰관이 작성한 A에 대한 진술조서는 형사소송법 제312조 제4항의 요건을 충족하여야 증거능력이 인정된다.

[❹ ▸ ×] 피고인 甲의 자백을 보강하기 위한 증거는 독립된 증거이어야 하므로, 甲의 자백이 기재된 검사가 작성한 甲에 대한 피의자신문조서는 보강증거가 될 수 없다.

[❺ ▸ ○] 항소심에서 비로소 공소사실이 친고죄로 변경된 경우에도 항소심을 제1심이라 할 수는 없는 것이므로, 항소심에 이르러 고소인이 고소를 취소하였다면 이는 친고죄에 대한 고소취소로서의 효력이 없다(대판 2007.3.15. 2007도210).

⑤ 정답

2012년 변호사시험 문 27. ☑ 확인Check! ○ △ ×

甲과 乙은 합동하여 A의 금반지를 절취한 사실로, 丙은 甲으로부터 위 금반지가 훔친 물건임을 알면서 이를 양수한 사실로 각 기소되어 한 사건절차 내에서 공동피고인으로 재판을 받고 있다. 다음의 설명 중 옳은 것(○)과 옳지 않은 것(×)을 올바르게 조합한 것은?(다툼이 있는 경우에는 판례에 의함)

가. 공판절차 중 검사의 乙에 대한 피고인신문에서 乙이 한 "내(乙)는 甲과 함께 금반지를 훔쳤다"라는 답변은 甲에 대한 유죄의 증거가 된다.
나. 공판절차 중 검사의 丙에 대한 피고인신문에서 丙이 한 "내(丙)는 甲이 A로부터 훔친 것인 줄 알면서 위 금반지를 甲으로부터 양수하였다"라는 답변은 甲에 대한 유죄의 증거가 된다.
다. 증거서류의 증거능력 유무에 관한 의견진술절차에서, 丙에 대한 검사 작성의 피의자신문조서에 대하여 甲은 부동의하고 丙은 진정성립 및 임의성을 인정할 경우, 위 丙에 대한 검사 작성의 피의자신문조서는 甲에 대한 유죄의 증거가 된다.
라. 甲이 수사기관과는 무관하게, A로부터 훔친 위 금반지를 처분하기 위하여 자신이 丙과 전화통화한 흥정내용을 丙 몰래 녹음한 경우, 그 녹음테이프가 형사소송법 제313조(진술서 등) 제1항의 요건을 충족한다면 丙에 대한 유죄의 증거가 된다.

① 가(○) 나(×) 다(×) 라(○)
② 가(○) 나(○) 다(×) 라(×)
③ 가(×) 나(○) 다(×) 라(○)
④ 가(○) 나(×) 다(○) 라(○)
⑤ 가(×) 나(○) 다(○) 라(×)

[가 ▸ ○] 형사소송법 제310조의 피고인의 자백에는 공범인 공동피고인의 진술은 포함되지 않으며, 이러한 공동피고인의 진술에 대하여는 피고인의 반대신문권이 보장되어 있어 독립한 증거능력이 있다(대판 1992.7.28. 92도917).

[나 ▸ ×] 피고인과 별개의 범죄사실로 기소되어 병합심리되고 있던 공동피고인은 피고인에 대한 관계에서는 증인의 지위에 있음에 불과하므로 선서 없이 한 그 공동피고인의 법정 및 검찰진술은 피고인에 대한 공소범죄사실을 인정하는 증거로 할 수 없다(대판 1982.6.22. 82도898).

[다 ▸ ○] 공범 아닌 공동피고인에 대한 검사 작성의 피의자신문조서를 당해 피고인에 대한 증거로 사용하기 위해서는, 형사소송법 제312조 제4항의 요건을 충족하여야 한다는 것이 학설의 일반적인 태도이나, 판례는 제312조 제1항설의 입장이다. 이에 따르면, 丙에 대한 검사 작성의 피의자신문조서는 공동피고인 丙이 진정성립 및 임의성을 인정하면, 甲에 대한 유죄의 증거가 된다.

판례 공동피고인인 절도범과 그 장물범은 서로 다른 공동피고인의 범죄사실에 관하여는 증인의 지위에 있다 할 것이므로, 피고인이 증거로 함에 동의한 바 없는 공동피고인에 대한 피의자신문조서는 공동피고인의 증언에 의하여 그 성립의 진정이 인정되지 아니하는 한 피고인의 공소범죄사실을 인정하는 증거로 할 수 없다(대판 2006.1.12. 2005도7601).

[라 ▸ ○] 녹음테이프 검증조서의 기재 중 고소인이 피고인과의 대화를 녹음한 부분은 타인 간의 대화를 녹음한 것이 아니므로 통신비밀보호법 제14조의 적용을 받지는 않지만, 그 녹음테이프에 대하여 실시한 검증의 내용은 녹음테이프에 녹음된 대화의 내용이 검증조서에 첨부된 녹취서에 기재된 내용과 같다는 것에 불과하여 증거자료가 되는 것은 여전히 녹음테이프에 녹음된 대화의 내용이라 할 것인 바, 그중 피고인의 진술내용은 실질적으로 형사소송법 제311조, 제312조 규정 이외에 피고인의 진술을 기재한 서류와 다를 바 없으므로, 피고인이 그 녹음테이프를 증거로 할 수 있음에 동의하지 않은 이상 그 녹음테이프 검증조서의 기재 중 피고인의 진술내용을 증거로 사용하기 위해서는 형사소송법 제313조 제1항

정답 ④ [법무부 확정답안 ①]

단서에 따라 공판준비 또는 공판기일에서 그 작성자인 고소인의 진술에 의하여 녹음테이프에 녹음된 피고인의 진술내용이 피고인이 진술한 대로 녹음된 것이라는 점이 증명되고 그 진술이 특히 신빙할 수 있는 상태하에서 행하여진 것으로 인정되어야 한다(대판 2001.10.9. 2001도3106).

2012년 변호사시험 문 22. ☑ 확인Check! ○ △ ✕

디지털정보저장매체를 압수하여 증거로 사용함에 관한 설명 중 옳지 않은 것은?(다툼이 있는 경우에는 판례에 의함)

① 컴퓨터디스크에 기억된 문자정보를 증거로 제출하는 경우에는 이를 읽을 수 있도록 출력하여 인증한 등본으로 낼 수 있다.
② 컴퓨터디스크에 기억된 문자정보를 증거로 하는 경우에 상대방이 요구한 때에는 컴퓨터디스크에 입력한 사람과 입력한 일시, 출력한 사람과 출력한 일시를 밝혀야 한다.
③ 디지털저장매체로부터 출력한 문건을 증거로 사용하기 위해서는 정보저장매체 원본에 저장된 내용과 출력한 문건의 동일성이 인정되어야 하고, 이를 위해서는 디지털저장매체 원본이 압수 시부터 문건 출력 시까지 변경되지 않았음이 담보되어야 한다.
④ 복제한 정보저장매체로부터 출력한 문건을 증거로 사용하기 위해서는 정보저장매체 원본과 복제한 매체 사이에 자료의 동일성도 인정되어야 할 뿐만 아니라, 이를 확인하는 과정에서 이용한 컴퓨터의 기계적 정확성, 프로그램의 신뢰성, 입력·처리·출력의 각 단계에서 조작자의 전문적인 기술능력과 정확성이 담보되어야 한다.
⑤ 디지털저장매체로부터 출력한 문건을 진술증거로 사용하는 경우, 그 기재내용의 진실성에 관하여는 전문법칙이 적용되므로, 문서의 압수·수색의 주체가 검사인가 사법경찰관인가에 따라 증거능력의 인정요건이 달라지게 된다.

[❶ ▸ O] [❷ ▸ O] 컴퓨터용 디스크 그 밖에 이와 비슷한 정보저장매체에 기억된 문자정보를 증거자료로 하는 경우에는 읽을 수 있도록 출력하여 인증한 등본을 낼 수 있다(형소규칙 제134조의7 제1항). 컴퓨터디스크 등에 기억된 문자정보를 증거로 하는 경우에 증거조사를 신청한 당사자는 법원이 명하거나 상대방이 요구한 때에는 컴퓨터디스크 등에 입력한 사람과 입력한 일시, 출력한 사람과 출력한 일시를 밝혀야 한다(동조 제2항).

[❸ ▸ O] [❹ ▸ O] 압수물인 디지털저장매체로부터 출력한 문건을 증거로 사용하기 위해서는 디지털저장매체 원본에 저장된 내용과 출력한 문건의 동일성이 인정되어야 하고, 이를 위해서는 디지털저장매체 원본이 압수 시부터 문건 출력 시까지 변경되지 않았음이 담보되어야 한다. 특히 디지털저장매체 원본을 대신하여 저장매체에 저장된 자료를 '하드 카피' 또는 '이미징'한 매체로부터 출력한 문건의 경우에는 디지털저장매체 원본과 '하드 카피' 또는 '이미징'한 매체 사이에 자료의 동일성도 인정되어야 할 뿐만 아니라, 이를 확인하는 과정에서 이용한 컴퓨터의 기계적 정확성, 프로그램의 신뢰성, 입력·처리·출력의 각 단계에서 조작자의 전문적인 기술능력과 정확성이 담보되어야 한다. 그리고 압수된 디지털저장매체로부터 출력한 문건을 진술증거로 사용하는 경우, 그 기재내용의 진실성에 관하여는 전문법칙이 적용되므로 형사소송법 제313조 제1항에 따라 그 작성자 또는 진술자의 진술에 의하여 그 성립의 진정함이 증명된 때에 한하여 이를 증거로 사용할 수 있다(대판 2007.12.13. 2007도7257).

[❺ ▸ ✕] 컴퓨터디스켓에 들어 있는 문건이 증거로 사용되는 경우 그 컴퓨터디스켓은 그 기재의 매체가 다를 뿐 실질에 있어서는 피고인 또는 피고인 아닌 자의 진술을 기재한 서류와 크게 다를 바 없고, 압수 후의 보관 및 출력과정에 조작의 가능성이 있으며, 기본적으로 반대신문의 기회가 보장되지 않는 점 등에 비추어 그 기재내용의 진실성에 관하여는 전문법칙이 적용된다고 할 것이고, 따라서 형사소송법 제313조 제1항에 의하여 그 작성자 또는 진술자의 진술에 의하여 그 성립의 진정함이 증명된 때에 한하여 이를 증거로 사용할 수 있다(대판 1999.9.3. 99도2317).

⑤ 정답

2014년 변호사시험 문 32. ☑ 확인 Check! ○ △ ×

형사소송법 제314조에서 규정한 '진술을 요하는 자가 사망 · 질병 · 외국거주 · 소재불명 그 밖에 이에 준하는 사유로 인하여 진술할 수 없는 때'에 해당하지 않는 것을 모두 고른 것은?(다툼이 있는 경우에는 판례에 의함)

ㄱ. 증인에 대한 소재탐지촉탁을 하여 소재수사를 하였으나 그 소재를 확인할 수 없었는데 진술조서에 기재된 증인의 전화번호로 연락하여 보지 아니하는 등 증인의 법정 출석을 위한 가능하고도 충분한 노력을 다하지 않은 경우
ㄴ. 증인이 형사소송법에서 정한 바에 따라 정당하게 증언거부권을 행사하여 증언을 거부한 경우
ㄷ. 피고인이 증거서류의 진정성립을 묻는 검사의 질문에 대하여 진술거부권을 행사하여 진술을 거부한 경우
ㄹ. 수사기관에서 진술한 피해자인 유아가 공판정에서 진술을 하였으나 증인신문 당시 대부분의 사항에 관하여 기억이 나지 않는다는 취지로 진술하여 수사기관에서 행한 진술이 재현 불가능하게 된 경우

① ㄱ, ㄴ ② ㄴ, ㄷ ③ ㄷ, ㄹ
④ ㄱ, ㄴ, ㄷ ⑤ ㄱ, ㄴ, ㄹ

[ㄱ ▸ ×] [1] 직접주의와 전문법칙의 예외를 정한 형사소송법 제314조의 요건 충족 여부는 엄격히 심사하여야 하고, 전문증거의 증거능력을 갖추기 위한 요건에 관한 증명책임은 검사에게 있으므로, 법원이 증인이 소재불명이거나 그 밖에 이에 준하는 사유로 인하여 진술할 수 없는 때에 해당한다고 인정할 수 있으려면, 증인의 법정 출석을 위한 가능하고도 충분한 노력을 다하였음에도 불구하고 부득이 증인의 법정 출석이 불가능하게 되었다는 사정을 검사가 증명한 경우여야 한다.
[2] 제1심법원이 증인 甲의 주소지에 송달한 증인소환장이 송달되지 아니하자 甲에 대한 소재 탐지를 촉탁하여 소재탐지 불능보고서를 제출받은 다음 甲이 '소재불명'인 경우에 해당한다고 보아 甲에 대한 경찰 및 검찰진술조서를 증거로 채택한 경우, 검사가 제출한 증인신청서에 휴대전화번호가 기재되어 있고, 수사기록 중 甲에 대한 경찰진술조서에는 집 전화번호도 기재되어 있으며, 그 이후 작성된 검찰진술조서에는 위 휴대전화번호와 다른 휴대전화번호가 기재되어 있는데도, 검사가 직접 또는 경찰을 통하여 위 각 전화번호로 甲에게 연락하여 법정출석의사가 있는지 확인하는 등의 방법으로 甲의 법정 출석을 위하여 상당한 노력을 기울였다는 자료가 보이지 않는 사정에 비추어, 甲의 법정 출석을 위한 가능하고도 충분한 노력을 다하였음에도 부득이 甲의 법정 출석이 불가능하게 되었다는 사정이 증명된 경우라고 볼 수 없어 형사소송법 제314조의 '소재불명 그 밖에 이에 준하는 사유로 인하여 진술할 수 없는 때'에 해당한다고 인정할 수 없다(대판 2013.4.11. 2013도1435).

[ㄴ ▸ ×] 형사소송법은 누구든지 자기 또는 친족 등이 형사소추 또는 공소제기를 당하거나 유죄판결을 받을 사실이 발로될 염려가 있는 증언을 거부할 수 있도록 하고(제148조), 또한 변호사, 변리사, 공증인, 공인회계사, 세무사, 대서업자, 의사, 한의사, 치과의사, 약사, 약종상, 조산사, 간호사, 종교의 직에 있는 자 또는 이러한 직에 있던 사람은 그 업무상 위탁을 받은 관계로 알게 된 사실로서 타인의 비밀에 관한 것은 증언을 거부할 수 있도록 규정하여(제149조 본문), 증인에게 일정한 사유가 있는 경우 증언을 거부할 수 있는 권리를 보장하고 있다. 위와 같은 현행 형사소송법 제314조의 문언과 개정취지, 증언거부권 관련 규정의 내용 등에 비추어 보면, 법정에 출석한 증인이 형사소송법 제148조, 제149조 등에서 정한 바에 따라 정당하게 증언거부권을 행사하여 증언을 거부한 경우는 형사소송법 제314조의 '그 밖에 이에 준하는 사유로 인하여 진술할 수 없는 때'에 해당하지 아니한다(대판 2012.5.17. 2009도6788[전합]).

정답 ④

[ㄷ ▸ ×] 헌법은 모든 국민은 형사상 자기에게 불리한 진술을 강요당하지 아니한다고 선언하고(제12조 제2항), 형사소송법은 피고인은 진술하지 아니하거나 개개의 질문에 대하여 진술을 거부할 수 있다고 규정하여(제283조의2 제1항), 진술거부권을 피고인의 권리로서 보장하고 있다. 위와 같은 현행 형사소송법 제314조의 문언과 개정취지, 진술거부권 관련 규정의 내용 등에 비추어 보면, 피고인이 증거서류의 진정성립을 묻는 검사의 질문에 대하여 진술거부권을 행사하여 진술을 거부한 경우는 형사소송법 제314조의 '그 밖에 이에 준하는 사유로 인하여 진술할 수 없는 때'에 해당하지 아니한다(대판 2013.6.13. 2012도16001).

[ㄹ ▸ ○] [1] 형사소송법 제314조, 제316조 제2항에서 말하는 '원진술자가 진술을 할 수 없는 때'에는 사망, 질병 등 명시적으로 열거된 사유 외에도 원진술자가 공판정에서 진술을 한 경우라도 증인신문 당시 일정한 사항에 관하여 기억이 나지 않는다는 취지로 진술하여 그 진술의 일부가 재현 불가능하게 된 경우도 포함하는 것이고, 위 규정들에서 '그 진술 또는 작성이 특히 신빙할 수 있는 상태하에서 행하여진 때'라 함은 그 진술내용이나 조서 또는 서류의 작성에 허위 개입의 여지가 거의 없고, 그 진술내용의 신빙성이나 임의성을 담보할 구체적이고 외부적인 정황이 있는 경우를 가리킨다.
[2] 수사기관에서 진술한 피해자인 유아가 공판정에서 진술을 하였더라도 증인신문 당시 일정한 사항에 관하여 기억이 나지 않는다는 취지로 진술하여 그 진술의 일부가 재현 불가능하게 된 경우, 형사소송법 제314조, 제316조 제2항에서 말하는 '원진술자가 진술을 할 수 없는 때'에 해당한다(대판 2006.4.14. 2005도9561).

제5절 당사자의 동의와 증거능력 ★★☆

2020년 변호사시험 문 19. ☑ 확인 Check! ○ △ ×

증거동의에 관한 설명 중 옳지 않은 것은?(다툼이 있는 경우 판례에 의함)

① 증거동의는 검사가 제시한 모든 증거에 대하여 피고인이 증거로 함에 동의한다는 방식으로 하여도 효력이 있다.
② 변호인은 피고인의 명시한 의사에 반하여 증거로 함에 동의할 수 있다.
③ 간이공판절차에서는 검사, 피고인 또는 변호인이 증거로 함에 이의가 없는 한 전문증거에 대하여 동의가 있는 것으로 간주한다.
④ 제1심 공판절차에서 피고인이 공시송달의 방법에 의한 공판기일소환을 2회 이상 받고도 출석하지 아니하여 소송촉진 등에 관한 특례법 제23조 본문에 따라 피고인의 출정 없이 증거조사를 하는 때에는, 형사소송법 제318조 제2항에 따른 증거동의가 간주된다.
⑤ 필요적 변호사건에서 피고인과 변호인이 재판 거부의 의사를 표시하고 재판장의 허가 없이 퇴정한 경우, 형사소송법 제318조 제2항에 따라 증거동의가 간주된다.

[❶ ▸ ○] 개개의 증거에 대하여 개별적인 증거조사방식을 거치지 아니하고 검사가 제시한 모든 증거에 대하여 피고인이 증거로 함에 동의한다는 방식으로 이루어진 것이라 하여도 증거동의로서의 효력을 부정할 이유가 되지 못한다(대판 1983.3.8. 82도2873).

[❷ ▸ ×] 변호인은 피고인의 명시한 의사에 반하지 아니하는 한 피고인을 대리하여 증거로 함에 동의할 수 있으므로 피고인이 증거로 함에 동의하지 아니한다고 명시적인 의사표시를 한 경우 이외에는 변호인은 서류나 물건에 대하여 증거로 함에 동의할 수 있고 이 경우 변호인의 동의에 대하여 피고인이 즉시 이의하지 아니하는 경우에는 변호인의 동의로 증거능력이 인정된다(대판 1988.11.8. 88도1628).

② 정답

[❸ ▸ ○] 간이공판절차의 결정이 있는 사건의 증거에 관하여는 전문법칙에 의하여 증거능력이 부정되는 증거에 대하여 제318조 제1항의 동의가 있는 것으로 간주한다. 단, 검사, 피고인 또는 변호인이 증거로 함에 이의가 있는 때에는 그러하지 아니하다(형소법 제318조의3).

[❹ ▸ ○] 소송촉진 등에 관한 특례법(이하 '소촉법') 제23조는 "제1심 공판절차에서 피고인에 대한 송달불능보고서가 접수된 때부터 6개월이 지나도록 피고인의 소재를 확인할 수 없는 경우에는 대법원규칙으로 정하는 바에 따라 피고인의 진술 없이 재판할 수 있다. 다만, 사형, 무기 또는 장기 10년이 넘는 징역이나 금고에 해당하는 사건의 경우에는 그러하지 아니하다"라고 규정하고 있고, 형사소송법 제318조 제2항은 "피고인의 출정 없이 증거조사를 할 수 있는 경우에 피고인이 출정하지 아니한 때에는 피고인의 동의가 있는 것으로 간주한다. 단, 대리인 또는 변호인이 출정한 때에는 예외로 한다"고 규정하고 있는바, 소촉법 제23조의 경우 피고인의 출정 없이도 심리・판결할 수 있고 공판심리의 일환으로 증거조사가 행해지게 마련이어서 피고인이 출석하지 아니한 상태에서 증거조사를 할 수밖에 없는 경우에는 형사소송법 제318조 제2항의 규정상 피고인의 진의와는 관계없이 형사소송법 제318조 제1항의 동의가 있는 것으로 간주하게 되어 있는 점, 형사소송법 제318조 제2항의 입법취지가 재판의 필요성 및 신속성, 즉 피고인의 불출정으로 인한 소송행위의 지연 방지 내지 피고인 불출정의 경우 전문증거의 증거능력을 결정하지 못함에 따른 소송지연 방지에 있는 점 등에 비추어, 피고인이 공시송달의 방법에 의한 공판기일의 소환을 2회 이상 받고도 출석하지 아니하여 법원이 피고인의 출정 없이 증거조사를 하는 경우에는 형사소송법 제318조 제2항에 따른 피고인의 증거동의가 있는 것으로 간주된다고 할 것이다(대판 2011.3.10. 2010도15977).

[❺ ▸ ○] [1] 필요적 변호사건이라 하여도 피고인이 재판 거부의 의사를 표시하고 재판장의 허가 없이 퇴정하고 변호인마저 이에 동조하여 퇴정해 버린 것은 모두 피고인 측의 방어권의 남용 내지 변호권의 포기로 볼 수밖에 없는 것이므로 수소법원으로서는 형사소송법 제330조에 의하여 피고인이나 변호인의 재정 없이도 심리판결할 수 있다.
[2] 위와 같이 피고인과 변호인들이 출석하지 않은 상태에서 증거조사를 할 수밖에 없는 경우에는 형사소송법 제318조 제2항의 규정상 피고인의 진의와는 관계없이 형사소송법 제318조 제1항의 동의가 있는 것으로 간주하게 되어 있다(대판 1991.6.28. 91도865).

2018년 변호사시험 문 32. ☑ 확인Check! ○ △ ×

증거동의에 관한 설명 중 옳지 않은 것은?(다툼이 있는 경우 판례에 의함)

① 사법경찰관이 소유자, 소지자 또는 보관자가 아닌 자로부터 임의로 제출받은 물건을 영장 없이 압수한 경우, 그 '압수물' 및 '압수물을 찍은 사진'은 피고인이나 변호인이 증거로 함에 동의하였다 하더라도 이를 유죄의 증거로 사용할 수 없다.
② 피고인이 증거동의의 법적 효과에 대하여 잘 모르고 동의한 것이었다고 주장하나 그렇게 볼 만한 자료가 없고 변호인이 공판정에 재정하고 있으면서 피고인이 하는 동의에 대하여 아무런 이의나 취소를 한 사실이 없다면 그 동의에 법률적 하자가 있다고는 할 수 없다.
③ 피고인이 출석한 공판기일에서 증거로 함에 부동의한다는 의견을 진술한 후 피고인이 출석하지 아니한 공판기일에 변호인만이 출석하여 종전 의견을 번복하여 증거로 함에 동의하였다면 이는 특별한 사정이 없는 한 증거동의의 효력이 없다.
④ 피고인이 제1심법정에서 경찰의 검증조서 중 범행에 관한 현장진술 부분에 대해서만 부동의하고 범행현장상황 부분에 대해서는 증거동의한 경우, 위 검증조서 중 동의한 범행현장상황 부분만을 증거로 채용할 수는 없다.
⑤ 수사기관이 A로부터 피고인의 폭력행위 등 처벌에 관한 법률 위반(단체등의구성・활동)범행에 대한 진술을 듣고 추가적인 정보를 확보할 목적으로, 구속수감되어 있던 A에게 그의 압수된 휴대전화를 제공하여 피고인과 통화하게 하고 위 범행에 관한 통화내용을 녹음하게 한 경우, 그 녹음 자체는 물론 이를 근거로 작성된 녹취록 첨부 수사보고는 설령 피고인의 증거동의가 있는 경우에도 이를 유죄의 증거로 사용할 수 없다.

정답 ④

[❶ ▸ O] 형사소송법 제218조는 "사법경찰관은 소유자, 소지자 또는 보관자가 임의로 제출한 물건을 영장 없이 압수할 수 있다"고 규정하고 있는바, 위 규정을 위반하여 소유자, 소지자 또는 보관자가 아닌 자로부터 제출받은 물건을 영장 없이 압수한 경우 그 '압수물' 및 '압수물을 찍은 사진'은 이를 유죄 인정의 증거로 사용할 수 없는 것이고, 헌법과 형사소송법이 선언한 영장주의의 중요성에 비추어 볼 때 피고인이나 변호인이 이를 증거로 함에 동의하였다고 하더라도 달리 볼 것은 아니다(대판 2010.1.28. 2009도10092).

[❷ ▸ O] 피고인이 사법경찰관 작성의 피해자진술조서를 증거로 동의함에 있어서 그 동의가 법률적으로 어떠한 효과가 있는지를 모르고 한 것이었다고 주장하더라도 변호인이 그 동의 시 공판정에 재정하고 있으면서 피고인이 하는 동의에 대하여 아무런 이의나 취소를 한 사실이 없다면 그 동의에 무슨 하자가 있다고 할 수 없다(대판 1983.6.28. 83도1019).

[❸ ▸ O] 형사소송법 제318조에 규정된 증거동의의 주체는 소송주체인 검사와 피고인이고, 변호인은 피고인을 대리하여 증거동의에 관한 의견을 낼 수 있을 뿐이므로 피고인의 명시한 의사에 반하여 증거로 함에 동의할 수는 없다. 따라서 피고인이 출석한 공판기일에서 증거로 함에 부동의한다는 의견이 진술된 경우에는 그 후 피고인이 출석하지 아니한 공판기일에 변호인만이 출석하여 종전 의견을 번복하여 증거로 함에 동의하였다 하더라도 이는 특별한 사정이 없는 한 효력이 없다고 보아야 한다(대판 2013.3.28. 2013도3).

[❹ ▸ ×] 피고인들이 제1심법정에서 경찰의 검증조서 가운데 범행 부분만 부동의하고 범행상황 부분에 대해서는 모두 증거로 함에 동의하였다면, 위 검증조서 중 범행상황 부분만을 증거로 채용한 제1심판결에 잘못이 없다(대판 1990.7.24. 90도1303).

[❺ ▸ O] 수사기관이 甲으로부터 피고인의 마약류 관리에 관한 법률 위반(향정)범행에 대한 진술을 듣고 추가적인 증거를 확보할 목적으로, 구속수감되어 있던 甲에게 그의 압수된 휴대전화를 제공하여 피고인과 통화하고 위 범행에 관한 통화내용을 녹음하게 한 행위는 불법감청에 해당하므로, 그 녹음 자체는 물론 이를 근거로 작성된 녹취록 첨부 수사보고는 피고인의 증거동의에 상관없이 그 증거능력이 없다(대판 2010.10.14. 2010도9016).

2016년 변호사시험 문 37. ☑ 확인 Check! ○ △ ×

증거에 관한 설명 중 옳지 않은 것은?(다툼이 있는 경우 판례에 의함)

① 사문서위조죄의 행위자에게 '행사할 목적'이 있었다는 점은 검사가 증명하여야 하나, 그 증명은 반드시 엄격한 증명에 의하여야 하는 것은 아니다.

② 수표를 발행한 후 예금부족 등으로 지급되지 아니하게 하였다는 부정수표 단속법 위반의 공소사실을 증명하기 위하여 제출되는 수표는 증거물인 서면에 해당하므로 전문법칙이 적용되지 않는다.

③ 피고인의 출정 없이 증거조사를 할 수 있는 경우에 피고인이 출정하지 아니한 때에는 증거동의가 있는 것으로 간주하지만, 변호인이 출정한 때에는 그러하지 아니하다.

④ 피고인의 자백이 임의성이 없다고 의심할 만한 사유가 있는 때에 해당한다 할지라도 그 임의성이 없다고 의심하게 된 사유들과 피고인의 자백과의 사이에 인과관계가 존재하지 않은 것이 명백한 때에는 그 자백은 임의성이 있는 것으로 인정된다.

⑤ 간이공판절차의 결정이 있는 사건의 증거에 관하여는 당사자의 동의에 관한 형사소송법 제318조 제1항의 동의가 있는 것으로 간주되지만, 검사, 피고인 또는 변호인이 증거로 함에 이의가 있는 때에는 그러하지 아니하다.

[❶ ▸ ×] 법률상 증거능력이 있고, 적법한 증거조사를 거친 증거에 의한 증명을 엄격한 증명이라고 하는데, 구성요건 해당사실은 검사에게 증명책임이 있는 엄격한 증명의 대상이므로, 사문서위조죄의 행사할 목적은 엄격한 증명의 대상이 된다.

① 정답

[❷ ▸ O] 피고인이 수표를 발행하였으나 예금부족 또는 거래정지처분으로 지급되지 아니하게 하였다는 부정수표 단속법 위반의 공소사실을 증명하기 위하여 제출되는 수표는 그 서류의 존재 또는 상태 자체가 증거가 되는 것이어서 증거물인 서면에 해당하고 어떠한 사실을 직접 경험한 사람의 진술에 갈음하는 대체물이 아니므로, 증거능력은 증거물의 예에 의하여 판단하여야 하고, 이에 대하여는 형사소송법 제310조의2에서 정한 전문법칙이 적용될 여지가 없다. 이때 수표 원본이 아니라 전자복사기를 사용하여 복사한 사본이 증거로 제출되었고 피고인이 이를 증거로 하는 데 부동의한 경우 위 수표 사본을 증거로 사용하기 위해서는 수표 원본을 법정에 제출할 수 없거나 제출이 곤란한 사정이 있고 수표 원본이 존재하거나 존재하였으며 증거로 제출된 수표 사본이 이를 정확하게 전사한 것이라는 사실이 증명되어야 한다(대판 2015.4.23. 2015도2275).

[❸ ▸ O] 검사와 피고인이 증거로 할 수 있음을 동의한 서류 또는 물건은 진정한 것으로 인정한 때에는 증거로 할 수 있다(형소법 제318조 제1항). 피고인의 출정 없이 증거조사를 할 수 있는 경우에 피고인이 출정하지 아니한 때에는 제1항의 동의가 있는 것으로 간주한다. 단, 대리인 또는 변호인이 출정한 때에는 예외로 한다(동조 제2항).

[❹ ▸ O] 피고인의 자백이 임의성이 없다고 의심할 만한 사유가 있는 때에 해당한다 할지라도 그 임의성이 없다고 의심하게 된 사유들과 피고인의 자백과의 사이에 인과관계가 존재하지 않은 것이 명백한 때에는 그 자백은 임의성이 있는 것으로 인정된다(대판 1984.11.27. 84도2252).

[❺ ▸ O] 간이공판절차의 결정이 있는 사건의 증거에 관하여는 전문법칙에 의하여 증거능력이 부정되는 증거에 대하여 제318조 제1항의 동의가 있는 것으로 간주한다. 단, 검사, 피고인 또는 변호인이 증거로 함에 이의가 있는 때에는 그러하지 아니하다(형소법 제318조의3).

2013년 변호사시험 문 25. ☑ 확인Check! O △ X

당사자의 동의와 증거능력에 관한 다음 설명 중 옳은 것(O)과 옳지 않은 것(×)을 올바르게 조합한 것은?(다툼이 있는 경우에는 판례에 의함)

ㄱ. 전문법칙에 의하여 증거능력이 없는 증거라고 할지라도 당사자가 동의하고 법원이 진정한 것으로 인정한 경우에는 증거능력이 있다.
ㄴ. 진술에 임의성이 인정되지 않아 증거능력이 없는 증거라고 할지라도 당사자가 동의하고 법원이 진정한 것으로 인정한 경우에는 증거능력이 있다.
ㄷ. 피고인이 재판장의 허가 없이 퇴정하고 변호인도 이에 동조하여 퇴정해 버린 상태에서 증거조사를 할 수밖에 없는 경우에는 피고인의 진의와는 관계없이 증거에 대하여 피고인의 동의가 있는 것으로 간주된다.

① ㄱ(×) ㄴ(×) ㄷ(×)
② ㄱ(O) ㄴ(O) ㄷ(O)
③ ㄱ(×) ㄴ(×) ㄷ(O)
④ ㄱ(O) ㄴ(O) ㄷ(×)
⑤ ㄱ(O) ㄴ(×) ㄷ(O)

[ㄱ ▸ O] 형사소송법 제318조 제1항은 전문증거금지의 원칙에 대한 예외로서 반대신문권을 포기하겠다는 피고인의 의사표시에 의하여 서류 또는 물건의 증거능력을 부여하려는 규정이므로 피고인의 의사표시가 위와 같은 내용을 적극적으로 표시하는 것이라고 인정되는 경우이면 증거동의로서의 효력이 있다(대판 1983.3.8. 82도2873).

[ㄴ ▸ ×] 기록상 진술증거의 임의성에 관하여 의심할 만한 사정이 나타나 있는 경우에는 법원은 직권으로 그 임의성 여부에 관하여 조사를 하여야 하고, 임의성이 인정되지 아니하여 증거능력이 없는 진술증거는 피고인이 증거로 함에 동의하더라도 증거로 삼을 수 없다(대판 2006.11.23. 2004도7900).

정답 ⑤

[ㄷ ▸ ○] [1] 필요적 변호사건이라 하여도 피고인이 재판 거부의 의사를 표시하고 재판장의 허가 없이 퇴정하고 변호인 마저 이에 동조하여 퇴정해 버린 것은 모두 피고인 측의 방어권의 남용 내지 변호권의 포기로 볼 수밖에 없는 것이므로 수소법원으로서는 형사소송법 제330조에 의하여 피고인이나 변호인의 재정 없이도 심리판결할 수 있다.
[2] 위와 같이 피고인과 변호인들이 출석하지 않은 상태에서 증거조사를 할 수밖에 없는 경우에는 형사소송법 제318조 제2항의 규정상 피고인의 진의와는 관계없이 형사소송법 제318조 제1항의 동의가 있는 것으로 간주하게 되어 있다(대판 1991.6.28. 91도865).

2012년 변호사시험 문 26. ☑ 확인Check! ○ △ ×

증거동의에 관한 설명 중 옳지 않은 것은?(다툼이 있는 경우에는 판례에 의함)

① 약식명령에 불복하여 정식재판을 청구한 피고인이 정식재판절차에서 2회 불출정하여 법원이 피고인의 출정 없이 증거조사를 하는 경우에 증거동의가 간주된다.
② 제1심에서 증거동의 간주 후 증거조사를 완료한 이상, 항소심에 출석하여 그 증거동의를 철회 또는 취소한다는 의사표시를 하더라도 그 증거능력이 상실되지 않는다.
③ 긴급체포를 할 당시 물건을 압수하였는데 그 후 압수수색영장을 발부받지 않았음에도 즉시 반환하지 않은 경우 피고인이나 변호인이 이를 증거로 함에 동의하더라도 증거능력은 인정되지 않는다.
④ 증거동의의 주체는 검사와 피고인이므로, 변호인의 경우 피고인의 명시적인 위임이 없는 한 피고인을 대리하여 증거로 함에 동의할 수 없다.
⑤ 검사와 피고인이 증거로 할 수 있음에 동의한 서류라고 하더라도 법원이 진정한 것으로 인정한 때에 증거로 할 수 있다.

[❶ ▸ ○] [❷ ▸ ○] [1] 형사소송법 제458조 제2항, 제365조는 피고인이 출정을 하지 않음으로써 본안에 대한 변론권을 포기한 것으로 보는 일종의 제재적 규정으로, 이와 같은 경우 피고인의 출정 없이도 심리, 판결할 수 있고 공판심리의 일환으로 증거조사가 행해지게 마련이어서 피고인이 출석하지 아니한 상태에서 증거조사를 할 수밖에 없는 경우에는 위 법 제318조 제2항의 규정상 피고인의 진의와는 관계없이 같은 조 제1항의 동의가 있는 것으로 간주하게 되어 있는 점, 위 법 제318조 제2항의 입법취지가 재판의 필요성 및 신속성, 즉 피고인의 불출정으로 인한 소송행위의 지연 방지 내지 피고인 불출정의 경우 전문증거의 증거능력을 결정하지 못함에 따른 소송지연 방지에 있는 점 등에 비추어, 약식명령에 불복하여 정식재판을 청구한 피고인이 정식재판절차에서 2회 불출정하여 법원이 피고인의 출정 없이 증거조사를 하는 경우에 위 법 제318조 제2항에 따른 피고인의 증거동의가 간주된다.
[2] 약식명령에 불복하여 정식재판을 청구한 피고인이 정식재판절차의 제1심에서 2회 불출정하여 형사소송법 제318조 제2항에 따른 증거동의가 간주된 후 증거조사를 완료한 이상, 간주의 대상인 증거동의는 증거조사가 완료되기 전까지 철회 또는 취소할 수 있으나 일단 증거조사를 완료한 뒤에는 취소 또는 철회가 인정되지 아니하는 점, 증거동의 간주가 피고인의 진의와는 관계없이 이루어지는 점 등에 비추어, 비록 피고인이 항소심에 출석하여 공소사실을 부인하면서 간주된 증거동의를 철회 또는 취소한다는 의사표시를 하더라도 그로 인하여 적법하게 부여된 증거능력이 상실되는 것이 아니다(대판 2010.7.15. 2007도5776).

[❸ ▸ ○] 형사소송법 제216조 제1항 제2호, 제217조 제2항, 제3항은 사법경찰관은 형사소송법 제200조의3(긴급체포)의 규정에 의하여 피의자를 체포하는 경우에 필요한 때에는 영장 없이 체포현장에서 압수·수색을 할 수 있고, 압수한 물건을 계속 압수할 필요가 있는 경우에는 지체 없이 압수수색영장을 청구하여야 하며, 청구한 압수수색영장을 발부받지 못한 때에는 압수한 물건을 즉시 반환하여야 한다고 규정하고 있는바, 형사소송법 제217조 제2항, 제3항에 위반하여 압수수색영장을 청구하여 이를 발부받지 아니하고도 즉시 반환하지 아니한 압수물은 이를 유죄 인정의 증거로 사용할 수 없는 것이고, 헌법과 형사소송법이 선언한 영장주의의 중요성에 비추어 볼 때 피고인이나 변호인이 이를 증거로 함에 동의하였다고 하더라도 달리 볼 것은 아니다(대판 2009.12.24. 2009도11401).

④ 정답

[❹ ▸ ×] 증거로 함에 대한 동의의 주체는 소송주체인 당사자라 할 것이지만 변호인은 피고인의 명시한 의사에 반하지 아니하는 한 피고인을 대리하여 이를 할 수 있음은 물론이므로 피고인이 증거로 함에 동의하지 아니한다고 명시적인 의사표시를 한 경우 이외에는 변호인은 서류나 물건에 대하여 증거로 함에 동의할 수 있고 이 경우 변호인의 동의에 대하여 피고인이 즉시 이의하지 아니하는 경우에는 변호인의 동의로 증거능력이 인정되고 증거조사 완료 전까지 앞서의 동의가 취소 또는 철회하지 아니한 이상 일단 부여된 증거능력은 그대로 존속한다(대판 1999.8.20. 99도2029).

[❺ ▸ O] 검사와 피고인이 증거로 할 수 있음을 동의한 서류 또는 물건은 진정한 것으로 인정한 때에는 증거로 할 수 있다(형소법 제318조 제1항).

제6절 탄핵증거 ★☆

2020년 변호사시험 문 34. ☑ 확인Check! O △ X

甲과 乙은 길거리에서 서로 몸싸움을 하였다. 출동한 경찰관 P가 甲과 乙을 현행범으로 체포하려고 하자 ㉠ 甲이 P의 얼굴을 주먹으로 쳐 P에게 2주간의 치료를 요하는 타박상을 가하였다. 현장을 벗어난 ㉡ 甲은 혈중알코올농도 0.1%의 상태에서 승용차를 타고 에어컨을 가동하기 위하여 시동을 걸어 놓고 잠을 자던 중 변속기를 잘못 건드려 자동차가 앞으로 약 1m 가다가 멈추었다. 이에 관한 설명 중 옳은 것은?(다툼이 있는 경우 판례에 의함)

① 甲의 ㉠행위는 공무집행방해죄와 상해죄를 구성하고, 두 죄의 관계는 실체적 경합범이다.
② 甲의 ㉡행위는 도로교통법상의 음주운전죄를 구성한다.
③ 乙이 나중에 "甲이 경찰관의 얼굴을 때리는 것을 보았다"라고 한 말을 친구 A가 보이스펜으로 녹음한 파일은 乙이 그 진정성립을 부인하더라도 ㉠행위의 목격사실을 부인하는 乙의 법정진술의 증명력을 다투기 위한 증거로 사용할 수 있다.
④ 甲과 乙이 기소되어 병합심리되었는데, 甲이 피고인신문절차에서 "乙이 먼저 나를 폭행하였다"라는 진술을 하였다면 이 진술은 乙의 폭행죄에 대하여 증거능력이 있다.
⑤ 乙이 제1심에서 폭행죄로 벌금 100만원을 선고받고 항소하였는데, 항소심 계속 중 甲이 乙에 대한 처벌의사를 철회하였다면, 항소심법원은 乙에게 공소기각판결을 하여야 한다.

[❶ ▸ ×] 甲의 ㉠행위는 경찰관 P에 대한 공무집행방해죄와 상해죄를 구성하고, 행위의 부분적 동일성을 인정할 수 있으므로, 양 죄는 형법 제40조의 상상적 경합의 관계에 있다.

[❷ ▸ ×] [1] 도로교통법 제2조 제19호는 '운전'이라 함은 도로에서 차를 그 본래의 사용방법에 따라 사용하는 것을 말한다고 규정하고 있는바, 여기에서 말하는 운전의 개념은 그 규정의 내용에 비추어 목적적 요소를 포함하는 것이므로 고의의 운전행위만을 의미하고 자동차 안에 있는 사람의 의지나 관여 없이 자동차가 움직인 경우에는 운전에 해당하지 않는다.
[2] 어떤 사람이 자동차를 움직이게 할 의도 없이 다른 목적을 위하여 자동차의 원동기(모터)의 시동을 걸었는데, 실수로 기어 등 자동차의 발진에 필요한 장치를 건드려 원동기의 추진력에 의하여 자동차가 움직이거나 또는 불안전한 주차상태나 도로여건 등으로 인하여 자동차가 움직이게 된 경우는 자동차의 운전에 해당하지 아니한다(대판 2004.4.23. 2004도1109).

[❸ ▸ O] 乙의 말을 친구 A가 보이스펜으로 녹음한 파일은 형사소송법 제313조의 피고인 아닌 자의 진술을 기재한 서류에 해당하므로, 乙이 진정성립을 인정하여야 증거능력이 인정된다. 지문의 경우에는, 乙이 그 진정성립을 부정하였으므로 증거능력이 인정되지 아니하나, 제318조의2에 의하여 ㉠행위의 목격사실을 부인하는 乙의 법정진술의 증명력을 다투기 위한 탄핵증거로 사용할 수 있다.

정답 ③

판례 수사기관이 아닌 사인(私人)이 피고인 아닌 사람과의 대화내용을 녹음한 녹음테이프는 형사소송법 제311조, 제312조 규정 이외의 피고인 아닌 자의 진술을 기재한 서류와 다를 바 없으므로, 피고인이 그 녹음테이프를 증거로 할 수 있음에 동의하지 아니하는 이상 그 증거능력을 부여하기 위하여는 첫째, 녹음테이프가 원본이거나 원본으로부터 복사한 사본일 경우(녹음디스크에 복사할 경우에도 동일하다)에는 복사과정에서 편집되는 등의 인위적 개작 없이 원본의 내용 그대로 복사된 사본일 것, 둘째 형사소송법 제313조 제1항에 따라 공판준비나 공판기일에서 원진술자의 진술에 의하여 그 녹음테이프에 녹음된 각자의 진술내용이 자신이 진술한 대로 녹음된 것이라는 점이 인정되어야 할 것이고, 사인이 피고인 아닌 사람과의 대화내용을 대화상대방 몰래 녹음하였다고 하더라도 위와 같은 조건이 갖추어진 이상 그것만으로는 그 녹음테이프가 위법하게 수집된 증거로서 증거능력이 없다고 할 수 없으며, 사인이 피고인 아닌 사람과의 대화내용을 상대방 몰래 비디오로 촬영·녹음한 경우에도 그 비디오테이프의 진술 부분에 대하여도 위와 마찬가지로 취급하여야 할 것이다(대판 1999.3.9. 98도3169).

[❹ ▸ ×] 피고인과 별개의 범죄사실로 기소되어 병합심리되고 있던 공동피고인은 피고인에 대한 관계에서는 증인의 지위에 있음에 불과하므로 선서 없이 한 그 공동피고인의 법정 및 검찰진술은 피고인에 대한 공소범죄사실을 인정하는 증거로 할 수 없다(대판 1982.6.22. 82도898).

[❺ ▸ ×] 고소는 제1심판결 선고 전까지 취소할 수 있다(형소법 제232조 제1항). 고소를 취소한 자는 다시 고소하지 못한다(동조 제2항). 피해자의 명시한 의사에 반하여 죄를 논할 수 없는 사건에 있어서 처벌을 희망하는 의사표시의 철회에 관하여도 제1항·제2항의 규정을 준용한다(동조 제3항).

2017년 변호사시험 문 26. ☑ 확인 Check! ○ △ ×

탄핵증거에 관한 설명 중 옳지 않은 것은?(다툼이 있는 경우 판례에 의함)

① 탄핵증거는 진술의 증명력을 감쇄하기 위하여 인정되는 것이므로 범죄사실 또는 그 간접사실을 인정하는 증거로서는 허용되지 않는다.
② 탄핵증거는 범죄사실을 인정하는 증거가 아니므로 엄격한 증거조사를 거쳐야 할 필요가 없으나, 법정에서 이에 대한 탄핵증거로서의 증거조사는 필요하다.
③ 검사가 피고인이 아닌 자의 진술을 기재한 조서는 원진술자가 성립의 진정을 부인하더라도 그의 증언의 증명력을 다투기 위한 증거로 할 수 있다.
④ 사법경찰관 작성의 피고인에 대한 피의자신문조서는 피고인이 그 내용을 부인하는 경우, 그것이 임의로 작성된 것이 인정되더라도 피고인의 법정진술을 탄핵하기 위한 반대증거로 사용할 수 없다.
⑤ 탄핵증거를 제출하는 경우, 증명력을 다투고자 하는 증거의 어느 부분에 의하여 진술의 어느 부분을 다투려고 한다는 것을 사전에 상대방에게 알려야 한다.

[❶ ▸ ○] 형사소송법 제318조의2에 규정된 소위 탄핵증거는 범죄사실을 인정하는 증거가 아니므로 그것이 증거서류이던 진술이던 간에 유죄증거에 관한 소송법상의 엄격한 증거능력을 요하지 아니한다(대판 1985.5.14. 85도441).

[❷ ▸ ○] 탄핵증거는 범죄사실을 인정하는 증거가 아니므로 엄격한 증거조사를 거쳐야 할 필요가 없음은 형사소송법 제318조의2의 규정에 따라 명백하다고 할 것이나, 법정에서 이에 대한 탄핵증거로서의 증거조사는 필요하다(대판 1998.2.27. 97도1770).

[❸ ▸ ○] 탄핵증거는 전문법칙의 적용이 없는 경우이므로 검사가 작성한 피고인이 아닌 자의 진술을 기재한 조서의 증거능력이 인정되지 아니하더라도 탄핵증거로 사용될 수 있다.

④ 정답

[❹ ▸ ×] [❺ ▸ ○] 검사가 유죄의 자료로 제출한 사법경찰리 작성의 피고인에 대한 피의자신문조서는 피고인이 그 내용을 부인하는 이상 증거능력이 없으나, 그것이 임의로 작성된 것이 아니라고 의심할 만한 사정이 없는 한 피고인의 법정에서의 진술을 탄핵하기 위한 반대증거로 사용할 수 있으며, 또한 탄핵증거는 범죄사실을 인정하는 증거가 아니므로 엄격한 증거조사를 거쳐야 할 필요가 없음은 형사소송법 제318조의2의 규정에 따라 명백하나 법정에서 이에 대한 탄핵증거로서의 증거조사는 필요한 것이고, 한편 증거신청의 방식에 관하여 규정한 형사소송규칙 제132조 제1항의 취지에 비추어 보면 탄핵증거의 제출에 있어서도 상대방에게 이에 대한 공격방어의 수단을 강구할 기회를 사전에 부여하여야 한다는 점에서 그 증거와 증명하고자 하는 사실과의 관계 및 입증취지 등을 미리 구체적으로 명시하여야 할 것이므로, 증명력을 다투고자 하는 증거의 어느 부분에 의하여 진술의 어느 부분을 다투려고 한다는 것을 사전에 상대방에게 알려야 한다(대판 2005.8.19, 2005도2617).

2018년 변호사시험 문 33. ☑ 확인Check! ○ △ ×

탄핵증거에 관한 설명 중 옳은 것은?(다툼이 있는 경우 판례에 의함)

① 형사소송법 제318조의2 제2항에 따른 영상녹화물의 탄핵증거로의 사용에 대해서 논란은 있으나, 영상녹화물의 재생은 법원의 직권이나 검사의 신청이 있는 경우에 한하고, 기억의 환기가 필요한 피고인 또는 피고인 아닌 자에게만 이를 재생하여 시청하게 하여야 한다.

② 탄핵증거에 대하여는 그 진정성립이 증명되지 않더라도 무방하다.

③ 탄핵증거는 범죄사실을 인정하는 증거가 아니므로 엄격한 증거조사를 거칠 필요는 없는바, 증명력을 다투고자 하는 증거의 어느 부분에 의하여 진술의 어느 부분을 다투려고 한다는 것까지 사전에 상대방에게 알릴 필요는 없다.

④ 피고인이 법정에서 내용 부인을 한 사법경찰관 작성의 피의자신문조서에 대하여 검사가 증거 제출 당시 탄핵증거라는 입증취지를 명시하지 아니하였다면 피고인의 법정진술에 대한 탄핵증거로서의 증거조사절차가 대부분 이루어졌다고 하더라도 그 조서를 피고인의 법정진술에 대한 탄핵증거로 사용할 수 없다.

⑤ 사법경찰관 작성의 피고인에 대한 피의자신문조서는 피고인이 그 내용을 부인하는 이상 증거능력이 없는바, 그러한 증거는 형사소송법 제312조 제3항의 특별한 입법취지에 비추어 설령 임의로 작성된 것이라 하더라도 피고인의 법정에서의 진술을 탄핵하기 위한 반대증거로도 사용될 수 없다.

[❶ ▸ ×] 형사소송법 제318조의2 제2항에 따른 영상녹화물의 재생은 검사의 신청이 있는 경우에 한하므로, 법원의 직권으로는 불가하다.

증명력을 다투기 위한 증거(형소법 제318조의2)

② 피고인 또는 피고인이 아닌 자의 진술을 내용으로 하는 영상녹화물은 공판준비 또는 공판기일에 피고인 또는 피고인이 아닌 자가 진술함에 있어서 기억이 명백하지 아니한 사항에 관하여 기억을 환기시켜야 할 필요가 있다고 인정되는 때에 한하여 피고인 또는 피고인이 아닌 자에게 재생하여 시청하게 할 수 있다.

기억 환기를 위한 영상녹화물의 조사(형소규칙 제134조의5)

① 법 제318조의2 제2항에 따른 영상녹화물의 재생은 검사의 신청이 있는 경우에 한하고, 기억의 환기가 필요한 피고인 또는 피고인 아닌 자에게만 이를 재생하여 시청하게 하여야 한다.

정답 ②

PART 03 공판

[❷ ▸ O] 형사소송법 제318조의2에 규정된 소위 탄핵증거는 범죄사실을 인정하는 증거가 아니므로 그것이 증거서류이던 진술이던 간에 유죄증거에 관한 소송법상의 엄격한 증거능력을 요하지 아니한다(대판 1985.5.14. 85도441).

[❸ ▸ ×] [❹ ▸ ×] [❺ ▸ ×] [1] 검사가 유죄의 자료로 제출한 사법경찰리 작성의 피고인에 대한 피의자신문조서는 피고인이 그 내용을 부인하는 이상 증거능력이 없으나, 그것이 임의로 작성된 것이 아니라고 의심할 만한 사정이 없는 한 피고인의 법정에서의 진술을 탄핵하기 위한 반대증거로 사용할 수 있으며, 또한 탄핵증거는 범죄사실을 인정하는 증거가 아니므로 엄격한 증거조사를 거쳐야 할 필요가 없음은 형사소송법 제318조의2의 규정에 따라 명백하나 법정에서 이에 대한 탄핵증거로서의 증거조사는 필요한 것이고, 한편 증거신청의 방식에 관하여 규정한 형사소송규칙 제132조 제1항의 취지에 비추어 보면 탄핵증거의 제출에 있어서도 상대방에게 이에 대한 공격방어의 수단을 강구할 기회를 사전에 부여하여야 한다는 점에서 그 증거와 증명하고자 하는 사실과의 관계 및 입증취지 등을 미리 구체적으로 명시하여야 할 것이므로, 증명력을 다투고자 하는 증거의 어느 부분에 의하여 진술의 어느 부분을 다투려고 한다는 것을 사전에 상대방에게 알려야 한다.
[2] 피고인이 내용을 부인하여 증거능력이 없는 사법경찰리 작성의 피의자신문조서에 대하여 비록 당초 증거 제출 당시 탄핵증거라는 입증취지를 명시하지 아니하였지만 피고인의 법정진술에 대한 탄핵증거로서의 증거조사절차가 대부분 이루어졌다고 볼 수 있는 점 등의 사정에 비추어 위 피의자신문조서를 피고인의 법정진술에 대한 탄핵증거로 사용할 수 있다(대판 2005.8.19. 2005도2617).

제7절 자백보강법칙 ★★

2013년 변호사시험 문 28. ☑ 확인Check! O △ X

자백의 보강법칙에 관한 다음 설명 중 옳은 것은?(다툼이 있는 경우에는 판례에 의함)

① 형사소송법 제310조의 피고인의 자백에는 공범인 공동피고인의 자백이 포함되지 아니하므로 그 진술은 피고인에 대한 범죄사실을 인정하는 데 있어서 보강증거로 쓸 수 있다.
② 전문증거는 전문법칙의 예외에 해당하는지 여부에 관계없이 보강증거가 될 수 있다.
③ 보강증거는 범죄사실의 전부 또는 중요 부분을 인정할 수 있는 정도가 되어야 하고, 또한 직접증거가 아닌 간접증거나 정황증거는 보강증거가 될 수 없다.
④ 즉결심판절차 및 간이공판절차에서는 자백만 있으면 보강증거 없이도 유죄판결을 할 수 있다.
⑤ 피고인이 자백한 상황에서 나머지 2명의 공동피고인 중 한 사람이 자백하였으나 다른 한 사람이 부인하는 경우에는 유죄판결을 할 수 없고, 공동피고인 전원이 자백한 경우에 한하여 유죄판결이 가능하다.

[❶ ▸ O] 형사소송법 제310조 소정의 "피고인의 자백"에 공범인 공동피고인의 진술은 포함되지 아니하므로 공범인 공동피고인의 진술은 다른 공동피고인에 대한 범죄사실을 인정하는 증거로 할 수 있는 것일 뿐만 아니라 공범인 공동피고인들의 각 진술은 상호 간에 서로 보강증거가 될 수 있다(대판 1990.10.30. 90도1939).

[❷ ▸ ×] 보강증거는 자백의 증명력을 보강하여 유죄판결을 가능하게 하므로, 전문증거가 보강증거가 되기 위해서는 전문법칙의 예외에 해당하여 증거능력이 인정되어야 한다.

[❸ ▸ ×] 자백에 대한 보강증거는 범죄사실의 전부 또는 중요 부분을 인정할 수 있는 정도가 되지 아니하더라도 피고인의 자백이 가공적인 것이 아닌 진실한 것임을 인정할 수 있는 정도만 되면 족할 뿐만 아니라 직접증거가 아닌 간접증거나

① 정답

정황증거도 보강증거가 될 수 있으며, 또한 자백과 보강증거가 서로 어울려서 전체로서 범죄사실을 인정할 수 있으면 유죄의 증거로 충분하다(대판 2002.1.8. 2001도1897).

[❹ ▸ ×] 형사소송법이 적용되지 아니하는 즉결심판절차와는 달리, 간이공판절차는 자백의 보강법칙이 적용되므로, 피고인의 자백만 있고 보강증거가 없는 경우에는 유죄판결을 할 수 없다.

[❺ ▸ ×] 공동피고인 중의 한 사람이 자백하였고 피고인 역시 자백했다면 다른 공동피고인 중의 한 사람이 부인한다 하여도 위 공동피고인 중의 한 사람이 한 자백은 피고인의 자백에 대한 보강증거가 된다(대판 1968.3.19. 68도43).

2016년 변호사시험 문 34. ☑ 확인Check! ○ △ ×

공범인 甲과 乙은 특수절도죄로 기소된 공동피고인이다. 甲은 사법경찰관과 검사의 피의자신문에서 범행을 모두 자백하였으나, 공판정에서는 공소사실을 부인하고 있다. 반면, 乙은 일관되게 공소사실을 부인하고 있다. 甲에 대한 각 피의자신문조서는 모두 적법한 절차와 방법에 따라 작성되었고 임의성과 특신상태가 인정됨을 전제로 할 때, 이에 관한 설명 중 옳지 않은 것은?(다툼이 있는 경우 판례에 의함)

① 甲에 대한 사법경찰관 작성의 피의자신문조서를 乙이 증거로 함에 부동의하는 경우에는 甲이 성립의 진정과 내용을 인정하는지 여부와 상관없이 그 피의자신문조서를 乙에 대한 유죄의 증거로 사용할 수 없다.

② 甲에 대한 검사 작성의 피의자신문조서를 乙이 증거로 함에 부동의하는 경우 甲이 성립의 진정을 인정하고 법원이 乙에게 甲에 대한 반대신문의 기회를 주었다면 甲이 그 내용을 인정하는지의 여부와 상관없이 乙에 대한 유죄의 증거로 사용할 수 있다.

③ 乙에 대한 공소사실과 관련하여 甲에 대한 검사 작성의 피의자신문조서의 증거능력이 인정되는 때에는 다른 보강증거가 없어도 법원은 乙에 대하여 유죄판결을 할 수 있다.

④ 乙이 甲을 증인으로 신청한 경우 법원은 소송절차를 분리하지 않고도 甲을 증인으로 신문할 수 있으며, 이러한 경우에도 甲은 증언을 거부할 수 있다.

⑤ 甲에 대한 검사 작성의 피의자신문조서에 자백하는 진술이 기재되어 있더라도 다른 보강증거가 없다면 그 자백만으로는 甲에 대한 공소사실에 대하여 유죄를 선고할 수 없고, 이는 甲이 공판정에서 자백을 하는 경우라도 마찬가지이다.

[❶ ▸ ○] 형사소송법 제312조 제3항은 검사 이외의 수사기관이 작성한 당해 피고인에 대한 피의자신문조서를 유죄의 증거로 하는 경우뿐만 아니라, 검사 이외의 수사기관이 작성한 당해 피고인과 공범관계에 있는 다른 피고인이나 피의자에 대한 피의자신문조서를 당해 피고인에 대한 유죄의 증거로 채택할 경우에도 적용된다. 따라서 당해 피고인과 공범관계에 있는 공동피고인에 대하여 검사 이외의 수사기관이 작성한 피의자신문조서는 그 공동피고인의 법정진술에 의하여 성립의 진정이 인정되더라도 당해 피고인이 공판기일에서 그 조서의 내용을 부인하면 증거능력이 부정된다(대판 2010.1.28. 2009도10139).

[❷ ▸ ○] 공범인 공동피고인 甲에 대한 검사 작성의 피의자신문조서는, 형소법 제312조 제4항의 요건을 충족하면 증거로 사용할 수 있으므로, 甲이 성립의 진정을 인정하고 법원이 乙에게 甲에 대한 반대신문의 기회를 주었다면, 甲이 그 내용을 인정하는지의 여부와 상관없이 乙에 대한 유죄의 증거로 사용할 수 있다.

[❸ ▸ ○] 형소법 제310조에 정한 피고인의 자백에는 공범인 공동피고인의 진술은 포함되지 아니하므로, 다른 보강증거가 없더라도 법원은 甲에 대한 검사 작성의 피의자신문조서를 근거로 하여 乙에 대하여 유죄판결을 할 수 있다.

형사소송법 제310조의 피고인의 자백에는 공범인 공동피고인의 진술은 포함되지 않으며, 이러한 공동피고인의 진술에 대하여는 피고인의 반대신문권이 보장되어 있어 독립한 증거능력이 있다(대판 1992.7.28. 92도917).

정답 ④

[❹ ▸ ×] 공범인 공동피고인은 당해 소송절차에서는 피고인의 지위에 있으므로 다른 공동피고인에 대한 공소사실에 관하여 증인이 될 수 없으나, 소송절차가 분리되어 피고인의 지위에서 벗어나게 되면 다른 공동피고인에 대한 공소사실에 관하여 증인이 될 수 있다(대판 2008.6.26. 2008도3300).

[❺ ▸ ○] 공판정에서의 피고인의 자백에 대하여도 보강법칙이 적용되는지 문제되나, 판례는 이러한 경우에도 보강법칙의 적용을 인정하고 있으므로 다른 보강증거가 없다면, 甲에 대한 검사 작성의 피의자신문조서에 자백진술이 기재되어 있더라도, 甲에 대하여 유죄판결을 할 수 없다.

판례 구 헌법(62.12.26 개정) 제10조 및 본건의 규정에 의하면 피고인의 자백이 그에게 불리한 유일한 증거인 때에는 그 자백이 공판정에서의 자백이든 피의자로서의 조사관에 대한 진술이든 그 자백의 증거능력이 제한되어 있고 그 어느 것이나 독립하여 유죄의 증거가 될 수 없으므로 위 자백을 아무리 합쳐 보더라도 그것만으로는 유죄의 판결을 할 수 없다(대판 1966.7.26. 66도634[전합]).

2018년 변호사시험 문 30. ☑ 확인 Check! ○ △ ×

자백과 보강증거에 관한 설명 중 옳지 않은 것은?(다툼이 있는 경우 판례에 의함)

① 국가보안법상 회합죄를 피고인이 자백하는 경우, 회합 당시 상대방으로부터 받았다는 명함의 현존은 보강증거로 될 수 있다.

② 전과에 관한 사실은 누범가중의 사유가 되는 경우에도 피고인의 자백만으로 인정할 수 있다.

③ 약 3개월에 걸쳐 8회의 도박을 하였다는 혐의로 검사가 피고인에 대해 상습도박죄로 기소한 경우, 총 8회의 도박 중 3회의 도박사실에 대해서는 피고인의 자백 외에 보강증거가 없는 경우에도 법원은 소위 진실성담보설에 입각하여 8회의 도박행위 전부에 대하여 유죄판결을 할 수 있다.

④ 2017.2.18. 01:35경 자동차를 타고 온 甲으로부터 필로폰을 건네받은 후 甲이 위 차량을 운전해 갔다고 한 A의 진술과 2017.2.20. 甲으로부터 채취한 소변에서 나온 필로폰 양성반응결과는, 甲이 2017.2.18. 02:00경의 필로폰 투약으로 정상적으로 운전하지 못할 우려가 있는 상태에서 운전하였다는 자백을 보강하는 증거가 되기에 충분하다.

⑤ 실체적 경합범의 경우 각 범죄사실에 관하여 자백에 대한 보강증거가 있어야 한다.

[❶ ▸ ○] 자백에 대한 보강증거는 범죄사실 전체에 관한 것이 아니라 할지라도 피고인의 자백사실이 가공적인 것이 아니고 진실한 것이라고 인정할 수 있는 정도이면 충분하고, 이러한 증거는 직접증거뿐만 아니라 간접증거 내지 정황증거라도 족하다 할 것이므로 국가보안법상 회합죄를 피고인이 자백하는 경우 회합 당시 상대방으로부터 받았다는 명함의 현존은 보강증거로 될 수 있다(대판 1990.6.22. 90도741).

[❷ ▸ ○] 전과에 관한 사실은 피고인들의 자백만으로도 인정할 수 있는 것이므로 원심판결이 유지한 제1심판결이 피고인들의 전력과 판시기간 동안에 전후 7회에 걸친 특수절도의 범행사실을 합쳐 보아 상습특수절도죄로 의율한 것은 기록에 비추어 보아 적법하다(대판 1981.6.9. 81도1353).

[❸ ▸ ×] 포괄일죄인 상습범에 있어서도 이를 구성하는 각 행위에 관하여 개별적으로 보강증거가 요구된다(대판 1996.2.13. 95도1794).

[❹ ▸ ○] [1] 자백에 대한 보강증거는 범죄사실의 전부 또는 중요 부분을 인정할 수 있는 정도가 되지 아니하더라도 피고인의 자백이 가공적인 것이 아닌 진실한 것임을 인정할 수 있는 정도만 되면 족할 뿐만 아니라, 직접증거가 아닌

③ 정답

간접증거나 정황증거도 보강증거가 될 수 있고, 또한 자백과 보강증거가 서로 어울려서 전체로서 범죄사실을 인정할 수 있으면 유죄의 증거로 충분하다.

[2] 2010.2.18. 01:35경 자동차를 타고 온 피고인으로부터 필로폰을 건네받은 후 피고인이 위 차량을 운전해 갔다고 한 甲의 진술과 2010.2.20. 피고인으로부터 채취한 소변에서 나온 필로폰 양성반응은, 피고인이 2010.2.18. 02:00경의 필로폰 투약으로 정상적으로 운전하지 못할 우려가 있는 상태에 있었다는 공소사실 부분에 대한 자백을 보강하는 증거가 되기에 충분하다(대판 2010.12.23. 2010도11272).

[❺ ▸ O] 실체적 경합범은 실질적으로 수죄이므로 각 범죄사실에 관하여 자백에 대한 보강증거가 있어야 한다(대판 2008.2.14. 2007도10937).

2019년 변호사시험 문 28. ☑ 확인Check! O △ X

자백에 관한 설명 중 옳은 것(O)과 옳지 않은 것(×)을 올바르게 조합한 것은?(다툼이 있는 경우 판례에 의함)

ㄱ. 변론을 분리하지 아니한 채 이루어진 공범인 공동피고인의 공판정에서의 자백은 피고인에 대하여 불리한 증거로 사용할 수 없다.

ㄴ. 상업장부나 금전출납부 등과 같이 범죄사실의 인정 여부와는 관계없이 우연히 피고인이 자기에게 맡겨진 사무를 처리한 사무내역을 그때그때 계속적, 기계적으로 기재한 문서라도 공소사실에 일부 부합되는 사실의 기재가 있다면 이는 범죄사실을 자백하는 문서로 보아야 한다.

ㄷ. 피고인이 그 범죄혐의를 받기 전에 이와는 관계없이 자기의 업무수행에 필요한 자금을 지출하면서 스스로 그 지출한 자금내역을 자료로 남겨 두기 위하여 뇌물자금과 기타 자금을 구별하지 아니하고 그 내역을 기입한 수첩은 피고인의 검찰에서의 자백에 대한 보강증거가 될 수 없다.

ㄹ. 횡령죄의 피고인이 제출한 항소이유서에 "피고인은 돈이 급해 지어서는 안 될 죄를 지었습니다", "진심으로 뉘우치고 있습니다"라고 기재되어 있더라도, 이어진 검사와 재판장 및 변호인의 각 신문에 대하여 범죄사실을 일관되게 부인한다면 범죄사실을 자백한 것이라고 볼 수 없다.

ㅁ. 자백에 대한 보강증거는 자백이 가공적인 것이 아닌 진실한 것임을 인정할 수 있는 정도로 충분하지만, 자백과 보강증거만으로도 유죄의 증거로 충분하다고 볼 수 있으므로, 간접증거나 정황증거는 보강증거가 될 수 없다.

① ㄱ(O) ㄴ(×) ㄷ(×) ㄹ(O) ㅁ(×)
② ㄱ(×) ㄴ(×) ㄷ(O) ㄹ(×) ㅁ(×)
③ ㄱ(O) ㄴ(×) ㄷ(×) ㄹ(×) ㅁ(O)
④ ㄱ(×) ㄴ(O) ㄷ(O) ㄹ(×) ㅁ(O)
⑤ ㄱ(×) ㄴ(×) ㄷ(×) ㄹ(O) ㅁ(×)

[ㄱ ▸ ×] 형사소송법 제310조의 피고인의 자백에는 공범인 공동피고인의 진술은 포함되지 않으며, 이러한 공동피고인의 진술에 대하여는 피고인의 반대신문권이 보장되어 있어 독립한 증거능력이 있다(대판 1992.7.28. 92도917).

[ㄴ ▸ ×] [ㄷ ▸ ×] [1] 상법장부나 항해일지, 진료일지 또는 이와 유사한 금전출납부 등과 같이 범죄사실의 인정 여부와는 관계없이 자기에게 맡겨진 사무를 처리한 사무내역을 그때그때 계속적, 기계적으로 기재한 문서 등의 경우는 사무처리 내역을 증명하기 위하여 존재하는 문서로서 그 존재 자체 및 기재가 그러한 내용의 사무가 처리되었음의 여부를 판단할 수 있는 별개의 독립된 증거자료이고, 설사 그 문서가 우연히 피고인이 작성하였고 그 문서의 내용 중 피고인의 범죄사실의 존재를 추론해 낼 수 있는, 즉 공소사실에 일부 부합되는 사실의 기재가 있다고 하더라도, 이를 일컬어 피고인이 범죄사실을 자백하는 문서라고 볼 수는 없다.

[2] 피고인이 뇌물공여혐의를 받기 전에 이와는 관계없이 준설공사에 필요한 각종 인・허가 등의 업무를 위임받아 이를 추진하는 과정에서 그 업무수행에 필요한 자금을 지출하면서, 스스로 그 지출한 자금내역을 자료로 남겨 두기 위하여 뇌물자금과 기타 자금을 구별하지 아니하고 그 지출일시, 금액, 상대방 등 내역을 그때그때 계속적, 기계적으로 기입한

정답 ⑤

수첩의 기재내용은, 피고인이 자신의 범죄사실을 시인하는 자백이라고 볼 수 없으므로, 증거능력이 있는 한 피고인의 금전 출납을 증명할 수 있는 별개의 증거라고 할 것인즉, 피고인의 검찰에서의 자백에 대한 보강증거가 될 수 있다(대판 1996.10.17. 94도2865[전합]).

[ㄹ ▸ O] 피고인이 제출한 항소이유서에 "피고인은 돈이 급해 지어서는 안 될 죄를 지었습니다", "진심으로 뉘우치고 있습니다"라고 기재되어 있고 피고인은 항소심 제2회 공판기일에 위 항소이유서를 진술하였으나, 곧 이어서 있은 검사와 재판장 및 변호인의 각 심문에 대하여 피고인은 범죄사실을 부인하였고, 수사단계에서도 일관되게 그와 같이 범죄사실을 부인하여 온 점에 비추어 볼 때, 위와 같이 추상적인 항소이유서의 기재만을 가지고 범죄사실을 자백한 것으로 볼 수 없다(대판 1999.11.12. 99도3341).

[ㅁ ▸ X] 자백에 대한 보강증거는 범죄사실의 전부 또는 중요 부분을 인정할 수 있는 정도가 되지 않더라도 피고인의 자백이 가공적인 것이 아닌 진실한 것임을 인정할 수 있는 정도만 되면 충분하다. 직접증거가 아닌 간접증거나 정황증거도 보강증거가 될 수 있고, 또한 자백과 보강증거가 서로 어울려서 전체로서 범죄사실을 인정할 수 있으면 유죄의 증거로 충분하다(대판 2017.12.28. 2017도17628).

제8절 공판조서의 배타적 증명력 ☆

2019년 변호사시험 문 23. ☑ 확인Check! O △ X

공판조서에 관한 설명 중 옳지 않은 것은?(다툼이 있는 경우 판례에 의함)

① 공판기일의 소송절차에 관하여는 수소법원의 재판장이 아니라 참여한 법원사무관 등이 공판조서를 작성한다.
② 공판기일의 소송절차로서 공판조서에 기재된 것은 그 조서만으로 증명하고, 명백한 오기인 경우를 제외하고는 다른 자료에 의한 반증이 허용되지 않는다.
③ 검사가 제출한 증거에 대하여 동의 또는 진정성립 여부 등에 관한 피고인의 의견이 증거목록에 기재된 경우, 그 증거목록의 기재도 명백한 오기가 아닌 이상 절대적인 증명력을 가진다.
④ 피고인이 공판조서에 대해 열람 또는 등사를 청구하였는데 법원이 불응하여 피고인의 열람 또는 등사청구권이 침해된 경우, 그 공판조서를 유죄의 증거로 할 수 없으나 그 공판조서에 기재된 증인의 진술은 다른 절차적 위법이 없는 이상 증거로 할 수 있다.
⑤ 피고인이 차회 공판기일 전 등 원하는 시기에 공판조서를 열람·등사하지 못하였다 하더라도 그 변론 종결 이전에 이를 열람·등사한 경우에는 그 열람·등사가 늦어짐으로 인하여 피고인의 방어권 행사에 지장이 있었다는 등의 특별한 사정이 없는 한, 그 공판조서를 유죄의 증거로 할 수 있다.

[❶ ▸ O] 공판기일의 소송절차에 관하여는 참여한 법원사무관등이 공판조서를 작성하여야 한다(형소법 제51조 제1항).

[❷ ▸ O] 공판조서의 기재가 명백한 오기인 경우를 제외하고는 공판기일의 소송절차로서 공판조서에 기재된 것은 조서만으로써 증명하여야 하고, 그 증명력은 공판조서 이외의 자료에 의한 반증이 허용되지 않는 절대적인 것이다(대판 2003.10.10. 2003도3282).

[❸ ▸ O] 공판조서의 기재가 명백한 오기인 경우를 제외하고는 공판기일의 소송절차로서 공판조서에 기재된 것은 조서만으로써 증명하여야 하고 그 증명력은 공판조서 이외의 자료에 의한 반증이 허용되지 않는 절대적인 것이므로, 검사 제출의 증거에 관하여 동의 또는 진정성립 여부 등에 관한 피고인의 의견이 증거목록에 기재된 경우에는 그 증거목록의 기재는 공판조서의 일부로서 명백한 오기가 아닌 이상 절대적인 증명력을 가지게 된다(대판 2012.6.14. 2011도12571).

④ 정답

[❹ ▸ ×] 형사소송법 제55조 제1항이 피고인에게 공판조서의 열람 또는 등사청구권을 부여한 이유는 공판조서의 열람 또는 등사를 통하여 피고인으로 하여금 진술자의 진술내용과 그 기재된 조서의 기재내용의 일치 여부를 확인할 수 있도록 기회를 줌으로써 그 조서의 정확성을 담보함과 아울러 피고인의 방어권을 충실하게 보장하려는 데 있으므로 피고인의 공판조서에 대한 열람 또는 등사청구에 법원이 불응하여 피고인의 열람 또는 등사청구권이 침해된 경우에는 그 공판조서를 유죄의 증거로 할 수 없을 뿐만 아니라, 공판조서에 기재된 당해 피고인이나 증인의 진술도 증거로 할 수 없다(대판 2003.10.10. 2003도3282).

[❺ ▸ ○] 형사소송법 제55조 제1항이 피고인에게 공판조서의 열람 또는 등사청구권을 부여한 이유는 공판조서의 열람 또는 등사를 통하여 피고인으로 하여금 진술자의 진술내용과 그 기재된 조서의 기재내용의 일치 여부를 확인할 수 있도록 기회를 줌으로써 그 조서의 정확성을 담보함과 아울러 피고인의 방어권을 충실하게 보장하려는 데 있으므로, 비록 피고인이 차회 공판기일 전 등 원하는 시기에 공판조서를 열람·등사하지 못하였다 하더라도 그 변론 종결 이전에 이를 열람·등사한 경우에는 그 열람·등사가 늦어짐으로 인하여 피고인의 방어권 행사에 지장이 있었다는 등의 특별한 사정이 없는 한 형사소송법 제55조 제1항 소정의 피고인의 공판조서의 열람·등사청구권이 침해되었다고 볼 수 없어, 그 공판조서를 유죄의 증거로 할 수 있다고 보아야 한다(대판 2007.7.26. 2007도3906).

재 판

각 문항별로 이해도를 체크해 보세요.

최근 5년간 회별 평균 0.8문

제1절 종국재판

2020년 변호사시험 문 32.

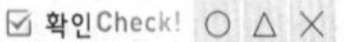

확인Check! ○ △ ×

형사소송법 제326조에 따라 면소판결이 선고되어야 할 사건(○)과 그렇지 않은 사건(×)을 올바르게 조합한 것은?(다툼이 있는 경우 판례에 의함)

ㄱ. 甲이 간통죄로 기소된 이후에 간통죄는 헌법재판소의 위헌결정으로 인하여 소급하여 그 효력을 상실하였다.

ㄴ. 乙은 절도범행으로 소년법에 따라 보호처분을 받은 이후에 동일한 절도범행으로 다시 공소가 제기되었다.

ㄷ. 丙은 절도죄로 징역 1년의 판결을 선고받아 그 판결이 확정된 이후에 그 선고 전에 저지른 절도범행이 발견되어 상습절도죄로 기소되었다.

ㄹ. 丁은 신호위반으로 인한 교통사고를 일으켜 A의 자동차를 손괴하였다는 취지의 도로교통법 위반죄로 벌금 50만원의 약식명령을 받아 그 약식명령이 확정되었다. 그 이후에 丁은 위 교통사고로 A에게 상해를 입게 하였다는 취지의 교통사고처리 특례법 위반(치상)죄로 공소가 제기되었다.

ㅁ. 戊에 대하여 2019.1.1.부터 2019.6.30.까지 신고 없이 분식점을 운영하였다는 취지의 식품위생법 위반죄로 벌금 100만원의 약식명령이 2019.8.16. 발령되고 2019.10.1. 확정되었다. 戊는 2019.9.1.부터 2019.9.30.까지 같은 장소에서 신고 없이 동일한 분식점을 운영하였다는 취지의 식품위생법 위반죄로 공소가 제기되었다.

① ㄱ(○) ㄴ(○) ㄷ(○) ㄹ(○) ㅁ(○)
② ㄱ(×) ㄴ(○) ㄷ(○) ㄹ(○) ㅁ(×)
③ ㄱ(○) ㄴ(○) ㄷ(×) ㄹ(×) ㅁ(×)
④ ㄱ(×) ㄴ(×) ㄷ(×) ㄹ(○) ㅁ(×)
⑤ ㄱ(○) ㄴ(×) ㄷ(○) ㄹ(×) ㅁ(○)

[ㄱ ▸ ×] 헌법재판소법 제47조 제2항 단서는 형벌에 관한 법률조항에 대하여 위헌결정이 선고된 경우 그 조항이 소급하여 효력을 상실한다고 규정하고 있으므로, 형벌에 관한 법률조항이 소급하여 효력을 상실한 경우에 당해 조항을 적용하여 공소가 제기된 피고사건은 범죄로 되지 아니한 때에 해당하고, 법원은 이에 대하여 형사소송법 제325조 전단에 따라 무죄를 선고하여야 한다(대판 2011.6.23. 2008도7562[전합]).

[ㄴ ▸ ×] 소년법 제32조의 보호처분을 받은 사건과 동일(상습죄 등 포괄일죄 포함)한 사건에 관하여 다시 공소제기가 되었다면, 이는 공소제기절차가 법률의 규정에 위배하여 무효인 때에 해당한 경우이므로 형사소송법 제327조 제2호의 규정에 의하여 공소기각의 판결을 하여야 한다(대판 1996.2.23. 96도47).

[ㄷ ▸ ×] 판례의 법리에 의하면, 절도죄의 판결이 확정된 이후에 그 선고 전에 발견된 절도범행에 대하여는, 상습절도죄로서 실체재판을 하여야 한다.

④ 정답

판례 상습범으로서 포괄적 일죄의 관계에 있는 여러 개의 범죄사실 중 일부에 대하여 유죄판결이 확정된 경우에, 그 확정판결의 사실심판결 선고 전에 저질러진 나머지 범죄에 대하여 새로이 공소가 제기되었다면 그 새로운 공소는 확정판결이 있었던 사건과 동일한 사건에 대하여 다시 제기된 데 해당하므로 이에 대하여는 판결로써 면소의 선고를 하여야 하는 것인 바(형사소송법 제326조 제1호), 다만 이러한 법리가 적용되기 위해서는 전의 확정판결에서 당해 피고인이 상습범으로 기소되어 처단되었을 것을 필요로 하는 것이고, 상습범 아닌 기본구성요건의 범죄로 처단되는 데 그친 경우에는, 가사 뒤에 기소된 사건에서 비로소 드러났거나 새로 저질러진 범죄사실과 전의 판결에서 이미 유죄로 확정된 범죄사실 등을 종합하여 비로소 그 모두가 상습범으로서의 포괄적 일죄에 해당하는 것으로 판단된다 하더라도 뒤늦게 앞서의 확정판결을 상습범의 일부에 대한 확정판결이라고 보아 그 기판력이 그 사실심판결 선고 전의 나머지 범죄에 미친다고 보아서는 아니 된다(대판 2004.9.16. 2001도3206[전합]).

[ㄹ ▸ O] 약식명령이 확정된 피고인의 도로교통법 제74조 위반죄와 이 사건으로 공소제기된 죄는 모두 피고인의 동일한 업무상 과실로 발생한 수개의 결과로서 형법 제40조 소정의 상상적 경합관계에 있다 할 것이고, 이미 확정된 약식명령의 효력은 이 사건 공소사실에 미친다 할 것이므로 원심이 같은 이유로 이 사건 공소사실은 확정판결이 있는 때에 해당한다고 판단하여 면소의 판결을 하였음은 정당하다(대판 1986.2.11. 85도2658).

[ㅁ ▸ X] 戊가 2019.8.16. 약식명령이 발령된 이후 2019.9.1.부터 2019.9.30.까지 같은 장소에서 신고 없이 동일한 분식점을 운영한 한 행위에 대하여는, 식품위생법 위반죄로서 실체재판을 하여야 한다.

판례 포괄일죄의 관계에 있는 범행 일부에 관하여 약식명령이 확정된 경우, 약식명령의 발령 시를 기준으로 하여 그 전의 범행에 대하여는 면소의 판결을 하여야 하고, 그 이후의 범행에 대하여서만 일개의 범죄로 처벌하여야 한다(대판 1994.8.9. 94도1318).

2016년 변호사시험 문 36. ☑ 확인Check! O △ X

재판에 관한 설명 중 옳지 않은 것은?(다툼이 있는 경우 판례에 의함)

① 재심대상 판결 확정 후에 형 선고의 효력을 상실케 하는 특별사면이 있었다고 하더라도, 재심개시결정이 확정되어 재심심판절차를 진행하는 법원은 그 심급에 따라 다시 심판하여 실체에 관한 유·무죄 등의 판단을 해야지, 특별사면이 있음을 들어 면소판결을 하여서는 아니 된다.

② 원래 공소제기가 없었음에도 피고인의 소환이 이루어지는 등 사실상의 소송 계속이 발생한 상태에서 검사가 약식명령을 청구하는 공소장을 제1심법원에 제출하고, 위 공소장에 기하여 공판절차를 진행한 경우 제1심법원으로서는 이에 기하여 유·무죄의 실체판단을 하여야 한다.

③ 판결의 확정력은 사실심리의 가능성이 있는 최후의 시점인 판결 선고 시를 기준으로 하여 그때까지 행하여진 행위에 대하여만 미친다.

④ 소년법상의 보호처분을 받은 사건과 동일한 사건에 대하여 다시 공소가 제기된 경우, 법원은 면소판결을 선고하여야 한다.

⑤ 헌법재판소의 위헌결정으로 인하여 형벌에 관한 법령이 소급하여 그 효력을 상실한 경우, 법원은 당해 법령을 적용하여 공소가 제기된 피고사건에 대하여는 무죄를 선고하여야 한다.

정답 ④

[❶ ▸ O] 면소판결사유인 형사소송법 제326조 제2호의 '사면이 있는 때'에서 말하는 '사면'이란 일반사면을 의미할 뿐, 형을 선고받아 확정된 자를 상대로 이루어지는 특별사면은 여기에 해당하지 않으므로, 재심대상 판결 확정 후에 형 선고의 효력을 상실케 하는 특별사면이 있었다고 하더라도, 재심개시결정이 확정되어 재심심판절차를 진행하는 법원은 그 심급에 따라 다시 심판하여 실체에 관한 유·무죄 등의 판단을 해야지, 특별사면이 있음을 들어 면소판결을 하여서는 아니 된다(대판 2015.5.21. 2011도1932[전합]).

[❷ ▸ O] [1] 소송행위로서 요구되는 본질적인 개념요소가 결여되어 소송행위로 성립되지 아니한 경우에는 소송행위가 성립되었으나 무효인 경우와는 달리 하자의 치유문제는 발생하지 않으나, 추후 당해 소송행위가 적법하게 이루어진 경우에는 그때부터 위 소송행위가 성립된 것으로 볼 수 있다.
[2] 원래 공소제기가 없었음에도 피고인의 소환이 이루어지는 등 사실상의 소송 계속이 발생한 상태에서 검사가 약식명령을 청구하는 공소장을 제1심법원에 제출하고, 위 공소장에 기하여 공판절차를 진행한 경우 제1심법원으로서는 이에 기하여 유·무죄의 실체판단을 하여야 한다(대판 2003.11.14. 2003도2735).

[❸ ▸ O] 판결의 확정력은 사실심리의 가능성이 있는 최후의 시점인 판결 선고 시를 기준으로 하여 그때까지 행하여진 행위에 대하여만 미치는 것으로서, 제1심판결에 대하여 항소가 된 경우 판결의 확정력이 미치는 시간적 한계는 현행 형사항소심의 구조와 운용실태에 비추어 볼 때 항소심판결 선고 시라고 보는 것이 상당한데 항소이유서를 제출하지 아니하여 결정으로 항소가 기각된 경우에도 형사소송법 제361조의4 제1항에 의하면 피고인이 항소한 때에는 법정기간 내에 항소이유서를 제출하지 아니하였다 하더라도 판결에 영향을 미친 사실오인이 있는 등 직권조사사유가 있으면 항소법원이 직권으로 심판하여 제1심판결을 파기하고 다시 판결할 수도 있으므로 사실심리의 가능성이 있는 최후시점은 항소기각결정 시라고 보는 것이 옳다(대판 1993.5.25. 93도836).

[❹ ▸ X] 소년법 제32조의 보호처분을 받은 사건과 동일(상습죄 등 포괄일죄 포함)한 사건에 관하여 다시 공소제기가 되었다면, 이는 공소제기절차가 법률의 규정에 위배하여 무효인 때에 해당한 경우이므로 형사소송법 제327조 제2호의 규정에 의하여 공소기각의 판결을 하여야 한다(대판 1996.2.23. 96도47).

[❺ ▸ O] 헌법재판소법 제47조 제2항 단서는 형벌에 관한 법률조항에 대하여 위헌결정이 선고된 경우 그 조항이 소급하여 효력을 상실한다고 규정하고 있으므로, 형벌에 관한 법률조항이 소급하여 효력을 상실한 경우에 당해 조항을 적용하여 공소가 제기된 피고사건은 범죄로 되지 아니한 때에 해당하고, 법원은 이에 대하여 형사소송법 제325조 전단에 따라 무죄를 선고하여야 한다(대판 2011.6.23. 2008도7562[전합]).

2017년 변호사시험 문 23. ☑확인 Check! O △ X

면소판결에 관한 설명 중 옳지 않은 것은?(다툼이 있는 경우 판례에 의함)

① 공소제기된 사건에 적용된 법령이 헌법재판소의 위헌결정으로 효력이 소급하여 상실된 경우는 '범죄 후의 법령 개폐로 형이 폐지되었을 때'에 해당하므로 법원은 면소판결을 선고하여야 한다.
② 피고인은 면소판결에 대하여 무죄의 실체판결을 구하는 상소를 할 수 없는 것이 원칙이다.
③ 면소의 재판을 할 것이 명백한 사건에 관하여는 공판기일에 피고인의 출석을 요하지 아니한다.
④ 면소판결의 사유 중 '사면이 있은 때'란 일반사면이 있은 때를 말한다.
⑤ A죄와 B죄가 상상적 경합관계에 있는 경우에 A죄에 대한 판결이 확정되었다면 법원은 공소제기된 B죄에 대하여 면소판결을 선고하여야 한다.

① 정답

[❶ ▸ ×] 헌법재판소법 제47조 제2항 단서는 형벌에 관한 법률조항에 대하여 위헌결정이 선고된 경우 그 조항이 소급하여 효력을 상실한다고 규정하고 있으므로, 형벌에 관한 법률조항이 소급하여 효력을 상실한 경우에 당해 조항을 적용하여 공소가 제기된 피고사건은 범죄로 되지 아니한 때에 해당하고, 법원은 이에 대하여 형사소송법 제325조 전단에 따라 무죄를 선고하여야 한다(대판 2011.6.23. 2008도7562[전합]).

[❷ ▸ ○] 피고인에게는 실체판결청구권이 없는 것이므로 면소판결에 대하여 무죄의 실체판결을 구하여 상소를 할 수는 없는 것이다(대판 1984.11.27. 84도2106).

[❸ ▸ ○] 공소기각 또는 면소의 재판을 할 것이 명백한 사건에 관하여는 피고인의 출석을 요하지 아니한다. 이 경우 피고인은 대리인을 출석하게 할 수 있다(형소법 제277조 제2호).

[❹ ▸ ○] 형사소송법 제326조 제2호 소정의 면소판결의 사유인 사면이 있을 때란 일반사면이 있을 때를 말한다(대판 2000.2.11. 99도2983).

[❺ ▸ ○] A죄와 B죄가 상상적 경합관계에 있는 경우에 A죄에 대한 판결이 확정되었다면, B죄에 대하여도 확정판결의 기판력이 미치므로, 법원은 공소제기된 B죄에 대하여 면소판결을 선고하여야 한다.

제2절 재판의 확정과 효력 ★★

2016년 변호사시험 문 22. ☑ 확인 Check! ○ △ ×

다음 사례에 관한 설명 중 옳은 것은?(다툼이 있는 경우 판례에 의함)

> 甲은 2015.6.5. 무전취식범행을 저질러 2015.7.10. 사기죄로 약식명령을 발령받았고 2015.7.29. 그 약식명령이 확정되었다. 그런데 이후 甲이 ㉠ 2015.5.2. ㉡ 2015.5.20. ㉢ 2015.7.20. ㉣ 2015.8.5. 등 4회에 걸쳐 위와 같은 수법으로 각 무전취식한 사기사건이 경찰에서 송치되었고 검사는 2015.8.20. 이를 상습사기죄로 공소제기하였다. 甲은 법정에서 위 범행 모두를 자백하였으며 보강증거도 충분한 상황이다.

① 법원은 ㉠, ㉡공소사실에 대하여 약식명령의 기판력에 저촉된다는 이유로 면소판결을 할 수는 없다.
② 만약 甲에 대한 위 약식명령이 상습사기죄로 발령되어 확정되었다면 법원은 ㉢공소사실에 대하여 면소판결을 선고하여야 한다.
③ 만약 검사가 甲에 대한 동종의 다른 무전취식사기사건을 2015.8.21. 송치받았다면 검사는 위 상습사기사건에 이 부분 공소사실을 추가하는 공소장변경신청을 할 수는 없고, 추가기소만을 하여야 한다.
④ 검사는 위 공소사실들 중 일부만을 철회하는 내용의 공소장변경신청을 할 수 없고, 이 경우 공소사실 전체에 대한 공소취소로 보아야 한다.
⑤ 약식명령이 확정되기 이전의 사기범행과 그 이후의 사기범행에 대하여 형을 분리하여 선고할 것인지 아니면 하나의 형만을 선고할 것인지 여부는 법원의 재량이다.

[❶ ▸ ○] 약식명령이 확정되었더라도, 형소법 제326조 제1호의 확정판결이 있은 때에 해당하므로, 면소판결을 할 수 있다. 다만, 甲이 상습범 아닌 기본구성요건의 범죄로 처단되는 데 그친 경우에는, 판례의 법리가 적용되지 아니하여 기존의 ㉠, ㉡, ㉢, ㉣의 상습사기죄에 대하여는 기판력이 미치지 아니하므로, 법원은 면소판결이 아닌 실체재판을 하여야 한다.

정답 ①

판례 상습범으로서 포괄적 일죄의 관계에 있는 여러 개의 범죄사실 중 일부에 대하여 유죄판결이 확정된 경우에, 그 확정판결의 사실심판결 선고 전에 저질러진 나머지 범죄에 대하여 새로이 공소가 제기되었다면 그 새로운 공소는 확정판결이 있었던 사건과 동일한 사건에 대하여 다시 제기된 데 해당하므로 이에 대하여는 판결로써 면소의 선고를 하여야 하는 것인 바(형사소송법 제326조 제1호), 다만 이러한 법리가 적용되기 위해서는 전의 확정판결에서 당해 피고인이 상습범으로 기소되어 처단되었을 것을 필요로 하는 것이고, 상습범 아닌 기본구성요건의 범죄로 처단되는 데 그친 경우에는, 가사 뒤에 기소된 사건에서 비로소 드러났거나 새로 저질러진 범죄사실과 전의 판결에서 이미 유죄로 확정된 범죄사실 등을 종합하여 비로소 그 모두가 상습범으로서의 포괄적 일죄에 해당하는 것으로 판단된다 하더라도 뒤늦게 앞서의 확정판결을 상습범의 일부에 대한 확정판결이라고 보아 그 기판력이 그 사실심판결 선고 전의 나머지 범죄에 미친다고 보아서는 아니 된다(대판 2004.9.16, 2001도3206[전합]).

[❷ ▸ ×] 만약 甲에 대한 약식명령이 상습사기죄로 발령되어 확정되었다면, 약식명령은 발령 시를 기준으로 기판력이 발생하므로, 2015.7.10. 이전에 저질러진 ㉠ 2015.5.2. ㉡ 2015.5.20.의 공소사실에 대하여는 기판력이 미쳐 면소판결을 하여야 하나, ㉢ 2015.7.20. ㉣ 2015.8.5.의 공소사실에 대하여는 기판력이 미치지 아니하므로, 실체재판을 하여야 한다.

[❸ ▸ ×] 검사가 2015.8.21. 송치받은 甲의 다른 무전취식행위는 기존의 ㉠, ㉡, ㉢, ㉣의 상습사기죄와 공소사실의 동일성이 인정되므로, 검사는 형소법 제298조 제1항에 따라 상습사기사건에 이 부분 공소사실을 추가하는 공소장변경신청을 할 수 있다.

[❹ ▸ ×] 검사가 이미 기소한 ㉠, ㉡, ㉢, ㉣의 상습사기죄는 공소사실의 동일성이 인정되므로, 공소사실 중 일부를 철회하는 공소장변경신청을 할 수 있다.

[❺ ▸ ×] 甲은 2015.7.10. 단순사기죄로 약식명령을 발령받았으므로, 그 기판력은 기존의 ㉠, ㉡, ㉢, ㉣의 상습사기죄에 미치지 아니한다. 따라서 법원은 기존의 ㉠, ㉡, ㉢, ㉣의 상습사기죄에 대하여는 하나의 형을 선고하여야 한다.

2014년 변호사시험 문 29. ☑ 확인Check! ○ △ ×

재판의 효력에 관한 설명 중 옳지 않은 것은?(다툼이 있는 경우에는 판례에 의함)

① 공소기각과 관할 위반의 형식재판에 대하여는 일사부재리의 효력이 인정되지 아니한다.
② 상습범의 일부에 대하여 유죄판결이 확정된 경우 기판력이 그 사실심판결 선고 전에 저질러진 나머지 범죄에 미치기 위해서는 그 확정판결에서 당해 피고인이 상습범으로 기소되어 처단되었을 것이 필요하고 상습범이 아닌 기본구성요건의 범죄로 처단되는 데 그친 경우에는 기판력이 미치지 아니한다.
③ 피고인이 수회의 공갈행위로 폭력행위 등 처벌에 관한 법률 제2조 제1항 제3호, 형법 제350조(상습공갈)가 적용되어 상습범으로 유죄판결이 확정된 경우 그 사실심판결 선고 전에 저질러진 재물손괴범죄에 대하여는 동일한 폭력행위의 습벽이 인정되더라도 그 확정판결의 기판력이 미치지 아니한다.
④ 일사부재리의 효력이 미치는 객관적 범위는 공소사실과 단일하고 동일한 관계에 있는 모든 사실에 미치므로 그 물적 범위는 현실적 심판대상인 사실에 한정되지 아니한다.
⑤ 약식명령의 기판력이 미치는 시간적 범위는 약식명령의 송달 시가 아닌 발령 시를 기준으로 한다.

[❶ ▸ ○] 일사부재리의 효력은 실체재판에 수반되는 효력이므로, 공소기각의 재판과 관할 위반의 판결은 일사부재리의 효력이 미치지 아니한다.

③ 정답

[❷ ▸ O] 상습범으로서 포괄적 일죄의 관계에 있는 여러 개의 범죄사실 중 일부에 대하여 유죄판결이 확정된 경우에, 그 확정판결의 사실심판결 선고 전에 저질러진 나머지 범죄에 대하여 새로이 공소가 제기되었다면 그 새로운 공소는 확정판결이 있었던 사건과 동일한 사건에 대하여 다시 제기된 데 해당하므로 이에 대하여는 판결로써 면소의 선고를 하여야 하는 것인 바(형사소송법 제326조 제1호), 다만 이러한 법리가 적용되기 위해서는 전의 확정판결에서 당해 피고인이 상습범으로 기소되어 처단되었을 것을 필요로 하는 것이고, 상습범 아닌 기본구성요건의 범죄로 처단되는 데 그친 경우에는, 가사 뒤에 기소된 사건에서 비로소 드러났거나 새로 저질러진 범죄사실과 전의 판결에서 이미 유죄로 확정된 범죄사실 등을 종합하여 비로소 그 모두가 상습범으로서의 포괄적 일죄에 해당하는 것으로 판단된다 하더라도 뒤늦게 앞서의 확정판결을 상습범의 일부에 대한 확정판결이라고 보아 그 기판력이 그 사실심판결 선고 전의 나머지 범죄에 미친다고 보아서는 아니 된다(대판 2004.9.16. 2001도3206[전합]).

[❸ ▸ ×] 폭력행위 등 처벌에 관한 법률(이하 '폭처법') 제2조 제1항에서 말하는 상습이란 같은 항 각 호에 열거된 각 범죄행위 상호 간의 상습성만을 의미하는 것이 아니라 같은 항 각 호에 열거된 모든 범죄행위를 포괄한 폭력행위의 습벽을 의미하는 것이다. 따라서 위와 같은 습벽을 가진 자가 폭처법 제2조 제1항 각 호에 열거된 형법 각 조에서 정하는 다른 수종의 죄를 범하였다면 그 각 행위는 그 각 호 중 가장 중한 법정형의 상습폭력범죄의 포괄일죄에 해당한다(대판 2012.8.17. 2012도6815).

[❹ ▸ O] 일사부재리의 효력은 법원의 현실적인 심판대상뿐만 아니라, 공소사실과 단일성·동일성이 인정되는 모든 사실에 미친다는 것이 학설의 일반적인 태도이다.

[❺ ▸ O] 포괄일죄의 관계에 있는 범행 일부에 관하여 약식명령이 확정된 경우, 약식명령의 발령 시를 기준으로 하여 그 전의 범행에 대하여는 면소의 판결을 하여야 하고, 그 이후의 범행에 대하여서만 일개의 범죄로 처벌하여야 한다(대판 1994.8.9. 94도1318).

PART 03

형법

2013년 변호사시험 문 39. ☑ 확인Check! O △ X

甲과 乙은 고의로 교통사고를 낸 뒤 보험금을 청구하여 수령하기로 계획하였다. 이에 甲은 乙의 다리를 고의로 자동차로 치어 전치 4주의 상해를 입게 한 후 위 교통사고가 마치 과실에 의한 교통사고인 양 A보험회사와 B보험회사에 보험금을 청구하였다. 그 이후 甲은 교통사고에 대하여 교통사고처리 특례법 위반죄로 기소되어 유죄판결을 받고 확정되었다. 甲과 乙은 A보험회사로부터는 보험금을 수령했고, B보험회사로부터는 보험금을 수령하지 못하였다. 이후 검사는 甲과 乙의 보험사기범행에 대하여 사기 및 사기미수죄로 기소하였고, 甲은 교통사고처리 특례법 위반과 사기 및 사기미수는 일련의 행위로서 기본적 사실관계가 동일하다는 이유로 면소판결을 해 달라고 주장하였다. 이 사안과 관련한 설명 중 옳은 것은? (다툼이 있는 경우에는 판례에 의함)

① 사기죄의 실행의 착수시기는 편취의 의사로 기망행위를 개시한 때이며, 단순히 기망을 위한 수단을 준비하는 정도로는 아직 실행의 착수가 있다고 볼 수 없기 때문에 본 사안의 경우 사기죄의 실행의 착수를 인정할 수 없다.
② 보험금을 청구하였지만 보험금을 수령하지 못했다고 하더라도 사기죄는 기수가 된다.
③ 형사재판이 실체적으로 확정되면 동일한 범죄에 대하여 거듭 처벌할 수 없고, 확정판결이 있는 사건과 동일사건에 대하여 공소의 제기가 있는 경우에는 공소기각판결을 해야 한다.
④ 교통사고처리 특례법 위반죄와 사기 및 사기미수죄는 서로 행위태양 및 피해자가 다르므로 그 기본적 사실관계가 동일하지 않기 때문에 전자에 관한 확정판결의 기판력이 후자에 미치지 않는다.
⑤ 기본적 사실관계가 동일한가의 여부는 규범적 요소를 전적으로 배제한 채 순수하게 사회적·전법률적인 관점에서만 파악해야 하며, 그 자연적·사회적 사실관계나 피고인의 행위가 동일한 것인가는 기본적 사실관계 동일성의 실질적 내용에 해당한다.

정답 ④

[❶ ▸ ×] [❷ ▸ ×] 보험사기의 경우에는 보험금을 청구한 때에 실행의 착수가 있고, 보험금을 수령한 때에 기수가 된다는 것이 판례의 입장이다.

[❸ ▸ ×] [❹ ▸ ○] [❺ ▸ ×] [1] 형사재판이 실체적으로 확정되면 동일한 범죄에 대하여 거듭 처벌할 수 없고(헌법 제13조 제1항), 확정판결이 있는 사건과 동일사건에 대하여 공소의 제기가 있는 경우에는 판결로써 면소의 선고를 하여야 하는 것인 바(형사소송법 제326조 제1호), 피고인에 대한 각 '교통사고처리 특례법 위반죄'의 확정판결의 기판력이 '사기 및 사기미수죄'에 미치는 것인지의 여부는 그 기본적 사실관계가 동일한 것인가의 여부에 따라 판단하여야 할 것이다. 또한 기본적 사실관계가 동일한가의 여부는 규범적 요소를 전적으로 배제한 채 순수하게 사회적, 전법률적인 관점에서만 파악할 수는 없고, 그 자연적, 사회적 사실관계나 피고인의 행위가 동일한 것인가 외에 그 규범적 요소도 기본적 사실관계 동일성의 실질적 내용의 일부를 이루는 것이라고 보는 것이 상당하다.

[2] 과실로 교통사고를 발생시켰다는 각 '교통사고처리 특례법 위반죄'와 고의로 교통사고를 낸 뒤 보험금을 청구하여 수령하거나 미수에 그쳤다는 '사기 및 사기미수죄'는 서로 행위태양이 전혀 다르고, 각 교통사고처리 특례법 위반죄의 피해자는 교통사고로 사망한 사람들이나, 사기 및 사기미수죄의 피해자는 피고인과 운전자보험계약을 체결한 보험회사들로서 역시 서로 다르며, 따라서 위 각 교통사고처리 특례법 위반죄와 사기 및 사기미수죄는 그 기본적 사실관계가 동일하다고 볼 수 없으므로, 위 전자에 관한 확정판결의 기판력이 후자에 미친다고 할 수 없다(대판 2010.2.25. 2009도14263).

2012년 변호사시험 문 28. ☑ 확인 Check! ○ △ ×

다음 〈사례〉에서 X사건과 Y사건 및 Z사건이 甲의 동일한 사기습벽의 발현에 의하여 저질러진 것이라고 할 때, 이에 관한 설명 중 옳지 않은 것은?(다툼이 있는 경우에는 판례에 의함)

〈사례〉

ⓐ 甲은 춘천지방법원에 단순사기의 범죄사실(X사건, 범행일 2009.6.20.)로 기소되어 2009.8.11. 징역 8월 및 집행유예 2년의 형을 선고받아 같은 달 18일 판결이 확정되었다.

ⓑ 甲은 다시 대전지방법원에서 A로부터 7회에 걸쳐 재물을 편취하였다는 상습사기의 범죄사실(Y사건, 범행일 2009.1.1.부터 2009.6.14.까지)로 재판을 받고 있던 중, 춘천지방검찰청 검사가 甲의 B에 대한 사기의 범죄사실(Z사건, 범행일 2010.3.2.)을 추가로 확인하였다.

① X사건에 대한 위 판결의 기판력은 Z사건에 미치지 아니한다.
② 대전지방법원은 Y사건에 대하여 면소판결을 선고하여야 한다.
③ 검사는 Y사건의 공판심리 중 공소장변경절차를 통하여 Z사건의 범죄사실을 Y사건의 공소사실에 추가할 수 있다.
④ Y사건의 판결이 2010.7.1. 선고되어 같은 달 8일 확정된 후에 검사가 Z사건에 대하여 공소를 제기하면 법원은 면소판결을 선고하여야 한다.
⑤ Y사건의 소송 계속 중 검사가 춘천지방법원에 Z사건을 단순사기죄로 기소하였다면 춘천지방법원은 Z사건에 대하여 공소기각의 결정을 하여야 한다.

[❶ ▸ ○] [❷ ▸ ×] 피고인 甲은 단순사기의 범죄사실(X사건)로 기소되어 2009.8.18. 판결이 확정되었으므로, 포괄일죄의 일부에 대한 확정판결의 기판력의 범위를 제한하고 있는 판례의 법리에 의하여, X사건에 대한 확정판결의 기판력은 Z사건에 미치지 아니한다. 또한 상습사기의 범행이 단순사기죄의 확정판결 전후에 걸쳐서 행하여진 경우에는, 그 죄는 두 죄로 분리되지 아니하고, 확정판결 후인 최종의 범죄행위 시에 완성되는 것이므로, Y사건과 Z사건은 분리되지 아니하고, X사건에 대한 확정판결의 기판력은 Y사건에 미치지 아니하므로, 대전지방법원은 실체재판을 하여야 한다.

② 정답

[❸ ▸ O] 상습범에 있어서 공소제기의 효력은 공소가 제기된 범죄사실과 동일성이 인정되는 범죄사실의 전체에 미치는 것이므로 상습범의 범죄사실에 대한 공판심리 중에 그 범죄사실과 동일한 습벽의 발현에 의한 것으로 인정되는 범죄사실이 추가로 발견된 경우에는 검사는 공소장변경절차에 의하여 그 범죄사실을 공소사실로 추가할 수 있다고 할 것이다(대판 2000.3.10. 99도2744).

[❹ ▸ O] 피고인 甲은 상습사기의 범죄사실(Y사건)로 기소되어 2010.7.8. 판결이 확정되었으므로, 그 확정판결의 사실심판결 선고 전에 저질러진 Z사건에 대하여는 기판력이 미친다. 따라서 검사가 Z사건에 대하여 공소를 제기하면, 법원은 형소법 제326조 제1호에 의하여 면소판결을 선고하여야 한다.

[❺ ▸ O] Y사건과 Z사건은 포괄일죄의 관계에 있으므로 동일사건에 해당하고, 동일사건이 사물관할을 같이하는 수개의 법원에 계속된 때에는, 형사소송법 제13조에 의하여 먼저 공소를 받은 법원이 심판하므로, 뒤에 공소를 받은 춘천지방법원은 제328조 제1항 제3호에 의하여 Z사건에 대하여 공소기각의 결정을 하여야 한다.

PART 04

상소 · 비상구제절차 · 특별형사절차

CHAPTER 01

상 소

형사소송법

각 문항별로 이해도를 체크해 보세요.

최근 5년간 회별 평균 **1.6문**

제1절 상소의 개관 ★★★★★

2018년 변호사시험 문 39.

다음 판결문에 관한 〈보기〉의 설명 중 옳은 것을 모두 고른 것은?

[원심판결] ○○지방법원 2017.8.10. 선고 2017노3456 판결 【폭행】
[이유]
폭행죄에 있어서의 폭행이라 함은 사람의 신체에 대하여 물리적 유형력을 행사함을 뜻하는 것으로서 욕설을 한 것 외에 별다른 행위를 한 것이 없다면 이는 유형력의 행사라고 보기 어려울 것이다. 원심이 이와 같은 취지에서 무죄를 선고한 조치는 정당하다.

〈보기〉
ㄱ. 재판부는 상고를 기각하였다.
ㄴ. 위 사건의 2심재판의 관할 법원은 고등법원이다.
ㄷ. 피고인이 2심판결에 불복하여 제기한 재판에서 내려진 판결이다.
ㄹ. 피고인의 행위가 폭행죄의 구성요건에 해당하지 않는다는 판단이 내려졌다.

① ㄱ, ㄷ　② ㄱ, ㄹ　③ ㄴ, ㄷ
④ ㄷ, ㄹ　⑤ ㄱ, ㄴ, ㄷ, ㄹ

[ㄱ ▸ O] [ㄴ ▸ X] [ㄷ ▸ X] 판결문 중 ○○지방법원 2017.8.10. 선고 2017노3456 판결 부분은 2017년에 3456번째로 접수된 형사항소사건에 대하여 ○○지방법원에서 2017년 8월 10일에 선고하였음을 의미한다. 따라서 원심은 지방법원 항소심이고, 위 판결문을 통하여 원심의 무죄판결에 대한 검사의 상고를 법원이 기각하였음을 알 수 있다.

[ㄹ ▸ O] 피해자의 신체에 공간적으로 근접하여 고성으로 폭언이나 욕설을 하거나 동시에 손발이나 물건을 휘두르거나 던지는 행위는 직접 피해자의 신체에 접촉하지 아니하였다 하더라도 피해자에 대한 불법한 유형력의 행사로서 폭행죄(형법 제260조 제1항)에 있어서의 폭행에 해당될 수 있다는 대법원의 판례로 판단하건대, 욕설을 한 것 외에 별다른 행위를 한 것이 없다면 이는 유형력의 행사라고 보기 어려울 것이라는 위 판결문의 판결이유 설시는 타당하다고 판단된다.

② 정답

2019년 변호사시험 문 32. ☑ 확인Check! ○ △ ×

甲은 종중으로부터 명의신탁된 시가 10억원 상당의 임야에 대하여 ㉠ 2013.7.3. 자신의 채무를 담보하기 위하여 A에게 채권최고액 2억원의 근저당권을 임의로 설정하여 주었고, ㉡ 2018.7.4. 다시 B에게 이를 임의매도하고 대금 8억원을 받아 소비하였다. 甲은 ㉠, ㉡죄의 경합범으로 기소된 후 제1심에서 전부 유죄로 인정되어 징역 2년을 선고받았다. 이에 甲만 무죄라는 취지로 항소하였다. 항소심법원은 ㉠죄에 대하여는 무죄를 선고하고, ㉡죄에 대하여는 유죄로 인정하여 징역 2년을 선고하였다. 검사는 ㉠ 부분에 대하여만 상고하였고 대법원은 ㉠죄도 유죄라고 판단하였다. 이에 관한 설명 중 옳은 것(○)과 옳지 않은 것(×)을 올바르게 조합한 것은?(다툼이 있는 경우 판례에 의함)

ㄱ. ㉠행위는 횡령죄를 구성한다.
ㄴ. ㉡행위는 특정경제범죄 가중처벌 등에 관한 법률 위반(횡령)죄를 구성한다.
ㄷ. ㉠, ㉡죄에는 1개의 형이 선고되어야 하므로 대법원은 ㉠, ㉡죄 전부에 대하여 파기환송하여야 한다.
ㄹ. 환송받은 법원은 상고심판단의 기초가 된 증거관계에 변동이 생기지 않는 한 ㉠죄 부분을 유죄로 판단하여야 한다.
ㅁ. 환송받은 법원은 ㉠죄 부분을 유죄로 판단하더라도 형을 선고하지 아니한다는 주문을 선고하여야 한다.

① ㄱ(○) ㄴ(○) ㄷ(○) ㄹ(○) ㅁ(○)
② ㄱ(○) ㄴ(○) ㄷ(×) ㄹ(○) ㅁ(○)
③ ㄱ(○) ㄴ(×) ㄷ(×) ㄹ(○) ㅁ(○)
④ ㄱ(○) ㄴ(○) ㄷ(×) ㄹ(×) ㅁ(×)
⑤ ㄱ(×) ㄴ(×) ㄷ(×) ㄹ(×) ㅁ(×)

[ㄱ ▸ ○] [ㄴ ▸ ○] ㉠행위는 횡령죄를 구성하고, ㉡행위는 특정경제범죄 가중처벌 등에 관한 법률 제3조 제1항 제2호에 의하여 가중처벌한다.

판례

타인의 부동산을 보관 중인 자가 불법영득의사를 가지고 그 부동산에 근저당권설정등기를 경료함으로써 일단 횡령행위가 기수에 이르렀다 하더라도 그 후 같은 부동산에 별개의 근저당권을 설정하여 새로운 법익 침해의 위험을 추가함으로써 법익 침해의 위험을 증가시키거나 해당 부동산을 매각함으로써 기존의 근저당권과 관계없이 법익 침해의 결과를 발생시켰다면, 이는 당초의 근저당권 실행을 위한 임의경매에 의한 매각 등 그 근저당권으로 인해 당연히 예상될 수 있는 범위를 넘어 새로운 법익 침해의 위험을 추가시키거나 법익 침해의 결과를 발생시킨 것이므로 특별한 사정이 없는 한 불가벌적 사후행위로 볼 수 없고, 별도로 횡령죄를 구성한다(대판 2015.1.29. 2014도12022).

[ㄷ ▸ ×] 형법 제37조 전단의 경합범으로 같은 법 제38조 제1항 제2호에 해당하는 경우 하나의 형으로 처벌하여야 함은 물론이지만 위 규정은 이를 동시에 심판하는 경우에 관한 규정인 것이고 경합범으로 동시에 기소된 사건에 대하여 일부 유죄, 일부 무죄의 선고를 하거나 일부의 죄에 대하여 징역형을, 다른 죄에 대하여 벌금형을 선고하는 등 판결주문이 수개일 때에는 그 1개의 주문에 포함된 부분을 다른 부분과 분리하여 일부 상소를 할 수 있는 것이고 당사자 쌍방이 상소하지 아니한 부분은 분리 확정된다고 볼 것인 바, 경합범 중 일부에 대하여 무죄, 일부에 대하여 유죄를 선고한 항소심판결에 대하여 검사만이 무죄 부분에 대하여 상고를 한 경우 피고인과 검사가 상고하지 아니한 유죄판결 부분은 상고기간이 지남으로써 확정되어 상고심에 계속된 사건은 무죄판결 부분에 대한 공소뿐이라 할 것이므로 상고심에서 이를 파기할 때에는 무죄 부분만을 파기할 수밖에 없다(대판 1992.1.21. 91도1402[전합]).

정답 ②

[ㄹ ▸ O] 법원조직법 제8조는 "상급법원의 재판에 있어서의 판단은 당해 사건에 관하여 하급심을 기속한다"고 규정하고, 민사소송법 제436조 제2항 후문도 상고법원이 파기의 이유로 삼은 사실상 및 법률상의 판단은 하급심을 기속한다는 취지를 규정하고 있으며, 형사소송법에서는 이에 상응하는 명문의 규정은 없지만 법률심을 원칙으로 하는 상고심은 형사소송법 제383조 또는 제384조에 의하여 사실 인정에 관한 원심판결의 당부에 관하여 제한적으로 개입할 수 있는 것이므로 조리상 상고심판결의 파기이유가 된 사실상의 판단도 기속력을 가진다. 따라서 상고심으로부터 사건을 환송받은 법원은 그 사건을 재판함에 있어서 상고법원이 파기이유로 한 사실상 및 법률상의 판단에 대하여 환송 후의 심리과정에서 새로운 증거가 제시되어 기속적 판단의 기초가 된 증거관계에 변동이 생기지 않는 한 이에 기속된다(대판 2009.4.9. 2008도10572).

[ㅁ ▸ O] 제1심 유죄판결에 대하여 검사의 공소가 없고 피고인만의 공소가 있는 제2심 유죄판결에 대하여 검사상고가 있는 경우에 상고심은 검사의 불복 없는 제1심판결의 형보다 중한 형을 과할 수 없다(대판 1957.10.4. 4290형비상1).

2019년 변호사시험 문 38. ☑ 확인Check! O △ X

甲은 2014.1.9. A를 상대로 OO지방검찰청에, "2010.9.1. A로부터 건물창호공사를 도급받아 시공한 공사대금을 9,000만원으로 정산하고 위 건물 201호를 대물변제받기로 하였으나, A가 자신에게 소유권이전등기를 해 주지 않고 다른 사람에게 매도하였으므로 처벌해 달라"라는 내용으로 고소장을 제출하였다. 그러나 수사과정에서 사실은 공사대금이 700만원에 불과하고 위 금원마저 모두 지급되어 둘 사이의 채권채무관계가 정산되었음이 확인되었다. 이에 검사는 2014.9.1. A에 대하여 불기소처분을 하였고, 甲을 무고죄로 기소하였다. 한편, 甲이 A를 고소할 당시, 대법원은 "채권담보로 부동산에 관한 대물변제예약을 체결한 채무자가 그 부동산을 처분한 경우 배임죄가 성립한다"고 보았으나, 2014.8.21. 판례를 변경하여 "배임죄가 성립하지 않는다"고 하였다. 이에 관한 설명 중 옳지 않은 것은?(다툼이 있는 경우 판례에 의함)

① 변경된 대법원 판례에 따르면 A는 타인의 사무를 처리하는 자가 아니다.
② 판례가 변경되었다고 하더라도 특별한 사정이 없는 한 이미 성립한 甲의 무고죄에는 영향을 미치지 않는다.
③ 만약 甲이 제1심법원에서 공소사실을 자백하여 간이공판절차로 진행된 후 甲이 항소심에서 범행을 부인하면, 간이공판절차의 효력이 상실되므로 다시 증거조사를 하여야 한다.
④ 만약 甲이 제1심법원에서 징역 1년 6월, 집행유예 3년의 판결을 선고받아 甲만이 항소한 경우, 항소심법원이 징역 1년의 실형을 선고하였다면, 형사소송법 제368조에 정해진 불이익변경금지원칙에 위배된다.
⑤ 만약 구치소에 있는 甲이 검사의 불기소처분에 대하여 재정신청을 하였으나 법원으로부터 기각결정을 받고 이에 재항고를 제기하고자 한다면, 그 재항고에 대한 법정기간의 준수 여부는 재항고장이 법원에 도달한 시점을 기준으로 판단하여야 하고, 거기에 형사소송법 제344조 제1항에서 정한 재소자피고인특칙은 준용되지 아니한다.

[❶ ▸ O] 채무자가 대물변제예약에 따라 부동산에 관한 소유권을 이전해 줄 의무는 예약 당시에 확정적으로 발생하는 것이 아니라 채무자가 차용금을 제때에 반환하지 못하여 채권자가 예약완결권을 행사한 후에야 비로소 문제가 되고, 채무자는 예약완결권 행사 이후라도 얼마든지 금전채무를 변제하여 당해 부동산에 관한 소유권이전등기절차를 이행할 의무를 소멸시키고 의무에서 벗어날 수 있다. 한편, 채권자는 당해 부동산을 특정물 자체보다는 담보물로서 가치를 평가하고 이로써 기존의 금전채권을 변제받는 데 주된 관심이 있으므로, 채무자의 채무 불이행으로 인하여 대물변제예약에 따른 소유권등기를 이전받는 것이 불가능하게 되는 상황이 초래되어도 채권자는 채무자로부터 금전적 손해배상을 받음으로써 대물변제예약을 통해 달성하고자 한 목적을 사실상 이룰 수 있다. 이러한 점에서 대물변제예약의 궁극적 목적은 차용금반환채무의 이행 확보에 있고, 채무자가 대물변제예약에 따라 부동산에 관한 소유권이전등기절차를 이행할 의무는 궁극적 목적을 달성하기 위해 채무자에게 요구되는 부수적 내용이어서 이를 가지고 배임죄에서 말하는 신임관계에 기초하여 채권자의 재산을 보호 또는 관리하여야 하는 '타인의 사무'에 해당한다고 볼 수는 없다. 그러므로 채권담보를 위한 대물변제예약의 경우 채무자가 대물로 변제하기로 한 부동산을 제3자에게 처분하였다고 하더라도 형법상 배임죄가 성립하는 것은 아니다(대판 2014.8.21. 2014도3363[전합]).

③ 정답

[❷ ▸ O] 타인에게 형사처분을 받게 할 목적으로 '허위의 사실'을 신고한 행위가 무고죄를 구성하기 위해서는 신고된 사실 자체가 형사처분의 대상이 될 수 있어야 하므로, 가령 허위의 사실을 신고하였더라도 신고 당시 그 사실 자체가 형사범죄를 구성하지 않으면 무고죄는 성립하지 않는다. 그러나 허위로 신고한 사실이 무고행위 당시 형사처분의 대상이 될 수 있었던 경우에는 국가의 형사사법권의 적정한 행사를 그르치게 할 위험과 부당하게 처벌받지 않을 개인의 법적 안정성이 침해될 위험이 이미 발생하였으므로 무고죄는 기수에 이르고, 이후 그러한 사실이 형사범죄가 되지 않는 것으로 판례가 변경되었더라도 특별한 사정이 없는 한 이미 성립한 무고죄에는 영향을 미치지 않는다(대판 2017.5.30. 2015도15398).

[❸ ▸ ×] 피고인이 제1심법원에서 공소사실에 대하여 자백하여 제1심법원이 이에 대하여 간이공판절차에 의하여 심판할 것을 결정하고, 이에 따라 제1심법원이 제1심판결 명시의 증거들을 증거로 함에 피고인 또는 변호인의 이의가 없어 형사소송법 제318조의3의 규정에 따라 증거능력이 있다고 보고, 상당하다고 인정하는 방법으로 증거조사를 한 이상, 가사 항소심에 이르러 범행을 부인하였다고 하더라도 제1심법원에서 증거로 할 수 있었던 증거는 항소법원에서도 증거로 할 수 있는 것이므로 제1심법원에서 이미 증거능력이 있었던 증거는 항소심에서도 증거능력이 그대로 유지되어 심판의 기초가 될 수 있고 다시 증거조사를 할 필요가 없다(대판 1998.2.27. 97도3421).

[❹ ▸ O] 징역 1년에 3년간 집행유예가 선고된 제1심판결에 대하여 피고인 및 검사가 제기한 항소를 기각하고 직권으로 제1심판결의 형이 중하다는 이유로 이를 파기한 후 징역 10월의 실형을 선고한 경우에는 불이익변경의 금지규정에 위배된다. 실질적으로 보면 집행유예라는 법률적, 사회적 가치판단은 높게 평가하지 않을 수 없으므로 총체적으로 고려하여 보면 원심의 형(실형 10월)은 제1심의 형(징역 1년 집행유예 3년간)보다 중하다고 하지 않을 수 없다(대판 1965.12.10. 65도826[전합]).

[❺ ▸ O] 형사소송법이 법정기간의 준수에 대하여 도달주의원칙을 정하고 그에 대한 예외로서 재소자피고인특칙을 제한적으로 인정하는 취지는 소송절차의 명확성, 안정성과 신속성을 도모하기 위한 것이며, 재정신청절차에 대하여 재소자피고인특칙의 준용규정을 두지 아니한 것도 마찬가지이다. 그리고 재정신청절차는 고소・고발인이 검찰의 불기소처분에 불복하여 법원에 그 당부에 관한 판단을 구하는 절차로서 검사가 공소를 제기하여 공판절차가 진행되는 형사재판절차와는 다르며, 또한 고소・고발인인 재정신청인은 검사에 의하여 공소가 제기되어 형사재판을 받는 피고인과는 지위가 본질적으로 다르다. 또한 재정신청인이 교도소 또는 구치소에 있는 경우에도 제3자에게 제출권한을 위임하여 재정신청기각결정에 대한 재항고장을 제출할 수 있고, 게다가 특급우편제도를 이용할 경우에는 발송 다음 날까지 재항고장이 도달할 수도 있다. 또한 형사소송법 제67조 및 형사소송규칙 제44조에 의하여 재정신청인이 있는 교도소 등의 소재지와 법원과의 거리, 교통통신의 불편 정도에 따라 일정한 기간이 재항고제기기간에 부가되며 나아가 법원에 의하여 기간이 더 연장될 수 있다. 그뿐 아니라 재정신청인이 자기 또는 대리인이 책임질 수 없는 사유로 인하여 재정신청기각결정에 대한 재항고제기기간을 준수하지 못한 경우에는 형사소송법 제345조에 따라 재항고권 회복을 청구할 수도 있다. 위와 같이 법정기간 준수에 대하여 도달주의원칙을 정하고 재소자피고인특칙의 예외를 개별적으로 인정한 형사소송법의 규정내용과 입법취지, 재정신청절차가 형사재판절차와 구별되는 특수성, 법정기간 내의 도달주의를 보완할 수 있는 여러 형사소송법상 제도 및 신속한 특급우편제도의 이용가능성 등을 종합하여 보면, 재정신청기각결정에 대한 재항고나 그 재항고기각결정에 대한 즉시항고로서의 재항고에 대한 법정기간의 준수 여부는 도달주의원칙에 따라 재항고장이나 즉시항고장이 법원에 도달한 시점을 기준으로 판단하여야 하고, 거기에 재소자피고인특칙은 준용되지 아니한다(대결 2015.7.16. 2013모2347[전합]).

2018년 변호사시험 문 27. ☑ 확인Check! ○ △ ×

불이익변경금지의 원칙에 관한 설명 중 옳지 않은 것을 모두 고른 것은?(다툼이 있는 경우 판례에 의함)

ㄱ. 피고인이 약식명령에 불복하여 정식재판을 청구한 사건에서 그 죄명이나 적용법조가 약식명령에 비하여 불이익하게 변경되었다면, 선고한 형이 약식명령과 같은 경우에도 이는 불이익변경금지의 원칙에 위배된 조치이다.

ㄴ. 피고인만의 상고에 의하여 원심판결을 파기하고 사건을 항소심에 환송한 경우, 환송 전 원심판결과의 관계에서도 불이익변경금지의 원칙이 적용된다.

ㄷ. 제1심에서 소년임을 이유로 징역 장기 10년, 단기 5년의 부정기형을 선고한 데 대하여 피고인만이 항소한 경우, 항소심이 위 피고인이 항소심에 이르러 성년이 되었음을 이유로 제1심판결을 파기하고 징역 7년을 선고하였다면 이는 위법하다.

ㄹ. 제1심이 뇌물수수죄를 인정하여 피고인에게 징역 1년 6월 및 추징을 선고한 데 대하여 피고인만이 항소한 경우, 항소심이 제1심이 누락한 필요적 벌금형 병과규정을 적용하여 피고인에게 징역 1년 6월에 집행유예 3년, 추징 및 벌금 5,000만원을 선고하였다면 이는 위법하다.

ㅁ. 제1심에서 징역 1년에 처하되 형의 집행을 면제한다는 판결을 선고한 데 대하여 피고인만이 항소한 경우, 항소심이 위 피고인에 대해 징역 8월에 집행유예 2년을 선고하였다면 이는 위법하다.

① ㄱ, ㄷ ② ㄱ, ㅁ ③ ㄴ, ㄷ
④ ㄴ, ㄹ ⑤ ㄷ, ㅁ

[ㄱ ▸ ×] 형사소송법 제457조의2에서 규정한 불이익변경금지의 원칙은 피고인이 약식명령에 불복하여 정식재판을 청구한 사건에서 약식명령의 주문에서 정한 형보다 중한 형을 선고할 수 없다는 것이므로, 그 죄명이나 적용법조가 약식명령의 경우보다 불이익하게 변경되었다고 하더라도 선고한 형이 약식명령과 같거나 약식명령보다 가벼운 경우에는 불이익변경금지의 원칙에 위배된 조치라고 할 수 없다(대판 2013.2.28. 2011도14986).

[ㄴ ▸ ○] 피고인만의 상고에 의하여 상고심에서 원심판결을 파기하고 사건을 항소심에 환송한 경우에는 환송 전 원심판결과의 관계에서도 불이익변경금지의 원칙이 적용되어 그 파기된 항소심판결보다 중한 형을 선고할 수 없다(대판 1992.12.8. 92도2020)

[ㄷ ▸ ○] 원심은 제1심에서 소년임을 이유로 징역 장기 1년, 단기 8월의 부정기형에 처해진 피고인 B에 대하여, 피고인 B가 원심에 이르러 성년이 되었음을 이유로 제1심판결을 파기한 다음 징역 10월의 정기형을 선고하였음을 알 수 있다. 그러나 피고인이 항소한 사건에서 항소심은 제1심의 형보다 중한 형을 선고할 수 없는바, 이러한 불이익변경금지규정을 적용함에 있어 부정기형과 정기형 사이에 그 경중을 가리는 경우에는 부정기형 중 최단기형과 정기형을 비교하여야 한다. 그러므로 피고인만이 항소하였음이 분명한 이 사건에서 원심이 정기형을 선고하더라도 제1심이 선고한 단기형인 8월을 초과하는 징역형을 선고할 수는 없는 것이다. 그런데 원심은 이를 초과하여 피고인을 징역 10월에 처하였으므로, 거기에는 불이익변경금지에 관한 법리를 오해하여 판결에 영향을 미친 위법이 있다. 이 점에서 원심판결 중 피고인 B에 대한 부분은 파기를 면할 수 없다(대판 2013.7.26. 2013도6379).

[ㄹ ▸ ○] 제1심이 뇌물수수죄를 인정하여 피고인에게 징역 1년 6월 및 추징 26,150,000원을 선고한 데 대해 피고인만이 항소하였는데, 원심이 제1심이 누락한 필요적 벌금형 병과규정인 특정범죄 가중처벌 등에 관한 법률 제2조 제2항을 적용하여 피고인에게 징역 1년 6월에 집행유예 3년, 추징 26,150,000원 및 벌금 50,000,000원을 선고한 경우, 집행유예의 실효나 취소가능성, 벌금 미납 시 노역장 유치가능성과 그 기간 등을 전체적·실질적으로 고찰할 때 원심이 선고한 형은 제1심이 선고한 형보다 무거워 피고인에게 불이익하다(대판 2013.12.12. 2012도7198).

② 정답

[ㅁ ▸ ×] 불이익변경원칙의 적용에 있어서는 이를 개별적, 형식적으로 고찰할 것이 아니라 전체적, 실질적으로 고찰하여 결정하여야 할 것인데 형의 집행유예의 판결은 소정 유예기간을 특별한 사유 없이 경과한 때에는 그 형의 선고의 효력이 상실되나 형의 집행면제는 그 형의 집행만을 면제하는 데 불과하여, 전자가 후자보다 피고인에게 불이익한 것이라 할 수 없다(대판 1985.9.24. 84도2972[전합]).

2016년 변호사시험 문 40. ☑ 확인Check! ○ △ ×

검사 P는 甲을 A에 대한 사기죄[사실 1]와 B에 대한 사기죄[사실 2]의 경합범으로 기소하였다. 제1심법원은 [사실 1]과 [사실 2] 모두를 인정하여 징역 1년 6월, 집행유예 2년을 선고하자 甲만이 항소하였다. 항소심법원은 [사실 1]에 대하여는 무죄를 선고하였으나, [사실 2]에 대하여는 유죄를 선고하였다. 이에 관한 설명 중 옳지 않은 것은?(다툼이 있는 경우 판례에 의함)

① 甲이 상고포기를 하기 위해서는 이를 서면으로 하여야 하지만, 공판정에서는 구술로써 할 수 있다.
② 만약 항소심법원이 [사실 2]에 대하여 징역 6월의 실형을 선고하였다면, 그 형 선고는 불이익변경금지원칙에 반하여 위법하다.
③ 만약 항소이유서가 제출되지 않은 경우, 항소심법원은 그 제출기간의 경과를 기다리지 않고 변론을 종결하여 심판할 수 없다.
④ P만이 [사실 1]에 대하여만 상고한 경우, 대법원이 두 사실을 상상적 경합이 된다고 판단하고자 하더라도 [사실 2]에 대해서는 심판할 수 없다.
⑤ P만이 [사실 1]에 대하여만 상고한 경우, 대법원이 이를 유죄의 취지로 판단하고자 한다면, [사실 2]는 그대로 두고 [사실 1]만을 파기하여야 한다.

[❶ ▸ ○] 상고의 포기 또는 취하는 서면으로 하여야 한다. 단, 공판정에서는 구술로써 할 수 있다(형소법 제352조 제1항).

[❷ ▸ ○] 제1심에서 징역형의 집행유예를 선고한 데 대하여 제2심이 그 징역형의 형기를 단축하여 실형을 선고하는 것도 불이익변경금지원칙에 위배된다(대결 1986.3.25. 86모2).

[❸ ▸ ○] 형사소송법 제361조의3, 제364조 등의 규정에 의하면 항소심의 구조는 피고인 또는 변호인이 법정기간 내에 제출한 항소이유서에 의하여 심판되는 것이고, 이미 항소이유서를 제출하였더라도 항소이유를 추가·변경·철회할 수 있으므로, 항소이유서 제출기간의 경과를 기다리지 않고는 항소사건을 심판할 수 없다. 따라서 항소이유서 제출기간 내에 변론이 종결되었는데 그 후 위 제출기간 내에 항소이유서가 제출되었다면, 특별한 사정이 없는 한 항소심법원으로서는 변론을 재개하여 항소이유의 주장에 대해서도 심리를 해 보아야 한다(대판 2015.4.9. 2015도1466).

[❹ ▸ ×] 원심이 두 개의 죄를 경합범으로 보고 한 죄는 유죄, 다른 한 죄는 무죄를 각 선고하자 검사가 무죄 부분만에 대하여 불복상고하였다고 하더라도 위 두 죄가 상상적 경합관계에 있다면 유죄 부분도 상고심의 심판대상이 된다(대판 1980.12.9. 80도384[전합]).

[❺ ▸ ○] 경합범으로 동시에 기소된 사건에 대하여 일부 유죄, 일부 무죄를 선고하는 등 판결주문이 수개일 때에는 그 1개의 주문에 포함된 부분을 다른 부분과 분리하여 일부 상소를 할 수 있고 당사자 쌍방이 상소하지 아니한 부분은 분리 확정되므로, 경합범 중 일부에 대하여 무죄, 일부에 대하여 유죄를 선고한 제1심판결에 대하여 검사만이 무죄 부분에 대하여 항소를 한 경우, 피고인과 검사가 항소하지 아니한 유죄판결 부분은 항소기간이 지남으로써 확정되어 항소심에 계속된 사건은 무죄판결 부분에 대한 공소뿐이며, 그에 따라 항소심에서 이를 파기할 때에는 무죄 부분만을 파기하여야 한다(대판 2010.11.25. 2010도10985).

정답 ④

※ 다음 사례에 관한 아래 각 문항(문 34.~문 35.)에 답하시오.

甲(1994.4.15.생)은 2011.6.15. 서울중앙지방법원에서 폭력행위 등 처벌에 관한 법률 위반(집단・흉기등상해)죄로 징역 1년에 집행유예 2년을 선고받아 2011.6.22. 판결이 확정되었다.
甲은 19세 미만이던 2013.2.1. 11:00경 피해자(여, 55세)가 현금인출기에서 돈을 인출하여 가방에 넣고 나오는 것을 발견하고 오토바이를 타고 피해자를 뒤따라가 인적이 드문 골목길에 이르러 속칭 '날치기'수법으로 손가방만 살짝 채어 갈 생각으로 피해자의 손가방을 순간적으로 낚아채어 도망을 갔다. 甲이 손가방을 낚아채는 순간 피해자가 넘어져 2주간의 치료가 필요한 상해를 입었다.
甲은 같은 날 22:30경 주택가를 배회하던 중 주차된 자동차를 발견하고 물건을 훔칠 생각으로 자동차의 유리창을 통하여 그 내부를 손전등으로 비추어 보다가 순찰 중이던 경찰관에게 검거되었다. 당시 甲은 범행이 발각되었을 경우 체포를 면탈하는 데 도움이 될 수 있을 것이라는 생각에서 등산용 칼과 포장용 테이프를 휴대하고 있었다.
검사는 2013.2.5. 甲을 강도치상, 절도미수, 강도예비로 기소하였고 재판 도중에 강도예비를 주위적 공소사실로, 폭력행위 등 처벌에 관한 법률 제7조 위반을 예비적 공소사실로 공소장 변경을 신청하였다.
제1심법원은 2013.3.29. 유죄 부분에 대하여 징역 단기 2년, 장기 4년을 선고하였다.
이에 대하여 甲만 항소하였는데, 항소심법원은 2013.6.28. 판결을 선고하였다.

*참조조문 : 폭력행위 등 처벌에 관한 법률 제7조(우범자)
정당한 이유 없이 이 법에 규정된 범죄에 공용될 우려가 있는 흉기 기타 위험한 물건을 휴대하거나 제공 또는 알선한 자는 3년 이하의 징역 또는 300만원 이하의 벌금에 처한다.

2014년 변호사시험 문 34.

☑ 확인Check! ○ △ ×

위 사례에 관한 설명 중 옳지 않은 것은?(다툼이 있는 경우에는 판례에 의함)

① 甲이 손가방을 낚아채어 달아나면서 피해자에게 상해를 입힌 것은 강도치상죄에 해당하지 아니한다.
② 만일 피해자가 넘어진 상태에서 손가방을 빼앗기지 않으려고 계속 붙잡고 매달리자 甲이 이 상태로 피해자를 10여m 끌고 가 피해자에게 상해를 입힌 경우라면 甲은 강도치상죄로 처벌될 수 있다.
③ 甲의 절도미수의 점은 무죄이다.
④ 강도예비 공소사실에 대하여는 甲에게 단순히 '준강도'할 목적이 있음에 그쳤으므로 강도예비죄로 처벌할 수 없다.
⑤ 강도예비의 공소사실과 폭력행위 등 처벌에 관한 법률 제7조 위반의 공소사실은 그 동일성의 범위를 벗어나므로 제1심 법원은 공소장 변경을 허가하여서는 아니 된다.

[❶ ▸ ○] [1] 날치기와 같이 강력적으로 재물을 절취하는 행위는 때로는 피해자를 전도시키거나 부상케 하는 경우가 있고, 구체적인 상황에 따라서는 이를 강도로 인정하여야 할 때가 있다 할 것이나, 그와 같은 결과가 피해자의 반항 억압을 목적으로 함이 없이 점유탈취의 과정에서 우연히 가해진 경우라면 이는 절도에 불과한 것으로 보아야 한다.
[2] 피해자의 상해가 차량을 이용한 날치기수법의 절도 시 점유탈취의 과정에서 우연히 가해진 것에 불과하고, 그에 수반된 강제력 행사도 피해자의 반항을 억압하기 위한 목적 또는 정도의 것은 아니었던 것으로 보이므로, 강도치상죄로 의율한 원심판결을 파기한다(대판 2003.7.25. 2003도2316).

[❷ ▸ ○] 날치기수법으로 피해자가 들고 있던 가방을 탈취하면서 가방을 놓지 않고 버티는 피해자를 5m가량 끌고 감으로써 피해자의 무릎 등에 상해를 입힌 경우, 반항을 억압하기 위한 목적으로 가해진 강제력으로서 그 반항을 억압할 정도에 해당한다고 보아 강도치상죄가 성립한다(대판 2007.12.13. 2007도7601).

[❸ ▸ ○] 노상에 세워 놓은 자동차 안에 있는 물건을 훔칠 생각으로 자동차의 유리창을 통하여 그 내부를 손전등으로 비추어 본 것에 불과하다면 비록 유리창을 따기 위해 면장갑을 끼고 있었고 칼을 소지하고 있었다 하더라도 절도의 예비행위로

⑤ 정답

볼 수는 있겠으나 타인의 재물에 대한 지배를 침해하는 데 밀접한 행위를 한 것이라고는 볼 수 없어 절취행위의 착수에 이른 것이었다고 볼 수 없다(대판 1985.4.23. 85도464).

[❹ ▸ O] 강도예비·음모죄가 성립하기 위해서는 예비·음모행위자에게 미필적으로라도 '강도'를 할 목적이 있음이 인정되어야 하고 그에 이르지 않고 단순히 '준강도'할 목적이 있음에 그치는 경우에는 강도예비·음모죄로 처벌할 수 없다(대판 2006.9.14. 2004도6432).

[❺ ▸ X] 흉기를 휴대하고 다방에 모여 강도예비를 하였다는 공소사실을 정당한 이유 없이 폭력범죄에 공용될 우려가 있는 흉기를 휴대하고 있었다는 폭력행위 등 처벌에 관한 법률 제7조 소정의 죄로 공소장 변경을 하였다면, 그 변경 전의 공소사실과 변경 후의 공소사실은 그 기본적 사실이 동일하므로 공소장 변경은 적법하다(대판 1987.1.20. 86도2396).

2014년 변호사시험 문 35. ☑ 확인 Check! ○ △ ×

위 사례에 관한 설명 중 옳지 않은 것은?(다툼이 있는 경우에는 판례에 의함)

① 부정기형의 선고대상인 소년인지 여부는 행위 시가 아니라 재판 시를 기준으로 하므로 항소심법원은 甲에게 정기형을 선고하여야 한다.
② 항소심법원이 甲에게 정기형을 선고하여야 한다는 결론이 맞다면 제1심법원에서 선고된 장기형보다 낮은 징역 3년을 선고하는 것은 불이익변경금지의 원칙에 반하지 않는다.
③ 법원은 공소장 변경이 없어도 강도치상죄의 공소사실을 절도죄로 처벌할 수 있다.
④ 甲에게 강도치상죄를 인정하지 않고 절도죄를 인정한 법원의 결론이 맞다면 법원은 판결이유에서 강도치상의 점이 무죄임을 판단하여야 한다.
⑤ 甲은 항소심판결 선고 시 집행유예기간이 경과하였으므로 항소심법원이 다시 집행유예를 선고하더라도 위법하지 않다.

[❶ ▸ O] 개정 소년법은 제2조에서 '소년'의 정의를 '20세 미만'에서 '19세 미만'으로 개정하였고, 이는 같은 법 부칙 제2조에 따라 위 법 시행 당시 심리 중에 있는 형사사건에 관하여도 적용된다. 제1심은 피고인을 구 소년법 제2조에 의한 소년으로 인정하여 구 소년법 제60조 제1항에 의하여 부정기형을 선고하였고, 그 항소심 계속 중 개정 소년법이 시행되었는데 항소심판결 선고일에 피고인이 이미 19세에 달하여 개정 소년법상 소년에 해당하지 않게 되었다면, 항소심법원은 피고인에 대하여 정기형을 선고하여야 한다(대판 2008.10.23. 2008도8090).

[❷ ▸ X] 제1심에서 부정기형이 선고된 후 항소심에서 정기형으로 변경된 경우, 부정기형의 단기를 기준으로 형의 경중을 비교하는 단기표준설이 판례의 태도임에 비추어 보면, 제1심에서 선고한 징역 단기 2년, 장기 4년을 항소심에서 징역 3년으로 변경한 것은, 불이익변경금지의 원칙에 반한다 할 것이다.

[❸ ▸ O] 강도치상죄의 공소사실은 절도죄를 포함하고 있고, 형량 또한 절도죄가 경하여 피고인의 방어에 실질적 불이익이 있다고 보기 어려우므로, 강도치상죄의 공소사실에 대하여 법원은 공소장 변경 없이 직권으로 절도죄를 인정하여 처벌할 수 있다.

[❹ ▸ O] 강도치상죄를 인정하지 아니하고 절도죄를 인정한 법원의 결론이 타당하다면, 법원은 주문에서 절도죄의 유죄를 선고하고, 판결이유에서 강도치상죄가 무죄임을 판단하면 족하다.

[❺ ▸ O] 집행유예기간 중에 범한 죄에 대하여 형을 선고할 때에, 집행유예의 결격사유를 정하는 현행 형법 제62조 제1항 단서 소정의 요건에 해당하는 경우란, 이미 집행유예가 실효 또는 취소된 경우와 그 선고시점에 미처 유예기간이 경과하지 아니하여 형 선고의 효력이 실효되지 아니한 채로 남아 있는 경우로 국한되고, 집행유예가 실효 또는 취소됨이 없이 유예기간을 경과한 때에는 위 단서 소정의 요건에 해당하지 않으므로, 집행유예기간 중에 범한 범죄라고 할지라도 집행유예가 실효 또는 취소됨이 없이 그 유예기간이 경과한 경우에는 이에 대해 다시 집행유예의 선고가 가능하다(대판 2007.7.27. 2007도768).

정답 ②

2013년 변호사시험 문 30. ☑ 확인 Check! ○ △ ×

불이익변경금지원칙에 관한 다음 설명 중 옳지 않은 것은?(다툼이 있는 경우에는 판례에 의함)

① 불이익변경금지원칙의 적용에 있어 그 선고된 형이 피고인에게 불이익하게 변경되었는지 여부에 관한 판단은 형법상 형의 경중을 기준으로 하되 이를 개별적·형식적으로 고찰할 것이 아니라 주문 전체를 고려하여 피고인에게 실질적으로 불이익한지 아닌지를 보아 판단하여야 한다.

② 피고인만이 항소한 경우, 동일 물건에 대하여 제1심판결에서 선고된 추징을 몰수로 변경하는 것은 불이익변경금지원칙에 위반되지 않는다.

③ 벌금 150만원의 약식명령을 고지받고 정식재판을 청구한 '당해 사건'과 정식기소된 '다른 사건'을 병합·심리한 후 두 사건을 경합범으로 처단하여 벌금 900만원을 선고한 제1심판결에 대해, 피고인만이 항소한 제2심에서 '다른 사건'의 공소사실 전부와 '당해 사건'의 공소사실 일부에 대하여 무죄를 선고하고 '당해 사건'의 나머지 공소사실은 유죄로 인정하면서 그에 대하여 벌금 300만원을 선고한 것은 불이익변경금지원칙을 위반한 것이다.

④ 피고인에 대한 벌금형이 제1심보다 감경되었다 하여도 그 벌금형에 대한 노역장 유치기간이 제1심보다 더 길어졌다면 전체적으로 보아 형이 불이익하게 변경되었다고 보아야 한다.

⑤ 즉결심판에 대하여 피고인만이 정식재판을 청구한 사건에 대하여도 불이익변경금지원칙이 적용되므로 즉결심판의 형보다 무거운 형을 선고하지 못한다.

[❶ ▸ ○] [❷ ▸ ○] [1] 불이익변경금지의 원칙은 피고인의 상소권 또는 약식명령에 대한 정식재판청구권을 보장하려는 것으로, 피고인만이 또는 피고인을 위하여 상소한 상급심 또는 정식재판청구사건에서 법원은 피고인이 같은 범죄사실에 대하여 이미 선고 또는 고지받은 형보다 중한 형을 선고하지 못한다는 원칙이며, 선고된 형이 피고인에게 불이익하게 변경되었는지에 관한 판단은 형법상 형의 경중을 일응의 기준으로 하되, 병과형이나 부가형, 집행유예, 미결구금일수의 통산, 노역장 유치기간 등 주문 전체를 고려하여 피고인에게 실질적으로 불이익한가의 여부에 의하여 판단하여야 한다. [2] 제1심판결에서 선고된 추징을 항소심판결로 몰수로 변경하는 것은 형식적으로 보면 제1심이 선고하지 아니한 전혀 새로운 형을 선고하는 것으로 보일지 모르나, 추징은 몰수할 물건의 전부 또는 일부를 몰수하지 못할 때 몰수에 갈음하여 그 가액의 납부를 명하는 처분으로서, 실질적으로 볼 때 몰수와 표리관계에 있어 차이가 없는 것이고, 형법 제134조나 공무원범죄에 관한 몰수특례법 소정의 필요적 몰수와 추징은 어느 것이나 공무원이 뇌물 수수 등 직무 관련 범죄로 취득한 부정한 이익을 계속 보유하지 못하게 하는 데 그 목적이 있으므로, 항소심이 몰수의 가능성에 관하여 제1심과 견해를 달리하여 추징을 몰수로 변경하더라도, 그것만으로 피고인의 이해관계에 실질적 변동이 생겼다고 볼 수는 없으며, 따라서 이를 두고 형이 불이익하게 변경되는 것이라고 보아서는 안 된다(대판 2005.10.28. 2005도5822).

[❸ ▸ ○] 벌금 150만원의 약식명령을 고지받고 정식재판을 청구한 '당해 사건'과 정식기소된 '다른 사건'을 병합·심리한 후 두 사건을 경합범으로 처단하여 벌금 900만원을 선고한 제1심판결에 대해, 피고인만이 항소한 원심에서 다른 사건의 공소사실 전부와 당해 사건의 공소사실 일부에 대하여 무죄를 선고하고 '당해 사건'의 나머지 공소사실은 유죄로 인정하면서 그에 대하여 벌금 300만원을 선고한 경우, 원심판결은 당해 사건에 대하여 당초 피고인이 고지받은 약식명령의 형보다 중한 형을 선고하였음이 명백하므로, 형사소송법 제457조의2에서 규정한 불이익변경금지의 원칙을 위반한 위법이 있다(대판 2009.12.24. 2009도10754).

[❹ ▸ ×] 1심에서의 벌금형인 1억8백만원에 대한 노역장 유치기간을 산정함에 있어서 3백60만원을 1일로 환산토록 하였으므로 그 기간은 30일에 불과하니 2심에서의 벌금형은 8천5백만원으로 감경되었으나 동액에 대한 노역장 유치기간의 산정은 30만원을 1일로 환산토록 하였으므로 그 기간은 283일이 되어 피고인만이 항소한 이 건에 있어서 피고인에 대한 형이 불이익하게 변경된 것이라는 논지는 피고인에 대한 벌금형이 감경되었다면 그 벌금형에 대한 환형 유치기간이 더 길어졌다 하더라도 전체적으로 비교하여 보면 형이 불이익하게 변경되었다고 할 수는 없는 것이므로 논지 이유 없다(대판 1981.10.24. 80도2325).

④ 정답

[❺ ▸ ○] 약식명령에 대한 정식재판청구권이나 즉결심판에 대한 정식재판청구권 모두 벌금형 이하의 형벌에 처할 범죄에 대한 약식의 처벌절차에 의한 재판에 불복하는 경우에 소송당사자에게 인정되는 권리로서의 성질을 갖는다는 점에서 동일하고 그 절차나 효력도 유사한 점 등에 비추어, 즉결심판에 대하여 피고인만이 정식재판을 청구한 사건에 대하여도 즉결심판에 관한 절차법 제19조의 규정에 따라 형사소송법 제457조의2 규정을 준용하여, 즉결심판의 형보다 무거운 형을 선고하지 못한다(대판 1999.1.15. 98도2550).

2013년 변호사시험 문 29. ☑ 확인 Check! ○ △ ×

항소심이 경합범에 대하여 일부 무죄·일부 유죄로 판단한 경우에 상고심의 심판대상 및 파기범위에 관한 설명 중 옳은 것을 모두 고른 것은?(다툼이 있는 경우에는 판례에 의함)

ㄱ. 검사만이 무죄 부분에 대하여 상고한 경우 피고인과 검사가 상고하지 아니한 유죄 부분은 상고기간이 지남에 따라 확정되기 때문에 무죄 부분만이 상고심의 심판의 대상이 되므로 상고심에서 파기할 때에는 무죄 부분만을 파기하여야 한다.
ㄴ. 항소심이 두 개의 죄를 경합범으로 보고 한 죄는 유죄, 다른 한 죄는 무죄를 선고하고 검사가 무죄 부분만에 대하여 불복상고한 경우 위 두 죄가 상상적 경합관계에 있다면 유죄 부분도 상고심의 심판대상이 된다.
ㄷ. 유죄 부분에 대하여는 피고인이 상고하고 무죄 부분에 대하여는 검사가 상고한 경우 항소심판결 전부의 확정이 차단되어 상고심에 이심된다. 따라서 유죄 부분에 대한 피고인의 상고가 이유 없더라도 무죄 부분에 대한 검사의 상고가 이유 있는 때에는 항소심이 유죄로 인정한 죄와 무죄로 인정한 죄가 형법 제37조 전단의 경합범관계에 있다면 항소심판결의 유죄 부분도 무죄 부분과 함께 파기되어야 한다.

① ㄱ ② ㄷ ③ ㄱ, ㄴ
④ ㄴ, ㄷ ⑤ ㄱ, ㄴ, ㄷ

[ㄱ ▸ ○] 형법 제37조 전단의 경합범으로 같은 법 제38조 제1항 제2호에 해당하는 경우 하나의 형으로 처벌하여야 함은 물론이지만 위 규정은 이를 동시에 심판하는 경우에 관한 규정인 것이고 경합범으로 동시에 기소된 사건에 대하여 일부 유죄, 일부 무죄의 선고를 하거나 일부의 죄에 대하여 징역형을, 다른 죄에 대하여 벌금형을 선고하는 등 판결주문이 수개일 때에는 그 1개의 주문에 포함된 부분을 다른 부분과 분리하여 일부 상소를 할 수 있는 것이고 당사자 쌍방이 상소하지 아니한 부분은 분리 확정된다고 볼 것인 바, 경합범 중 일부에 대하여 무죄, 일부에 대하여 유죄를 선고한 항소심판결에 대하여 검사만이 무죄 부분에 대하여 상고를 한 경우 피고인과 검사가 상고하지 아니한 유죄판결 부분은 상고기간이 지남으로써 확정되어 상고심에 계속된 사건은 무죄판결 부분에 대한 공소뿐이라 할 것이므로 상고심에서 이를 파기할 때에는 무죄 부분만을 파기할 수밖에 없다(대판 1992.1.21. 91도1402[전합]).

[ㄴ ▸ ○] 원심이 두 개의 죄를 경합범으로 보고 한 죄는 유죄, 다른 한 죄는 무죄를 각 선고하자 검사가 무죄 부분만에 대하여 불복상고하였다고 하더라도 위 두 죄가 상상적 경합관계에 있다면 유죄 부분도 상고심의 심판대상이 된다(대판 1980.12.9. 80도384[전합]).

[ㄷ ▸ ○] 수개의 범죄사실에 대하여 항소심이 일부는 유죄, 일부는 무죄의 판결을 하고, 그 판결에 대하여 피고인 및 검사 쌍방이 상고를 제기하였으나, 유죄 부분에 대한 피고인의 상고는 이유 없고 무죄 부분에 대한 검사의 상고만 이유 있는 경우, 항소심이 유죄로 인정한 죄와 무죄로 인정한 죄가 형법 제37조 전단의 경합범관계에 있다면 항소심판결의 유죄 부분도 무죄 부분과 함께 파기되어야 한다(대판 2000.11.28. 2000도2123).

정답 ⑤

2017년 변호사시험 문 28. ☑ 확인Check! ○ △ ×

제1심판결에 대하여 피고인만 항소한 사건에서 항소심의 판결 선고내용이 불이익변경금지원칙에 위배되는지에 관한 설명 중 옳지 않은 것은?(다툼이 있는 경우 판례에 의함)

① 항소심이 제1심과 동일한 벌금형을 선고하면서 성폭력 치료프로그램 이수명령을 병과한 것은 피고인에게 불이익하게 변경된 것이어서 허용되지 아니한다.

② 제1심이 피고인에게 금고 5월의 실형을 선고하였는데, 항소심이 징역 5월, 집행유예 2년, 보호관찰 및 40시간의 수강명령을 선고하였다면 피고인에게 불이익하게 변경된 것이어서 허용되지 아니한다.

③ 징역형의 선고유예를 변경하여 벌금형을 선고하는 것은 피고인에게 불이익하게 변경된 것이어서 허용되지 아니한다.

④ 제1심에서는 청구되지 않았고 항소심에서 처음 청구된 검사의 전자장치 부착명령청구에 대하여 항소심에서 부착명령을 선고하는 것은 불이익변경금지원칙에 위배되지 아니한다.

⑤ 제1심과 항소심의 선고형이 동일한 경우, 제1심에서 일죄로 인정한 것을 항소심에서 검사의 공소장변경신청을 받아들여 경합범으로 선고하더라도 불이익변경금지원칙에 위배되지 아니한다.

[❶ ▸ ○] 벌금 500만원의 약식명령에 대하여 피고인만이 정식재판을 청구하고, 제1심판결이 동일한 벌금 500만원을 선고한 데에 대하여 피고인만이 항소한 이 사건에서 원심이 제1심판결에서 정한 벌금형과 동일한 벌금형을 선고하면서 새로 성폭력 치료프로그램의 이수명령을 병과한 것은 전체적·실질적으로 볼 때 피고인에게 불이익하게 변경한 것이므로 허용되지 않는다고 할 것이다. 뿐만 아니라 피고인이 정식재판을 청구한 이 사건에서 약식명령에서 정한 벌금형과 동일한 벌금형을 선고하면서 성폭력 치료프로그램의 이수명령을 병과하지 않은 제1심의 조치가 결과적으로는 위법하다고 할 수도 없다(대판 2012.9.27. 2012도8736).

[❷ ▸ ×] 피고인에게 금고 5월의 실형을 선고한 제1심판결에 대해 피고인만이 항소하였는데, 원심이 제1심과 마찬가지로 유죄를 인정하여 甲죄에 대하여는 금고형을, 乙죄와 丙죄에 대하여는 징역형을 선택한 후 각 죄를 형법 제37조 전단 경합범으로 처벌하면서 피고인에게 금고 5월, 집행유예 2년, 보호관찰 및 40시간의 수강명령을 선고한 경우, 금고형과 징역형을 선택하여 경합범가중을 하는 경우에는 형법 제38조 제2항에 따라 금고형과 징역형을 동종의 형으로 간주하여 징역형으로 처벌하여야 하고, 형기의 변경 없이 금고형을 징역형으로 바꾸어 집행유예를 선고하더라도 불이익변경금지원칙에 위배되지 않는다(대판 2013.12.12. 2013도6608).

[❸ ▸ ○] 제1심의 징역형의 선고유예의 판결에 대하여 피고인만이 항소한 경우에 제2심이 벌금형을 선고한 것은 제1심판결의 형보다 중한 형을 선고한 것에 해당된다(대판 1999.11.26. 99도3776).

[❹ ▸ ○] 특정범죄자에 대한 위치추적 전자장치 부착 등에 관한 법률 제5조 제4항은 "제1항부터 제3항까지의 규정에 따른 부착명령의 청구는 공소가 제기된 특정범죄사건의 항소심변론 종결 시까지 하여야 한다"고 규정하고 있을 뿐이지 피고인만이 항소한 사건의 경우에는 부착명령청구를 할 수 없다는 등의 제한규정을 두고 있지 아니하며, 위 규정은 성범죄 피해의 심각성을 인식하여 전자장치 부착명령의 청구시기를 항소심까지 가능하도록 하였고, 이는 항소심에 이르러 비로소 부착명령의 필요성이 밝혀진 경우를 예상하여 규정하게 된 것으로 보이는 점에 비추어 보면, 피고인만이 항소한 경우라도 법원이 항소심에서 처음 청구된 검사의 부착명령청구에 기하여 부착명령을 선고하는 것은 불이익변경금지의 원칙에 저촉되지 아니한다고 봄이 상당하다(대판 2010.11.25. 2010도9013).

[❺ ▸ ○] 피고인에 관하여 형법 제156조만을 의율한 제1심판결에 대하여 피고인만이 항소한 경우에 있어서 항소심판결이 검사의 공소장변경신청에 의하여 제1심판결의 적용법조와는 달리 형법 제37조, 동법 제38조 제1항 제2호를 의율하여 경합죄로 처단하였다 하더라도 항소심판결의 선고형이 제1심 선고형과 동일하다면 불이익변경금지의 원칙에 위배된다고 할 수 없다(대판 1984.4.24. 83도3211).

② 정답

제2절 항 소 ★

2019년 변호사시험 문 21. ☑ 확인Check! ○ △ ×

양형에 관한 설명 중 옳지 않은 것은?(다툼이 있는 경우 판례에 의함)

① 양형부당은 원심판결의 선고형이 구체적인 사안의 내용에 비추어 너무 무겁거나 너무 가벼운 경우를 말하는데, 양형은 법정형을 기초로 하여 형법 제51조에서 정한 양형의 조건이 되는 사항을 두루 참작하여 합리적이고 적정한 범위 내에서 이루어지는 재량판단이라 할 수 있다.

② 피고인이 제1심판결에 대하여 양형부당만을 항소이유로 내세워 항소하였다가 그 항소가 기각된 경우 피고인은 항소심판결에 대하여 사실오인 또는 법리오해의 위법이 있다는 것을 상고이유로 삼을 수 있다.

③ 양형판단에 관하여 제1심의 고유한 영역이 존재하는데, 항소심의 사후심적 성격 등에 비추어 보면, 제1심과 비교하여 양형의 조건에 변화가 없고 제1심의 양형이 재량의 합리적인 범위를 벗어나지 아니하는 경우에는 항소심법원은 이를 존중함이 타당하다.

④ 제1심의 형량이 재량의 합리적인 범위 내에 속함에도 항소심의 견해와 다소 다르다는 이유만으로 제1심판결을 파기하여 제1심과 별로 차이 없는 형을 선고하는 것은 자제함이 바람직하다.

⑤ 항소심이 자신의 양형판단과 일치하지 아니한다고 하여 양형부당을 이유로 제1심판결을 파기하는 것이 바람직하지 아니한 점이 있다고 하더라도 이를 두고 양형심리 및 양형판단이 위법하다고까지 할 수는 없다.

[❶ ▸ ○] [❸ ▸ ○] [❹ ▸ ○] 양형부당은 원심판결의 선고형이 구체적인 사안의 내용에 비추어 너무 무겁거나 너무 가벼운 경우를 말한다. 양형은 법정형을 기초로 하여 형법 제51조에서 정한 양형의 조건이 되는 사항을 두루 참작하여 합리적이고 적정한 범위 내에서 이루어지는 재량판단으로서, 공판중심주의와 직접주의를 취하고 있는 우리 형사소송법에서는 양형판단에 관하여도 제1심의 고유한 영역이 존재한다. 이러한 사정들과 아울러 항소심의 사후심적 성격 등에 비추어 보면, 제1심과 비교하여 양형의 조건에 변화가 없고 제1심의 양형이 재량의 합리적인 범위를 벗어나지 아니하는 경우에는 이를 존중함이 타당하며, 제1심의 형량이 재량의 합리적인 범위 내에 속함에도 항소심의 견해와 다소 다르다는 이유만으로 제1심판결을 파기하여 제1심과 별로 차이 없는 형을 선고하는 것은 자제함이 바람직하다(대판 2015.7.23. 2015도3260[전합]).

[❷ ▸ ×] 피고인이 제1심판결에 대하여 양형부당만을 항소이유로 내세워 항소하였으나 이 주장이 이유 없다 하여 피고인의 항소를 기각한 원심판결에 대하여서는 사실오인 내지 법령위반사유를 들어 상고이유로 삼을 수는 없다(대판 1987.12.8. 87도1561).

[❺ ▸ ○] 항소심은 제1심에 대한 사후심적 성격이 가미된 속심으로서 제1심과 구분되는 고유의 양형재량을 가지고 있으므로, 항소심이 자신의 양형판단과 일치하지 아니한다고 하여 양형부당을 이유로 제1심판결을 파기하는 것이 바람직하지 아니한 점이 있다고 하더라도 이를 두고 양형심리 및 양형판단방법이 위법하다고까지 할 수는 없다. 그리고 원심의 판단에 근거가 된 양형자료와 그에 관한 판단내용이 모순 없이 설시되어 있는 경우에는 양형의 조건이 되는 사유에 관하여 일일이 명시하지 아니하여도 위법하다고 할 수 없다(대판 2015.7.23. 2015도3260[전합]).

정답 ②

2019년 변호사시험 문 22. ☑ 확인Check! ○ △ ×

甲은 변호사 乙을 찾아가 아래와 같이 법률상담을 하였다. 乙의 답변 중 옳은 것(○)과 옳지 않은 것(×)을 올바르게 조합한 것은?

> 甲 : 변호사님, 저는 2018.8.8. 수요일 ○○지방법원에서 특정경제범죄 가중처벌 등에 관한 법률 위반(사기)죄로 징역 3년, 집행유예 5년을 선고받았습니다. 너무 억울해서 항소하여 무죄를 받고 싶습니다. 언제까지 항소장을 제출해야 하는가요?
>
> 乙 : (ㄱ) 선고일로부터 7일 이내에 제출하면 되는데, 8월 15일은 공휴일이므로 공휴일이 아닌 8월 16일까지 원심법원에 제출하면 됩니다.
>
> 甲 : 항소이유서는 언제까지 제출해야 하나요?
>
> 乙 : (ㄴ) 소송기록이 항소심인 ○○고등법원에 송부된 날로부터 20일 이내에 항소법원에 제출해야 합니다.
>
> 甲 : 항소이유서를 제때 제출하지 않으면 어떻게 되나요?
>
> 乙 : (ㄷ) 원칙적으로 항소심법원은 항소를 기각하지만, 직권조사사유가 있거나 항소장에 항소이유의 기재가 있는 때에는 예외입니다.

① ㄱ(○) ㄴ(○) ㄷ(○)
② ㄱ(○) ㄴ(×) ㄷ(○)
③ ㄱ(○) ㄴ(×) ㄷ(×)
④ ㄱ(×) ㄴ(○) ㄷ(○)
⑤ ㄱ(×) ㄴ(×) ㄷ(○)

[ㄱ ▸ ○] 항소기간은 ○○지방법원이 형을 선고한 2018.8.8.부터 7일이므로(형소법 제343조 제2항, 제358조), 2018.8.15.까지 항소장을 원심법원에 제출하여야 하는데(형소법 제359조), 8월 15일은 공휴일이므로, 다음 날인 8월 16일까지 원심법원에 제출하면 된다(형소법 제66조 제3항).

[ㄴ ▸ ×] 항소법원이 소송기록의 송부를 받은 때에는 즉시 항소인과 상대방에게 그 사유를 통지하여야 한다(형소법 제361조의2 제1항). 항소인 또는 변호인은 소송기록접수의 통지를 받은 날로부터 20일 이내에 항소이유서를 항소법원에 제출하여야 한다. 이 경우 제344조를 준용한다(동법 제361조의3 제1항).

[ㄷ ▸ ○] 항소인이나 변호인이 소송기록접수의 통지를 받은 날로부터 20일 이내에 항소이유서를 제출하지 아니한 때에는 결정으로 항소를 기각하여야 한다. 단, 직권조사사유가 있거나 항소장에 항소이유의 기재가 있는 때에는 예외로 한다(형소법 제361조의4 제1항).

제3절 상 고

제4절 항 고

② 정답

비상구제절차

각 문항별로 이해도를 체크해 보세요.

최근 5년간 회별 평균 0.4문

제1절 재 심

★★

2014년 변호사시험 문 31.

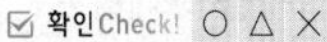

확인Check! ○ △ ×

재심사유에 관한 설명 중 옳은 것은?(다툼이 있는 경우에는 판례에 의함)

① '무죄 등을 인정할 명백한 증거'에 해당하는지 여부는 새로 발견된 증거만을 독립적·고립적으로 고찰하여 그 증거가치만으로 판단하여야 한다.

② '형의 면제를 인정할 명백한 증거가 새로 발견된 때'에서' 형의 면제'라 함은 형의 필요적 면제뿐만 아니라 임의적 면제도 포함한다.

③ 재심사유 해당 여부를 판단함에 있어 '사법경찰관 등이 범한 직무에 관한 죄'가 사건의 실체관계에 관계된 것인지 여부나 당해 사법경찰관이 직접 피의자에 대한 조사를 담당하였는지 여부는 고려할 사정이 아니다.

④ '원판결의 증거된 증언'이 나중에 확정판결에 의하여 허위인 것이 증명되었더라도 그 허위증언 부분을 제외하고서도 다른 증거에 의하여 유죄로 인정될 경우에는 재심사유에 해당하지 아니한다.

⑤ 피고인이 새로운 증거를 발견하였다고 하여 재심을 청구한 경우 재심대상 판결의 소송절차 중에 그러한 증거를 제출하지 못한 데에 피고인의 과실이 있더라도 그 증거는 '증거가 새로 발견된 때'에 해당한다.

[❶ ▸ ×] 형사소송법 제420조 제5호에 정한 '무죄 등을 인정할 명백한 증거'에 해당하는지 여부를 판단할 때에는 법원으로서는 새로 발견된 증거만을 독립적·고립적으로 고찰하여 그 증거가치만으로 재심의 개시 여부를 판단할 것이 아니라, 재심대상이 되는 확정판결을 선고한 법원이 사실 인정의 기초로 삼은 증거들 가운데 새로 발견된 증거와 유기적으로 밀접하게 관련되고 모순되는 것들은 함께 고려하여 평가하여야 하고, 그 결과 단순히 재심대상이 되는 유죄의 확정판결에 대하여 그 정당성이 의심되는 수준을 넘어 그 판결을 그대로 유지할 수 없을 정도로 고도의 개연성이 인정되는 경우라면 그 새로운 증거는 위 조항의 '명백한 증거'에 해당한다. 만일 법원이 새로 발견된 증거만을 독립적·고립적으로 고찰하여 명백성 여부를 평가·판단하여야 한다면, 그 자체만으로 무죄 등을 인정할 수 있는 명백한 증거가치를 가지는 경우에만 재심개시가 허용되어 재심사유가 지나치게 제한되는데, 이는 새로운 증거에 의하여 이전과 달라진 증거관계 아래에서 다시 살펴 실체적 진실을 모색하도록 하기 위해 '무죄 등을 인정할 명백한 증거가 새로 발견된 때'를 재심사유의 하나로 정한 재심제도의 취지에 반하기 때문이다(대결 2009.7.16. 2005모472[전합]).

[❷ ▸ ×] 형사소송법 제420조 제5호는 형의 선고를 받은 자에 대하여 형의 면제를 인정할 명백한 증거가 새로 발견된 때를 재심사유로 들고 있는바, 여기서 형의 면제라 함은 형의 필요적 면제의 경우만을 말하고 임의적 면제는 해당하지 않는다(대결 1984.5.30. 84모32).

[❸ ▸ ○] 형사소송법 제420조 제7호의 재심사유 해당 여부를 판단함에 있어 사법경찰관 등이 범한 직무에 관한 죄가 사건의 실체관계에 관계된 것인지 여부나 당해 사법경찰관이 직접 피의자에 대한 조사를 담당하였는지 여부는 고려할 사정이 아니다(대결 2008.4.24. 2008모77).

정답 ③

[❹ ▸ ×] 형사소송법 제420조 제2호 소정의 '원판결의 증거된 증언'이 나중에 확정판결에 의하여 허위인 것이 증명된 이상, 그 허위증언 부분을 제외하고서도 다른 증거에 의하여 그 '죄로 되는 사실'이 유죄로 인정될 것인지 여부에 관계없이 형사소송법 제420조 제2호의 재심사유가 있는 것으로 보아야 한다(대결 1997.1.16. 95모38).

[❺ ▸ ×] 형사소송법 제420조 제5호에 정한 무죄 등을 인정할 '증거가 새로 발견된 때'란 재심대상이 되는 확정판결의 소송절차에서 발견되지 못하였거나 또는 발견되었다 하더라도 제출할 수 없었던 증거를 새로 발견하였거나 비로소 제출할 수 있게 된 때를 말한다. 증거의 신규성을 누구를 기준으로 판단할 것인지에 대하여 위 조항이 그 범위를 제한하고 있지 않으므로 그 대상을 법원으로 한정할 것은 아니다. 그러나 재심은 당해 심급에서 또는 상소를 통한 신중한 사실심리를 거쳐 확정된 사실관계를 재심사하는 예외적인 비상구제절차이므로, 피고인이 판결 확정 전 소송절차에서 제출할 수 있었던 증거까지 거기에 포함된다고 보게 되면, 판결의 확정력이 피고인이 선택한 증거제출시기에 따라 손쉽게 부인될 수 있게 되어 형사재판의 법적 안정성을 해치고, 헌법이 대법원을 최종심으로 규정한 취지에 반하여 제4심으로서의 재심을 허용하는 결과를 초래할 수 있다. 따라서 피고인이 재심을 청구한 경우 재심대상이 되는 확정판결의 소송절차 중에 그러한 증거를 제출하지 못한 데 과실이 있는 경우에는 그 증거는 위 조항에서의 '증거가 새로 발견된 때'에서 제외된다고 해석함이 상당하다(대결 2009.7.16. 2005모472[전합]).

2018년 변호사시험 문 25. ☑ 확인Check! ○ △ ×

재심의 대상에 해당하는 것은?(다툼이 있는 경우 판례에 의함)

① 재정신청기각의 결정
② 항소심에서 파기된 제1심판결
③ 공소기각의 판결
④ 특별사면으로 형 선고의 효력이 상실된 유죄의 확정판결
⑤ 약식명령에 대한 정식재판청구에 따라 유죄의 판결이 확정된 경우의 약식명령

[❶ ▸ ×] 형사소송법상 재심청구는 유죄의 확정판결에 대하여서만 할 수 있고 결정[재정신청기각결정(註)]에 대하여는 재심청구가 허용되지 않는다(대결 1986.10.29. 86모38).

[❷ ▸ ×] 형사소송법 제420조, 제421조가 유죄의 확정판결 또는 유죄판결에 대한 항소 또는 상고의 기각판결에 대하여만 재심을 청구할 수 있도록 규정하고 있는 이상, 항소심에서 파기되어 버린 제1심판결에 대해서는 재심을 청구할 수 없는 것이므로, 위 제1심판결을 대상으로 하는 재심청구는 법률상의 방식에 위반하는 것으로 보지 않을 수 없다(대결 2004.2.13. 2003모464).

[❸ ▸ ×] 재심의 대상은 원칙적으로 유죄의 확정판결이므로, 공소기각판결은 재심의 대상에 포함되지 아니한다.

[❹ ▸ ○] 형사소송법 제420조가 유죄의 확정판결에 대하여 선고를 받은 자의 이익을 위하여 재심을 청구할 수 있다고 규정하고 있는 것은 유죄의 확정판결에 중대한 사실 인정의 오류가 있는 경우 이를 바로잡아 무고하고 죄 없는 피고인의 인권 침해를 구제하기 위한 것인데, 만일 특별사면으로 형 선고의 효력이 상실된 유죄판결이 재심청구의 대상이 될 수 없다고 한다면, 이는 특별사면이 있었다는 사정만으로 재심청구권을 박탈하여 명예를 회복하고 형사보상을 받을 기회 등을 원천적으로 봉쇄하는 것과 다를 바 없어서 재심제도의 취지에 반하게 된다. 따라서 특별사면으로 형 선고의 효력이 상실된 유죄의 확정판결도 형사소송법 제420조의 '유죄의 확정판결'에 해당하여 재심청구의 대상이 될 수 있다(대판 2015.5.21. 2011도1932[전합]).

④ 정답

[❺ ▸ ×] 형사소송법 제420조 본문은 재심은 유죄의 확정판결에 대하여 그 선고를 받은 자의 이익을 위하여 청구할 수 있도록 하고, 같은 법 제456조는 약식명령은 정식재판의 청구에 의한 판결이 있는 때에는 그 효력을 잃도록 규정하고 있다. 위 각 규정에 의하면, 약식명령에 대하여 정식재판청구가 이루어지고 그 후 진행된 정식재판절차에서 유죄판결이 선고되어 확정된 경우, 재심사유가 존재한다고 주장하는 피고인 등은 효력을 잃은 약식명령이 아니라 유죄의 확정판결을 대상으로 재심을 청구하여야 한다. 그런데도 피고인 등이 약식명령에 대하여 재심의 청구를 한 경우, 법원으로서는 재심의 청구에 기재된 재심을 개시할 대상의 표시 이외에도 재심청구의 이유에 기재된 주장내용을 살펴보고 재심을 청구한 피고인 등의 의사를 참작하여 재심청구의 대상을 무엇으로 보아야 하는지 심리·판단할 필요가 있다. 그러나 법원이 심리한 결과 재심청구의 대상이 약식명령이라고 판단하여 그 약식명령을 대상으로 재심개시결정을 한 후 이에 대하여 검사나 피고인 등이 모두 불복하지 아니함으로써 그 결정이 확정된 때에는, 그 재심개시결정에 의하여 재심이 개시된 대상은 약식명령으로 확정되고, 그 재심개시결정에 따라 재심절차를 진행하는 법원이 재심이 개시된 대상을 유죄의 확정판결로 변경할 수는 없다. 이 경우 그 재심개시결정은 이미 효력을 상실하여 재심을 개시할 수 없는 약식명령을 대상으로 한 것이므로, 그 재심개시결정에 따라 재심절차를 진행하는 법원으로서는 심판의 대상이 없어 아무런 재판을 할 수 없다(대판 2013.4.11. 2011도10626).

2015년 변호사시험 문 30. ☑ 확인Check! ○ △ ×

재심절차에 관한 설명 중 옳지 않은 것은?(다툼이 있는 경우 판례에 의함)

① 재심이 개시된 사건에서 범죄사실에 대하여 적용하여야 할 법령은 재심판결 당시의 법령이고, 법원은 재심대상 판결 당시의 법령이 폐지된 경우에는 형사소송법 제326조 제4호를 적용하여 그 범죄사실에 대하여 면소를 선고하는 것이 원칙이다.
② 피고인이 재심을 청구한 경우, 재심대상이 되는 확정판결의 소송절차 중에 증거를 제출하지 못한 데 과실이 있는 경우에는 그 증거는 형사소송법 제420조 제5호의 '증거가 새로 발견된 때'에서 제외된다.
③ 제1심 확정판결에 대한 재심청구사건의 판결이 있은 후에는 항소기각판결에 대하여 다시 재심을 청구하지 못한다.
④ 면소판결에 대하여 무죄판결이 선고되어야 한다고 주장하면서 상고할 수 없는 것이 원칙이므로, 형벌에 관한 법령이 재심판결 당시 폐지되었다면 설사 그 폐지가 당초부터 헌법에 위배되어 효력이 없는 법령에 대한 것이었더라도 무죄판결을 구하는 취지로 면소판결에 대하여 상고하는 것은 허용되지 않는다.
⑤ 재심심판절차에서 사망자를 위하여 재심청구를 하였거나, 유죄의 선고를 받은 자가 재심판결 전에 사망한 경우, 공소기각의 결정을 할 수 없고 실체판결을 하여야 한다.

[❶ ▸ ○] [❹ ▸ ×] 재심이 개시된 사건에서 범죄사실에 대하여 적용하여야 할 법령은 재심판결 당시의 법령이므로, 법원은 재심대상 판결 당시의 법령이 변경된 경우에는 그 범죄사실에 대하여 재심판결 당시의 법령을 적용하여야 하고, 폐지된 경우에는 형사소송법 제326조 제4호를 적용하여 그 범죄사실에 대하여 면소를 선고하는 것이 원칙이다. 그러나 법원은, 형벌에 관한 법령이 헌법재판소의 위헌결정으로 인하여 소급하여 그 효력을 상실하였거나 법원에서 위헌·무효로 선언된 경우, 당해 법령을 적용하여 공소가 제기된 피고사건에 대하여 같은 법 제325조에 따라 무죄를 선고하여야 한다. 나아가 형벌에 관한 법령이 재심판결 당시 폐지되었다 하더라도 그 '폐지'가 당초부터 헌법에 위배되어 효력이 없는 법령에 대한 것이었다면 같은 법 제325조 전단이 규정하는 '범죄로 되지 아니한 때'의 무죄사유에 해당하는 것이지, 같은 법 제326조 제4호의 면소사유에 해당한다고 할 수 없다. 따라서 면소판결에 대하여 무죄판결인 실체판결이 선고되어야 한다고 주장하면서 상고할 수 없는 것이 원칙이지만, 위와 같은 경우에는 이와 달리 면소를 할 수 없고 피고인에게 무죄의 선고를 하여야 하므로 면소를 선고한 판결에 대하여 상고가 가능하다(대판 2010.12.16. 2010도5986[전합]).

정답 ④

[❷ ▸ ○] 형사소송법 제420조 제5호에 정한 무죄 등을 인정할 '증거가 새로 발견된 때'란 재심대상이 되는 확정판결의 소송절차에서 발견되지 못하였거나 또는 발견되었다 하더라도 제출할 수 없었던 증거를 새로 발견하였거나 비로소 제출할 수 있게 된 때를 말한다. 증거의 신규성을 누구를 기준으로 판단할 것인지에 대하여 위 조항이 그 범위를 제한하고 있지 않으므로 그 대상을 법원으로 한정할 것은 아니다. 그러나 재심은 당해 심급에서 또는 상소를 통한 신중한 사실심리를 거쳐 확정된 사실관계를 재심사하는 예외적인 비상구제절차이므로, 피고인이 판결 확정 전 소송절차에서 제출할 수 있었던 증거까지 거기에 포함된다고 보게 되면, 판결의 확정력이 피고인이 선택한 증거제출시기에 따라 손쉽게 부인될 수 있게 되어 형사재판의 법적 안정성을 해치고, 헌법이 대법원을 최종심으로 규정한 취지에 반하여 제4심으로서의 재심을 허용하는 결과를 초래할 수 있다. 따라서 피고인이 재심을 청구한 경우 재심대상이 되는 확정판결의 소송절차 중에 그러한 증거를 제출하지 못한 데 과실이 있는 경우에는 그 증거는 위 조항에서의 '증거가 새로 발견된 때'에서 제외된다고 해석함이 상당하다(대결 2009.7.16. 2005모472[전합]).

[❸ ▸ ○] 제1심 확정판결에 대한 재심청구사건의 판결이 있은 후에는 항소기각판결에 대하여 다시 재심을 청구하지 못한다(형소법 제421조 제2항).

[❺ ▸ ○] 사망자를 위하여 재심청구를 하였거나, 유죄의 선고를 받은 자가 재심판결 전에 사망한 경우에는, 형소법 제328조에 따른 공소기각의 결정에 관한 규정이 적용되지 아니하므로, 법원은 실체판결을 하여야 한다(동법 제438조 제2항).

2020년 변호사시험 문 33. ☑ 확인Check! ○ △ ×

재심에 관한 설명 중 옳지 않은 것은?(다툼이 있는 경우 판례에 의함)

① 형사재판에서 재심은 유죄의 확정판결 및 유죄판결에 대한 항소 또는 상고를 기각한 확정판결에 대하여만 허용되며, 면소판결을 대상으로 한 재심청구는 부적법하다.

② 수사기관이 영장주의를 배제하는 위헌적 법령에 따라 영장 없는 체포·구금을 한 경우는 '공소의 기초된 수사에 관여한 검사나 사법경찰관이 그 직무에 관한 죄를 범한 것이 확정판결에 의하여 증명된 때'라는 재심사유에 해당하지 아니한다.

③ 재심심판절차는 원판결의 당부를 심사하는 종전 소송절차의 후속절차가 아니라 사건 자체를 처음부터 다시 심판하는 완전히 새로운 소송절차로서, 종전의 확정판결은 재심판결이 확정된 때 효력을 상실한다.

④ "재심에는 원판결의 형보다 중한 형을 선고하지 못한다"라는 것은 단순히 원판결보다 무거운 형을 선고할 수 없다는 원칙일 뿐만 아니라, 실체적 정의를 실현하기 위하여 재심을 허용하지만 피고인의 법적 안정성을 해치지 않는 범위 내에서 재심이 이루어져야 한다는 취지이다.

⑤ 재심사유로서 '원판결이 인정한 죄보다 경한 죄를 인정할 경우'라 함은 원판결에서 인정한 죄와는 별개의 경한 죄를 말하는 것이지, 원판결에서 인정한 죄 자체에는 변함이 없고, 다만 양형상의 자료에 변동을 가져올 사유에 불과한 경우를 말하는 것은 아니다.

[❶ ▸ ○] 형사재판에서 재심은 형사소송법 제420조, 제421조 제1항의 규정에 의하여 유죄확정판결 및 유죄판결에 대한 항소 또는 상고를 기각한 확정판결에 대하여만 허용된다. 면소판결은 유죄확정판결이라 할 수 없으므로 면소판결을 대상으로 한 재심청구는 부적법하다(대결 2018.5.2. 2015모3243).

[❷ ▸ ×] 재심제도의 목적과 이념, 형사소송법 제420조 제7호의 취지, 영장주의를 배제하는 위헌적 법령에 따른 체포·구금으로 인한 기본권 침해결과 등 제반사정을 종합하여 보면, 수사기관이 영장주의를 배제하는 위헌적 법령에 따라 영장 없는 체포·구금을 한 경우에도 불법체포·감금의 직무범죄가 인정되는 경우에 준하는 것으로 보아 형사소송법 제420조 제7호의 재심사유가 있다고 보아야 한다. 위와 같이 유추적용을 통하여 영장주의를 배제하는 위헌적 법령에 따라 영장 없는 체포·구금을 당한 국민에게 사법적 구제수단 중의 하나인 재심의 문을 열어 놓는 것이 헌법상 재판받을 권리를 보장하는 헌법합치적 해석이다(대결 2018.5.2. 2015모3243).

② 정답

[❸ ▸ O] 재심심판절차는 원판결의 당부를 심사하는 종전 소송절차의 후속절차가 아니라 사건 자체를 처음부터 다시 심판하는 완전히 새로운 소송절차로서 재심판결이 확정되면 원판결은 당연히 효력을 잃는다. 이는 확정된 판결에 중대한 하자가 있는 경우 구체적 정의를 실현하기 위하여 그 판결의 확정력으로 유지되는 법적 안정성을 후퇴시키고 사건 자체를 다시 심판하는 재심의 본질에서 비롯된 것이다. 그러므로 재심판결이 확정됨에 따라 원판결이나 그 부수처분의 법률적 효과가 상실되고 형 선고가 있었다는 기왕의 사실 자체의 효과가 소멸하는 것은 재심의 본질상 당연한 것으로서, 원판결의 효력 상실 그 자체로 인하여 피고인이 어떠한 불이익을 입는다 하더라도 이를 두고 재심에서 보호되어야 할 피고인의 법적 지위를 해치는 것이라고 볼 것은 아니다(대판 2019.2.28. 2018도13382).

[❹ ▸ O] 형사소송법은 유죄의 확정판결과 항소 또는 상고의 기각판결에 대하여 각 그 선고를 받은 자의 이익을 위하여 재심을 청구할 수 있다고 규정함으로써 피고인에게 이익이 되는 이른바 이익재심만을 허용하고 있으며(제420조, 제421조 제1항), 그러한 이익재심의 원칙을 반영하여 제439조에서 "재심에는 원판결의 형보다 중한 형을 선고하지 못한다"라고 규정하고 있는데, 이는 단순히 원판결보다 무거운 형을 선고할 수 없다는 원칙만을 의미하는 것이 아니라 실체적 정의를 실현하기 위하여 재심을 허용하지만 피고인의 법적 안정성을 해치지 않는 범위 내에서 재심이 이루어져야 한다는 취지이다(대판 2018.2.28. 2015도15782).

[❺ ▸ O] 형사소송법 제420조 제5호에서 말하는 '원판결이 인정한 죄보다 경한 죄를 인정할' 경우라 함은 원판결에서 인정한 죄와는 별개의 죄로서 그보다 경한 죄를 말한다 할 것이고 원판결에서 인정한 죄 자체에는 변함이 없고, 다만 양형상의 자료에 변동을 가져올 사유에 불과한 것은 여기에 해당하지 아니한다(대결 1992.8.31. 92모31).

제2절 비상상고

CHAPTER 03

특별형사절차

형사소송법

각 문항별로 이해도를 체크해 보세요.

최근 5년간 회별 평균 0.2문

제1절 약식절차 ★

2015년 변호사시험 문 29.

☑ 확인Check! ○ △ × 

특별형사절차에 관한 설명 중 옳지 않은 것은?(다툼이 있는 경우 판례에 의함)

① 약식명령청구의 대상은 지방법원의 관할에 속하는 벌금, 과료, 몰수에 처할 수 있는 사건이다.

② 약식명령을 내린 판사가 그 정식재판절차의 항소심판결에 관여함은 형사소송법 제17조 제7호 소정의 '법관이 사건에 관하여 전심재판 또는 그 기초되는 조사, 심리에 관여한 때'에 해당하여 제척의 원인이 된다.

③ 검사의 약식명령청구와 동시에 증거서류 및 증거물이 법원에 제출되었다고 하여 공소장일본주의를 위반하였다고 할 수 없고, 그 후 약식명령에 대한 정식재판청구가 제기되었음에도 법원이 증거서류 및 증거물을 검사에게 반환하지 않고 보관하고 있다고 하여 그 이전에 이미 적법하게 제기된 공소제기절차가 위법하게 된다고 할 수 없다.

④ 즉결심판절차에서는 사법경찰관이 작성한 피의자신문조서에 대하여 피고인이 내용을 인정하지 않더라도 증거로 사용할 수 있다.

⑤ 즉결심판절차에서도 자백보강법칙은 적용되므로, 피고인의 자백만 있고 보강증거가 없으면 유죄를 선고할 수 없다.

[❶ ▸ ○] 지방법원은 그 관할에 속한 사건에 대하여 검사의 청구가 있는 때에는 공판절차 없이 약식명령으로 피고인을 벌금, 과료 또는 몰수에 처할 수 있다(형소법 제448조 제1항).

[❷ ▸ ○] 약식명령을 한 판사가 그 정식재판절차의 항소심판결에 관여함은 형사소송법 제17조 제7호 소정의 '법관이 사건에 관하여 전심재판 또는 그 기초되는 조사, 심리에 관여한 때'에 해당하여 제척의 원인이 된다(대판 2011.4.28. 2011도17).

[❸ ▸ ○] 검사가 약식명령을 청구하는 때에는 약식명령의 청구와 동시에 약식명령을 하는 데 필요한 증거서류 및 증거물을 법원에 제출하여야 하는바(형사소송규칙 제170조), 이는 약식절차가 서면심리에 의한 재판이어서 공소장일본주의의 예외를 인정한 것이므로 약식명령의 청구와 동시에 증거서류 및 증거물이 법원에 제출되었다 하여 공소장일본주의를 위반하였다 할 수 없고, 그 후 약식명령에 대한 정식재판청구가 제기되었음에도 법원이 증거서류 및 증거물을 검사에게 반환하지 않고 보관하고 있다고 하여 그 이전에 이미 적법하게 제기된 공소제기의 절차가 위법하게 된다고 할 수도 없다(대판 2007.7.26. 2007도3906).

[❹ ▸ ○] [❺ ▸ ×] 즉결심판절차에 있어서는 형사소송법 제310조(자백의 보강법칙), 제312조 제3항(검사 이외의 수사기관이 작성한 피의자신문조서) 및 제313조(피고인 또는 피고인이 아닌 자가 작성한 진술서나 그 진술을 기재한 서류)의 규정은 적용하지 아니한다(즉결심판에 관한 절차법 제10조).

⑤ 정답

2017년 변호사시험 문 33. 확인 Check! ○ △ ×

음주운전으로 자동차운전면허가 취소된 甲은 술을 마신 상태로 도로에서 자동차를 운전하다가 단속 중인 경찰관에게 적발되어 음주 측정한 결과 혈중알코올농도 0.078%로 측정되었다. 이 사건을 송치받은 검사는 甲에 대하여 벌금 200만원의 약식명령을 청구하면서 필요한 증거서류 및 증거물을 법원에 제출하였고, 법원은 검사가 청구한 대로 벌금 200만원의 약식명령을 발령하였다. 이에 관한 설명 중 옳지 않은 것을 모두 고른 것은?(다툼이 있는 경우 판례에 의함)

ㄱ. 甲의 행위는 도로교통법 위반(무면허운전)죄 및 도로교통법 위반(음주운전)죄가 성립하고, 양 죄는 상상적 경합관계에 있다.
ㄴ. 甲이 약식명령에 대하여 불복하여 정식재판을 청구하였음에도 법원이 증거서류 및 증거물을 검사에게 반환하지 않고 보관하고 있다면 공소제기의 절차가 위법하게 된다.
ㄷ. 甲만이 약식명령에 불복하여 정식재판을 청구한 경우, 정식재판을 담당하는 법원은 약식명령보다 중한 벌금 300만원을 선고할 수 없다.
ㄹ. 약식명령이 검사나 甲의 정식재판청구 없이 그대로 확정된 경우, 약식명령은 그 고지를 검사와 피고인에 대한 재판서 송달로 하고 따로 선고하지는 않으므로 그 기판력의 시적 범위는 약식명령 송달 시를 기준으로 한다.
ㅁ. 약식명령을 발부한 법관이 그 정식재판절차의 항소심판결에 관여한 경우, 이는 제척사유인 '법관이 사건에 관하여 전심재판 또는 그 기초되는 조사, 심리에 관여한 때'에 해당한다.

① ㄱ, ㄹ ② ㄴ, ㄷ ③ ㄱ, ㄷ, ㅁ
④ ㄴ, ㄷ, ㄹ ⑤ ㄴ, ㄹ, ㅁ

[ㄱ ▸ O] 자동차운전면허 없이 술에 취하여 정상적인 운전이 곤란한 상태에서 차량을 운전하던 중 전방에 신호대기로 정차해 있던 화물차의 뒷부분을 들이받아 그 화물차가 밀리면서 그 앞에 정차해 있던 다른 화물차를 들이받도록 함으로써, 피해자에게 상해를 입게 함과 동시에 위 각 화물차를 손괴하였다는 공소사실에 대하여, 유죄로 인정되는 각 범죄 중 도로교통법 위반(음주운전)죄와 도로교통법 위반(무면허운전)죄 상호 간만 상상적 경합관계에 있고 특정범죄 가중처벌 등에 관한 법률 위반(위험운전치사상)죄와 각 업무상 과실재물손괴로 인한 도로교통법 위반죄는 실체적 경합관계라고 본 원심판결은 죄수관계에 관한 법리를 오해한 위법이 있다(대판 2010.1.14. 2009도10845).

[ㄴ ▸ X] 검사가 약식명령을 청구하는 때에는 약식명령의 청구와 동시에 약식명령을 하는 데 필요한 증거서류 및 증거물을 법원에 제출하여야 하는바(형사소송규칙 제170조), 이는 약식절차가 서면심리에 의한 재판이어서 공소장일본주의의 예외를 인정한 것이므로 약식명령의 청구와 동시에 증거서류 및 증거물이 법원에 제출되었다 하여 공소장일본주의를 위반하였다 할 수 없고, 그 후 약식명령에 대한 정식재판청구가 제기되었음에도 법원이 증거서류 및 증거물을 검사에게 반환하지 않고 보관하고 있다고 하여 그 이전에 이미 적법하게 제기된 공소제기의 절차가 위법하게 된다고 할 수도 없다(대판 2007.7.26. 2007도3906).

[ㄷ ▸ X] 피고인이 정식재판을 청구한 사건에 대하여는 약식명령의 형보다 중한 종류의 형을 선고하지 못한다(형소법 제457조의2 제1항).

[ㄹ ▸ X] 유죄의 확정판결의 기판력의 시적 범위, 즉 어느 때까지의 범죄사실에 관하여 기판력이 미치느냐의 기준시점은 사실심리의 가능성이 있는 최후의 시점인 판결 선고 시를 기준으로 하여 가리게 되고, 판결절차 아닌 약식명령은 그 고지를 검사와 피고인에 대한 재판서 송달로써 하고 따로 선고하지 않으므로 약식명령에 관하여는 그 기판력의 시적 범위를 약식명령의 송달 시를 기준으로 할 것인가 또는 그 발령 시를 기준으로 할 것인지 이론의 여지가 있으나 그 기판력의 시적 범위를 판결절차와 달리하여야 할 이유가 없으므로 그 발령 시를 기준으로 하여야 한다(대판 1984.7.24. 84도1129).

정답 ④

[ㅁ ▸ O] 약식명령을 한 판사가 그 정식재판절차의 항소심판결에 관여함은 형사소송법 제17조 제7호 소정의 '법관이 사건에 관하여 전심재판 또는 그 기초되는 조사, 심리에 관여한 때'에 해당하여 제척의 원인이 된다(대판 2011.4.28. 2011도17).

제2절 즉결심판절차

참고문헌

[형 법]

• 이재상, 장영민, 강동범 공저, 형법총론, 박영사, 2019
• 이재상, 장영민, 강동범 공저, 형법각론, 박영사, 2019
• 신호진, 2020 형법요론 이론·판례 기본서, 문형사, 2020
• 송헌철, 형법 총론, 좋은책, 2020
• 송헌철, 형법 각론, 좋은책, 2020
• 이용배, 2020 로스쿨 신체계 형법강의, 우리아카데미, 2020
• 정주형, 곽효영 저, 2021 All-in-one 로스쿨 형법, 제이앤제이, 2020
• MGI 메가고시 연구소, 2021 UNION 변호사시험 형법 선택형 기출문제집, 인해, 2020
• 이인규, 2021 Rainbow 변시 기출·모의해설 형법 선택형, 학연, 2020

[형사소송법]

• 이재상, 조균석 공저, 형사소송법, 박영사, 2019
• 이승호, 이인영, 심희기, 김정환 공저, 형사소송법강의, 박영사, 2020
• 이창현, 형사소송법, 정독, 2019
• 신호진, 2020 형사소송법요론, 문형사 , 2020
• 정주형, 2021 All-in-One 로스쿨 형사소송법, 네오고시뱅크, 2020
• MGI 메가고시 연구소, 2021 UNION 변호사시험 형소법 선택형 기출문제집, 인해, 2020
• 김영환, 2021 Rainbow 변시 기출·모의해설 형사소송법 선택형, 학연, 2020

2021 변호사시험 9개년 선택형 기출문제해설 형사법 (형법 + 형사소송법)

초판발행	2020년 08월 10일(인쇄 2020년 07월 31일)
발 행 인	박영일
책임편집	이해욱
저 자	시대법학연구소
편집진행	안효상 · 김경수
표지디자인	이미애
편집디자인	표미영 · 장성복
발 행 처	(주)시대고시기획
출판등록	제10-1521호
주 소	서울시 마포구 큰우물로 75 [도화동 538 성지 B/D] 9F
전 화	1600-3600
팩 스	02-701-8823
홈페이지	www.sidaegosi.com
I S B N	979-11-254-7687-0 (13360)
정 가	27,000원